上海文化发展基金会图书出版专项基金资助项目

顾　问　张伟江
总主编　杜成宪

王伦信　等　著

第一卷　古代——一九一一

上海教育史

上海教育出版社

总序

如果将上海教育放在中国教育的历史图景中加以考察,就会发现上海教育发展的独特性:起步较晚而发展迅速,初始微小而不断壮大,表现出独特的发展道路和历史面貌。

上海教育的历史大致可以分为三个阶段,即宋代兴学前、宋代兴学后、近代开埠以来。在第一个阶段,上海教育远逊于中原各省,也不及湖广、巴蜀、闽赣诸地区;在第二个阶段,随着江浙地区教育的崛起,上海教育也颇有起色,尤其是在这一阶段后期(明清时期),虽与全国其他省份相比难称优势,却已不显逊色;到第三阶段,即开埠进入近代社会后,上海教育迅速发展起来而成为全国翘楚。可谓其兴也迟、也微,其成也速、也盛。

相比较而言,古代上海是中国教育的后来者,"后起之秀"可以作为对上海古代教育的概括。

虽然考古发掘证明,6 000多年前在今松江、青浦一带就有先民生息繁衍,但包括今天上海行政区全境的上海地区成陆较晚,最迟的区域于千年中方始形成,文化根底自然有欠深厚。人们说起上海古代教育的历史,往往会列举到南宋嘉定间上海地区青浦和嘉定的兴学,以之为上海兴学之始。上海兴学虽晚,但上海教育(甚至学校)的历史可以追溯到更为早远的年代。如三国魏晋时代,吴郡吴县华亭(今松江区)陆氏家族人才辈出:三国吴名将陆逊、陆抗父子,西晋文学家陆机、陆云兄弟,三国吴名将、陆逊族子陆凯等。尤其是陆机、陆云兄弟文才倾动京城洛阳,时称"二陆"。百多年间,一个家族代有英才,如果当地没有较高水平的学校教育,实在难以想象。只是有关的历史记载十分缺乏,使我们对上海教育历史的第一阶段所知甚少。如,当西周实施"六艺"教育时,当春秋战国诸子展开争鸣而奠定中国传统教育思想基础时,当西汉建立太学实施读经教育时,当隋唐建立完备的学校教育体制时,上海的教育状况究竟如何?这些都因文献不足而难言其详。而上海古代教育的难以确考本身,确也反映出当时上海教育的相对落后状况。

上海教育进入第二个阶段后逐渐呈现出良好的发展状态,颇有后来居上之势。据文献记载,上海历史上第一次大规模兴学是在宋元时期。因农业、盐业、渔业、手工业、商业和江海漕运的发展,上海地区的区域经济和行政地位迅速提升。北宋熙宁年间(1068—1077)始设上海务以征收酒税,南宋末设市舶提举司以管理海上贸易,咸淳间(1265—1274)设上海镇,元至元二十九年(1292年)乃建上海县。于是,教育事业也因势而发。北宋哲宗元祐年间(1086—1093)建华亭县学,到南宋嘉定十二年(1219年)又建嘉定县学,是为上海地区较早的县学。元至元十五年(1278年)置松江府,华亭县学升格为府学。崇明县于南宋嘉熙中(1237—1240)建书堂,元初改为州学,明初复改县学。南宋嘉定十五年(1222年)青龙镇学创立;咸淳间上海人唐时措、唐时拱兄弟捐资兴建古修堂,实为上海镇学,上海建县后又升格为上海县学。上海地区记载最早的书院是创建于南宋淳祐四年(1244年)的天赐书堂,宋代所建书院尚有九峰书院(松江)、北府书院(嘉定)、白社书院和孔宅书院(青浦);元代则先后建有西湖书院、石洞书院、燕居书院(松江)、清忠书院(青浦)、三沙书院(崇明)。

之后的明清两代,因经济取得重大发展,上海成为"江海通津,东南都会",商业繁荣,贸易繁盛,城市发达,社会发展,文化繁兴,上海地区的官私学校也更上层楼。上海地区先是明代建起金山卫学、青浦县学,清代建起南汇县学、宝山庙学、奉贤县学、金山县学,县学建设齐备;明代新建书院8所,清代兴建书院更是多达52所,分布在上海地区十县。由此形成上海古代第二次大规模兴学。从官私学校的数量和分布看,当时的上海地区已经不逊于全国任何其他地区,这就成为上海古代教育发展的物质保障。尤其是上海地区还形成了西南部以华亭(松江)为代表、西北部以嘉定为代表、东部以上海为代表的三个文化教育优势区域,很是引人瞩目。即以传统中国衡量地区人文教化水平的科第获取为例,明代始有上海地区士人状元及第,共3人,都为华亭人;清代则有4位,华亭1人,嘉定3人。① 据清人应宝时修、俞樾纂《同治上海县志》载,明代自洪

---

① 参见周腊生所著唐、五代、宋、辽金元、明、清状元谱系列,紫禁城出版社于1994—2004年出版。

武三年(1370年)至崇祯十六年(1643年)共150科,上海县取中进士195人;清代自顺治二年(1645年)至道光二十年(1840年)间的111科考试,上海县取中进士72人。① 尽管所截取中进士数未必确切,但可以想见的是上海地区明清时期文化教育水平获得极大提升的事实,而这又成为进入近代社会后上海得以迅速发展的传统文化资源。

上海教育真正令世人瞩目是在它发展的第三个阶段。从上海开埠起,上海教育开始了意义深远的转型和加速发展,即从古代教育转而为近代教育,又进而开始教育现代化的探索。在一个半世纪中,上海从一个教育并不占优势的区域迅速崛起为一个教育强势发展的区域,并常常扮演引领中国教育现代化进程的角色,事实上成为中国教育现代化的缩影。可以说,近代以来的上海堪称教育改革的先行者、教育思想的策源地、教育探索的园地、教育交流的窗口。在取得成果后,上海教育又向全国其他地区辐射。

上海是教育改革的先行者

实施近代教育以来的150多年,中国社会发生了翻天覆地的变化。时代发展不断向教育提出新的课题和挑战,上海也总是能以自己的方式作出应对,走在教育改革的前列,每每有开风气之举,不断创造着教育上的"第一",事实上成为教育改革的先行者。

出于求强的目的和应对外交的需要,1862年6月京师同文馆在北京创办,标志着中国近代新式学校和教育的起始。次年,江苏巡抚李鸿章奏准仿同文馆例创办上海广方言馆,成为在中央政府之外最早的地方政府官办新式学校。1864年广州同文馆在广州开设,1866年福建船政学堂在福州创办,等等。30多年里,全国各地陆续兴办了30余所洋务学堂,掀起了中国近代第一波兴办新式学校的热潮。

1878年张焕纶在上海创办的正蒙书院是一所兼采西方学校制度和中国传统学校之法办理的近代小学,1886年改名梅溪书院,民国后改为

---

① 陈科美,金林祥.上海近代教育史1843—1949[M].上海:上海教育出版社,2003:26—27.

梅溪高等小学校。这是中国近代第一所实施普通教育的新式小学,在专重外文、军事和科技教育的洋务运动时期,尤显其价值。1918年学校40周年校庆时,黄炎培曾给予高度评价:"吾国教育上海发达最早,而上海小学梅溪实开其先。"①

甲午战争之后,受维新派兴学启蒙、启蒙救国思想的影响,上海地区在19世纪末兴办新式学校成绩卓著。继1895年10月创办天津中西学堂之后,盛宣怀于1896年奏请创办上海南洋公学,陆续建起师范院、外院、中院和上院,在一所学校中形成了完整的学校体系,象征着中国近代学制的孕育,而其最早办起的师范院也是中国师范教育的肇始。1898年5月,经元善等人在上海创办经正女学,是为国人自办的第一所女子学校,开兴办社会化女子教育机构的风气,而与维新教育倡导女学思想相呼应,也直接引发20世纪初全国范围的办女学热潮,1902年上海创办的务本女塾和爱国女学也为其中出色代表。由此又促成清政府于1907年颁布《女子小学堂章程》和《女子师范学堂章程》,对女子教育在法律上予以认定,标志着中国教育取得巨大进步。

进入20世纪后,上海教育进入新的发展阶段。清末"新政"时期,上海教育的发展除了兴办新式学校之外,还表现为近代社会的教育事业取得多方面成就。1901年,罗振玉发起创办《教育世界》,是为中国近代最早的教育杂志,成为传播西方教育的窗口,通过介绍西方的教育制度、学科、教材、思想、理论,对中国近代新式教育的建立起了启蒙作用。创办于1897年的商务印书馆本以出版《英华初阶》《英华进阶》两种英文课本而享誉沪上,1902年适应兴办新式学校的形势,从出版杜亚泉主编的蒙学课本《文学初阶》起,开始系统编写和出版中小学校各学科、各年级教科书,成为兴学初期中国新式教材出版重镇。早在1896年,钟天纬、张焕纶等人就发起建立教育社团性质的组织——申江雅集,之后又先后成立中国教育会、沪学会、群学会等。1905年江苏学务总会成立,次年改为江苏教育总会,选举张謇为会长,以上海为总会所在地,分设事务所于江宁、苏州两地,是为创办最早、影响最大的省级教育社团,对清末民初上

---

① 朱有瓛.中国近代学制史料(第一辑下册)[M].上海:华东师范大学出版社,1980:576.

海、江苏乃至中国近代教育事业的推进作用极大。教育刊物、教育出版和教育社团的兴废存无是一个国家、一个社会现代化程度的重要指标，在这些方面，上海都走在了全国的前面。

20世纪50年代，新成立的中华人民共和国全力以赴开展社会主义建设，大力发展教育事业。然而，由于底子薄，学校容量有限，不能完全满足劳动人民子女的入学需要。时任上海市东中学校长的吕型伟创造出一种"三班两教室"的办学模式，即用30个教室招收45个班级的学生，每个学生每周有2天全天上课，另4天，半天上课半天活动，既用足了校舍，也能保证教学质量。这一做法迅速在上海推广，使全市在不增加校舍的情况下，多招收近1/3的学生。之后，这种"两部制"成为上海和全国很多地区中小学校普遍采用的办学方式，沿用到20世纪六七十年代。

1985年5月《中共中央关于教育体制改革的决定》发表，要求改革教育体制，以解决教育同社会主义现代化建设尤其是同经济建设协调发展的问题。在此背景下，20世纪80年代后期，上海在中央支持下，率先开展了中小学校课程和教材改革，中国教育几十年来"一纲一本"的状况开始被打破，为根据本地情形编制课程、编写教材作出了探索，提供了经验。与之相联系，上海又向中央政府争取到高考自主命题考试权，几十年来"全国一张卷"的局面也被打破。之后，自主命题的省份逐年增加，至今，全国已有过半省市、自治区实行高考自主命题。

上海是教育思想的策源地

中国近代以来的教育变革是一个由传统教育向现代教育转型的过程，这一过程意味着国人千百年来习以为常的教育经验不断被颠覆，这是一个教育观念需要不断更新的过程。因此，教育的每一次变革都必然伴随着认识、观念和思想的重新调整、建设或者启蒙。而上海，每每在教育变革的关键时期，都能够提出反映改革大势的教育理念、教育思想和教育理论，成为新教育思想的策源地。

19世纪60年代兴起的洋务教育作为一次教育改革，开始在学习西方教育方面取得突破,但"中体西用"指导思想下坚持不改变君主专制统治的立场,极大地限制了改革的程度。19世纪70—90年代,中国新知识界形成了早期改良派群体,提出改革科举制度、广设学校、培养新式人才等革新主张,对维新派的教育改革有直接影响。其代表人物冯桂芬、王韬、郑观应等都长期生活在上海,其著作如《校邠庐抗议》《弢园文录外编》《盛世危言》等,不少都写于上海,出版于上海。

20世纪初,上海是以孙中山为代表的资产阶级革命派宣传革命的重要思想阵地。1903年,章太炎在《苏报》发表《驳康有为论革命书》一文,批驳康有为的保皇观点,强调以革命的手段推翻清王朝,并提出"先革命,后教育"的主张。同年,留日学生邹容在上海写成《革命军》一书,倡言革命,并专列一章"革命与教育",指出"革命之前,须有教育;革命之后,须有教育。今日之中国,实无教育之中国也"。这些思想成为革命派推翻专制政权,建立民主共和国的教育纲领。

辛亥革命后至新文化运动时期,上海在教育思想的解放方面尤其扮演了重要角色,堪称新教育思想的策源地。1913年教育家黄炎培发表《学校教育采用实用主义之商榷》,对中国办新教育几十年、办新学堂十年来教育脱离实际、学校脱离生活的弊端提出批评,倡导切合实用的教育,建议改革学校教育的目标、内容和方法,提倡教育与学生生活、学校与社会实际相联系,由此开了一个世纪中国中小学校教育教学改革的先声,也成为20世纪20年代中国学校教育转型的思想先导。1915年9月《新青年》在上海创刊,成为新文化运动传播民主、科学思想的重要阵地。直至1916年末《新青年》杂志迁北京,其间,陈独秀、李大钊等人在杂志上发表大量文章,抨击封建专制教育和"尊孔复辟"的教育逆流,其中陈独秀的《敬告青年》《驳康有为致总统总理书》《宪法与孔教》《孔子之道与现代生活》等如同檄文,讨伐了旧思想、旧文化和旧教育,推动了新思想的传播,唤醒了一代人的思想觉悟,推进了新文化运动和五四运动的开展,为20世纪20年代以科学、民主为追求的教育思潮和教育运动的兴起作了充分的思想准备,也成为之后百年里教育思想解放的历史资源。

1921年中国共产党成立后,在制定政治、组织等方面纲领的同时,也形成了新民主主义的教育纲领及方针、政策,而对这种新型教育需要作理论上的阐释;同时,当时关于"中国向何处去"的问题存在各种歧见,也相应地存在关于教育的不同看法。20世纪20年代,共产党人杨贤江在上海凭借商务印书馆《学生杂志》等平台,在指导青年、参与论战的过程中思考教育理论问题,于1928年在日本避难时撰写了中国第一本运用历史唯物主义分析世界教育历史的著作《教育史 ABC》,1930年又在上海撰成中国第一本运用马克思主义论述教育原理的著作《新教育大纲》,对教育的本质、教育的历史与未来作了系统阐述,奠定了中国马克思主义教育理论的基础。

"文革"结束后,中国教育进入改革开放的新时期。如何提高学生的素质,培养实现"四个现代化"的新人成为教育的新课题。20世纪80年代初,时任上海市教育局副局长的吕型伟提出"第二课堂"的概念,主张培养学生不能局限在课堂内,还要重视课外的各种活动和影响对学生的作用。1983年他发表《改革第一渠道,发展第二渠道,建立两个渠道并重的教学体系》一文,后又发表《再论两个渠道》,强调改善课堂教学,扩展课外活动,两个渠道并举,引发从上海市到全国、从理论界到实践界的广泛争论,极大地推动了学校教育教学改革。当时,从黑龙江到海南岛,全国中小学的课程教材是统一的,学生念一样的书,考一样的题,谓之"一纲一本"。针对统得过死的状况,吕型伟又提出"多纲多本"的主张,以适应中国幅员辽阔、发展不平衡的实际,再次引起激烈争论,最终达成"一纲多本"的共识,即兼顾中央统一领导和地方自主。如今,在教育发展中发挥中央和地方的积极性已成为教育改革的主流。所有这些改革,都导因于上海的教育思想和观念的开放与创新。

上海是教育探索的园地

在经过最初的简单模仿之后,中国的教育先行者们认识到,"他山之石"只有进行本土转化才能尽其效用;同时,要建设中国自身的教育理论和实践模式,更有必要进行创造性的探索,这就需要进行试验性的教育实践。近代以来,上海教育发展的又一特点是主动开展教育试验,产生出不少影响全国的理论和实践成果,使上海成为教育探索的园地。

1913年,黄炎培提出"学校采用实用主义"的主张后,即尝试在学校教育的目标、内容、方法等方面开展改革。经过考察皖、浙、赣、鲁、冀、京、津等地教育,遍访美国25座城市50多所学校,黄炎培提出,改变中国"教育与社会脱节,求学与服务脱节"的最有效途径是发展职业教育。于是,1917年在上海成立中华职业教育社,次年又创办中华职业学校,开始职业教育探索,在实践中逐步形成普通学校办职业科、小学进行职业陶冶、初中进行职业指导、高中设职业分科的职业教育思想体系;20年代中期又提出"大职业教育主义",提出"富、政、教合一"的农村职业教育思路,成为中国职业教育事业的先行者和表率。

20世纪20年代,中国兴起引进和实验美国新教学法和教育研究方法的热潮,上海开风气之先。1921年,上海的《教育杂志》等连续介绍美国教育家帕克赫斯特(Helen Huss Parkhurst)所创的道尔顿制;1922年秋,上海的中国公学中学部在舒新城等人主持下率先试行道尔顿制,在国文和社会常识两科先行实验。随之,上海和全国其他地区的一些中小学校也纷纷尝试,一度声势浩大。之后舒新城出版《道尔顿制概况》等书,指出道尔顿制的优点,强调其"精神可取,方法不一定完全照搬"。1924年,上海的商务印书馆出版主持东南大学附中实验的廖世承所撰《东大附中道尔顿制实验报告》,更为客观地评价了道尔顿制,并指出传统的班级授课制也不可轻易否定。这是典型的通过实验检验国外先进教育经验是否适用于中国的案例,而上海则提供了实验的园地和发表实验成果的园地。

在将上海作为教育实验园地,持续多年进行教育探索,最终形成和发展教育思想的教育家中,陶行知堪称典型。20世纪20年代,陶行知即在上海引介杜威教育思想和开展平民教育运动。1931年他从日本返回上海后即开展"科学下嫁"运动,普及科学知识,丰富了生活教育思想;1932年在上海宝山大场创办山海工学团,在北新泾创办晨更工学团,之后又办起报童工学团、流浪儿童工学团等,在此过程中提出改革传统教育目的、教育场所、教学方法、师生关系、获知方式的"小先生制",极大地丰富了生活教育理论;1934年他在上海创办并主编《生活教育》杂志,介绍和推广生活教育的理论与实践;1936年发起国难教育,倡导教育与国家危亡相联系,促进了生活教育内容与形式的发展。陶行知生活教育理论的初步形成是在南京晓庄,而其发展成熟则离不开上海,上海提供了试验生活教育的宽广舞台。

在人民共和国不同历史时期都贡献出教育改革成果,不仅影响上海教育,而且对全国教育产生深远影响的,还有段力佩与上海市育才中学逾半个世纪的教育改革探索。1959年,针对之前"教育大革命"造成的混乱,中央提出"调整、整顿、发展、提高"的方针,要求"以教学为主",60年代初又制定了"高教六十条""中学五十条""小学四十条"作为办学依据,但带来的新问题是,教师尤其是学生负担过重。上海育才中学校长段力佩着手与教师一起尝试改革教学方法,形成"紧扣教材,边讲边练,新旧联系,因材施教"的"十六字经验",教师教得活泼,学生学得主动。"育才经验"被中宣部、教育部树为教改的一面旗帜,广为传播,影响全国。"文革"结束后恢复了正常教学秩序,针对当时学生文化知识水平低下的实际,段力佩先提出培养读书习惯的"读读"要求,继而提出发展思维的"议议"环节,进而要求通过"练练、讲讲"加深理解和巩固所学,这就形成了"读读、议议、练练、讲讲"的"八字教学法",即有领导的"茶馆式"教学法。在80年代,新的育才经验再一次影响全国。进而,学校又开展了"多样课程,大小课时""统编为主,自编为辅""寓考于平时""男拳女舞"等涉及学校教育、课程、教材方面的改革。在此基础上,90年代段力佩又提出"自治自理,自学自创,自觉体锻"的"三自"育人思想,成为新的办学特色。育才中学的教改历程堪称上海教育探索的缩影。

上海是教育交流的窗口

中国教育的现代化总体上是一个在外力推动下开展起来的教育变革过程,建设新式教育在民族文化传统中不易找到可资借鉴的资源,通常需要取法国外尤其是西方的先进经验。在一个多世纪里,中国学习国外教育经验,先后经历了学欧、学美、学苏和全面学习等阶段。而上海始终站在学习的前沿,将引进的国外先进教育经验先加以消化吸收,继而传播到各地,事实上成为中外教育交流、各地教育交流的窗口。

1872年8月11日,清政府选派的第一批留美幼童30人赴美,上海是出发地。为实现容闳提出的这一造才计划,曾国藩特建议将幼童出洋留学管理机构"幼童出洋肄业局"设在风气更为开放的上海,并附设预备学校。从上海先后成行四批留美幼童共120人。① 之后,在《马关条约》后出现的留日高潮,第一次世界大战期间出现的留学美国、法国和欧洲的高潮,抗日战争胜利后出现的留美高潮中,上海都是留学生集群出发之地。上海是中国学人走向世界的码头。

1901年,《教育世界》在上海创办,当年的第九、十、十一号上连载了日本立花铣三郎讲述、王国维译的《教育学》,使这本书成为第一本从日文翻译进中国的教育学理论著作。1902年,杂志继续连载了另外两种日本学者教育学著作的中译。之后,各地刊物刊载的日本学者的教育论著纷至沓来。1902年,上海文明编译印书局出版天眼铃木力著、张肇熊译的《教育新论》,是为所见中国最早的教育学著作出版。1903年,又有京师大学堂上海译书局两种、上海的会文学社三种、广智书局一种出版。② 之后,各地书局出版教育学著作愈见其多。1904年1月所颁《奏定大学堂章程》,在其中的经学科大学各学门的课程表中都列有"中外教育史"一门课,在对这门课的说明中特地写道:"中外教育史(上海近有《中国教育史》刻本,宜斟酌采用)。"可见,在最初以日本为中介引进西方教育理论的过程中,上海实是一鞭先着。

与此同时,上海的教育实践界也在做着同样的工作。据赵宪初回忆,1901年南洋公学附属小学创办之初,设施多仿效西洋与东洋,制度方面引进日本更多些,如星期几的叫法,还有就是唱歌的简谱。学校的教师沈叔逵(笔名沈心工)引进简谱,还以"独览梅花扫腊雪"七个字来指唱"1234567"七个音符。沈心工所编的唱歌集在江浙和全国风行一时,推进了音乐简谱的普及。③ 1909年初,设在上海的江苏省教育总会派遣龙

---

① 孙培青.中国教育史[M].上海:华东师范大学出版社,2009:321.
② 周谷平.近代西方教育理论在中国的传播[M].广州:广东教育出版社,1996:18—23.
③ 赵宪初.我所知道的南洋模范中学[M]//朱有瓛.中国近代学制史料(第二辑上册).上海:华东师范大学出版社,1987:239.

门师范教员杨保恒、浦东中学教员兼附小主任俞子夷、通州师范学生周维城赴日考察单级小学编制及各种教学方法,回国后举办了两届单级教授练习所。首届学员来自江苏省内,第二届学员来自苏、浙、皖、豫、闽、赣、湘、桂多省。在此过程中,赫尔巴特"五段教学法"也传播开来。为推广新教授法,上海的一些教育杂志和出版社纷纷举办有奖教案征集评比。1909年《教育杂志》先后举行了两期教案评比,获一、二等奖的教案都是以"五段教学法"为方法依据。影响了中国农村中小学半个多世纪的单级教学制度、影响了中国中小学课堂教学程序的"五段教学法",就这样从上海走向全国。

20世纪20年代,中国教育发生了重要转型,从取法欧、日转为学习美国,从简单模仿转为在借鉴中自主探索,这一转变的发生与上海关系紧密。由于认识水平的提高和中国留美学生的推动,20年代中国引进美国教育理论的力度增大,不仅引介了大量教育论著,且直接邀请美国和欧洲学者来华考察、讲学和指导。据统计,从1919年5月杜威(John Dewey)来访到1931年2月文纳特卡制的创始人华虚朋(Carleton Wolsey Washburne)来访,共有11批美欧重要学者和团体访华,他们几乎都将上海作为访华首站。尤其是他们的学说和在华讲演等,也多在上海的报刊发表,或在上海出版。如杜威在上海发表了其在华的首次讲演《平民主义的教育》。早在杜威来华前,上海的《教育杂志》即连续刊登介绍杜威教育学说的文章。1919年初创刊的《新教育》不仅连续三期刊发相关文章,且赶在杜威到访前出刊"杜威专号",刊发胡适、蒋梦麟等人文章,系统介绍杜威的教育理论。杜威在南京的三个演讲由上海泰东图书公司出版为《杜威三大讲演》,商务印书馆等也出版了其《平民主义与教育》《教育哲学》等著作,上海江苏省立第二师范学校编辑出版了《杜威在华演讲集》。可以说,上海是传播西方当代教育思想和理论的前沿。

上海教育的区域文化特质

近千年来,尤其是近一个半世纪以来,上海教育为什么会越走越强,在全国独树一帜?有说是得益于上海所处的江南地区明清以来经济崛起的得天独厚,也有说是得益于近代上海的开埠而尽享天风海雨,还有说是得益于上海人和上海文化的独特,即包容、务实、灵活等。所言多是事实。但问题是:明清时期迅速崛起的江南地区更有苏州、杭州这样一些经济、文化地位长期以来远在上海之上的传统优势城市,为什么上海会后来居上?近代中国被迫次第开埠的城市口岸不独上海一处,从南到北的广州、福州、宁波、青岛、天津、大连都濒海临江,地理条件不相上下,为什么历史会更垂青上海?其实,是上海独一无二的区域文化特质在上海教育的崛起中发挥了内因性作用。

上海文化是具有鲜明个性的文化,人们常以"海派文化"名之。海派文化的特质,人们多指出在于它的包容性。既能包容,也就造成多元,称上海为中国文化乃至世界文化的大熔炉并不为过。但也必须指出,海派文化的特质尤其在于它的边缘性。既是边缘,就意味着它远离核心文化区,甚至远离所在文化区域的中心,也意味着它处在不同文化的接壤、交汇、融合之地,甚至意味着它的区域文化归属的不明确,这也就造成上海地区持续而频繁的不同文化的流入流出状态,于是就造成上海的文化精神较少框框、较为务实、较为灵活、自行其是等特点,而这一切,不又都可以导致上海文化的包容、多元和开放吗?

上海文化的边缘性导因于上海地理位置的边缘。历史上,上海地区的行政归属大致有三种,即北属吴,南属越,西属楚。春秋战国时期,或是吴越在此对峙,或又先后归属吴、越、楚,说明上海在这些诸侯国的版图上均非核心区域;秦时属会稽郡,为其东北边缘;西汉为楚国、荆国、吴国所有;东汉分会稽郡为浙东、浙西,浙西为吴郡,上海属吴郡;三国时上海属东吴郡;隋时上海地区分属吴州和杭州;唐天宝十载(751年)合昆山、嘉兴、海盐各一部置华亭县,从传统区域归属看,昆山北属,嘉兴、海盐南属;五代十国时期,上海地区的归属更是极其复杂多变……所以,上海一直处在江(吴)浙(越)两区域的交界处,北部,远受淮扬、近受苏锡常区域文化辐射;南部,远受宁绍、近受杭嘉湖区域文化影响;西部,溯江而上,与皖鄂区域文化遥相联络;东部,到近代又受异域文化的波及,文化的边缘性可想而知。在中国历史上,河洛、齐鲁、三晋、三秦诸处于中国腹地的文化区共同构成了中华文化的核心,湖湘、巴蜀相对边缘,而吴越、闽粤更为边缘。古代上海地区既远离中原,又非吴非越,也就是双重的边缘化了。再以上海城而言,又是处在上海地区的边缘,上海属松江府,地区的政治文化中心在松江,又可以说是边缘的边缘了。由此造成上海文化善于吸纳、包容、多元、务实等特质。当近代以来,西方文化大规模输入,中国各区域文化频繁集聚,上海自然就会一如既往地对待,从善如流,纳新存异,并不断地进行文化的自我更新,就像历史上多次重复过的过程那样。

迨至近代,上海文化的边缘性又多了一层含义,即当上海开埠,西方殖民势力东来而在上海形成英、美、法租界,西方文化也渐次侵润进上海地区,将西方近代国家和社会的治理模式、生活方式、价值观念等精神形态和物质形态的文化带来上海,予以逼真再现。于是,隔着重重大洋,上海又成为欧美文化的边缘区。尤其是当上海的租界势力日益强大,逐渐演变为在中国土地上的"国中之国",在上海城市范围内就形成华界、公共(英美)租界和法租界三个治理区域以及事实上的三个政府。这就使上海地区的文化更加呈现难以归属的边缘而又多元的特质。正是这种特质,对上海的发展产生了多方面的和十分复杂的影响。上海在历史上形成的区域文化特质表现在教育上,促使上海成为中国现代教育的领跑者。

首先,是示范效应。[①] 上海城市人群非常容易接受并效仿新鲜事物,进而形成一套自己的做法和样式,又成为对他人的示范。上海开埠后,包括商人、传教士在内的大量西方人进入上海,也将西方一系列生活方式和社会制度带来上海,希望在上海营造一个无异于其故土的生活环境,学校也是其中的重要组成部分。19世纪中叶到末年的半个多世纪里,上海形成了从小学到大学完整的学校体系。这些学校以新颖的校舍、课程内容、教学方式、活动仪式等打开了国人眼界,并令国人逐渐体会到其有益,从而接受、崇尚甚而主动仿效。1850年,美国公理会传教士裨治文夫人创办裨文女塾,是为上海第一所女子学校;1851年,美国传教

---

① 本部分所提出的示范效应、即时效应、间离效应、辐射效应,受到熊月之先生的启发。他在《东方的世界,西方的上海》的演讲中,提出上海城市发展的四个效应:示范效应、缝隙效应、孤岛效应、集聚效应(见《上图讲座》月刊,2014年第3期)。

士琼司女士创办文纪女塾;1861年,美国长老会传教士范约翰夫妇开办清心女塾;1881年,裨文、文纪两女校合并为圣玛利亚女校;1892年,美国监理会传教士林乐知、海淑德等发起创办中西女塾……女子学校接二连三地开办,这样的办学实践自然会对中国人产生示范性影响,国人所办第一所近代女子学校务本女塾诞生在上海并非偶然。1852年,西班牙建筑雕塑家范廷佐(Jean Ferrer)在土山湾孤儿院创立土山湾画馆,从孤儿院中挑选学生学习西洋雕塑、绘画,以培养宗教艺术人才。这是中国最早的西洋美术传习机构,1907年出版了中国最早的美术教科书。1912年,该画馆的毕业生张聿光、丁悚(漫画家丁聪之父)和刘海粟等人共同创办了上海美术专科学校,这是中国第一所美术学校。亲身感受到西方新式教育的优越性,主动地仿效和追求,成为上海人的自觉行动,开风气之先就是自然而然的事了。

第二,是即时效应。对新鲜事物的接受和学习表现得十分敏感、迅速,追求时尚成为上海城市的风气。将西方国家的最新发明创造引入上海,最初是从生活在上海的外国人开始的。当西方国家有了电灯,上海马上就有了电话、电报乃至服装、时尚……无不如此。影响所及,也逐渐养成上海人喜好追逐新鲜事物的习惯,并从关注日常生活发展到关注文化教育。西方国家出现的教育新创,时隔未几,就会出现在上海,几乎可称同步,是所谓即时效应。1918年,美国教育家克伯屈(William Heard Kilpatrick)在前人基础上提出设计教学法。当实验还在进行中时,体现"设计"理念的一些教学法探索就已经在上海、南京等地一些小学里进行。如在1917年前,上海的万竹小学、江苏省一师附小、南京高师附小等校就开展了"联络教材"的教学改革试验。当1919年俞子夷在南京高师附小正式开始设计教学法试验后,上海也是积极试验的重点地区。1920年,美国教育家帕克赫斯特在马萨诸塞州道尔顿中学试验一种个别教学方法,即道尔顿制,1921年,《教育杂志》《中华教育界》就刊文予以介绍。1922年10月,舒新城在中国公学中学部率先开展道尔顿制试验,由此影响全国。而此时,距道尔顿制在美国正式问世也只两年多。尽管后来上海的舒新城和南京的廖世承都对各自的道尔顿制试验作了反思,教育理论界和实践界也都对骤然而起的"道尔顿制热"提出批评,但对国际最新教育发展动态几乎是同步作出学习和引进的反应,确实表现出上海教育一种特别的敏感,这也成为上海教育求新求变、勇为人先的原因。

第三,是间离效应。作为历史地形成的五方杂处之地,上海的城市自然生态和社会生态本就有一种间离效应,即不同籍贯、区域、文化、民族的个体和人群可以在此共处,自行其是而能相安无事。尤其是在相对独立的租界治理格局形成之后,一国之中存在着不同的社会制度、价值观和治权,这就更加造成了社会的间离状态,而这种状态又成了产生新思想、新事物的有利空间。对洋务教育和维新教育都产生过重要影响的早期改良派思想家代表冯桂芬、王韬、郑观应,都是通过上海租界的报刊发表对政府和社会改革的意见,他们关于改科举、采西学、兴学校、育人才的主张,在清政府地方当局和一些思想保守者眼里颇显得危言耸听、蛊惑人心,却能在租界报刊上发表,不仅见容于上海特殊的环境,且能广为流传,对民众产生启蒙影响。20世纪初年,资产阶级革命派开展革命教育活动同样得益于上海特殊的城市空间环境。蔡元培等人通过集会、演说、刊文宣传革命教育,通过组织教育会和学校培养革命人才,只是多次被租界当局传讯;邹容、章太炎等人刊文抨击专制教育,酿成《苏报》案,虽因清政府压力而被判刑,却未致杀身。20年代恽代英、杨贤江在上海著文阐述历史唯物主义教育,宣传革命的青年教育,也都与当时相对松动而并非"铁板一块"的社会环境有关。正是这种因间离而造成的相对宽松的社会环境,成为新教育思想和教育新事物得以产生和生存的理想土壤。

第四,是辐射效应。上海作为商业城市,人们从四面八方汇集而来,又四散开去;尤其是开埠后成为一个国际化都市,上海城市的流动性与旧时不可同日而语。城市流动性带来的一个结果便是信息量的急剧增加,这使上海事实上成为一个信息"高地"。近代以来,有关教育的新信息不断地从海外汇聚于上海,又向上海周边地区乃至距离更远的内地发散出去,即为辐射效应。明代,西方科技知识就已经在上海传播,大学士上海人徐光启与利玛窦等传教士合译《几何原本》(前六卷)等西方科学书籍。在中断传播西方文化200多年后,1843年上海第一个翻译西书的机构墨海书馆成立,之后又有美华书馆(1860年)、江南制造局翻译馆(1868年)、格致汇编社(1876年)、益智书会(1877年)、广学会(1887年)等译书机构出现,它们大多译介科技西书,也翻译西方史地、时政书籍。据徐维则《东西学书录》、梁启超《西学书目表》等书统计,在20世纪之前,全国总共翻译出版西学书籍556种,上海就有434种,占77.4%。① 这其中,有299种是自然科学书籍,很多学科是第一次引入中国,如伟烈亚力与李善兰合译《几何原本》(后九卷),使这部古希腊数学名著的中译本得以完帙,《代微积拾级》第一次引入了解析几何和微积分②……正因为上海引进西学书籍屡屡开新,也就难怪《奏定大学堂章程》在关于课程的说明中,会向学校推荐上海各书馆出版的教材了。上海教育辐射效应的事例不胜枚举,而辐射效应又反过来推动上海教育的不断开放、探索和求新,继续着先行之路。

民国初年,上海人姚公鹤曾说过:"上海与北京,一为社会中心点,一为政治中心点,各有其挟持之具,恒处对峙地位。"③其所谓社会中心,是指社会活动、文化活动而言。100多年过去了,上海在中国的发展中贡献颇多,在文化建设方面的可圈可点之处亦复不少,尤其是在教育的整体改革和发展方面,更是深得世人首肯。上海教育的表现是与上海显得"另类"的文化互为表里的。

由于迄今未见有完整的上海教育历史著述,本书可称草创之作。全书分为四卷,尝试展现一部相对完整的上海教育历史。论述的时段始于远古,终于2002年。未将上海教育的历史书写至当下的缘由,是希望让历史有一些沉淀,让还在进展的事业有一个相对的结果,可能会更容易把握和评说。四卷的分段:第一卷为古代至辛亥革命,第二卷为民国建立至1949年,第三卷为中华人民共和国建立至1976年,第四卷为1976年至2002年,分别由王伦信、黄书光、蒋纯焦、金忠明负责编写。原计划古代部分单独成卷,但因史料不足的缘故,单独成卷显得与其他四卷相比篇幅失衡,遂将古代部分合并于第一卷。四卷书的内容安排似乎显出我们对上海教育历史的把握有些厚古薄今,但这确实可以反映上海教育发展的实际情形。

---

① 原文如此,实际应为78.1%.
② 施宣圆.上海700年[M].上海:上海人民出版社,2000:369.
③ 姚公鹤.上海闲话[M].吴德铎,标点.上海:上海古籍出版社,1989:50.

十分感谢原上海市教育委员会主任张伟江教授！感谢他在任时独具学术眼光地提出研究和撰写上海教育史的意见，并通过有关管理部门专门为此书的撰写立项。我们曾经多次访问他，听取他对项目工作的意见，而学者出身的他，虽然早年所学专业既非教育，也非历史，却每每能够对此书的研究和撰写说出切中要害之语。如：考虑到不同历史阶段的教育历史的不同情形，尤其是去时未远的人民共和国上海教育的历史，事未竟，人尚在，把握、评说确有不易和不便处。针对我们的困惑，他提出了一条对我们的工作影响至深的建议：越古远，越像史；越近前，越似志。这就启发我们灵活地确定和把握了各卷的编写原则。之后，他虽离开教委主任岗位，却始终关心我们的工作，不时垂询。可以说，没有他的多方关照，就不会有此书的问世。事实上，我们始终也是将他视为课题组的一员。

十分感谢原上海市教育委员会办公室、上海教育史志办负责人赵关忠老师！由于他的信任，我们才荣幸地获得编写《上海教育史》的重要任务。在之后几年里，赵老师时时督促，处处帮助，为我们提供了诸多条件和保障，而他的热情鼓励则成为我们克服困难的勇气和动力。尤其需要记住的是，由于他对上海教育的人与事的谙熟，常常给予我们的写作以精到的指点，如果不是他，我们还不知会有多少外行之语！

十分感谢上海教育出版社原党委书记袁正守老师！由于她的信任和坚持，《上海教育史》得以在上海教育出版社立项，还给予我们以项目资助，使我们的研究和撰写工作没有后顾之忧。十分感谢上海教育出版社教育编辑室资深编辑黄强华老师！本书因篇幅较大，费时过长，前期的编辑工作都是由他精心在做，对我们督促、帮助良多。十分感谢上海教育出版社副总编辑袁彬老师！本书后二卷因事关当代，所牵涉的人与事颇多敏感之处，编辑、审读、修改也就颇多周折，由于她的耐心、细致和周到，使书中诸多问题一一得到妥善解决。先后承担编辑工作的还有南钢和周晟老师，没有他们的工作，就不会有现在呈现在读者面前的《上海教育史》。

《上海教育史》是华东师范大学教育学系教育史教研室的一项集体研究成果，各位同仁不计得失，尽心尽力，为上海教育留下了一份可览、可学、可鉴的历史记录,也留下了一份同事合作的美好记忆和珍贵纪念。谢谢大家!

尽管我们自以为本书的写作是尽心的,但不当、不周、不确、不是之处一定还会存在,如果读者、方家、前辈能不吝赐教,那就是我们的幸运了!在此,先致谢忱!

杜成宪

于华东师范大学教育学系

2013年10月初稿,2014年4月二稿,6月改定

CONTENTS 目录

本卷前言 ›1

第一章 古代上海教育的发展 ›7

第一节 脱离蛮荒：古代上海教育的发端 ›7
一、从考古发掘看远古上海教育 ›7
二、春秋战国吴、越、楚文化的交融 ›9
三、文化世家云间陆氏的兴起 ›13
四、唐代上海地区的开发与教育 ›18

第二节 世风丕变：古代上海教育的初晖 ›20
一、崇文尚儒风气的形成 ›21
二、学校系统渐次设立 ›22
三、宋元时期上海的科举 ›29
四、杨维桢与王逢 ›31

第三节 迅速崛起：古代上海教育的繁荣 ›33
一、明代上海的经济与文化 ›33
二、地方官学颇具规制 ›36
三、书院在沉浮中绵延 ›40
四、蒙学教育兴旺发达 ›41
五、明代上海科甲之盛 ›45
六、归有光、董其昌和徐光启 ›47

第四节 东南文教中心：古代上海教育的鼎盛 ›51
一、清代上海开埠前的经济与文化 ›52
二、地方官学蔚然可观 ›55
三、书院持续兴盛壮大 ›60
四、蒙学日益遍设普及 ›64
五、清代上海科举的起伏 ›68

六、王鸣盛与钱大昕　　›69

第二章　开埠与上海教育的近代转折　›75

第一节　传统教育的延续与变革　›76
第二节　上海早期的教会学校　›83
第三节　西学教育观念的孕育　›94

第三章　洋务教育在上海　›99

第一节　上海洋务教育发展概况　›100
　　一、上海的洋务学堂　›100
　　二、上海与留美幼童的派遣　›104
第二节　上海广方言馆　›107
　　一、创立与变迁　›107
　　二、课程、教学与管理　›110
　　三、特色与成就　›114
第三节　"中体西用"教育思想在上海的发展　›118
　　一、冯桂芬的《采西学议》与"中体西用"
　　　　思想的发端　›118
　　二、沈毓桂的《救时策》与"中体西用"
　　　　思想的定调　›121
　　　附：上海广方言馆历任总办、监院、教习、
　　　　学生可考名单　›124

第四章　教会教育的扩张　›135

第一节　上海成为教会教育的策划和组织中心　›135
　　一、第一次在华基督教传教士大会及"学校
　　　　与教科书委员会"　›135
　　二、第二次在华基督教传教士大会与"中华
　　　　教育会"　›141
第二节　教会学校的进一步发展　›146

一、教会学校的新趋势　　›146
　　二、新设教会学校举例　　›153
第三节　教会学校办学层次提高的个案：
　　　　从圣约翰书院到圣约翰大学　　›161
　　一、发展概况　　›161
　　二、办学特色　　›172
第四节　《万国公报》与近代教育和学制观念
　　　　的输入　　›179

第五章　西学的译介与传播　›187

第一节　西学翻译出版机构的发展　　›188
　　一、晚清上海西书翻译出版机构概况　　›188
　　二、墨海书馆　　›192
　　三、江南制造局翻译馆　　›197
　　四、广学会　　›202
第二节　沪译沪版西书　　›207
　　一、种类丰富齐全，内容与时俱进　　›207
　　二、数量冠首，辐射全国　　›217
第三节　新型知识分子的汇聚地　　›230
　　一、西儒的东来及其影响　　›230
　　二、中国近代新型知识分子的集聚　　›231

第六章　租界当局与外侨的办学活动　›235

第一节　租界的扩展与租界当局的办学活动　　›235
　　一、租界的发展与教育管理　　›235
　　二、租界当局的办学活动　　›240
第二节　格致书院——中外合力的结晶　　›246
　　一、创立、沿革与规制　　›246
　　二、办学特点　　›251
第三节　其他外侨学校　　›256
　　一、东亚同文书院　　›257

二、同济德文医学堂　　›260

第七章　非正规教育与公众文化教育设施的发展　›265

第一节　晚清上海非正规教育活动概貌　›266
　　一、晚清上海外语类非正规教育活动　›267
　　二、晚清上海非外语类非正规教育活动　›273
第二节　晚清上海非正规教育发展的特点　›286
　　一、非正规教育机构的种类构成　›286
　　二、非正规教育活动的时间分布　›287
　　三、非正规教育活动的地域分布　›289
　　四、非正规教育活动中的教习来源　›289
　　五、晚清上海非正规教育的整体特征　›292
第三节　大众传媒与公众文化设施的发展及其教育意义　›293
　　一、近代大众传媒系统的发展及其新学传播价值　›293
　　二、图书馆与博物馆等公共文化设施的建立及其教育意义　›296
　　附：《申报》非正规教育活动广告辑览　›303

第八章　维新运动中的上海教育　›319

第一节　维新教育思想在上海的发展　›319
　　一、上海与维新教育思想的孕育　›319
　　二、《变法通议》与梁启超的维新教育理论体系　›323
第二节　维新教育实践活动　›330
　　一、兴办学会，发行报刊　›330
　　二、三等公学与育材书塾　›336
　　三、南洋公学——国人对三段式学校模式的最早实践　›340

四、经正女学及其对女子教育的开创性意义　　›344
　　　　附：中国女学会书塾章程　　›347

第九章　清末"新政"期间上海教育的发展　　›349

第一节　新式学堂的发展　　›350
　　一、中小学堂　　›350
　　二、高等学堂　　›367
　　三、实业学堂、师范学堂与其他专门学堂　　›373
　　四、女子学堂和幼稚园　　›380
　　五、清末"新政"期间上海教育的特点　　›383

第二节　《教育世界》——中国最早的教育专业刊物　　›386
　　一、《教育世界》概观　　›386
　　二、译介日本学制章程，为清末学制的制定提供蓝本　　›389
　　三、应和"新政"教育发展节律，指点"新政"教育改革　　›391
　　四、译介西方教育著作，输入西方教育学科和思想理论　　›398

第三节　商务印书馆与清末教科书　　›402
　　一、商务印书馆出版教科书的背景　　›402
　　二、清末商务印书馆出版的教科书　　›404
　　三、商务印书馆编写教科书的特点　　›406
　　四、商务印书馆编印出版新式教科书的历史影响　　›411

第四节　清末资产阶级革命教育的中心　　›411
　　一、中国教育会、爱国女校和爱国学社　　›412
　　二、出版发行革命书报，宣传革命思想，提倡革命教育　　›414

主要参考文献　　›421

本卷前言

本卷叙述清王朝结束前上海教育发展的历史，并以晚清上海教育的变革为重点考察对象。

上海位于长江冲积三角洲的最东缘，在多源性的中华传统文明的形成格局中，上海是江南古文明的重要组成部分，春秋战国时期属吴越文化区，并受到楚文化的深刻影响，以后又经历多种文化的激荡与融合，特别是在中原主流文化的辐射影响下，逐渐孕育出具有自身特点的地区文化，显现出区域优势，明清时期已成为东南地区的经济和文教中心之一。教育支撑着上海脱离蛮荒，融入主流文化，直至独领风骚，在上海古代社会发展中发挥了传承文明、改良风俗、培育英才的重要作用。

鸦片战争后，上海成为近代中国第一批对外开放的通商口岸。由于地扼大陆海岸线的中部，并得襟江带海之利，上海迅速超越其他口岸而发展成为与海外交流最为频繁的港埠。伴随商品的进出转运和人员的往来，大量关于西方近代科学和工业文明的信息也通过机器的引进与使用、图书的翻译出版以及教会办学等不同形式输入进来，并向内地扩散，这使上海成为东西方文化碰撞融合的交汇点。

晚清的上海也是一个不断汇聚外来人口的移民城市。在上海，英、法等西方列强开辟了中国近代史上最早、面积最大的租界，上海成为外侨人口不断扩张的聚居地。这片象征近代中国半殖民地命运的屈辱之地，由于其"国中之国"的特殊地位，在动荡的岁月里反而成为一块相对安全的区域，每逢战乱，则成为上海人口急遽增长的时期。1860年前后，当江南富庶之地成为太平军和清军交战的重要战场时，上海租界已成为大量逃难人口的"避难所"；1900年，在义和团运动和八国联军入侵之际，又有大量北方人口流入上海。五方杂处，东西相接，不同观念和思想的激荡成为晚清上海教育改革的文化活力源泉，也是形成上海教育海纳百川的开放性格的重要因素。

由于得西学风气之先，上海在清末学制颁布之前，已逐渐引入西方三段制学制的办学实体，中西两种教育系统在较为自然的状态下共存过一段时间，这给两者之间的撞击交融留下了相对从容的磨合期。不像内地的很多地方，新旧教育的过渡宛如发生在制度转轨的瞬间。因此在上海，我们可以比较清晰地看到中国近代教育逐渐由以民族文化为中心的封闭型向与世界文化交流的开放型转变的过程。

本卷共九章，大致按两种思路设计章旨。第一种是以上海教育发展的阶段性特征为依据，以凸显上海教育发展与时俱变以及与中国社会和教育的全局性变革相契合的主线，包括第一、二、三、八、九等章。第二种是对晚清上海教育的某些方面进行专题性考察，选择标准或是教育举办主体，或是教育活动的类型等，包括第四、五、六、七各章。同时，我们在叙述时尽量注意不同阶段和主题之间的联系与交叠关系。下面就各章的主旨、线索作一简要的说明。

第一章，古代上海教育的发展。根据考古发现，上海地区早在6 000—3 500年前就先后出现了马家浜文化、崧泽文化、良渚文化、马桥文化等古文化，并留下了上海先民传播生产生活技能的教育活动遗迹。春秋战国以降，吴越文明在与中原文明的长期交流中不断发展，到魏晋时期，出现了以云间陆氏为代表的士族大家，文化世家的出现是教育取得成效的重要表现。上海有文献记载的学校出现在北宋元祐年间，之后上海的社会经济和文化教育都得到快速发展，到明清时期已一跃而为"东南壮县"，文教之盛不下邹鲁。对于宋以后上海教育发展的情况，本章主要从学校发展、科举表现和重要文化教育人物三个维度分阶段进行了考察。深厚而富有特色的古代上海教育为近代上海教育的发展奠定了基础。

第二章，开埠与上海教育的近代转折。1843年上海开埠后，随着城市地位的提高和人口的遽增，以上海县学、书院以及官私学塾为代表的传统学校在规模上并没有减小，反而有所扩大。同时，分布于租界内外的诸多教会学校建立起来，形成了不同于传统教育的另一个教育系统。到19世纪70年代以后，官学和书院也悄然发生了变化，表现为经世致用思想的抬头，个别书院开始重视实学和西学内容，出现了像正蒙书院那样对课程设置进行较全面的近代改革的学校。更重要的是,一些先行接触西学的传统知识分子,如王韬、冯桂芬等人,明确提出了改革传统教育、引进西学的要求,一些就学于传统学校的士子也对西学有了较广泛的涉猎和较深刻的认识。

第三章,洋务教育在上海。上海是洋务运动的中心城市之一,洋务运动中,上海先后创办了上海广方言馆、上海电报学堂等多所洋务学堂,其中,上海广方言馆是仅晚于京师同文馆设立的中国第二所洋务学堂。在洋务留学活动中,上海也扮演了极其重要的角色。1868年,容闳在上海拟定了派遣幼童留美的初步计划并寄给江苏巡抚丁日昌。当1872年这一计划付诸实施时,上海便成为留美幼童出国前的考选培训基地,江海关更是承担了幼童留美的经费和主要管理事务。另外,"中体西用"作为洋务派的思想体系和洋务教育的指导思想,虽然因张之洞撰《劝学篇》而得到系统阐发,但它的发端和定型则是在上海。19世纪60年代,冯桂芬在《采西学议》中建议"以中国之伦常名教为原本,辅以诸国富强之术",初步揭示了"中体西用"思想中"中学"与"西学"的内容及其相互关系。1895年沈毓桂在《救时策》(又名《匡时策》)一文中第一次用"中学为体,西学为用"概括了洋务派三十余年中关于中学与西学关系的思考,成为一时的流行语。

第四章,教会教育的扩张。就全国范围而言,第二次鸦片战争结束后的19世纪60年代,教会学校随新的通商口岸的开辟迅速向内地扩张,数量急遽增加。而对于上海来说,则由于传教士把精力转向内地,教会学校的发展反而进入到一段相对沉寂的时期。1877年在上海召开的第一次在华基督教传教士大会,给上海的教会教育带来了新的变化,一些新的教会学校相继建立,原有的教会学校规模得到扩充。通过传教士大会及其相关机构的活动,上海成为晚清数十年在华基督教教会教育的策划和组织中心。1877年以后,教会学校在向制度化发展和提高办学层次的同时,办学目标也出现了向世俗化靠拢的倾向。在上海教会学校的发展过程中,圣约翰书院发展为圣约翰大学的历程堪称典型个案。与此同时,以传教士为主要撰稿群体的《万国公报》及其前身《教会新报》,也成为介绍西方教育和推动中国实施西方教育制度的重要媒体。

第五章，西学的译介与传播。从今人的立场看，西学书籍的译介、出版和传播是一种普通的文化活动。但在鸦片战争后，对于经历长期闭关锁国，不了解西学基本常识的中国人来说，这些活动无疑超越了一般文化传播的意义，具有重要的大众教育功能。上海自开埠以后，通过以墨海书馆为中心进行西学译介出版活动，逐渐成为晚清西学传播的最大基地。值得关注的是，这些活动集聚了一批以此为主要职业的西方学者，也培养了一批了解西学的本土知识分子，其中有些人已成为上海新式学堂的重要师资力量。

第六章，租界当局与外侨的办学活动。晚清，外国人在上海的办学活动大多系教会所为，但也有不少例外。这些学校与教会学校的区别在于，不由教会组织管理和提供经费，最初由个人或团体发起创办，但逐渐接受租界当局或当事人国家相关机构的管理和资助，有些学校，华人甚至中国官方也有不同程度的参与。在招生对象上，学校或专招侨民子女，或侨华兼招，或以华人为主。晚清沪上著名的格致书院是此类学校中较为特殊的一所，在上海近代早期科技教育和大众科技文化传播中发挥了重要作用。它由外侨发起创办并设立于公共租界，但华人在其经费筹措、管理等方面都扮演了重要角色。清末上海外侨办理的比较著名的学校还有日本人办理的东亚同文书院、德国人办理的同济德文医学堂等。

第七章，非正规教育与公众文化教育设施的发展。除正式学校外，晚清上海还出现了大量以专门培训、临时补习、夜校等形式存在的非正规教育活动。这些非正规教育活动一般由个人自主办理，存废无常，具有形式灵活、针对性强、目标明确等特点，课程单一并多以外语教学为主，少数也学习格致、账簿、照相等基础西学和实用技能。由于这类教育活动零星分散，很少留下系统的记录，但通过当时报刊登载的大量招生广告和启事等，我们仍可以获得关于此类教育活动的丰富信息。晚清上海的报刊如《申报》《格致汇编》，以及图书馆、博物馆等公众文化设施在新学传播中发挥了重要作用，具有正规学校所难以实现的大众教育功能。

第八章，维新运动中的上海教育。上海是晚清西学东渐的枢纽和新学人才的荟萃之地,早期改良派的重要代表人物王韬、郑观应、马建忠等都有在上海长期生活的经历,康有为、梁启超等维新巨子也大多游历过上海,直接受到上海这种东西交汇的文化环境的影响。因此,当甲午中日战争失败促使早期改良思潮演变为声势浩大的维新变法运动的时候,上海很自然地成为维新运动最活跃的地区之一。特别是梁启超,他亲自坐镇上海,在《时务报》上发表的改革教育的系列文章,成为阐述维新教育思想的最系统的文字。维新派通过成立大量的学会,创办报刊,使上海一时成为维新运动的思想、文化中心。在维新教育观念影响下创办的南洋公学,是国人对三段式学校模式的最早实践,而由经元善等人发起建立的经正女学,则是近代第一所由国人自办的正规女子学堂,这显然对催生中国近代学制,打破女学禁锢具有重要意义。

第九章,清末"新政"期间上海教育的发展。自开埠后,上海在新式教育观念与实践方面一直领风气之先。清末拟行"新政"、颁布兴学诏书后,上海成为响应最热烈的地区之一,特别是在清末学制颁布以后,各级各类新式学堂蓬勃兴起。1901年创刊于上海的《教育世界》是我国最早的教育专业刊物,它成为"新政"期间宣传教育政策、介绍国外教育法规与文献、引进西方教育学说的重要窗口,为清末教育改革提供了强大的理论支撑。而成立不久的商务印书馆此时则以编写、出版、经营新式中小学教科书为主要业务,成为清末学制颁布到辛亥革命期间全国新式学堂教科书最重要的供应基地。另外,一些对清政府彻底失望的革命党人如蔡元培、章炳麟、章士钊、邹容等,也汇聚上海,从事形式多样的革命宣传和教育活动,他们创办学校,成立学会,直接培养反清革命人才,上海一时成为清末资产阶级革命教育的中心。

本卷由王伦信整体负责,根据总主编确定的编写原则和思路完成本卷的编写提纲。各章分工如下:第一章由蒋纯焦、李屏编写;第二、三、四、六、八、九章由王伦信编写;第五章、第七章和第九章第三节依次由许琼、李世宏、樊冬梅提供初稿,由王伦信统稿。另外,韩静、刘莲花也做了部分资料的查阅和核校工作。

对晚清上海及其教育史的研究,学者们已做了不少筚路蓝缕的开创性工作,如熊月之的《西学东渐与晚清社会》及关于近代上海史的诸多论著,陈科美、金林祥主编的《上海近代教育史(1843—1949)》等,还有许多学者的相关论述。对于已有的成果,本书在编写中多有参考和采撷,在此致以深深的感谢。对所参考的成果,编者虽尽力注明,但恐难免遗漏,若此则务请见谅,并诚致谢意。

王伦信

2015 年 5 月 30 日

第一章

古代上海教育的发展

作为现代化大都市,上海的辉煌始自晚清开埠以后。但作为中国传统的人文荟萃之地,上海同样有着悠久而灿烂的历史,其文化积淀是相当深厚的。古代上海教育以自己独特的风格和魅力,在中国古代教育史上占有一席之地。

据考古发掘,上海地区早在6 000—3 500年前就先后出现了马家浜文化、崧泽文化、良渚文化和马桥文化等古文化,那时的上海先民已经开始探索传递文化的教育活动。到魏晋时期,"云间文化"兴起,表明古代上海教育已初见成效。北宋元祐年间,上海出现了有文献记载的学校,文化教育开始快速发展。到明清时期,整个江南地区已成为全国的经济文化中心,上海的区域优势进一步凸显,一跃而为"东南壮县",文教之盛不下邹鲁,某些方面甚至独领风骚,超过了全国其他地方。

近代以来,上海能够在中国历史发展中独树一帜,既得益于其得天独厚的地理条件,也与其自古代以来形成的文化教育发展特色分不开。可以说,古代上海教育不但为上海地区文化的传承作出了重要贡献,也为近代上海教育的发展奠定了基础。

第一节 脱离蛮荒:古代上海教育的发端

中国文化的源头在中原地区,然后逐步向周边辐射扩散。古代上海在很长一段时间属于边远地区、蛮荒之地。春秋战国时期,天子失官,学在四夷,文化重心在社会阶层中不断下移,在地理区位中不断扩散,上海开始受到中原文化的浸染,在社会动荡中孕育着自身的文化种子。到魏晋南北朝时期,上海与中原地区和周边地区的交流进一步加强,具有地方特色的"云间文化"逐渐兴起。至唐代,上海地区兴筑捍海塘,经济开发与文化发展齐头并进。

一、从考古发掘看远古上海教育

大约200万年前,中华大地已有远古人类出现,而上海地区在远古时期曾是一片汪洋。沧海桑田，几经变迁，距今6 000年前，今上海地区西部已经成陆。海岸线大致从江苏常熟的福山，经过太仓，进入上海地区，在嘉定外冈、青浦徐泾、闵行马桥、奉贤邬桥、金山漕泾一线附近。大约不迟于6 000年前，上海地区已有先民生息、劳动、繁衍。① 根据杨贤江"自有人生，便有教育"的观点，有人类存在，就有教育活动，上海教育的历史也就从此开始。原始先民在上海地区活动，需要共同进行生产劳动，需要将不断积累的劳动经验和生活经验传授给下一代，也就产生了原始的教育活动。原始教育的方式是身教与言传，内容主要包括劳动工具的制造和使用、火的控制与使用、狩猎技术和经验、采集食物的技术和经验、生活规范的遵守、语言的使用等等。② 如《尸子》云："伏羲之世，天下多兽，故教民以猎。"《周易·系辞》记载："包牺氏没，神农氏作，斫木为耜，揉木为耒，耒耨以利，以教天下，盖取诸益。"

对上海地区早期历史与文化的探讨，有赖于现代考古发掘。目前在上海境内已发现的古文化遗址有20余处，包含三种早期文化类型：马家浜文化（距今5 985±140年）、崧泽文化（距今5 180±140年）、良渚文化（距今4 505±145年），以及稍后出现的马桥文化（距今3 730±150年）。③

马家浜文化是以浙江嘉兴的马家浜遗址命名的，主要分布于长江下游和浙北平原。从年代来看，马家浜文化相当于中原地区的仰韶文化。在上海的马家浜文化遗址中，出现了骨耜，动物骨骼极多，说明人们的生活已由简单的渔猎采摘，逐渐向以畜牧和农业为主的生产方式转化。④ 生产方式的进步，使劳动技能日趋精细复杂，生产经验日益丰富，社会生活更加多彩，这样，传授生产和生活经验的教育活动也就显得格外重要。

崧泽文化是以上海境内的青浦崧泽遗址命名的，主要分布于长江三角洲，年代相当于北方大汶口文化中早期、仰韶文化庙底沟类型时期和大河村类型前期、杭州湾南岸河姆渡文化第三期。崧泽文化是一种以农业和畜牧狩猎为主要生产活动的原始文化，农业以种植水稻为主。崧泽文化时期的手工业技术较马家浜文化有所进步，制作的石器、骨器、玉器、陶器等各种生产、生活用具，无论是数量、质量，还是品种、形纹，都有了全面提高。⑤ 崧泽文化的出土文物极富艺

---

① 唐振常，沈恒春.上海史[M].上海：上海人民出版社，1989：2.
② 孙培青.中国教育史（第三版）[M].上海：华东师范大学出版社，2009：2.
③ 黄宣佩，张明华.上海地区古文化遗址综述[M]//上海博物馆集刊编辑委员会.上海博物馆集刊（1982）.上海：上海古籍出版社，1983：211.
④ 熊月之，马学强.上海通史·古代[M].上海：上海人民出版社，1999：2.
⑤ 同上：4—5.

术性,说明人们的生活质量有所提高,聪明才智大有进步。

良渚文化是以浙江余杭良渚遗址命名的,分布的中心地区为太湖流域。上海地区已发现良渚文化遗址共有十多处,分布在闵行马桥,金山亭林,青浦福泉山、寺前村、果园村和金山坟,松江广富林等处。良渚时期的生产工具以磨光石器为主,种类很多,出现了磨制精细的大型三角犁,说明农业已成为良渚文化的主要经济活动。① 上海良渚文化遗址发现了多处墓地,从随葬品种类在数量上的差异,反映出当时社会结构已开始分化,出现了不同的阶层,并形成了一定的礼仪制度,从而为教育的进一步发展奠定了社会基础。良渚文化中有鸟图腾的痕迹,玉器中有大量的鸟形玉饰,表明使年轻人学会绘制图腾,向他们讲解有关图腾的神话故事和禁忌,是重要的氏族传统教育。② 尤为重要的是,良渚文化中出现了原始文字,表明上海地区原始教育的发展已经达到了一个很高的水平。"文字的产生,文字教学的需要,不仅对学校的产生起了重要的推动作用,对后来文化科学及社会发展也有重大促进作用。"③

马桥文化是以上海境内的闵行马桥遗址命名的,广泛分布于太湖流域。马桥文化石器品种增多,说明扩大农耕需要更多的工具。骨镞大批出土,说明渔猎和饲养业也有了新的发展。马桥文化中还出现了青铜工具,如铲、凿等,这是社会生产力提高的重要表现。④ 令考古学家困惑的是,"使用马桥文化原始文字的人群不像是单纯良渚文化人群的后裔。不仅良渚文化与马桥文化刻画原始文字的习惯部位不尽相同,更为重要的是,马桥文化原始文字的形体结构和表意方式都不比良渚文化更为复杂"。⑤ 由此引发种种猜测,留下了一个谜团。

二、春秋战国吴、越、楚文化的交融

夏、商、周三代,统治者主要在黄河流域中原一带活动,上海地处海疆僻壤,远离政治、经济和文化中心。约战国时写成的《禹贡》,将天下分为九州,将九州土壤分为九等,今陕西、甘肃一带的雍州最为肥沃,列上上等,为第一等;山东、苏北一带的徐州列上中等,为第二等;今上海地区所在的扬州列下下等,为最差的一等,所标土壤种类为"涂泥",意为土湿如泥。古时排水与灌溉技术不发达,先民无法有效利用沼泽地带的黏质湿土,故认为这种土壤肥

---

① 熊月之,马学强.上海通史·古代[M].上海:上海人民出版社,1999:9—10.
② 孙培青.中国教育史(第三版)[M].上海:华东师范大学出版社,2009:5.
③ 同上:9.
④ 熊月之,马学强.上海通史·古代[M].上海:上海人民出版社,1999:15—17.
⑤ 宋建.良渚文化向马桥文化的演化过程初探[M]//上海博物馆集刊编辑委员会.上海博物馆集刊(第5期).上海:上海古籍出版社,1990:63.

力最为低劣。①

春秋时期,吴国、越国先后在东南沿海地区崛起,分别以吴(今苏州)、会稽(今绍兴)为都城。"上海居南吴尽境,古为《禹贡》扬州之域。春秋属吴,后属越。"②南吴、北越,共同组成吴越文化区。"吴越二邦,同气共俗。"③"吴之与越也,接土邻境,壤交通属,习俗同,言语通。"④有关上海早期的历史,大多从吴、越说起。

吴国统治者的始祖吴太伯(亦作泰伯)、太伯弟仲雍,皆周太王姬亶父之子。二人为了避免王室内的权力争夺,礼贤让国,从中原来到东南沿海荆蛮之地。二人还入乡随俗,以表决心,"文身断发,示不可用"。"太伯之奔荆蛮,自号句吴。荆蛮义之,从而归之千余家,立为吴太伯。"⑤孔子对吴太伯让国一事赞赏有加,曰:"泰伯,其可谓至德也已矣!三以天下让,民无得而称焉。"⑥周武王克殷之后,感念太伯、仲雍之贤,求其后,得周章。周章时已君吴,因而就吴地封之。

吴太伯将中原先进的耕作技术和军事技术传入吴地,促进了吴地经济和社会的发展,尤其是推动了吴地城堡的建设乃至日后城市的出现。"数年之间,民人殷富。遭殷之末,世衰,中国侯王数用兵,恐及于荆蛮,故太伯起城,周三里二百步,外廓三百余里,在西北隅,名曰故吴,人民皆耕田其中。"⑦自太伯奔吴,历十九世,寿梦称王,吴国日益强大。寿梦元年(公元前585年)⑧属春秋末期。寿梦任用晋国派来的楚国之臣申公巫训练军队,接受了中原车战的战术,加上吴人原本就擅长水战,从而大大增强了吴的军事力量。其后,吴王阖闾(一作阖庐,古代"闾""庐"同音)任用楚人伍子胥、齐人孙武,使吴国达到鼎盛,"西破强楚,南服越人,北威齐晋",成为春秋时期的大国。

越国统治者相传为大禹之后,"禹以下六世而得帝少康。少康恐禹祭之绝祀,乃封其庶子于越,号曰无余。余始受封,人民山居,虽有鸟田之利,租贡才给寺庙祭祀之费。乃复随陵陆而耕种,或逐禽鹿而给食。无余质朴,不设宫室之

---

① 熊月之.上海通史·导论[M].上海:上海人民出版社,1999:11.
② 王韬.瀛壖杂志(卷一)[M].沈恒春,杨其民,标点.上海:上海古籍出版社,1989.
③ 越绝书·越绝外传记范伯.
④ 吕氏春秋·知化.
⑤ 史记·吴太伯世家.
⑥ 论语·泰伯.
⑦ 吴越春秋·吴太伯传.
⑧ 张觉.吴越春秋全译[M].贵阳:贵州人民出版社,2008:16.

饰,从民所居,春秋祠禹墓于会稽。"①越国到春秋时期逐渐发展强大,已成为一个能与吴、楚抗衡的国家。

越国由于地理位置在吴以南,更加偏离中原,受中原先进文化和先进技术的影响较吴为弱,更多地保留了野性文化的特征,国力也一直弱于吴国。关于这一点,越王勾践本人并不讳言,他曾对子贡说:"此乃僻陋之邦,蛮夷之民也。"②吴的上层人士对于周朝礼乐非常喜好,甚至精通周乐。据《左传·襄公二十九年》记载,吴王寿梦派四子季札出使鲁国,观赏鲁国宫廷特意为之表演的乐、舞,季札表现出极强的鉴赏能力,对每一种乐、舞都发表了精当的现场点评,令鲁人震惊不已。与吴国统治者熟悉周朝乐舞相比,越国统治者更善"野音"。据《吕氏春秋·遇合》载:"客有以吹籁见越王者,羽、角、宫、徵、商不缪,越王不善;为野音,而反善之。"这里的所谓"野音",实际上就是越国和中原由于文化差距而表现出的在音乐欣赏上的分异。

越与吴同气共俗,前面提到吴人"文身断发",于越亦然。《庄子·逍遥游》记载:"宋人资章甫而适诸越,越人断发文身,无所用之。"吴越之地多水,断发有一定的实用意义,短发、椎髻,使吴越人在水中劳动时,可以减少泅水的阻力,避免水草缠绕,以保生命安全。文身习俗则是图腾崇拜的一种表现形式,文身图案多是龙、蛇之形,以示自己是龙王的子孙,在长年与水的搏斗中可免除灾害,保佑生命安全。吴越人的文身工具以针、石块等尖锐的利器为主,"夫刻肌肤,镵皮革,被创流血,至难也,然越人为之,以求荣也"。③

从太伯让国奔吴、少康封子于越可以看出吴越文化与中原文化的早期交流。尽管地处蛮荒,吴越并非游离于国家政权之外,仍归属于中华文化大家庭。太伯和无余对于吴越人而言,属外人。太伯"文身断发",无余"从民所居",是尊崇吴越风俗,以求同化于吴越,反映出吴越文化经过漫长的积淀,已形成自己固定而独特的风格。但吴越人并不故步自封,他们能很快接受并归顺于外来的统治者。太伯、无余来自中原,具有王室血统,在当时堪称主流文化和先进生产力的代表。他们的到来,给吴越两地带来了先进的生产技术和中原文化,开阔了吴越人的眼界,打开了吴越与外界交往的大门,对吴越的发展具有重大影响,这又反映出吴越人很早就表现出兼收并蓄的开放性和包容性,善于接受外来文化。文化的传递和交流离不开教育,不管具体的形式和内容为何,都说明吴越

---

① 吴越春秋·越王无余外传.
② 越绝书·越绝内传陈成恒第九.
③ 淮南子·泰族训.

的早期教育活动得到了一定的开展,并且相当富有成效,在社会发展中发挥了重要作用。

春秋后期,吴越兵刃相见,战事连连。吴王阖闾五年(公元前510年),"以越不从伐楚,南伐越",一举攻下檇李(今浙江嘉兴境内),破坏了吴越之间的亲密关系。越王允常怀恨在心,于阖闾十年兴兵伐吴,趁吴军主力在楚,"越盗掩袭之"。① 夫差取得吴国太子之位后,四面攻伐,"吴以子胥、白喜、孙武之谋,西破强楚,北威齐晋,南伐于越"。② 越王勾践元年(公元前496年),吴王阖闾闻允常死,再次兴师伐越,不料在檇李惨败而还,阖闾也伤足而死。勾践三年,越兴兵伐吴,结果反败给吴王夫差。吴军乘胜追击,深入越境,勾践兵败后躲到会稽山上,派大臣向夫差求和,以九五之尊到吴国为奴三年,是为奇耻大辱。③ 勾践归国复位后,怀着满腔仇恨,苦身焦思,卧薪尝胆,誓报国耻。面对战争留下的满目疮痍,勾践"内修其德,外布其道",立下了"越十年生聚,而十年教训"④的基本国策,鼓励生育人口,重视人才培养,以为富国强兵作准备。

勾践招揽重用四方贤良,封楚人范蠡为上将军,文种为大夫,并学习楚国以及其他国家的先进经验,采用楚人计然鼓励农商的政策,使越国经济发展,国力增强。由于重视教育,招贤纳士,越国很快就恢复了元气,"内实府库,垦其田畴,民富国强,众安道泰"。⑤ 越王勾践七年归国,十五年就起兵伐吴,只花了八年时间,且一举攻进吴国都城,焚姑苏台。吴王"使人请成于越,勾践自度未能灭,乃与吴平"。⑥ 二十一年七月,越王复悉国中士卒伐吴。经过三年苦战,一雪前耻,于公元前473年灭吴,夫差伏剑自杀。"当是时,越兵横行于江、淮东,诸侯毕贺,号称霸王。"⑦

据《越绝书》记载,勾践灭吴后,曾迁都琅邪(今山东诸城),离中原越来越近,且与礼乐盛行的齐鲁为邻。《越绝书》还提及勾践迁都后与大教育家孔子的一次对话——居无几,躬求圣贤。孔子率弟子七十人,奉先生雅琴,治礼往奏。勾践出来迎接,问孔子:"唯唯,夫子何以教之?"孔子对曰:"丘能述五帝三王之道,故奉雅琴至大王所。"勾践喟然叹曰:"夫越性脆而愚,水行而山处,以船为车,以楫为马,往若飘风,去则难从,锐兵任死,越之常性也。夫子异则不

---

①② 吴越春秋·阖闾内传.
③⑦ 史记·越王勾践世家.
④ 左传·哀公元年.
⑤ 吴越春秋·勾践归国外传.
⑥ 吴越春秋·勾践伐吴外传.

可。"①于是孔子与众弟子辞去。这则材料虽有疑点,因为越灭吴是在公元前473年,而孔子去世是在公元前479年,但它表明越国即使霸业初成,尚与中原文化格格不入,孔子的那一套礼乐,在越国是行不通的。

勾践灭吴后,越国国力日盛,历六世,至无强,"越兴师北伐齐,西伐楚,与中国争强"。齐威王派使者游说越王,"于是越遂释齐而伐楚。楚威王兴兵而伐之,大败越,杀王无强,尽取故吴地至浙江,北破齐于徐州。而越以此散,诸族子争立,或为王,或为君,滨于江南海上,服朝于楚"。② 越为楚所灭,是在公元前306年(一说公元前333年),上海也因此并入楚国版图。

楚国以今湖南、湖北一带为中心,上海在楚国属边远地区。既在一国之内,自当受到楚文化的浸染;但又因其濒临海隅,影响应当有限。楚考烈王元年(公元前262年),以黄歇为相,封为春申君,赐淮北地十二县。后十五岁,黄歇言之楚王曰:"淮北地边齐,其事急,请以为郡便。"因并献淮北十二县,请封于江东。考烈王许之。春申君因城故吴墟,以自为都邑。③ 春申君黄歇在吴国故都修建城堡,治吴凡十四年,有所政绩。由于春申君为楚相,故其主要活动仍在中央政府,有关春申君与上海的故事,多系后人传说。但上海既在封地之内,春申君当负有开发治理之责;春申君到他的领地游历巡视、指导工作,也是完全可能的。相传黄浦江(又名黄歇浦)为春申君开凿,故名之以姓。④ 上海别称"申",即由此而来。今松江新桥镇春申村、嘉定黄渡镇等,都有纪念春申君之意。春申村现有春申君祠堂,堂内一组巨大的铜浮雕,展现黄歇带领民众治理、疏通黄浦江的情景。春申君祠堂的纪念碑上刻有颂诗:"春申治水,黄浦滔滔。陆逊封侯,华亭昭昭……"至今,民间还流传着一首儿歌:"嘟嘟嘟,嘟嘟嘟,爷娘去开黄浦江,回来又开春申塘,领头的爷爷叫春申君,住在倪村头黄泥浜。"

三、文化世家云间陆氏的兴起

公元前223年,楚为秦所灭。公元前221年,秦始皇统一六国。秦始皇统一全国后,确立郡县制。秦在吴越故地设会稽郡,领县二十四,治于吴(今江苏苏州),其辖境相当于今江苏省长江以南及浙江省、安徽省的一部分地区。上海

---

① 越绝书·越绝外传记地传第十.
② 史记·越王勾践世家.
③ 史记·春申君列传.
④ 此说并无确凿依据,黄浦江在战国时尚未形成,黄浦之名至宋代才出现。参见:熊月之.上海通史·导论[M].上海:上海人民出版社,1999:2—3.

地区大致在会稽郡的海盐、由拳、娄县境内。公元前206年,秦灭,刘邦建立汉王朝,承秦制。"海盐本秦县,汉因之,其后县城陷为柘湖,移于武原。"①刘邦在分封诸王时,考虑到吴越民风轻悍,乃封孔武有力的侄子刘濞为吴王。吴王濞在海盐县设立盐官,煮海为盐,后因谋反兵败自杀。三国时,上海属吴国,在孙权的经营下,"谷帛如山,稻田沃野,民无饥岁"。② 南朝梁天监六年(507年)分吴郡置信义郡,析娄县分置信义县。梁大同元年(535年)划信义县置昆山县。上海地区分处信义郡昆山、吴郡海盐和嘉兴三县。

秦朝虽短,但对中国历史的发展却具有重要意义,它以武力和强权进行中华民族与中华文化的大融合,打破了长期诸侯割据而形成的各民族、各地区之间的隔阂状况。秦朝统一文字、货币、道路等制度,为维护国家统一奠定了基础。秦朝在文化教育上,除书同文之外,还严禁私学,以法为教、以吏为师。汉代鉴于秦学术专制的覆辙,采取了相对宽松和自由的文教政策,"汉家自有制度,本以霸王道杂之"。③ 汉武帝采纳董仲舒"罢黜百家,独尊儒术"的建议,以儒学作为政治指导思想。从此以后,对儒家经典的研究和教育开始兴盛起来,学习儒经成为入仕的重要途径。④ 江南一带民风也由好武逐渐转向尚文。到六朝时,东南文教发展迅速,江浙学风大盛,建康(今南京)成为全国的学术中心,长江三角洲出现了东阳(今金华)、会稽、钱塘、京口、吴兴、吴县、晋陵(今武进)等一批学风繁盛之地。江南风气已与西汉时大不一样,儒生往往宽衣博带,崇文尚雅,甚至熏衣剃面,傅粉施朱。⑤

两汉在取士上实行察举制,但这种选士制度发展到后来流弊丛生,逐渐为地方势力所左右,造成权门世家的势力越来越大,以致出现了一些在政治上、经济上、文化上、教育上有相当影响力的强宗大族。如江东吴地在东汉后期出现了四大豪族,"吴四姓旧目云:张文、朱武、陆忠、顾厚"。⑥ 到三国时期,江东有文化的顾、陆、朱、张等家族和不以文化见称的次等士族孙氏结合,形成孙吴政权,世族地主势力得到进一步发展,"势利倾于邦君,储积富乎公室","僮仆成军,闭门为市,牛羊掩原隰,田池布千里"。⑦ 西晋灭吴之后,吴境强宗大族势力

---

① 熊月之,马学强.上海通史·古代[M].上海:上海人民出版社,1999:50.
② 三国志·吴志·孙权传.
③ 汉书·元帝纪.
④ 孙培青.中国教育史(第三版)[M].上海:华东师范大学出版社,2009:102.
⑤ 熊月之.上海通史·导论[M].上海:上海人民出版社,1999:13.
⑥ 《陆士衡文集·吴趋行》诗亦曰:"属城咸有士,吴邑最为多。八族未足侈,四姓实名家。"
⑦ 抱朴子·吴失.

并未因之消灭,洛阳政府又采取笼络吴地统治阶级的绥靖政策。① 上海地区最为显赫的是陆家,几乎垄断了上海人才的仕进之途。据清嘉庆《松江府志·选举》所载,汉至梁应察举如下:汉朝陆康,三国吴陆绩、陆瑁、陆祎,晋陆机、陆云、陆翰、陆煜、陆纳,梁陆倕、陆云公、陆襄。三国时期的陆逊,位至吴国丞相。豪族世家长盛不衰,且多有文名,说明文化传承呈现家族化,优质教育资源向少数家族集中,教育成效亦为这些家族所独享。

陆氏家族的兴盛,始于陆康。康字季宁,父陆褒,有志操,连征不至。陆康早年举为茂才,任高成县令(县治在今河北盐山县城东南),"以恩信为治,寇盗亦息,州郡表上其状。光和元年(178 年),迁武陵太守,转守桂阳、乐安二郡,所在称之"。后因直谏免官,归田里。"会庐江贼黄穰等与江夏蛮连结十余万人,攻没四县,拜康庐江太守。康申明赏罚,击破穰等,余党悉降。"②

陆康之子陆绩,字公纪,年少时即有令名,容貌雄壮,博学多识,星历算数,无不该览。六岁时,陆绩在九江谒见袁术。袁术以橘待客,陆绩暗中藏三枚于怀中。拜辞时,橘坠地,袁术调侃道:"陆郎作宾客而怀橘乎?"绩跪答曰:"欲归遗母。"术大奇之。孙策在吴,尝与群僚共论时局,有言四海未泰,须当用武治而平之。陆绩因年少坐最后,大声说:"昔管夷吾相齐桓公,九合诸侯,一匡天下,不用兵车。孔子曰:'远人不服,则修文德以来之。'今论者不务道德怀取之术,而唯尚武,绩虽童蒙,窃所未安也。"孙权当政,陆绩曾任郁林太守,加偏将军,统兵二千人,为巩固孙吴疆域立下了重要功勋。陆绩为政有年,虽军务在身,仍然精心研讨学问,著述不废,曾作《浑天图》,注《易》释《玄》。可惜才命相妨,年三十二卒。③

陆康的侄孙陆逊(183—245,陆康为陆逊的从祖父),字伯言,少孤无依,随陆康在官,后康"遣逊及亲戚还吴"。陆逊极有才干,孙权对他十分器重,以长兄孙策的女儿妻之。建安二十四年(219 年),孙权派吕蒙攻打据守荆州的关羽,吕蒙以陆逊作前部先锋。陆逊利用关羽志骄意满的弱点,用计袭取了公安、南郡,占据了荆州。这一仗解除了刘备对东吴政权西线的威胁,深得孙权的赞赏,拜陆康为宜都太守、抚边将军。基于陆康是华亭人,又特赐华亭侯。文献中关于"华亭"的记载,较早见于此。黄武元年(222 年),蜀吴爆发彝陵之战,刘备统帅大军沿江而下,誓报关羽被杀之仇。陆逊挺身而出,充任都督。陆逊见蜀军

---

① 万绳楠.陈寅恪魏晋南北朝史讲演录[M].合肥:黄山书社,1987:29—30.
② 后汉书·陆康传.
③ 三国志·吴志·陆绩传.

兵力强大,便使出疲敌缓兵之计,坚守壁垒七八个月,终不发兵。最后抓住战机,乘风纵火烧毁刘备百里连营,这便是历史上著名的"火烧连营"。刘备落荒而逃,大惭恚,曰:"吾乃为逊所折辱,岂非天邪!"不久饮恨病逝白帝城。陆逊因功改封江陵侯,从此名扬四方。赤乌七年(244年),陆逊代顾雍为丞相,颇有声望,时谓"伊尹隆汤,吕尚翼周,内外之任,君实兼之"。翌年,陆逊去世,由次子陆抗袭爵,陆抗官至大司马,领荆州牧。陆抗卒,子陆晏嗣。①

陆逊弟陆瑁,字子璋,少好学笃义。陆绩早亡,留下二男一女,回乡时只有数岁,陆瑁迎来摄养,至长乃别。州郡辟举,皆不就。嘉禾元年(232年),陆瑁拜议郎、选曹尚书,多次上疏直谏孙权,均未采纳。赤乌二年(239年),瑁卒。子喜,亦涉文籍,好人伦,孙皓时为选曹尚书,入晋为散骑常侍。瑁孙晔,字士光,至车骑将军、仪同三司。晔弟玩,字士瑶,器量淹雅,位至司空,追赠太尉。②

陆机(261—303),字士衡,陆逊之孙,陆抗之子,生于吴郡华亭谷(今松江泖湖一带),与弟弟陆云并称"二陆"。陆机早年居东吴,父亲陆抗,字幼节,是东吴的大司马。太康元年(280年),西晋统一江南后,陆机年不过二十,即携弟陆云回到华亭故里,沉浸于学问与创作,名重一方。"年二十而吴灭,退居旧里,闭门勤学,积有十年。"③

十年磨一剑,太康十年(289年),陆机、陆云迫于王命,应召来到京都洛阳。二陆到洛阳后,才名倾动一时。大臣张华素重陆机声名,一见面便说:"伐吴之役,利获二俊。"④意思是说,攻伐吴国,最大的收获是得到了你们两位贤俊。陆机兄弟在张华的竭力引荐下,开始结识当时的名宦文士。

太熙元年(290年),太傅杨骏任陆机为祭酒。陆机步入仕途后,便跌进了政治漩涡中。当时贾后专政,诸王互相倾轧,最终爆发"八王之乱"。这场长达十余年的内战,使社会陷入一片混乱,人民惨遭涂炭。太安二年(303年),成都王司马颖举兵攻打长沙王司马乂,任陆机为前锋都督。陆机推辞不得,只好从命。后来因军事失利,左长史卢志在司马颖面前大肆攻击,扬言"陆机将反",司马颖闻言大怒,派心腹秘密收捕陆机。陆机"去家渐久,怀土弥

---

① 三国志·吴志·陆逊传.
② 三国志·吴志·陆瑁传.
③④ 晋书·陆机传.

笃"，①临刑前叹曰："欲闻华亭鹤唳，可复得乎？"②

陆机能诗善文，留下了《拟古诗十二首》《君子行》等名篇，曾仿贾谊《过秦论》，写下了《辩亡论》，总结东吴覆亡的教训。他40岁左右作的《文赋》，是我国历史上第一篇系统的文学创作论，首次比较系统地论述了文学的创作过程和创作技巧，揭示了文学创作的特殊规律，在中国文学批评史上具有划时代的意义。③后世刘勰"本陆机氏说而昌论文心"④，写下一部千古名作《文心雕龙》。

陆云（262—303），字士龙，六岁便习文赋诗，颇有名声。"少与兄机齐名，虽文章不及机，而持论过之，号曰二陆。"⑤吴国尚书闵鸿惊奇于他的才华，道："此儿不是龙驹，便是凤雏。"16岁时，乡里举为贤良。遁隐华亭故里十年间，陆云谈笑自如，嬉笑无拘。陆云随兄到京都洛阳后，为张华家宾客，张华家里常常高朋满座。一次，陆云偶遇名士荀隐，但素不相识。张华便说："今日相谈，可不寻常。"陆云抗手道："云间陆士龙。"荀隐回礼道："日下荀鸣鹤。"⑥鸣鹤是荀隐的字，日下即指京都，荀隐为颍川人，与洛阳相近，故云。这是史籍中华亭又称"云间"的最早记载。陆云以其机警和出众的才华，很快为当时的统治集团所赏识。不久便被辟为太子舍人，出补浚仪县令（治在今河南开封）。"八王之乱"时，陆机因兵败被杀，陆云受株连遇害。

二陆退隐故土华亭时，不但于品行学问上互相砥砺，还教化乡里，提携后学，为远近所称。义兴人周处，少年为乡里所患，后有悔意，受教于二陆。此事《世说新语·自新》和《晋书·周处传》有同样的记载，兹录本传如下：

> 周处，字子隐，义兴阳羡人也。父鲂，吴鄱阳太守。处少孤，未弱冠，膂力绝人，好驰骋田猎，不修细行，纵情肆欲，州曲患之。处自知为人所恶，乃慨然有改励之志，谓父老曰："今时和岁丰，何苦而不乐耶？"父老叹曰："三害未除，何乐之有！"处曰："何谓也？"答曰："南山白额猛兽，长桥下蛟，并子为三矣。"处曰："若此为患，吾能除之。"父老曰："子若除之，则一郡之大庆，非徒去害而已。"处乃入山射杀猛兽，因投水搏蛟，蛟或沉或浮，行数十里，而处与之俱，经三日三夜，人谓死，皆相庆贺。处果杀蛟而反，闻乡里相

---

① 陆士衡文集·怀土赋并序.
② 世说新语·尤悔.
③ 金涛声.陆机集[M].北京：中华书局，1982.
④ 章学诚.文史通义·文德.
⑤⑥ 晋书·陆云传.

庆,始知人患己之甚,乃入吴寻二陆。时机不在,见云,具以情告,曰:"欲自修而年已蹉跎,恐将无及。"云曰:"古人贵朝闻夕改,君前途尚可,且患志之不立,何忧名之不彰!"处遂励志好学,有文思,志存义烈,言必忠信克己。期年,州府交辟,仕吴为东观左丞。

"孤兽思故薮,离鸟悲旧林。翩翩游宦子,辛苦难为心。"① 二陆不幸客死异乡,云间百姓一直怀念他们,有平原村,有二陆读书台,有婉娈草堂,皆寓意纪念。二陆对上海地区的人文发展影响深远,方志甚至将后世上海人文的发展归结为承继"机云遗思"。二陆在辞赋文章上异乎寻常的成就,引发了家乡人对文学的热切关怀和认识,"晋陆士衡、顾野王而下,人才辈出"。②

西晋永嘉五年(311年),匈奴人刘曜率军攻下京城洛阳。建兴四年(316年),又攻下长安,西晋灭亡。翌年,琅琊王司马睿在建康(今南京)称晋王,改称帝,为东晋元帝。当时,许多士族大姓纷纷南逃,"中州士女避乱江东者十六七"。③ 南渡的北方移民对南方的影响是巨大的。他们不仅人数众多,更重要的是这些移民素质较高,很多是皇室贵族、官僚地主、文人学士,他们在南方所起的作用远远大于其所占人口的比例。今江苏镇江、常州一带,原来在江南属不发达地区,由于北方移民的大量聚集,很快成为经济文化的发达地区,涌现出许多杰出人才。④ 如军政人才刘裕、萧道成、祖逖等,文人学士谢安和王羲之、王献之父子等。环太湖、钱塘江地区在全国的文化地位较东汉时期明显提高,上海已不再是"海隅蛮荒"。

四、唐代上海地区的开发与教育

孙吴政权灭亡以后,江南士人在政治权益、社会门第方面受到北方士族的严厉钳制,这一局面一直维持到隋朝建立。在北方士族的压制下,南方士族虽屡起抗争,但均以失败告终,最后不得不选择退隐之路。于是,崇尚武力的价值取向渐为江南士族所摈弃,淡泊隐逸之风开始滋生蔓延,温文儒雅成为新的价值取向。⑤ 陆机作《吴趋行》时,就已感觉到这一转变,写道:"山泽多藏育,士风清且嘉。泰伯导仁风,仲雍扬其波。"⑥

---

① 陆士衡文集·赠从兄车骑. 从兄车骑,即陆瑁之孙陆晔,字士光,官车骑将军。
② (清嘉庆)松江府志·疆域志.
③ 晋书·王导传.
④ 葛剑雄. 中国移民史(第二卷)[M]. 福州:福建人民出版社,1997:413.
⑤ 熊月之. 上海通史·导论[M]. 上海:上海人民出版社,1999:12—14.
⑥ 陆士衡文集·吴趋行.

唐初，今上海市区的大部分地区已经成陆，海岸线位置已东移至今月浦、江湾、北蔡、周浦、下沙一带。1975年在严桥公社郑家湾村南约200米处发现了唐代遗址，南距浦建路与杨高路交叉口半公里。在唐代，上海地区发展很快，唐初天下太平，百姓安居乐业，国家鼓励人民开垦荒地，上海地区的垦荒范围也沿着海岸线的延伸而向外扩展。开元元年（713年），为抵御咸潮侵蚀，大力发展农业，在上海地区修筑了南北长一百多里的捍海塘。海堤的兴筑意义重大，上海因此逐渐成为鱼米之乡。天宝十载（751年），吴郡太守赵居贞奏割昆山南境、嘉兴东境、海盐北境置华亭县，这是上海第一个独立行政建置县，也是上海地区经济和文化发展到一定程度的反映。在唐代，中国与东南亚、日本等地的文化交流和贸易往来十分频繁，而东南沿海在这一方面也表现出良好的区位优势。

隋唐之际，北方士人继续大量南迁，上海地区僻于峰泖，成为蜂拥南下避兵的北方士人的乐土，"四方名流汇萃于此"。天宝十四载至广德元年（755—763）爆发"安史之乱"，中原人口再次大规模南迁吴越，以现在的苏州市最为集中。翰林学士梁肃在《吴县令厅壁记》中记载："国家当上元（760—761）之际，中夏多难，衣冠南避，寓于兹土，叁编户之一。由是人俗舛杂，号为难治。"①"叁编户之一"，即当时吴县人口的三分之一是北方难民。有学者认为，"安史之乱"是中国历史人口南北比重的分水岭，此前北方人口占全国半数以上，此后南方占半数以上，且南方人口进一步向东南地区集中。② 南北经济比重也一变而为南重于北。韩愈"当今赋出于天下，江南居十九"③的说法虽然有些夸张，但中唐以后，军国费用主要出于江南则是不争的事实。

与此相一致，江南在文化方面也有了长足的发展。据对《新唐书》所载儒生、文士的统计、分析，唐代有儒生、文士120人，其中河北道33人，居第一，今上海地区所在的江南道紧随其后，32人，占总数四分之一强，其余河南、河东、山南等八道，都远远落在后面。④ 晚唐时期，长江三角洲已成为全国经济、文化相对发达的地区。

唐代以科举取士，据清嘉庆《松江府志》记载，松江地区唐代考中科举的人士有：制科陆贽、顾道衍，明经丁公著、顾谦、顾实，进士陆贽、陆宸，三礼顾谦，开元礼丁公著。与唐以前杰出人士由陆氏垄断不同，顾姓开始占有重要一席，说

---

① 全唐文·吴县令厅壁记.
② 董楚平.吴越文化的三次发展机遇[J].浙江社会科学，2001(5)：133—137.
③ 钱仲联.韩昌黎诗系年集释[M].上海：上海古籍出版社，1984：149.
④ 王会昌.中国文化地理[M].武汉：华中师范大学出版社，1992：138—139.

明世家专享精英教育的局面虽未彻底改观,但已由一家发展到两家三家,呈现出扩散的趋势。

在科举制的带动下,加上经济繁荣、社会稳定,文化教育在唐代获得了较大发展,不但建立了相当完备的官学系统,私学也得到了蓬勃发展。唐朝皇帝曾发布了数条鼓励民间兴学的政策。武德七年(624年)《置学官备释奠礼诏》云:"州县及乡里,各令置学,官僚牧宰,或不存意,普更颁下,早遣修立。"开元二十一年(733年)《每年铨量举送四门俊士敕》云:"许百姓任立私学,其欲寄州县学授业者亦听。"开元二十六年(738年)《亲祀东郊德音》云:"古者乡有序,党有塾,将以弘长儒教,诱进学徒,化人成俗,率由于是。斯道久废,朕用悯焉。宜令天下州县,每一乡之内,里别各置学,仍择师资,令其教授。"①"里各置学"不大可能做到,但唐代乡间通过各种方式建立起来的简易学校应该是大量存在的。② 并且上海地区经济发展,士风清嘉,人文始盛,读书习文的社会氛围基本确立,学校的创建应在情理之中,惜乎史料记载未详。联系宋元时期上海教育的全面开花,如果没有唐代学校教育的初创和积累,几乎是不可能的。

第二节 世风丕变:古代上海教育的初晖

宋代是上海地区商业性市镇发展的重要时期。此前,镇主要以军镇形式出现,比如青龙镇、崇明镇,乃将领驻戍屯兵之特称。自宋代始,罢镇将、镇使,唯于人口繁盛、商业发达之地,仍留镇名,置监官,掌烟火盗贼及商税榷酤之事。宋元时期,上海地区先后设置华亭、大盈、南桥、北桥、亭林、青龙、蟠龙、赵屯、上海、风(枫)泾诸务,专门征收酒课、税课、醋课、河泊课等,反映出当时上海地区主要市镇商品集散交易的基本情况。③

"上海"之名,也在宋代始现。人们将吴淞江下游南岸称为上海浦,旁边还有下海浦与之相对。上海浦经过发展,经济繁荣,人口富庶,北宋熙宁十年(1077年),已设有上海务管理贸易和税收。咸淳年间(1265—1274),上海置市舶提举司,"上海"之名始著。到元至元二十九年(1292年),设立上海县。④ 此

---

① 孙培青.中国教育史(第三版)[M].上海:华东师范大学出版社,2009:159—160,169.
② 雷家宏.中国古代的乡里生活[M].北京:商务印书馆国际有限公司,1997:120.
③ 熊月之,马学强.上海通史·古代[M].上海:上海人民出版社,1999:310.
④ 熊月之.上海通史·导论[M].上海:上海人民出版社,1999:2.

外,南宋嘉定十年(1217年),析昆山县东境春申等五乡设县,以年号名,是为嘉定。元至元十四年(1277年),华亭县升为华亭府,嘉定县改为嘉定州,又设崇明州,与长江北岸数县同隶扬州路。① 翌年,华亭府改名松江府,辖华亭、上海两县。至此,上海地区的行政区划初具雏形。

经五代十国,从北宋初年开始,长江下游已成为中国人口分布的重心,经济重心亦移到南方,而吴越地区更是重中之重。② 特别是宋高宗南渡,中原人民纷纷随之南下,对东南地区的社会、经济、文化发展影响极大。从此以后,中国经济、文化重心移至江南,特别是江浙一带。在宋元时期,上海地区经过诗书礼乐的熏陶浸染,人文气息大大增强,学校、礼殿、儒宫,渐而齐备而宏丽,重文力学之风习得以鼓扬,教育发展出现了"力学者众"的良好局面。③ 至宋末,"虽佃家中人衣食才足,喜教子弟以读书,秀民才士,往往起家为达官,由是竞劝于学,弦歌之声相闻"。④

一、崇文尚儒风气的形成

北宋靖康元年(1126年),金兵两次侵宋,开封城陷,史称"靖康之难"。次年徽宗第九子赵构在逃亡途中即位称帝,是谓高宗。绍兴二年(1132年),宋高宗定都杭州,改杭州为临安。"靖康之难"期间,北方难民大量南迁,所迁地域分布甚广,江南、江西、福建是移民的主要分布区,其中以江南路最为集中。当时的江南路指今江苏、安徽二省的长江以南地区和上海市、浙江省,由于这里是南宋首都所在地,又是南方经济文化最发达的地区,移民中的精英分子多聚集于此。自此以后,吴越地区(长江下游)为中国经济文化的重心成为定局。⑤

宋元四百年间,上海地区只有极短时间、极小范围的骚乱,更多的是平静与安宁,被称为"素无草动之虞"。在朝代更迭、世局变乱的形势之下,一方安宁必然备受青睐。在徙迁的人群中,挟裹着一批文人士大夫,选择上海地区作为安身立命之所。上海繁华的城镇、秀丽的水乡,吸引着一批又一批文人骚客、名流才子,他们翩翩而来,"适彼乐土",泛舟江湖,品题赋吟,唱和应答。也有一批隐逸学者或闭门著书,或开门授业,带动了上海文教事业的兴旺。明人何良俊说:"我松文物之盛莫甚于元,浙西诸郡皆为战场,而我松僻峰泖之间,以及海上,皆可避兵,故四方名流汇萃于此,熏陶渐染之功为多。"⑥

---

① 元史·地理志二.
②⑤ 董楚平.吴越文化的三次发展机遇[J].浙江社会科学,2001(5):133—137.
③ 熊月之,马学强.上海通史·古代[M].上海:上海人民出版社,1999:198.
④⑥ (清嘉庆)松江府志·疆域志.

政治、经济、文化、教育交互作用,使上海地区在宋元时期世风丕变,社会主流已彻底完成了由尚武向尚文的转变,家弦户诵,竞劝于学。而科举制所提供的相对稳定和公平的入仕机会,又大大刺激了尚文之风的盛行,"秀民才士,往往起家为达官"。加上造纸术和印刷术的发展,书价渐趋低廉,寻常百姓亦可奋学苦读,上海地区的读书之风日渐趋盛,"万般皆下品,唯有读书高"成了通行的世俗观念。

值得一提的是,民间藏书之风也在宋元之际悄然兴盛。上海历史上出名较早的藏书家有李甲、庄肃、杜元芳等。李甲,字景元,青龙镇人,好藏书,兼能画善诗。"本儒家子,落魄诗酒间,尤善墨戏,米元章画史尝及之,往来松江上,不知所终。"后世常重其画而忘其藏书之富。① 庄肃,字恭叔,号蓼塘,南宋时,出仕为秘书小史。宋亡,弃官归里,隐居华亭青龙镇。蓄书至数万卷,且多手抄者,经史子集,山经地志,医卜方伎,稗官小说,靡不具备,蔚为大观。其书目以甲乙分十门,在青龙镇筑万卷轩藏之,"江南藏书多者止三家,庄其一也"。② 庄肃死后,其子孙不知保惜,虫鼠蚀啮,或遭偷盗,或遭变卖,散失颇多。元至正六年(1346年),朝廷开局修宋、辽、金三史,诏求遗书于其家,得五百卷。继命学士危素到青龙镇去选取,庄家害怕"兵遁图谶干犯条例",悉焚藏书,足实可惜。③ 杜元芳,字玉泉,宋祁国公衍九世孙,略迟于庄肃,曾任德清县主簿,老年退隐青龙镇西南,白鹤江畔杜村,建翡翠碧云楼(一说无"碧云"两字),藏书万卷。④ "藏书之风气盛,读书之风气亦因之而兴。"⑤藏书之风与读书之风相得益彰,营造出上海浓郁的书香氛围。

二、学校系统渐次设立

赵宋统治者立国后,在统治策略上作了重大调整,由重视武功改为强调文治,确立了"兴文教、抑武事"的国策。北宋庆历年间(1041—1048)、熙宁年间(1068—1077)、崇宁年间(1102—1106),先后出现了三次著名的兴学运动,从中央到地方,建立了数量庞大、制度完备的官学教育体系。宋朝地方官学分两级,由州或府、军、监设立的,称州学或府学、军学、监学;由县设立的,称县学。书院作为教育机构,也在宋朝形成制度,并逐渐兴盛起来。而且,宋元还是中国古代

---

① 孙杰.古代上海艺术[M].上海:上海大学出版社,2000:219—221.
② 陶宗仪.南村辍耕录·庄蓼塘藏书.
③ 熊月之,马学强.上海通史·古代[M].上海:上海人民出版社,1999:265.
④ 薛明剑.上海藏书史料片断[M]//上海市文史馆,上海市人民政府参事室文史资料工作委员会.上海地方史资料(四).上海:上海社会科学院出版社,1986:186—201.
⑤ 吴晗.江浙藏书家史略[M].北京:中华书局,1981:118.

蒙学发展的一个重要阶段,不仅在数量上更加普及,而且在教育内容、方法和教材上形成了自己的特色。

史籍所载的上海地区的学校教育始于北宋,相对中原地区从西周起就建立的学校教育制度,迟了近两千年。"吾松自唐而为县,至宋而始有学,一方之风气亦以渐而开也。"①上海地区学校设立虽晚,但受益于良好的地区经济和地区文化,反而表现出后来者居上的发展态势,由府学县学带头,书院蒙学等及时跟进,全面开花结果。

1. 州府县学的建立

(1) 华亭县学。始建于宋朝元祐年间(1086—1093),是在王安石熙宁兴学之后。庆历四年(1044年),范仲淹兴学,即要求普遍设立地方官学,诸路府州军皆立学,县有士子200人以上亦设学。可惜范仲淹不久便遭排挤,兴学夭折,州县学并无其实。王安石继其志,恢复和发展州县地方学校。元丰七年(1084年),邑人卫公佐、卫公望献出县城东南面的土地,兴建礼殿,知县陈谧于是商议建学事宜。历经知县陶融、刘鹏的努力,华亭县学才修建完毕。县学原在松江玉带河的北面、尊贤坊内。绍兴年间(1131—1162),经知县杨寿亨、周极侍、杨潜等相继修缮,学舍渐趋完整。讲堂初名进德,杨潜易以明伦,内设五斋,曰居仁、由义、隆礼、育才、养性。端平三年(1236年),杨瑾以学舍简陋,迁至河南面、梯云桥北面、儒林坊内,并将讲堂改名明善,分四斋,曰体仁、集义、志道、进德。淳祐六年(1246年),知县施退翁重修。元至元十五年(1278年),华亭县学升格为松江府学,于是在原址重建县学。华亭县学后经多次扩建和修缮,至大(1308—1311)初,知县刘庆建夫子庙;延祐年间(1314—1320),知县张国英建讲堂。至正(1341—1368)中,知县楚恭、张德昭相继修缮。至正十六年(1356年),毁于兵,以其地为府学射圃。②

(2) 松江府学。元至元十四年(1277年),华亭县升为华亭府,次年改为松江府,华亭县学也随之升为府学。元贞(1295—1296)初,知府张之翰建贡举堂。府学大成殿后原来有藏经阁,教授马允中重建二俊(陆机、陆云)堂于阁之西庑,以陆贽配享,名为三贤祠。皇庆(1312—1313)初,讲堂曰明伦,设四斋,曰进德、育才、守中、常德。至正二年(1342年),府学范围拓宽,藏经阁、三贤祠迁至府学北面,建先圣殿。十年,教授倪骏翻新学舍,撤除庙门,换成石门。十六年,乱军纵火焚烧学舍,训导胡存道殉难。十九年,同知顾逖重修学舍,按五经设斋,

---

①② (清嘉庆)松江府志·学校志.

聘专经之师分授,同时重修三贤祠于藏书阁北,重修贡士堂于学舍南面,改名为"宝兴",又作燕居堂于学舍北面。①

（3）嘉定县学。南宋嘉定十二年（1219年），知县高衍孙所建,地址在县治南一里,右为孔庙,左为化成堂,设博文、敦行、主忠、履信四斋。淳祐四年（1244年），知县王选重修,改化成堂为明伦堂,四斋改为正心、博学、敦行、明德。九年,知县林应炎修缮,塑圣像、凿泮池、筑垣墙。咸淳元年（1265年），知县史俊卿修建大成殿。元元贞二年（1296年），嘉定县学升为州学。至大三年（1310年），知州王铎重建明伦堂,堂址在大成殿前偏左。至顺元年（1330年），知州赵道泰重建大成殿和两庑,邑人瞿懋捐资。至正十三年（1353年），知州郭良弼重修大成殿和两庑,新建棂星门,又于文庙西大街口树儒林坊,与兴贤坊对峙。十六年,明伦堂因火被毁。十八年,代理知州张元良改建明伦堂及斋舍于大成殿东,并将四斋更名为志道、据德、依仁和游艺。②

（4）崇明州学。唐武德初年,长江入海口有东、西两沙洲露出水面,陆续涨接。南宋嘉熙年间（1237—1240），"居民繁庶"，承议郎赵崇侯奉使始建书堂,在城东南壕外。元至元十四年（1277年）建崇明州,升书堂为崇明州学。延祐（1314—1320）初,议建文庙,邑人顾德捐椒园为地基。泰定四年（1327年），千户杨世兴捐建大成殿五间,旋圮于潮。至正年间（1341—1368），迁崇文坊。③

（5）上海县学。"宋元之世启文风,大姓唐瞿费首功。"④南宋景定年间（1260—1264），唐时措和唐时拱兄弟"家饶于赀,而好善、嗜学、能古文"，买下韩氏的房屋,建立文昌宫,改建梓潼祠,奉祀孔子。咸淳年间（1265—1274），唐时措请示监镇董楷后,把文昌宫改作古修堂,为诸生肄习之地,实为上海镇学,在小东门内、益庆桥西南。元至元二十九年（1292年），设上海县,辖华亭东北五乡,县治在原上海镇。三十一年,县尹周汝揖将镇学改为上海县学,委任唐时措为县学教谕,并修缮整葺学堂,未成。元贞元年（1295年），浙西廉访签司朱思诚视察上海,请邑人费拱辰捐资建学，"饬正殿,完讲堂,起斋舍,不三月毕工"。大德六年（1302年），松江府判官张纪、上海知县辛恩仁、县丞范天祯增拓县学，"复古学宫之制"，颇具气象。至大三年（1310年），邑人瞿霆发入田四五百亩作为舍田及建学之费,又买下县署西侧官地十五亩,起建新县学。但新县学只用

---

① （清嘉庆）松江府志·学校志.
② （清光绪）嘉定县志·学校志（今译本）.
③ （民国）崇明县志·学校志.
④ 秦荣光.上海县竹枝词·学校.

了不到十年,延祐六年(1319年),县丞王珪又将县学迁回旧址,恢复其旧址。至正(1341—1368)初,知县刘辉创设教谕厅及讲习堂。十一年,监县兀奴罕、县丞张议又倡议营葺,县学焕然一新。后来,知县何缉另建明伦堂于文庙的左面,堂前有东西两斋:育英斋和致道斋。至此,上海县学的规制才渐为完备。①

除普通性质的学校外,元代上海地区还设有一些专业性学校,如蒙古字学、医学、阴阳学。蒙古字学的目的在于普及蒙古文字,培养懂得蒙古文的人才,学生学成经考试合格,可充学官、译史等职。阴阳学主要培养天文、算历人才。② 松江府治普照寺西有蒙古字学,元至元八年(1271年)立,昔称右庠,有田赡学。③ 嘉定亦有蒙古字学,至正五年(1345年),知州刘文质所建,在州治前面谯楼之东。元亡后,蒙古字学当废。元泰定年间(1324—1327),嘉定设置医学,在西城三皇庙内。④ 元初,上海县治左建立三皇庙,庙门左右设阴阳学、医学。⑤ 松江府治东石狮子巷侧也有阴阳学、医学。

关于县学的教师,在南宋咸淳元年(1265年),县学设学政1人、学录1人、教谕4人,由转运使和儒学提举行文到县委派。元朝设教谕1人、训导4人。元贞二年(1296年),改设州教授1人、学正1人、学录1人、直学1人、训导4人。蒙古学教授1人、学正1人。⑥ 关于县学的学生,北宋崇宁三年(1104年),县学弟子员大县50人、中县40人、小县30人,由公家供给伙食,凡县学生得选考升入州学,州学生每三年贡入太学。元至元六年(1269年),诸路府民间子弟入学,上路30人,下路25人。大德五年(1301年),散府20人,上中州15人,下州10人。⑦ 对于学无所成或经常旷课的学生,"三年不能一经,及在学不满一岁者,并黜之"。⑧ 关于县学的经费,北宋熙宁四年(1071年),诏州给四十顷为学粮。绍兴二十一年(1151年),鉴于州县学田多为势家侵占,又将一部分庵院田产拨给地方学校。元朝地方学校的经费,主要取自朝廷所拨田产,学田起初由地方官掌管,后为避免中饱私囊,世祖时下诏将学田改归校方管理。元至元二

---

① 熊月之,马学强.上海通史·古代[M].上海:上海人民出版社,1999:260—261.
② 孙培青.中国教育史(第三版)[M].上海:华东师范大学出版社,2009:212.
③ (清康熙)松江府志·学校志.
④ (清光绪)嘉定县志·营建志·公廨(今译本).
⑤ (明弘治)上海县志·祠祀志·庙貌.
⑥ (清光绪)嘉定县志·职官志(今译本).
⑦ 王圻.续文献通考·学校考.
⑧ 元史·齐履谦传.

十九年(1292年)下诏：江南州县学田，其岁入听其自掌，春秋释奠外，以廪师生及士之无告者。① 上海地区以上海县学为例，大德六年(1302年)，松江府拨给学田500亩，至大三年(1310年)，邑人瞿霆发捐助学田500亩，延祐元年(1314年)，僧人善能捐助学田495亩，至正十一年(1351年)，僧人觉元捐助学田600亩。② 宋及以后，地方官学还普遍采用分斋教学制度，该制度为胡瑗(993—1059)在主持湖州州学时所创。

2. 书院的初创

书院始于唐而盛于宋。宋代立国之初，官学没有得到应有的发展，书院便以新生事物所特有的强大生命力，得到较大程度的发展，并成为一种重要的教育组织。"儒生往往依山林，即闲旷以讲授，大率多至数十百的。"③宋初出现了几所著名的书院，如白鹿洞书院、岳麓书院、应天府书院、嵩阳书院、石鼓书院、茅山书院等，其中茅山书院靠近上海，坐落在今江苏金坛市内，为处士侯遗所建。书院集教学、科研、藏书于一体，实行相对灵活的管理制度，师生的教学、科研活动宽松自由，既是学术名家传播思想学说的重要基地，也是不同学术流派讨论争鸣的重要场所，对宋代学术文化的繁荣，尤其是南宋理学的发展，有重大贡献。在科举制的影响下，书院发展到后来也不可避免地染上了应试教育的色彩。上海地区的书院出现稍晚，至南宋后期始有记载，且失之过简。

(1) 天赐书堂。在崇明岛，南宋淳祐四年(1244年)，通判杨瑾建。④

(2) 九峰书院。在松江府治西北，宋朝邑士卫谦创立。⑤

(3) 北府书院。在嘉定拱星桥北，宋录判龚天定建造。⑥

(4) 白社书院。宋末卫富益建，在青浦石神庙泾(邑志作石人泾)。社日祀先圣乡贤，会布衣友，赋诗讲道于此。元至大年间(1308—1311)，有司怪其迂，毁之。⑦

(5) 孔宅书院。在上海县海隅乡慧日寺侧，原为孔子庙，宋末划拨寺庙的一半土地出租建立书院以养士。元初为寺僧所据。至正(1341—1368)初，"蔡

---

① 元史·世宗本纪.
② 陈科美，金林祥.上海近代教育史[M].上海：上海教育出版社，2003：17—18.
③ 孙培青.中国教育史(第三版)[M].上海：华东师范大学出版社，2009：215.
④ (民国)崇明县志·学校志.
⑤ (清嘉庆)松江府志·学校志.
⑥ (清光绪)嘉定县志·学校志(今译本).
⑦ (清光绪)青浦县志·学校志.

廷秀言于府,请上行省置山长员,府上其言,不报。里人章弼尝修敕之,迎师以诱掖乡之良俊"。①

(6) 西湖书院。旧址在松江合掌桥南、演武场北,宋朝建泳波亭于此,后为放生亭。元元贞(1295—1296)初年,知府张之翰修建书院,内有燕居楼,供奉宣圣孔子像。大德年间(1297—1307)毁坏,邑人邵天骥重建。元统二年(1334年),知府申秉礼重修,迁姚氏义塾中,以便来学,一时生徒甚众,至数百人。至正年间(1341—1368),于此筑城,书院被废。②

(7) 清忠书院。在上海县青龙镇西南二里,原为元朝章梦贤义塾。元至正五年(1345年),其子章元泽改建为书院,设立山长,以宋仁宗赐给章氏始祖章得象"清忠"二字名,报朝廷,许之。③

(8) 三沙书院。在崇明岛,元至正二十年(1360年),州同知张翱建。④

(9) 石洞书院。在松江,建于元代,年份不详。

(10) 燕居书院。建于元代,在华亭县学旧有的基础上改建而成,位于府学教授厅左面的燕居堂(旧为阅武亭)。⑤

书院赖以生存和发展的经济基础是学田,"书院不可无田,无田是无书院也"。学田的来源,主要有地方官府拨田或拨钱置田、官绅个人捐献等。⑥ 书院一般实行山长负责制,对于师生,则制订学规、学则、章程约束规训之。朱熹曾手订《白鹿洞书院学规》,内容包括五教之目、为学之序、修身之要、处事之要、接物之要。学生人数根据书院规模而定,几十人至上百人不等,经考试入学,实行分年读书法,接受严格的课程学习,定期考课,奖优罚劣。

3. 蒙学的发展

宋元蒙学既有政府办的官学,也有民间办的私学,但以后者为主。北宋崇宁元年(1102年),曾下令"县置小学"。元至元二十三年(1286年),下令各地农村每50家组成一社,每社设立学校一所,"择通晓经书者为学师,农隙使子弟入学"。于是社学兴盛一时,"虽穷乡陋壤,莫不有学"。二十八年,"令江南诸路学及各县学内,设小学,选老成之士教之,或自愿招师,或自受家学于父兄者,亦从其便"。⑦ 蒙学的名称,除小学、社学外,还有蒙馆、私塾、家

---

① ③ (明弘治)上海县志·学校志.
② ⑤ (清嘉庆)松江府志·学校志.
④ (民国)崇明县志·学校志.
⑥ 邓洪波.中国书院史[M].上海:东方出版中心,2004:160.
⑦ 元史·选举志.

塾、义塾、乡校等。

（1）镇学。镇学具官方小学色彩，前述上海县学就是从上海镇学发展起来的。南宋嘉定十五年（1222年），青龙镇监镇赵彦敬（字仲和）建造青龙镇学，在镇东北。后来里人任、陈二大姓尝葺饰之，中有聚星堂、敕书楼。

（2）社学。社学始设于元，大多在农村地区，主要以农家子弟为对象，利用农闲进行蒙养教育。元至正（1341—1368）初，刘辉作上海县县尹时，兴建各乡社学共161所。①

（3）义塾。亦称义学，系为贫寒子弟而设，免费入学。元至元九年（1272年），里士吕良佐在金山吕巷溪（即沥渎塘）建璜溪义塾。② 皇庆二年（1313年），邑人雅州守瞿时学在松江下沙镇创建鹤沙义塾，有一定规模，前为庙，后为塾，庙有殿、庑，塾有讲堂，东西有斋舍，有庖、库。先圣贤之祀事，师弟子之廪禄，则有四十四顷学田供给。③ 延祐二年（1315年），大场人沈文辉在宝山建东阳义塾，有志道、进学、观善、时习四斋，延请训导工人以佐塾师，置地千余亩，畦有疏，廪有藏，远近多有来学者。元代书画家赵孟頫题"义塾"二字。④ 至治年间（1321—1323），邑人林畴在嘉定县治西建苍林义塾。⑤ 元统二年（1334年），处士邵天骥在金山胥浦乡建邵氏义塾，父创子继，传为佳话。⑥ 至正六年（1346年）八月，戴光远在枫泾镇东建戴氏义塾，占地20亩，有45楹，七年十月告成，八年春二月延师儒，招来学，设四斋，各置职教者1人，生员150人，割上腴田500亩赡之。⑦ 至正年间（1341—1368），沈辉祖仿大场祖宅模式建沈氏义塾，在宝山方亭里沈氏宅沟之南，岁延名师训课，远近多来学者。⑧ 元朝郡人夏椿，在松江府治东南、净土桥东建夏氏义塾。⑨青浦（青浦县建于清代）在元代有义塾四处：横溪义塾，在唐行镇；金泽义塾（又称林青义塾），在金泽镇有字圩，里人林青建；谷州义塾，在淀湖东，郡人谢伯礼建；徐氏义塾，在七宝镇，里人徐寿建于家之宝善堂。

相比较而言，各种蒙馆、私塾、家塾的数目要大得多，由于此类学校随立随散，难以统计，故未及记载。而中国古代广大少年儿童的读书识字，多是在此类私学中进行的。蒙学一般以识字、写字、算术、背书、作文为主，一方面普及基本

---

① （明弘治）上海县志·学校志.
②③⑥⑨ （清嘉庆）松江府志·学校志.
④ （清光绪）宝山县志·学校志.
⑤ （清光绪）嘉定县志·学校志（今译本）.
⑦ 曹相骏.枫泾小志·建置·义建.
⑧ 汪永安.紫隄村小志·旧迹.

文化知识，传授简单的生活技能，另一方面初习儒家经典，为下一阶段教育或自学应试打下基础。识字教材以《三字经》《百家姓》《千字文》最为广泛。写字教学大致有运笔、描红、临帖等。作文先从缀词（组词）、属对（对对子）开始，再写诗、行文，遵循由易到难、循序渐进的原则。塾师一般由落第童生、秀才、贡生担任，水平参差不一，生活较为清苦。学生背不出书、吵架、调皮捣蛋，都将被施以体罚，主要是面壁、打手心、打屁股、敲脑袋。

三、宋元时期上海的科举

宋元时期的科举较之唐代更加成熟和完善，成为国家取士的重要手段，中式名额大大增加，且及第后即可直接授官。宋真宗曾写《劝学诗》，云："书中自有黄金屋"，"书中自有颜如玉"，表明"金榜题名"成为读书人最重要的人生追求。宋代将科考时间定为"三年一贡举"，并形成州试—省试—殿试三级考试制度；元代将三级考试分为乡试、会试、御试。科举与教育的关系如同一把双刃剑，一方面促进了学校教育的发展，另一方面也使学校成为"声利之场"。随着科举考试的社会影响力逐渐加大、日益持久，人们常常以中式者的多寡作为衡量一个地方文化和教育发展水平的重要指标。

宋代松江府有进士115人，[1]嘉定县有12人，[2]崇明亦有12人。[3] 宋元时期松江府中式者中，有姓名和事迹可考者大致如下：孙岳，嘉定人，北宋大中祥符戊申（1008年）科进士，任当涂知县。王日辉，下沙人，南宋淳熙甲辰（1184年）科进士，官盐运司提举。黄必大，字昌卿，嘉定人，嘉定甲戌（1214年）科进士，任奉议郎府判。黄保大，字和卿，必大弟，嘉定庚辰（1220年）科进士，任太平府教授，后任知县。陆之达，嘉定人，由太学生录取，任奉议郎、慈溪知县。赵庭芝，字德瑞，上海县人，元至治辛酉（1321年）科进士，任归安丞。潘达，字桂坡，南山灶人，泰定甲子（1324年）科进士，官信州提举。秦裕伯，上海县人，至正甲申（1344年）科进士，累官福建行省郎中，会世乱，乃隐居海上，赡养老母以尽孝道，明洪武元年应诏入朝，寻出知陇州。

尤为难得的是邵武龚氏，自移居上海后连续四代进士，可为一表。始祖龚慎仪，南唐礼部郎中、给事中，南唐亡后入宋，被卢绛害死。慎仪子龚识，宋端拱年间（988—989）进士，官至检校司，封郎中，平江军节度副使，迁居吴地。到龚识子龚宗元时，迁到昆山黄姑村（今娄塘镇）。嘉定建县时，划归

---

[1] （清嘉庆）松江府志·选举表.
[2] （清光绪）嘉定县志·选举志（今译本）.
[3] （民国）崇明县志·选举志.

嘉定。

龚宗元,字会之,宋天圣丁卯(1027年)科进士,授职仁和主簿,知州范仲淹称誉其文章"温厚和平而不乏正气,似其为人",并说:"君德业清修,他日必为令器,慎勿因人以进。"因父患病申请照顾,调到吴县,后改任建安尉,擢大理寺评事,又任句容知县。御史杨纮履职极严,所到之处不法官吏被弹劾者甚众。过句容,不入巡察,说:"龚君能治民,吾往徒为扰耳。"后又任衢州、越州通判,至京任员外郎。告老还乡后,建"中隐堂",经常与程适、陈之奇作诗酒之会,被吴中称为"三老"。是为第一代。

龚宗元子龚程,字信民。幼年丧父,发奋读书于南峰山其父墓庐,攻苦食淡,而手不释卷。他"博极群书","记问精确,经传子史,无不通贯",乡人誉之曰"有脚书橱"。北宋熙宁癸丑(1073年)科进士,历任西安丞,桐庐知县,死后封朝议大夫。是为第二代。

龚程子龚况,字浚之,北宋崇宁丙戌(1106年)科进士,学术、文章俱不在人下,与苏元老(苏轼之族孙)齐名,时号"龚苏"。其他所与酬唱者,如洪玉父、朱新仲、王丰父、张敏叔,亦皆一时名士。他用祖父龚中隐的旧事,自号"起隐子",有文集三十卷,曰《起隐集》。官至礼部员外郎,朝议大夫。是为第三代。

龚况子龚明之,字希仲(一作熙仲),少以孝闻。自幼成长于"名人魁士"圈内,勤勉好学。青年时期在郡学,中年以后到太学,三十余年求学不倦。北宋宣和三年(1121年),以诸生贡京师,侍奉父母同行。后来,母亲和弟弟相继去世,他变卖全部家产,又乞贷于人,护送母、弟两棺回乡。龚明之"蹭蹬举场",颇不得志,在乡里时安于"食贫授徒,不事干进"。绍兴二十年(1150年)中举,年已六旬。有人劝他隐去一些年岁以便谋官,他笑曰:"吾平生未尝妄语,且不敢自欺。"乾道八年(1172年),龚明之才"以特恩廷试,授高州文学"。此时他已年过八十,按照惯例不应再任官职。朝中大臣上书皇上,合词荐之,得监南岳庙。淳熙五年(1178年),他请求辞官,得旨超授宣教郎致仕,并赐绯衣银鱼。龚明之长年以教书授徒为业,生活清苦,以"至孝"和"至诚"享誉乡里。晚年建造"期颐堂",啜饮歌吟其间,自称"五休居士",终年96岁。是为第四代。①

龚明之儿子龚昱,字立道,安贫乐道,"笃意于学"。当时,江都人李衡迁移到昆山,藏书万卷,龚昱便跟随他读书,学业大有进步,未由科举入仕,乡人乃尊

---

① 龚氏家族的历史详见:龚明之.中吴纪闻[M].孙菊园,校点.上海:上海古籍出版社,1986.

称他为"龚山长"。① 龚昱在乡里以耕读、讲学为生,居栖闲堂,接待过不少南宋的学者名士(如陆游、苏过等),时人称为"栖闲主人"。陆游在南宋开禧三年(1207年)春作《寄龚立道》诗云:"龚子吴中第一流,老农何幸接英游!难逢正似玉杵臼,易散便成风马牛。"龚昱曾为父笔录《中吴纪闻》,为李衡记录整理《乐庵语录》,还搜集与昆山有关的名人诗作,辑为《昆山杂咏》。

四、杨维桢与王逢

宋元时期寓居上海的士大夫,大多随即落户占籍,子孙遂留居于上海。后世上海地区的一些名家大族,追溯其先世,有许多是宋元之际迁徙来上海的。这些世家大族为维系其书香门风,绵延其官宦门第,保证其家业不坠,对子弟的教育十分重视,往往致力于上海地区的文教活动,尤其是捐资捐物,建学兴学。宋元时期上海地区专门从事教育活动的士人留下记载的不多,由于受资料所限,我们择取其中的两位——杨维桢和王逢,谨以为代表。

1. 名士风流杨维桢

杨维桢(1296—1370),字廉夫,号铁崖,又曰东维子,浙江诸暨人。元泰定四年(1327年)进士,博贯经史,雄于诗文。初任天台县尹、钱清场盐司,后为江西儒学提举,还未及上任,遇兵乱,避地杭州。张士诚慕名征聘,杨严词斥退,云:"阁下狃于小安,而无长虑,东南豪杰又何望乎?"杨维桢还上书朝廷,讽丞相达实特穆尔纳贿,怕遭受报复,携家避祸至松江,在郡城迎仙桥西北筑草元阁隐居。杨维桢为诗傲兀自喜,不蹈袭前人,好驰骋异想,擅行、草书,笔力遒劲刚健,很有气势。他经常往来于华亭、上海之间,与诗人王逢、张昱、张宪、马麐、朱木等游,诗酒酬答,才华风流,映照一时。他曾说:"吾在九峰三泖间,有李五峰、张句曲、周易痴、钱曲江,为唱和友。"周易痴即周之翰,字申甫,华亭人,博极群书,尤精易学。钱谦益《列朝诗集小传·甲前集》记曰:"海内荐绅大夫,与东南才俊之士,造门纳屦,殆无虚日。酒酣以往,笔墨横飞,铅粉狼藉。或戴华阳巾,披鹤氅;坐船屋上,吹铁笛作梅花弄。"

杨维桢游寓上海期间,对后学颇多提携,点拨,游于其门下者甚众。如卫仁近,从杨维桢游,常以才子称之。陆居仁,华亭人,以《诗经》中泰定丙寅(1326年)乡试,后隐居教授,自号云松野褐,与杨维桢、钱思复游,死后同葬干山东麓,号"三高士墓"。朱芾,杨维桢门人,才思飘逸,千言立就,工于草、篆、隶书,后官编修,为中书舍人。顾彧,字孔文,早年学于王逢,亦曾游于杨维桢门下,时人称

---

① (清光绪)嘉定县志·人物志(今译本).

誉其诗文豪整,有古风。后官至户部侍郎,著有《上海县志》四卷,惜散佚。另有贝琼、赖良、钱鼐、薛伦等,都先后师从于杨维桢,技艺大进,至明初,声名大噪。①

明洪武二年(1369年),朝廷聘请杨维桢赴京师编纂礼、乐书志,及修《元史》,他一再推辞。次年,有诏赐安车诣阙,他留在朝中四个月,编写礼书条目完毕,初定《元史》纲目,即以白衣告退。宋濂有《送杨廉夫还吴浙》:"皓仙八十起商山,喜动天颜咫尺间。一代辽金归宋史,百年礼乐上春官。乡心只忆鲈鱼鲙,野性宁随鸳鹭班。不受君王五色诏,白衣宣至白衣还。"杨维桢抵家不久,卒,终年75岁,著有《东维子集》《复古诗集》《丽则遗音》《铁崖古乐府》等。

2. 赋诗授业王逢

王逢(1319—1388),字原吉,号席帽山人,江苏江阴人。初学诗于延陵(今常州市)陈汉卿。王逢才气俊爽,青年时就颇有诗名,曾作《河清颂》,得到朝廷大臣赏识,推荐他出来做官。王逢无意仕进,推说有病,隐居无锡梁鸿山。因其父为松江库司,王逢常游松江,很喜爱青龙江的水乡景色,遂在江畔构筑精舍,名曰梧溪,内有萝月山房、冥鸿亭、小草轩等构筑。王逢隐居于其中,吟诗自娱,作《梧溪集》七卷。清赵翼称其"古体诗音节高古,时有汉魏遗韵。近体亦老成朴实,不落纤佻,固不屑与鏖鹩家争工斗靡也"。②

元末,张士诚占据平江(今苏州市),平、松一带遂为战场,青龙镇处于平、松间的要道,难免受到战火波及。至正二十六年(1366年)春,王逢又迁居上海乌泥泾,住宋代张氏故宅,题其堂为俭德,名其园为最闲,名其室为闲闲草堂,自号最闲园丁。最闲园中有藻德池、怀湘坡、乐意生香台、幽贞谷、濯风所、卧雪窝、流春石、海曙岩等名胜,又辟园东荒地种菜自给,名青园。

王逢在乌泥泾镇赋诗授业,门生众多,著有《杜诗本义》《诗经讲说》。明洪武初,朝廷听到他的文名,以文学征召,他固辞不起。洪武十六年(1383年),王逢曾携里中老叟和门生共登龙华港口的文犨洲,于《梧溪集》作诗序记乌泥泾河道淤沙堆积情况,云:"余自至正丙午(1366年)侨隐最闲园馆,时黄浦中洲生仅丈余,今已延广三十余亩,岁赋官入。谚云:浦夹辅洲,如冈如丘,实安滚滚流。洪武癸亥始携里叟门生共登临焉,适群雉辉映,鸿鸟左右,众请名是洲,因名文犨。"

---

① 熊月之,马学强.上海通史·古代[M].上海:上海人民出版社,1999:257—258.
② 赵翼.檐曝杂记·题席帽山人王逢梧溪集.

第三节　迅速崛起：古代上海教育的繁荣

至距今 600 余年的明代，黄浦江以东地区均已成陆，海岸线与今相仿。明万历《上海县志》概括上海的地形说："南瞰黄浦，北枕吴淞，大海东环，九峰西拱，广原沃壤，尽境皆然。"这当然不能囊括今上海地区。永乐元年（1403 年），主持治河的尚书夏原吉采纳华亭人叶宗行的建议，征用民工二十余万，疏浚范家浜，接黄浦江通流入海，这样大船由海可直接驶至上海县城。明中叶以后，上海逐渐形成内河航运、长江航运、沿海北洋航运、沿海南洋航运和海外航运五条航线，襟江带海的自然优势得到了充分发挥。①

明代上海地区在行政区划上的变更是：嘉定、崇明二州在明洪武二年（1369 年）改为县，属苏州府管辖。嘉靖二十一年（1542 年），置青浦县，旋废，万历元年（1573 年）重置。自此，松江府长期为三县格局，其钱粮土地，华亭为最，上海次之，青浦又次之。② 苏州府与松江府，在明代均直接隶属于南京。

上海明代市镇经济勃兴，大大小小各类市镇数以百计，星罗棋布。据方志记载，明正德（1506—1521）前后，松江一府已有市镇 44 个，其中镇 27 个，市 17 个。到明末，则发展到镇 40 个、市 22 个，凡 62 个。正德时，嘉定有市镇 15 个（6 个镇、9 个市），至万历年间（1573—1620），一下子增加到 20 个（17 个镇、3 个市）。③

由于交通便利、经济繁荣、风光明秀，明代上海地区迅速全面崛起，人文积淀愈加丰厚，教育事业也日见发达。本土才子与游寓文士往来切磋，磨砺学问，气象万千；普通民众趋从风雅，耕读传家，皆知向学。明代上海教育稳步发展，较高一级的官学和较低一级的蒙学，均极一时之盛，成效大著，"文风之盛，不下邹鲁"。④

一、明代上海的经济与文化

上海东部一带是著名的产盐区，自长江口的崇明岛，至杭州湾的金山卫，濒海之地，遍地赤卤，盐田相望，素饶熬波之利。制盐业在宋元时就日见发达，明代更是奖励盐业生产，这样，沿海一带兴起了一批以集散海盐为主的市镇，如八

---

① 熊月之.上海通史·导论[M].上海：上海人民出版社，1999：8.
② 叶梦珠.阅世编·建设.
③ 熊月之，马学强.上海通史·古代[M].上海：上海人民出版社，1999：310—311.
④ 钱谦益.列朝诗集小传·甲前集·丘郎中民.

团、六灶、三灶、下砂、航头、新场等。① 中西部则肥田沃土,男耕女织,一派江南水乡风光。明代以后,上海及其周边地区成为全国主要的粮棉产区。以官粮岁额计,苏州一府超过浙江一省,松江府面积仅为苏州的十分之三,赋额却半于苏州。② 由于航运便利,交通南北,上海的工商业在明代有了长足发展,"江海湖乡则倚渔盐为业,工不出乡,商不越乎燕齐荆楚",③许多商户不数年可致巨产,生活富足,服食侈靡,社会地位迅速提高,从而导致社会结构发生变化。内陆地区是士农工商,上海一带则是商重于工,工重于农。④

　　学术界普遍认为,明初在经济方面推行了一系列"安养生息"、发展生产的政策,推动了农业、手工业的恢复和发展,促进了商业和城市经济的繁荣。随着商品经济的增长,自明中叶以后,特别是嘉靖(1522—1566)、万历年间(1573—1620),在长江三角洲和沿海地区的一些手工业部门,出现了资本主义生产关系的萌芽。特别是商业性农业的发展,是松江地区经济发展中的一个突出现象,主要反映在棉花的种植、加工和销售上。洪武初年,松江的棉织业在全国各府州中首屈一指,到明中叶又进一步推广。隆庆、万历后,棉花种植的比重越来越高,松江府下属的不少地区,逐渐由以粮食生产为主转向生产商品棉花为主。大面积的棉花种植,为棉纺织手工业的发展提供了丰富的原料。松江近郊的农户,不仅把织布作为自己的专业生产,而且还出现了从事棉花加工的轧花、弹花,以及经营棉制品的制袜等专门行业。由于棉花和棉纺织贸易的发展,又涌现了一大批中间商,使松江府属生产的棉花和棉纺织品名闻全国,衣被天下。以经营和加工棉花为特色的商业性市镇也大批涌现,形成了区域性的市场网络。如枫泾、朱家角等市镇,都以棉纺著称。"前明数百家布号,皆在松江枫泾、洙泾乐业,而染坊、踹坊,商贾悉从之。"⑤经过明代近300年的经营与发展,松江府已成为天下名郡,上海县亦为"东南壮县"。嘉靖年间(1522—1566),倭寇侵掠上海地区,社会经济发展遭到严重破坏,庐舍焚毁殆尽,里闾半化为墟,一些市镇墙圮屋倒,人口锐减。倭寇平息后,地区经济很快又得到恢复和发展。

---

① 熊月之,马学强.上海通史·古代[M].上海:上海人民出版社,1999:108.如今,上海东南沿海一带仍然保留了不少以"团"和"灶"命名的乡镇。
② 同上:111.
③ (明嘉靖)上海县志·风俗.
④ 顾炎武《天下郡国利病书》第四册《苏上》云:"农事之获,利倍而劳最,愚懦之民为之;工之获,利一而劳多,雕朽之民为之;商贾之获,利三而劳轻,心计之民为之;贩盐之获,利五而无劳,豪滑之民为之。"
⑤ 王守稼.明清时期上海地区资本主义的萌芽及其历史命运[J].学术月刊,1988(12):58—63.

明代上海经济繁荣,文化亦然。"上海僻在海隅而名独闻者,非财赋之谓也,贤才辈兴,实华兹邑,然则使兹之有闻。"①贤才辈兴,名士名流层出不穷,有万历间松江郡四大藏书家:王圻、施大经、宋懋澄、俞汝楫。王圻,字元翰,号洪洲,嘉靖四十四年(1565年)进士,历任清江知县、福建按察佥事、开州知州、陕西布政使司参议等职。后致仕归里,筑室淞江之滨,藏书颇多,种梅万树,称梅花源,以著书为乐,有《续文献通考》《东京水利考》《稗史汇编》刊行。《续文献通考》系续马端临《文献通考》,起于南宋嘉定年间,止于明万历初,凡254卷,收集明代资料极多,具有较高的史料价值。施大经,字天乡,号石屏。万历十三年(1585年)举人,任瑞州、惠州通判,转崇府审理正。藏书冠郡中,室名"获阁",著有《泽谷农书》。② 有"云间四贤":何良俊、张之象、董宜阳、徐献忠。"张董徐何,云间所称四贤也。其以文学行谊,倡和一时。"③何良俊,字元郎,号柘湖,华亭人。耽嗜古文,博综九流,家筑清森阁以藏书。曾任南京翰林院孔目,久居之,慨然叹曰:"吾有清森阁在东海上,藏书四万卷,名画百签,古法帖鼎彝数十种。弃此不居,而仆仆牛马走,不亦愚而可笑乎?"④遂以疾归。自称与庄周、王维、白居易为友,题书房名"四友斋"。后有文集《何氏语林》《四友斋丛说》行世。⑤董宜阳,字子元,其先世汴籍,宋高宗南渡后,徙居沪上,书无不读,藏书尤富。著有《云间诗文选》《近代人物志》《云间百咏》《松志补遗》等。⑥有"嘉定四先生":李流芳、唐时升、娄坚、程嘉燧。李流芳,字长蘅(一字茂宰),万历三十四年(1606年)举人,后绝意仕进,工诗善书,尤精绘画。其他三人,唐时升以文章见长,娄坚以书法见长,程嘉燧以诗见长。四人合起来,诗、文、书、画,光照海内。⑦

由于经济文化的繁荣,明朝时期上海的绘画也开始发达起来。画家总计有百余人,比元朝多了五倍。画山水者最多,有60多人。画人物、花鸟、兰竹者次之,各有20多人。以地区而论,华亭县画家最多,有50多人,但半数以上为山水画家;其次为嘉定县,有20多人。从时间上看,嘉靖以后画家最多,而且出现了不少著名画家和画派。著名画家有范暹、顾正谊、孙克弘、马轼、王翘、董其昌、陈继儒、莫是龙、赵左、沈士充诸人。其中,最享盛名的是董其昌,书画为一

---

① (明弘治)上海志:王鏊序.
②⑥ 薛明剑.上海藏书史料片断[M]//上海市文史馆,上海市人民政府参事室文史资料工作委员会.上海地方史资料(四).上海:上海社会科学院出版社,1986:186—201.
③ 范濂.云间据目抄·纪人物.
④ 钱谦益.列朝诗集小传·丁集上.
⑤ 熊月之,马学强.上海通史·古代[M].上海:上海人民出版社,1999:265.
⑦ 秋月.古代上海风云录[M].上海:华东师范大学出版社,1992:78—83.

时之宗。画派因各家笔墨风格的差异和师承关系而不同,先以戴进的浙派为主,后有沈周、文徵明的吴派,最后形成了松江派、华亭派、苏松派和云间派四大画派,分别以董其昌、顾正谊、赵左、沈士充为代表。

明代上海著名的书法家也很多,永乐时有朱孔旸和"二沈",永乐以后至明末有"二钱""二张"、张元澄、徐霖、陆深、莫如忠和莫是龙父子,及董其昌、陈继儒、"嘉定四先生"等。朱孔旸,名旸,明初华亭人,官至顺天府丞,最善署书,笔力遒劲。永乐初以能书被选入京,成祖召他写大善殿匾额,朱孔旸举笔立就,成祖十分满意,当天就授他中书舍人一职。陆深(1477—1544),字子渊,号俨山,上海县人,弘治十八年(1505年)进士,官至太常寺卿,兼侍读。其书法精妙,铁画银钩,遒劲有法,小楷尤为精致,为一代名笔。其墨迹有《陆文裕公字书墨迹》《蒹葭堂草书大字格言四幅》《来鹤堂诗话石刻》《王冕梅花诗行书石刻》,书法著作有《书辑》,书末列法帖16种。陆深一家都善书,祖父陆璿,酷爱书画、鼎彝之类;父陆平,善真、行、草书,有晋唐风格;曾孙陆垹,书法妍秀,很受董其昌器重。陆深的住宅在浦西,堂宇宏大,其地后称陆家宅。陆深有几个学生,都是当时较有名的书法家,如华亭县的张德让、上海县的浦泽和张电。据俞剑华《中国美术家人名辞典》及有关志书上的初步统计,明代上海地区书法家总共有180多人,以华亭县最多,有102人,嘉定县次之,有36人,上海县30人,青浦县3人,崇明县1人,称松江人而不明其为某县者12人。

由于整个社会风习尚文化重科举,上海人"皆知教子读书为事"。① 明代上海教育事业的发展,超过了历史上任何一个朝代。

二、地方官学颇具规制

明朝在立国之初就确立了"治理国家以教化为先,教化以学校为本"的文教政策。洪武二年(1369年),诏天下兴学校,"宜令郡县皆立学校,延师儒,授生徒,讲论圣道,使以日渐月化,以复先王之旧"。② 于是,全国各府、州、县纷纷设立学校。

(1)松江府学。明代松江府学是在元代的基础上发展起来的。宣德年间(1426—1435),巡抚、大理寺胡概在教授厅故址建崇德堂,知府黄子威建两庑,属于讲堂。正统五年(1440年),推官杨政改建藏书阁于养贤堂后,更名为"尊经阁";建神库于阁之旧址,以藏祭器。同年,提学御史彭勖改五经斋为四斋,名

---

① (明嘉靖)上海县志·风俗.
② 明史·选举志一.

曰志道、据德、依仁、游艺。七年，训导江汉、通判郭瑾在玉带河上修建咏归亭，亭、河、桥、尊经阁、先贤祠、紫薇岩、半月池和一鉴轩为学宫八景。成化十七年（1481年），知府王衡创设游息所。弘治元年（1488年），飓风毁坏学舍，知府刘瑾重建。正德五年（1510年），洪水冲毁了整个学舍，知府陈威锐意修举，先修四斋，建登云桥、乐育坊等，虽未完工，但规模已然宏伟壮观。嘉靖九年（1530年），知府熊宇修建天藻亭，藏六箴碑，诏增启圣祠，改大成殿为先师庙。万历七年（1579年），知府阎邦宁修习释奠礼乐。二十四年，知府詹思虞重修府学。崇祯二年（1629年），知府方岳贡重修。①

（2）上海县学。明洪武六年（1373年），郡同知王文贞修复县学，又新建了射圃和观德堂，其制逐渐完备。正统四年（1439年），提学御史萧启命知县张桢丞、蒋文凯倡助修营拓扩，创设后堂、射亭、生舍及修建斋宇、馔堂、殿庑、仪门，宏伟空前。八年，飓风吹毁学舍，巡按御史郑颙修复县学。天顺二年（1458年），知县李纹继续修复完善。成化十一年（1475年），知县刘宇移文昌祠，辟学北邻地为射圃，重建观德堂及左右两厢。二十年，知县刘琬撤掉文昌祠，增建号舍，又在明伦堂后面新建尊经阁。弘治七年（1494年），知县董鏞以巡按御史刘廷瓒之命，在县学东南买地，以备扩建之用。十二年，知县郭经鼎力建造学仓及生舍数十间，于是寝处有室、庖廪有次，县学日渐完美。正德十四年（1519年），知县郑洛书重建大成殿、养贤堂。嘉靖十七年（1538年），知县梅凌云重修县学。万历三年（1575年），知县敖选重修，在东南角增建学廛。九年，教谕徐常吉建三友轩，后又经知县颜洪范、杨遇等人重修。四十六年，知县吕浚修县学，且恢复县学以前被侵占的土地。崇祯七年（1634年），知县刘潜修启圣祠和明伦堂。②经过多次重修扩建，上海县学的规模日渐扩大，招收的生员也越来越多，少年子弟，援笔成文者，便可入泮深造。至明末，"上海一学，除乡贤奉祠生及告老衣巾生而外，见列岁科红案者，廪、增、附生，共约六百五十余名"。③

（3）华亭县学。华亭县学于元末毁于兵。明洪武三年（1370年），知县冯荣奉诏立学，以徐家桥东徐进义塾扩建为县学。七年，知县周朗作大成殿。知县祝子宪后以学舍低矮简陋，重新修建，由徐进子徐彦裕力任其事。至此，华亭县学规制悉备，有明伦、观颐二堂，博文、约礼二斋，以及习射之圃，教学活动及学校礼仪井井有条，每年正月望日（十五）、十月朔日（初一）还在县学举行乡

---

①② （清嘉庆）松江府志·学校志.
③ 叶梦珠.阅世编·学校.

饮酒礼。洪武九年(1376年),知县朱直建知本堂。二十年,大成殿坏,御史黄克庸重修。永乐十五年(1417年),学舍坏,次年知县高宫重修。宣德元年(1426年),巡抚大理寺卿胡槩建进修堂。正统四年(1439年),推官杨政重建大成殿、新戟门及西庑。八年,知县李希容建观德亭。成化八年(1472年),知县戴冕修殿廊,饰圣贤像,重建明伦堂及斋门庑,撤观颐堂而徙观德堂于其后,增修号舍二十五间,建教谕、巡道二官署于县学外桥南、学宫偏东,县学一时宏伟壮观。弘治三年(1491年),知县汪宣增拓学宫,规模越发扩大。嘉靖至崇祯的百余年间,先后经知府贾侍问、詹思虞,知县聂豹、项应祥、徐尚、郑友元等人重修。①

(4)嘉定县学。明洪武二年(1369年),镌置卧碑,学斋改名为进德、修业。六年,知县文殊奴修了大成殿,重建了棂星门,开辟射圃,并在学宫前建观德亭。二十三年,巡按张文富建造会馔堂和号楼于明伦堂后,重新砌建泮池,上建石桥三座。永乐二十一年(1423年),代知县陆枢捐款修大成殿、两庑和大成门。宣德元年(1426年),知县祖述重建两庑,修葺明伦堂、两斋和春风堂(由会馔堂改建)。三年,邑人王嗣昌捐款修建燕居殿。天顺四年(1460年),知县龙晋重建大成殿、两庑、大成门,建文昌祠于学宫门左,并修整明伦堂和学仓。成化十年(1474年),巡按林正、知县吴哲建造尊经阁于明伦堂后,即原春风堂址。十八年,知县刘翔增建东西两幢号楼,竖立碑亭。弘治五年(1492年),知县王术修整学宫,包括殿、庑、堂斋、庐舍。嘉靖十四年(1535年),知县李资坤重修县学,改燕居殿为敬一亭,改造射圃亭,又在县学旁设小学,聘请行为端正学识广博之士为师。三十一年,知县万思谦重修县学,修先师庙两庑、棂星门、明伦堂东西两斋、尊经阁、敬一亭、教谕廨及学宫前三个牌坊。万历二年(1574年),知县赵举廉修理学宫两庑、棂星门、启圣祠、教谕廨。三十一年,知县韩浚重修东西庑、棂星门、明伦堂、敬一亭、尊经阁、号楼、碑亭。四十四年,知县柴绍勋增建文昌阁,顺着辅文山,筑石台,建阁三间。天启四年(1624年),知县卓迈、教谕龚道洽重修两庑、明伦堂、尊经阁及学前三坊。崇祯十年(1637年),教谕刘敬修、训导黄虞、本县人侯峒曾共同修整启圣祠、尊经阁、敬一亭。②

(5)崇明县学。明洪武二年(1369年),改崇明州学为县学。正统二年(1437年),典史刘清凿泮池建桥。五年,知县张潮建明伦堂。十一年,知县王

---

① (清嘉庆)松江府志·学校志.
② (清光绪)嘉定县志·学校志(今译本).

锐增修殿堂、门庑、厨库、仓廒、射圃、宰牲所、博文斋、约礼斋、儒学署,并学舍二十四间。成化六年(1470年),知县汪士逵重修。嘉靖九年(1530年),建启圣祠于殿后。三十九年,知县范性建启圣宫、敬一亭、名宦祠、乡圣祠。万历十六年(1588年),城迁长沙,知县李大经建学宫于城东南。二十七年,知县李官重修大成殿、东西庑、棂星门、崇经阁、敬一亭、泮池,池建桥曰飞虹。二十九年,知县张世臣修东西两庑,博文、约礼二斋。四十五年,知县袁仲锡修腾蛟起凤,兴贤仰圣二坊,泮池左右建奋龙、飞凤二桥。①

（6）青浦县学。明万历元年(1573年),复设青浦县,知县石继芳在顾氏义塾的基础上设立县学,地为顾从礼、金栋等所捐,在县治东南。首建先师庙,庙后有光禄寺。县丞顾正心捐千金修学宫,外为宫墙、棂星门;门内为泮池,池北为先师殿,有东西两庑,殿后为明伦堂;东西有斋,斋西南为敬一亭,堂之东为启圣祠;庙左仪门为师生出入之所,仪门之内为训导署(继移堂后),后为教谕署。九年,知县屠隆建名宦、乡贤祠。万历二十五年(1597年),久雨,学宫遭毁,知县卓钿修之。三十三年,知县金玉节(嘉庆《松江府志》卷三十二作毛一鹭,据董其昌碑记改)建尊经阁;继知县韩原善又修之;状元张以诚、解元吕克孝建状元、解元二坊。天启六年(1626年),飓风坏学舍,知县郑友元重修。②

（7）金山卫学。明洪武二十年(1387年),华亭县置金山卫。正统四年(1439年),令天下军、卫咸立庙学,招收武官及军士子弟入学,并吸收当地民众子弟附读。于是巡抚、工部侍郎周忱奉诏创立学舍,地址在金山卫城筱馆街北。十三年,提学御史刘福始建文庙。天顺五年(1461年),提学御史严泩、都督董宸缮葺学宫。成化十七年(1481年),巡按御史刘魁督促重修。万历二十一年(1593年),知府柳希点重修。崇祯十一年(1638年),知府方岳贡重修。③

明代承袭了元代在地方设立专门学校的制度,主要有医学和阴阳学。明洪武年间,松江府废三皇庙,因尽以其地设阴阳学、医学于惠民药局。④ 嘉定亦有阴阳学,洪武十七年(1384年)设于从民坊西首,弘治十八年(1505年),知县高坛移建于按察行台西,后坍毁,又移建于西库泾东岸。医学,旧在西城三皇庙内,弘治十八年移建于按察行台西,后移至西库泾东岸,与阴阳学合而为一。⑤

---

① （民国）崇明县志·学校志.
② （清光绪）青浦县志·学校志.
③ （清嘉庆）松江府志·学校志.
④ （明正德）松江府志·学校志.
⑤ （清光绪）嘉定县志·营建志·公廨(今译本).

在明朝,府设教授、县设教谕各一,俱设训导,府四、县二,附司吏一名。卫学设教授一员,训导一员。此项教官,或由下第举人充任,或由贡生充当,位低俸薄,举人多不愿就,以贡生充当居多。教师月给米六斗,并配给鱼肉,月俸因职务而不同。府学、县学的学生,通称为生员(亦称诸生,俗称秀才),每人专治一经,以礼、乐、射、御、书、数分科设教。生员分为廪膳生、增广生、附学生员三种。初进校就享有廪米待遇的为廪膳生;后来人数增多,于廪膳生原额外,加取一倍,名曰增广生;再后向学的愈多,额外增加,无廪米待遇,称附学生员。府学的廪膳生与增广生,外府40人,附学生员无定额;县学的廪膳生与增广生各20人,附学生员无定额。卫学多招收武人子弟,称军生,生员皆免差徭。明朝统治者为了管理地方官学的生员,制定学规,颁布禁例。洪武十五年(1382年),颁禁例十二条于全国学校,镌勒卧碑置于明伦堂,永为遵守。其中主要内容有:① 严禁学员过问政治。如"一切军民利病,农工商贾皆可言之,唯生员不许建言"等。② 无条件尊师,生员只能被动接受,"毋恃己长,妄行辩难"。③ 严加考核,懈怠不绊,愚顽狡诈,以罪斥去。府、州、县学的经费主要靠学田收入,每学设一会计专员,经营收支。

三、书院在沉浮中绵延

就上海教育的总体情况而言,书院在明代不算兴盛,似乎乏善可陈,这与明代教育发展的时代性有关。明代初期,官学得到大力发展,出现了唐宋所未有的盛况,书院则相对受到冷落,较为沉寂。正德(1506—1521)以后,书院开始兴盛,至嘉靖年间(1522—1566)勃兴。明中叶以后,书院命运多舛,四次遭到当权者的禁毁,分别在嘉靖十六年(1537年)、嘉靖十七年(1538年)、万历七年(1579年)、天启五年(1625年)。① 整个明代,声名显赫的书院较宋代大为减少,唯有无锡东林书院独树一帜。在明代,上海地区陆续兴建了八所书院,上少于宋元,下不及清代,兹分述如下。

(1)棠溪书院。在松江府城隍庙东,本兴圣寺地而建。宣德(1426—1435)初于此置清军局。通判眉山黄平得西湖书院古碑辇置局中,因以楣之棠溪。成化年间(1465—1487)同知于準重修。积久颓废,崇祯年间(1628—1644)以其地建董文敏祠。②

(2)清源书院。本王氏素园,明代上海知县陈善题为"清源书院"。因王氏

---

① 孙培青.中国教育史(第三版)[M].上海:华东师范大学出版社,2009:249—251.
② (明正德)松江府志·官署志.

别业取源流宋代王沂公之意也,所以又称"沂源书院"。①

(3)仰高书院。在上海县儒学南,正德十六年(1521年),知县郑洛书修建祠堂以祭祀名宦乡贤,因北面正对着学宫,所以称为"仰高"。后来祠堂移到戟门外,于是把书院改为"云居庵"。②

(4)鹤城书院。在松江府署西、普照寺西,始建时期不详。为纪念文学博士方孝孺,万历三十七年(1609年)改为求忠书院,崇祯年间(1628—1644)曾经在此设义塾。③

(5)日新书院。在松江府治东,古亭桥北邱家湾。崇祯年间(1628—1644)代理知府孔友教兴建。乡贤蓬莱县令钱大复曾在此讲学,教育乡党宗族子弟。④

(6)西沙书院。正统九年(1444年),知县张潮建。⑤

(7)练川书院。在嘉定县应奎山南。正德十二年(1517年),县督学张鳌山、南京户部员外郎胡缵宗巡行到县,撤去留光寺改建(寺迁至澄江门外),占地8亩多。倭乱后废为民居。⑥

(8)明德书院。在嘉定县东城。万历三十二年(1604年),知县韩浚建造。占地9亩多,置田3顷44亩多,房产11区,韩浚曾有记述,今已散失。天启四年(1624年),魏忠贤假冒诏书拆毁天下书院,知县谢三滨想办法,把它改名劝农公署,得以不毁。崇祯元年(1628年),恢复为书院。⑦

四、蒙学教育兴旺发达

宋元时期,蒙学教育的框架初步形成,办学形式、教育内容、教学方式、教材编撰等均已形成体系,为明清时期蒙学教育在数量上的普及和质量上的提高奠定了基础。正因为有了前人的积累和后人的努力,明清蒙学教育才达到了较高的水平,可谓兴旺发达。这既为普通民众享受中华文明的发展成就,提高文化知识水平提供了便利条件,也为培养和输送社会精英分子,扩大科举考试人才队伍作出了贡献。明代上海地区的蒙学教育顺应历史潮流,在地方官和乡绅的支持下,发展迅速,尤其是普及程度大大提高。从办学主体来说,蒙学可以分为两大类:地方官员兴办的社学和小学,民间自设的义塾和各类性质的私塾。

---

①② (清同治)上海县志·学校志.
③④ (清嘉庆)松江府志·学校志.
⑤ (民国)崇明县志·学校志.
⑥⑦ (清光绪)嘉定县志·学校志(今译本).

1. 社学

明初郡县皆立学校之后,洪武八年(1375年),因"京师及郡县皆有学,而乡社之民未睹教化",下令仿元制设立社学,"延师儒以教民间子弟"。明代社学相对于元代,更为普遍,数量更多,且将社学与府、州、县学衔接起来,"诏有俊秀向学者,许补儒学生员"。上海地区在洪武八年即奉命开设社学,城乡皆有。华亭县城隍庙东顾匀亭有华亭社学。天顺六年(1462年),巡按御史袁恺、知府李惠礼请儒士钱润为师,训迪民间俊秀。次年督学御史严洤又于各乡增置社学60处,教读60所,生徒1 152名,由是间阎莫不有学。弘治(1488—1505)初年,毁淫祠以及无额庵院,知府刘璟、知县汪宣即其所在以为社学。① 上海县社学数量曾多达49所,有生徒1 224名。② 郑洛书(正德十二年进士)在出任上海知县时,建社学96区。每每出门,屏退随从,倾听蒙童读书声,有讹字者即令改正,试其颖敏者,奖赏之。③ 崇明县在正德十二年(1517年)时,知县梁景行更淫祠为东城社学、西城社学、中城社学、东沙社学、三沙社学;另有鹏搏社学、鲲化社学,失考。④ 嘉定县在嘉靖十六年(1537年)建社学16所。⑤ 青浦社学建于万历年间(1573—1620),知县卓钿以各镇无额庵院为社学17所,在七宝镇、小蒸、金泽、广富林、黄渡镇、青龙镇等。⑥ 枫泾明代社学有二:一在白莲寺,正德十二年(1517年),嘉善知县倪玑借设寺中,嘉靖甲寅,倭夷犯境,寺毁学废;一在常平仓侧,万历二十四年(1596年),嘉善知县章士雅建,后废。⑦ 社学的目的在于"导民善俗",除了进行基本的蒙学教育,还将《御制大诰》和律令列入教学内容,又有讲行乡约之举,"每月朔举乡约,弦诵之声洋洋如之"。⑧ 全祖望《鲒埼亭集外编》卷二十二记述明代社学:"其教之也,以《百家姓》《千字文》为首,继以经、史、历、算之属。"社学校舍主要由无敕额寺观庵院改建,也有由政府官员兴建,或私人捐建,或由义塾改建,经费来源主要靠学田,辅以官府拨款、官民捐助,经费支出主要用于修缮及教师薪俸。⑨

---

①⑥ (清嘉庆)松江府志·学校志.
② (明正德)松江府志·学校志.
③ 熊月之,马学强.上海通史·古代[M].上海:上海人民出版社,1999:263.
④ (民国)崇明县志·学校志.
⑤ (清光绪)嘉定县志·学校志(今译本).
⑦ 许光墉,等.重辑枫泾小志·建置·义建.枫泾原属浙江嘉善,后划归上海松江.
⑧ (明嘉靖)上海县志·文志.
⑨ 社学经费管理方面也存在某些弊端,崇祯《外冈志》卷一"社学"条有关学田的记载:"田三十二亩,在吴塘之东。岁租银十两有奇,后为彭氏所有。案洪武八年诏天下州县各立社学,久而渐废。"

2. 小学

明代上海地区有一位以办教育著称的地方官李资坤(字伯生),于嘉靖十三年至十六年(1534—1537)出任嘉定知县,后升任南刑部主事、铜仁府知府。李资坤为官清廉严正,"首重儒术,兴学校",在嘉定县治建有四门小学,在全县16个镇各建小学一所。四门小学最初建于成化五年(1469年),创办者为知县洪冕,嘉靖十五年(1536年)李资坤重建,置田80亩,房产11区70舍。16所镇小学皆李资坤所为,颇具规制,主要有:槎溪小学,嘉靖十四年(1535年)在南翔镇白鹤寺原址建成,前为贤圣祠,中为养正堂,后为莞尔亭、宗孔堂,校舍有25间,置房产33舍,设生儒1人,教读2人,给其廪饩,收训俊秀子弟;俨溪小学,嘉靖十六年(1537年)在纪王镇,以纪王庙改建而成,屋凡十一楹,外为重门,中为圣贤祠,后为养正堂,东西斋曰"订顽""砭愚";黄溪小学,嘉靖十五年(1536年)以上真道院改建,在黄渡镇北柴家街后,有学门、仪门、圣贤祠、养正堂、斋舍,屋凡一十楹,置田34亩,租米24石5斗;娄溪小学,在娄塘镇,由高真堂改建,包括养正堂(在门道后两旁)、圣贤祠(在养正堂后)、兴诗堂(在圣贤祠后,前为藏修、思游二斋)、立礼堂(在兴诗堂左,东旁为庖湢),校舍有21间,置学田76亩;外冈小学,在外冈镇延祐院西,以观音堂改建,校舍有13间,置学田32亩;葛隆小学,在葛隆镇,以观音堂改建,校舍有12间,置学田32亩;安亭小学,在安亭镇,由普定庵改建,校舍11间,有圣贤祠、养正堂及聚乐堂,置学田32亩,万历间废;新溪小学,在徐家行(今嘉定徐行镇),以观音堂改建,有校舍13间,置学田25亩,房产3舍;真如小学,嘉靖十三年(1534年)在真如寺址建,屋凡十二楹,置田10亩,房产7舍,万历年废;曲江小学,嘉靖十五年(1536年)就江湾镇保宁寺西旁屋改建,凡十二楹,别置房产33舍,以租养学。① 李资坤所建四门小学及各镇小学,对于嘉定教育的发展贡献不菲,但日久弊滋,难免由盛转衰,部分废弃停办,如曲江小学因嘉靖二十三年(1544年)倭寇入侵江湾镇,掳掠烧杀,校舍被毁。保留下来的,也被豪门据为己业,奸胥窃以自润,以一二衰朽老儒充师,虚糜廪给。清朝徐峡芳有诗曰:"吴塘东岸卧残碑,留得荒堆义学基。基上年年春草绿,不知桃李更何时。"②

3. 义塾

义塾是由私人集资或用地方公款创办的免费初级学校,因其专为贫寒子弟

---

① (清光绪)嘉定县志·学校志(今译本).
② 章树福.黄渡镇志·建置·小学.

而设,不收学费,亦称义学。上海县三林塘镇西有筠溪义塾,弘治十七年(1504年)由镇人储璇所建。① 上海县下沙镇有方氏义塾,嘉靖年间(1522—1566)里人方铺所建。② 奉贤有潘垫义塾,明朝太学生唐质所建。③ 金山卫有4所义塾:左所义塾、右所义塾、中前所义塾、中后所义塾,皆由都指挥都胜创建于成化十二年(1476年)。弘治十一年(1498年),指挥使翁熊增建,后皆废。正德年间(1506—1521),都指挥张奎重建金山卫义塾,亲选军士子弟,择师教之,令有成者许入卫学,士风由是益振。④ 嘉定县有义塾两所,一是钱氏义塾,在县治后,景泰七年(1456年)本县人钱铉所建;一是东海义塾,在徐家行,成化九年(1473年)本县人徐冕所建,昆山吴瑞写有义塾记。⑤ 吴淞有吴淞义塾,正统十四年(1449年)所设。⑥ 青浦章练有惠世义学,不知创自何时,曾经一度废弃。嘉靖四十二年(1563年),里人万宾兰麟捐小宅、圩田26亩有奇,重为创设。隆庆五年(1571年),万君辞世,旋废。天启年间(1621—1627),复捐资继起,遭明清鼎革又废。⑦

4. 私塾

私塾是民间由私人广泛设立的学校,按设置方式不同,可以分为三种:一种是"教馆"或"坐馆",馆东聘请塾师在家设馆,专教自家子弟及亲友子弟;另一种是"门馆"或"家塾",塾师自己设馆,自招学童就学;还有一种是"村塾"或"族塾",同村或同族设馆延师,以教本村或本族子弟。⑧ 私塾数量庞大,设废无常,一般持续时间不长,能够留传下来的较少,载入史册者更是少之又少。紫隄村有吴敬庵讲堂,敬庵名曰慎,歙县人,精理学,汪起延为师,设堂于亭桥之北,村人竞遣子弟从学。侯氏家塾,即上谷家塾,在侯尧封参政宅之西耳房,建塾以后,每岁延师督课子孙。侯玄瀞撰父峒曾年谱曰:万历丙申(1596年),府君年六岁,读书龙江家塾,天资颖异,华亭林太夫子爱之。临去口占一语曰"师生话别情难舍",府君应曰"朋友相孚谊共敦"。⑨

明代蒙学在教学上较宋元有新的发展,教材使用更加多样化,除"三百千"之外,还有吕得胜、吕坤父子编的《小儿语》《续小儿语》,萧良友编的《龙文鞭

---

① ③ (清嘉庆)松江府志·学校志.
② (清同治)上海县志·学校志.
④ (清乾隆)金山县志·学校志.
⑤ (清光绪)嘉定县志·学校志(今译本).
⑥ (清光绪)宝山县志·学校志.
⑦ 高如圭.章练小志·学校志.
⑧ 周德昌.中国教育史研究·明清分卷[M].上海:华东师范大学出版社,1995:189.
⑨ 汪永安.紫隄村小志·旧迹;紫隄村小志·乡塾.侯峒曾,字豫瞻,号广成,天启中进士,历任南京兵部主事、浙江参政、顺天府丞,南明弘光朝授左通政使.

影》。蒙学教育理论较之前代也大有长进,出现了不少总结前人经验,专谈蒙养教学方法的著作,如王守仁《训蒙大意示教读刘伯颂等》《教约》,吕坤《社学要略》,王虚中《训蒙法》,沈龙江《义学约》等。

五、明代上海科甲之盛

明代科举制度是中国科举制度发展史上的鼎盛时期,在继承宋元的基础上,建立了称为"永制"的科举定式:每逢三年开科考试,将科举考试分为四级,即童试—乡试—会试—殿试。八股文作为一种固定的科举考试文体,在成化年间(1465—1487)逐渐形成。明代还将学校纳入科举体系,"科举必由学校",只有接受学校教育取得出身的学子才有资格参加科举考试。①

上海地区读书风气日甚,应举之人亦多。天启四年(1624年),华亭县在举行院试时,因生员众多而拥挤倾压,以致酿成一起惨剧。天启甲子春,科试松郡,华邑文童多至三千余。邑宰郭如暗,不早开门陆续放进,以致挤轧不堪,如蜂屯蚁聚。及门甫启,一拥而入,足皆离地,不顾户限。其时,后者方前,前者倞仆,呼吸间积尸累累矣。计文童死者十有三人,中有父兄送子弟、奴仆送主人者,又死数十人。②

明代上海教育与科举互为因果,彼此促进,大大带动了地区文化的繁荣。据不完全统计,明代松江一府共出进士466名,占江苏全省六分之一,在全国诸多府郡中排名第十二位。如果加上嘉定、崇明两县的进士数(属苏州府,明代苏州府共有进士970名),整个上海地区的名次还可靠前几位。这表明上海地区在明代已成为全国科甲高度集中和鼎盛的地区之一。③ 根据对清嘉庆《松江府志》的记载统计:从洪武元年至成化四年(1368—1468),明初百年间,松江府考中进士99名;从成化五年至隆庆三年(1469—1569),明中期百年间,松江府进士数较前翻了一倍多,达到204名;从隆庆四年到崇祯十六年(1570—1643),明后期七十多年中,松江府进士数为158名,大致保持明中期的水平。故上海地区科第的旺盛、勃发是在明中后期。④ 另外,嘉定县明代有进士88名。⑤

进士之外,尚有数量上千的举人,共同撑起上海科甲之盛。明代上海县有

---

① 孙培青.中国教育史(第三版)[M].上海:华东师范大学出版社,2009:253—255.
② 熊月之,马学强.上海通史·古代[M].上海:上海人民出版社,1999:266.
③ 同上:255.
④ 同上:269.
⑤ (清光绪)嘉定县志·选举志(今译本).

举人307人，①青浦县有举人193人，②嘉定县有举人205人。③ 一些乡镇在明朝亦渐渐显示出科举的非凡实力，令人刮目相看。南翔镇在明代有贡生14人、举人16人、进士10人。罗店镇在明代有进士4人、举人10人。④

文化世家在明代得到进一步的发展和壮大，上海地区出现了父子进士、三代进士，以及一批科甲显赫的望族大姓。父子进士有：王霁，子王泰；董纶，子董忱、董恬；张瑾，子张永泰；张黼，子张鸣凤；潘恩，子潘允端、潘允哲；唐自化，子唐本尧；乔木，子乔拱璧；侯震旸，子侯峒曾；杜乔林，子杜麟征。三代进士有：金爵，成化己丑（1469年）科进士；子金献民，成化甲辰（1484年）科进士；金献民子金皋，正德辛未（1511年）科进士；金献民子金皞，正德甲戌（1514年）科进士。⑤明代上海地区科甲望族以云间陆家最为典型，明嘉靖中，陆树声、陆树德兄弟相继登进士，陆树声为嘉靖二十年（1541年）会元，官至大宗伯，陆树德亦官礼科给事中、太常少卿等职。其子孙中举登科，接二连三，达数十余人。轩冕蝉联，盛极一时。华亭董氏，科场捷报频传，举人、进士接踵而至：董纶，天顺甲申（1464年）科进士；董恬、董忱、董怿兄弟，恬、忱乃弘治丙辰（1496年）科同科进士，怿为举人；董子仪，嘉靖戊戌（1538年）科进士；董充大、董志学，嘉靖庚子（1540年）科举人；董传策、董传教兄弟，传策为嘉靖庚戌（1550年）科进士，传教为举人；董晋，隆庆丁卯（1567年）科举人；董其昌，万历己丑（1589年）科进士；董尊闻，万历癸卯（1603年）科举人；董邃初，万历癸丑（1613年）科进士；董象恒，万历己未（1619年）科进士。华亭徐氏，原为小康之家，世代务农，名不见经传。自徐阶的父亲当了一阵小县官后，勉强可划入官宦人家。嘉靖二年（1523年），徐阶被钦点探花，入仕后官运亨通，至内阁首辅。其弟徐陟于嘉靖二十六年（1547年）中进士，徐阶三子亦以父荫得官，孙徐元春又于万历二年（1574年）中进士，官至太常卿。⑥ 因科甲相继，门第荣贵，徐家很快成为东南地区的著姓望族。

明代上海地区还出现了三位状元，将一方科甲之盛推向极致。第一位状元是华亭人钱福，字与谦，家住诸行聚奎里，近鹤滩，故以"鹤滩"为号。弘治三年（1490年），钱福连中会元、状元，授职翰林院修撰。钱福为官仅七年即告病归

---

① （清嘉庆）松江府志·选举表.
② （清光绪）青浦县志·选举志.
③ （清光绪）嘉定县志·选举志（今译本）.
④ 熊月之，马学强.上海通史·古代[M].上海：上海人民出版社，1999：271.
⑤ （清同治）上海县志·选举表.
⑥ 熊月之，马学强.上海通史·古代[M].上海：上海人民出版社，1999：269—270.

田,政治上无所作为,加之平日饮酒赋诗,狎妓畅游,放浪形骸,颇遭非议,甚至被认为是明代众多状元中唯一"无足取"者。① 但他为人坦率,有雅量,"有犯者笑而受之"。② 才高气奇,数千言立就,诗文藻丽敏妙,雄视当时。工于书法,大魁之后,声名赫奕,求字者辐辏其门,不绝于户。卒年44岁,著作有《鹤滩稿》。

第二位状元是唐文献,字元徵,号抑所,华亭人。万历十四年(1586年)高中状元,授修撰,历詹事,官至礼部右侍郎,掌翰林院事。为官以名节自持,卒于任。撰《占星堂集》16卷。

第三位状元是张以诚,字君一,青浦人(一说华亭人),出身书香官宦门第,高祖张弼为进士,官至南安知府,善草书,为明中叶上海地区的书法名家,诗文亦佳。张以诚秉承家学,于经史百家、朝章典故莫不通洽,勤于笔墨,小楷清劲有法。万历二十九年(1601年)高中状元,授修撰,迁左中允,转右谕德。举止安雅,敦尚名节。张以诚为当时名士,与董其昌、冯梦祯等并称。著作有《国史类记》《毛诗微言》《酌春堂集》等。③

六、归有光、董其昌和徐光启

明代上海教育迅速崛起,涌现了一大批在兴学育才上有所作为的官员和学者,以嘉定县为例,知县李资坤,在任三年,"建学崇文",泽被后世;代理教谕李惠,字有孚,瓯宁人,以研治《易经》名,一时人才如徐瑄、潘暄、范纯等,都出于其门下;教谕周成,字朝美,海阳人,白沙陈献章的学生,弘治年间举人,在任八年,终日衣冠周整,端坐讲学,严寒酷暑,亦不中止;④里人宣昶,字汝昭,又字寒斋,在家乡讲授经学,培养了很多能诗的学生,龚弘(成化戊戌年进士,官至工部尚书)就是他门下的高材生。⑤ 在明代上海地区的教育人物中,尤以归有光、董其昌、徐光启最为著名。

1. 归有光安亭讲学

归有光(1507—1572),字熙甫,又字开甫,号震川,又号项脊生,苏州府昆山县人。8岁丧母,父亲是个贫穷的县学生。归有光自幼颖悟绝人,7岁入小学,塾师为周寅之,9岁能成文章,10岁时就写出了洋洋千余言的《乞醯论》,十一二岁"已慨然有志古人",14岁应童子试。20岁以第一名补苏州府学生员,同年秋应

---

① 陈洪谟.治世余闻(下篇)·卷之四.
② (清嘉庆)松江府志·古今人传.
③ 熊月之,马学强.上海通史·古代[M].上海:上海人民出版社,1999:272—273.
④ (清光绪)嘉定县志·职官志(今译本).
⑤ (清光绪)嘉定县志·人物志(今译本).

应天府乡试,得第二,当时主试江南的张文毅谓归有光是"贾(谊)董(仲舒)再生"。归有光"弱冠尽通六经三史七大家之文及濂洛关闽",①以才学和声望,考取进士应是稳操胜券。然而,文章憎命达,归有光屡应礼部会试,皆名落孙山。

嘉靖二十一年(1542年),归有光带着忧愤,携妻子离开昆山,退居嘉定县安亭江上岳父王氏宅中,一边读书应试,一边聚众讲学,"四方来学者常数十百人"。②归有光读书讲学的住所称"世美堂",西边有清池涟漪,古木森森,院中垒石假山,曲径通幽。山上有座亭,登上亭子,便见吴淞江蜿蜒东去。归有光居安亭期间,全靠妻子王氏料理家事。王氏治田40余亩,督僮奴垦荒,用牛车灌水,以所收米粮供全家及弟子食用,好让归有光专心讲学。

归有光安亭讲学20余年,一时间弟子满门,共推"东南大师",人们尊称他为"震川先生"。大批学者来到归有光的周围,震川先生名扬海内,安亭也因此蜚声江南。嘉定的龚有成、唐时升、娄坚等人,都是他的高足。龚有成,字子完,于嘉靖丁酉年中举,先后任诏安县知县、赣州府同知、莱州府同知、蜀府长史等职。唐时升、娄坚和李流芳为"练川三老",再加上程嘉燧就是"嘉定四先生"。③归有光在安亭留下了他一生中最重要的作品,如《项脊轩志》《沧浪亭记》等名篇,文采斐然,流传不衰。

嘉靖四十四年(1565年),"八上公车而不遇"的归有光以六十高龄再度进京会试,中三甲进士,授浙江长兴知县。他到长兴后的第一件事就是兴办学校,培养后进。第二件事是惩治恶吏,平反冤狱。隆庆二年(1568年),归有光迁顺德通判。四年,归有光到北京朝贺万寿节,升为南京太仆寺寺丞,但仍然留在北京掌内阁制敕房,纂修《世宗实录》,不幸病魔缠身,于第二年抱恨死于北京,时年66岁。

清道光八年(1828年),江苏巡抚陶澍,奏请建立震川书院,以纪念归有光,从嘉定、昆山、青浦、新阳四县捐置学田826亩。在震川书院东侧,建有因树园,有道光帝御书"印心石屋"匾额。

2. 董其昌创松江画派

董其昌(1555—1636),字玄宰,号思白,别号香光居士,是我国明代著名的大书画家、鉴赏家及艺术教育家。董其昌出生于上海县董家汇,父亲董汉儒是个屡试不第的秀才,家境贫寒。董其昌为躲避过重的差役,逃出上海,改入华亭

---

①② 陈树德.安亭志·人物.
③ (清光绪)嘉定县志·人物志(今译本).

县籍。董其昌读书勤奋,在中秀才后蹉跎多年,迫于生计,他曾教私塾糊口。33岁中举,次年,即万历十七年(1589年),连捷中进士。入仕后,董其昌过的是半官半隐的生活,屡次致仕,屡次起用,其间居家最长的一次近十八年,历任翰林院庶吉士、编修、湖广按察副使、提学副使、太常寺少卿、翰林院侍读学士、礼部侍郎、南京礼部尚书等职。

董其昌堪称诗、文、书、画全才,尤以书画和鉴赏出名。他的诗清丽自然,朴实明快,描绘自然,寄情山水,有离尘出世之感。文章大率以高文典册为体要,潇洒肃恬,渐近平淡自然。其书法集各家之长,融会贯通,结构严谨,形成了柔美秀逸的个人风格,著作有《容台集》《学科考略》《四印堂诗稿》,辑有《南京翰林院志》,评注《便读草堂诗余》。董其昌的书法原本较差,十七岁参加府试因书法差而屈居第二,从此发愤临池,至忘寝食。初学颜真卿、虞世南,兼参魏晋唐宋诸名家笔意,后改学王羲之,受惠甚深,并直接师从陆树声、莫如忠等人,行楷之妙,跨绝一代,书法代表作有《古诗十九首墨迹》《董香光手札墨迹》《行书诗轴》等。董其昌的山水画远师董源、巨然及"二米"(米芾、米友仁),近学黄公望(字子久),并广交擅长丹青之士,交流心得,切磋技艺,开创了松江画派,绘画代表作有《云山小隐图》《烟江叠嶂图》《秋兴八景》《流云烟树图》等,美术理论作品有《画禅室随笔》。董其昌还精于鉴赏品题古人书画,《明史·董其昌传》称"精于品题,收藏家得片语只字以为重"。

董其昌主张师造化、师古人,强调"行万里路,读万卷书"来加强画家修养。他不模仿文徵明,"必欲追其先辙,凌而上之"(范允临《输蓼馆集》),"笔笔从古法中来",所以自成一家,毫无习气。他的绘画用笔洗练,墨色清淡,天趣自成,使文人画重获生机,并且有所发展,成为"吾松画家之开山斧",被称作"松江派"(又名"华亭派"),执晚明画坛之牛耳,而且还派生出以赵左为首的"苏松派"、沈士充为首的"云间派"。①

明末许多著名的书画家,如顾正谊、丁云鹏、范允临、李日华、杨明时、米万钟、邢侗、李流芳、陈继儒等,都与董其昌有着密切的往来,彼此互有影响。更有不少画家、书法家直接出自董其昌门下,不同程度地受到其山水画、书法风格和美术理论的熏染。董其昌门生弟子人数众多,已不限于松江一隅。赵左、吴振、沈士充、赵同、叶有年、程正揆、程嘉燧、冒襄、龚贤皆为董氏弟子中的佼佼者。董其昌桃李满门,流风不绝,称霸画坛数百年,在明代后期的书画家中,几乎无

---

① 孙杰.古代上海艺术[M].上海:上海大学出版社,2000:30—32.

人能与董其昌相抗衡,其至对清代乃至近代的美术界也产生了一定影响。《明史》曰:"初,华亭自沈度、沈粲以后,南安知府张弼、詹事陆深、布政莫如忠及子是龙皆以善书称。其昌后出,超越诸家,始以宋米芾为宗。后自成一家,名闻外国。其画集宋、元诸家之长,行以己意,洒洒生动,非人力所及也。四方金石之刻,得其制作手书,以为二绝。"①

董其昌文章书画冠绝一时,然而名士风流,德行不足。董其昌纵容子弟悍仆横行乡里,多行不义,引起公愤。万历四十四年(1616年),万人聚于董家,纵火焚烧董宅,火光冲天,董家珍贵的书画藏品荡然无存,家业为之一空。这就是轰动一时的"民抄董宦"事件。

3. 徐光启开风气之先

明代后期,上海出了一位学贯中西的科学家和富于真知灼见的先驱者——徐光启。徐光启(1562—1633),字子先,号玄扈,谥文定,先世籍中州,宋高宗南渡时迁苏,祖竹轩,始自姑苏迁居沪上,遂为上海人。

徐光启幼年在龙华寺内的村学读书,15岁出外就傅,敏而好学,师事黄体仁,黄氏私淑王守仁,致力心性之学。万历九年(1581年)考中秀才,于金山卫"补诸生高等,食饩学宫"。十一年操塾师业,"教授里中,以馆谷自给"。在家乡教了10年书,"子弟知公者,相延入粤",于二十一年至韶州做教官。三年后,移馆浔州。二十五年,徐光启第六次参加乡试,终于考中第一名举人。中举后,因会试不第,仍回乡以教书为业。二十八年春,徐光启在南京初次拜会利玛窦,听其言论,"为低徊久之,以为此海内博物通达君子"。三十一年,徐光启在南京受洗,入天主教,教名"保禄"。次年中进士,名列第88位,其师黄体仁亦同科进士。② 徐光启入仕后,历任翰林院庶吉士、翰林院检讨、詹事府少詹事、礼部尚书、文渊阁大学士等职。做官期间,向利玛窦等人学习西方科技知识,翻译西书,被称为"西学东渐之译祖",重要译作和著作有《几何原本》《泰西水法》《崇祯历书》《农政全书》等。

徐光启在中进士之前,以教书为业,从教20年(22~42岁),"于物无所好,唯好学"。课余"目不停览,用不停笔",著述甚多,有《毛诗六帖》《渊源堂诗艺》《芳蕤堂书艺》《四书参同》《语类》《塾书政》等。③ 接触西学之后,徐光启特别重视科技教育,批判当时空疏无用的学风,强调培养具有真才实学的人。"方今

---

① 明史·文苑传四.
② 梁家勉.徐光启年谱[M].上海:上海古籍出版社,1981:40—72.
③ 同上:69.

事势,实须真才;真才必须实学,一切用世之事,深宜究心。"他还向皇帝直言痛斥八股取士制度,"若今之时文,直是无用",建议朝廷招收通晓历法之人,"果有裨益,方行取用"。①

作为首先介绍西学者,徐光启在会通中西的基础上,提出了一整套颇具前瞻性的科技教育思想。他认为数学是一切实用之学的根本,"象数之学,大者为历法,为律吕;至其他有形有质之物,有度有数之事,无不赖以为用,用之无不尽巧极妙者"。这种数学为自然科学之母的观点,已为人类科技发展史和科技教育史所证明,足见徐光启的高明。徐光启向西人学习数学,就是希望中国人从自然科学的根本出发,"渐次推广,更有百千有用之学出焉"。因此,他钻研介绍西学,其用意乃是造就新型人才,推动中国的科技进步。徐光启以金针度人来比喻自己苦心研习西学的目的,他说:"昔人云:'鸳鸯绣出从君看,不把金针度与人。'吾辈言几何之学,正与此异,因反其语曰:'金针度去从君用,未把鸳鸯绣与人。'"②徐光启曾以《几何原本》为教材,收嘉定人孙元化为学生。

在徐光启看来,度数既明,就能千变万化,转而为用:于水利,"可以测量水地,一切疏浚河渠、筑治堤岸、灌溉田亩,动无失策,有益民事";于建筑,"营建屋宇桥梁等,明于度数者力省功倍,且经度坚固,千万年不圮不坏";于机械,"能造作机器,力小任重,……与凡一切器具,皆有利便之法";于军事,可资"兵家营阵、器械,及筑治城台池隍等";于医学,"可以察知日月五星躔次,与病体相视乖和顺逆,因而药石针砭,不致误差,大为生民利益";于音乐,"能考正音律"。③

徐光启对于中国教育的影响在于他开风气之先,引起了中国知识分子研究西方科学的兴趣,进而推动了对水利、农学等的研究,成为明末清初实学思潮的先声,并为我国近代科学(尤其是近代数学)的建立奠定了基础。从这种意义上说,徐光启不只属于上海,更是影响全国、影响历史的大人物。徐光启墓在今徐家汇,墓前有一联:治历明农百世师,经天纬地;出将入相一个臣,奋武揆文。

第四节 东南文教中心:古代上海教育的鼎盛

清代上海地区行政区划的变革主要有:清顺治二年(1645年),金山卫建

---

① 陈科美,金林祥.上海近代教育史[M].上海:上海教育出版社,2003:32—33.
② 徐光启.《几何原本》杂议[M]//徐光启集(上册).王重民,辑校.上海:上海古籍出版社,1984:78.
③ 徐光启.条议历法修正岁差疏[M]//徐光启集(下册).王重民,辑校.上海:上海古籍出版社,1984:337—338.

营。十三年,以"华亭田赋百万,非一令所能",分华亭县西部地置娄县。雍正二年(1724年),再从华亭县分离出奉贤县,从娄县分离出金山县,从上海县分离出南汇县,从青浦县分离出福泉县(乾隆八年复并入青浦县),均由松江府管辖。雍正三年,从嘉定县分离出宝山县,嘉定、宝山、崇明三县由直隶太仓州管辖。嘉庆十年(1805年),由上海、南汇两县划出东南滨海地,设川沙抚民厅。整个上海地区境内十县一厅的格局至此基本形成,并延续到近代,当今上海市郊的区县格局也与清代基本一致。

清初上海地区爆发了激烈的武装抗清斗争,对经济和文化发展带来了很大破坏,由于士人受奏销案的打压,教育事业也一度陷入低谷。待政局稳定之后,经济逐渐复苏,尤其是海禁松弛之后,上海的区位优势又迅速体现出来。康熙、雍正、乾隆三朝期间,上海的发展又进入一个重要阶段,达到古代封建社会的顶峰。上海教育在人口昌盛、经济繁荣的带动下,也达到鼎盛时期,其突出表现是:基础性的蒙学遍布城乡,处处皆闻弦诵之声;较高层次的书院数量激增,盛况空前;府县地方官员中涌现出一批兴学重教之人,府学、县学不断修缮扩建,办学条件得到较大改善。可以认为,上海开埠前的教育事业在当时达到了一个很高的水平,为开埠后上海教育走在时代前列,成为全国教育的排头兵和风向标做了一定的积累和铺垫。

一、清代上海开埠前的经济与文化

上海虽不是明代的政治中心,但在明清鼎革之际,却遭遇了一场血与火的洗礼,丝毫不亚于曾经作为明代首都的南京和北京。清顺治元年(1644年),明代南京政府决定拥立福王朱由崧建立弘光小朝廷(即南明),以江南一带为根据地,企图重复南宋偏安的老路。但清兵入关南下,势如破竹,南明弘光二年(清顺治二年,1645年)五月,清兵攻占扬州,渡江进入南京,弘光小朝廷覆灭,清军派洪恩炳为安抚使,前来统领松江。闰六月,上海地区士民举起抗清大旗,为明王朝作最后的挣扎。如嘉定县的抗清起义,由乡绅侯峒曾、进士黄淳耀领导;松江郡的抗清斗争,由明兵部侍郎沈犹龙、兵科给事中陈子龙、吏部主事夏允彝、举人徐孚远等人领导。七月初,嘉定连遭清兵三次大屠杀,死者数万,十数日间,城无人语,野无炊烟,侯峒曾、黄淳耀等人亦自杀殉难。八月初,松江失陷,素有"云间锦绣"之称的郡城,化为瓦砾之墟,陈子龙、夏允彝、夏完淳等一批名士殉难。九月以后,抗清斗争大势已去,转入上海乡间,九月下旬终告失败,又有大批义军和百姓横遭杀戮,不下万人。①

---

① 唐振常,沈恒春.上海史[M].上海:上海人民出版社,1989:82—86.

上海地区的反清斗争持续时间很长,场面悲壮激烈,一代文士就此牺牲流散。被迫做了大清顺民的上海人,其士气的低沉不振是可以想见的。在内陆地区的抗清势力被肃清后,台海的反清力量仍继续坚持斗争。于是,清廷自顺治十一年(1654年)起,实行严厉的海禁政策,严禁东南沿海商民出海,以切断台海与内地的联系,以致上海地区的优势无法展现,经济衰退萎缩。"海禁严切,四民失调,故往时所号为大家富室者,今多萧然悬磬矣。"①十八年颁布"迁界令",福建、广东、江南、浙江四省滨海居民内迁三十里,房屋及船只全部焚毁,不准寸板片帆下海。上海一带虽因沙滩"素号铁板,船不得近,不在迁弃之列",②但浙、闽等省因迁界缺欠的税课,却摊派到苏松头上,赋役征敛十分繁重,百姓饱受其苦。

顺治十六年(1659年),朱国治就任江宁巡抚,雷厉风行清查赋粮,嘉定有生员、乡绅数十名因欠粮被官府捉拿。十八年,朱国治造抗粮册送部,内列苏、松、常、镇四府并溧阳一县未完赋税的文武绅衿13 500多名。朝廷下令:"不问大僚,不分多寡,在籍绅衿,按名黜革,现在缙绅,概行降调。"③于是,四府一县乡绅有2 171人,生员有11 346名,俱在褫革之列,这便是轰动一时的奏销案。其中,松江一府就有2 000余人遭到斥革,明代上海的世家大姓多不免于祸,有的就此破产毁家。张洌庵、叶方蔼等人只因欠赋米一厘而降调,叶方蔼乃探花,故民间有"探花不值一文钱"之谣。经此变故,数年之间,江南文风一度中衰,风气不振。康熙八年(1669年),松江知府张升衢为上海地区人才之淹抑、风气之不振而上书申呈,其中写道:"一经题参,玉石不分,淹滞至今,几近数载。遂致怀才抱璞之士,沦落无光,家弦户诵之风,忽焉中辍,一方文运,顿觉索然。岂非文教之衰微,而守土之扼腕也哉!"④文士们隐迹山水之间,以书画自娱,结社盟会渐少,宴乐群游渐少,诗文酬答渐少,完全没有了晚明上海文人的意气风发、慷慨激昂。

康熙二十二年(1683年),清兵攻克台湾,沿海抗清势力全部肃清。二十四年解除海禁,在沿海设立海关(分别为粤海关、闽海关、浙海关及江海关),鼓励海上对内和对外贸易。⑤上海也从"海禁严切,四民失调"的困境中,渐渐复苏,初设江海关于华亭县漴阙,因公廨狭窄,康熙二十六年(1687年)移驻上海县城

---

① (清康熙)上海县志,鲁超序.
② 叶梦珠.阅世编·田产.
③④ 叶梦珠.阅世编·赋税.
⑤ 清史稿·食货志六.

宝带门内。旅居上海的各地商贾，纷纷在上海建起了富丽堂皇的公馆会所，如泉漳会馆、潮州会馆等，规模宏敞，建筑考究。至道光二十年(1840年)，上海有各类公所会馆约24所。① 这些公所会馆有的是行会组织，有的属于同乡会，它们的大量涌现，是工商业繁荣的集中表现。到鸦片战争之前，上海港凭借自身"江海之通津"的优越条件，已在江南港口中居于主导地位，并跻身于全国大港之列，为其近代的发展奠定了坚实基础。

清代中期，上海地区已经成为江南重要的商业城市，享有"东南之都会"的美誉，船队、会馆、钱庄、洋行等不断涌现，并以新生事物所特有的巨大潜力，冲破封建制度的樊笼，向近代化的方向前进。上海城市的繁荣，带动了周围乡镇的发展，四郊市镇已星罗棋布。明末上海地区有名的市镇，不过20多个，处于发展中的尚有30多个，总数近60个。但到清代，仅在雍、乾、嘉、道四代新兴起的市镇就有80多个，市镇总数达到151个。② 上海县城在明末清初还是一个仅10条小巷的蕞尔小邑，到清嘉庆年间，城内已有大、小街巷60多条，既有南北、东西走向，纵横交叉的大道，又有横贯县城的薛家浜、肇家浜、方浜等河流。由于外地人口的大量涌入，上海县户籍也明显增加，据嘉庆十八年(1813年)的户籍册报，全县城乡人口总数已增加到528 442人，③加上水上的流动人口，总数已超过60万。外来人口、商品大量涌入上海地区，大大开阔了上海人的胸襟、意趣和视野。男耕女织、家弦户诵的气氛中开始一点点地渗进新异的气息，上海人渐渐养成一种吐故纳新，对外来人和物宽容接纳，对新鲜事物异常欢喜的心理习惯。

经济稳定发展，文化繁荣便紧随而至。明朝遗老顾炎武、黄宗羲等人痛定思痛，力图摆脱理学的桎梏，提倡经学，主张经世致用。清初文网禁严，屡兴文字大狱，文人学士为避免招祸，专事不关时局的文字考据，到18世纪，继清初实学之后，一个影响更为深远的学术潮流——乾嘉学派(即汉学)，在江南一带迅速兴起，成为一时之显学。上海地区毗邻苏州，深受古文经学吴派的影响，是乾嘉汉学的重要根据地之一，"沪中人物，盛于乾隆时"，④并一度形成以嘉定为中心的吴派重镇。一代大师王鸣盛、钱大昕，及弟侄门生钱大昭、钱塘、钱坫、金曰

---

① 上海博物馆图书资料室.上海碑刻资料选辑[M].上海：上海人民出版社，1980：507—509.
② 王文楚.上海市大陆地区城镇的形成与发展[M]//中国地理学会历史地理专业委员会《历史地理》编委会.历史地理(第三辑).上海：上海人民出版社，1983.
③ (清同治)上海县志·田赋志上·户口.
④ (清同治)上海县志·人物志.

追、吴波云等,皆为嘉定人;上海县文士如赵文哲、张熙纯等游学至苏州、嘉定一带,与王鸣盛、钱大昕相交甚深;著名的还有黄烈父子、褚文渊、陆耳山、赵璞函、张策时、曹锡宝、李林松、诸华等人。

乾嘉学派对中国有史以来的学术文化进行了一次最大规模的整理与总结。中国学术界、教育界的后继者要了解过去的一切,不可避免地要借助于乾嘉学派的研究成果,特别是在文字训诂、典章制度订谬辨伪等方面,人们至今仍受其惠。① 但是,乾嘉过后,上海地区的学术渐趋冷寂。王韬述其师上海举人江驾鹏言曰:"上海人才顾自嘉、道间已云中弱,至今益不自振,盛极而衰,其势然地。"② 盛极而衰,意味着上海地区的学术文化即将面临新的历史转折,必须寻求新的生长点,这一难题直到19世纪60年代的同治中兴才找到答案。

乾隆、嘉庆之时,上海地区的艺文之风空前盛行,时任苏松太兵备道的李廷敬崇尚风雅,交结名流,于书画尤多奖进,各地书画家纷纷挟艺来沪。李廷敬创设了平远山房——上海最早的画会,常常聚集海上书画名家于其中挥毫泼墨。"有诗、书、画一长者,无不延纳平远山房,坛坫之盛,海内所推"。③ 其后,上海地区的画家鞠淡如、钦吉堂、高药房、姜埙等设祈雪社,寓沪书画家蒋宝龄、龚海等设小蓬莱画会。书画结社,营造出浓浓的文化氛围,也孕育出张智锡、莫秉清、王睿章等一批名噪一时的书画家。清朝还是上海书法的全盛时期,康熙、乾隆两朝,上海书法家人数众多。究其原因有二:一是当时社会相对安定;二是这两朝皇帝都爱好书法,尤其爱好明人董其昌和清人沈荃、张照的书法,这三人都是松江府人。"上有所好,下必甚焉!"故当时一般书法家都以"淡墨渴笔学华亭"为时尚。

二、地方官学蔚然可观

清朝重道崇儒,官学制度基本沿袭明制,地方设有府学、州县学和卫学,统称儒学;此外还有启蒙性质的社学、义学等。清朝官学的兴盛主要是在康熙、雍正、乾隆三朝,约130余年。上海地区的官学依行政区划设置,制度比较完备。受惠于地方经济发展,官学不断修缮扩建,内部的建筑结构颇具规模,殿堂房舍齐全,雕饰也较为华美。

(1)松江府学。顺治三年(1646年),松江府学修葺一新;十一年,知府李正华重修明伦堂并建东西厢;十六年,教授周建鼎重修先师庙。康熙二年(1663

---

① 周德昌.中国教育史研究·明清分卷[M].上海:华东师范大学出版社,1995:372.
② 王韬.瀛壖杂志(卷三)[M].沈恒春,杨其民,标点.上海:上海古籍出版社,1989.
③ 杨逸.海上墨林·叙.

年),知府郭廷弼重修戟门;二十三年,启圣祠倒塌,知府鲁超率领教授陆在新及生员钱永靖、郁锷等捐募款项,组织工人修建,逾年告成。雍正十年(1732年),知府吴节民修大成殿。乾隆五年(1740年),知府刘尧斋、教授汪衡重修大成殿;三十一年,知府徐名标、教授汪文在重修殿宇;五十二年,知府杨寿楠、教授尹寿重建殿庑、明伦堂、崇圣祠、尊经阁,并建万仞宫墙。嘉庆六年(1801年),知府赵宜喜、教授陆梓在府学后重建文昌祠,遵新定祀典尊为文帝庙;十四年,知府郑济焘、教授陆梓重修大成殿及东西庑、崇圣祠,并制乐器;十九年,重修崇德堂及尊经阁。府学教授署在学宫西面的仙鹤观。康熙(1662—1722)初年,教授周建鼎始建署于学宫西,旁边作楼凤堂及看亭。①

(2) 华亭县学。县学在府治西南徐家桥东面。康熙十九年(1680年),教谕路序、项亮臣焚香誓庙,请于太守鲁超,捐俸大规模重新营建县学,规模宏敞有加于旧,又增修明伦堂、崇德堂等;二十五年,江南提学副使邵嗣尧、知府鲁超、知县南梦班、娄县知县廖庆辰修;二十七年,飓风坏学舍,训导高文炳倡修;五十八年,提督赵珀捐修。雍正十年(1732年),知府王乔林、知县朱元丰、娄县知县沈维垣修。乾隆二年(1737年),知府汪德馨、知县王士璟、娄县知县胡具体及合邑绅士捐修;三十一年,知府徐名标、知县吴家驹、娄县知县谢镇藩重修。嘉庆十年(1805年),知县周炜请知府郑济焘集议兴修,后华亭知县李兆洛、娄县知县孙珏等倡捐,绅士沈虞扬、袁以仁等尤为出力,因工期拖沓,历时五年始成,木石一新。道光十一年(1831年),教谕李锡瓒、娄县教谕王炳劝捐重修。②

(3) 上海县学。顺治三年(1646年)修葺,知县孙鹏修殿前仪门;十一年,教谕高遇修东庑、西斋和三友轩;十八年,知县涂赟、教谕曹忱和训导王汝砺重修县学。康熙十年(1671年),知县朱光辉疏通泮池,修宫墙高达八十余丈,教谕陈迪修尊经阁、名宦乡贤祠;十一年,知县康文长增修;十二年,知县陈之佐、教谕马廷桂续修;十九年,知县任辰旦修;二十二年,知县史彩修两庑。雍正十年(1732年),巡道王澄慧重修县学。乾隆九年(1744年),知县王世睿修崇圣祠;三十三年,巡道劳宗发和知县于方柱、张世友重修县学;五十七年,教谕李时修。嘉庆十三年(1808年),巡道钟琦、知县苏昌阿、教谕方浩发重修。道光二年(1822年)夏天,大风吹毁正殿和两庑,知县许乃来、武念祖和教谕瞿琮修,并重新修建奎星阁学门。③

(4) 南汇县学。雍正五年(1727年),知县钦琏在县治东门内偏南建学宫,

①②③ (清嘉庆)松江府志·学校志.

有大成殿、东西两庑、大成门、泮池、棂星门、宫墙、牌坊二、殿后崇圣祠、殿东明伦堂、仪门及大门。乾隆二十九年(1764年)，知县张世友、训导顾幅量重修；四十四年，知县韩运鸿修；五十八年，知县胡志熊、训导管松年修。道光七年至八年(1827—1828)，知县杨承湛接任德宣捐廉并募民捐重修正殿、两庑等。①

(5) 青浦县学。顺治六年(1649年)，知县王璘重修青浦县学；十六年，教谕陈觉先构学舍五楹。康熙四年(1665年)，知府张羽明同教谕任国宝修正殿及明伦堂；七年，知县魏球建文昌书院于明伦堂左，又修启圣祠及大成殿；二十年，知府鲁超修学宫，其后训导陈堂谋捐俸重修；二十七年，知县张庚大修学宫。雍正三年(1725年)，教谕苏钟嵋重修。乾隆十三年(1748年)，知县万方极重建大成殿等；二十九年，知县赵天秘、训导费天修重建兴贤、育材二坊，后教谕朱玉成、训导张锦重修大成殿及崇圣祠；五十三年，知县孙凤鸣、教谕王希伊、训导朱澍功重修大成殿。嘉庆八年(1803年)，知县温恭、教谕王光燮、训导臧开仕重修大成殿、尊经阁；十四年，教谕吕星垣修学宫。②

(6) 奉贤县学。雍正四年(1726年)，江苏巡抚张楷奏分华亭东南境为奉贤县，而未立学，附于华亭县学。乾隆二十五年(1760年)，知县任邱、刘伯壎偕绅士等倡捐创建县学于县署东南，奉贤县始有庙学；四十九年，知县王梦重建；五十年，邑人陈文畴捐田一百亩八厘以为岁修之费；五十七年，知县王桂怀偕绅士周釜、陈廷溥、庄四德、蔡丕动等捐资重修。③

(7) 金山县学。雍正四年(1726年)，江苏巡抚张楷奏分娄县之南境为金山县，随拨府学训导领金山学事，但县学并未建立，生童俱就华亭县学。当时，娄县、奉贤、金山三县俱与华亭共学。雍正九年(1731年)，松江知府王乔林议改卫学为金山县学，并建儒学官署，详请未允。乾隆二十五年(1760年)，知县黄坚详准，巡抚陈宏谋题奏建立；二十六年，知县杨宏声偕全县绅士择地兴工，阅两载告成；四十六年夏，风雨坏学宫，知县周世宅、训导刘大年偕绅士重修；五十三年，知县王劝、训导黄考祥偕绅士重葺。嘉庆十一年(1806年)，知县郑人康、训导段玉成、贡生黄霆捐资修葺戟门等；十三年，知县郑人康、训导周怀琢及绅士捐修学署、明伦堂等；二十年，邑人陈梦元捐筑宫墙。道光七年(1827年)，知县程士伟、训导吴金缄重修。④

(8) 金山卫学。初制弟子员额文童20名、武童15名。但与试人数常常不

---

① ③ (清嘉庆)松江府志·学校志.
② (清光绪)青浦县志·学校志.
④ (清光绪)金山县志·学校志.

到两百,故取进较易。而整个上海地区清代文教较为发达,中个秀才并不容易,因此金山卫学很快成为投机取巧之道,岁科两试(一文一武)考生中十之八九为民籍刺取军册姓氏,有七邑通考之称。① 乾隆十九年(1754年),学官梦麟以卫学弊窦百端,要求严查籍贯;三十八年,学政彭元瑞奏准裁汰金山卫学,生童各就住址改归各县考试,并照每县人数多寡拨额:华亭、娄县、南汇各3名,奉贤、金山、上海各1名。卫学被裁以后,其学田书籍于乾隆五十三年(1788年)拨存云间书院。②

(9) 嘉定县学。顺治二年(1645年),尊孔子为大成至圣文宣先师孔子,改殿额为大成殿(明朝改大成殿为先师庙);十二年,知县刘宏德、训导王孙绳修理了大成殿两庑、棂星门;十三年,教谕王彬重建启圣祠,修理了明伦堂、尊经阁、文昌阁及廨舍。康熙六年(1667年),知县俞敏修理了大成殿及两庑;二十三年,知县闻在上修理庙学,重建大成殿、名宦乡贤祠、礼门、魁星亭,修理两庑、大成门、明伦堂;三十二年,训导杨一元构造说研堂在学门左面、训导官舍南面;四十二年,代知县魏锡修理大成门,名宦、乡贤二祠和仰高、兴贤、育才三个牌坊。雍正元年(1723年),知县胡学成重建明伦堂,修理大成门;次年,改启圣祠为崇圣祠,知县赵向奎重建尊经阁和名宦、乡贤二祠;十二年,知县程国栋重修大成殿两庑、大成门、名宦、乡贤、土地祠、棂星门、礼门、儒学门、宫墙、石砌丹墀,重建仰高、兴贤、育才三个牌坊。乾隆七年(1742年),教谕赵平章修孔庙及教谕廨;十四年,知县杨景曾重修庙学;三十年,教谕陈从王修学宫;次年,修文昌阁、魁星亭,后又重建斋舍;四十六年,教谕唐梦阳修理两庑及名宦、乡贤两祠,仰高、兴贤、育才三坊;五十四年,教谕程瑶田重建两庑,修明伦堂,又捐俸修讲堂,署名"让堂"。嘉庆元年(1796年),教谕刘崧秀修大成殿、尊经阁;三年,教谕刘瑗修东庑及名宦、乡贤二祠;十三年,教谕史梁修大成殿、崇圣祠。道光七年(1827年),知县淡春台重修庙学,把魁星亭改建为魁星阁。③

(10) 宝山县学。乾隆十二年(1747年),知县赵酉、训导洪基详建庙学于城东南,并建奎星阁;五十五年,知县彭元璟重修庙学。嘉庆十年(1805年),训导姚原授凿学渠、筑土山。道光二十年(1840年),知县刘光斗重修庙学,并改建奎星阁。④

---

① 七邑当指清代松江府所辖七县:华亭县、娄县、奉贤县、金山县、上海县、南汇县、青浦县。
② (清光绪)金山县志·学校志.
③ (清光绪)嘉定县志·学校志(今译本).
④ (清光绪)宝山县志·学校志.

(11) 崇明县学。顺治十五年(1658年),知县陈慎、训导左国桢重修。康熙三年(1664年),总兵张大治、陈旦重修;二十三年,知县朱衣点重修。雍正五年(1727年),知县张文英重修。乾隆七年(1742年),知县许惟枚重修学宫于城东南濠处。十二年、十四年、二十五年、五十三年,知县于中行、张世友、赵廷健、张感熊先后重修。道光七年(1827年),知县王青莲重修。①

另外,顺治十三年(1656年),析华亭县西部置娄县,县学与华亭共。嘉庆十五年(1810年),川沙县设治,未立学校,童生由上海、南汇二县学报名应试。

清代的府学、县学,沿用明朝旧制。据《清史稿·选举志》记载:"有清学校,向沿明制。各学教官,府设教授,州设学正,县设教谕,各一;皆设训导佐之,员额时有裁并。生员色目,曰:廪膳生、增广生、附生。廪、增有定额,以岁、科两试等第高者补充。生员额,初视人文多寡,分大、中、小学。大学40名,中学30名,小学20名。后屡有增广。"所谓大学、中学、小学,并非学生程度不同,乃是视人文多寡而定。关于岁、科两试录取文童数额,康熙二十八年(1689年)规定:"小学录取12名,中学录取16名,大学录取20名,府学录取25名。"上海地区,松江府学较大,定制为廪膳生、增广生各四十名,附生武生无定额。② 廪膳生员可享受政府提供的津贴,每人每月4两。③ 各县学岁、科两试录取名额随年有所变化,时多时少,多则20来名,少则数名。如顺治十五年(1658年),定直省取进童生:大府20名,大州、县15名,小县4或5名。康熙九年(1670年),规定进取儒童额数,大府、州、县仍照旧例,中学取进12名,小学或8名或7名。官学的教师,府学有教授,正七品;县学有教谕,正八品;另有杂役若干,均由政府给薪。国家制定标准为:府学教授俸银45两,养廉银200两,俸米45斛。县儒学教训俸银39两,养廉银60两,俸米40斛。④

清代府学、县学的经费来源主要依靠学田收入,乾隆二十八年(1763年)确定府学学田为717亩,县学学田一般在500亩左右,如华亭县学学田502亩。⑤ 地方官学的办学目的在于"善乡俗""育人才"。关于"善乡俗",《御制学校论》曰:"治天下者莫亟于正人心厚风俗,其道在尚教化以先之,学校者教化所从出,将以纳民于轨物者也。"关于"育人才",顺治九年(1652年)颁布于直省儒学明

---

① (民国)崇明县志·学校志.
②⑤ (清嘉庆)松江府志·学校志.
③ (清乾隆)娄县志·田赋志.
④ (清嘉庆)松江府志·田赋志.

伦堂的《卧碑文》曰:"朝廷建立学校,选取生员,免其丁粮,厚以廪膳,设学院、学道、学官以教之,各衙门官以礼相待,全要养成全才,以供朝廷之用。"《卧碑文》对学生的为人、求学以及教师的教学等提出了一些具体要求,禁止学生过问现实的政治问题,不许立盟结社、妄行刊刻。康熙三十九年(1700年),颁行《圣谕十六条》①于各直省学宫,雍正时将十六条特别解释一番,谓之《圣谕广训》,成为府学县学训练士子的标准。

三、书院持续兴盛壮大

清初政局未稳,朝廷为防止明朝遗民利用书院讲学宣传民族思想,反对满族统治,因而在积极创办官学的同时,严禁创设书院。顺治九年(1652年)曾下令"不许别创书院,群聚徒党,及号召地方游食无行之徒,空谈废业"。康熙年间至雍正初年,政权基本稳固,经济得到发展,朝廷采取怀柔政策笼络知识分子,通过赐匾额、赐书籍的方法褒奖书院,各地书院逐渐复苏。雍正后期,政府对书院在积极提倡的同时又加强了控制,书院官学化的倾向日趋严重。② 清代上海地区书院盛况空前,有史可考者累计达52所之多,其中开埠前建有书院30余所。现择其大要,简述如下。

(1)云间书院。在松江府学后,玉带河北面,即旧斗峰及魁星楼旁边。云间书院之名见于明朝正德年间(1506—1521)张弼的《东海集序》中,而府志及华亭县志无考。清朝乾隆十八年(1753年),知府朱霖、蔡长瑑率属下捐款买下城内夏姓房屋为书院。因无经费,未延请老师授课,房屋年久失修,日渐颓败。乾隆五十年(1785年),知府杨寿楠锐意兴举,俯允绅士张孝泉、绅商孙顺元等捐资重建,有官房一百八槛;又买近东民房,改造大门,修葺斋厨,五十二年告成;五十三年,聘掌教入院,考取生童肄业,一切修补、膏火、内外课程仿龙城书院条例。嘉庆七年(1802年),署松江府知府康基田改建。③

(2)敬业书院。初名申江书院,在上海县署北面。原是明代潘恩宅"世春堂",后为西人潘国光住所。康熙年间严禁天主教,籍入官产。乾隆十三年(1748年),按察司翁藻、知县王侹改建成书院;三十年,巡道李永书移建大门,修讲堂,题为"诚正堂"。堂后有春风楼,供朱子牌位。春风楼前有观星台;三十

---

① 十六条具体内容是:敦孝弟以重人伦;笃宗族以昭雍睦;和乡党以息争讼;重农桑以足衣食;尚节俭以惜财用;隆学校以端士习;黜异端以崇正学;讲法律以儆愚顽;明礼让以厚风俗;务本业以定民志;训子弟以禁非为;息诬告以全良善;戒窝逃以免连株;完银粮以省催科;联保甲以弭盗贼;解仇忿以重身命。
② 孙培青.中国教育史(第三版)[M].上海:华东师范大学出版社,2009:271.
③ (清嘉庆)松江府志·学校志.

五年,巡道杨魁、川沙县同知于方柱、署知县诸邦礼、知县清泰同绅士重修书院,改名"敬业书院";四十六年,风潮坏墙垣,巡道盛保修缮;四十七年,署巡道袁鉴、知县范廷杰重修书院,并增建后轩;五十九年,知县许坤同绅士把春风楼改为敬业堂,增建穿堂、后斋、左右书室。嘉庆三年(1798年),巡道李廷敬、知县汤泰同绅士捐资以补足书院经费。道光年间(1821—1850),两江总督陶澍十分赞赏敬业书院,以"果行育德"四字题额;江苏巡抚林则徐以"海滨邹鲁"四字题额。书院聘请名儒凌如焕、谈起行等执教,为朝廷培养了一批有用人才,如撰《四库全书总目提要》、与纪昀齐名的文史学家陆锡熊,与钱大昕、王鸣盛等并称"乾嘉江南七子"的赵文哲、黄文莲。① 道光十五年(1835年)冬,林则徐曾课敬业书院生童,日记如下:已刻点名,生监到者八十人,童生到者一百人。生员题:"子曰:德不孤必有邻";"赋得寰海镜清",得"安"字。童生题:"未有好义其事不终者也";"赋得辅车相依",得"依"字。分题后各带卷回去另缴。②

(3)惠南书院。在南汇学署东。乾隆二十九年(1764年),知县杨宜仑批准绅士钱存宽等修建文星阁,以余资创立书院。初制头门三间,再重门五间、讲堂五间、东侧厅三间;乾隆三十九年(1774年),知县成汝舟添建头门二间、两侧厅三间、厨房五间;四十九年,知县张大器仿照紫阳书院例延掌教课士;五十七年,知县胡志熊增建东正厅三间、书院三间,隔年,秉应绶等将义塾所存田亩呈请胡志熊移入惠南书院。③

(4)青溪书院。旧在青浦县治南门外、万寿塔右。始于嘉庆五年(1800年),知府赵宜善、知县卢焌等用义学改建而成,有讲院、藏书阁等,延请王昶作主讲;十八年,绅士呈县请求拆迁,知县马绍援捐廉买戴氏官房改置。道光九年(1829年),知县张敦道于书院东面(即福泉县废署地)建厅事,并募建文昌宫、奎星阁,正殿两庑为县试号舍。④

(5)当湖书院。在嘉定县,雍正三年(1725年),本县生员于孔庙训导署废址建兴文书院,以纪念知县赵向奎捐建嘉定县学的尊经阁和名宦、乡贤二祠。乾隆二十年(1755年),知县廖运芳将之改建为应奎书院;三十年,知县杜念曾在院内增建讲堂,又改名为当湖书院,书院中祭奉陆陇其。嘉庆十年(1805年)

---

① (清同治)上海县志·学校志.
② 中山大学历史系中国近代现代史教研组、研究室.林则徐集·日记[M].北京:中华书局,1962:209.
③ (清光绪)南汇县志·学校志.
④ (清光绪)青浦县志·学校志.

知县吴桓、道光八年(1828年)知县淡春台先后重修当湖书院。道光十年(1830年),知县保先烈劝捐得款四千缗(一千文为一缗),以利息充作教学费用。①

(6)震川书院。在嘉定安亭菩提寺东面,道光八年(1828年),巡抚陶澍奏请建立,辟斋舍,藏经籍,供奉明儒归有光。捐置本邑学田86亩有余,昆山学田297亩有余,青浦学田248亩有余,新阳学田194亩有余,另有房屋一区三舍,严泗桥余地一区。②

其他书院按县罗列如下——

华亭县:扶风书院,郡绅王广心建于康熙二十一年(1682年);景贤书院,在松江府署东南景贤坊内,旧为唐宋忠良祠,嘉庆七年(1802年)知府康基田、教授陆梓即其地改建书院,以课云间书院肄业童生于此;求忠书院,即旧鹤城书院,在松江府署西、普照寺西,嘉庆时为方正学祠,道光六年(1826年),知府陈銮分云间书院肄业生员之半于其中,另聘掌教授课。照此看来,景贤书院和求忠书院相当于云间书院的分院。

上海县:启蒙书院,在县署东北,乾隆三年(1738年),苏松太道翁藻带头捐俸,购下明代陆深旧宅东隅之地,建立启蒙书院;蕊珠书院,在县治南面的蕊珠宫内,道光八年(1828年),署训道陈銮从敬业书院挑选36名学生到蕊珠宫上月课,录取18人;十五年,巡道汤金城、汪忠增,知县黄冕各捐廉在蕊珠宫的南面修建珠来阁、育德堂,堂前修建两庑作为学舍。

青浦县:九峰书院,康熙四年(1665年),知府张羽明建;德宁书院,在青浦卢山下,康熙年间(1662—1722)创建,后为提督梁化凤的祠堂;文昌书院,在青浦县学宫内,康熙七年(1668年),知县魏球建于明伦堂左;惠来书院,在青浦县后街,康熙时邑人筑以居,知县张庚有建留公堂、宜楼;淀湖书院,在青浦珠街阁镇慈门寺侧;康熙三十二年(1693年),里人为知县龚嵘颂德政而创建。

奉贤县:文游书院,在南桥镇南,嘉庆九年(1804年)知县艾荣松偕绅士陈廷溥、陈延庆、韩楠、陈浚等劝捐创建,江苏巡抚汪志伊言其堂曰"道南";肇文书院,在县治东南、青和村城内,嘉庆十年(1805年),知县艾荣松捐银500两,绅士宋玉润、金祖锡、吴祖泰、戴元动等劝捐创建。道光十六年(1836年)和十七年,知县徐芳瑞变卖文游书院和肇文书院田产清缴征漕,遂先后停办。③

---

①② (清光绪)嘉定县志·学校志(今译本).
③ (清光绪)奉贤县志·学校志.征漕:征收漕粮。纪昀《阅微草堂笔记·滦阳消夏录五》云:"康熙中,江南有征漕之案,官吏伏法者数人。"此时已是道光年间,徐芳瑞为保官,仍不惜变卖书院田产。

金山县：柘湖书院，在金山朱泾镇钓滩南，道光十年(1830年)，知县程士伟捐建，寡妇吴罗氏倡捐田租300石，又捐孝廉田租200石，邑人募捐田租800石；大观书院，在金山卫城内、卫学西面，道光十二年(1832年)，邑人钱熙载、翁纯等募捐兴建。①

南汇县：观澜书院，在川沙城东南、文昌宫右，道光十四年(1834年)，同知何士祁捐廉兴建。

嘉定县：南城讲院，康熙(1662—1722)初年，知县余敏建于嘉定东城，又名六德书院，康熙四十二年(1703年)，知县王楳改作二黄先生祠；清廉书院，在县治城隍祠西侧，康熙年间为纪念知县陆陇其而建，康熙五十六年(1717年)改作陆清献公祠；马公讲院，康熙二十一年(1682年)，为纪念知县马云会，在南翔白鹤寺崇善堂左建，嘉庆时改为官廨；惠民书院，康熙二十六年(1687年)，为纪念大中丞赵士麟，建于白鹤寺香林堂前；凝秀书院，在县学后园，乾隆二十四年(1759年)，知县介玉涛把南半园改建成书院，不久即废。

宝山县：学海书院，在宝山县学东北面，道光六年(1826年)，知县范仕义筹建，绅士严恭捐置田90多亩；罗阳书院，在宝山罗店镇东市，道光二十一年(1841年)，里中绅士捐建，改乾隆年间罗阳小学而成。

崇明县：梁公书院，在县治西门内，顺治年间(1644—1661)为总督梁化凤所建；张公书院，在县寿安寺，由总镇张大治建于康熙年间(1662—1722)；刘公书院，在梁公书院东面，由提督刘公建于康熙二十年(1681年)；双清书院，康熙五十三年(1714年)建；瀛洲书院，在县学西北，乾隆六年(1741年)知县许惟枚建。

上海书院的经费来源主要为地方政府资助，地方官吏和当地士绅倡捐。如南汇县惠南书院，仿照青浦县青溪、珠溪两书院成案，于地方政府钱粮余款下每银二两提钱十文，以充书院膏火，每年计钱600千文。云间书院由七县官绅捐资公建，知府派拨华亭鼎丰典、娄县恒升典每月各捐20千文，派拨青浦三黄钱月捐4千文。书院的经费支出大致有：(1)建造书院房屋、扩建书院、房屋修缮等费用。如云间书院的校舍购置和修葺费用大约银2 500两。② 震川书院建置

---

① 道光十五年(1835年)冬十一月初六，林则徐曾课大观书院生童，日记如下：未刻于塘上观潮，归途至卫城内大观书院小坐，有诸生来请课，因命题付之。生员书题："友直，友谅，友多闻"；童生书题："子适卫，冉有仆。子曰：庶矣哉。"通场诗题："赋得海城楼阁似蓬壶"，得"城"字，五言八韵；"百川东障赋"，以"障百川而东之"为韵。不作者听。见：中山大学历史系中国近代现代史教研组、研究室.林则徐集·日记[M].北京：中华书局，1962：210.

② (清乾隆)娄县志·学校志·书院.

较晚,费用达16 800千文(道光初约1千文为1两)。① (2) 支付山长(院长)等薪金。据张仲礼估计,清代书院山长平均收入为350两银,而南京、苏州等大书院的山长在1 000两上下。② (3) 诸生膏火及月课卷饭食花红。如惠南书院在院肄业人给膏火钱月5千文(岁计十月);当湖书院拨典息作月课膏火费、祭祀费用、管理人员和工役开支及茶纸笔等费用。(4) 有些书院如(当湖书院)还拨典息为诸生乡试、举子会试提供路费。

清代上海书院众多,程度参差不齐,总体而言,虽为科举所束缚,但也培养了部分水平较高的人才。书院教育以品德为先,如学海书院教规第一条:"士学以立品为先。诸生每日读书,将平居自己居心,一一与之印证,必有通身汗下之处及快然心得之时,于是见善即迁,有过即改,久久习熟,上之可希圣希贤,下之不失为乡党自好。"教学内容,一般先读"四书",再读"五经",宋、明理学大师的著作、讲义、语录、注疏等,也是重要读物。为适应科举制度的需要,书院一般都重视制艺,如当湖书院每月初三官课,十八日师课,均作制艺一篇,试帖一首。一些书院还在教学研究中形成了某一方面的专门特色,除为科举服务外,有宣扬理学的,有崇尚汉学的,也有注重经史、小学的。

清代上海地区的书院还有一个鲜明特点,就是重视学习先贤,不少书院都将建祠祭祀与教育教学融为一体。如当湖书院、清廉书院祭供陆陇其,震川书院祀归有光,淀湖书院纪念龚嵘,马公讲院纪念马云会,惠民书院纪念赵士麟,兴文书院纪念知县赵向奎等。通过祭祀活动,在生员心目中树立了先贤的形象。以震川书院为例,祀归有光,使诸生"居先生之乡,读先生之疏,登堂肃拜,其必有志于先生之为人,以不愧为其乡之后起"。巡抚陶澍曾训导生员应以震川先生的训导作为规范,以震川先生的行为作准则,约束自身,磨炼品德。

四、蒙学日益遍设普及

清代蒙学包括官学性质的社学、义学和民间开办的私塾。上海地区的蒙学办理得良有成效,在数量上得到了较大程度的普及,对于启迪与开发民智,提高广大民众的文化知识水平发挥了重要作用。钱大昕有诗曰:"婉兮卯角亦多姿,上学初从句读师;粗记《神童诗》一卷,聪明傲杀牧猪儿。"③

1. 社学

社学是设在乡镇地区最基层的一种地方官学。康熙九年(1670年)下令:

---

① 陶澍.嘉定县捐建书院折子[M]//陶澍集.长沙:岳麓书社,1998:350—351.
② 张仲礼.中国绅士的收入[M].上海:上海社会科学院出版社,2002:93—94.
③ (清光绪)嘉定县志·风俗志(今译本).

"凡府、州、县每乡置社学一,选择文艺通晓、行谊谨厚者,考充社师。免其徭役,给饩廪优膳。学政按临日,造姓名册申报考察。"雍正元年(1723年),又重新申定办理社学规定。清代社学与府、州、县学相互联系,凡在社学中肄业者,学业成绩优异,经考试可升入府、州、县学为生员;反之,若成绩不佳,则被遣退回社学。① 清代社学不如明代兴盛,上海地区由于经济发达,民间捐资助学十分普遍,大量举办义塾,社学反而不显,记载无多。

2. 义学

义学最初设在京师,教师称塾师。后来,各省府、州、县纷纷设立,成为孤贫生童及少数民族子弟接受教育的机构,一般不收"束脩",往往还供给学习用品,有的还对学习成绩优秀者给予奖励。由于政府提倡,清代义学广为设置。清代松江府有云间义学,在府治古亭桥的东面,康熙二十一年(1682年),知府鲁超创建。三十八年,娄县知县李遇陛重建。乾隆二年(1737年),知府汪德馨捐献奉银延聘教师。十年,知府朱霖整顿义学,从松江府学生员中慎重挑选宿儒训课。后学舍破旧不堪,房屋逐渐塌毁。六十年,知府许兆椿、华亭县知县王劝和娄县知县张桂林勘察兴修,义学又恢复旧制。② 金山义学在朱泾镇凤翔里,雍正七年(1729年),署金山知县文铎奉文立。③ 另外,上海县的崇正官塾、崇明县的四营义学等均为官办,教师俸银从国库开支。义学收取学生,年龄并不限制,自五六岁起至二十岁左右都有,尤以六七岁至十二三岁为最多,但不收女生。

3. 义塾

民间开办的私塾也有以招收清寒子弟为主的义学(即义塾),靠捐田、捐银、捐房、田租、典息、房租等维持。义塾学生人数多寡不定,塾中规则极严。上海地区文化风气较重的乡镇俱设有义塾,择要列举如下。

上海县有王氏义塾,在三林塘镇南面的积善寺前,康熙三十三年(1694年),里人王仲英修建;上洋义塾,在北城振武台偏东,康熙五十四年(1715年),知县尚崇安捐俸倡建,雍正六年(1728年),署知县钦琏重修;闵行义塾,在闵行母子泾,乾隆十六年(1751年)由里人张镐等捐建;同仁义学,在县治南面的同仁堂,嘉庆十四年(1809年)创设。④

南汇有郭仁里义塾(郭仁义学),在韩家荡西、殷家浜北,雍正十三年(1735年),里士秦秉谦等捐田创建,赡师训诲一方子弟。至乾隆五十八年(1793年)

---

① 孙培青.中国教育史(第三版)[M].上海:华东师范大学出版社,2009:270.
②③ (清嘉庆)松江府志·学校志.
④ (清同治)上海县志·学校志.

来学者少,所存田亩呈移入惠南书院。铁沙义塾,在川沙堡北门外,乾隆七年(1742年),贡生瞿淳、监生张芝鹏等捐田出资构学舍三间,随有士绅捐田岁充脩脯,延师训里中子弟。惠南义塾,城隍庙东面,乾隆十三年(1748年)由知县胡具体倡建,邑人祝尔和捐置田亩。后废,唯存学斋,其田移入书院。道光二十年(1840年)又延邑廪监生金沐仁教读。安仁义学,在八团,道光二十八年(1848年),张之湉捐建,道光五十八年,知县胡志熊移作惠南书院经费。①

川沙有北门义学,在城外,乾隆七年(1742年),里人田京山、瞿淳、张芝鹏等捐建田房,取息岁充塾师脩脯;绿雯庵义学,在二十保九图,乾隆二十二年(1757年)建,张介封等捐田38亩。②

奉贤有西冈义塾,在沙冈西,乾隆十四年(1749年),监生顾丕承创设;青村义塾,在县城奉贤街,道光十六年(1836年),贡生宋三荣、诸生林国宝等集资设于言子祠内,劝捐田158亩多;南梁义塾,道光十六年(1836年)由徐浩、庄增培集资设于文游书院左面,唐复亨捐置田116亩多;阮巷义塾,道光十六年(1836年)由唐复亨劝殷澄捐房为学舍,又劝捐田17亩多;庄行义塾,道光十六年(1836年),唐懿等集资置周氏房为学舍,又劝捐田155亩多;萧塘义塾,道光十六年(1836年)由朱云鹏、朱云龙创建,范循理捐置学舍基地4亩多,范循浚捐田40多亩,王应麟、王应朝捐田95亩多;泰日桥义塾,道光十六年由周诚创设,共置田11亩多。③

青浦有沈氏义塾,在珠街镇东,康熙年间由邑人同知沈采建,后为真静庵;蒸里镇义塾,在大蒸寿宁桥南,康熙年间由里人陆姓等筹备经费,延师教诲贫苦子弟,后以经费不敷乃废。④ 青溪义学二所:一在青溪书院中,堂曰正谊,乾隆十二年(1747年)由知县万方极建;另一所建于咸丰六年(1856年)。王氏义塾,在珠街镇王氏宗祠内,乾隆四十五年(1780年)由邑人副都御史王昶建。曩贤义塾,在曩贤港姜氏墓旁,道光八年(1828年)由姜熙建。⑤

嘉定有槎溪义塾,在南翔镇集善堂侧,乾隆初由本县人程乾五创办;平原义塾,在黄渡镇南伏魔庵西,乾隆四十七年(1782年)由陆嵩庚兴建,寻废;⑥ 当湖小学,附设于当湖书院内,嘉庆十三年(1808年)由知县吴桓设置;圆通寺义塾,

---

① (清光绪)南汇县志·学校志.
② (清光绪)川沙厅志·建置.
③ (清光绪)奉贤县志·学校志.
④ 叶世熊.蒸里志略·建置·社塾.
⑤ (清光绪)青浦县志·学校志.
⑥ 章树福.黄渡镇志·建置·小学.

道光中本县人葛锡祚创办。①

宝山罗店镇有罗阳小学,清朝乾隆年间(1736—1795)由里人范朝佐重建,县令田联芳给"型仁讲让"匾额。② 道光二十一年(1841年)改为罗阳书院。

崇明有东门义学(在普慈庵)、西门义学(在刘公祠)、南门义学(在名宦祠)、北门义学(在玄武殿),这四学皆清康熙时提督刘光麟捐俸置田,收租不足由知县张文英捐给。另有尊亲义学,在西门外阔街,道光二十年(1840年)由职贡生姜熙设立,捐田二百亩为经费,并房屋一所。四营义学,在慈济寺内,道光六年(1826年),苏松镇总兵裘安邦设义学四所,教四营兵丁子弟,使其知孝悌忠信礼义廉耻,务正道。教师每营一名,于四月初四开馆。③

乾嘉之后,上海人文蔚起,只要家庭经济条件允许,父兄均勉力延师以课子弟,除义塾之外,各种散馆、家塾虽不见于史传,但实际上不可胜数。④

童蒙一般6~8岁入学,先每日识十字左右,日日反复温习,周而复始。识至千字左右,然后教以读《三字经》《百家姓》《千字文》之类的韵文书。再学习写字,教师先以扶手润字,教以横、直、钩、点及转折、轻重,一般先描写红字,如"上大人,孔乙己"之类的描红簿,次写映本,进而临帖。9~11岁读"四书",先从《大学》读起,次《中庸》,然后《论语》《孟子》。12~15岁读"五经",包括《诗》《书》《礼》《春秋》《易》,每日读300余字。16岁读古文200篇。17~18岁读时文300篇,每两日读一篇。19岁始应县试。学塾中的主要功课,以熟读和背诵为主。读至相当时期,才对所读的书进行讲解。

---

① (清光绪)嘉定县志·学校志(今译本).
② 潘履祥.罗店镇志·营建·小学.《罗店镇志》"义塾"后附有《分附里塾章程》,颇具体,有以下一些内容:(1)除总塾外添立分附里塾,便于学童就近入学。凡贫家子弟自六七岁以上无力就傅者,经董查明确实,按名登簿。愿入总塾,愿入里塾,听其自便。学生所读之书及纸笔等,照总塾章程,一律给予。(2)延师择品学兼优,不染嗜好之人。正月二十日开馆,十二月二十日解馆。每逢六节停课三日。遇有正事,咨明经董,亦以三日为断、三日外由师请人代理,至多以两月为止。塾师修金,年七折钱五十四两,四季分送。开馆、解馆另送席仪各二两。为塾师课徒认真,愿从者众,修金酌增。(3)注意考察学童学业。总塾察课,每届朔望,将各生所读之书,所写之字,所识之文字,考其优劣,劣者请师诫责,优者分别奖给花红。分附学生不能逐日稽查,塾师每日授书,务于书上标明日期。如有三五日不到者,问其家有无事故,亦于书上注明备查。如有常常逃学,屡诫不悛者,议即扣除。(4)分附学生从师时,每名代具贽仪四钱。再根据所学内容,送塾师不同修金:开蒙至读鉴略者,每年三两二钱;读"四书"者,每年四两;读《诗》《书》《易》者,每年四两八钱;读《礼》《春秋》者,每年六两;开笔作文者,每年八两。
③ (民国)崇明县志·学校志.
④ 清王朝珩《村学》诗曰:"子弟宜教识字,父兄勉力延师。隔年预交关约,逢节须送修仪。漫说春风帐暖,旋看夏楚威生。一日几番约束,群儿若个聪明。"参见:何文源,王霭如.塘湾乡九十一图里志·下编·物俗.

五、清代上海科举的起伏

清代以科举为国家选拔人才的根本制度,多沿袭明制,但更为严密。《清史稿·选举志三》云:"慎重科名,严防弊窦,立法之周,得人之盛,远轶前代。""子午卯酉年乡试,辰戌丑未年会试。乡试以八月,会试以二月。均初九日首场,十二日二场,十五日三场。殿试以三月。"考试程式也与明代一样,士子依次通过童试、乡试、会试和殿试,获得秀才、举人、贡士、进士称号。除常科外,清代还有制科,设博学鸿词科、经济特科、孝廉方正科,其中以博学鸿词科影响最大,以高级官员推荐和皇帝亲自考试相结合的方式,选拔"学行兼优、文词卓越之人"。康熙皇帝曾作了一次短暂的改革,于康熙二年(1663年),罢八股,以论策取士。七年,又恢复八股。上海地区的重文习文之风,很大部分是由科举魅力所激励,有士子埋首攻习举业,操练时文,"帖括外兼娴风雅"。①

清初奏销案对上海地区科举家族造成了巨大影响,许多世家门第风光不再。上海望族陆氏,明代科甲极一时之盛。顺治十四年(1657年),陆庆曾顺天中试,有望重振家声,但不幸遭遇奏销之祸,被遣谪,陆氏这一科甲世家从此中断,"以后未有达者"。顾氏,在明中叶时家业甚大,治甲第,辟名园,风光显赫。奏销案起,顾氏"子孙一遍赋累万,驯致毁家。康熙初,遗业荡然无存矣"。林氏,在明末时家资巨万,衣冠甲第,奏销案废家毁业后,子孙虽文望颇著,然不图科第,充任记室参军,几遍海内。② 华亭董氏自明代科第继起,清初董含、董俞兄弟,一进士,一举人,重振家声。后二董俱被卷入奏销案,家居不仕。一般人家的进士、举人、监生也大都被革去功名,幸免者寥寥,后学士子因之丧气折锐,多无意于功名。明末上海府、县学全盛之时,一府五学,生员大概三千有余,县试之时童生如织。奏销案发当年冬天,岁试与试者"每学多者不过六七十人,少者二三十人,如嘉定学不过数人而已"。学臣唱名时,不禁堕泪,"以为江南英俊,销铄殆尽也"。③

到康熙年间,奏销案余波渐息,上海地区的人文发展慢慢显示出蓬勃气象,科甲人数回升,但远逊于明代。清代松江府共有进士229名,比明代减少一半以上。④ 另外,北面嘉定县有进士77名,宝山县15名,崇明县23名。上海科甲盛况不再,与士人的流向变化有一定关系,即"它的大部分人才转向经济领域,

---

① (清嘉庆)松江府志·疆域志.
② 叶梦珠.阅世编·门祚.
③ 叶梦珠.阅世编·学校.
④ 熊月之.上海通史·导论[M].上海:上海人民出版社,1999:15.

特别是在上海作为全国最主要的港口崛起以后,这些,肯定都是部分原因"。①但也有少数乡镇在清代科举考试中人才蔚起,如罗店镇,清时中进士3人,举人20人。周浦镇,本无科甲高第,顺治十六年(1659年),朱锦高中会元;康熙四十五年(1706年),王镐中进士;王镐弟王铸,几年后成岁贡;雍正元年(1723年),朱鉴中进士;次年,朱鉴子良裘被选为庶吉士,历少詹事。秦荣光《上海县竹枝词》咏道:"会元周浦破荒余,续发科名雍正初。父子连年成进士,两王兄弟逊光间。"②

清代上海地区共出4名状元,相当于或超过广西、直隶、江西、湖北、福建、广东、湖南、河南、四川等的状元数。他们分别是:戴有祺,字丙章,号珑岩,娄县人,原籍休宁,以金山卫学生领乡荐。康熙二十七年(1688年)中进士,三十年补行殿试。原拟列第三,因其书法出色,康熙帝大为赞赏,亲置第一。授修撰,后入直内廷。康熙四十一年(1702年),大考列为三等,降为知县,于是乞假归乡,不复出仕。返乡后,筑室蒋泾桥,垒假山,临流水,构一舫,吟啸其中,优游岁月。不久,迫于贫困而转售他人。王敬铭,字丹思,号味闲、玉溪,嘉定人。早年进献诗画,受康熙皇帝赏识,入值畅春园,于康熙五十二年(1713年)中状元。因常出入宫廷,所以在他点为状元后,康熙帝得意地对近臣说:"王敬铭久直内廷,是朕亲教出来者。"后授修撰,出任过乡试主考等职。秦大成,字承叙,号簪园,也是嘉定人,乾隆二十八年(1763年)状元。淡泊名利,仕途不显,先为翰林院修撰,后来做过一年会试同考官。告归还乡后,历主钟山、平江、娄东书院,但乐善好施,德行为人称道。徐郙,字颂阁,还是嘉定人,同治元年(1862年)状元,授修撰,仕途畅达,由左庶子、侍讲学士擢少詹事,后累官至礼部尚书、协办大学士。③ 上海地区的状元有一个共同特点:工于书画,才艺出众。部分原因是清代皇帝普遍偏好书法,殿试中书法好坏是一个关键性因素。

六、王鸣盛与钱大昕

清代上海自乾嘉以来,人文蔚起,教育人物也不在少数。青浦西岑乡开馆授徒者,自倪倬而后,有倪用楫、倪以琼父子,唐繡经等人,皆桃李盈门。④ 紫隄村薛菁塘,乾隆癸未进士,设帐鹤龙桥西南,远近从习举业者甚众。⑤ 嘉定外冈

---

① 何炳棣.科举和社会流动的地域差异[M]//中国地理学会历史地理专业委员会《历史地理》编辑委员会.历史地理(第十一辑).王振忠,译.上海:上海人民出版社,1993.
② 熊月之,马学强.上海通史·古代[M].上海:上海人民出版社,1999:271.
③ 同上:272—274.
④ 唐宝渔.西岑乡土志·开馆讲读.
⑤ 沈葵.紫隄村志·乡塾.

殷垲,字元爽,幼攻举子业不遇,隐居授徒。尝馆于镇东范氏宅,悦其地幽僻,遂家焉。七十诞辰,生徒辈醵金为寿,悉屏不受。① 嘉定教谕程瑶田,字易畴,歙县人,乾隆庚寅年(1770年)举人。刚到任,就为学署题匾为"让堂",召集入学的生员讲解古礼,又大写朱子《白鹿条教》于讲堂之上。在任三年,辞官回乡,王鸣盛赠诗云:"官唯当湖陆,师则新安程,一百五十载,卓然两先生。"②有清一代,汉学盛行,兴考据、讲实证成为学术主流。乾嘉吴派汉学考据之风蔓及上海,众多文士接踵相从,以治经史者居多,嘉定的经史之学更是闻名全国,其中有两位重要人物王鸣盛与钱大昕。中国古代的学术活动总是与教育相伴而行,互为促进,王鸣盛与钱大昕作为大学问家,自然门人甚众,学风绵长。

1. 淹通博达王鸣盛

王鸣盛(1722—1797),字凤喈,又字礼堂,号西庄,学者称"西庄先生",晚年更号西沚居士,上海嘉定(清属江苏太仓州)人。

王鸣盛天资敏慧,受过良好的家庭教育,曾随祖父至丹徒学署就读,幼年时已研读《诗经》。乾隆九年(1744年)入苏州紫阳书院肄业,受到山长王峻赏识。初从乾隆进士沈德潜学诗,后向清初经学大师惠栋问经义,遂一心攻习汉学。乾隆十二年(1747年),王鸣盛中举。十九年,与妹夫钱大昕参加京试,双双进士及第,被授为翰林院编修。曾先后参与编纂了《五礼通考》《大清会典礼器图考》《国史功臣传》《平定西域方略》等书籍。沈德潜对王鸣盛评价颇高,《曲台丛稿序》云:"己巳夏,予乞身归里,卿大夫士即有诗宠其行。而嘉定王孝廉凤喈,赠五言百韵一章,排比错张,才情繁富,而一归于有典有则,予心焉重之。既读其《竹素园诗》,及《日下集》若干卷,知其平日,学可以贯穿经史,识可以论断古今,才可以包孕余子,意不在诗,而发而为诗,宜其无意求工,而不能不工也。"乾隆二十三年(1758年),王鸣盛在翰林院和詹事府举行的官吏大考中夺得第一,擢任侍讲学士。次年,出任福建乡试正考官,又任内阁学士兼礼部侍郎。后因去闽途中行止不慎,滥用驿马,被劾降职,左迁为光禄寺卿。乾隆二十八年(1763年),以母丧、父老辞官告归原籍,绝意宦海,专以学术为事。王鸣盛里居三十余年,"日以经史诗古文自娱,撰述等身"。③

王鸣盛曾久居苏州,主讲过震泽书院,"学者望风麇至,鸣盛故与长洲吴泰来、青浦王昶、上海赵文哲、张熙纯及其妹夫钱大昕以博学工诗文称,继又有江

---

① 钱肇然.续外冈志·人物.
② (清光绪)嘉定县志·职官志(今译本).
③ 钱大昕.潜研堂文集·西沚先生墓志铭.

左十二子"。在他的周围集聚了一批文人学士,唱诗应和,钻研经史。嘉庆二年(1797年),王鸣盛以76岁高龄重游学宫讲学。

"鸣盛性俭,素无声色玩好之娱,晏坐一室,咿唔如寒士。"①里居期间,"弟子著录数百人",其中像金曰追、吴凌云、汪照等都是嘉定人。金曰追少受业鸣盛,推为"及门第一",研究实学,深于《九经正义》,凡文字之异同,注疏之舛讹,精心校正,后撰《仪礼注疏讹》17卷,颇有影响。②

王鸣盛治学力求淹通博达,不只限于考据一途,对音韵、文字、天文、博物等,都有研究;经史子集更是无不知晓,且学有著述,多为学人推重。"王鸣盛作诗,以才辅学,以韵达情,是一种纯正之音。他作的文章,取经典的精华,而贯以气韵。"王鸣盛曾自负地把自己与明代著名学者王世贞相比,说:"我于经有《尚书后案》,于史有《十七史商榷》,于子有《蛾术编》,于集有诗文。"《尚书后案》是王鸣盛在经学方面的得意之作,从乾隆十年到四十四年(1745—1779)的三十多年中,王鸣盛把大部分精力用于《尚书》的研究,观群书,广征博引,作《尚书后案》三十卷,附《尚书后辨》。王鸣盛的史学杰作《十七史商榷》一百卷,与钱大昕的《廿二史考异》和赵翼的《廿二史札记》鼎足而立,构成乾嘉史学的最高峰,书中所包者,"实有十九史,谓之十七史者,沿用宋时汇刻十七史之名也"。

2. 一代儒宗钱大昕

钱大昕(1728—1804),字晓徵,一字及之,号辛楣,又号竹汀先生,晚年自称潜研老人,祖居江苏常熟,后迁到嘉定。钱大昕是上海历史上著名的经学家、史学家及教育家。他博综群籍,无所不通,是乾嘉学派的杰出代表、一代儒宗,世称嘉定钱先生。钱大昕以其博大精深的学问和高超的造诣教书育人,培养学子数千名。

钱大昕出身书香门第,祖父钱王炯(字青文,号陈人)和父亲钱桂发(字方五,号小山)都是清朝嘉定县诸生,皆以教书为业,在乡里坐馆授徒。钱大昕天资聪颖,少承父训,15岁中秀才,18岁起一边执教弟子,一边博览群书。乾隆十四年(1749年),钱大昕入苏州紫阳书院就读,十六年被特赐为举人,十九年中进士。钱大昕先后历官内阁中书、翰林院编修、侍读、侍讲、詹事府少詹事、广东学政等。其做官的主要精力在读书做学问,编纂各种书籍(历任《热河志》《续文献通考》《续通志》《一统志》《天球图》等书的纂修官),并积极从事教育行政

---

① 清史稿·儒林传·王鸣盛.
② 熊月之,马学强.上海通史·古代[M].上海:上海人民出版社,1999:286—288.

管理及实践工作。

乾隆四十年(1775年),钱大昕因丁忧辞官归故里,不再复出,到嘉庆九年(1804年)卒于紫阳书院止,是其一生中从事教育实践的重要时期,先后主讲钟山书院(在今南京)、娄东书院(在今上海松江区)各4年,主讲紫阳书院(在今苏州市)16年,培养人才数以千计。

钱大昕从事教育二十余年,其教育思想深受黄宗羲、颜元等人的影响。

首先,他积极歌颂人的价值,认为人非但有感觉器官,更重要的是有通天下义理的能力。人的天赋是自然的,包括欲、情、知三部分。如果不加教育,就容易走上歧途。教育的作用就是充分而合理地发挥人的天赋性能,使其健康发展,以实现人性的完善。

其次,他非常强调务实和习动,认为通过教育,要培养一批生气勃勃、体魄健全的实用人才。他反对虚无空疏和只说不做的学风,要求坚持"学以致用"的原则,平时注意"习练",在实际事物上用功夫。如果一味地埋头读书,只能"损人神智乏力""积劳致疾"。他认为:"夫儒者之学,在乎明体以致用,诗、书、执礼,皆经世之言也。论语二十篇,孟子七篇,论政者居其半。当时师弟子所讲求者,无非持身处世、辞受取与之节,而性与天道,虽大贤犹不得而闻,儒者之务实用而不尚空谈如此。""经以明伦,虚灵玄妙之论,似精实非精也;经以致用,迂阔深刻之谈,似正实非正也。"①

再次,钱大昕十分重视教学内容的取舍。钱大昕为当时乾嘉学派的巨子和领导人物,他认为教学内容的充实与否,直接影响到学生的实际能力。为此,他实施了颇具特色的教学内容,重点包括:(1)小学。钱大昕重视文字学、音韵学、训诂学方面的研究和教学,给书院学生专门开设了"小学"课程,要求运用所学知识来解释和研究经义。"有文字而后有诂训,有诂训而后有义理,训诂者,义理之所由出,非别有义理出乎训诂之外者也。"②(2)校勘。钱大昕重视对古籍的校勘,认为可以祛疑、显真、明微、欣赏、知人,可以检验版本的优劣和说明版刻的源流。(3)辑佚书。钱大昕潜心钻研辑佚古书的体例要求,制定辑佚三法,亲自实践后再传授给学生。指出一要搜辑完备,二要考订准确,三要遵循原旨。(4)辨伪古书,钱大昕富于怀疑精神,根据研究所得,向部分被认为是神圣不可侵犯的经书开刀。(5)增设自然科学的内容。钱大昕会通中西天文历法,

---

① 钱大昕.潜研堂集·世经序.
② 钱大昕.潜研堂集·经籍纂诂序.

剖析无遗,撰述《四史朔闰考》,向学生讲授,开创了清代上海人传授西洋历算的先河,在普及天文算学知识方面,嘉惠于后学者特大。

钱大昕不仅在治学上,而且在为人处世上也深具贤者的道德风范。他淡泊名利,知足常乐,在家居住了30年,其一言一行均堪称楷模。他以才论人,不分门第、资历,不惜折节交下,奖拔人才,"东南俊伟博学之士,咸愿受业门下"。钱大昕与学生讨论学术问题时,平等相待,不囿门户,唯是之从,他在《廿二史考异序》中说:"间与前人暗合者,削而去之。或得于同学启示,亦必标其姓名,郭象、何法盛之事,盖深耻之也。"

钱大昕在清代学术界以治学广博精深著称,著书35种,合300余卷,约数百万言。他开始以辞章闻名,作文效法欧阳修、曾巩;作诗接近刘禹锡、白居易。以后潜心经史、音韵、训诂、历代典章制度、官制、氏族年代、古今地理沿革、金石、画像、篆隶,以及古代的九章算术,现代的中西历法。① 钱大昕不仅是经学家、史学家,更是一位卓有成就的教育家。嘉定在钱大昕时期,除王鸣盛外,还涌现出钱大昭(钱大昕弟)、钱唐(钱大昕侄子)、钱东壁(钱大昕子)、王鸣韶、朱右曾等一批学者,使嘉定汉学居上海之尊,名闻天下。

一般认为,上海在开埠前只是一个小渔村,缺乏历史积淀,其在近代中国社会的迅速崛起乃因鸦片战争所致。如果就目前上海市的中心城区而言,确实是近代才蓬勃发展起来的,因为开埠前,上海南面的重心是松江府城,北面的重心是嘉定县城。但如果就整个上海地区而言,则不然,其历史之悠久,教育之发达,文化积淀之深厚,并不亚于一般的内陆地区,这从本章的论述中可见一斑。

在传统农耕文明的格局中,沿海处于边缘地带,上海地区长时间游离于主流文化圈之外,经受着多种文化的激荡与融合,逐渐孕育出具有自身特点的地区文化。随着传统社会工商业的发展,上海逐渐显现出区域优势,在经济发展、科技进步、对外交往、文化教育与城市进步等方面齐头并进,并于明清时期成为东南地区的文教和经济中心之一。正是教育支撑着上海脱离蛮荒,融入主流文化,直至独领风骚。在上海的社会发展中,教育发挥着传承文明、改良风俗、培育英才的重要作用,且与经济、文化的历史演进表现出极强的互动性和因果联系。

近代以来,上海一跃而为全国第一大都会,其城市魅力和地区文化曾引起

---

① (清光绪)嘉定县志·人物志(今译本).

众多学人的关注。20世纪,学术界有两次关于海派文化的大争论,一次是在二三十年代,另一次是在八九十年代。关于海派文化的特征,学术界比较认同的看法是:其一,创新,敢于突破陈规旧俗,开风气之先,不断创新、更新,标新立异;其二,开放,传统保守力较小,襟怀开阔,不拒绝外来文化,善于吸收外来文化;其三,灵活,反应快,变化多,其内在原因则是商业性、趋时性、多变性;其四,多样,形式丰富多彩,不拘一格。① 如果说近代以来是海派文化大放光彩、大显神通的黄金时期,那么古代则是海派文化孕育、奠基和初步形成的积淀时期。

---

① 陈旭麓.说"海派"[M]//复旦大学历史系.中国传统文化的再估计.上海:上海人民出版社,1987:365—369.

第二章

开埠与上海教育的近代转折

1841年,鸦片战争进入第二个年头,英国侵略者不满足于年初在《穿鼻草约》中所攫取的利益,于8月25日突袭厦门。在相继攻陷厦门、定海、镇海、宁波、乍浦等沿海城镇后,1842年6月直逼长江门户吴淞口。年近七旬的江南水师提督陈化成亲驻吴淞炮台指挥,英勇殉职,宝山、上海相继失守。

1842年7月5日,英舰70余艘分五路纵队陆续侵入长江,在通过长江又一重要门户江阴炮台后,攻陷镇江,于8月初抵达南京下关。8月29日,道光皇帝的钦差大臣耆英、伊里布会同两江总督牛鉴,登上停泊于南京江面的英国"皋华丽"号军舰,签下了中国近代史上第一个不平等条约——《南京条约》。

《南京条约》第二条载:"自今以后,大皇帝恩准英国人民带同所属家眷,寄居大清沿海之广州、福州、厦门、宁波、上海等五处港口,贸易通商无碍;且大英国君主派设领事、管事等官住该五处城邑,专理商贾事宜。"①1843年11月8日,受英国公使璞鼎查的指派,首任英国驻上海领事乔治·巴富尔(George Balfour)由广州乘船抵达上海,翌日与上海道台宫慕久议定上海于11月17日开埠。② 上海这块被英帝国主义者觊觎已久的江海要冲之地,终于在炮舰的威逼下屈辱地开放了。

根据上海道台与英国居沪领事1845年11月商订的《土地章程》,以及次年双方的相关约定,英人取得了在东至黄浦江、南至洋泾浜(今延安东路)、北至李家场(今北京东路)、西至界路(今河南中路)区域内的租地居留权,这是近代西方殖民主义者在中国开辟的第一块租界。这块地方紧邻上海县城北首,它很快成为西人在上海地区从事经济和文化教育活动的中心地带,也成为近代西学东渐的首站和中西文化教育碰撞融合的节点地带。

---

① 王铁崖.中外旧约章汇编(第1册)[M].北京:生活·读书·新知三联书店,1957:31.
② (道光朝)筹办夷务始末·卷七〇.

第一节　传统教育的延续与变革

上海开埠以后,在城市结构上形成了以上海县城和英租界为中心的"一个城市,两个世界"的格局,文化教育上也出现了中、西学并存的局面,从而改变了以儒学和科举为核心的单一教育取向。一方面,以上海县城内的县学、敬业书院、蕊珠书院等为代表的中学教育仍然得以延续,这不仅因为受制于当时以科举为目的、以儒学为价值导向的传统教育体制,还因为一批传统知识分子视儒学为抑制外域文化特别是宗教教育影响的中流砥柱;另一方面,以分布于租界内外的诸多教会学校以及墨海书馆、徐家汇藏书楼等西学传播机构为代表,构成了西学的传播渠道。随着租界区的迅速扩大,中国教育近代化的发展,西学东渐之风愈劲,以租界区为代表的西学逐渐冲击着上海县城内的中学,近代西方教育体制逐渐在上海近代教育体系中取得主导地位,上海近代教育也开始以西学的传播中心和近代教育改革的先驱为特色。但直到19世纪60年代之前,传统的中学教育仍然得到延续,并保持着相对独立性。

在传统中学教育系统中,作为地方官学的上海县学无疑具有象征意义。上海县学成立于元至元三十一年(1294年),即上海建县后的第三年,位于县署东(今聚奎街附近)。以后学宫历经多次修葺、扩建,至清道光年间(1821—1850),学宫仍在初建时旧址,内有文昌宫、奎星阁、敬一亭、张公井、天光云影池等设施。1853年,小刀会起义,占学宫为指挥部,1855年初清军收复县城时,"学宫被焚大半"。后两次在原址重建,均在营建中毁于火灾,考虑到原址已处于"沟渠湮塞,地逼市廛,尘溷秽积,泮水至黝黑不可向视"①的境地,在地方绅士的请求下,1855年经上海道台和县署同意,在西门内原游击右营废址(今文庙路)建新学宫。新学宫占地28亩有余,其规制为:"门六:曰儒学门、仪门、棂星门、戟门、东西耳门。坊二:曰金声、玉振。棂星门内泮池一,石梁三。内为甬道,为东西两庑,为月台,为大成殿。殿后别垣为崇圣祠,东西庑,前耳门左右为名宦祠、乡贤祠。自儒学门进为明伦堂,为东西官厅。堂后别垣为尊经阁。仪门东为忠义孝弟祠。又东隔河为学土地祠,为教谕署,斋厨庖湢悉备,缭以周垣。又于河之南,置地为宫墙壁水。"内置有"神牌、宝阁、神橱、供座、爵、卣、边(笾)、豆、

---

① 蓝蔚雯.移建上海县学记[M]//上海博物馆图书资料室.上海史资料丛刊·上海碑刻资料选辑.上海:上海人民出版社,1980.

几、俎、垆、镫、匾额、帘幔、罘罳"等物件。① 从建筑规制和一应俱全的祀孔器物来看,显然保持了庙学合一、明谊敦化的旧学格局。

营建经费主要由巨商郁泰峰所捐,翌年七月竣工,但新学宫落成后没过几年又毁于战火。1860 年,上海被太平军围困,清政府借洋师助剿,上海县学成为洋枪队的营地,延至 1863 年才撤出,学宫建筑大半毁坏,道台丁日昌、知县王府濂号召吏属和县民捐款修葺,先行修复被严重毁坏的部分。1866 年道台应宝时拨款再次大修,"凡殿庑堂阁学斋坊表之属,罔不整葺。并增纪恩坊于棂星门南,恭录两次恩广学额谕旨,志旷典也。又念春秋释奠,旧无乐器,而祭器亦损失。因属司事者按谱增置,自簠簋尊罍,以至琴瑟钟簴,咸具如式"。② 应宝时强调,作为影响一方风化的县学,应走《大学》所揭示的"自格致诚正,以至修齐治平"的路线,以起到"维天理,正人心"的作用。他从董仲舒"正其谊(义)不谋其利,明其道不计其功"的思想出发,要求学生特别留意和思考义利之辨的问题,他训诫学生说:"上海夙称财薮,爰起戒心,二十年三遭兵燹,诸生以为利利耶? 利害耶? 苟知利之为害,当思义之为利;思义之为利,则必人人亲其亲,长其长,家弦歌而户礼乐,相规相劝,以求践乎圣贤之途,使异域殊方,皆向风慕义,谋闭而不兴,盗窃乱贼而不作,是即学之大效,而义之大利也。"③ 虽然应宝时在这里是在重申中国传统教育的基本观念,但从字里行间,明显有针对上海经济日渐繁荣、商业气味日重、西风日炽的事实,借儒学以挽救人心的用意,表露了传统和近代教育观念的矛盾和冲突。

作为整个官学系统的一部分,上海县学也逃不脱科举预备场所的命运。根据王韬《瀛壖杂志》对上海县学的记载:"学中弟子员之著于籍者,岁、科两试,所取定额,凡十有四名,盖比之列于中县。嗣后邑人郁泰峰别驾输金修城,奏广学额十名。同治四年,以集团守城,复加额四名。"④

在传统教育体系中,另一类重要的教育组织形式是书院。上海开埠初期存在和创办的传统书院主要有敬业书院、蕊珠书院、龙门书院、诂经精舍、求志书院等。

(1) 敬业书院。明崇祯十三年(1640 年),意大利传教士潘国光

---

① 蓝蔚雯. 移建上海县学记[M]//上海博物馆图书资料室. 上海史资料丛刊·上海碑刻资料选辑. 上海:上海人民出版社,1980.
②③ 应宝时. 重修上海县学记[M]//上海博物馆图书资料室. 上海史资料丛刊·上海碑刻资料选辑. 上海:上海人民出版社,1980.
④ 王韬. 瀛壖杂志·卷二[M]. 上海:上海古籍出版社,1989.

（P. Franciscus Brancati）得徐光启之孙女的赞助，在明代潘方伯世春堂旧址（位于今豫园附近之梧桐路 137 号，传教士利玛窦来华时一度寓居于此）建立天主堂，名曰敬一堂，并附设观星台，潘国光在此研究天文、西学。潘国光死后，此处又转给西人刘迪我、金玛诺等。清康熙年间（1662—1722），传教士的在华活动引起朝野的广泛议论，其中有人对传教士的活动持极力反对态度，雍正元年（1723 年）实行全面禁教政策，雍正八年没收敬一堂为官产，改建为关帝庙，并于乾隆十三年（1748 年）在庙西建申江书院，废观星台。① 申江书院于乾隆三十五年扩建后改名为敬业书院。道光年间（1821—1850），两江总督陶澍视察敬业书院后，题写了"果行育德"匾额，江苏巡抚林则徐视察后，题写了"海滨邹鲁"匾额，书院因此名噪一时。1861 年，天主教传教士依据相关条约索回原敬一台和观星台等相关产业，1862 年，敬业书院"移建于县东旧学宫基"②（即今聚奎街附近）。1860 年，冯桂芬因避战乱来到上海，"当道延主敬业书院，始开实学风气。冯氏专长掌故，兼精历算，且究心西法，书院课士，提倡经学。……及夫同治中年，巡道应宝时延嘉善钟氏文烝主讲敬业书院。钟氏贯通汉宋，是以敬业定规，月课必以制艺，旨在鼓励举业，鄙实学为杂作"。③ 清末学制颁布后，改为官立敬业学堂、小学堂，国民政府时期上海建特别市后，改建为敬业中学。

（2）蕊珠书院。位于县治南之也是园内，也是园在清末常被称为南园、蕊珠宫。清张春华之《沪城岁事衢歌·其一》注云："南园，本名渡鹤楼，明乔炜别业也，木石最为苍古。国初，曹绿岩曾居之，后为李氏所得，更名也是园，又改道院为蕊珠宫。道光八年，观察陈公銮喜其水木清华，得山川之秀，葺为蕊珠书院，增建奎星阁三层、方壶一角、海上钓鳌处、曲廊诸胜，园池宽广，池莲较他处尤为富丽。"由此可见，蕊珠书院创建于道光八年（1828 年）。由于兴建时负责修建者为邑中某孝廉，他倡言书院系本城绅富捐资修建，外邑人不得阑入，后形成规定，所以书院中的学生"悉沪城氏族"。兴建初，即选敬业书院诸生 36 人月课于此，取其中优等生 18 人为登瀛上舍。④ 后因经费不足一度停办。道光十二年（1832 年），陈銮准院董申请拨款恢复；十五年，集资增建珠来阁、育德堂、学舍等建筑；十八年，又增建芹香仙馆，学生增至 72 人。每年官、师各 10 课，官课

---

① 上海通社.上海研究资料［M］.上海：上海书店出版社，1984：228—230.
②④ 王韬.瀛壖杂志·卷二［M］.沈恒春，杨其民，标点.上海：上海古籍出版社，1989.
③ 姚明辉.上海的书院［M］//上海市文史馆，上海市人民政府参事室文史资料工作委员会.上海地方史资料（四）.上海：上海社会科学院出版社，1986：14.

由道台、海防同知、知县轮课,专课举业;师课则兼经古,即辞章诗赋。1860—1862年太平军围攻上海时,蕊珠宫被征用为洋枪队的营地,院舍大多损坏,书院再度停办。1878年又附设孝廉课。三年后修复。1905年,在清末兴学校、废科举的时代背景下停止课试,组织学务公所,改办师范传习所,开设教育、史地、算学、理科及唱歌、图画、手工等课程。民国初停办。①

（3）龙门书院。1865年,由巡道丁日昌倡议并率吏属等捐资创办。初设时暂用也是园之湛华堂,因地方狭小,规制未备,两年后,巡道应宝时在原李氏吾园旧址（位于今尚文路河南南路）兴建新校舍,计有讲堂、楼廊、舍宇共40余间。书院周围有溪流环绕,植以桃柳,环境清幽,用银9 600余两,为潮州一位郭姓中医师所捐。书院创办时由应宝时出策题,策题为《主敬说》《义利辨》《开浚刘河考》,苏州、松江、太仓三府举人、贡生、童生等应答,实得答卷290份,从中选出超等20名、特等22名进行复试,最后录20名拟为书院第一期学生,但诸生多以馆务不能脱身,最后从在邑生童和附近州县愿入学就读者中选取十余人入院。以后院中肄业生定额为30人,每岁仲冬,例由观察甄别。课程以经史、性理为主,辅以文辞,尤重躬行,学生行事读书,俱有日记,行事、读书日记各置一编,每日填记,逢五、十日呈请院长评论,每月十三日院课。② 书院先后延聘的院长,不乏品学素著者,如担任主讲14年的院长兴化刘熙载生平学行事迹列入清国史馆儒林传。院中购置经史诗书供生员阅读。院规以朱熹制订的《白鹿洞书院揭示》为准,对肄业者发膏火费,以解后顾之忧。1876年,巡道冯焌光,增筑学舍10间;1905年改为苏松太道立龙门师范学校,添建楼房31幢,并将原二十二铺小学堂,改为附属小学堂,供师范生作实习用。1912年,改名为江苏省立第二师范学校。1927年与他校合并后成立上海中学。③

（4）诂经精舍。上海自开埠通商以来,当南北要冲之地,寄籍之士,云集于此,许多人想进入龙门书院肄业,但由于受名额限制而得不到满足。在这种情况下,1873年,上海道沈秉成创设了诂经精舍,"自分廉俸,以给诸生膏火"。"课士不尚诗文,专讲经史,与龙门书院实相表里。"精舍中藏有大量书籍,供学生研读。阮元（1764—1849）在任浙江巡抚和两广总督时曾先后在杭州孤山和

---

① 姚明辉.上海的书院[M]//上海市文史馆,上海市人民政府参事室文史资料工作委员会.上海地方史资料（四）.上海：上海社会科学院出版社,1986：19—20.
② 王韬.瀛壖杂志·卷二[M].沈恒春,杨其民,标点.上海：上海古籍出版社,1989；（同治十一年修纂本）上海县志·卷九；（同治九年刻本）对山书屋墨余录·卷一.
③ 南市区志编纂委员会.南市区志[M].上海：上海社会科学院出版社,1997.

广州粤秀山创办诂经精舍和学海堂,以史论、经解课士,形成了自己的办学风格,为许多书院所仿效。沈秉成乃浙江人,上海诂经精舍的设立和教学风格都深受阮元办学的影响。① 诂经精舍于1876年并入求志书院。

（5）求志书院。位于小南门（今乔家路、巡道街）。1876年,冯焌光捐银2万两,建屋50余间,创办书院。设经学、史学、掌故、算学、舆地、词章六斋,聘请学者钟文丞、俞樾、高骘麟、刘彝程、张焕纶等主持。"自昔舆地掌故附居史部,算学一门视作技能,冯氏提列专科,抗衡经史,辟通今之路,示求学之针。六斋之分,开大学院系之祖。"②书院按季课士近30年,还备置了与六门课程有关的参考书籍260余部,七八千册,成为当时城内最大的书库。1905年书院停止课试,经费和藏书移至龙门师范。

上述诸书院,不外是中国传统学校教育的延续,还没有出现反映时代发展的实质性变革。首先,书院被高度官学化,这反映了明清时期书院发展的基本特征。所有书院都是在地方官的倡议下设立,官师轮课,官定学额和补贴经费。如应宝时在任上海道台时,"于敬业蕊珠两书院外,督课龙门"。③ 蕊珠书院的课程分为官课和师课,每年官师各十课,官课由巡道、海防同知、知县轮流。其次,教学内容仍未打破传统经史、义理、辞章的格局。龙门书院规定,"课以经史性理为主,而辅以文辞"。④ 应宝时在龙门、蕊珠书院督课时,"与诸生讲求身心性命之学,崇正祛邪,重义黜利"。⑤他认为上海"地属濒海,中外杂处,闻见易纷,砥柱中流,尤须正学",⑥可见应宝时等人热心创办书院原是要以传统中学作为抵制西学的工具。其三,教学组织和管理制度还是传统的一套。各书院基本采用月课、季课的形式,学生平时以自学为主。院内师生关系拘守传统礼制,如应宝时在寄给俞樾的《龙门书院章程》中规定,"每月朔望,师长西南面立,诸生以次东北面揖,师长答揖"。⑦

直到19世纪80年代初,书院的旧学格局仍未打破。1882年,张书绅在概述上海书院发展的情况时说:"即以中国之书院而论,如课以制艺,酬以花红,而

---

① 王韬.瀛壖杂志·卷二[M].沈恒春,杨其民,标点.上海:上海古籍出版社,1989.
② 姚明辉.上海的书院[M]//上海市文史馆,上海市人民政府参事室文史资料工作委员会.上海地方资料（四）.上海:上海社会科学院出版社,1986:19.
③⑤ 应宝时.重修上海县学记[M]//上海博物馆图书资料室.上海史资料丛刊·上海碑刻资料选辑.上海:上海人民出版社,1980.
④ （同治十一年修纂本）上海县志·卷九.
⑥ 应宝时.龙门书院记//（同治十一年修纂本）上海县志·卷九.
⑦ 俞樾.与应敏斋同年//春在堂全书·尺牍·牍一.

道宪为之甄别者,则有敬业书院;课以文诗,给以膏火,而邑侯为之甄别者,则有蕊珠书院。又如专课论策,定以经史、性理命题,而投考录取并可肄业于其间,为应敏斋方伯所设者,则有龙门书院;按季分课,试以经史、词章、算学,而举监生员别其等第以给奖,为冯卓儒监督所设者,则有求志书院。……所可惜者中西两学不能兼习,中学虽造乎其极,西学则绝未之闻。"①张书绅的这篇文章作为中西书院的公开征文,为的是衬托中西书院中西学兼习的特点,虽然评价所列书院"西学则绝未之闻"难免言过,但西学尚未纳入这些书院的正式教学内容则是事实。

但是也有明显迹象表明,到19世纪七八十年代以后,书院这一传统教育形式已经逐渐注入了新的内涵。首先是经世致用思想的抬头。其次是开始重视边疆地理、农政、算学等实学和西学内容,如1876年创立的求志书院就设有算学、舆地等斋。从1877年《万国公报》(第470卷)刊登的一份求志书院课士题目来看,其十道算学题均属西算范围。再次是出现了与传统书院大相径庭的新式书院,梅溪书院就是其典型代表。

梅溪书院的前身是正蒙书院,其创办人是张焕纶(1846—1905)。张焕纶,字经甫,号经堂,1846年出生于上海县城内梅溪弄的一个书香之家,幼随父识字读书,青年时入龙门书院肄业。在龙门书院时,他即开始关心与国计民生有关的经世之学,在学习规定课业之余,尤其致力于舆地、兵事知识的研究。1876年,苏松太道冯焌光在创建求志书院时,就延请尚在龙门书院就读的张焕纶主讲舆地之学。张焕纶因"感科举之溺人,救时人才之匮乏,日思以实学培后进,储为国用",②遂于1878年冬创立正蒙书院。

正蒙书院在教育目的、内容、方法上都有别于传统书院。张焕纶规定书院"不授帖括,以明义理、识时务为宗旨",③"博求前贤幼仪、养正诸训,损益古今,参会中外,设为教约程式"。④ 课程设有国文、舆地、经史、时务、格致、数学、歌诗等。1904年的"癸卯学制"是由中央政府颁布并得到切实施行的中国第一个近代学制,其中规定高等小学堂开设的基本课程为修身、读经讲经、中国文学、算术、中国历史、地理、格致、图画、体操等,对照之下,正蒙书院的课程与之很接

---

① 张书绅.中西书院之益[N].万国公报,第680卷、681卷(光绪八年正月二十二、二十九日).
② 沈恩孚.张焕纶先生传略[J].中华教育界,1936,24(10).
③ 上海县续志·卷十八·张焕纶传.
④ 邵友濂.梅溪书院记[M]//上海博物馆图书资料室.上海史资料丛刊·上海碑刻资料选辑.上海:上海人民出版社,1980.

近,而在正蒙书院产生之前,在国人自办的初等学校中还从未见过如此具有近代特点的课程设置。从这个意义上讲,正蒙书院堪称中国人自己创办的第一所近代小学。1894年,正蒙书院又添设了英、法等外语课程,并经常开展如击球、投沙囊、投壶、习射、蹴鞠、超距、八段锦等体育游戏活动,近代特点更为鲜明。

正蒙书院借传统书院之名而行近代教育之实,被一些拘守传统的人士"诧为未经见,疑忌丛集",因此书院初办时,入院就读者很少,经多方动员,加上校董、教员亲自送子弟入学,才有40来名学生。数年后,"规效渐著,邦之人咸啧啧称愿","远近闻风踵至"。到1882年,"生徒近百人",原来的房舍设施渐不敷用,"负笈者几无容足地",是年,苏松太道邵友濂叹服张焕纶"用志之宏,任道之毅","遂乃为之廓讲庐,辟精舍,筹经费,立常制",并在书院旁另建洋文书馆,官费聘请通西学者进行教授。这样,正蒙书院实际上变成一所官办性质的学校,于是,张焕纶进言邵友濂:"功令书院隶于官,且旧正蒙,近一姓家学,义不敢居。"①因院址位于梅溪故址,请易名为梅溪,于是,正蒙书院从1886年起正式易名为梅溪书院。清末兴学期间,梅溪书院改为梅溪学堂,民国后改称梅溪小学校。

梅溪书院在中国近代教育发展中具有重要的历史地位。我国近代最早自主设置的新式学校是洋务学堂,但洋务学堂普遍由洋务大臣创立和举办,属官办性质,目的是造就各项洋务事业所需要的专门人才,属于提供专门训练的专科学校,从基础开始、从事通识教育的普通学校则缺乏,而梅溪书院虽然后来也被官学化,但其前身正蒙书院则属于私人办学,是一所面向少年儿童,从事通识教育的基础学校。总之,梅溪书院表现了在以科举为核心的传统教育体制尚未出现制度化转轨的迹象时,少数开明知识分子对近代教育发展方向的一种先知先觉,是教育近代化变革影响书院这种传统教育组织形式的早期信号。

在维新运动开始之前,上海表现出变革倾向的书院还有吴会书院。吴会书院于1872年由上海县附贡生顾言、钮世章、张庆慈捐资创办,院址位于上海县西南马桥镇,最初仅是一所教授举业知识和技巧的旧式书院。不久钮世章、张庆慈相继去世,书院由顾言(1843—1914)主持,1880年,他筹款扩建书院,并增设了新学课程,这也是上海较早改革传统教学内容的书院。

私塾、义学等构成传统教育系统的初级层次,这在近代上海教育中也广泛

---

① 邵友濂.梅溪书院记[M]//上海博物馆图书资料室.上海史资料丛刊·上海碑刻资料选辑.上海:上海人民出版社,1980.

存在。19世纪60年代中期,上海道台应宝时为方便书香官裔子弟就学,曾在上海城厢设立四处官塾:"东塾在地藏庵,南塾在蕊珠宫,西塾在新学宫洒扫局,北塾在积善寺,入塾者均系乡官后裔;请本庠宿学先生讲解,按月派员查课,谨守塾规、潜心理学者从优加奖,以备入龙门书院。"①这四所官塾直到1882年还见载于有关文字。②

综上所述,县学、几所官学化的书院、四所官塾构成了近代初期上海传统教育的主干。从这些学校创立的时间和存在状态来看,上海开埠后,由于城市地位的提高,人口日渐蕃庶,传统教育在规模上不仅没有削弱,反而有所加强。但就对西学的态度而言,无论是应宝时的小心提防,还是张焕纶的热情接纳,都意味着在上海这座近代西学东渐的前沿城市,传统教育已很难再沿着自身的方向孤立地发展了。

第二节 上海早期的教会学校

传教事业是近代西方列强实施海外殖民扩张的重要一环。19世纪初,随着西方列强对外扩张的加速,海外传教事业也随之兴盛,而兴办学校、传播西学是传教士借以扩大影响,进一步达到传教目的的重要手段。中国教育的近代化变革不是其自身传统自然演变的结果,而是在外力冲击下被动发生的,教会学校正是西方教育直接楔入中国传统教育的最早形式。

晚清上海教会学校的发展可以1877年为界分为前后两个阶段。这一年在上海召开的第一次在华基督教传教士大会是中国教会学校发展史上的一个重要事件,它直接推动了教会学校的制度化发展、程度的提高和完整体系的建立,此后,上海教会学校的发展也进入到新的阶段。本节所要叙述的是第一阶段的情况。

基督教新教伦敦会传教士马礼逊(Robert Morrison)、米怜(William Milne)等于1818年在马六甲创办的英华书院是第一所主要面向华人的教会学校,它尽管不设在中国本土,但从该校毕业的部分华人学生成为近代中国第一批西学的知情者。1834年,马礼逊在澳门去世,为纪念马礼逊,马礼逊学堂于1839年

---

① 朱冠卿.上海义学叙略[M]//璩鑫圭.中国近代教育史资料汇编·鸦片战争时期教育.上海:上海教育出版社,1990:334.
② 张书绅.中西书院之益[N].万国公报,第680卷、681卷(光绪八年正月二十二、二十九日).

在澳门落成,这是最早设立于中国本土的比较正式的教会学校,1842年11月,马礼逊学校迁往香港,成为香港开埠后的第一所学校。

1842年,中英签订《南京条约》,割让香港,开放广州、福州、厦门、宁波、上海为通商口岸。之后,其他西方列强接踵而来,强迫清政府签订了一系列不平等条约,也获得了它们长期觊觎的政治、经济利益和在五口岸进行宗教活动的特权,如1844年签订的中法《黄埔条约》第二十二款就明确规定:"佛兰西人亦一体可以建造礼拜堂、医人院、周急院、学房、坟地各项。"①各国又利用不平等条约中有关片面最惠国待遇的条款,恣意引申,如清政府与一国有约,他国援例权益均沾。凭借不平等条约的保护,西方传教士纷纷登陆上海,进行传教和办学活动。

近代中国教会学校分属天主教与基督教两大教会系统,而天主教在上海的办学活动则依托其在江南一带广泛的传教基础。

天主教在上海活动的历史可以追溯到明代后期。明代上海人徐光启在万历二十三年(1595年)途经广东韶关时认识了天主教耶稣会修士、意大利人郭居静,从此热衷于研究西洋科学,后来与利玛窦共同翻译了《几何原本》等西方科学著作,并在万历三十一年接受洗礼皈依天主教。万历三十六年,徐光启请郭居静到上海开教,徐光启的子孙和周围部分居民包括一些士大夫先后受洗入教。徐光启生前曾在上海徐家汇一带建立农庄别业,在此从事农业实验和著书立说,去世后归葬于此,其部分后裔在此繁衍生息,渐成集镇,形成一个有浓厚天主教文化气氛的社区。到明末清初,天主教在江南的发展已颇具规模,形成江南教区,教徒达数万之众。尽管清雍正年间实施禁教政策,但天主教仍在民间特别是在原天主教家庭中传播。

1842年,南格禄、艾方济、李秀芳三名传教士受法国耶稣会的派遣抵达上海,1844年《中法黄埔条约》签订以后,清政府有条件地解除了对天主教的禁令,允许传教士在通商口岸传教,尔后,各国天主教教会相继派传教士来华,天主教江南教区的工作也得以恢复。鉴于徐光启在天主教传教事业中所作的贡献和徐家汇所拥有的传教基础,天主教教会于1847年在徐家汇设立了江南教区耶稣会会院,建立了一座罗马式的小教堂,尔后徐家汇逐渐发展成为上海乃至全国的天主教活动中心。天主教在上海创办的第一所教会学校——徐家汇

---

① 朱有瓛,高时良.中国近代学制史料(第四辑)[M].上海:华东师范大学出版社,1993:25.

公学也诞生在这里。

徐家汇公学萌芽于1849年。是年,我国淫雨成灾,江南受害尤烈,难民充斥黄浦江畔,徐家汇地区的天主教徒乃恳请徐家汇天主堂传教士晁德莅(Angelo Zottoli,1826—1902,1850年升为徐家汇天主堂司铎)设立学校,教育教内青年,兼以收容贫寒子弟。于是,晁德莅辟茅屋数间,收纳难童和教徒子弟12人,开设读经班,提供衣食住宿。1850年,学生增至31人,乃改临时收容为有组织的教导,成立学校,取名为徐汇公学。因该校奉耶稣会创始人、西班牙贵族拉·圣·依纳爵(Loyola St. Ignatius)为主保,故亦称圣依纳爵公学。后来成为我国近代著名教育家和宗教活动家的马相伯曾于1851年冬来该校求学,当时学生已达40人。1853年,徐汇公学得到罗马总会的认可文书,成为正式的教会学校。尔后规模有所扩大,1857年有82名住宿生,1875年达90人。徐汇公学是当时上海最著名的天主教教会学校。据1920年统计,该校有学生450人,历年在校学生累计3 800余人。20世纪30年代更名为徐汇中学。

徐汇公学的学生有许多来自信奉天主教的家庭,如在此求学的马相伯、马建忠兄弟,他们的父亲马松岩和母亲沈氏都是虔诚的天主教徒。早期徐汇公学的课程有中文(包括经史等中国学问)、法文、音乐、图画等,1859年开始为要求进入耶稣会的学生开设拉丁文,中文占去学生的绝大部分时间。科学虽然不作为正课,但对科学感兴趣的学生,也有向传教士请教的机会。虽然是教会学生,但许多学生都在积极地做科举考试的准备,学校在课程设置和教师聘请方面也很照顾学生这方面的要求,如根据1857年晁德莅的报告,"九名中国教师多数是教外人,因为教友中有科举学位的不多,不能弥补教师的空缺"。① 可见公学将是否具有科举背景作为确定教师人选的重要标准,这里也许只是将科举头衔作为衡量教师学识的一般标准,但说明了学校对科举的包容态度,马相伯在读书期间也曾回乡参加科举考试。直到19世纪70年代中期,中国传统学问和举业仍在学校的教学中占据重要地位。约在1874—1875年,一位《中国通讯》杂志的西方记者生动描绘了徐汇公学教学活动的情况:

> 学生们用震耳的声音朗诵经典作品,每个学生反复大声读唱从未有人给他讲解过的课文;这里是学生在老师面前背书,背书时学生的头摇来摇

---

① 史式徽.江南传教史(第二卷)[M].天主教上海教区史料译写组,译.上海:上海译文出版社,1983:98;朱有瓛,高时良.中国近代学制史料(第四辑)[M].上海:华东师范大学出版社,1993:235—237.

去,甚至全身都左右摇摆起来;书法课也是比较重要的一课,因为学生识字的多少和写字笔法的挺秀,也经常是衡量一个人才学高低的标准;上讲解课时,老师讲解学生们已背诵得滚瓜烂熟而几乎一句也不懂的渊博的古文;最后是作文课,学龄最高的学生在学作奇特的八股文章。有一位进士与两位举人替他们修改作业,学生们很关心老师们的评语。神父们认为,这种中国的老式教学法太不理想,太限制约束了学生们的智力,欲试加改进,但一时也想不出适当的方法。部分船主及巨商子弟只学了一些应用文字与算术常识,不到学业结束,就离开了公学。①

这段文字说明了教会学校不得不迁就中国教育传统的事实。

圣芳济学堂是天主教早期在上海开办的另一所较著名的教会学校,创办于1874年。1857年,法租界天主教圣若瑟教堂(位于蒙套浜路,今杨浦区通北路)的神父台司则克曾在自己的住处教授4个洋童,后于1862年中断。这件事促使天主教上海教区主教朗格拉(又译为杜若兰)决定创办一所正规的学校。这样,在1874年9月,由天主教耶稣会主办的圣芳济学堂正式开学,校址位于法租界公馆马路口(今金陵东路),开学时就读的学生只有4名6~10岁的外国儿童,学期结束时学生增至17人。初创时主要开设读写算等初级课程,学些基本的文法、英语、法语、历史、地理及算术等,对于信奉天主教的孩子再多教一门教理。② 圣芳济学堂的迅速发展是在1880年开始招收中国籍学生之后,此待后文叙述。

美国圣公会传教士文惠廉(William Jones Boone)于1847年创办的怀恩小学是基督教在上海所办的最早的教会学校。1845年6月16日,文惠廉夫妇等人抵达上海,因他们是第一批抵沪的美国人,暂寓英国领事馆,不久去虹口布道,在那里建立教堂,并创办怀恩小学。

在基督教会早期所办的学校中,比较著名的有裨文女塾、清心书院、英华学堂等。

(1)裨文女塾。1850年由裨治文的夫人、美国圣公会传教士格兰德(Eliza Gillette)女士创办,校址位于西白云观(今方斜路),初称女塾,1861年裨治文去

---

① 史式徽.江南传教史(第二卷)[M].天主教上海教区史料译写组,译.上海:上海译文出版社,1983:289—290.
② 同上:211—212.

世后改称裨文女塾(或称裨文女校)。①裨文女塾是上海近代第一所教会女学,也是全国第二所教会女学,此前伦敦会女传教士爱尔德赛(Aldersay)曾于1844年在宁波创办宁波女塾。由于中国女孩一般不读书,更没有离家就学的传统,所以学校初办时很难招到学生,后经多方动员游说,效果依然不佳,只能在马路上找一些无家可归的孤儿,因此开学时只有12名学生,后来慢慢增多。由于经过女学教育的学生出路都不错,学校的地位开始不断上升,一些富裕的家庭也送女孩来校就学。如宋庆龄的母亲倪桂珍曾于1883—1886年在裨文女塾就学,主要是因为倪的父亲曾在一位外国传教士的家中帮厨而入教,后被派往上海郊区传教,倪也因为这层关系而入学。裨文女塾早期一直实行免费教育,从1900年开始每月向学生收取5角学费。1881年,部分裨文女塾师生与1851年由美国女传教士琼司(Emma Jones)在虹口百老汇路(今大名路)文监师路(今塘沽路)口开办的文纪女塾合并,成立圣玛利亚女校,校址迁至圣约翰大学内。余下部分被美国女公会接管,进入20世纪后有了较大发展,1931年向上海市教育局注册,改名裨文女子中学。1953年改称上海市第九女子中学,1966年取消女中,改为第九中学。

(2)清心书院。由美国长老会传教士范约翰(John M. Famham,1830—1917)夫妇于1860年创办。范约翰早就有通过办学实现传教的设想,但中国人对教会学校有排斥心理,男校如果不"兼授经史",则无人过问,女校"障碍愈多,而提倡尤难"。1860年前后,苏杭一带成为太平军与清军对峙的战场,人民流离失所,上海一带"流民塞途,无家可归,其困苦颠沛之状,不堪入目"。范约翰认为这正是招收学生的好机会,于是他通过教友募捐并拨出教会资本购进上海城南原徐光启家族"桑园"旧址,其地有民屋一宅,乃假此宅半为教室,半作住室,办起了清心男塾,以"凡来就学者,供其衣食"为条件,于1860年招收了首批学生。次年,清心女塾也得以开办。1865—1868年,又建造了两校校舍和礼拜堂。由于清心书院在发展过程中得到美国传教士娄禹华的大力资助,所以书院的英文名称"Lowrie Instiute"是以娄禹华的名字命名的。

---

① 裨治文(Elijah Coleman Bridgman,1801—1861),美国公理会传教士,1830年来华,是美国派遣来华的第一个新教传教士。裨治文先在澳门、广州、香港一带活动,1845年在香港与年轻的圣公会女传教士格兰德小姐结婚,1847年6月奉差会之命调往上海,参加修改《圣经》译本和开辟上海传教区的活动。裨治文作为来华的资深传教士和格兰德的丈夫,应该参与了裨文女塾的创建工作。1861年该校改称裨文女塾,显然是为了纪念裨治文。在1871年裨治文夫人去世后,该校即由公理会和圣公会共同管理。因此有学者视裨文女塾为裨治文夫妇共同创办。

清心书院采用家庭式的管理方式,将全堂学生分为数部,选年龄最长者为班长,行使管理之责,"教之以尊长爱友之道,食同席,寝同室,游同方,相敬相助,俨若一家"。开设的课程有宗教、国文、天文、地理、格物、算术等,宗教科尤为重视。清心书院虽因顾及中国传统礼俗,设男塾、女塾,分开教学,但志在力矫重男轻女之弊,在课程上坚持男女相同,而女校则另加音乐一科。

清心书院初期招收的大多为难童、贫苦人家子女,设立工艺一科,"或教耕稼之劳,或事洒扫之役,男则耕种,女则纺织,较之事奉有人、呼唤有应者,固有劳逸之别。然人生于此,贵能自立,与其逸而仰给于人,则反不若劳而能独立不倚"。① 可见工艺科一则是让学生劳动自养、自我管理,以节约经费,二则可以养成自食其力的品格。清心书院的这一传统以后得到继承,并办有清心书馆,一方面培养新式印刷技术人才,一方面出版《小孩月报》《画图新报》等刊物和书籍,获得一定的经济收益。商务印书馆的创办人和技术人员也曾得益于清心书馆的培养。1908年清心书院改称清心中学堂,1932年改为上海私立清心中学和上海私立清心女子中学。

(3)英华学堂(又称英华书馆)。关于英华书馆创立的时间存有分歧,这与英华书馆在历史上几度停顿有关,有人认为是在1865年创办。其实,在1850年,英国圣公会就曾在租界区设立英华学塾,招收10~13岁男孩入学,后来停办。1916年英华书馆在招生简章中说:"本馆开设已经60余年,专以英文培植华人子弟,除每日兼课华文一二时外,悉课英文各科,俾学生毕业后得相当之事业。"②可见英华书馆是将英华学塾作为自己的前身的。

1865年,英华书馆以正规形式推出,当年7月12日,英华书馆发布办学原则,并在重要的中、英文报纸上刊登了招生启事。英华书馆校董会议定的办学方针是:

一、今后主要致力于招收商界子弟,学校要自养。

二、将要认真教授英语。学生在校期间,如果英语熟练,条件许可还可以对其他课程进行英语教学。

---

① 范约翰.上海清心书院滥觞记[M]//朱有瓛,高时良.中国近代学制史料(第四辑).上海:华东师范大学出版社,1993:274—277.
② 周根源.记英华书馆始末[M]//上海市政协文史资料委员会.上海文史资料存稿汇编(9).上海:上海古籍出版社,2001:244.

三、在有能力的本地教员教导之下,学生仍继续学习汉语。

四、所学习的宗教信条,必须同英国教会的教义相一致,但在教学当中不要把宗教过分突出。①

与此同时,在中文《上海新报》和英文《北华捷报》(North China Herald)上也刊登了相同内容的执行广告,其中《上海新报》更是连续刊登了两个月之久。现引述如下:

> 启者:现中外交易者众,欲使其更易广益,故必当学英话为要。向有人愿为此而无机。今有外国列位,定意开一书馆,有聪明才干者主其事。大英言语文字及一切学问,皆详细指教。连有中国书塾,亦附开出,请本地秀士为师,预备幼童后日成人,皆有学问可观。书塾修金及一切文具每年要银50两,皆年年先付。学生入塾,年级自十岁以上,至十三岁止。读书早数,以久为贵。因此书塾须望有好名声,故谨开条例,务望守之,不日而开启,倘有来学者,务望先期来订,请至汇川、李百里、太丰三洋行内东家面议,或到仪和、公平洋行及麦家圈慕维廉、虹口汤先生及中国绅士方性斋、周翠涛、陈竹平三先生可也。②

英国传教士傅兰雅(John Fryer,1839—1928)受聘担任新开办的英华学堂的首任校长,他在此任职至1868年5月。傅兰雅在接受英华学堂的聘请后,按照校董会议决的四条办学原则行事,先招收10名富家子弟,分成日夜班级开始上课。但由旅沪外侨代表组成的校董会受到英国圣公会控制,硬要傅兰雅加强对学生的宗教灌输,而傅兰雅则以校董会不突出宗教的原则相抗衡,结果双方发生了矛盾。圣公会的传教士们对傅兰雅施加压力,傅兰雅不予理会,坚持以英语教学为主。接着,教会方面就对他进行排挤打击,指责傅兰雅"太世俗化",迫使他不得不考虑是否继续担任校长一职,圣公会甚至扬言对傅兰雅是否能当一名传教士表示怀疑。1868年,英华学堂已全部掌控在圣公会当局的手里,傅兰雅被迫于5月20日正式向校董会提出辞呈,经批准后愤然离开了英华学堂。

---

① North China Herald, 1865-07-12.
② 上海新报.1865-07-12.

就在傅兰雅离开英华学堂后，学堂的教学又经历了一段不正常的时间，1874年，我们又看到它重新招生的启事，并开始向非正规化的方向发展。但早期的英华学堂却是一所相当正规的学校，这从1867年的校规可以看出，其中对办学规模、作息时间、课程设置、学期安排、学费、入学对象、考试、纪律等都有基本规定，其内容如下：

一、习业生徒以二十五名为率。

一、每日九点钟至一点钟，英国先生教习英书，两点钟至五点钟，上海、广东两师教习中国诗书文艺。该童放学仍应在家诵读夜书。

一、每逢礼拜日，不需来学。递年正月、七月，自初一日起放假半月。

一、凡来学者，必先交三月之脩金，银十二两五钱，其中纸墨，皆由馆中供给。

一、每年以正月十六日、四月初七日、七月十六日、十月初七日为进馆之期，倘有过期进馆者，亦作三月计。

一、凡来学，如能读过中国书文者更妙，为其于英国文理更易精通，最易翻译。

一、馆中房屋宏巨，倘有远来之徒，许其在馆餐宿，不取租资。

一、学童每日进馆或迟，抑或有事耽搁，终日不能进馆，必请父兄写明缘由，暂存馆中，三月后交还，以作该馆无旷课之据。

一、此馆每于三个月考校中外书一次，凡名列头等者奖给物件。

一、馆中学童之父平日可来馆看子弟所作功夫，及考校规矩，外人欲来观者，亦不禁。①

关于英华书馆初创时的教学情况，傅兰雅在1867年7月给苏茜·约翰逊的信中有所反映，傅兰雅写道：

> 目前有24个学生每天来上学，他们的学费仅够支付我的工资。他们在掌握英语口语和书面语言方面进步得很慢。对于一个中国人来说，他要在一定程度上准确地读、写和说英文。首先，他必须有很高的语言天赋；其次，他在本国语言和文献方面具有不错的基础；再次，还要能够坚持不

---

① 上海新报.1867-05-11.

懈。……迄今为止,在一千个学习英语的中国人中,没有一个人超过了一知半解的程度。①

英华书馆不仅在办学原则中规定了宗教内容,而且还因为傅兰雅没有充分重视宗教内容的教学而把其逼走,说明在 19 世纪 70 年代之前,英华书馆是一所受教会掌控的教会学校。

根据前述英华学堂校董会确立的四项办学方针和初期的办学事实可以看出,教会学校出现了重要变化:第一,由以前免费招收贫苦儿童转向面向富家子弟并收取较高的学费,反映出教会学校已开始向贵族化的方向发展;第二,由以前重视汉语教学向注重英语过渡,英华学堂"可能是第一所在华正式教授英语的教会学校";第三,从以前为"传播福音开辟门路",到虽然仍将宗教列为必选课程,但直言"在教学当中不要把宗教过分突出",这是教会学校向世俗化方向转变的重要一步。英华学堂所预示的这些变化在以后教会学校的发展中一一成为事实。

变化的背后是上海及其邻近地区越来越频繁的中外商贸交往和新兴洋务事业对外语和西学人才的需求,同时,1862 年、1863 年、1864 年先后在北京、上海、广州开办的京师同文馆、上海广方言馆、广州同文馆等三所外国语学堂,也向在沪的外侨和传教士发出了中国急需外语人才的明确信息,英华学堂是教会学校中及时对这一信息作出反应的一所。

根据学者的统计,上海从开埠到 1877 年第一次在华基督教传教士大会召开之前,有名迹可考的教会学校有近 20 所(见表 2-1)。

表 2-1 上海早期教会学校名录(1843—1877 年)②

年份	校 名	创办者	备 注
1847	怀恩小学	美国圣公会,文惠廉	后改上海市四川中学
1849	徐汇公学	法国天主教,晁德莅	后改徐汇中学
1850	英华学塾	圣公会	
1850	裨文女塾	公理会,裨治文夫人	后改上海市第九中学
1850	女塾	浸礼会,碧架	

① 王扬宗.傅兰雅与近代中国的科学启蒙[M].北京:北京科学出版社,2000:21.
② 熊月之,张敏.上海通史·晚清文化[M].上海:上海人民出版社,1999:233.

续表

年份	校名	创办者	备注
1851	石室小学	法国天主教	初为读经班
1851	文纪女塾	美国传教士,琼司	后改圣玛利亚女校
1851	男塾	圣公会,吕底亚	
1852	仿德小学	法国天主教	后改董家渡路第二小学
1853	明德女校	法国天主教	后改上海市蓬莱中学
1855	男子日校	长老会	
1855	女子日校	长老会	后并入裨文女塾
1855	徐汇女校①	法国天主教	后改上海市第四中学
1860	清心男塾	长老会,范约翰	后发展为清心中学
1861	清心女塾	长老会,范约翰夫人	后发展为清心女子中学
1867	经言小学	法国天主教	后发展为徐汇女子中学
1874	圣芳济学堂	法国天主教圣母会	后改圣芳济中学

本表据以下资料编制：吴馨,等.上海县续志[M].上海：[出版者不详],1918；汤清.中国基督教百年史[M].香港：道声出版社,1987；李楚材.帝国主义侵华教育史资料——教会教育[M].北京：教育科学出版社,1987；李清悚,等.帝国主义在上海的教育侵略活动资料简编[M].上海：上海教育出版社,1982；郭卫东,等.近代外国在华文化机构综录[M].上海：上海人民出版社,1993.

表2-1所列显然不是这一时期教会办学的全部,有些教会学校已很难考察其创立存废的行迹了。如王韬在《瀛壖杂志》中记载："西人多设义学,贫家子弟,愿入学读书者,衣食膏火,悉供自西人。……如虹口文氏、墨海慕氏,所收及门最盛,惜后皆半途中废。"②这里所说的"虹口文氏"应指文惠廉,他所办的"义学"应是怀恩小学；墨海慕氏应是指在墨海书馆任职的慕维廉(William Muirhead,1822—1900),英国传教士,1847年受派来华,是墨海书馆的重要职员。他所办的"义学"存废沿革情况,已无其他史料可征。

---

① 1855年天主教曾在张家宅设立经言小学。1867年法国天主教拯亡会在徐家汇王家堂圣母院设立经言女学,或称经言学塾、经言小学,1898年改名为崇德女校,1934年又改名为徐汇女子中学,1953年人民政府接管时改称上海市第四中学。多数史家均记1867年为民国时的徐汇女子中学的创始年,李清悚、顾岳中《帝国主义在上海的教育侵略活动资料简编》(上海教育出版社1982年版)第77页则记为1855年,似认为张家宅之经言小学与王家堂之经言女学有沿革关系。两者是否有沿革关系,未有史料证实,存疑。

② 王韬.瀛壖杂志·卷六[M].沈恒春,杨其民,标点.上海：上海古籍出版社,1989.

又如，黄筠孙1868年在《教会新报》上登载《上海基督堂义学启》称："上海虹桥基督堂向设义学，教读圣书，以及四子书、小学、五经，内中挑取上等者习学小试诗文，中等者习学对课尺牍算法，其次亦为讲解字义，学生以二十名为率。刻下在塾者于《新旧约全书》颇知大略，亦有受洗归教者。本司塾按月考课，捐助辛资，分别加奖，以示鼓励，一切寒门旧族，若非功令所贱者，均可入塾，唯祈圣灵默牖，教学相长，以归真理，殆亦教会中之一助云尔。"①

除设置独立的教会学校外，很多教堂都附设有读经班等较低层次的教学组织，其实，有些独立的教会学校最初就是由附设于教堂的读经班发展而来，这里不再一一叙述。

综合考察上海早期教会学校，其发展表现出如下特点。

第一，从创立时间上看，主要集中于第一次在华基督教传教士大会之前。在表2-1所列的共17所教会学校中，从1843年开埠到1859年的17年间设立的有13所，占76.5%。从1860年第二次鸦片战争结束，到1877年第一次在华基督教传教士大会召开，也是大约17年时间，其间设立的教会学校仅4所，占23.5%。这主要是因为早期的教会学校集中在五个开放通商的沿海城市和香港，而第二次鸦片战争以后，西方列强又通过与清政府新签或修订一系列不平等条约，进一步夺取了自由进入中国内地传教、通商、租买土地建造教堂和学校等特权，教会学校也随之由原来的五个通商口岸发展到内地。所以从全国范围来看，教会学校的数量呈现出迅速增加的趋势，第二次鸦片战争结束的1860年也成为教会学校发展的一个重要标志年。但对上海来说，由于第一次鸦片战争后就成为五个通商口岸之一，经过开埠初期一段时间的发展，到19世纪60年代以后，传教士把精力转向内地，上海新建的教会学校反而大大减少。

第二，早期的教会学校一般规模较小，创立时大多仅有学生十多人，甚至不满10人，且程度较低。虽然其中已不乏中高级程度的学生，但大多数相当于小学程度。教育为宗教服务，提供教育成为吸引学生信教的手段，目的是在中国人中培植传教助手，以扩展传教的范围，加快宗教影响的速度。招生对象以贫苦人家的孩子为主，有些学生的父母已经信教成了教徒，还有一些无家可归的难童，学校不仅免收学费，还提供膳食和住宿。19世纪60年代以后，随着洋务运动的兴起和中国教育近代化的启动，国家对新式人才的需求日益增加，教会学校

---

① 林乐知.教会新报·卷一[M]//朱有瓛,高时良.中国近代学制史料(第四辑).上海：华东师范大学出版社,1993：356.

的办学方向开始转变,但像英华学堂那样出现明显变化的还只是个别现象。

第三,在教学内容方面,虽然传教士不满中国传统的经史教育和科举教育,但为了避免与中国本土教育的正面冲突而达到迂回传教的目的,或限于人手不足而必须依赖本地教师,也不得不采取容忍的态度。正像范约翰在创办清心书院的过程中所感受到的:"当沪南之初办学堂,召集生徒,诚非易事,必于宗教书籍之外,兼授经史,而后踵门求进者尚稍有其人,不然则竟至无人过问。然此当指男校而言也。至于创办女校,则障碍愈多,而提倡尤难。"① 所以在一些早期教会学校中,儒学和科举教育占有重要地位,有些学校甚至以学生在科举考试中的成就来吸引生员,徐汇公学还请了一名进士和两名举人为学生批改作业。

上海早期的教会学校虽然普遍处在中初级程度,宗教课程和中学课程占据中心地位,但一般都开设有一定量的数学、天文、地理、外语等西学课程,培养了具备一定西学基础的人才,这在我国新式学堂尚未设立之前和洋务教育发展初期,一定程度上弥补了西学人才的空缺和不足。在这些学校中,女学占了相当的比重,这对打破传统教育的男性垄断,引导近代女子教育观念的流行起到了重要作用。

第三节 西学教育观念的孕育

上海开埠以后,以传教士为主体的欧美文化人士纷至沓来,在此设立教堂,办理学校,建造图书馆和博物院,出版书刊报纸,上海因此逐渐成为近代传播西学的中心,许多关于西方的信息也由此向全国各地传递和扩散。一些介入其中或亲临其境的中国知识分子通过认识和了解西学,开始由传统向近代转化,逐步赞许和提倡西学教育。这里我们以王韬、冯桂芬和部分书院士子在上海文化活动中的片断,说明近代上海对不同人群西学教育观念形成的重要影响。

1844 年,英国传教士麦都思(Walter Henry Medhurst,1796—1857)在英租界邻近上海县城北门处开办墨海书馆(后迁至今山东路),这是一个从事翻译兼印刷西学书籍的文化机构,它被学者称为"西方科学第二期东传的头一个据点"。② 1848 年春,王韬(1828—1897)由家乡甫里小镇(今苏州甪直)前往春申浦(即黄浦江)畔看望在此设馆授徒的父亲,这是他第一次来到上海。其间,他

---

① 范约翰.上海清心书院滥觞记[M]//朱有瓛,高时良.中国近代学制史料(第四辑).上海:华东师范大学出版社,1993:275.
② 胡道静.印刷术反馈与西方科学第二期东传的头一个据点:上海墨海书馆[J].出版史料,1987(4);1988(1).

因欲窥西人"象纬舆图诸学",主动去墨海书馆拜访了麦都思,在那里见识到西方印刷技术的奇妙和高效,形成了对传教士和西方文化、科技的感性认识,也建立了与麦都思的联系。

1849年6月,王韬父亲去世,麦都思趁其家庭经济陷于困顿之际,几次邀请不愿"卖身事夷"的王韬前往墨海书馆工作,最终得到王韬的应允。在当时中西方都缺乏通晓双方语言文字、学贯中西的人才的情况下,译书的方式通常是先由粗通中文的西人译出初稿,再由中国学者对初稿中"拘文牵义""诘曲鄙俚"的中文进行疏通、润色,或由西人口译,中方学者笔述。王韬在墨海书馆的主要工作是担任疏通、润色和笔述的角色。这种翻译方式实属不得已,但在与西人的切磋交流中,他也学到不少西方科技知识。通过编译书籍,王韬掌握了天文、地理、历算、舆图等格致之学的基本旨趣,其知识结构和价值观念开始发生重大变化,并成为西学的热心倡导者。尤其是在介绍、吸收西方近代科学方法方面颇具成果,他汇编的《西学源流考》让人们对西方各门科学的发展历史有了较为系统的了解,也从中了解到一些科学研究的精神和方法。他评价西学道:

> 西人于学,有实证可据,然后笔诸书册。如天学必以远镜实测得此星。医学必细剖骨络、脏腑,以穷其病之所在。动、植之学,必先辨虫鱼草木之状,而以显微镜察其底里。苟有一毫未信,不敢告人。格致家新得一理,则白诸公局,有优赉焉。工匠创造新奇之器,亦必先告诸繁术院,许专其利。相效成风,群以为耻,故技艺之精甲天下。
>
> 西人务为实学,如天文、算术、地理、水利等书,颇皆精思苦诣,穷极毫芒。其传教于中华者,则皆著书立说以见长,然不免躐等而进。教中所尤重者曰"圣学"。他若六艺以及杂技,视为小道,于会堂中尚无坐次。①

其中对西学的赞赏之情溢于言表,对传教士重视宗教("圣学")忽视具体科学的传播又流露出不满。

上海是西人展示近代物质文明和技术成就的窗口,王韬对西人在技术上所创造的成就称赞不已,称为奇迹。《瀛壖杂志》是王韬"客居沪上,偶有见闻,随笔记缀"所形成的文字,他对上海开埠后引进西方物质文明的方方面面给予了记录,从轮船火器,到印刷技术、照相、煤气、电话等,不时给予诸如"西人火器最

---

① 王韬.瀛壖杂志·卷六[M].沈恒春,杨其民,标点.上海:上海古籍出版社,1989:124.

称精利""其人工之巧,几于不可思议矣"①等赞语,可见他对西方文化技术的态度。

王韬本是立志于科举功名的,因为家庭的变故而被迫流寓上海,这反而成就了他成为一代新型文化人的机缘。与王韬一样,冯桂芬则是因为另一个更大的变故而避居沪上,而这也成了他思想蜕变的转机。

冯桂芬(1809—1874),出身江苏吴县一个商人兼地主家庭,18岁中秀才,23岁中举,31岁以"榜眼"的名次高中进士。冯桂芬以擅长科举文章名世,但他治学有独到之处,《显志堂集·吴大澂序》称他于"经史而外,天文、舆地、算学、小学、水利、农田,无不精究,而尤谙于历代掌故……而尤达于经世之学"。他中进士后为官不及十年,因母亲和父亲相继去世,回籍丁忧,后索性引疾归居。1860年,李秀成率领的太平军攻陷苏州,冯桂芬不得不避居上海。正是在上海的避难生活,给冯桂芬的士大夫生活增添了一段"出入夷场"的经历,提供了一次接触西学、了解西方的难得机遇。

上海在开埠后十几年的时间里,不仅发展成为一个繁忙的商品进出口转运地,也成为传播西学和各种新观念的信息中心。五方杂处、华洋并居的城市人口结构,为中西文化的碰撞与交融,区域文化的聚合与创新提供了良好的环境。冯桂芬到上海后,很快感受到上海这种独到的文化氛围,他在稍后写的《上海设立同文馆议》中说:"唯洋人总汇之地,以上海、广州二口为最,种类较多,书籍较富,见闻较广,凡语言文字之浅者,一教习已足,其深者务在博采周咨,集思广益,则非上海、广州二口不可,行之他处,犹是一齐人傅之之说也,行之上海、广东,则置诸庄岳之间之说也。"②可见,他非常清楚地认识到上海在培育新式人才方面所具有的环境优势。后来果如冯桂芬所愿,1863年和1864年,上海广方言馆和广州同文馆相继设立。

冯桂芬在上海的一个重要活动就是积极参与谋划上海城防事宜,设立"会防局",联结中外,配合清军对太平军进行镇压。在此过程中,他目睹了云集在上海附近海面上的西方舰队,体会到洋枪洋炮在镇压农民军时所发挥的作用。在真切感受西方"船坚炮利"的同时,他的心头也平添了一份忧患和自强意识。

作为在上海观察、体验、思考的成果,冯桂芬于1861年完成了反映其思想

---

① 王韬.瀛壖杂志·卷六[M].沈恒春,杨其民,标点.上海:上海古籍出版社,1989:124—125.
② 冯桂芬.校邠庐抗议[M].戴扬本,评注.郑州:中州古籍出版社,1998:251.

蜕变的代表性著作《校邠庐抗议》,这是他在上海避难期间完成的,①1897年《湘学报》称之为"三十年变法之萌芽。"②其中《采西学议》《改科举议》诸篇,集中论述了教育问题,提出改革科举考试制度与内容,向西方学习,教学生学习西方语言文字,引进西方国家的科学和技术等明确要求。

如果说王韬、冯桂芬等人对西学的态度还不能反映群体倾向的话,那么,西学引起书院士子的关注和讨论,则反映出西学观念的扩散和对教育实践的影响。1884年,日本汉学家冈千仞访问上海时,曾受到上海书院士子姚文枬、葛士濬、张焕纶、孙照、范本礼等人的接待,他们采用笔谈这种当时中日学者之间最常用的方式进行了一场别开生面的对话,对话的内容曾发表于当时日本的报纸《邮便报知新闻》,经当代中国学者易惠莉的注释校点,发表于《档案与史学》2002年第6期,现将部分谈话的内容摘录如下:

> 书院士子:近来文人约有数蔽。蔽于辞章,则浮而不实;蔽于考据,则拙而不化;蔽于理学,则迂而不通;至蔽于声气货利,民斯为下矣,举国若狂。见识如是,毁誉亦如是。唯奇特之士,乃不为毁誉所动,亦能不以毁誉观人耳。狂生之谈,先生以为然否?
>
> 冈千仞:如敝邦更有一弊。洋学盛行以来,年少辈公然排老成耆宿为迂腐无用,自弃于绳墨礼义之表,谓世界万国唯有英、佛(法)文明可师耳,殆泛泛焉流漂鬼国者。阁下若不信,问之子梁君,真可憎者!
>
> 书院士子:敝邦亦然。其无识者至奉英、米(美)人若神明,其好古正直之人,尤过鄙泰西人,至不屑道其事,不欲见其书。总之,喜谈洋务者其人都不可恃,而正士又若不知洋务,所以近来交涉之事终无好处。想贵国或亦同此情乎?
>
> 冈千仞:有一利有一害,凡物皆然。况洋人巧艺技术,至逾千万里而逼我,直使五洲万国立下风,其奔波东洋至此,抑亦有故也!然彼至此,皆由谨品行重礼义,专用力于格致有用之学,与此间年少辈信洋学者有天渊之异。此不可不知者!
>
> 张焕纶:自欧洲人航海东来,我全亚洲人受其凌侮,目前唯贵国及敝国岌岌与之相持耳。然但有旦夕之谋,无百年之策。先生读书有识,有何高

---

① 《校邠庐抗议》光绪十年冬豫章刊本"跋"中称:"庚申年(1860年)避地沪上作。"
② 湘学报分类汇编·掌故学第一.

见可以赐教否？

冈千仞：题目大甚，不可容易置对。

……

书院士子：今日洋学固不可不讲，然所以讲之者，欲知彼之情形，师其技而知其短可也。若一味崇慕，则直为彼之应声虫耳，何足言洋学？西人之所以制胜，其大要在实事求是。今之学西人者，事事欲学之，而独不学其实事求是。此所以日求强而日弱也。

冈千仞：凡立国有固有本色，而信洋学者一意奉承彼，不知有彼此内外之别，此殆贱家鸡而贵邻鹜。实意（事）求是四字，极断得至当。

书院士子：贱家鸡而贵邻鹜固不可，然必固拒深闭，谓人之长者不必学，恐亦非也。况今西人情形，与书、传所纪大不同。凡一切交涉之事、攻守之法，似尤当讲求。

冈千仞：弟在国数论不必使人人讲洋学，唯洋书切实于家国者，(如分晰、格致、天文、地理、航海、造船、矿山诸学)一一使能文者延洋师舌人翻译，为人人可解之书，施之国内学校，致圣经贤传并讲。如此则人人知彼长处、我短处，无差谬如今日者。阁下以为如何？

书院士子：所论极是！然翻译亦大不易事。

冈千仞：北京置同文馆想亦此。近来有何新译书？

书院士子：同文馆译书不甚多。上海制造局则有书目，唯人人可解之本殊不多。

张焕纶：先生能泰西语言文字否？

冈千仞：弟迂腐不涉西学，中年颇然沁于此学，非复老大人所能学得，此为憾耳。

这段对话涉及中西学关系、西学的精神实质、西学的翻译等问题，反映了士子们对西学有较广泛的涉猎和较深的认识程度，也可看出士子们较冈千仞对西学持有更为积极和接纳的态度。在参与笔谈的士子中，姚文枬、葛士濬当时皆是龙门书院住院生，而张焕纶、孙照、范本礼也都曾是龙门书院的学生，当时正襄助张焕纶办正蒙书院。龙门书院本来就是为弘扬中学以抗衡西学而建立的，为丁日昌、应宝时等历任当政者所重视，到19世纪80年代初并未见其改变课程设置，但该院学生关注西学，特别是张焕纶等人更是以实际的办学行动表现了与龙门书院大相径庭的教育旨趣，表明西学观念已经渗入中国传统教育系统。

第三章

洋务教育在上海

洋务运动是第二次鸦片战争后中国兴起的一场自救自强运动,发生并发展于19世纪60—90年代。1861年1月,在奕䜣等人的奏请下,清政府设立了"总理各国事务衙门",作为总揽洋务全局的中央枢纽,标志着洋务运动的开始。1895年,清政府因中日甲午战争失败,与日本签订割地赔款、丧权辱国的《马关条约》,在此之后,洋务运动虽余波未平,甚至还有局部的发展,但逐渐让位于资产阶级改良派发起的维新变法运动。

洋务运动的基本内容是引进和学习西方先进的科学技术。从向外国购买枪炮船舰,采用新法操练海、陆军,兴办造炮制船的军用企业开始,发展到兴办诸如厂矿、铁路、航运、电报等民用企业。洋务事业本身呼唤新型人才,因此,洋务派以培养洋务人才为中心,在文化教育上相应采取了一些举措,如创办新式学堂,翻译西学书籍,派遣留学生等。中国人开始自主办理新式教育,开启了中国早期近代化的进程。

上海是洋务运动的中心城市之一。李鸿章在镇压太平军的过程中认识到洋枪洋炮的作用,很想用新式武器装备淮军,但又苦于缺乏经费而无法购买更多的武器。1862年,他在英国人马格里的协助下,利用松江一个庙宇筹建了制造军火的上海洋炮局,所制造的开花炮在镇压太平军时发挥了重要作用。1863年末,清军攻陷苏州,上海洋炮局迁至苏州,成为苏州洋炮局。苏州洋炮局又趁英国"阿斯本舰队"被清政府遣回之际,购买了该舰队随舰带来的军火制造设备。与此同时,我国早期归国留美学生容闳在安庆向曾国藩建议,要发展中国的机器制造业,就不能局限于某项特殊用途的机器和工厂,必须有制造机器之机器,于是受曾国藩的派遣,容闳去美国购买"制器之器"。而李鸿章也不满足于苏州已有的设备,又遣丁日昌在上海虹口觅购得美商旗记铁厂。到1865年,容闳从美国定制的"制器之器"运抵上海,与李鸿章同年购得的旗记铁厂合并,再加上苏州洋炮厂的部分设备,在原旗记铁厂厂址成立了当时中国最大的机器制造厂——江南制造局,或称"上海机器制造总局"。不久,由于原旗记铁厂所在租界区外国人的反对,加之工厂扩大的需要,江南制造局移至后来的江南造船厂厂址。江南制造局在当时是一座设备相当先进和齐全的机器制造厂,后经不断扩建,到19世纪90年代,已拥有16个分厂,能够制造各种工作母机、轮船、枪炮弹药,"已成为中国乃至东亚最先进最齐全的机器工厂了"。①

洋务运动中,上海先后成立过四所洋务学堂,其中三所都与江南制造局有直接关系。1863年创立的上海同文馆(后改称上海广方言馆)于1870年移至江南制造局。1874年成立的操炮学堂和1898年成立的工艺学堂本身就是制造局的附设学校,旨在培养该局所需要的人才。

第一节 上海洋务教育发展概况

洋务教育主要包括办理洋务学堂和派遣留学生两个方面。

一、上海的洋务学堂

上海在洋务运动中先后成立上海广方言馆、操炮学堂、工艺学堂、上海电报学堂等四所洋务学堂。其中,1863年成立的上海广方言馆是上海最早设立的洋务学堂,也是历时最久、影响最大的一所,后文将专门叙述,这里主要介绍其他三所的情况。

首先介绍操炮学堂和工艺学堂。这是两所附设于江南制造局的洋务学堂,两者之间具有沿革关系。操炮学堂的建立与容闳的建议有关。容闳(1828—1912),广东香山县(今属珠海市)人,作为我国最早留学美国并接受美国高等教育的知识分子,他回国后一直怀有在中国建立近代学校教育制度和发展新式学校的抱负,曾寄希望于太平天国以实现他的理想,1860年到天京谒见干王洪仁玕,提出七点建议,其中包括设立武备学校,建设海军学校,颁定各级学校教育制度,设立各种实业学校等。② 自1865年为江南制造局从美国定制"制器之器"回到上海,至1872年被任命为留美幼童的副监督赴美,这期间,容闳一直常驻上海。1868年5月间,他乘两江总督曾国藩视察江南制造局的机会,向曾国藩建议在江南制造局"厂旁立一兵工学校,招中国学生肄业其中,授以机器工程上之理论与实验,以期中国将来不必用外国机械及外国工程师"。③ 这一建议得到曾国藩的赞许,曾国藩指示江南制造局添购地基,建造学馆,并添建机器厂

---

① 夏东元.洋务运动史[M].上海:华东师范大学出版社,1992:80.
② 容闳.西学东渐记[M].长沙:湖南人民出版社,1981:56—57.
③ 同上:85.

屋等。遵照曾国藩的指示,江南制造局于次年在制造局西北隅购地建造"学馆"。"学馆"建成后,由于江海关道涂宗瀛建议将上海广方言馆移入江南制造局,这样,所建"学馆"房屋大部分成为上海广方言馆的教学用房,设立兵工学校的计划被搁置。

1874年,江南制造局操炮学堂成立,此即容闳建议设立的兵工学校。操炮学堂的学习内容有汉文、外文、算学、绘图、军事、炮法等,1881年改为炮队营。① 关于炮队营的性质史料记载不详,但从其名称来看,教学性质较操炮学堂有所弱化。操炮学堂看似一所军事工程学校,但从其课程和之后的演变看,具有武备学校的性质,所以有的学者将它记入洋务学堂之军事学校之列,②这样,它应被看作近代中国创办最早的军事学校。

江南制造局工艺学堂创办于1898年,此时洋务运动已接近尾声,从工艺学堂的设置过程和办学目的看,仍属洋务学堂性质。这一年,南洋通商大臣计划在江南制造局内设立一所工艺学堂,拟将操炮学堂嬗变而来的炮队营和上海广方言馆并入新设的工艺学堂。但此事被江南制造局总办兼上海广方言馆总办林志道阻止,他认为:"广方言馆经费,向由沪关报销,与职局无涉,若勉强牵合,反生枝节。"③林志道显然是担心上海广方言馆并入工艺学堂后,江海关道因此推脱经费上的责任。后来根据林志道的建议:江南制造局原设有画图房,招收生徒十余名,主要培养本局各厂绘制机器图样方面的人才,现就画图房的屋舍和制造局大厅作为工艺学堂的用房,并将工艺学堂隶属于上海广方言馆。学生正额为50名,首批学生来源为原画图房生徒,从江南制造局各厂调取的匠童20名,不足部分或从社会招选聪颖子弟,或从上海广方言馆学生之优等生中择充。

工艺学堂分化学工艺、机器工艺两科教学,两科的共同课目有汉文、英文、算学、画图。共同课之外,化学工艺科专教分化物质诸理法,机器工艺科专教重力汽热诸理法,而以江南制造局各厂作为学生的实习实验之地。工艺学堂的教师主要是江南制造局翻译馆的学者和各工厂的有关工程技术人员,如算学有华蘅芳、化学有徐华封、工艺有王世绶、绘图有杨渐逵、机器有华备

---

① 《江南制造局记》记操炮学堂[M]//高时良.中国近代教育史资料汇编·洋务运动时期教育.上海:上海教育出版社,1992:518.
② 夏东元.洋务运动史[M].上海:华东师范大学出版社,1992:435.
③ 林志道.禀创办工艺学堂(附章程)[M]//高时良.中国近代教育史资料汇编·洋务运动时期教育.上海:上海教育出版社,1992:519.

钰等。学堂的学习年限为 4 年,毕业后充任沪宁两地学堂的教习,江南制造局也可根据需要从中录用,①可见,工艺学堂主要是针对本部门和机构的需要来培养人才。

1904 年 1 月"癸卯学制"颁布后,各地兴起了创办新学的热潮,1905 年,两江总督周馥认为各省已设立学堂,奏准将上海广方言馆改为工业学堂,原来隶属于广方言馆的工艺学堂也一起并入工业学堂。其后,工业学堂又由陆军部定名为兵工专门学堂及中学堂,分专门和普通两科。专门科分机器、化学两班,相当于高等学堂程度。机器班专长绘图,化学班专长造药炼钢,均以江南制造局各厂为实习基地。普通科系中学程度。其工艺学堂旧址设兵工小学堂,为中学之预备科,以将新公所之初级学校隶入以为高等小学之预备。② 上述这些学堂,实际上是按照清末学制构成一个从初等小学到高等学堂的学校序列。初级学校相当于"癸卯学制"中的初等小学,兵工小学作为中学的预备科,相当于"癸卯学制"中的高等小学堂。普通科相当于"癸卯学制"中的中学堂,"癸卯学制"中学堂为一级,学制 5 年,跨第十至第十四学年。兵工专门学堂的两个专门班相当于"癸卯学制"中的高等实业学堂,与之平行的是高等学堂,在学制系统中处于中学堂的上位,可比之为民国初年的大学预科。从历史沿革上看,普通科的前身大抵是原来的上海广方言馆,专门科的前身是原来的工艺学堂,从这里我们可以看出根据清末学制对洋务学堂进行规范,将其纳入近代学制系统,向学制化学校过渡的历史线索。

其次介绍上海电报学堂。上海电报学堂是应上海电报事业的发展对人才的需求而设立的。上海是我国最先引入有线电报这一近代先进通信技术的城市之一。1844 年,由美国人莫尔斯发明的有线电报试验成功,20 年之后,即 1865 年,上海英商利富洋行雷诺即在浦东小岬到黄浦江口金塘灯塔间架设了 42 里的电报线路,但这一举动是雷诺擅自所为,没有得到中国政府的批准,这条线路在上海道台丁日昌的支持下很快被沿途百姓扳毁。1868 年上半年,旗昌洋行在该行所在地虹口与法租界金利源码头货栈之间,架设了一条 8 里的电报线路,作为内部通信之用,这是上海电报应用的开端。之后,有线电报逐渐应用于商业、警务、消防等领域,但局限于市内的租界区。1870 年 6 月,丹麦大北电报公司成立远东公司和上海站,1871 年着手铺设日本长崎与上海及上海与香港之

---

① 林志道. 禀创办工艺学堂(附章程)[M]//高时良. 中国近代教育史资料汇编·洋务运动时期教育. 上海: 上海教育出版社,1992: 519—520.
② 上海县续志·卷十一.

间的海底电缆,1871年4月18日沪港水线正式开通。1873年2月22日,利用沪港水线实现了上海站与厦门站之间的通报,这是中国境内第一条国内公众有线电报线路。

中国人自己铺设的电报线路始于19世纪70年代末。1879年,李鸿章从军需出发,架设从天津至大沽北塘海口炮台的电报线。次年9月,他又奏请架设津沪电线并设立电报学堂。19世纪80年代初,是我国近代电报业大发展的重要时期,津沪、沪汉、沪浙闽粤等乃至各省的电线相继架设,上海也成为我国电报业的中心城市。1881年12月28日,津沪电报陆线两条建成,一条供上海与天津开通直达电路,另一条供上海至紫竹林、大沽、临清、济宁、清江浦、镇江、苏州开通同线电报电路。翌年,镇江至江宁(今南京)间电报线接通,开通上海至南京直达电路。1883年开通上海至南浔电路。1884年,从南京沿长江至汉口建成电报线两条,与沪宁线衔接后,沪汉间开通直达电路一条,上海至汉口、九江、安庆、芜湖同线电路一条。同年闰五月初八,苏、浙、闽、粤电报线两条竣工,设上海至广州直达电路一条,和上海至广州、福州、绍兴、宁波、杭州、南浔同线电路一条。① 随着上海在全国电报通信中心地位的确立,1884年,津沪电报总局由津迁沪,并改称中国电报总局。

由于上海电报事业的迅猛发展,天津电报学堂的学生供不应求,为此,1882年上海设立了规模较大的电报学堂。上海电报学堂是由津沪电报总局租借上海胡家宅会香里(今福州路西藏路转角)的三间民屋开办,称按报塾。最初招收学生曾清鉴等20名,学习收发电码技术。姚彦鸿任按报塾总办,聘英商大东电报公司报务员唐璧田任教习。毕业无定期,择成绩优良者派至各电报局工作,学员缺额陆续考补。1885年,按报塾迁至郑家木桥(今延安东路福建中路)中国电报总局内,学员名额增加,另设测量塾,聘丹麦人博怡生(J. J. Bojesen)为教员。根据《万国公报》1891年的记载,至1888年,上海电报学堂共培养学生330余名。1902年,电报总局于新闸路59号(今新闸路1446号)增设电报高等学堂,聘丹麦使领馆参赞德连升(F. N. Dresing)兼任总教习、按报塾第一期毕业生曾清鉴等为助教,教授电报高级技术。1906年,设于郑家木桥的学塾随电报总局迁至老垃圾桥(今福建路桥)附近,分设测量塾、按报塾、额外塾、附读学堂和旗生学堂,电报高等学堂由中国电报总局总办管理。1910年,各学塾、学堂统一

---

① 《上海邮电志》编纂委员会.上海邮电志[M].上海:上海社会科学院出版社,1999.

合并为电报学堂,迁至爱文义路(今北京西路成都路西)。①

从上述几所学堂来看,和全国其他洋务学堂一样,上海洋务学堂也以造就各项洋务事业所需要的专门人才为目的,属于提供专门训练的专科学校。从办学模式上看,都带有部门办学的性质,是具体洋务机构的组成部分或附属单位。

二、上海与留美幼童的派遣

如果说在创办洋务学堂方面,上海并非名列前茅的城市,那么在洋务留学教育方面,上海则扮演了极其重要的角色。

两次鸦片战争期间曾出现过一些零星自发的留学行为,留学生基本是教会学校的学生,他们在传教士的帮助下成行。真正倡导由政府派遣出国留学人员是在洋务运动开始之后。1863年,拣选知县桂文灿鉴于日本派遣幼童分赴俄、美两国"学习制造船炮、铅药及一切军器之法",上书总理衙门奕䜣,建议中国仿效执行。奕䜣虽然充分肯定了这一建议,但以难以物色到合适的出国带队人选予以推谢。② 之后,又有来自不同渠道的留学教育建议,都因时机不成熟而未付诸实施。19世纪70年代初,洋务运动开展已近十个年头,也设立了一定数量的新式学堂,但洋务派人士在实践中大多已认识到,要全面深入地学习西方的先进技术,国内的学堂存在师资、社会文化环境等诸多局限。于是,向国外派遣留学生便被纳入洋务计划,并很快付诸实施。在洋务留学教育活动中,1872年出发的留美幼童是近代中国政府派出的首批留学生。在幼童留美计划的拟定和实施过程中,上海起了非常重要的作用。

首先,留美幼童计划成型于上海。留美幼童的成行得力于容闳的大力倡导。1863年,容闳因朋友的介绍成为曾国藩的幕僚,并为江南制造局赴美国觅购"制器之器",于1865年运抵上海。当时参与谋划江南制造局事务的主要人物上海道台丁日昌,与容闳"交颇投契"。通过襄办江南制造局事务,容闳有不少机会接触1868年正式到江南制造局翻译馆工作的英国传教士傅兰雅。傅兰雅曾于1867年3月在《上海新报》上著文,建议清政府选派20岁以下的优秀少年,学习三年外语,然后派遣出国接受大学教育等。1868年,容闳前往苏州,向已升任江苏巡抚的丁日昌提出了他酝酿已久的派遣留美学生的设想,得到丁日昌的赞许,嘱他以拟定局面条陈,以便上呈当时担任相国的文祥,请其代奏。于

---

① 高时良.中国近代教育史资料汇编·洋务运动时期教育[M].上海:上海教育出版社,1992:550—551;《上海邮电志》编纂委员会.上海邮电志[M].上海:上海社会科学院出版社,1999.
② (同治朝)筹办夷务始末·卷十五:33.

是容闳乃"亟亟返沪,邀前助予译书之老友(南京人),倩其捉刀,将予之计划,撰为四则,寄呈丁抚,由丁抚转寄北京"。① 其中第二则谓:

> 政府宜选派颖秀青年,送之出洋留学,以为国家储蓄人材。派遣之法,初次可先定一百二十名学额以试行之。此百二十人中,又分为四批,按年递派,每年派送三十人。留学期限定为十五年。学生年龄,须以十二岁至十四岁为度。视第一、第二批学生出洋留学著有成效,则以后即永定为例,每年派出此数。派出时并须以汉文教习同往,庶幼年学生在美,仍可兼习汉文。至学生在外国膳宿入学等事,当另设留学生监督二人以管理之。此项留学经费,可于上海关税项下,提拔数成以充之。②

容闳的计划虽因故暂被搁置,但最终成为后来留美幼童计划的蓝本。1870年,曾国藩、丁日昌等人奉命处理"天津教案",电招容闳担任译员,容闳得以通过丁日昌正式向曾国藩提出派遣留美幼童的计划,并在曾国藩等人的奏请下得到朝廷批准,后又经各方函商和总理衙门复议,确定了最终方案和有关事宜。

其次,上海承担了幼童留美的经费和主要管理事务。为实施留美计划,在上海设立"沪局"负责留学生出洋事务,在美国设立"驻洋局"(后来称"留学事务所")作为留学管理机构。与留美幼童有关的内外往来文件,一律加盖关防,驻洋局所用的关防全文称"奏派选带幼童出洋肄业事宜关防",沪局所用的关防全文称"总理幼童出洋肄业沪局事宜关防"。③ 在经费方面,曾国藩、李鸿章所拟《奏选派幼童赴美肄业办理章程折》及所附《挑选幼童前赴泰西肄业章程》中指明由江海关"于洋税项下按年指拨,勿使缺乏"。留美幼童在沪在美的一切费用开销,包括管理人员、教习、翻译等人的薪资和来回川资,医药、信资、文册、纸笔等各项杂用,幼童驻洋束脩、膏火、衣食住等各项费用,预算为每年平均6万两,20年计费银120万两。由驻洋委员每年将应开支的费用列出清单,知照上海道转报,"倘正款有余,仍涓滴归公,若正款实有不足之处,由委员随时知照上

---

① 容闳.西学东渐记[M].长沙:湖南人民出版社,1981:86.
② 同上:86—87.
③ 曾国藩,李鸿章.奏选派委员携带幼童出洋肄业兼陈应办事宜折[M]//中国科学院近代史研究所史料编辑室,中央档案馆明清档案部编辑组.洋务运动(二).上海:上海人民出版社,1961:158.

海道禀请补给"。① 后来,由于当初预算的经费不敷使用,李鸿章又于1877年建议从江海关提交给南北洋的海防经费中减扣,按年分批寄往美国。虽然这笔增加的费用没有增加江海关的负担,但仍来源于江海关。②

其三,上海是留美幼童出国前的考选培训基地。沪局的职责是"经理挑选幼童派送出洋等事"。沪局成立后,即派员在上海、宁波、福建、广州等地挑选曾经读过数年中国书,年龄为12~16岁的聪慧儿童。所选的儿童汇聚上海后,都要经过沪局的考试筛选和短期预备培训。

1872年8月11日,第一期詹天佑等30名幼童在监督陈兰彬的带领下从上海出发赴美(容闳已先期赴美做准备工作)。1873年6月、1874年11月、1875年10月,第二、三、四期各30名幼童也按计划出发。然而,这次幼童留美计划后来因为守旧大臣的苛责等原因没有完成,留美幼童于1881年中途撤回,当年冬天抵达上海,标志着这次起于上海而终于上海的留学活动宣告结束。但即使是这些未完成学业的留学生,仍然成为近代中国科技、实业和管理等领域的一支重要力量,有研究者对他们的职业分配情况作过统计,见表3-1。③

表3-1 留美幼童归国后从事职业情况

职 业	人数	职 业	人数	职 业	人数
国务总理	1	外交官员	13	铁路工程师	6
外交部长	2	海军元帅	2	冶矿技师	9
税 务 司	1	海军军官	14	政 界	3
海关官员	2	军 医	4	医 生	3
电报局官员	16	教 师	3	律 师	1
经营商业	8	铁路局长	3	报 界	2
公 使	2	铁路官员	5	合 计	100

在他们中间,如铁路工程师詹天佑、开滦煤矿矿冶工程师吴仰曾、北洋大学校长蔡绍基、清华学校校长唐国安、第一位美国华裔律师张广仁、清末交通总长梁敦彦、民初国务总理唐绍仪、1884年中法战争中英勇殉国的薛友福等,都是中

---

① (同治朝)筹办夷务始末·卷八十二.
② 李鸿章.奏请增留学经费折[M]//中国科学院近代史研究所史料编辑室,中央档案馆明清档案部编辑组.洋务运动(二).上海:上海人民出版社,1961:163.
③ 陈学恂,田正平.中国近代教育史资料汇编·留学教育[M].上海:上海教育出版社,1991:686.

国近代史上的知名人物。上海在推进洋务留学教育方面作出了不可磨灭的贡献。

第二节 上海广方言馆

上海广方言馆是仅晚于京师同文馆设立的中国第二所洋务学堂,是一所以学习西文、西艺为主的学堂。①

一、创立与变迁

第一次鸦片战争以后,中外交往活动日渐纷繁,对外语人才的要求日益迫切,但政府一直未在外语人才的培养方面有实际行动。1859年2月,翰林院编修郭嵩焘认为,自中外交兵签约以来,中国情形虚实,外国"皆所周知",然中国竟"无一人通知夷情,熟悉其语言文字者",因此向咸丰皇帝奏请设立外国语言文字学校。但因当时正值第二次鸦片战争之际,清政府无暇顾及此事。

1860年10月,英、法联军攻陷北京,《北京条约》签订,重新认定《天津条约》的各项条款。中英、中法《天津条约》中都有两国交涉使用文种的规定,即以后在与中国的交涉中,只使用英文和法文,在三年内暂时配送汉文,待中国选派学生学习外文以后,即停附中文。如以后有关交涉文件中发生文辞争议,均以外文为准。这一歧视性的规定,迫使清政府作出开办外语学校的决定。次年1月,清廷应主持对外交涉事务的奕䜣等人的奏请,批准在总理各国事务衙门下设立外语学馆,并于1862年6月正式开馆,先开设英文馆,以后陆续添设俄文馆、法文馆等。

京师同文馆成立后,流寓上海的冯桂芬也著文建议,"推广同文馆之法,令上海、广州仿照办理,各为一馆,募近郡年15岁以下之颖悟诚实文童,聘西人如法教习"。② 1863年3月,江苏巡抚李鸿章正式向朝廷奏请在上海设立外国语学校。李鸿章在《署理南洋通商大臣李奏请设立上海学馆折稿》中,除说明学习西方语言文字乃中外交往所必需的一般性理由外,特别强调了上海的具体情况:第一,各国在沪均设有翻译官,中外大臣会商时全凭外国翻译官传述,不能保证没有偏袒捏造情弊,因此上海也需要有自己的翻译人员。第二,在基层单

---

① 关于上海广方言馆的研究,目前应以熊月之的《上海广方言馆史略》最为全面,该文载于《上海地方史料(四)》(上海社会科学院出版社,1986年版)。
② 上海设立同文馆议[M]//冯桂芬.校邠庐抗议.戴扬本,评注.郑州:中州古籍出版社,1998:251.

位如关局军营等发生中外交涉事务时,只能觅通事往来传话,但这些通事在外语水平和人格上都很难保证,难免发生曲解和误会,甚至"借洋人势力,播弄挑唆,以遂其利欲。蔑视官长,欺压平民"。① 值得注意的是,这份奏稿也提及在广东设立相同的学校。朝廷很快批准了李鸿章的奏章。

上海广方言馆初名并不统一,李鸿章在奏请设立上海学馆的奏稿中称"外国语言文字学馆",其后,冯桂芬在拟订试办章程中称"学习外国语言文字同文馆",以后在有关官员的奏折中常称为"上海同文馆"。上海同文馆改名为上海广方言馆应在1867年(同治六年三月至十月间)。1867年4月14日,江海关道应宝时在给南洋通商大臣曾国藩的呈文中仍称"上海学馆",②1867年11月22日在给曾国藩等人的呈文中已改称"上海广方言馆"。③ 虽然在这期间上海方面已经改名,但在主管方如总理各国事务衙门、两江总督、江苏巡抚、南洋通商大臣等方面仍称"上海同文馆",故1869年江海关道涂宗瀛在给南洋通商大臣马新贻的呈文中特加附注"原名同文馆,改为广方言馆",予以提醒。④

广方言馆最初就敬业书院西偏屋宇扩建后开办,邻近上海县学旧址,冯桂芬为首任监院。⑤ 堂中有李鸿章、冯桂芬所书对联。李联云:"声教遍中西,六寓同文宣雅化;诵弦宜春夏,四方专对裕通材。"冯联是:"九邱能读是良史,一物不知非通儒。"

1870年2月,上海广方言馆正式移入江南制造局办学,事件起因于曾国藩的建议和江南制造局翻译馆的开办。早在1867年,在两江总督曾国藩的建议下,江南制造局下设造船所试制船舰,并拟设译书馆。次年5月间,曾国藩出巡丹阳、常州、苏州等地,在检阅太湖水师时,曾赴上海,驻江南制造局,⑥容闳建议在江南制造局厂旁设立一兵工学校,曾国藩接受容闳的建议,指示江南制造局添购地基,建造学馆,并添建机器厂屋等。遵照曾国藩的指示,江南制造局即于

---

① 李鸿章.署理南洋通商大臣李奏请设立上海学馆折稿[M]//广方言馆全案.上海:上海古籍出版社,1989:107.
② 江海关道应呈南洋通商大臣曾[M]//广方言馆全案.上海:上海古籍出版社,1989:113.
③ 江海关道应详通商大臣曾江苏巡抚部院郭[M]//广方言馆全案.上海:上海古籍出版社,1989:114.
④ 江海关道涂上督宪通商大臣禀[M]//广方言馆全案.上海:上海古籍出版社,1989:117.
⑤ 上海市文史馆,上海市人民政府参事室文史资料工作委员会.上海地方史料(四)[M].上海:上海社会科学院出版社,1986:23.
⑥ 黎庶昌.曾国藩年谱[M].长沙:岳麓书社,1986:229;总办机器制造局郑冯上督宪禀[M]//广方言馆全案.上海:上海古籍出版社,1989:118.

次年在制造局西北隅购地建造"学馆",农历四月初一日开工,至十二月竣工,计前后四层,第一层为平房一座,共房11间,第二层、第三层为二座楼房,楼上楼下共房36间,第四层为一座平房,共房11间,又东西厢房共有楼房二座和平房二座,共房16间,另有厨房、小房等。这即是后来上海广方言馆和制造局翻译馆的全部用房。

在"学馆"建造期间,江海关道涂宗瀛禀呈督抚和南洋通商大臣,建言将上海广方言馆移入江南制造局,表面的理由是:"现在机器制造局开设学堂,译习外国书籍,与广方言馆事属相类,自应归并一处,以期一气贯串。"但实际上,一方面,江海关可以因此避免进一步给广方言馆追加经常费的责任。上海广方言馆的经费一直从江海关总税务司所支取的七成船钞银中直接扣除,每月500两。上海广方言馆在建立之初,规定学生正额为40人,但一直有扩大规模和追加经费的要求。上海广方言馆移至江南制造局后,江海关虽然仍旧每月拨给制造局银500两,但一直保持常数,不足部分则由制造局方面填补。另一方面,上海广方言馆是就敬业书院西偏房扩建后开办,移入江南制造局后,原屋宇即归入敬业书院,[①]也改善了书院的办学条件。

江南制造局翻译馆在曾国藩巡视之后,即于1867年6月正式设立。"学馆"建成后,楼上各房间即归翻译馆使用,而楼下各房间则归移入的广方言馆使用,这样上海广方言馆即与江南制造局翻译馆合并一处。曾国藩当初指示建立"学馆"本是因容闳建议设立兵工学校而起,并无将上海广方言馆移入之意,后因上海广方言馆移入江南制造局,江海关道承担了制造局建造"学馆"的费用,而容闳建议设立的兵工学校也迟迟没有开办,直到1874年,江南制造局操炮学堂成立,才可以说是对容闳建议的一个补救。如果说曾国藩当初采纳容闳的建议想在江南制造局另办一所新式学堂的话,则因上海广方言馆的移入使上海失去了一次扩大新学办学规模的机会。

1898年,江南制造局设立工艺学堂,并隶属于上海广方言馆。1904年"癸卯学制"颁布后,各地兴起了创办新学的热潮,次年两江总督周馥奏准将上海广方言馆改为工业学堂,原来隶属于广方言馆的工艺学堂也一起并入工业学堂;10月,工业学堂又由陆军部定名为兵工专门学堂及中学堂,分专门和普通两科,其中中学堂(即普通科)即由上海广方言馆转化而来。至此,上海广方言馆的名

---

① 江海关道涂上督抚宪通商大臣禀[M]//广方言馆全案.上海:上海古籍出版社,1989:117.

称和性质都发生了变化,从它成立到这一年总共存在了42年。

二、课程、教学与管理

上海广方言馆在初创时,首任监院冯桂芬拟订有试办章程十二条,①对入学对象、招生名额、培养目标、学习期限、教师聘任、课程、管理等作出规定,上海广方言馆在初期基本是按照这些规定实施的。

该试办章程规定:广方言馆的招生对象为"年十四岁以下,资禀颖悟,根器端静之文童",学额为40名,肄业年限为3年。上海广方言馆的培养目标主要是通商、督、抚衙门及海关、监督等机构承办洋务时所需要的翻译人员,因此它结业的起码标准是能独立地"翻译西书全帙,而文理亦斐然成章",较高的标准则是能"精通西语西文"。

根据培养目标,馆中课程以学习西语西文为主,在移入江南制造局之前,只开设有英文,虽然有开设法文的打算,但未见真正开设。移入江南制造局后,增加了法文与德文课程。算学也是每个学生必修的课程,试办章程认为:"西人制器尚象之法,皆从算学出,若不通算学,即精熟西文,亦难施之实用。"当时所说的算学,实际包含了数学和基本科学课程。在学习西文和算学之外,根据学生"年岁之大小,记诵之多少,性情之高明沉潜",划分为四组,分别选择经学、史学、算学、辞章中的一类进行学习,其中选择算学类者,实际上是在公共算学课基础上的进一步提高,可以不学习经、史、辞章类课程,因此上海广方言馆中的算学类学生,其所习最接近于近代课程体系。

上海广方言馆在移入江南制造局后,总办冯焌光、郑藻如等人新拟了《计呈酌拟广方言馆课程十条》和《再拟开办学馆事宜章程十六条》。② 前者规定学生应学习的课程内容,解释所立课程的原则、宗旨、教学规划和专业设置等;后者实际上是一个关于广方言馆的详细发展规划。现仅就《计呈酌拟广方言馆课程十条》的内容略加概述分析,其内容是:(1)辨志,强调学者要端正趋向,求为有体有用之学,坚持不懈,"认定路头,用心坚定"。(2)习经,以讲解《春秋左传》为主。(3)习史,二十四史卷帙浩繁,不易毕读,主要以学习《通鉴》为主。(4)讲习小学诸书,讲读《养正遗规》、朱熹《近思录》等。(5)课文,每七天中停止学习西学一天,学生作文一篇,目的是了解学生平时读书和对时事观察的心得。"学有成就者,试以策论,以觇其读书论事之识。间课以时艺,无阻其进

---

① 上海初次议立学习外国语言文字同文馆试办程十二条[M]//广方言馆全案.上海:上海古籍出版社,1989:110—112.

② 广方言馆全案[M].上海:上海古籍出版社,1989:119—134.

取科名之阶"。学生的作文交由主课先生批改,评定成绩,发还学生。(6)习算学,所谓算学,主要指数学,但也包括部分科学的内容,如笔算、珠算、开方、几何、代数、重学等。(7)考核日记,为学生每人置备课书、行事日记各一本,学生每日记录,每三日送交先生考核。这是仿照龙门书院的课规设置的。(8)求实用,要求学能致用,"收其明效大验"。(9)学生分为上下班,初进馆者先在下班,学习外国公理公法,如算学、代数学、对数学、几何学、重学、天文、地理、绘图等,若想以后从事翻译工作者,另习外国语文文字等书。下班学生经考试合格后,再根据各人的特长和兴趣,进入上班,分专业教学。(10)上班分七门,大致可归纳为矿冶、机器制造、铁木工程、机械设计、航海、水陆攻战、外国语文文字等七个专业。

从《计呈酌拟广方言馆课程十条》来看,上海广方言馆在移入江南制造局后发生了很大变化。第一,从以前主要培养外语人才的学校演变为一所培养多方面人才的综合性学校。第二,更加重视中国传统旧学的教育,以前只在学习西文西语、算学之外,着重挑选经、史、辞章一门进行学习,只作一般性的要求,以示不忘中学,而此时则强调学习经史的重要性,并鼓励学习做时文、八股,并声称"无阻其进取科名之阶",以为学生参加科举考试创造条件。这不仅削弱了西学的教学,也使广方言馆的培养目标发生了较大变化。第三,在教学规划上,将基础阶段和专业阶段分开,下班即基础阶段,上班为专业阶段,可以说这是在教学管理模式上的一种进步。另外,上海广方言馆在移入江南制造局后,也为学生学用结合和实地练习创造了条件。

1894年,江海关道聂缉椝在致江南制造局的文札后附录了一份《近年变通从前办法酌立简明条规十则》,①从所附录文件的名称可以看出,上海广方言馆在移入江南制造局后,当初冯焌光、郑藻如等人所拟的《计呈酌拟广方言馆课程十条》在实行过程中有所变革,而《近年变通从前办法酌立简明条规十则》则是把这些已实施的措施用文件形式规定下来而已。由此可以看出广方言馆在此期间的发展情况。其一,招生名额有所扩大。除英文、法文、算学三馆的学生定额总数为40名外,新设的天文馆招生数额另计,突破了原来总额40名的限制。其二,纠矫部分学生太重举业的倾向。由于《计呈酌拟广方言馆课程十条》规定"间课以时艺,无阻其进取科名之阶",导致部分学生专心举业,不事西学,《近年变通从前办法酌立简明条规十则》明确规定,每星期前四天学习西学、算学等课

---

① 广方言馆全案[M].上海:上海古籍出版社,1989:160—161.

程,其余三天学习经史、古文、时艺等课程,不能因中学而偏废西学,"仅习中学、偏废西学者,应令赴各处书院肄业,不得住馆"。另外,还规定新入馆学生先试读三个月,初选后再读六个月,然后才决定是否成为方言馆的学生。同时在考试管理方面也更加严格了。

关于上海广方言馆的教学情况,文献记述多趋简略。美国传教士林乐知(Young J. Allen 1836—1907)曾先后累计担任广方言馆的英文教习十多年,广方言馆在初创时,林乐知担任了六个月的英文教习,后由和容闳一道留学美国的广东人黄胜取代,1867年黄胜辞职后,林乐知再次担任英文教习至1881年。从有关林乐知的记述中,我们可以大体了解一些广方言馆的教学情况。①

上海广方言馆在初办时,虽规定学额为40名,但报名的学生并不足额,1864年3月开学时有学生24名,至当年7月才有学生26名。来馆的学生有些已经粗知一些零星的英语发音,林乐知一开始就教他们英语拼写法则,进度很快,至8月,第一个班级的学生即学完了《韦氏拼写书》,能进行默写、朗读课文。林乐知自述其教学受到学生的欢迎,当9月改聘黄胜为英文教习时,学生依依不舍,并有3名学生表示离开学馆以示对改聘英文教习的不满,但林乐知劝阻了他们。

1867年3月,林乐知重新担任广方言馆英文教习,在第一天上课时到了33名学生,他发现学生的英文程度参差不齐,其中有一个很差的学生,林乐知劝其离开了学馆。除进行英语教学外,林乐知还向学生进行西方科学知识的教育,他展示了一些科学仪器,如电报机、电池等,还带领学生参观法国人在上海开办的煤气厂、现代化面粉厂以及江南制造局机器车间等。

清政府为了防止"洋教"在洋务教育活动中的渗透,对于所办洋务学堂中聘请的洋教习,都规定他们在教学中不能"暗中传习"洋教,上海广方言馆也不例外。但林乐知作为一个传教士,时刻不忘自己的使命,他承认在上海广方言馆的教学中注意"向学生巧妙地灌输了基督教教义",他要求学生读一些传教士翻译的含有基督教教义的简明读物,如《黎明时分》《亨利与他的脚力》《两个朋友》等,这些故事包含了所谓基督教的美德,但又不是赤裸裸地宣传宗教教义,避开了中国政府禁止传教的有关规定。林乐知后来说:"我希望这些书籍不但

---

① 以下对上海广方言馆教学情况的介绍,除注明者外,主要出自于毕乃德(Knight Biggerstaff)《中国近代最早的官办学校》(The Earliest Modern Government Schools in China)和本涅特(Adrian A. Bennett)《传教士林乐知及其所办的杂志(1860—1883)》(Missionary Journalist in China: Young J. Allen and His News Magazines, 1860—1883)。转引自:熊月之.上海广方言馆史略[M]//上海市文史馆,上海市人民政府参事室文史资料工作委员会.上海地方史资料(四).上海:上海社会科学院出版社,1986:80—85.

对教他们英文有用,而且在传播浅显的基督教真理方面也有用处。"正是由于林乐知等洋教习对宗教知识的有意宣传,上海广方言馆的学生中受基督教影响的大有人在,如1864年林乐知在广方言馆任教六个月期满离开后,即有3个学生参加了他的教会工作。

由于当时以科举为核心的传统教育体制尚未动摇,考科举求功名的观念深入人心,洋务学堂仅是套种在传统教育体制边上的幼苗,而科举考试又没有考试西学的科目,因此,许多洋务学堂的学生虽然身在以习西学为主要任务的新式学堂,但心思精力却用在学习八股时文上,上海广方言馆也普遍存在这种现象。据林乐知说,1867年夏天,广方言馆中那些已是附生的学生,"正把他们的时间和精力专用于准备不久将在南京举行的三年一度的考录举人的乡试,因此这个夏天,他们几乎没学什么英文"。移入江南制造局后,由于总办冯焌光、郑藻如等人试图通过科举来提高学生的社会地位,对学生参加科举又采取了默许的态度,在他们所拟的《计呈酌拟广方言馆课程十条》中有"间课以时艺,无阻其进取科名之阶"等语,导致学生中名修西学实攻科举的现象更为普遍。1881年4月,江南制造局总办李兴锐、蔡汇沧曾禀复南洋通商大臣,说到广方言馆的学生原分老班和新班,而老班学生"敷衍岁月,多攻制艺,不复用心西学,故中学尚有可观,西学几同墙面",他们在1879年曾就"老班中择其安详者,改派翻译文案等事,其余一概撤退"。① 1894年《近年变通从前办法酌立简明条规十则》明确规定,"仅习中学、偏废西学者"不得住馆,也是为了抑制部分学生潜心举业的风气。

在行政管理上,上海广方言馆受两江总督和上海道的节制,上海道兼任学馆的监督。移入江南制造局后,又增设总办一职,例由江南制造局总办兼任。因此,广方言馆从招生、教师聘任、经费筹措,到章程制订、馆舍设备的添置与使用、学生的奖惩等,都要在各方之间往返函商,深受封建官僚制度的掣肘。馆内设一监院负责学馆的具体事务,首任监院为冯桂芬,另设有查课委员、庶务委员、司事等管理人员。在教学管理方面,广方言馆对学生的要求很严,初设时就规定学生必须住馆,每月回家不得超过三日,全年事病假不得超过百日,否则辞退。1894年《近年变通从前办法酌立简明条规十则》又规定,学生"如有吸食洋烟嫖赌酗酒者,立即革除。其争闹懒惰不遵规矩者,由委员戒责,再犯开除"。②

---

① 总办机器制造局李、蔡禀复南洋通商大臣刘[M]//广方言馆全案.上海:上海古籍出版社,1989:142.
② 近年变通从前办法酌立简明条规十则[M]//广方言馆全案.上海:上海古籍出版社,1989:161.

考试是督促学生学习的主要手段,上海广方言馆中的考试很频繁,《上海初次议立学习外国语言文字同文馆试办章程十二条》即规定:每月初一、十五课试学生西语西文,了解学生的进步情况,确定名次,送存上海道备查,但不必榜示。每月初八、二十四日课试其他课程。课试后,记存其优劣,由监试每三月送交上海道一次,学生于西语西文茫无通晓者,即行撤换,如西语西文和其他课业都确有进步,赏银四两到八两,以示鼓励。三年肄业期满后,学业达到基本要求,即可分派工作。如果成绩优异,则由通商大臣、督、抚等专折奏保,调京城考验,授以官职。达不到基本要求者,作为佾生,一体出馆。①

三、特色与成就

上海广方言馆的特色主要表现在两个方面。

首先,作为一所洋务学堂,上海广方言馆是应洋务活动对外语人才的急切需求而兴办的,是对外开放的产物,与传统官学、书院、私塾等有着本质差别,在培养目标、教学内容、教学方法和教学组织形式等方面都已初步具有近代学校的特征。在培养目标上,上海广方言馆起初以培养翻译人才为主,但由于语言学习一方面需要相应的西学知识背景;另一方面在习通外语后也较容易掌握其他西学知识,便于向通用型人才过渡,再加上移入江南制造局后,广方言馆的培养目标又和江南制造局对各种专业人才的需要结合起来,因此,至少在学校规划上,后期的上海广方言馆已经成为一所培养外语、西学和近代化工业所需要的各种专门人才的综合型学校。在教学内容方面,由于受洋务教育"中体西用"指导思想的影响,课程中尽管包含有传统经史、辞章等内容,但主要还是外语、算学、格致和与各自专业相关的科学技术课程。当然,也有一些学生因功名心太重而旁骛科举,但多数时间,校方和主管部门对这种现象都表示不满,有时明确制止。在教学方法上,能够将所学内容与实际结合,学以致用,特别是移入江南制造局后,有时还安排一定的见习和实践性课程。在教学组织形式上,从一开始就确定了学业年限,采用班级授课制的形式,有一定的分年课程计划,突破了传统进度不一的个别教学形式。

其次,上海广方言馆与其他地区的同类洋务学堂相比,表现出不同的区域特点和发展路线。洋务学堂中的外语学校(方言学堂),创办较早且有影响的仅有京师同文馆、上海广方言馆、广州同文馆三所。上海广方言馆和广州同文馆

---

① 上海初次议立学习外国语言文字同文馆试办章程十二条[M]//广方言馆全案.上海:上海古籍出版社,1989:111—112.

都是受京师同文馆的影响而设立的,但在设立过程中,上海更表现出主动性。京师同文馆设立后,当时流寓上海的冯桂芬即著文建议在上海和广州同样设立外国语言文字学堂,很快得到江苏巡抚、南洋通商大臣李鸿章的回应。后以李鸿章的名义向朝廷递交了请求在上海设立学馆的奏稿,并提及广州亦宜设立的意向。朝廷在批准设立上海学馆的同时,并谕令广东将军查照办理,因此广州同文馆在上海广方言馆之后,于1864年设立。

与京师、广州两地的同文馆相比,上海广方言馆在招生对象上更具开放性的特点。京师同文馆学生的入学途径主要有三种:咨传、招考和咨送,初创时以咨传为主,对象为八旗子弟,方法是由各旗推荐,再由总理各国事务衙门择优录取,年龄一般在15岁以内,所以,早期京师同文馆的入学名额基本为八旗子弟所独占。直到1867年京师同文馆添设天文、算学馆时,才采用招考的方式招收学生,后来又接受上海、广州两馆的咨送生,自此,八旗子弟对馆额的垄断局面才逐渐被打破。广州同文馆的学生主要取诸广州驻防军中的八旗子弟,初创时仅设英文一馆,第一期正额为20名(另取5名附学生),其中八旗子弟占了16名,汉人世家子弟仅4人。直到1879年广州同文馆添设法文馆和德文馆,规定每馆学生10人,法文馆、德文馆的学生除取自原来的英文馆外,其余均选自八旗子弟,可见其在招生对象上的封闭性较京师同文馆有过之而无不及。与上述两馆不同,上海广方言馆在招生对象上基本没有限制,其正额学生公开面向社会招生,从"年十四岁以下,资禀颖悟,根器端静之文童"中选拔,只要自愿住馆学习,由品望的官绅保送,到监院处报名注册,经上海道面试后即可住馆学习。对于额外生条件更为宽松,"候补佐杂及绅士中有年及弱冠愿入馆学习者,一体准保进馆学习"。① 在以后的发展中,上海广方言馆一直坚持这种开放性的招生原则。

较京师、广州两馆,上海广方言馆又表现出较多变动性的特点。三所学校最初都是为培养外语人才设立的,后来也都朝着综合性学校发展,但京师同文馆、广州同文馆基本都是从学习外语出发,拓展到一般西学的学习,基本没有超出普通基础知识的范畴。1866年底,京师同文馆拟开设天文、算学馆,引发一场洋务派与守旧派的激烈论战,后来天文、算学馆虽然得以招生,但名存实亡,京师同文馆也处于衰落时期。② 直到1876年,京师同文馆才正式规定除外语外,

---

① 上海初次议立学习外国语言文字同文馆试办章程十二条[M]//广方言馆全案.上海:上海古籍出版社,1989:110—112.
② 毕乃德.同文馆考[M]//朱有瓛.中国近代学制史料(第一辑上册).上海:华东师范大学出版社,1983:202.

学生还要学习数学、物理、化学、天文测算、万国公法、各国历史、地理等课程,使同文馆由单纯的外语学校发展成为一所以外语教学为主,兼习各门西学的综合性学校。但直到1902年1月京师同文馆并入京师大学堂,其学校性质并未向应用专业发展。广州同文馆初办时的章程参考了上海广方言馆,在学年限为3年,1879年后,学制向京师同文馆靠拢,实行八年课程计划,即在学年限增至8年,其课程虽加强了普通西学的学习,课程计划中也有如"翻译电报"之类的实用科目,但所学基本是基础科目。而上海广方言馆在创立伊始就强调在外语之外要重视算学等基础西学的学习,这比京师、广州两馆都超前了一步,特别是在移入江南制造局后,更结合制造局的需要开设了应用专业课程,如矿冶、机器制造、铁木工程、机械设计、航海、水陆攻战等,学校因此也具有了技术学堂的特点。

综上所述,上海广方言馆整体表现出招生对象的开放性和发展方向的适用性等特点,这与上海的城市地位和文化环境有一定的关系。首先,上海原来只是江苏松江府所属的一个小县城,不像广州那样是督、抚衙门所在的省会城市,更不像北京那样乃全国的政治和文化中心,因此上海没有密集的政府机关和军事驻防机构,上海广方言馆在办学过程中较少政治人物的掣肘,能比较自由地按照自己城市的需要选择招生对象和规划发展路线。其次,上海是近代中国第一批对外开放的通商口岸,拥有当时全国最大的外国租界区,也是当时中国最繁荣的对外商贸中心和西学东渐中心。这种文化环境使上海人很早就把华洋杂处、识洋文、说洋话视为平常之事,因此能以平民心态看待西文和西学的学习,并不认为这是某个特殊阶层的权利。同样是培养外语翻译人才,在北京这一全国政治中心,可能有较多的活动是在国家外交等政治领域,在上海则可能更多地是在通商、海关等经济部门,因此在招生对象上也就有了不同的考虑。京师同文馆最初专取八旗子弟,不能说没有满族政权希望严格控制外事权的因素。

上海广方言馆作为上海近代第一所官办的新式学校,无论是西学教育的示范还是其本身的办学成就,都非常突出。如果以培养人才的数量来衡量一所学校的办学成就,我们可以大略推算一下上海广方言馆42年中培养的学生数。上海广方言馆初期肄业年限定为三年一期,到后来学习年限有所延长,1870年冯焌光、郑藻如等人所拟《再拟开办学馆事宜章程十六条》中即有"三年小成,五年大成"①的说法,三年之后,部分学生仍可留馆深造。每期学生正额为40名,

---

① 广方言馆全案[M].上海:上海古籍出版社,1989:134.

初创时不满 40 名,后期则不止 40 名。洋务学堂虽有分年课程计划,但并不每年招生,通常的执行习惯是前期结业,后期递补,上海广方言馆的情况亦是如此。如果以三年一期、每期 40 名计算,可以大略推断上海广方言馆在 42 年中先后培养约 14 期 560 名学生。这些学生中的大部分人在结业后随即分派工作,少数按规定咨送京师同文馆继续深造,他们广泛分布于外交、政治、律例、商务、工程制造、矿务、铁路、冶炼、企业管理、文化出版、学校教育等各个领域。作为一所以培养外语人才为特色的学校,其在外交人才的培养上成就最为突出,上海广方言馆学生中有 9 人位至公使,陆征祥、胡惟德 2 人曾位至外交总长,并都代理过国务总理,这在洋务学堂中是罕见的。

按规定,上海广方言馆应定期向京师同文馆输送优秀生员,但这只不过是传统官学体制中地方向中央贡士观念的表现,实际上,上海广方言馆的办学质量和学业程度并不在京师同文馆之下,所选送至京师同文馆的学生大多表现突出。从 1868 年开始,广方言馆先后 5 次共选送 28 名学生赴京师同文馆深造,特别是 1872 年岁试英文格物第一名朱格仁的试卷还被作为范本,在《中西闻见录》上登出。[①] 1878 年英文第一名汪凤藻、汉文算学第一名席淦、洋文天文第一名徐广坤等,都是上海广方言馆咨送生。[②] 在这 28 人中,后来大多在外交部门工作,汪凤藻、杨兆鋆、刘式训、陆征祥、吴宗濂、刘镜人、唐在复、戴陈霖等 8 人先后担任过出使大臣或驻外公使,其中陆征祥位至外交总长,一度代理国务总理。

上海广方言馆的毕业生中有相当一批人从事教育工作,较为知名的有:汪凤藻,先在京师同文馆任算学副教习,后来担任上海南洋公学校长;席淦,先在京师同文馆任算学副教习,1866 年升任教习,任教近 30 年;经亨咸,北洋海军医学校校长;吴匡时,上海交通大学教员;徐绍甲,江苏高等学堂法文教员;郭世绾,北京大学教员;钟天纬,上海三等公学创始人,近代小学教学方法改良的先行者。还有些毕业生曾在母校任教,如严良勋、朱格仁、瞿昂来、朱敬彝、黄致尧、吴宗濂、周传经等。

广方言馆的学生还通过自己的译述工作对西学传播作出了重大贡献。广方言馆开设有翻译课程,学生在校时与外文教习合译的西书,有些后来得以正式出版。广方言馆毕业生翻译的书籍包括政法、经济、军事、历史、地理、外交、

---

① 朱有瓛.中国近代学制史料(第一辑上册)[M].上海:华东师范大学出版社,1983:109—112.
② 同上:53—56.

数学、冶炼和外文语法等各个方面,有些还有广泛的影响,如严良勋所译的《四裔编年表》,以年表体例编辑各国帝王、总统年代,被时人认为是了解世界各国缔造、更革及种族、政教争战大势的必读书。钟天纬所译的《英国水师考》《美国水师考》,瞿昂来译的《法国水师考》,详细记载了英、美、法国水师的数目、费用、征调、管理、操练、俸饷等情况,是时人了解这些国家军队情况的必读书。

上海广方言馆是紧随京师同文馆之后设立的第二所洋务学堂,在我国教育近代化发展中具有重要地位。为详细了解这所学校的情况,本章末附有熊月之整理的上海广方言馆有关管理人员、教习、学生的名单。

第三节 "中体西用"教育思想在上海的发展

"中学为体,西学为用",简称为"中体西用",是洋务派的思想体系,也是洋务教育的指导思想。

洋务运动的过程实质上是一个对近代西方文明成果的移植过程,虽然洋务运动开始时距离魏源提出"师夷长技以制夷"口号已经20年,虽然整个洋务运动期间对"西学"的引进并没有突破西语西文、科学技术乃至律例、学校组织等应用、管理学领域,但仍然引出了这样一些问题:要不要引进"西学"(或称"新学")?引进"西学"能否解决中国面临的困难?如果必要,是全盘引进还是部分引进?如何解决"西学"与中国固有文明之间的关系?在回答以上问题时,守旧派出于维护中国本土文化的地位,对"西学"采取了拒绝的态度,认为提倡学习"西学"就是"弃本务末"或"舍本逐末"。而洋务派应付守旧派攻讦和处理中学与西学关系的典型方案就是"中体西用",认为在突出"中学"(又称"旧学")的主导地位的前提下,应该肯定"西学"的辅助作用和器用价值。教育是体现中西文化关系最为敏感的领域,"中体西用"中,"中学"与"西学"之间的"体""用"对待关系及其定型化的表达,最初也是在对洋务教育活动的评论中被明确揭示的,"中体西用"政策在洋务教育活动中也得到了最切实而明确的执行。

值得注意的是,"中体西用"思想虽然因张之洞撰《劝学篇》而得到系统阐发,但它的发端和定型化则是在上海。

一、冯桂芬的《采西学议》与"中体西用"思想的发端

1860年,太平军攻陷苏州,冯桂芬因避战乱从家乡流寓上海,被延聘主持敬

业书院,开书院实学风气。次年,他在上海完成了反映其思想蜕变的代表性著作《校邠庐抗议》,其中《采西学议》《改科举议》《制洋器议》《上海设立同文馆议》诸篇集中论述了教育问题,明确提出了向西方学习的主张和设想,尤其是《采西学议》一篇,标志着"中体西用"思想的发端。

《采西学议》首先肯定了西学的价值和优势,"如算学、重学、视学、光学、化学等,皆得格物至理,舆地书备列百国山川厄塞风土物产,多中人所不及"。但是中国缺乏学习和了解西学的人士,仅有一些"市井佻达游闲"之辈,习于夷人,称为通事,他们只是"略通夷语,间识夷字,仅知货目数名与俚浅文理而已",不可指望他们留心西学。而传教士所办的"义学"(指初期的教会学校),"招贫苦童稚,兼习中外文字",但其中"颖悟者绝少"。①

紧接着,冯桂芬提出了中国人自己设立学校学习西学的主张,他提出,"今欲采西学,宜于广东、上海设一翻译公所,选近郡十五岁以下颖悟文童,倍其廪饩,住院肄业,聘西人课以诸国语言文字,又聘内地名师课以经史等学,兼习算学"。在写作该文的1861年,国内还没有国人自主设立的学习西学的学堂,仅当年1月恭亲王奕䜣在奏请设立总理各国事务衙门并其他相关事项时,提到认识外国文字对于办理洋务的重要性,提出从广州、上海等地寻访专习英、法、美三国文字语言之人,选其中诚实可靠者共四人来京,于八旗中每旗挑选天资聪慧、年在十三四岁以下者各四五人,跟随学习外国语言文字。虽然奕䜣的这份奏折成为后来京师同文馆成立的契机,但他此时却只是把这当作一种权宜之计,认为"俟八旗学习之人,于文字语言悉能通晓,即行停止"。② 由此可见,冯桂芬此时提出设立常规性的翻译公所(实际上是学校),聚徒学习西学,实是一种前瞻性的建议,其见识远超过奕䜣等人。

冯桂芬并没有停留在西文西语的学习上面,而是在《采西学议》中提出以语言文字的学习为基础,进一步学习算学,阅读和翻译西书,进而学习西方普通科学和应用技术的设想。"一切西学皆从算学出,西人十岁外无人不学算。今欲采西学,自不可不学算。"在学通语言算学之后,就可以从传入的西书中"择其有理者译之","由是而历算之术,而格致之理,而制器尚象之法,兼综条贯,轮船火器之外,正非一端"。如借用西洋历法修改现行历法,借用西洋的刷沙法来疏浚黄河等河流水道,"其他凡有益于国计民生者皆是,奇技淫巧不与焉",这反映出

---

① 冯桂芬.采西学议[M]//冯桂芬.校邠庐抗议.戴扬本,评注.郑州:中州古籍出版社:209—211.
② 朱有瓛.中国近代学制史料(第一辑上册)[M].上海:华东师范大学出版社,1983:5.

冯桂芬全面学习西学的思想。

《采西学议》的重点在倡导西学，但为了消除当时人们对西学的抵触思想，同时也为了表明他不因西学废中学的态度，揭示中、西学各自的特点，冯桂芬以劝导的口吻说："如以中国之伦常名教为原本，辅以诸国富强之术，不更善之善者哉？"显然，这句话包含了后来"中体西用"思想中"中学"与"西学"的内容及其相互关系的本质。从口吻上看，冯桂芬说这句话时并非是刻意阐明中学西学之间的关系，但他不经意间却牵出了一个时代的思想命题，成为后人讨论"中体西用"时经常引用的思想材料，成为"中体西用"思想的开端。

虽然学术界对冯桂芬的思想属性长期存在争议，更多的学者认为他的思想属于早期改良派，但也有学者认为他的思想属于洋务派甚至地主阶级改革派。先不说地主阶级改革派、洋务派及早期改良派思想之间的渐进发展和历史联系，仅就"中体西用"这一命题而言，尽管提倡者并不都是洋务派人物，但他们在洋务运动时多附从洋务派，为洋务派提供思想理论。冯桂芬就是这样的人物，在他的政治生活中曾经有充当洋务派官僚李鸿章谋士的经历。在京师同文馆成立后，冯桂芬又写《上海设同文馆议》一文，建议"推广同文馆之法，令上海、广州仿照办理，各为一馆，募近郡年十五岁以下之颖悟诚实文童，聘西人如法教习"，并提出较为具体的计划和设想。李鸿章正是采纳了他的建议向朝廷呈交了《奏请设立上海学馆折稿》，从其文字和内容来看，或是由冯桂芬代拟，或是参考了冯桂芬的《采西学议》和《上海设同文馆议》等文。

冯桂芬还是上海洋务教育的重要实践者，在学馆被批准设立后，冯桂芬拟订了《上海初次议立学习外国语言文字同文馆试办章程十二条》，并在其中提到"西语西文之暇，仍以正学为本"，①与他在《采西学议》中的观点相呼应。上海广方言馆成立以后，冯桂芬还担任了首任监院。可以说，上海洋务教育的发展，冯桂芬起到了思想先导和开山辟路的作用，正如一位近代学者所指出的："上海近百年之新学，冯氏如文翁开蜀。"②冯桂芬关于兴办洋务学堂的一些建议也被后人采纳，如他基于时人对西学仍不够热心的现实，提出新学堂应"倍其廪饩"以吸引生员的建议，后来也被大多数洋务办学者所采纳，成为早期洋务学堂吸引生员特别是贫寒子弟入学的重要措施。

---

① 上海初次议立学习外国语言文字同文馆试办章程十二条[M]//广方言馆全案.上海：上海古籍出版社，1989：111.
② 姚明辉.上海的书院[M]//上海市文史馆，上海市人民政府参事室文史资料工作委员会.上海地方史资料（四）.上海：上海社会科学院出版社，1986：14.

二、沈毓桂的《救时策》与"中体西用"思想的定调

到19世纪七八十年代,虽然还没有明确提出"中学为体,西学为用"或近似的口号,但"中体西用"观点已经成为一般知识分子特别是与洋务活动有关的人士在讨论中学与西学关系时最常选择的模式,这在一些常在上海活动的人物中也相当多见,如王韬、郑观应、张书绅、沈毓桂等。

王韬因化名"王畹"上书太平军,被清政府通缉,1863年由上海迁居香港,1879年后穿梭于香港、上海等地,1884年自香港移家返沪,定居于上海,直至去世。王韬在19世纪七八十年代写的文章中,很多都涉及"中体西用"这一命题。如他说:"器则取诸西国,道则备自当躬。"①又说"形而上者中国也,以道胜;形而下者西人也,以器胜。如徒颂西人,而贬己所守,未窥为治之本原者也"。②又说:"西学西法,非不可用,但当与我相辅而行可已。"③从这些文字中不难看出,他认为中学属形而上者,处于"道""本原"的地位;西学属形而下者,具有"器""用"的价值。虽然两者各有优势,但中学与西学之间的主从关系至为明显。

郑观应于1858年来沪,至19世纪80年代初南下,前半生的事业均以上海为基础,他的名著《盛世危言》虽于他在担任开平矿务局粤局总办、隐居澳门时写成,但这本书的蓝本《易言》则在早年就已完成,而《盛世危言》也是他对多年经营近代企业的经验和社会政治实践进行思考的结晶。他在《盛世危言》的《西学》篇中说:"中学其体也,西学其末也;主以中学,辅以西学。"这与"中学为体,西学为用"的完整表述仅一步之遥了。

上述两位都是近代史上声名显赫的人物,再看看崇明县学附贡生张书绅的论述,我们更可窥见上海本地一般士子对"中体西用"思想的看法。1881年,美国传教士林乐知创办上海中西书院,为迎合中国社会对教会学校传播宗教的顾忌越来越深的心理,林乐知着意与一般教会学校有别,声明中西书院绝不勉强学生信从宗教,并且中西学兼重,"半日教西学,半日读儒书"。大概是为了扩大中西书院的影响,在创立之初,搞了一次公开征文活动。崇明县学附贡生张书绅之《中西书院之益》一文被监院评为"有条不紊,语无泛设。足征识力俱到之作",列第一名,并刊登在林乐知举办的《万国公报》第680卷、681卷(光绪八年正月二十二、二十九日)上。文章开篇即引出中学与西学关系的话题:"且夫当

---

① 王韬.弢园文录外编·杞忧生易言跋[M].北京:中华书局,1959:321—323.
② 王韬.弢园尺牍·与周弢甫徵君[M].北京:中华书局,1959:30.
③ 王韬.弢园文录外编·上当路论时务书[M].北京:中华书局,1959:297.

今之世,揆今之时,度今之势,而欲施教化之用、成学问之功,所以有济于今之世,有合于今之时,有利于今之势者,专尚中学固不可也,要必赖西学以辅之。专习西学亦未可也,要必赖中学以襄之。二者得兼,并行不悖,乃可以施非常之才华矣。"①接着,作者在介绍了中西书院的一般情况后又对当时上海的各类书院进行了一番评述,他认为中国传统书院"中学虽造乎其极,西学则绝未之闻"。而西方传教士所办的书院虽然中西学兼习,但"西学则专诵《圣经》,中学又难期深造"。对于上海广方言馆之类的洋务学堂,张书绅也认为其对西学是"学焉而未精,语焉而不详,故奥窔未见其深通,制造仍凭夫西匠。曾未闻有自出心裁,别创奇器可与西人并驾而齐驱者,更何有轶出于西人之上者乎"?② 而后,作者反复申述中西书院"西学务令精,中学亦令其精"和信教自由的办学旨趣,并预期学生将会"于西学之多材多艺,谅必识其主旨,即于中学之五伦五常,亦必明其大义,可谓体无不具,用无不周矣"③的效果。从张书绅对中西书院的这篇推介文章中可以看出当时沪上人士既希望学习西学,同时又怕因此荒废中学的心理,文章对中西体用概念运用之娴熟程度和理所当然的口吻,足见当时"中体西用"在沪上绅士群体中已成为大众化和被广泛接受的观念。

在上海活动的知识分子中,对"中体西用"论述最多的当数沈毓桂。沈毓桂(1807—1907),江苏吴江人,字寿康,号赘翁。因幼年丧父,家境贫寒,50岁以前,他在乡间靠做塾师和行医维持生计,同时研习八股,不断参加科举考试,但都失败。1849年冬,他来到上海,见过传教士麦都思,后英国商人汉璧礼延请他为教读,1851年受英国传教士艾约瑟之聘担任译述工作。后来艾约瑟又携他到山东、北京等地,在北京见过后来担任京师同文馆总教习的丁韪良(丁冠西)。1866年他回苏省亲后,于次年再次来沪,以后便长期居住在上海。他先后被传教士伟力亚烈、慕维廉聘为翻译,译述西书,后又受聘在美国传教士孙罗伯所办的学校中讲解《圣经》。大约在1877年至1878年间,他又成为林乐知所办《万国公报》的主笔。④ 1881年,他和林乐知共同发起创办中西书院,并担任中西书院的掌教,直至1894年退休,沈毓桂也没有离开过《万国公报》和中西书院。

受沈毓桂的影响,中西书院作为一所教会学校,并没有突出宗教性质,而是

---

① 钱锺书,朱维铮.万国公报文选[M].北京:生活·读书·新知三联书店,1998:499.
② 同上:500—501.
③ 同上:510.
④ 沈毓桂.中西相交之益[M]//钱锺书,朱维铮.万国公报文选.北京:生活·读书·新知三联书店,1998:480—490.

标榜"中西并重"。其实,沈毓桂更希望它成为一所以中学为主导的书院。1889年,他曾以《西学必以中学为本说》①为题,说明中西书院办学的缘由:"廷臣疆吏亦既知其祸之所由然矣,于是延揽髦髦兼习西学,都中暨各行省俱有同文馆,业著成效。然事机迭出,肆应尚苦乏才。仆也忧之,窃谓此日非得忠智之士,使之练达西国文字、朝章、军政,以与西人周旋,恐不足以维大局于不坏。而不泽以诗、书之气,作其义烈之心,标榜才华,冀幸富贵,合之古圣贤重道崇儒之本旨,亦奚取焉?"并发挥中西书院的办学旨趣:"假西学为中学之助,即以中学穷西学之源","西学当以中学为本而提纲挈领"。

1895年春,正当中国在甲午战争中败于日本,民族危机急剧加深,举国志士无不发出救亡图存的呼声之际,已经退休、年近九旬的沈毓桂撰《救时策》(又名《匡时策》)一文,提出"崇天道""兴学校""广新法救时"三策。在"兴学校"策中,他说:

> 今宜于各省会设西学大书院,遴选青年举贡生监,课以时事论策。凡童年愿学者亦进而教之。其监院则宜聘泰西通儒,不可滥竽充数。凡肄业者,先教以语言文字,俟其渐能与西人问答,能读西书,能作西字,然后视其材质之所近教以一艺,专而精之,必底于成。其有天姿过人,而欲兼习众艺者,俟其一艺已成,方可更习。学已成者,由官试其所能,给以执照,以闻于朝,因材而器使之,则他日洋务人员不可胜用矣。至府厅州县乡镇,亦宜分设西学小书院,凡聪俊子弟,已习华学数年,文理清顺者皆可至院肄业,分类学习,学成亦给以执照,俾各行其道而安其业焉。夫中西学问,本自互有得失,为华人计,宜以中学为体,西学为用。目前中外使聘往来交涉等事,西学固为当务之急,然专讲西学者往往见异思迁,食用起居,渐染西习,遂至见弃士林,皆由鲜中学以为根柢之故。凡为弟子,幼学壮行,皆当深明此义。凡于西学,又皆宜剥肤存液,师其所长,慎勿窃取皮毛,不特为我华人鄙,更为彼西人笑也。西人之学问技艺高出于华人者甚多,今宜择其善而师之,如天文、地理、算法、治河、医药、律例,其大要也。其余农务、商务、工艺,无不有学,悉数难终。诚得广建书院,教以各种学艺,兼将西人有用之书,译成华文,俾初习西学者易于观览,即不习洋文者,亦一目了然,西人之

---

① 钱锺书,朱维铮.万国公报文选[M].北京:生活·读书·新知三联书店,1998:515—517.

所长,不难尽为我有矣。此兴学校之效也。①

沈毓桂在这段文字中,第一次用"中学为体,西学为用"八个字概括了洋务派三十余年关于"中学"与"西学"关系的思考,一言既出,随之风靡上海和全国思想界,后来简称为"中体西用",成为一时的流行语。

从冯桂芬到沈毓桂,我们可以看到"中体西用"这一洋务文化教育活动的指导思想从发端到最后定调的全过程,它起于上海而终于上海,颇耐人寻味。

附:上海广方言馆历任总办、监院、教习、学生可考名单②

一、上海广方言馆历任总办名单

(由江南制造局总办兼充)

陈兰彬,字荔秋,广东吴川人,1853年庶吉士,1875年至1881年任驻美国兼驻西班牙、秘鲁公使。

冯焌光,字竹儒,原为候补道,旋补苏松太兵备道江海关监督。

郑藻如,字玉轩,广东香山人,后任出使美国、西班牙、秘鲁大臣。

李兴锐,字勉林,湖南浏阳人,1872年始任总办,以后历任福建按察使、广西巡抚、闽浙总督、两江总督等。

蔡汇沧,字二源,原为候补通判,后补南汇县知县,并充上海公共租界会审委员。

潘露,字镜如,原为候补道。

聂缉椝,字仲芳,湖南衡山人,1884年任总办,后升苏松太道、浙江按察使、安徽巡抚、浙江巡抚等。

蒋德钧,字少穆,原为候补道。

刘麒祥,字康侯,湖南湘乡人,原为候补道,后补江海关监督。

林志道,字稚属,福建闽侯人,原为候补道,后补直隶通永道。

赵滨彦,字渭青,原为候补道。

---

① 钱锺书,朱维铮.万国公报文选[M].北京:生活·读书·新知三联书店,1998:333.
② 熊月之.上海广方言馆史略[M]//上海市文史馆,上海市人民政府参事室文史资料工作委员会.上海地方史资料(四).上海:上海社会科学院出版社,1986:94—107.附录中的所有注释内容一依原注,格式有所调整。

沈邦宪,字幼彦,原为候补道。

郑孝胥,字苏戡,福建闽侯人,历任安徽、广东按察使、湖南布政使,辛亥以后以清朝遗老自居,"九一八"事变后任伪满洲国国务总理。

潘学祖,字芸孙,原为候补道。

毛庆藩,字实君,原为户部郎中,后补津海关监督。

张庆勋,字元邠,原为候补知府,后补江苏扬州知府。

魏允恭,字番实,原为候补道。

二、上海广方言馆历任监院名单

冯桂芬,字林一,号景亭,江苏吴县人,道光朝进士,授翰林院编修。

章安行,上海县儒学教谕。

叶承铣,待考。

程锡书,字松筠,原为候补知府。

禹国仪,字孚卿,原为候选知县。

吴增仅,字可圜,原为候补知府。

贺良朴,字履之,候补邮传部员外郎。

张通典,字伯纯,湖南湘乡人,辛亥后,曾任孙中山大总统府秘书。

李仲壶,待考。

袁绪钦,字叔瑜。

刘采年,字甸侯,为代理监院。

达锡纯,字粹伯,为代理监院。

三、上海广方言馆历任教习名单

1. 英文教习

林乐知(Young J. Allen),美国监理会传教士,1860年抵上海传教,1864年3月始任上海广方言馆英语教习,同年9月被辞,1867年重任英文教习,到1881年为止。

黄胜,广东人,1840年入澳门马礼逊学堂,1847年与容闳等随该校校长塞缪尔·勃朗(Samuel Robbins Brown)赴美国留学,翌年秋以病回国,1864年10月继林乐知之后为广方言馆英文教习,1867年以孝养告退①。

---

① 黄胜任教事,参见: Knight Biggerstaff. The Earliest Modern Government Schools in China [M]. Kennikat Press, 1972. (毕乃德的《中国近代最早的官办学校》);梁元生. 林乐知在华事业与《万国公报》[M]. 香港:香港中文大学出版社,1978:11.

严良勋,字子犹,江苏吴县人,原为广方言馆英文馆学生,1868年送京师同文馆深造,后以中书衔附监生回到他的母校任教,1876年离沪到福建稽查福州船政学堂,后升福宁府知府。①

汪凤藻,字芝房,江苏元和(今苏州)人,原为广方言馆学生,1868年送京师同文馆深造。毕业后先留京师同文馆任副教习,后回母校任教,不久授编修并擢出使日本大臣。

朱格仁,字静山,原为广方言馆学生,1871年送京师同文馆深造,毕业后曾任北洋大臣公署翻译,授直隶候补道。

沈佑甫,待考。

瞿昂来,字鹤汀,江苏宝山(今属上海市)人,1872年(同治壬申)进上海广方言馆英文馆学习,毕业后曾充驻英使馆随员。

舒高第,字德卿,浙江镇海人,自幼赴美国,在美国十余年后回国,1877年始为广方言馆英文教习,据说他"西学甚深,导引得法",②有译著多种。1903年因压制学生,引起学生退学风潮。

凤仪,字夔九,京师同文馆学生,毕业后以户部员外郎随使英国,他在广方言馆任教起止时间不详,仅知他1895年为英文教习,③不久便调任为驻新加坡总领事。

朱敬彝,字乙尊,原为广方言馆学生,1890年送京师同文馆深造,毕业后授知府衔候选同知。

2. 法文教习

傅兰雅(John Fryer),英国传教士,1861年抵华,1863年被聘为京师同文馆教习,1865年到上海,1868年受聘为江南制造局翻译,后兼任广方言馆法文教习,到1879年专事翻译不复兼教习之职。

克利蒙(法籍),待考。

顾文藻,上海人,原在福州船政局法文学堂读法文,后入江南制造局为司事,1879年始为教习,于教习之事"尚能胜任"。④

卜沃野(Boyer),法国人,由中国特从巴黎聘来,据说他"莅任后,第一步以

---

① 船政奏议汇编.第十七卷[G].台北:大通书局,1968:16.
② 广方言馆全案[M].上海:上海古籍出版社,1989:7.
③ 参见 Knight Biggerstaff. The Earliest Modern Government Schools in China [M]. Kennikat Press, 1972.
④ 广方言馆全案[M].上海:上海古籍出版社,1989:52.

法文教授学生,待其于法文既有门径,而后再授以国际学"。① 后因看望父病,死于旅途。

黄致尧,字伯申,江苏宝山(今属上海市)人,原为上海广方言馆学生,1879年送京师同文馆深造,毕业后曾充出使美国翻译官,驻西班牙二等参赞。

璞琚(Adolf Bottu),法国人,"博通欧洲各大国之言语,而操之又至为纯熟。莅任后,不特于教授事宜极形勤奋,且视诸生如子弟,以故师生之间,至为相得"。②他在广方言馆仅两年便辞职,转为上海法租界公董局书记员,兼任葡萄牙驻沪总领事。③

游学楷,字步云。

吴宗濂,字挹清,江苏嘉定(今属上海市)人,原为上海广方言馆学生,1879年送京师同文馆深造,在广方言馆任教时间不详,后曾任出使意大利大臣等职。

周传经,字赞尧,江苏嘉定(今属上海市)人,原为上海广方言馆学生,1896年送京师同文馆深造,后曾任驻奥地利使馆参赞,民国以后任外交部通商司司长。

徐绍甲,字近勇,上海人,原为上海广方言馆学生,1896年送京师同文馆深造,后曾任江苏高等学堂法文教员。

裴勃盟(Bebelmann),法国人,本为铁路工程师,受聘为广方言馆教习之第二年,即病逝于上海。④

3. 德文教习

金楷理(Carl T. Kreyer),美国人,1866年来华,1870年到江南制造局当翻译,后曾任中国驻俄国使馆参赞。

冯国钧,待考。

4. 算学教习

时曰醇,字小雪。

席淦,字瀚伯,上海青浦人,原为上海广方言馆学生,1868年送京师同文馆深造,毕业后选留馆充副教习,后擢教习。他何时到上海广方言馆任教不详。

---

① ② ④ 甘作霖.江南制造局之简史(下)[J].东方杂志,1914,11(6).
③ 据陆征祥回忆,他十三岁进广方言馆,"当年的老师是一位很热心的玻杜(Bottu)先生"(罗光.陆征祥传[M].台北:台北商务印书馆,1976:19.)。陆氏生于1871年,他13岁当为1883年,由此可知玻杜在广方言馆任教时间是1883年前后。

刘彝程,字省庵,江苏兴化人,幼喜数学,后与李善兰、邹特夫等数学家交往,自著《割圆阐率》《开方阐率》等书,冯焌光耳其名,聘为广方言馆算学教习。①

沈善蒸,字立民,与刘彝程合编过《广方言馆课艺》一书。

5. 天文教习

周曰桢,字克生。

贾步纬,不详。

黄文涛,字友松。

火荣业,字迪生(英籍)。

张刚,字子邕。

6. 汉文教习

王树善,字杉绿。

顾琨,字厚斋。

陈衍,字叔伊。

许震蕃,字雷门。

袁希涛,字观澜。

汪人骥,字逸如。

钱国祥,字二笙。

单恩溥,字隶花。

洪锡祁,字筠孙。

吴子贞,不详。

张文江,不详。

葛奎,字缉生。

孙彦博,字啸仙。

丁兴民,字牧生。

李岳衡,字茹真。

萧穆,字敬敷。

莫文炳,字研三。

黄福昌,字小菊。

王端芝,字兰陔。

---

① 兴化县续志.刘彝程传.

四、上海广方言馆先后五次咨送京师同文馆学生名单(学生简介见附表五)

第一次,1868年4月1日(同治七年三月初九),共5名①

　　严良勋、席淦、汪凤藻、汪远焜、王文秀

第二次,1871年9月(同治十年八月),共7名

　　朱格仁、杨兆莹、金仁杰、王宗福、徐文坤、杨兆鋆、黎子祥

第三次,1879年12月13日(光绪五年十一月初一),共2名

　　吴宗濂、黄致尧

第四次,1890年8月(光绪十六年七月),共7名

　　朱敬彝、陈贻范、杨书雯、陆征祥、刘式训、刘镜人、翟青松

第五次,1896年(光绪二十二年),共7名

　　周传经、唐在复、戴陈霖、黄书淦、徐绍甲、方传钦、陈思谦

五、上海广方言馆学生可考名单②

姓名	字号	籍贯	何时进(出)馆	何馆	后来工作
严良勋	子犹	江苏吴县	1868年离开广方言馆进京	英	广方言馆教习,福宁府知府
席淦	瀚伯	上海青浦	1868年离开广方言馆进京	英	京师同文馆教习,广方言馆教习
汪凤藻	芝房	江苏元和	1868年离开广方言馆进京	英	出使日本大臣,南洋公学总办
汪远焜	卓人	江苏六合	1868年离开广方言馆进京	英	
王文秀		江苏吴县	1868年离开广方言馆进京		
朱格仁	静山		1871年离开广方言馆进京		
杨兆莹			1871年离开广方言馆进京		北洋大臣公署翻译,直隶候补
金仁杰			1871年离开广方言馆进京		

---

① 原拟送6名,其中王宗福因丁父忧未到,被延至第二次送京。
② 本表参照《广方言馆全案》《同文馆题名录》《同文馆学友录》等资料编成。

续表

姓名	字号	籍贯	何时进(出)馆	何馆	后来工作
王宗福		浙江仁和	1871年离开广方言馆进京	英	
徐文坤			1871年离开广方言馆进京	英	驻日本神户领事
杨兆鋆	诚之	浙江吴兴	1871年离开广方言馆进京		出使比利时大臣,四品衔候选知州
黎子祥	吉士		1871年离开广方言馆进京	英	
吴宗濂	挹清	江苏嘉定(今属上海)	1876年进 1879年出,赴京	法	两度为驻意大利公使
黄致尧	伯申	江苏宝山(今属上海)	1879年进京	法	驻西班牙代办使事
陈贻范	安生	江苏吴县	1890年进京	英	留英,外交部特派交涉员
朱敬彝	乙尊		1890年进京	英	留英,广方言馆教习
杨书雯	仲卿	湖南长沙	1890年进京	英	使英随员,驻加拿大总领事
陆征祥	子兴	上海	1890年进京	法	出使荷兰大臣,出使俄国大臣,外交总长,代理国务总理
刘式训	紫升筝笙	上海南汇	1890年进京	法	出使法国、西班牙大臣,驻巴西、秘鲁公使
刘镜人	士熙	江苏宝山(今属上海)	1890年进京	法	出使荷兰大臣,驻俄公使
瞿青松	健人	安徽泾县	1882年进 1890年出,赴京	法	出使德国翻译,外交部通商司帮办
周传经	赞尧	江苏嘉定(今属上海)	1896年出,赴京	法	外交部通商司司长
唐在复	心畲	上海	1896年出,赴京	法	驻荷兰、意大利公使
戴陈霖	雨农	浙江海盐	1896年出,赴京	法	驻西班牙兼葡萄牙、瑞典、挪威、丹麦等国公使
黄书淦	丽生	湖南长沙	1896年出,赴京	法	驻荷兰使馆秘书官
徐绍甲	近勇	上海	1896年出,赴京	法	江苏高等学堂牧员
方传钦			1896年出,赴京	法	

续表

姓名	字号	籍贯	何时进(出)馆	何馆	后来工作
陈思谦			1896年出,赴京	法	
蔡祚来	绥之	上海	1888年进	英	怡和洋行翻译,烟酒公卖局坐办
钱家骥				英	
何六吉	仲谦,一字驾山	上海奉贤		英	驻西班牙使馆秘书,外交部通商司办事
宋如主	揩渠	上海川沙		英	在上海经商
李昌澜				英	
朱绪阁				英	
钟天纬	鹤笙	上海华亭(今属松江)		英	三等学堂教员
周传䜣				法	
程福庆	芝庭	安徽黟县	1887年进	法	琼海关监督,黑河领事
周传谋	伯贻	江苏嘉定(今属上海)	1893年进	法	陇海铁路会计处工作,中法实业银行工作(驻巴黎)
李鸿杭				算学天文	
龚君杰				算学天文	
朱祖梁				算学天文	
许延祺		浙江人	1870年进		中浙江庚午(1870年)科乡试副榜,其后情况不详
程銮		浙江嘉善		英	1878年原拟送京,1879年前后病故
瞿维彝				法	
朱正元				算学	
胡惟德	馨吾	浙江吴兴	1883年进	算学	出使俄国、日本大臣,驻法公使,外交总长,代理国务总理
叶耀元				算学	
李锡恩				算学	

续表

姓名	字号	籍贯	何时进(出)馆	何馆	后来工作
刘生顺					1879年前后病故
张坤德					
梁普暾					
王斯元					
万钟元					
吴锡三					
吴匡时	应乾	江苏嘉定（今属上海）	1896年进	法	上海交通大学教员、农商部商标处处长
吴克俌	汉波	江苏盱眙	1896年进	法	驻古巴总领事
李家瑞	辑甫	上海	1887年进	法	京汉铁路机务处课长
李恩庆	莆田	奉天铁岭	1888年进	法	农商部帮科长
沈承俊	宜荪	浙江桐乡	1895年进	法	京汉铁路机务处课长
周家义	子宜	江苏宝山（今属上海）	1879年进	英	交通部司长
唐宝潮	俊夫(一作俊甫)	广东香山		法	总统内军事参议
唐在礼	执夫(一作挚夫)	上海	1895年进	英	署参谋本部总长
张其栋	振伯	上海		法	外交部条约司办事
陈祖良	味轩	浙江余姚	1897年进	法	京汉铁路总局工程师，工程文牍课长
陈广平	式之	浙江平湖	1897年进	法	外交部秘书
郭世绾	绛侯	安徽亳县	1900年进	英	北京大学教员
舒厚德	石父	浙江慈溪	1896年进	英	总统府军事咨议
谬世功	叙畴	江苏嘉定（今属上海）		法	外交部通商司办事
刘家骥	梦飞	江苏宝山（今属上海）	1902年进	法	京汉铁路工务员
刘家骏	调箎	江苏宝山（今属上海）	1902年进	法	京汉铁路工务员
经亨咸	子清	浙江上虞	1902年进	英	北洋海军学校校长

续表

姓名	字号	籍贯	何时进(出)馆	何馆	后来工作
龚渭林	佩清	上海	1879年进	法	外交部主事、编档员
吴云鹏	笠仙	湖南湘阴	1898年进	法	湖南银行稽核员
宋善良	淑临	浙江吴兴	1895年进	法	驻西班牙使馆二等秘书官
周传让	仲谦	江苏嘉定（今属上海）	1890年进	法	嘉定电话局
张朝基	本刍	江苏吴县	1895年进	英	陆军测量局局长
舒厚仁	栋臣	浙江慈溪	1887年进	英	汉阳铁厂卫生股长
杨㙟	伯琴	江苏泰县	1901年进	英	女子高师教员
谈汝廉	祝安	上海	1879年进	法	上海交涉团翻译，徐州铁路局总翻译
钱文禧	伯良	广东番禺	1894年进	英	外交部办事员，驻纽约领事馆随习领事
严恩樑	南璋	江苏宝山（今属上海）	1897年进	英	留学日本，驻美留学生监督
李景镐	希禹	上海	1896年进	法	陇海铁路局
章通骏	继诗	湖南善化	1894年进	英	总统府军事顾问
瞿昂来	鹤汀	江苏宝山（今属上海）	1872年进	英	驻英使馆翻译，广方言馆教习
吴克伟	魁士			英	浔阳道尹
朱炎	炎之			英	教育部佥事，留欧学生监督
汪茂春	龄九			法	江南制造局
周诗蕴	养纯			英	驻西班牙使馆随员，外交部通商司办事
张坤德	少塘			英	在上海工作
陆宗游	观甫			英	北京西城电话局会办
华龙	紫翔			英	长沙明德学校
赵鸿钧	运文			法	湖南青年会干事
钟冰	志刚			法	住上海
吴承绪				英	
黄绍文				英	

续表

姓名	字号	籍贯	何时进(出)馆	何馆	后来工作
朱贵申					
郑汝骙				英	
沈功章				艺学	外交部任用
单启鹤				英	
张永烺				德	驻德使馆翻译
张景麒				艺学	
刘循程①		江苏兴化	1893年毕业	算学	
李元鼎②					

① 据《兴化县小通志》稿本"游学篇"第74页:"刘循程氏早卒业于上海广方言馆于前清光绪十九年。"

② 据《格致书院课艺》。

第四章

教会教育的扩张

就全国范围而言,19世纪60年代初期是教会学校发展的一个重要转折阶段,因为第二次鸦片战争结束之后,西方列强通过与清政府签订或修订一系列不平等条约,在原来开放五个通商口岸之外,进一步夺取了自由进入中国内地传教、通商、租买土地建造教堂和学校等特权,教会学校也随之由原来的五个通商口岸迅速向内地扩张。列强所到之地,相关的工商和事业活动也随之繁荣起来,包括被列强控制的中国海关、邮局等重要部门。同时,随着国内洋务运动的兴起,由中国人自己举办的洋务事业也不断发展,这些都需要越来越多的新式人才,而当时中国自己兴办的洋务教育还处在起步阶段。这些都促进了教会学校的发展,教会学校进入迅猛发展时期。

然而对上海来说,由于上海是鸦片战争后最早开放的五个通商口岸之一,19世纪60年代以前教会学校已经具备一定的规模,到60年代以后,由于传教士把精力转向内地,上海教会学校的发展反而进入一段相对沉寂的时期。1877年在上海召开的第一次在华基督教传教士大会是教会学校发展的一个重要转折点,它不仅推动了全国范围教会学校的制度化发展、程度的提高和完整体系的建立,也给上海教会教育带来了新的变化。一些新的教会学校相继建立,原有教会学校的规模得到扩充,其中,1879年圣约翰书院的开办,标志着上海的教会学校已经由中小学向大学发展。在教会学校新的发展阶段,上海扮演了策划者和组织者的角色,且上海本地的教会学校在内涵和数量上都有所扩张。

第一节 上海成为教会教育的策划和组织中心

一、第一次在华基督教传教士大会及"学校与教科书委员会"

随着基督教势力在中国的不断发展,传教活动也日益扩大,但这些传教士是由不同的差会派遣来华的,国籍也不尽相同,传教士之间甚至还经常为争夺传教范围发生摩擦。就教会学校而言,大多依附于教堂,为传教服务,独立性不强。为了促进传教活动的协调,加强传教士之间的联系与交流,1877年5月10—24日,第一次在华基督教传教士大会在上海举行。

参加大会的有来自各地的126名基督教传教士,其中美国72人,英国49人,其他国籍者5人。传教士大会之所以选择在上海召开,一方面是因为上海处于江海要冲的地位,正好又位于中国海岸的中部,在以轮船作为交通工具的情况下,交通尤显便捷,正如《万国公报》记述该次大会时所说:"自传教于中华以来,未有此盛举焉。兹因轮船云集,往来便捷,故届期毕集也。"①另一方面则是因为上海本地基督教传教事业发展良好,加上邻近的江浙地区又是当时传教士分布最密集的地区。这以后,上海不仅成为多次基督教传教士重要会议的集会地,也成为教会教育的策划和组织中心。

会议在上海戒酒公所举行,会期达半月之久。这是一次全面讨论基督教传教事务的大会,并没有把教育摆在突出的地位,但它成为基督教教会教育发展的一个重要转折点,主要是因为这次大会上出现了两个与教育密切相关的事项。

首先是大会上宣读的多篇关于教育的论文引起与会传教士的兴趣和讨论,使得教育成为热点议题。其中支持教会办学的主要有两篇,一篇是德籍传教士黎力基的《论新教传教与教育的关系》。② 他在文章中说:"人的心灵不可能是空的,当它缺乏有关上帝的正确观念时,世俗的错误观念就会乘虚而入,这些有害的种子必须根除,有关神灵的正确观念才能更好地扎根生长。由此可见,我们应该办设大量的教会学校。"他认为教育是消除所谓"异端偏见"的最有效手段,建议教会要全面介入教育事业。另一篇是美国传教士狄考文(Calvin Wilson Mateer,1836—1908)的《基督教会与教育》,③这是狄考文做的一个讲演,是这次大会上最重要的一篇教育论文。文章不仅批评了传教士中普遍存在的轻视甚至反对学校教育的倾向,同时也批评了主张办学的人中间存在的"一种肤浅的观点",这种观点认为,教会办学校只是用来"争取众多的异教徒男女孩童,使他们在基督教真理的影响下皈依上帝,特别是能够成为福音的布道者"。狄考文认为,"这种观点的流行造成中国的教会学校大部分是初等学校,而教学又多只限于教义课本",同时也给反对教会办学的人提供了更多的理由。他认为教会

---

① 各省教师集议记略[N].万国公报,第447卷(光绪三年[1877年]六月初四日).
② Records of the General Conference of the Protestant Missionaries of China Held at Shanghai May 10 - 24, 1877: 160 - 171.
③ 朱有瓛,高时良.中国近代学制史料(第四辑)[M].上海:华东师范大学出版社,1993:84—94.(原文见:Records of the General Conference of the Protestant Missionaries of China Held at Shanghai May 10 - 24, 1877: 171 - 178).

工作不能仅仅把目光局限在扩大教徒人数上,"教徒人数不是唯一的目标。善于传教,能争取其他人皈依基督教,这种素质和才能也同样重要"。也就是说,不仅要关注教徒的数量,也要关注教徒的素质,而提高教徒的素质,最重要的手段就是对他们实施教育,而且是较高层次的教育。

狄考文还具体从五个方面强调了教会学校对中国基督教事业发展的重要作用:

"第一,教育是培养一批有效而可靠的当地牧师的重要手段。"①

"第二,教育对于为教会学校提供教员并由他们把西方的优良教育引进中国是十分重要的。"②

"第三,教育在培养把西方文明的科学、艺术引进中国的人才方面,十分重要。"③

"第四,教育在中国是晋升到上等阶层的最佳途径。"④

"第五,教育在使本地教会自力更生,促使教会反对内部迷信思想的侵蚀以及抵抗外来训练有素的人所发起的怀疑主义的进攻方面是十分重要的。只要中国的教会文献还是外国人编写的,中国教会就永远是软弱的和依赖于外国的。中国教会迫切需要一批受过良好教育的传教士,他们能够自己著书立说,保卫和加强基督教教义,并把教义运用于中国教会的实际中去。"⑤也就是要培养中国本土的教会高层人士,培养中国的基督教学者和理论家,能够结合中国国情运用教义。

狄考文的这次演讲引起了激烈的辩论,持强烈反对意见者远远超过了完全赞同者。虽然狄考文的观点在大会上没有得到多数人的赞同,但在以后的年代里,传教士们渐渐地在这一点上形成共识,教会学校也在朝狄考文所提倡的方向发展。大会之后,基督教教会学校改变了过去零星分散、各自为政的状态,加强了相互之间的联系。在教会内部,教会学校的独立性加强,并着手讨论和解决教会教育的具体问题,如教科书、课程设置、师资培训、考试制度及教学方法等,从而加速了教会学校的制度化发展。特别是办学的层次提高了,好多学校都在中学的基础上发展了大学班级,表明教会大学在逐渐形成之中。⑥

这次大会对于教会教育产生深远影响的第二个重要举措是成立了一个专门的教育组织——"学校与教科书委员会"(School and Textbook Series Committee),当时的中文名称为"益智书会"。它是由在上海工作的英国传教士

---

① ② ③ ④ ⑤ 朱有瓛,高时良.中国近代学制史料(第四辑)[M].上海:华东师范大学出版社,1993:90—93.
⑥ 顾长声.传教士与近代中国[M].上海:上海人民出版社,1981:228.

傅兰雅倡议,由在山东传教并办学的美国传教士狄考文促成建立的,成员由丁韪良(主席)、韦廉臣(秘书)、狄考文、林乐知、黎力基、傅兰雅等组成。① 这是近代第一个在华基督教教会的联合组织。委员会成立后,即开会议决编写初、高级两套中文教材,教材科目包括:

1. 初级和高级的教义问答手册,以直观教学课的形式,各分三册。
2. 算术、几何、代数、测量学、物理学、天文学。
3. 地质学、矿物学、化学、植物学、动物学、解剖学和生理学。
4. 自然地理、政治地理、宗教地理,以及自然史。
5. 古代史纲要、现代史纲要、中国史、英国史、美国史。
6. 西方工业。
7. 语言、文法、逻辑、心理哲学、伦理科学和政治经济学。
8. 声乐、器乐和绘画。
9. 一套学校地图和一套植物与动物图表,用于教室张贴。
10. 教学艺术,以及任何以后可能被认可的其他科目。②

委员会声言要"编写出将对中华民族产生强大影响的书籍",要求编者做到:(1) 不要译作而要原作,在比较本科目国外最好著作的基础上,选择最合适的一本作为基础,但要充分反映中国文字、民族格言、风俗习惯特点;(2) 体现教科书的特点,不仅能让人阅读起到教育读者的作用,也要适合教师用来进行教学;(3) 在保证"具有严格的科学性的同时,抓住一切机会引导读者注意上帝、罪孽和灵魂拯救的全部事实";(4) 尽最大努力统一术语,由编者先将自己选定的术语表达方式列表寄给委员会,然后由委员会确定标准术语寄回编者执行。③

学校与教科书委员会极大地推动了教会学校的教材编写工作,所编教科书除供应教会学校外,也赠送给各传教区的私塾应用。编写教科书也促进了基督教教士、教会和学校之间的联系和交流。根据1890年的统计,由学校与教科书委员会出版和审定的教科书情况如表4-1。④ 另外,学校与教科书委员会还出

---

① 朱有瓛,高时良. 中国近代学制史料(第四辑)[M]. 上海:华东师范大学出版社,1993: 61. 该组织的另一常见名称是 The Committee of School Textbooks,汉译为"学校教科书委员会"。
② 同上:33—34.
③ 同上:34—35.
④ 同上:63.

版各类教学用图表 40 幅。

表 4-1　学校与教科书委员会出版和审定教材情况

科目类别		算学	科学	历史	地理	道学	读本	拼音	其他	合计
出版	种数	1	21	4	5	12	1	0	6	50
	册数	1	25	15	5	16	3	0	9	74
审定	种数	7	24	0	4	7	0	0	6	48
	册数	10	62	0	4	20	0	0	19	115

注：科学类包括理化、生物、矿物、工艺、生理卫生、医药等；道学类包括哲学与宗教两项；读本类指 Chinese Reader 而言；拼音类指罗马拼音书籍。

教科书的编订对教会学校的规范化和制度化发展无疑起到了巨大的推动作用。早期的教会学校都是由具体办学的传教士按照自己的设想办起来的，没有通行的学制，在学习年限、课目安排、教学内容等方面很不统一。而学校与教科书委员会组织编订的教科书则逐渐被越来越多的教会学校所采纳，在使用同一套教材的各个学校之间，通过共同的教学内容还可促进教学进度和分年课程计划上的一致，具有隐性学制的效果。

值得注意的是，在上海及其周边地区工作的传教士在学校与教科书委员会中发挥了核心和骨干作用。在委员会的 6 名成员中，韦廉臣、林乐知、傅兰雅等 3 人来自上海，他们从一开始就被委以重任。

韦廉臣（1829—1890），英国传教士，1855 年来华，长期在烟台、上海等地传教，1887 年在上海创办同文书会，并任督办，同文书会后改称广学会，是基督教会在中国设立的最大的出版机构。他长期在委员会中担任最具实务性的秘书一职，1890 年中华教育会成立时，韦廉臣代表委员会在大会上对十多年来的工作进行汇报。傅兰雅自 1865 年来上海担任英华书馆校长以后，就长期在江南制造局翻译馆从事翻译，他也是上海格致书院的发起人之一，并曾担任书院的董事和教习。林乐知在上海长期主持《万国公报》，1881 年发起成立中西书院。在委员会中，傅兰雅、林乐知都是主任干事，在计划编写的初级和高级两套教科书中，傅兰雅负责初级部分，林乐知负责高级部分。另外，他们还负责教科书术语的核定工作，委员会最初希望能在所编教科书中采用统一的术语，计划收集各科的词汇表，并确定标准术语。收集来的词汇表共分三类：（1）技术、科学和制造类；（2）地理类；（3）传记类。由傅兰雅负责第一类，林乐知负责第二、第三类，这是项非常繁重的工作。虽然后来由于具体的编者坚持己见，统一术语的工作在有些科目上并没有达到预期的目标,主要表现在科学、地理、历史方面,但傅兰雅等人为此付出很大努力,并在相当多的科目上取得了成果。① 应该说,傅兰雅较林乐知更积极地完成了所承担的工作。有的学者研究指出,到1886年为止,学校与教科书委员会共出版有104种教科书,傅兰雅编写了其中的四分之一,有12种是科学方面的,5种是附有手册的科学知识挂图,8种为科学须知,这些图书,全部为基础科学,供初学者学习。傅兰雅编的这些课本和挂图,被教会学校普遍采用。② 傅兰雅是韦廉臣在报告中特别感谢的两个人之一,称赞他"为编写教科书付出了全部时间和精力",另一位是长期担任委员会主席的英国传教士慕维廉。慕维廉最初并未列入委员会名单,后因长期担任委员会的司库,且由于主席丁韪良远在北京,忙于京师同文馆总教习工作,长期不能履行职责,主席一职即由慕维廉取代,他是长期在上海活动的老资格传教士。

  实际上,在学校与教科书委员会的最初6名成员中,3名不在上海工作的传教士在开过筹备会以后,参加委员会的工作甚少,他们都指定在上海或在上海附近工作的传教士担任他们的代表,"丁韪良博士指定史密斯牧师来代表他;狄考文博士先是由范约翰牧师,后是由费启鸿牧师代表;黎力基先生则指定花之安牧师为代表,他工作了一段时间后又由艾约瑟牧师作黎力基先生的代表"。③ 其中范约翰于1854年受美国基督教北长老会的派遣来上海,长期在宁波、上海等地传教,是上海著名的教会学校清心书院的创办人。费启鸿也是美国北长老会教士,1870年来上海,先后到苏州、宁波一带传教,从1888年起,在上海长老会所办的美华书馆中担任主任一职,并兼《教务杂志》总主笔。花之安(Ernst Faber,1839—1899)是德国基督教礼贤会传教士,1864年来华,先在香港、广东等地传教,1886年到上海,为《万国公报》撰稿,1898年德国占领青岛后移居青岛。艾约瑟1848年由英国伦敦布道会派至上海,后来长期在天津、北京传教和工作,1890年回上海,直到1905年在上海病故。

---

① 朱有瓛,高时良.中国近代学制史料(第四辑)[M].上海:华东师范大学出版社,1993:36—37.
② 顾长声.从马礼逊到司徒雷登——来华新教传教士评传[M].上海:上海人民出版社,1985:243.对学校与教科书委员会审定和出版教科书的数量各处说法不统一,可能是将由委员会审定和出版的教科书相混淆的缘故,或者对如参考挂图之类的出版物是否加入统计各人所持标准不一。此处的统计应包括经委员会审定的教科书。
③ 朱有瓛,高时良.中国近代学制史料(第四辑)[M].上海:华东师范大学出版社,1993:34.

1886年,委员会又增加了颜永京、潘慎文两位成员,也都是在上海及其附近工作。颜永京(1839—1898)是委员会中唯一一位中国人,原籍山东,生于上海,1854年赴美留学,毕业于俄亥俄州的建阳学院,1862年回国,曾参与筹建武汉文华书院、上海圣约翰书院,1878年后长期在圣约翰书院工作,主持教务兼教心理学等课程,并曾担任院长。由他翻译的美国人海文的《心灵学》(Mental Philosophy: Including the Intellect, Sensibilities and Will)一书,是中国第一部翻译引进的西方心理学著作,该书于1889年由学校与教科书委员会出版,长期作为清末教会学校和新式学堂的心理学教科书。颜永京还翻译和节译过斯宾塞的《教育论》《心理学原理》《科学导源》等著作。潘慎文,美国人,1875年来华,长期主持苏州博习书院,1896年起任上海中西书院院长。

可以说,学校与教科书委员会实际上是一个由在上海工作的传教士组成的组织,成员在任职期间一般都在上海或在上海附近,在上海以外工作的成员参与实际事务者甚少。

二、第二次在华基督教传教士大会与"中华教育会"

1890年5月7—20日,第二次在华基督教传教士大会在上海召开,将1877年成立的学校与教科书委员会改组为"中华教育会"(The Educational Association of China),议定每三年召开一次年会。

根据《中华教育会章程》(1890年大会制订通过,1893年大会修正),教育会干事部由会长、副会长(2人)、总编辑、秘书、会计6人组成,另设执行和出版两个委员会。执行委员会由正、副主席和秘书3人组成;出版委员会由主席和若干名秘书共7人组成。所有干事部成员均参加另外两个委员会,其中总编辑为执行委员会的当然委员(一般任主席)。所有成员每三年改选一次。在1890年大会上,狄考文当选为首任会长,兼任出版委员会主席;傅兰雅当选为干事部总编辑,兼任执行委员会主席和出版委员会首席秘书。该章程规定:"凡正在和曾经从事教育工作,或办学校,或编教科书的基督教各差会成员,都得为本会会员。"

中华教育会标榜"以提高对中国教育之兴趣,促进教学人员友好合作为宗旨",对整个在华基督教教育进行指导。通过对中国教育进行调查,办杂志和各种讲习会、交流会、演讲会,并鼓励个人之间以通信联系的方式来推广教育经验,策划教育方针和具体措施。另外,还在基督教教会学校推行公共考试计划,其步骤是"先收集在华各类教会学校和学院开设的学习科目;然后据此制订一个能包括每个学校要求的全面计划;制订出推荐给每门学科的教科书书单;根据学习年限的长短,设置不同的课程,并确定一定的程度标准,由各分会负责,每年或半年在各传教中心举行一次考试,检查一般的宗教内容和其他选修课程,向所有达到本会要求的人颁发不同层次的文凭或证书"。① 按照规划,1893年大会如期在上海举行,大会主席、美国传教士潘慎文在开幕词中说:必须在中国大力推广基督教教育,以"打破中国人的傲慢和除去中国人的惰性"。这次大会就传统儒经、英语在教会学校中的地位进行了更广泛的讨论。

外语(特别是英语)一直是教会学校的课程之一。1861年冯桂芬在《采西学议》中提到洋人"特设义学,招贫苦童稚,兼习中外文字",说明在19世纪60年代初,教会学校开设外文已不是个别现象,但相对于中文来说,还是处于次要地位。1865年,上海英华书院为适应中外交往和工商买办型人才的需要,决定"将要认真地教授英语。学生在校期间,如果英语熟练,条件许可的话,还可进行一些其他课程的英语教学"。② 这显然已有将英语提升到教学语言位置的意向。在1877年第一次在华基督教传教士大会上,尽管对是否应加强教会学校的英语教学产生争论,但并不激烈。随着教会学校程度的提高、中国洋务事业的发展,为适应更高层次的课程要求和中国社会对外语人才的需要,从19世纪80年代初开始,外语教育(尤其是英语)在越来越多的教会学校受到重视,如1881年成立的上海中西书院一开始就强调中、西学并重,要求英语教育成为核心课程。著名的圣约翰书院也在1881年10月添设了英文部,招收以学习英文为主的学生。教会学校逐渐重视英语的倾向引起了一些传教士的不满,最终在1890年大会上对英语教育问题展开了激烈的辩论。

在1890年第二次在华基督教传教士大会上,狄考文宣读了《怎样使教育工作更加有效地促进中国基督教事业》③的长篇论文,论文的第二部分标题为"应用中国语言施教",其中对有些学校过分重视英语教学并将英语作为各门西学的教学语言进行了猛烈抨击。他提出,"在中国进行教育使用中国语言,这似乎是十分自然的事",指出那些拼命提倡英语教学的人虽然说得头头是道,但理论是一回事,实践又是另一回事,他们希望通过英语教育促使学生接受科学知识和宗教观念的愿望都落空了。"学生念了两三年初级英语就感到满足,他只须

---

① 朱有瓛,高时良.中国近代学制史料(第四辑)[M].上海:华东师范大学出版社,1993:43.
② 顾长声.传教士与近代中国[M].上海:上海人民出版社,1981:231.
③ 朱有瓛,高时良.中国近代学制史料(第四辑)[M].上海:华东师范大学出版社,1993:94—106.

交清了学费,就可以自由地离开学校。由于掌握了英语,他可以找到待遇优厚的工作。说他会运用英语去掌握科学知识那是不现实的。宗教对于他的品格没有发生影响。"他列举必须运用中文教学的五条理由:"只有全面地应用中国语言,对学生才有帮助。""接受本国语言的完整训练,是一个人在群众中取得声望所需要的。""中文教育会使人有效运用他所掌握的知识。""中文教育引导受教育者同周围的群众打成一片并影响他们。""受过中文教育的人将比那些受过英语教育的人更能与群众打成一片。"①

其实,此时大多数传教士已赞同教会学校应开设外语,而狄考文又一次站到大多数人的反面,但与1877年大会之后不同的是,以后教会学校的办学实践并没有支持他这次的观点。在上海的教会学校中,以圣约翰书院为代表,英语教学成为教会学校的重要特色之一。到19世纪90年代后,教会学校已普遍开设外语课程,很多学校都已用之作为教学用语。在争论中,狄考文虽持激烈反对的态度,但也认为一方面"教以有限的英语",另一方面"授予优化的中文教育",才是一种"实际的做法",②可见,他并不完全排斥英语课程。

中华教育会取代学校与教科书委员会,一方面扩大了工作范围,另一方面强调了工作的经常性和规范性。中华教育会后来实际上成为中国基督教教会教育的最高领导机构,并尽可能地影响当时中国教育的发展。在中华教育会的发展过程中,上海同样起到了主导和核心作用。上海是清末中华教育会各届年会的举办地,也是会员最多的地区。中华教育会的会员从1890年的35人发展到1909年的490人,所代表的在华传教士人数也从1890年的1 296人增加到1909年的4 628人,而其会员最集中的地区是上海及其邻近的江浙地区以及沿海各省,据1907年的统计,共有会员403人,上海、浙江、江苏三地共有会员194人,占48.14%,接近一半。各地会员的分布见表4-2。③

表4-2 中华教育会各地会员分布

地区	上海	浙江	江苏	福建	广东	湖北	直隶	山东	安徽	四川	其他地区
会员数(人)	96	52	46	43	32	30	22	17	11	11	42

---

①② 朱有瓛,高时良.中国近代学制史料(第四辑)[M].上海:华东师范大学出版社,1993:101.
③ 王树槐.基督教教育会及其出版事业[M]//朱有瓛,高时良.中国近代学制史料(第四辑).上海:华东师范大学出版社,1993:68—69.

按照《中华教育会章程》,每三年必须召开一次年会,但由于会员日渐增多,分布在全国各地,且当时交通不便,聚集极难,加之各地的特殊情形,有本区的特殊教育问题需要研究,因此各地传教士有组织地方教育分会的举动,最早的有四川、福建、广东等省。1909年大会就此进行讨论后决定,"凡地方教育会将其章程送交本会审查合格者,本会一律欢迎办分会"。各地纷纷成立分会后,中华教育会的活动中心由总会转移到各地分会。

学校与教科书委员会和中华教育会对基督教教会学校的规范化发展起到了至关重要的作用,教会学校初期是各自为政的,但到20世纪初,它们有了统一制订的课程表(见表4-3),由此可见一斑。

表4-3 1910年中华教育会课程委员会所拟小学课程表①

一、初等小学分年课程表(凡年龄稍长方入初等小学堂者可专习国文算学二科,并作一年学之)

课程	第一年 (7~8岁)	第二年 (8~9岁)	第三年 (9~10岁)	第四年 (10~11岁)	第五年 (11~12岁)	第六年 (12~13岁)
道德	圣经故事(早晨教员演说一段,后读经数节,唱诗祈祷,晚间令学生述说)	耶稣教问答(上半一日一问)	耶稣教问答(下半一日一问)圣经选句(一日一节)同上	旧约历史	新约历史	旧约历史(亚伯拉罕、摩西、撒母耳、大卫)
唱歌	赞美诗(五首,唱熟)	赞美诗(十首,唱熟)	演唱赞美诗	与三班同唱	全班演唱	同上
国文	简明国文科(一、二册),或程度相当之书	同上(三、四册),默百家姓	同上(五、六册),默书短篇故事,先由教员演说,后令学生书出习字	同上(七、八册),动静虚实四字文字之区别与虚字实字联络之法短篇论说,官音、信札、习字	同上(九、十册)俗话翻文话(十句内外)官音、信札、习字	同上(十一、十二册)俗话翻文话(二十句内外)习楷书国语科,文话、信札、习字

---

① 陈剑华.论清末基督教教会教育——以"中华教育"为透视点的探析[D].上海:华东师范大学,1992:41.

续表

课程	第一年 (7~8岁)	第二年 (8~9岁)	第三年 (9~10岁)	第四年 (10~11岁)	第五年 (11~12岁)	第六年 (12~13岁)
读经（文理、官音）	背三字经、马可（自秋季起或八章或十章）	讲读孝经、约翰	上论（选背全讲，已完初等学科即退学者可少背或不背，志在前进当多背或全背）马太	下论（同上）路加	上孟（同上）使徒行传	下孟（同上）
算学	数学初级（一、二册）或程度相当之书，授数目之名、实物计数、二十以下之算数书法、记数法、加减	同上（三、四册），百以下之算数书法、记数法、加减乘除	同上（五册）	数学拾级（卷一）珠算加减	数学拾级（卷二）珠算乘法	同上（卷三）珠算除法
地理	本县（讲乡土之道里、建置，附近之山水名镇等类）	本府地球大势	本省世界大国大岛（名目、座次）	初等地理（中国）讲股湾角等之形式，就票边湾池等征以实事	初等地理（亚洲、欧洲）	初等地理（非洲、南北美洲、俄西亚尼加）
历史		国朝名人	元明名人	唐宋名人	简易中国历史	同上
格致			动植之形象及植物生长之事与日用之器具浅理，以动其博识多闻之慕念，教授随教员所能	同上	简易物理	简易化学
体操	有益之运动及游戏	同上	同上	同上	普通体操	同上

二、高等小学堂分年课程表

课程	第一年（13~14 岁）	第二年（14~15 岁）
道德	早晚礼拜（同前学年） 旧约历史（以利亚、以利沙、耶利米、但以理、尼希米）	同上 新约历史（保罗、约翰、彼得、雅各）
唱歌	赞美诗 全班演唱	同上
国文	简明国文科（十三、十四册） 作短篇记事文（百字以内），习行书字 国语科，文理书札	同上（十五、十六册） 文理书札（作记事文或说理文二百字内外、习行书字）
读经	告孟（选背、全讲），见上	重背四书选本 选讲四书（择其辞旨深沉者） 历史读本
算学	数学拾级（温习卷一、二或程度相当之他书）	同上（温习卷三） 演算题问（由教员随时编造）
地理	温习地球大势与亚洲 犹太地图	温习其余各洲 中国古时地图
历史	简易中国历史（首季） 简易泰西古世史（次季）	简易泰西近世史
格致	简易生理学	简易农学
体操	普通体操	同上

第二节 教会学校的进一步发展

一、教会学校的新趋势

19 世纪 70 年代后期和 80 年代，为了适应上海及中国社会的变化，上海教会学校进入到一个快速发展和变革时期，数量和规模迅速扩大，不仅原有的教会学校开始采取一些新的措施，而且新添设的教会学校与早期的教会学校在办学旨趣上也大相径庭。归纳起来，整体上表现为以下几个方面。

1. 教会学校数量增加，规模扩大

从学校数量上来说，除原有的教会学校得到延续外，从 19 世纪 70 年代后期开始，又出现了多所新办的教会学校。1879 年，美国基督教圣公会主教施约瑟（Bishop Samuel Schereschew Sky，1831—1906）将 1865 年设立的培雅书院和

1866年设立的度恩书院合并为圣约翰书院,标志着上海教会学校向规模化和正规化发展的一个新时代的开始,后来这所书院发展成为沪上乃至全国著名的教会大学。1881年又有中西书院创立,同年圣公会又将上海文纪、神文两所女塾合并,成立圣玛利亚女校。在不到三年的时间里,新添和组建了3所著名的教会学校,打破了自19世纪60年代初期以来上海教会学校发展相对沉寂的局面。根据学者统计,上海从1877年第一次在华基督教传教士大会召开到1912年,新组建和创立的教会学校达十多所(见表4-4)。

表4-4 上海教会学校的发展(1877—1911年)①

年份	校 名	创办者	备 注
1879	圣约翰书院	圣公会,施约瑟	由此前已设立的培雅、度恩合并,后发展为圣约翰大学
1881	中西书院	监理会,林乐知	后发展为东吴大学的一部分
1881	圣玛利亚女校	圣公会	后发展为上海市第三女中
1891	麦伦书院	英国伦敦会	院名系纪念麦都思
1892	中西女塾	美国监理会,海淑德	后发展为上海市第三女中
1892	圣家族学校	天主教会	女学,不对中国学生开放
1894	善导学堂	法国天主教拯亡会	女学,后改善导中学
1897	青年会学堂	美国基督教青年会	
1897	惠中书院	安息浸礼会	校址在徐家汇路
1897	晏摩氏女学	美国南浸礼会	校址在宝山路
1900	守真学校	基督教守真堂	校址在北四川路
1903	震旦学院	法国天主教,马相伯	后发展为震旦大学
1904	崇德女学	美国浸信会	校址在陕西北路
1904	明德女校	法国天主教拯亡会	校址在徐家汇
1906	座堂男校	英国新教差会	
1909	浸会大学堂	美国传教士万应远等	沪江大学前身

19世纪80年代以后,上海教会学校发展的一个重要趋势就是办学规模的扩大,原有教会学校都不同程度地扩大了招生规模,新设立的教会学校也在较大规模的基础上起步。如圣芳济书院1874年创办时只有外籍学生4人,1880

---

① 熊月之,张敏.上海通史·晚清文化[M].上海:上海人民出版社,1999:233.

年开始招收华人学生,学校规模迅速扩大,到1893年,华人学生已达到286人。可见,圣芳济书院只有招收华人学生,才真正具有中国意义,原先只不过是一所设在中国境内的外国人学校而已。

教会学校规模的扩大也适应了上海城市发展对西学教育日益增长的需求。上海扼守长江口,濒江临海,处于中国海岸线的中部,具有航运便利的地理优势。上海位于富饶的长江三角洲东缘,沿长江可以上溯至中国广阔的腹地,气候温和,物产丰富。再加上上海人历来具有开放的性格,虽然"不是本性上愿意和外侨亲善,但至少愿意和外侨作半推半就的接近",①所以"华洋商人友好无间,非如粤埠华洋人民积有芥蒂,遇事有不能融洽之余也"。② 这使得一批又一批外商离开广州,北进上海以获得更大的商业利益。外商带入大量的外国资本,促进了上海各项近代事业的发展。

首先是上海的航运业得到惊人的发展。1849年,上海与香港间的定期航线开通。19世纪60年代,旗昌洋行又成立了上海第一家航运公司,专门经营上海至汉口的长江航线。1872年,第一家由中国人自办的轮船公司——轮船招商局也在上海宣告成立。据1863年的统计,"进出上海港的外国船舶的总吨数大约是200万吨"③,内地的船舶则不会少于120万吨,计其总吨位达到320万吨,比开埠初期的160万吨多出一倍以上。据统计,1870—1910年,上海口岸的对外贸易额远远超过了天津、汉口、广州三个口岸同期贸易额的总和。至19世纪末,上海已经发展成为全国最大的航运基地。国内航线直通南北各港口,远洋航线则可达北美、欧洲、澳洲以及东南亚地区。与航运业的发展相适应,上海的码头业、驳船业也迅速发展。到19世纪末,"黄浦江上的码头已经有20余座,年吞吐量达到了350万—380万吨"。④

在航运业的带动下,近代通信业也得到迅速发展。1871年,贯通欧亚大陆的海底电缆经香港到达上海,1897年,横贯上海的淞沪铁路通车,这对于上海工商业经济的发展又是一大促进,上海与外界的交流更为顺畅、便利,客观上为外国资本的涌入提供了更好的条件。

在金融业方面,1849年,英商丽如洋行在上海首先设立了分行,并且被西方

---

① 上海社会科学院历史研究所.上海小刀会起义史料汇编[M].上海:上海人民出版社,1980:753.
② 姚贤镐.中国近代对外贸易史料(第一册)[M].北京:中华书局,1962:565.
③ 李必樟,张仲礼.上海近代贸易经济发展概况(1854—1898年英国驻上海领事贸易报告汇编)[M].上海:上海社会科学院出版社,1993:74.
④ 朱华,冯绍霆,等.上海一百年[M].上海:上海人民出版社,1999:21.

人认为是"拥有无限的财源、无限的信用和东方银行企业的精神"。① 1865 年，以香港为基地的英国汇丰银行的介入，使上海金融业的发展更为迅速。与此同时，中国传统的大小钱庄、票号到 19 世纪 70 年代也发展到 120 多家。其后，以汇丰银行为首的外资银行与华商银行逐步结合，把势力逐步深入到中国内地。到 19 世纪末，上海金融中心的地位得以确立。

1880 年以后，特别是甲午战争以后，上海的近代工业迅速崛起。火柴厂、缫丝厂、纱厂、纺织厂、面粉厂、卷烟厂、机器制造厂、肥皂厂、毛纺厂等相继建立。如纱厂，"从 1895 年至 1902 年光是外资兴建的就有六家：英资的怡和、老公茂、协隆，美资的鸿源，德资的瑞记以及日资的上海纺织株式会社"。②

到 19 世纪末 20 世纪初，上海的远东航运、金融中心的地位得到确立，也使上海成为中国最大的工业城市和远东地区首屈一指的大都市。

近代工商业经济的发展，各种新行业的不断涌现，迫切需要具有一定现代知识、掌握一定现代技能的劳动者。这一点无论是对西方资本主义工商企业还是对以"自强求富"为口号兴办近代工业的洋务派以及新生的民族资本企业来说，都是不可或缺的，无论是中国方面还是租界方面也都迫切需要熟知中西方经济、法律制度、语言的相关人才以处理涉外事务。因此，上海对西学教育的需求日益增长，西学人才的前景普遍看好。

与此同时，早期教会学校和洋务学堂所进行的西学教育也逐渐改变了国人对西学、西人和西方社会的观念。19 世纪 70 年代初，当第一批留美幼童招生时，上海几无人报名，容闳为不能足数而东奔西走，到第二批留美幼童赴美，上海即有自费跟随的学生。洋务学堂在六七十年代要靠优厚的津贴吸引生员，到八九十年代则出现了求入其门而不遂的局面。

与上海和中国社会对西学人才不断增加的现实需求相比，中国人自主办理的洋务教育在培养目标、办学模式和发展规模上都表现出严重的不足。洋务运动时期，上海出现过四所洋务学堂，其中上海广方言馆办理时间最长，据估计前后大约培养了五百来名学生，而在 1881 年创办的上海中西书院，到 1891 年就读的学生总数就已达一千多人。③ 同时，洋务学堂在培养目标和办学模式上也

---

① 汪敬虞.十九世纪西方资本主义对中国的经济侵略[M].北京：人民出版社,1983：185.
② 上海市文史馆,上海市人民政府参事室文史资料工作委员会.上海地方史资料(三)[M].上海：上海社会科学院出版社,1984：2.
③ 朱有瓛,高时良.中国近代学制史料(第四辑)[M].上海：华东师范大学出版社,1993：285.

过于偏狭和单一。从培养目标上看，上海的几所洋务学堂除上海广方言馆之外，都是属于提供专门训练的专科性学校，操炮学堂、工艺学堂不仅附属于江南制造局，而且基本只针对该局需要办学，上海电报学堂也属于部门办学性质，这就限制了通用型人才的培养。从中国的传统教育观念来看，洋务学堂所培养的是一种器艺型人才，加上采用部门办学的模式，事实上限定了学生的毕业出路和职业定向，如果排除对宗教的顾忌，洋务学堂远远没有教会学校那样对典型士绅家庭和工商买办阶层子弟具有吸引力。

从1880年至19世纪末的这段时间，正是上海对西学人才的需求急剧增加，而洋务学堂又表现出严重不足，维新学堂尚未兴起的时候，这就给教会学校的发展提供了充足的空间。

2. 教会学校招生对象变化

招生对象由早期的免费招收贫民子弟转向招收富家子弟，并收取较高的学费。上海在19世纪60年代就已出现这种倾向，如英华书院董事会在1865年的决议中就明确指出："今后主要将致力于招收商界子弟，学校要自养。"①到19世纪80年代，这已成为一种潮流。

1881年，美国传教士林乐知在上海创办中西书院，1882年初开始招生，一改以往教会学校主要从穷人家庭招收学生的传统，而且收取一定的杂费，虽不收脩金，但呼吁学生中的富有家庭自愿捐助，报名者不下400人，另有外地官僚士绅来函代为要求入学的学生名额也有数十人。②但由于校舍紧张加之学额的限制，第一年招生200多名，第二年增加到300多人。中西书院受到青睐的情况反映了教会学校逐渐被上海社会认可的发展趋势。1892年在上海创办中西女塾的海淑德曾经在上海做过一番调查，认为上海人对教会学校的态度已发生了很大转变，她说：

> 1. 上海的情况和二十五年前大不相同了。中国人不再敌视和怀疑外国人了。过去家长们不愿意送子女进外国人办的学校，甚至贴钱给学生还是勉强来上学的，而现在很多家长愿意自出学费给子女来上学了。
>
> 2. 富有的家长们不愿意送自己的子女进教会开办的慈善性质的义务学校，因为这些学校的学生都是穷人家的女儿。富有的家长们不愿自己的

---

① 顾长声. 传教士与近代中国[M]. 上海：上海人民出版社，1991：230.
② 钱锺书，朱维铮. 万国公报文选[M]. 北京：生活·读书·新知三联书店，1998：498.

女儿和她们生活在一起。

  3. 有许多富有的家长,很希望现在就有一所合适的学校,让她们的女儿们马上可以入学。从各方面的征象来看,我们的学生一定会不断增加。每个在国外留学过的中国男子,都希望他的姊妹、他的妻子和他的女儿受到新教育。现在中国还没有一所他们认为理想的、外国人办的正规的学校。因此,只有延请家庭教师或者由兄长和父亲在家里充当教师。①

  在当时的中国,较早认识到西学前景的是与洋务运动一起成长起来的工商买办阶层,以及部分开明士绅,而上海又是这些人士云集的地方,他们对西学教育的需求最为旺盛。如前所述,由于上海的几所洋务学堂在数量、培养目标和办学模式上都不能满足他们的要求,他们自然地就将目光转向教会学校,而教会学校在招生对象上的调整也正好适应了他们的要求。

  与此同时,一些早期靠免费教学、提供膳食和住宿以招揽生徒创办起来的教会学校也逐渐改变了做法,对慈善办学的性质也坚持得不那么彻底了,开始收取一定的学杂费和膳食费。如裨文女塾早期一直实行免费教育,从1900年开始也每月向学生收取5角学费。清心书院也是坚持义务办学的,1890年,"诸生膳宿概由堂中供给",而到1910年,"学生之缴纳学、膳费者竟占全数之半强"。②

3. 教会学校办学目标调整

  教会学校从原来仅满足于培养教徒,到培养具有基督教道德理想但适合中国世俗社会要求,并能在洋务事业中发挥作用的人才,这一目标的调整意味着教会学校宗教性的减弱和世俗性的增强。一些传教士也试图通过淡化教会办学的宗教性,增强其世俗性和本土性,来迎合中国社会顾忌教会学校传播宗教的心理。1881年,林乐知在《设立中西书院启》中,特别强调书院中西学兼重,"半日教西学,半日读儒书",尤其与其他教会学校不同的是,"信从圣教各随己见,断不勉强,毋庸置疑"。③ 以后,林乐知在中西书院的课程规条和课规中又一再强调这两点,声明书院课程"中西并重,毋稍偏枯","书院诸生,不论教中教

---

① 薛正. 我所知道的中西女中[M]//中国人民政治协商会议上海市委员会文史资料工作委员会. 文史资料选辑(1978年第1辑). 上海:上海人民出版社,1978:97.
② 薛思培. 清心中学堂二十年之历史(1890—1910)[M]//朱有瓛,高时良. 中国近代学制史料(第四辑)[M]. 上海:华东师范大学出版社,1993:277. 薛思培曾任清心中学校长。
③ 钱锺书,朱维铮. 万国公报文选[M]. 北京:生活·读书·新知三联书店,1998:491.

外,一体相待"。① 事实证明,中西书院这种中西合璧、避开教争的策略,赢得了中国社会的广泛支持,获得"李鸿章等显宦富商捐助",②报名入学者踊跃,远超过计划招生的人数。

办学目标的调整和向世俗化的靠拢,其重要影响是提高了英文和科学课程的地位。"西文"和"西艺"曾是中国教育近代化所追求的最切近的目的物,它是洋务教育与教会教育灵犀相通、产生共鸣的成分,也是教会学校在中国立足的资本。19世纪80年代以后,上海教会学校在英语和科学教育方面普遍得到加强,特别是以圣约翰书院为代表形成了一些以英语教学见长的学校。由于英语教育最直接的利益是可以作为毕业谋生的手段,学生可以凭借英语优势在上海这个近代中国最国际化的城市找到一份不错的工作,因此圣约翰书院抬高了自身的地位和威望,扩大了生源,成为通商口岸商家子弟等趋之若鹜的洋学堂。

科学教育是中国教育近代化的重要内涵,也是洋务教育和19世纪90年代兴起的维新教育所追求的共同目标之一,而教会学校的世俗化调整就是要适应中国社会的现实需要。随着中国渴求科学的愿望日益强烈,传教士们越来越感到担忧的是,儒学的宇宙观"基本上是唯物的",儒学认为"宇宙是自我演化、自我保持和自我定向",恰恰是儒学而不是基督教的宇宙观更接近西方的哲学和科学观。"如果西方的哲学和科学传到中国而脱离基督教,儒家学者将以骄傲自满情绪来接受新学问,发现它仅仅是二千年儒家学说的佐证和更详尽的说明。"③显然,传教士清楚地认识到,基督教与科学之间并非有必然的联系。正如狄考文早在1877年就已经说过的,科学不是成为宗教的盟友,就是成为宗教最危险的敌人。如果此时教会学校不积极介入科学的传播,就会失去用基督教标准对科学进行解释的主动权。为阻止儒学与科学结合而成为对抗基督教的更强大力量,教会学校唯一的选择只能是提高科学课程的地位,让科学教育浸润在基督教的影响之中。到20世纪初,上海的教会学校无论是基督教所办还是天主教所办,都比较重视科学课程的教学,如徐汇公学的课程一直是以中文(包括经史等中国学问)、法文、音乐、图画等人文学科为主,一直没有把科学课程列入课程计划。"1900年,鉴于泰西科学,于振兴实业之必具,为青

---

① 钱锺书,朱维铮.万国公报文选[M].北京:生活·读书·新知三联书店,1998:498.
② 朱有瓛,高时良.中国近代学制史料(第四辑)[M].上海:华东师范大学出版社,1993:289.
③ 同上:110—111.

年学子所不可不研习者,乃一改从前以国文为主之课程,规定法文及其他科学为必修科"。① 到1904年,课程又略有更动,法语不再作为必修课,"除中文外,学生得于英、法文,任择一种学习。其程度较高者,即以法语或英语教授算学、物理、历史等科"。②

教会教育的世俗化调整也使教育成为一项独立的事业,学校不再附属于教堂,传教士也不再视教育为副业,这在一定程度上使教育摆脱了依附宗教的局面,有利于教会教育走向专业化,为教会学校的体系化发展铺平了道路。不过,教会学校的世俗化调整也是伴随中国社会情势的变化而变化的。洋务运动期间,中国社会相对稳定,在"中体西用"文化教育政策的抑制下,教会对宗教的坚持有所收敛,但后来的甲午战争则暴露了中国的虚弱。维新变法运动兴起之后,传教士以基督教观念控制中国的欲望又再度膨胀,教会学校的宗教性也有回归的迹象。

4. 教会学校层次逐渐提高

1877年第一次在华基督教传教士大会之后,基督教逐渐提高教会办学的层次,完善层次结构,初步形成自初等教育至高等教育的多级办学体系。办学层次的提高并不是一个随时间推移而自然形成的事实,而是教会学校自觉调整培养目标的结果。在两次鸦片战争期间,基督教教会学校停留在小学程度,这从仅满足于"传播福音"的办学目的来说是一个合理层次。到洋务运动时期,教会学校"要培养教员、工程师、测量员、机械师、手艺人等",③层次的提高就势在必然。从全国来说,天主教教会学校办学层次的提高并不明显,但由于上海是天主教活动的中心,很早就有徐汇公学的开办,后来其早期毕业生马相伯又创办了震旦学院,以后发展为震旦大学,这样,上海成为少有的几个拥有天主教教会大学的城市之一。关于上海教会学校层次发展的情况,将另节通过对圣约翰书院的专门介绍予以说明。

二、新设教会学校举例

下面对这一时期新添和组建的中西书院、圣玛利亚女校、中西女塾三所教会学校进行介绍。

---

① 朱有瓛,高时良.中国近代学制史料(第四辑)[M].上海:华东师范大学出版社,1993:226.
② 同上:225.
③ 同上:92.

1. 中西书院①

中西书院于1881年由美国传教士林乐知发起创办。当时襄助林乐知办理《万国公报》的沈毓桂在中西书院的创办和办理过程中起到重要作用,后来沈毓桂长期担任中西书院的掌教,是书院的主要校务负责人。

中西书院先后有三处校址：第一分院、第二分院和大书院。第一分院和第二分院均于1881年建成。第一分院位于上海八仙桥林乐知住宅（今金陵中路附近）对面,建筑工料等各种费用由美国基督教监理会承担,所购置的应用书籍和器具,则由"李鸿章等显宦富商捐助",当时亦称林华书院。大书院位于上海虹口吴淞路昆山路交界处,约于1884年前完工。第二分院紧邻大书院,在吴淞路上。大书院规模宏大,购置地皮用银达39 211元,建筑工料用银达21 141元有余,经费来源于中外人士的捐助。林乐知原拟再建"中学馆"和"格致馆",但由于经费支绌而未能实现。实际上在1884年以后,第一、第二分院皆并归于大书院,所以从此以后,中西书院只有虹口昆山路一处院址。

根据林乐知创立中西书院时发布的倡捐启事、课规等,他对当时中国人自己办理的各种洋务学堂和传教士办理的教会学堂并不满意,强调中西书院的办学宗旨是兼通中西学,"舍西法而专重中法不可,舍中法而专重西法亦不可","中西并重,毋稍偏枯"。② 培养"以备分拨各处洋务之用"③的人才,但也不是仅满足于培养以洋文洋学谋求衣食生计之辈。林乐知希望就读中西书院的学生"西学中学悉造乎精纯","而学成致用,可以膺使节之选者在其人,可以任翻译之职者在其人,内而总理衙门,外而通商节署,及乎海口大辟机器各局,西国医馆,西商洋行,随在可以位置一席,不其美欤。而浅见者流其意,只欲略识西国文字,略通西人语言,借图旦夕糊口,抑何自安小就,无意大成乃尔也"。④ 为避免中国社会的顾忌,林乐知尽量淡化书院的宗教色彩,表示"信从圣教各随己见,断不勉强"。

中西书院的招生对象是"无论上海本籍,或邻县,或外省寄籍良家子弟,自十岁以上,十八岁以下,已经读书数年,读过两三经,能作小讲,或全

---

① 梁元生.林乐知在华事业与《万国公报》[M].香港：香港中文大学出版社,1978.
② 林乐知.中西书院课规[M]//钱锺书,朱维铮.万国公报文选.北京：生活·读书·新知三联书店,1998：497.
③ 林乐知.设立中西书院启[M]//钱锺书,朱维铮.万国公报文选.北京：生活·读书·新知三联书店,1998：492.
④ 林乐知.中西书院肄业诸生当自期远大说[N].申报,1892-12-17.

篇者",①报名后由监院秉公遴选。学生学业年限为八年,但学至六年可告一段落,先在分院肄业两年,然后升入大书院学习四年,如果愿再学,又准留校两年。八年完成后择其才艺出众者发给文凭。由于中西书院招收的是具备一定教育基础的学生,所以八年结业时应达到大约十二年以上的教育程度。在分院归入大书院后,八年学业实际都是在大书院一处完成的。

中西书院的课程实施情况较为复杂。林乐知最初设想学生的中学基础程度不齐,所以没有设定统一的中学课程,但一开始就拟订了一份西学的八年课程计划(见表4-5)。

表4-5　上海中西书院八年西学课程分年计划(1881年)②

第一年	认字写字、浅解辞句、讲解浅书、习学琴韵。年年如此。
第二年	讲解各种浅书、练习文法、翻译字句、习学琴韵、习学西语。年年如此。
第三年	数学启蒙、各国地理、翻译选编、查考文法、习学琴韵、习学西语。
第四年	代数学、讲求格致、翻译书信、习学琴韵、习学西语。
第五年	考究天文、勾股法则、平三角、弧三角、习学琴韵、习学西语。
第六年	化学、重学、微分、积分、讲解性理、翻译诸书、习学琴韵、习学西语。
第七年	航海测量、万国公法、全体功用、翻译作文、习学琴韵、习学西语。
第八年	富国策、天文测量、地学、金石类考、翻书作文、习学琴韵、习学西语。

从这份课程计划可以看出,前两年着重西语西文的训练,第三、四年兼重语文和"实学"(地理及数学),第五、六年重点在数理,最后两年的课程有"万国公法""富国策"等课程,其用意在培养了解时务的"国家有用"之才。课程计划中没有明显的宗教课程,这是中西书院与一般教会学校的最大区别。

但这份课程表在实施过程中有所变通,由于学生年龄不一,西学基础也不尽相同,对于西文西艺有的略知一二,有的一窍不通,林乐知在课程实施时又采取了分班编制的方法。他根据学生学业程度的不同分成特等、头等、二等、三等四个等次,每个等次又分为若干个班级,现将首年西学课程实施情况列表如下(见表4-6)。

---

① 林乐知.中西书院课规[M]//钱锺书,朱维铮.万国公报文选.北京:生活·读书·新知三联书店,1998:495.
② 林乐知.中西书院课程规条[M]//钱锺书,朱维铮.万国公报文选.北京:生活·读书·新知三联书店,1998:493—494.

表 4-6　上海中西书院初创时期首年西学课程实施表

等次、班级		课　程　安　排
特等		① 华英通用要语,② 读念法书,③ 地理启蒙,④ 文法,⑤ 习学翻译,⑥ 习学拼法,⑦ 习学唱诗
头等	第一班	① 读华英要语,并问答白话,② 读法,智环启蒙,③ 习学翻译,并用小字典,④ 笔述拼法,⑤ 用格学字。
	第二班	① 读拼法书,② 读华英通语,③ 笔述拼法,④ 用格学字。
	第三班	① 读拼法书,② 笔述拼法,③ 用格学字。
二等	第一班	① 读华英通语,并问答白话,② 读首等念法书,③ 笔述拼法,④ 用格写字。
	第二班	① 读拼法书,② 读华英要语,③ 笔述拼法,④ 用格写字。
	第三班	① 读拼法书,② 笔述拼法,③ 用格写字。
三等	第一班	① 认字拼法,② 笔述拼法,③ 用格写字。
	第二班	课程与第一班同。

从这份课程实施表中,我们可以了解到如下信息:第一,中西书院的学生入学时已有不少人接触过西学,说明当时一些工商买办或士绅家庭已经注意到对西学的学习。第二,中西书院采用的实际上是能力分组的教学模式,这种模式在近代中国新式学校中还是第一次被采用,至少在这之前没有像这样大规模地运用过。第三,中西书院之所以能采用这种能力分组的方式进行教学,得益于它的招生规模。中西书院首期招生达 300 余人,这无论就上海还是全国而言,都是首屈一指的。

中学课程也将学生分为超等、一等、二等、三等,中学等级不必和西学等级对应,而是根据其中学的程度。中学由沈毓桂主司其事,中学课程的科目和各等级的安排可于下列周课程表(见表 4-7)中见其一斑。

表 4-7　上海中西书院初创时期中学课程实施表

星期 \ 等级 \ 课程	超　等	一　等	二　等	三　等
星期一	请教习讲文一篇,熟读三十遍	请教习讲尺牍一篇,熟读三十遍	不读生书,温习上星期所读之书,经教习背熟	请教习讲字义
星期二	自己温习"五经"	自温熟书	教习讲书	教习讲对

续表

星期＼课程＼等级	超等	一等	二等	三等
星期三	作文：由教习向监院请题	由教习向监院请题作尺牍一篇，不能作尺牍者，请教习讲书	教习讲对	教习讲字义
星期四	教习讲诗一首，并自温熟文	讲还礼拜一所讲之尺牍	讲还礼拜一所讲之书	教习讲对
星期五	由教习向监院请题作诗，当晚由教习改正后，另缮一纸以备监院校阅	请教习出对	请教习出对	教习讲字义
星期六	（无课）	（无课）（行有余力者习楷书）	讲还礼拜三所讲之对（行有余力者习楷书）	教习讲对

中西书院初办时还带有一定的慈善性质，不收学费，但收取杂费，"诸生脩金，一概不取。西书、石板、铅笔、墨水，院主代办，偿还值价。中书并纸、墨、笔、砚，各人自备"。① 而办学经费依靠中外人士捐助和富裕学生家庭的赞助，显然与早期教会学校面向贫苦家庭子女不能同日而语。而从实际的招生情况来看，学生显然均来自较为富裕的家庭，林乐知曾不无得意地说："每一个学生都毫无例外地来自居住在上海的最优良的家庭，并且几乎包括中国每一个地区的人。"②

到1891年，中西书院已经全额收取学杂费。"学生每年中西两学脩金二十四圆，全日专西学五十圆，半日专西学三十圆，两期分送。上期于新年开学之前如数缴足，方准入院肄业；另茶水一圆，上期总付。""学生中学应用书籍纸砚，概归自办。唯西书字簿由本书院代办，收回值价，概不记账。各座备有墨水，每年每人出洋一角，取其简便，洋笔自办。""房金议定每年每人六圆，分作上下两期，与脩金同缴进院。""住院学生每月巾膳费两圆，一粥两饭，四簋荤素各半。……朝来暮去等生欲贴中饭一餐亦可，每月一圆，按月交付。""雇工服役，住院学生

---

① 林乐知.中西书院课规[M]//钱锺书，朱维铮.万国公报文选.北京：生活·读书·新知三联书店，1998：495.
② 熊月之，张敏.上海通史·晚清文化[M].上海：上海人民出版社，1999：225.

每月每人出洋三角。"如果学生有违院规被开除出院,"所付脩金一概不还,以作罚款"。学生如有损坏院方物件者,一律照价"各自赔偿"。① 由此可见,收费项目之明确,语气之坚决,不容有任何讨价还价的余地。虽然 1891 年院规规定每年可以有 15 个名额照顾孤寒子弟,但入学要求极严,而且脩金只能议减,不能全免。总之,此时的中西书院绝非清寒人家子弟所能问津。

中西书院经过十多年的经营,到 19 世纪 90 年代,确实也造就了不少学生,在海关、电报局、南北水师学堂、铁路、商行等处任事,但与林乐知创办时的理想相去甚远。1895 年,林乐知辞去监院一职,由潘慎文继任,自此以后,中西书院的西人教师增多,宗教课程加重,逐渐趋同于一般教会学校。1905 年,校政改由嘉约翰担任,到 1911 年实质性并入东吴大学,校址选在苏州,中西书院的上海昆山路旧址则改为中西中学。

2. 圣玛利亚女校

圣玛利亚女校创办于 1881 年,亦称圣玛利亚书院,系在上海文纪女塾的基础上,与裨文女塾之一部分学生合并而成,创办人为美国圣公会主教施约瑟。文纪女塾由美国传教士琼司女士于 1851 年创办,校址在虹口礼拜堂后,开始时仅有学生 8 人,均住校。因来学者少,不仅免费,而且给以衣食。后遇荒年,学生有所增加。对于这些学生,琼司怕她们日后离去,规定不管学业程度如何,年龄到 18 岁方得毕业,年龄到 18 岁后,不管程度优劣则均毕业离校,后来裨文女塾和初创时的圣玛利亚女校均仿此办法,可见早期教会女校招收学生之艰难。学生以学习纺织、缝纫、园艺、烹调等技术为主,只在上午略读《圣经》和"四书",只有优秀学生,才稍教习英文。

圣玛利亚女校成立后,设址梵皇渡路(今万航渡路)圣约翰书院后面,由中国女子黄素娥为首任校长,1890 年黄素娥与圣约翰大学校长卜舫济结婚后,由孙罗以(Miss. S. L. Dodson)任校长。初创时招收学生 40 余人,其中由文纪并入者 11 人,由裨文并入者 9 人。1885 年校内附设育婴堂,由黄素娥兼管其事。1900 年举行第一次毕业典礼,仅朱静贞一人毕业。"规定修学年限为八年,并扩充范围,征收学费,招收教外学生;而一切课目,亦自此日臻完备之境。"②1903 年设立琴科,1908 年添师范科,增设图书馆。1910 年举行第一次师范生毕业典

---

① 林乐知.中西书院规条[M]//朱有瓛,高时良.中国近代学制史料(第四辑).上海:华东师范大学出版社,1993:283—286.
② 朱有瓛,高时良.中国近代学制史料(第四辑)[M].上海:华东师范大学出版社,1993:307.

礼,有毕业生10人。

民国初年制订的《圣玛利亚女书院章程》①为学校的规范化发展奠定了基础,民国成立后学校规模有所扩大。1923年迁入白利南路(今长宁路)新校舍。到1929年为止,计有八年制毕业生100人,师范毕业生17人,初中毕业生137人,高中毕业生145人,中文特级毕业生63人。民国时期的圣玛利亚女校已基本贵族化,该章程规定学生每年脩金为84元,相当于普通工人10个月的工资,外加小费,专学西文者一年学费更高至168元,这不是一般人家所能负担得起的。该校于1952年由人民政府接管,与中西女中等合并成立上海市第三女子中学。

3. 中西女塾

中西女塾于1890年始创并筹建校舍,1892年开学,发起人为林乐知,创办人为1884年应林乐知之约来沪的美国南方妇女监理会女传教士海淑德(Laura Haygood,1845—1900)。校址在汉口路西藏路口,首任校长即海淑德,1892年3月17日开学时,最初学生7人,全部来自基督教家庭,以后逐年增多。学校英文名"墨梯学校"(McTyeire School),系纪念美国南方教会领袖、对中西女塾创办提供重大资助的墨梯主教。1900年海淑德在上海病逝,连吉生(Helen Richardson)继任校长。1899年、1907年两次添建校舍,学校规模有所扩大。

根据1904年制订的《上海中西女塾章程》,②凡年龄在8岁以上者均可入学就读,学校中西学并重,如欲专读西文,必须由父母在入学前予以声明,"唯宗教书不能不读",中学与宗教的地位孰轻孰重不言自明。从章程规定的西学课程(见表4-8)来看,该校尤重英文,十年西学课程计划,英语贯穿始终。

表4-8 中西女塾西学分年课程计划(1904年)

年　次	课　　　　程
第一年	英文(初号书,第一号书,二号书),算学(心算),圣道(三字经问答)
第二年	英文(三号书浅文法),算学(笔算),圣道(耶稣言行传上半)
第三年	英文(四号书浅文法),算学(笔算),格致(地理志),圣道(耶稣言行传下半,圣经中史纪一二)

---

① 朱有瓛,高时良.中国近代学制史料(第四辑)[M].上海:华东师范大学出版社,1993:309—315.圣玛利亚女校于1915年改为学制12年,小学8年,中学4年,该章程实行小学4年,备级4年,正级4年,与12年制吻合,或许该章程便订于该年。

② 同上:299—302.

续表

年　次	课　　　　程
第四年	英文(五号书文法),算学(笔算),格致(地理志,地势学),圣道(圣经史纪完)
第五年	英文(六号书文法,作论),算学(笔算),格致(地势学,身理学),圣道(新约)
第六年	英文(作文法,作论),算学(笔算,代数),格致(动物新编,地学),圣道(天道溯源,性学)
第七年	英文(作文法,作论,万国通鉴),算学(代数),格致(格物质学),圣道(旧约)
第八年	英文(万国通鉴,作论),算学(形学),格致(植物学),圣道(旧约)
第九年	英文(英文名专书,作论),算学(八线),格致(天文),圣道(旧约)
第十年	英文(英文名专书,作论),算学(八线),格致(化学),圣道(旧约)

章程还规定:"住馆学生,每月脩洋五元,膳洋三元正。每日一粥两饭。洗衣服役有人,不须该生亲自劳动。"其贵族特色显露无遗。另外,该校重视家政教育在上海也是出了名的,但不包含烹饪课,因为学生是"高贵"华人的女儿,下厨房自然不是必需的工作。第二任校长连吉生还专门从美国请来了他的嫂子,以美国的家庭生活方式来训练学生。

1917年,中西女塾迁入忆定盘路新址,占地达3.5万平方米,规模大为扩充。中西女塾的前六任校长都是美国人,因20世纪20年代国内的收回教育权运动,政府要求教会学校向政府立案,1930年,该校在国民政府立案后改称私立中西女子中学,由华人杨锡珍担任校长,1936年起由薛正任校长。1952年被人民政府接管,与圣玛利亚女子中学合并为上海市第三女子中学。

洋务运动时期是中国教育近代化的启动时期,此时先于洋务教育开展的教会教育在实现其宗教目标的同时,也在一定程度上承担了中国教育近代化的任务。上海作为洋务活动最频繁的城市,对具备一定西学基础的洋务人才的需求最为迫切,因而此间上海的教会学校在相当程度上补充了洋务学堂的不足。其一,教会学校一般具有综合性和基础性的特点,课程除宗教科目外,普遍开设外语、儒学(包括中国文史)、西学等,以培养通用性和通识性人才为目标,弥补了洋务学堂过于专门化的不足。其二,1877年第一次在华基督教传教士大会之后,基督教教会学校逐渐形成自初等教育至高等教育的完整办学体系,而上海是率先形成这一办学体系的城市,与此同时,上海的洋务学堂严格说来仅有中等技术教育一个层次,在满足不同层次的西学教育要求方面,教会学校明显高出一筹。其三,洋务学堂在办学过程中也常借重教会学校,录取具有一定西学和外语程度的教会学校学生直接进入专业学习,如上海电报学堂招生时就有来自教会学校的学生。教会学校还是中国人学习西方教育的"样本",通过教会教育这个渠道,中国人开阔了教育视野,而上海在近代教育观念上之所以走在全国的前列,如开办第一个私立新式学堂正蒙书院、设立近代第一所女子学校经正女学等,未尝不受惠于教会教育的影响。

当然,教会学校的宗教和殖民本质并未因其实际影响而改变,传教士们不会忘记寓宗教于教育之中,一些著名的教会学校虽然只保留了少量的宗教课程和宗教仪式,但借此以宗教道德标准影响学生的价值观念,其效果却是显著的。传教士之所以在办学形式和课程上向中国社会让步而不遗余力地拓展教育空间,其用意就在于掌握办学的主动权以支配中国教育的发展方向,渗透其价值观念。

第三节 教会学校办学层次提高的个案:从圣约翰书院到圣约翰大学

1877 年第一次在华基督教传教士大会以后,基督教教会学校开始向规模化、制度化、专业化和高层次化的方向发展,近代中国著名的教会大学——圣约翰大学就是教会学校在此后至 20 世纪初的一段时间,完成由普通教育向高等教育的过渡的。

一、发展概况

1. 初创与起步

美国基督教圣公会曾在上海设立培雅书院(1865 年)和度恩书院(1866 年)两所寄宿制学校,但规模小,程度低。1879 年美国圣公会主教施约瑟将两校合并,取名为圣约翰书院,校址在上海市梵皇渡路(今万航渡路)。

施约瑟为俄籍犹太人,出生于立陶宛,在美国长大。他于 1859 年来华传教,先在北京学汉语,然后在华北从事翻译与传教工作达 13 年之久。1877 年 10 月在美国受主教职,翌年 10 月再次来到北京。他认为在中国办一所美国式的大学很有必要,于是开始了这方面的努力。施约瑟在美国募捐到 6 500 美元,并获得圣公会董事拨给的常年维持经费。这样,圣约翰书院于 1879 年复活节后一日开始施工,是年秋竣工,正式开学。

学院以"光与真理"(Light & Truth)为校训,后又加进了孔子的格言"学而不思则罔,思而不学则殆"。圣约翰书院早期的校徽上就刻着这两句话,前者用英文,后者用中文,颇有中西文化珠联璧合的意味。后来《约翰声》对"光与真理"一语作诠释:"我们要使约翰书院成为中国的光和真理的火炬,没有再比这个目标更崇高的了。我们将努力给予我们的学生一个广阔的、丰富的和基督化的教育。我们将最充分地教授英语和文学,我们相信这将有助于扩大学生的智能水平。我们将传授科学,不仅因为科学有实用的价值,还由于科学真理和其他一切真理都来源于上帝。"①这些诠释基本揭示了圣约翰书院的办学宗旨。

圣约翰书院初创时期,校舍简陋,楼下为课室、膳堂、图书馆及礼拜堂,楼上为宿舍,可容学生80人。此外,又造三所宿舍,供教职员住宿之用。圣约翰书院初创时只有学生49人,主要来自培雅和度恩两书院。首期学生均为免费生,90%皆为教友。学生的衣服、饮食、书籍、文具等都由学校供给。第二学期增至71人,已接近当时校舍所能容纳的最大容量。"学生除少数研究神学者外,仅有中等程度。"②1881年,设立英语部,1884年又建了礼堂,此后几年规模又有一定的扩展。但圣约翰书院有较大的发展是在卜舫济主持校务之后。

建校初期,施约瑟名义上是圣约翰书院的负责人,直到1883年因中风而辞职,但实际上,校务由颜永京主持。颜永京于1888年辞职担任专职牧师,校务由汤森暂行代理,旋即由卜舫济任校长。

卜舫济(Francis Lister Hawks Pott, 1864—1947),1883年毕业于哥伦比亚大学,随即进入纽约总神学院攻读神学,由于他在课余教一些中国人学英语,开始对中国产生兴趣,并希望能在毕业后到中国当一名传教士。1886年,卜舫济受美国圣公会的派遣来到上海。到上海后,他一边在圣公会学习汉语,一边在圣约翰书院兼职教英文。一年多后,他即给圣公会差会部写报告,建议提高圣约翰书院的英语教学地位,得到赏识,加之圣约翰书院当时正缺管理人才,差会部于1888年指派他任圣约翰书院校长。自1888年至1939年正式辞职,卜舫济在任50余年,成为对圣约翰大学影响最大的人物。

2. 成立大学部

卜舫济担任校长以后,学校在短短几年里发生了两个重要变化:一是加强了英语教学,二是设立大学课程。当时,圣约翰书院除神学科目外,原只是

---

① 顾长声.从马礼逊到司徒雷登——来华新教传教士评传[M].上海:上海人民出版社,1985:400.
② 卜舫济.圣约翰大学沿革略[M]//朱有瓛,高时良.中国近代学制史料(第四辑)[M].上海:华东师范大学出版社,1993:426—427.

一个具有中等程度的学校,所学内容只是一些基础课和宗教课。19 世纪 80 年代后期,有些中学生毕业后,还愿留校进修高等学程,于是圣约翰书院自 1892 年起开始设立大学课程,学习期限为三年,课程属于文理科范围,但在中学的基础上有所加深。1895 年,有三名学生从高等课程班毕业,算是圣约翰书院的第一届大学毕业生。

1896 年 1 月 15 日,卜舫济给圣公会差会部写了一封意见书,建议在书院增设大学部,开设文理、医学和神学三科,文理科学制 3 年,医科学制 4 年,神学科收文理科毕业生,学制 3 年,可见神学科为研究院层次。① 圣公会差会部批准了他的意见,从此,圣约翰书院的大学部又有了分科与专业。

就在这前后,圣约翰书院的规模又有所扩大。1894 年,怀施堂开工并建成,可容纳的学生数大为增加。1896 年,又建造了一座名曰格致室,可容纳 50 人的校舍,"凡教室,物理、化学试验室,博物院悉备",大大改善了理科的教学条件。与此同时,大学部的人数也在不断增加,1897 年,有医科学生 5 名,神学科学生 4 名,1899 年大学部共有 27 名学生,教徒学生与非教徒学生的比例为 1∶3。非教徒学生每学年缴纳学费 120 元墨银,大多为富家子弟,而教徒学生可以减免,这是促使非教徒学生入教的一个重要原因。

谈到圣约翰书院的医科,必须交代一下它的来源。原来也属于美国圣公会的传教士文惠廉医生在虹口负责一个小型的医院,他在 1880 年曾组织了一个班的学生,以培养他们作为医生的助手,后来就成为医学校。由于文惠廉同时又在圣约翰书院教授理科课程,但两地遥远,所以他一直希望把他的医学校迁到圣约翰书院,以减少两地奔波之苦,后来果然实现,圣约翰书院的首期医科学生即由此而来,文惠廉也成为圣约翰书院医科的第一任负责人。

1900 年义和团运动期间,卜舫济感到非常害怕,唯恐冲击上海,所以他当年给学生放了一个长长的暑假。风暴过去之后,卜舫济将学费从全年的 120 元提高到 140 元墨银,并设置了一些奖学金和减免学费名额,以鼓励一些他认为可以培养的穷学生读神学或别的科目。

据 1904—1905 年度报告,圣约翰书院共有学生 187 名,大部分来自富有商人家庭,学生来自全国 8 个省份,甚至还有来自美国夏威夷的学生。学生中有

---

① 顾长声.从马礼逊到司徒雷登——来华新教传教士评传[M].上海:上海人民出版社,1985:395.

教徒57名。大学部已有学生46名,占到全校学生的四分之一,已经毕业者13人。① 从1895年有首期大学毕业生到1905年向美国申请注册,圣约翰大学培养了为数可观的西学人才(见表4-9)。

表4-9 圣约翰大学注册前西学科先后卒业生(1895—1905年)姓名、职务全录②

毕业年份	姓　名	毕　业　后　职　业
1895	胡浚康	事未详。
	曹福赓	福得比时学校理科学士,已故。
	吴任之	英国鲜斐文特大学1907年工科学士,1908年工科硕士,1916年本校理科博士。现充汉阳钢铁厂总办。
1896	颜明庆	事未详。
1899	张文廷	美国伊利诺大学1913年农科硕士,上海沪宁铁路副文案。
1908	吴聿怀	本校1908年文科学士,吴淞圣公会会长。
	袁杏生	已故。
1900	张锡良	长沙经正学校西学教员。
	周光松	本校医科卒业,已故。
	朱葆元	哥伦比亚大学1914年文科硕士,上海救主堂会长,昌世中学校长。
	萧智吉	本校医科卒业。上海五洲大药房医士。
	龚懋恩	本校医科卒业。北京警察厅医员长。
	曹延生	耶律大学1911年文科学士,1914年商科硕士。现充任出使英国随员兼在伦敦大学肄习理财学。
	吴元润	已故。
1901	张予权	汉口怡和洋行。
	陈孚卿	粤汉铁路总办文案。
	程履祥	已故。
	朱树翘	上海青年会中学校长。
	倪锡纯	耶律大学1910年理科学士,宾夕法尼亚大学1911年理科硕士,雪雷克斯大学1912年工科硕士,东方地产有限公司庶务员。

---

① 顾长声.从马礼逊到司徒雷登——来华新教传教士评传[M].上海:上海人民出版社,1985:396.
② 圣约翰大学章程汇录(1918.9—1919.7)[M].上海美华书馆印行//朱有瓛,高时良.中国近代学制史料(第四辑).上海:华东师范大学出版社,1993:447—450.

续表

毕业年份	姓　名	毕　业　后　职　业
1901	史悠明	北京外交部签事。
	刁胏力	北京外交部签事。1910年前清朝考法科博士,1911年钦赐翰林,英国坎不利奇大学1907年文科学士,英国伦敦大学1908年法科学士,英国坎不利奇大学1909年文科硕士。
1902	张嘉甫	上海何庆丰洋货号办事员。
	张丹楼	已故。
	丁莲伯	湖州浙江第三中学西学教员。
	吴清泰	现充交通部路电材料会会员。
1903	陈诗豪	浦东公和祥公司。
	周诒春	本校1907年文科学士,美国耶律大学1909年文科学士,美国伟斯根辛大学1910年文科硕士,1911年前清朝考进士,1915年本校文学博士。现充议员。
	谢昌熙	已故。
	郭承恩	英国鲜斐尔特大学1913年工科学士,现充汉阳钢铁厂工程师。
	谭以礼	本校1908年医学博士。海宁路1510号医局。
	刁信德	本校1908年医学博士。笨西斐泥亚大学1913年卫生学博士。现充上海同仁医院内科医士及本校医科教授。
	杨盛林	本校医科卒业,现在行医。
	颜福庆	本校医科卒业。美国耶律大学1909年医学博士,英国律法普尔大学热道药性学博士,现充长沙耶律学校医科科长。
	严鹤龄	本校1907年文科学士,哥伦比亚大学1909年文科硕士,1911年理学博士,前清朝考博士。现充北京外交部参事。
1904	张有伦	已故。
	郑肇桐	美国宓查礼大学1913年农科学士。已故。
	朱大发	已故。
	瞿同庆	本校1915年文科学士。现充本市青年会学校校长。
	徐善祥	美国耶律大学1909年理科学士。现充长沙耶律学校化学教员。
	金岳祐	德国1915年工科硕士。现充萍乡煤矿工程师。
	李广仁	现充北京清华学校西文文案兼册籍员。
	李茂林	上海海关书记员。
	凌善芳	已故。

续表

毕业年份	姓　名	毕　业　后　职　业
1904	谭郁山	已故。
	唐石顽	事未详。
	王房全	武昌文华大学文科学士,现仍留学美国。
	袁礼敦	上海裕昌煤号副经理。
1905	陈既明	已故。
	陈灿勋	本校1910年文科学士。现充大冶铁厂英文书记员。
	江虎臣	本校1907年文科学士,苏格兰爱典伯大学1912年医科学士,化学学士。现充湖北大冶威斯来延教会医院院长。
	周森友	本院医科卒业,本校1911年文科学士,美国医科惠斯敦卢善务大学1915年文科硕士、医学博士。现充爱仁医院院长。
	朱友渔	本校1907年文科学士,美国哥伦比亚大学1910年文科硕士,1912年道学学士、理学博士。现充本校本学教授襄理礼拜堂事务。
	李承翰	现充江苏省立第五中学英文教员。
	聂文藻	汉口出口货洋行书记员。
	吴元德	已故。
	俞庆恩	本校1908年医科博士,笨西斐泥亚大学1913年卫生学博士。现充交通部上海工业学校校医兼行医道。
	余日章	美国哈佛1910年文科硕士,上海总青年会总书记。

3. 向美国大学注册

到1905年,圣约翰书院已经成为一所吸引全国尤其是江浙地区学生踊跃报考、具有大学教育程度的教会学校。圣约翰书院的毕业凭照(类似于今天的毕业证书)比较简单,学生备馆毕业后给予执照,作为升入正馆的根据,正馆毕业后给予文凭作为本院毕业生的凭证,中西两斋的凭照只要经监院签字后即可生效。① 这样的凭照并不被政府当局所认可,就是在普通百姓眼里,教会大学也是独立于官办教育体系之外、享有特殊权利的外国教育机构。卜舫济对此深有体会,早在1895年他就不无伤感地指出,"中国人并不认为西方知识与他们自己的传统文化具有同等的地位,因为没有任何个人、机构承诺对我们的毕业生

---

① 圣约翰大学堂章程汇录(1904.3—1905.1)[M].上海美华书馆印行//朱有瓛,高时良.中国近代学制史料(第四辑).上海:华东师范大学出版社,1993:447—450.

与国立大学的毕业生一样一视同仁,保证我们的毕业生能够找到工作或者为他们开启走上仕途的大门"。①

1905年,卜舫济意识到圣约翰书院的"程度逐渐提高",有必要"议及学生学位问题",②学校就此进行了讨论。1905年11月9日,驻美董事会提出申请并获得哥伦比亚特区批准,正式定名为上海圣约翰大学,此后从该校毕业的学生获得了与美国大学生同等的学位,成绩优异者还可获得到美国留学的机会。此外,美国圣公会的16名主教、14名牧师和15名教徒组成托事部,任命卜舫济为圣约翰大学校长。1906年,按照哥伦比亚特区的有关大学条例,圣约翰大学可以向本校学生正式授予文凭,并授学士学位。1907年2月,第一次被授予学士学位者共计六人,分别为周诒春、严鹤龄、江虎臣、朱友渔、蒋柯亭、顾子仁。由于学院的毕业生可以不经过考试直接到美国深造,从1907年到1908年,有三十余名圣约翰大学的毕业生到美国留学,十余名到英国留学,这些学生回国后不仅在教会担任重要工作,而且许多在中国的政府机关、工矿企业、洋行担任要职。

卜舫济之所以选择向美国注册,首先是因为他对美国高等教育制度的认同。卜舫济接受的是地地道道的美式教育,以美国大学为蓝本塑造圣约翰书院也无可厚非。卜舫济一直希望圣约翰书院能成为"治外法权庇护下,设在中国土地上的一所美国学校"③,以培养未来能够左右中国政局的精英人才,来传播基督教的"光与真理",最终实现为美国服务的目的,圣约翰大学向美国注册正是实现自己计划的一个步骤。其次是出于与各类大学竞争和毕业生出路的考虑。如前所述,清朝末年,中国官方和民间对包括圣约翰书院在内的教会大学是不予承认的。1906年,清政府学部还咨告各省督抚:外人在内地开设之学校,均毋庸立案,所有学生概不给予奖励。④ 这种做法自然有"拱手让权"的消极一面,但不允许教会大学在中国立案,不给予奖励,也使他们的毕业生不那么"名正言顺",这在一定程度上有维护本国教育主权的用意。同时,20世纪初,清政府在实行"新政"的过程中已逐渐建立起自己的新式高等教育体系与高等学校。此时,为了提高教会大学的整体水平,各教派、各学校之间的联合,特别

---

① The St. John's Echo, 1895 − 11 − 20.
② 卜舫济.圣约翰大学沿革略[J].教育季刊,1925,1(1).
③ 顾长声.从马礼逊到司徒雷登——来华新教传教士评传[M].上海:上海人民出版社,1985:398.
④ 舒新城.中国近代教育史资料(下)[M].北京:人民教育出版社,1966:1077.

是高等学校的联合也提上了议事日程,①这就给刚刚有点起色的圣约翰书院带来了挑战。虽然圣约翰书院的学生可以暂时凭借医学知识和英语优势找一份相当不错的工作,但随着时代的发展,其他大学也在这么做,竞争势必非常激烈。而且,对卜舫济来说更重要的是,作为一名传教士,这与他的终极目标相差太远。通过在美国注册,学生们可以获得与美国大学生同等的学位,无形中就披上了一层美丽的光环;而且还可以到美国继续深造,对他们来说更是一个巨大的诱惑。可见,解决毕业生的"身份"问题,实际上就是在为圣约翰书院做无言的宣传,所以卜舫济必然会考虑这一重要问题。事实上,通过在美国注册,圣约翰书院确实赢得了更大的声誉,一时成为中学生向往的大学。

4. 办学经费

近代中国的教会大学中,圣约翰大学自始至终受美国圣公会的单独控制,不像其他教会大学,随着时间的推移,都逐渐由单个差会独办走向不同差会联合办学,如齐鲁大学由美国长老会和英国浸礼会合办,金陵大学由美国基督会、长老会与美以美会合办等,其经费筹集属于多差会共同负责,而圣约翰大学在教会方面却一直只有圣公会差会的拨款。从建校之初到1900年,差会和同学会始终是该校经费来源的主要渠道。差会主要委托学校的托事部来管理此项事务。托事部,亦称为托管会,是教会领导下负责学校管理的组织,多设在海外,其职责之一便是通过制定详细的管理规程和实施细则来控制教会大学的主要经费拨款。圣约翰大学每年都能获得圣公会拨给的常年维持经费计70万元,由托管会负责管理,基本上能够保证学校早期的大部分费用支出。

后来,随着学校规模的扩大,单靠差会的拨款已远远不够,显得捉襟见肘。这时,已毕业的同学成为劝募的重点对象。1900年,圣约翰大学成立同学会,这对学校的发展作出了很大贡献。据统计,至新中国成立之前,该校校友共募集和捐赠了30.4万两白银、5 000银元、4 700美元。② 仅1902年一年,以筹划第三次建筑为名,就由同学会捐款折合7 000美元,苏州河北岸占地面积约七八十亩的运动场即是此次捐资的成果。无怪乎卜舫济在《圣约翰大学沿革略》中深有感触地说:"本校同学会之创设,实开全国学校之先……对于本校扩充计划,多有赞助焉。"③这应是对圣约翰同学会的中肯评价。

---

① 栗洪武.西学东渐与中国近代教育思潮[M].北京:高等教育出版社,2002:131.
② 毛礼锐,沈灌群.中国教育通史[M].济南:山东教育出版社,1998:441.
③ 卜舫济.圣约翰大学沿革略[J].教育季刊,1925,1(2).

1900年以后,当差会给圣约翰大学的津贴逐渐减少,同学会的捐助也有限时,学生的学杂费便成为该校经费的主要收入和稳定可靠的来源。表4-10所列出的数据即是明证。

表4-10 圣约翰大学经费来源表 (单位:中国币元)①

年 别	教会津贴	捐款	学杂费	杂项收入	总收入	教会津贴所占百分比
1894—1895	7 115	179	4 338	626	12 257	58%
1899—1900	7 503	98	12 780	1 340	21 721	35%
1909—1910	8 463	199	48 774	11 768	69 204	12%

此外,1904—1905年的《圣约翰(书院)章程汇录》第二十九章也明确记载:备馆学费每年180元,分两期缴纳,均在上下半年开课日。新生进院须订定关约,以足两年为期,如欲中止,其学费仍应缴足两年。正馆学费每年120元,缴纳期同备馆。此外,缴体操费18元,该费三年后再缴,因操装须三年更换一次。唯操靴穿用较紧,取易敝败,不在此例。运动会费每年两元,亦在上半年开课日缴纳。西斋教科书应另缴书费。其他钞本及石版、石笔等均一律出资,梳剃洗衣等概另费。这样,平均每个学生每学年缴纳的学杂费在200元左右。学杂费之高,非普通人家所能承担。

另外,圣约翰大学的一些重大购地、建筑以捐款为多,特别是在早期,但到后期则以学校自筹经费为主(见表4-11),自筹经费主要来自学生的学费。

表4-11 圣约翰大学购地建屋资金来源表②

购地或建成年份	土地或校舍名称	在美国募得的钱	在中国募得的钱	校友和学生捐款	学校自备款
1879	最初购地84亩	6 500两银子			
1879	最初小校舍和四所住宅	不详,但据称很便宜			
1884	校内拜堂,后经扩大	美国人捐款,数额不详			
1894	怀施堂	20 000美元	3 000美元		

---

① 李才栋,谭佛佑,张如珍,李淑华.中国教育管理制度史[M].南昌:江西教育出版社,1996:846.
② 郑朝强.我所知道的上海圣约翰大学[M]//中国人民政治协商会议全国委员会文史资料研究委员会《文史资料选辑》编辑部.文史资料选辑(第91辑).北京:文史资料出版社,1983:83.

续表

购地或建成年份	土地或校舍名称	在美国募得的钱	在中国募得的钱	校友和学生捐款	学校自备款
1897	旧科学楼	15 000美元	4 000两银子		
1904	思颜堂	22 000美元		7 000美元	
1908	思孟堂	15 000美元	7 000美元		
1909	苏州河东72亩作体育场的土地			5 000银元	
1911	南面靠万航渡路的72亩土地连办公楼				140 000两银子
1915	图书馆			10 000美元	
1919	体育馆和游泳池			35 000两银子	
1921—1923	新科学楼和设备（科学实验用）	80 000美元①			20 000美元
1924	西门堂（中学校舍）	5 000美元	50 000两银子②		
1929	交谊堂			75 000两银子	
1934	过苏州河木桥			捐献数字不详	
1935		157 000美元	10 000美元	款额不详,半数自备半数捐献 17 000美元　20 000美元	
1935		6 500两银子	54 000两银子	110 000两银子 5 000银元 47 000美元 304 000两银子 5 000银元	140 000两银子

注：① 洛氏基金会的捐款。② 在上海经商多年的美国人捐款。

5. 民国成立前的学校构成与课程

到民国成立前夕,圣约翰大学已经发展成为一所包括中学、大学本科的多层次学校,成为一所名副其实的高等学府。

圣约翰大学由一所中学程度的书院发展而来,1896年设立大学部时,中学部仍是圣约翰书院的主体,1905年学校在美国注册以后,大学部成为学校的主体,但中学部仍长期与大学部合在一起。直到1924年,才把中学部与大学部分开,中学的教室和宿舍都移到西门堂(西门夫人为纪念在沪经商逾四十年的丈夫捐建),校址即原圣玛利亚女校旧址,而圣玛利亚女校则迁至白利南路(今长宁路)。学校负责人最初称中学校长,1896年设立大学部后改称大学校长,但仍兼管中学,直到1918年才任命一位中学部主任,名那敦(John Randall Norton)。①

但是,圣约翰书院的中学部在中文的《圣约翰书院章程》中不称"中学",而称"备馆";大学部也不称"大学",而称"正馆",直到民国成立前还一直这样称呼。因此"备馆"即中学,"正馆"即大学,但称"备馆"而不称"中学",寓有大学预科的意思,这也是它长期不能从大学部独立出来的一个原因。备馆学制4年,在程度上略相当于清末学制中的高等学堂和1922年新学制中的高级中学。1918年,备馆从名称上正式改为中学,并公布了独立的《圣约翰大学附属中学章程》,学制仍为4年,任命了中学部主任,管理上具有了独立地位。

圣约翰书院的正馆分为"西学"和"中学"(相对于西学而言)两大部分。西学部又分为普通科(即常说的文理科)、道学科(即通常所说的神学科)和医学科。在1906年向美国注册以前,正馆的修业年限分别是西学普通科3年、医学科4年、道学科3年。按该校惯例,道学科收文理科大学部(即西学普通科正馆)的毕业生,所以应是研究院层次。1906年以后,改为普通科4年、医学科5年。中学正馆修业年限的变动情况一如西学的普通科。

在课程设置上,中学的备馆对应于中学的正馆进行预备,西学的备馆对应西学的正馆进行预备,不相混淆。表4-12是四年制西学正馆普通科(相当于大学文理综合科)的四年制课程计划(1909年9月—1910年7月实施),可见其程度。

---

① 郑朝强. 我所知道的上海圣约翰大学[M]//中国人民政治协商会议全国委员会文史资料研究委员会《文史资料选辑》编辑部. 文史资料选辑(第91辑). 北京:文史资料出版社,1983:89—90.

表4-12　圣约翰大学西学正馆普通科课程实施计划表(1909年9月—1910年7月)①

学　年	课　　　程
第一年	① 史学：泰西近古史。② 格致：应用格致、化学。③ 文法：文辞法程,作论说。④ 文学：泰西上古文学史。⑤ 算学、代数学、几何学。⑥ 圣教课：新约书信
第二年	① 史学：上半年英国历史,下半年美国历史。② 格致：习用体质学、化学。③ 文法：文辞法程,作论说。④ 文学：泰西文学史(名大家之论说)。⑤ 算学、二角学、二几何。⑥ 社会学、理财学。⑦ 拉丁文。⑧ 圣教课：基督教证据
第三年	① 史学：上半年法国历史,下半年德国历史。② 格致：吸、电学：应用格致。③ 文法：作论说、词章。④ 文学：泰西文学史。⑤ 形而上学：上半年心理学,下半年名学。⑥ 算学：测量、圆锥曲线八。⑦ 社会学：上半年天演学,下半年社会学。⑧ 拉丁文。⑨ 法文。⑩ 德文。⑪ 圣教课：各教比较
第四年	① 史学。② 格致：上半年天文学,下半年地学。③ 物理学：理学史。④ 文法：著作及理论。⑤ 文学：西国名剧。⑥ 算学：工学、建学、圆锥曲线八。⑦ 社会学：万国公法。⑧ 教育学。⑨ 拉丁文。⑩ 法文。⑪ 德文。⑫ 圣教课：旧约诗篇

二、办学特色

1. 突出英语教学

在中国近代著名的教会大学中,圣约翰大学因其在英语教育上的突出成就而一枝独秀,这与圣约翰书院自19世纪80年代初开始就重视英语教育而且长期坚持密不可分。

圣约翰书院在初办时,"各科均用中国言语教授,初用普通国语,继以学生大半来自苏省,改用本地方言"。1880年,学校开设英文课,"最初主讲者,为美国施女士,成绩顿著,从学者始渐众矣"。②　1881年10月,圣约翰书院正式设立英语部,这是因为在上海"英语知识可以有商业价值,可以培养青年使他们能在外国商行里谋职,学校当局决定满足这项需求"。③　种种迹象表明,圣约翰书院当局作出这样的决定似乎并非出自本心。主持校务工作的颜永京虽然对这一决定投了赞成票,但他对此举是否明智仍有怀疑。在书院担任自然科学课程教学的文惠廉也在1881年说过反对读英语的话,因为顾虑这会占用学生大量读

---

① 圣约翰大学堂章程汇录(1909.9—1910.7)[M].上海美华出版社印行.
② 朱有瓛,高时良.中国近代学制史料(第四辑)[M].上海：华东师范大学出版社,1993：426—430.
③ 顾长声.从马礼逊到司徒雷登——来华新教传教士评传[M].上海：上海人民出版社,1985：393.

汉语的时间，以致学生毕业后出去工作时，不得不再去学汉语。但是，他们最终都同意加强英语教学，颜永京同意加强英语教学是因为注意到这样一个事实，即卫理会英语学校吸引了众多的男孩子。他说："为了维持生存，我们得跟着做。"他指出，圣约翰书院必须给那些不会被教会雇用的学生一个谋生的手段，而英语正是在上海谋生最好的工具。文惠廉最后的态度转变，也是基于同样的考虑，他在1882年初曾这样写道："我们对于是否给学生完备的英语课程做过充分讨论，而我们所有人的声音——主教也完全同意——就是说我们一定要教英语，以便迎合形势的要求。"①颜永京提到的卫理会英语学校就是1881年由林乐知创办的中西书院。可见，圣约翰书院当初开设英语是出于满足上海社会的实际教育需求，也是在与其他教会学校的竞争下作出的决定。

这种基于实际需要的教育也最具有生命力。果然，要求入学的富家子弟越来越多，从圣约翰书院在《申报》上所刊登的启事可以看出，专门学习英语者学费也特别昂贵。广告称："本教会学生向来仅诵汉文，现今议定兼教西学。每日训诲力求精深。凡愿入塾者，八年为期。前四年每月贴脩洋二元，后四年一概免贴，其饭食铺陈归本院置备。此外有西文散学每月包脩金洋六元，衣食自备。其来入塾者须年自十岁以上。"②1884年，圣约翰书院把预科改为半日学习英文，半日学中文，并扩大招生名额，收取高昂的学费，以适应上海社会急速增长的英语教育需求。

英语教学得到全面加强并成为圣约翰的特色是在1888年卜舫济接任校长之后。卜舫济1886年来校教英语，仅隔一年，就总结出加强英语教育的几条经验，并向圣公会差会写了份报告，提出要加强圣约翰书院英语教育的四条理由："一、教授英语可以训练中国人的智力，如同给外国青年教授希腊文和拉丁文，所能成就是同样的性质。二、这样做可以铲除学生的排外偏见。三、训练青年与外国人交往和在商界担任重要职务，可以促进东西方之间的了解。四、我们可以证明，对培养人才为社会作出有益的服务方面，可以指望基督教教会提供这样的服务。"③卜舫济所列理由的重点虽然没有放在当时上海社会的实际需要上，但为学校提高英语地位赢得了差会的支持，卜舫济也因此受到圣公会差会部的重视，被提拔为圣约翰书院的校长。在任职以后，他更是不遗余力地推

---

① 朱有瓛,高时良.中国近代学制史料(第四辑)[M].上海：华东师范大学出版社,1993：433.
② 申报.1883年正月初一,总第3485期.
③ 顾长声.从马礼逊到司徒雷登——来华新教传教士评传[M].上海：上海人民出版社,1985：393.

行他的英语教学计划,逐步把课程改革至除中文课以外全部采用英语课本和使用英语进行教学。

这项计划实施伊始,考虑到学生的英文程度较低,卜舫济采取循序渐进的方式,从某些科目开始试行,直到学生逐步适应并有能力接受,才要求除国文外,全部用英语授课。他规定所有的教科书、参考书(包括中国历史、中国地理)都用英文编印,学生必须以英文做习题,用英语回答教师提问,学生之间的交谈也必须用英语。学校的一切布告、来往公函、会议发言、会议记录及一切文书档案全部用英文。为了促进英语学习,圣约翰书院还组织了丰富多彩的演讲会、辩论会、合唱、英文竞赛、演英文剧等活动,从而使校园文化活动与学校整体文化氛围相结合,一时成为其他学校竞相模仿的榜样。圣约翰书院的这些做法无疑给在非母语文化环境下的学生提供了一个类母语的语言环境,但是也因此使它成为一处在中国领土上的美国文化租界。

提到圣约翰书院的英文教学,有必要简单介绍一下该校创办的英文刊物《约翰声》(The St. John's Echo)。1890年3月,第一期《约翰声》(类似于当今的校刊)正式出版,由学生朱葆元、蔡元卿、吴任之等人任编辑,一直到1937年停刊。发刊词中说:"此次刊物,系中国青年初次用外国语印行之刊物。希望此种刊物,能增进东西之感情。"①"社论"基本出于卜舫济之手,"新闻栏目"记载了学校最近发生的大事,此外还有其他教师或学生写的综合类文章。开始为英文年刊、双月刊,从1907年起增加中文写作,内容有学术性的,如《学问与知识》②,也有诗歌、小说等文艺作品,如《消夏杂咏》③《无可奈何》④。1915年后改为月刊,1920年又改为季刊、半年刊。关于该刊物所发挥的作用,卜舫济曾不无得意地指出,"《约翰声》对编辑、作者和学生的价值是毫无疑问的:对写作艺术的提高具有比较大的激励作用;引导作者和学生们关心时事;使中国学生产生亲美情绪","帮助学生思考问题,成为扩大学校影响的工具"等。⑤ 总之,该刊物既为学生创造了一个学习英语、接触英语、运用英语的良好机会,又使学校历年的风貌得以保存、留传下来,成为宝贵的史料。

圣约翰大学的英语教学确实成就斐然,早在清末民国之交就已在国内外享

---

① 圣约翰大学自编校史稿[J].档案与史学,1997(1).
② The St. John's Echo,1918-12-[不详].
③ The St. John's Echo,1917-09-[不详].
④ The St. John's Echo, 1919-12-[不详].
⑤ The St. John's Echo,1894-11-20 及 1898-06-20.

有相当的声誉。民国成立后,圣约翰大学的毕业生中已有一部分人在政府部门担任重要职务,如颜惠卿任驻德公使,施肇基任驻英公使,吴任之任汉阳钢铁厂总办,周诒春任清华学堂校长,顾维钧任外交部秘书长,王正廷任中国留美学生监督,余日章任驻美商务代表等。而在海关、洋行等官私企事业单位担任高级职员者则比比皆是。但是,圣约翰大学突出的英语教学特色所带来的消极后果也是明显的,最重要的一点是导致相当一部分学生对祖国文化和语文的忽视。1911年上半年,我国近代著名儿童教育家陈鹤琴在考取清华学堂前曾在圣约翰大学就读半年,圣约翰大学给他留下深刻印象:

> 一般学生总不注重中文,学校更对不起中文先生。外国教员的待遇比教西文的中国教员好,教西文的中国教员的待遇比教国文的中国教员来得好。所住的房子,所领的薪金,都有这三种等级,国文教员住的房子是又旧又小的中国房子,外国教员住的是又新又大的洋楼。……上国文课的时候,大部分学生不是预备西文功课,就是看小说。……卜校长有时要来视察的。学生一看见校长来了,连忙把西文书、小说书放进抽屉里,假惺惺地把国文书摊开来,当做阅读的样子。①

学生对中文的忽视往往演化为对中文教师的不尊重,在课堂上设计各种恶作剧来捉弄和侮辱国文教员的事情也时有发生,这多少折射出在半殖民地半封建的社会中,在圣约翰大学这片西方文化租界,人们的媚洋心理。

林语堂是1912年进入"当时全国最适宜学英语的圣约翰大学"的,此时的圣约翰大学依然保持着清末的特色。他在那里拼命用功,大一便入选英文《约翰声》的编辑委员。但是他"在圣约翰大学中文一年一年不及格,还是照样毕业",而且还以第二名的学业成绩毕业。林语堂所经历的和陈鹤琴所描述的一样:在中文课上,"大多数学生都趁机偷别的书来消遣"。他自己也偷读过达尔文和海克尔的作品,还有威廉·霍华·张伯伦的《十九世纪的根本》一书,其结果是"把国文忽略了",只掌握了一些"半生不熟的中文知识",而且"很多圣约翰大学的毕业生都是如此"。从圣约翰大学毕业后,林语堂到清华教书,他虽然"熟知《圣经》中以色列领袖约书亚的号角吹倒巴勒斯坦古都耶利哥城的故事,

---

① 陈鹤琴.我的半生[M]//陈鹤琴全集(第六卷).南京:江苏教育出版社,1992:562—563.

却不知道孟姜女曾哭倒一段长城"。正是由于这些,林语堂为了洗雪前耻,"遂认真钻研中国的学问"。①

2. 校园文化富有特色

在学校管理上,圣约翰大学可以说是纪律与温情并重。

历史学家弗劳德(Froude)曾说过,"纪律意味着成功,反之则意味着失败",圣约翰大学校长卜舫济同意这种见解,他对学生的管理非常严格。如1904—1905年的《圣约翰书院章程》对从投考及录取之程度、愿书、礼拜章程、法纪、放假、奖赏、寝室、请假、浴期、梳剃、洗衣、用膳、院役等方面都作了详细规定,内容之全几乎可以用"事无巨细、包罗万象"来形容。此外,第32章的"正馆生专章"又有24款之多,现摘录几条:"每晚十下半后熄灯安睡,九下半后不得声喧致扰备馆;四下后准出院门,乘自由车者准游行至黄家库近处,晚膳前回院;正馆生盥衣所在格致室东侧,每层特备倒水处,一切茶水不得任意倾倒;如有不守规则不尽义务者,由教员监起居记欠缺圈中,申报监院,每记十次以上由监院传该生面诫,如经第三次面诫,当分别减扣该生应享之权利或开除,情节较重者立即剔退。"

对于纪律问题,除了正式写进校规外,卜舫济还多次加以强调。1911年在清政府立宪前夕,他撰文指出,"人民欲享政治自由,当先具三要素,即自修、自治、自立是也。……青年子弟在学读书,受师长之管束、学校之正章正达此三要品之极好时机也"。② 1912年,他再次强调,"必须让教师和学生对纪律是学校生活中最重要的元素之一这一点铭记在心。……在高等学校里,一方面要鼓励学生自立,但也要告诉他们,某些事情必须受到约束"。③

但是卜舫济在管理上又不完全依赖这些冷冰冰的规章制度,而是努力营造一种充满温情的校园文化,对他来说,基督教不仅是一种信仰,更是一种生活方式。他强调师生之间的关系要亲密无间,并亲自树立榜样。每逢周末,他总是在家里举行晚会,请学生轮流到家里做客。在这样的晚会上,他只是请同学们来喝茶、吃点心、玩游戏、唱点歌曲、随便聊天,目的是创造一种家庭式的气氛,但这种做法可以对学生产生潜移默化的影响,使学生对学校、校长和教师产生感情。卜舫济也要求所有的教师都必须"在教室内外运用上课、谈话、讲故事等和学生接触,特别是当每个学生不可避免地要遇到各种各样的困难的时刻,教

---

① 林语堂.八十自叙[M].北京:宝文堂书店,1990.
② The St. John's Echo,1911-03-[不详].
③ The St. John's Echo,1912-03-[不详].

师要给予他个人以同情和忠告"。① 他的这种温情方式也使学生在情感上愿意接受严格的规章制度,收到相得益彰之效。

圣约翰大学早期的这一传统一直保持了很久,据1930年入学,毕业后留校工作的郑朝强回忆,圣约翰大学很少开会,开教师会议时非常民主,大家可自由发表意见,还规定教师之间只以"先生"相称,不得用"校长""教授""博士"等职称或学衔,以示平等,对住在校内住宅的教职员按期赠送盆花(学校自种的)。卜舫济不但关心学生的学习,也关心学生的生活,经常视察校舍。他每天清晨手持鲜花到医务室病房探视每一个病人。②

圣约翰大学很早就非常重视体育运动。1890年,学校聘请加拿大体育教师来校执教,他提倡学校应开运动会,规定每年开两次。但由于中国传统社会观念中读书人一直是安行矩步的斯文形象,对在运动场上跳掷驰骋,一般认为有辱斯文,所以都不愿参加,但经过多年的提倡,体育活动在圣约翰大学逐渐盛行。1890年5月圣约翰大学举行第一次运动会,为中国学校开运动会之始。③卜舫济积极提倡学校体育,他认为,"中学及大学之中,柔软及军式体操均当注重。当夫隆冬之时,严风戟面,披衣而起,出户运动,或非人所乐为。军式体操、戎服整队、步伐谨严,均其所难,然不知德育体育上实有裨益也。运动一事,尤为有益。无论其为得为失,皆足使人品高尚。人品高尚,斯有国民之资格矣"。④ 在卜舫济看来,体育运动不仅可以增强体质,而且对培养具有高尚人格的合格国民也不无裨益。鉴于此,他把《纽约宗教人士》上涉及体育运动的八大规则的文章做了摘要,以规范各种体育运动。这八条规则为:(1)运动会有其宗旨;(2)比赛应遵守规则;(3)比赛中要保持谦虚,待人友好;(4)运动员要有勇往直前的精神;(5)由裁判决定胜负;(6)尊重胜利者,不嘲笑失败者;(7)真正的运动员是不计较输赢的;(8)运动员取得成绩后不能自负。⑤

1898年,学校成立了体育会,主要负责校内体育活动和班级之间的比赛。1904年,由圣约翰大学、南洋公学、东吴大学、英华公学四校组织中华大学联合

---

① Records of the General Conference of the Protestant Missionaries of China Held at Shanghai, 1890-05-(7—20).
② 郑朝强.我所知道的上海圣约翰大学[M]//中国人民政治协商会议全国委员会文史研究委员会《文史资料选辑》编辑部.文史资料选辑(第91辑).北京:文史资料出版社,1983:97.
③ 葛祖兰.记上海三所教会大学[M]//上海市文史馆,上海市人民政府参事室文史资料工作委员会.上海地方史资料(四).上海:上海社会科学院出版社,1986:155.
④ 卜舫济.克己说[J].蔡振华,译.The St. John's Echo, 1917-[不详]-[不详].
⑤ The St. John's Echo, 1914-03-[不详].

运动会。在1911年中国第一届运动会的田径比赛中,圣约翰大学获得冠军。从1914年起,该校又参加了华东各大学联合运动会。校网球队还于1917—1921年间连续五年取得华东各大学网球锦标赛的冠军。1924年和1926年圣约翰大学又与东京圣保罗大学分别在上海与东京进行了篮球公开赛,这是中日篮球史上首次进行的大学之间的国际比赛。此外,圣约翰大学早在1919年以前就开始有越野赛跑运动,橄榄球、拳击、骑马、击剑、羽毛球等也逐渐开展起来。圣约翰大学开展过的体育项目总共有18种,有些学生成为上海体育队伍中的佼佼者。①

圣约翰大学在民国初年能屡屡在全国乃至世界性的体育比赛中创造佳绩,是与其一贯重视体育,较早引进西方的主要项目分不开的,这是当时其他高校所不能比的,有些项目还是学生自发组织起来的。在体育方面取得的成就使圣约翰大学不但获得国人的赞誉,而且也使美国人刮目相看。美国S.V.C.公司成员之一巴顿教授曾在信中写道:"在Kiangwan世界运动会上,圣约翰大学接力赛跑队战胜美国公司的方式让我们颇为吃惊,我们向他们表示祝贺。我们向他们奏响凯旋之歌;之前美国公司从未被英国海军或者其他队打败过。故我们高兴地把这一荣誉授予中国人。"②这些有组织的体育竞赛活动,使学生由怯懦散漫变得自信守纪,并获得竞争、协作、拼搏等近代体育精神和品德的陶冶。

圣约翰大学还非常重视学生的课外活动,提倡学生在学习之余开展外出参观学习、旅行游览等活动。卜舫济说:"在游玩的时候,教师愿意与同学们混合在一起,……无疑地会使学生的脑子开窍,教给他们有价值的课程。"③校内各种社团活动很早就得到开展。圣约翰书院在19世纪末就已有了基督教青年会的组织,每月举行一次活动。此外,同学会还组织辩论和文学会,用英语练习辩论和举行文学方面的活动,并组织唱诗班和戏剧小组等。由学生编辑出版的英文校刊《约翰声》,从1890年创刊,一直延续了47年之久,卜舫济在校期间几乎每星期都给该刊写稿,发表自己的教育理念,借此与学生交流。

圣约翰大学校园内许多主要建筑物的命名,都具有纪念意义,让人睹物思人。如建于1894年的怀施堂,是纪念创办人施约瑟的,为两层四合院式建筑,

---

① 中国人民政治协商会议上海市委员会文史资料工作委员会.上海文史资料选辑(第五十九辑)[M].上海:上海人民出版社,1987:100.
② The St. John's Echo,1914-07-[不详].
③ 顾长声.从马礼逊到司徒雷登——来华新教传教士译传[M].上海:上海人民出版社,1985:396—397.

前面当中顶上有塔楼用作钟楼,底层设有教室、食堂和厨房,上层为学生和单身教师宿舍。建于1904年的思颜堂,是为纪念学校的建院元老颜永京的;建于1908年的思孟堂,乃纪念该校美国教授孟嘉德(Arthur Sitgreaves Mann)而建,他在庐山旅游时为营救一位落水的华人朋友而献身。这些建筑都是学校的教学和生活用房。

由于圣约翰大学突出的办学成绩和鲜明的办学特色,到民国成立前后,已经成为四方学子向往的高等学府。

第四节 《万国公报》与近代教育和学制观念的输入[①]

《万国公报》的前身是1868年9月5日出版的《中国教会新报》,1872年8月31日改名为《教会新报》,由林乐知主编。1874年9月5日出满300期以后,更名为《万国公报》(周刊)。1883年7月28日停刊,1889年2月复刊,同时改为月刊,1907年终刊。这是一份在上海出版、由传教士主办、以传教士为撰稿主体的报刊。若论晚清在华西人所办的中文报刊中对中国政治、文化、教育的实际影响,《万国公报》堪为翘楚。

1877年在上海召开第一次在华基督教传教士大会之后,教会学校迅速向正规化方向发展,许多教会学校在小学的基础上办起了中学,尔后又陆续发展起大学的专业,有的甚至在此基础上升格为大学,最早在中国境内建立起较为正规化的三级学校实体。教会学校由小学向中等程度再向高等程度推进的过程,以实体形式向国人展示了西方近代的三段制学制模式,同时传教士也不失时机地向国人介绍了西方的学校制度和实施情况,并鼓励国人积极仿效,而《万国公报》就是传教士介绍西方教育制度、教育实践与理论的一个重要媒介。

19世纪70年代到90年代,在《万国公报》及其前身《教会新报》上发表的介绍西方教育制度、实践及其近代教育观念的论著主要有花之安的《德国学校论略》[②]、韦廉臣的《东洋载笔》[③]、狄考文的《振兴学校论》[④]、李提摩太的《新学》[⑤]等,另外还对花之安的《教化议》、林乐知翻译的《文学兴国策》等重要教育

[①] 本节部分内容参考:孙邦华.《万国公报》对西方近代教育制度的植入[J].北京师范大学学报(人文社会科学版),2002(3).
[②] 教会新报·卷六(1873年),台湾华文书局1968年3月影印本.
[③] 教会新报.同治十三年(1874年)六月.
[④] 万国公报.光绪七年(1881年)闰七月.
[⑤] 万国公报.光绪十五年(1889年)二月始载.

论著进行了介绍和推介。

《德国学校论略》，又名《西国学校》或《泰西学校论略》），由德国传教士花之安(Ernst Faber,1839—1899)撰写，约在1873年冬由广州羊城小书会真宝堂刻印出版，是晚清第一部介绍西方教育制度及实施情况的中文著作。值得注意的是，在此书印刻出版之前，在《教会新报》上就已有选择地先行刊载了相当部分的内容。

《德国学校论略》主要介绍了德国的学校教育制度与实施情况，兼及欧美几个国家的教育统计资料。第一，介绍了从初等教育、中等教育到高等教育的各级学校，包括乡塾、郡学院、实学院、仕学院、太学院等。乡塾设于各地，提供初等教育，"此馆散置民间，乃为贫家子弟而设"，其目的在于"欲其通书明理，可以奉公守法，能于诵读挥写，可以谋食资生"，家中贫困者，可免缴学费。郡学院是较乡塾高一级的学校，学生要缴一定数量的学费，"欲就学者，俱备脩脯，但每月所供不过一钱至半员（圆）而已，此银拨归城库，缘先生之束脩乃城库所给也"。修完学业，经考试合格者，或"各就其艺"，或升入实学院，或升入技艺院。① 太学院为国家最高学府，"此院乃国中才识兼优、名闻于众者方能职膺学院，凡有志之士欲博古穷经，皆躬就学。院内各种书籍、学问、器具无一不备，但非由上实学院及仕学院考起之生徒，不能入此院肄业"。太学院内分经学、法学、智学、医学四科，其中，"经学"乃研习基督教《圣经》和教会史，属于神学，"智学"是指哲学。② 第二，介绍了高等教育中理、工、医、农、军事、艺术、师范、神学等各专门大学的情况，包括技艺院、格物院、船政院、武学院、通商院、农政院、丹青院、律乐院、师道院、宣道院等。在介绍技艺院时，指出西方把各种工艺技术作为一门专门学问进行教学和研究，并重视培养学生的观察、实践能力，批评中国"常拘成法"，轻视工艺技术。"泰西技艺与中国不同，非在贾肆所能习，故立有技艺院。技艺之为理甚深，如火船、电报等，此种技艺非有学问者不能。院内各种艺品具存，或合，或散，使生徒有所观摩……故泰西技艺日精，以有人究心此道使物美而价廉，非如中国常拘成法也。"③ 格物院即理科大学，包括数学、物理学、化学、天文学、植物学、动物学等学科。师道院是为乡塾、郡学专门培养师资的师范学院，"是院所训为师之道如何，由此院考选者，异日大抵为乡塾、郡学之师"。师道院教师的来源为，"各院掌教分为两等：一由师道考选者，一由仕学院考选而入太学院，在太学院亦经考选者，是为至上之师"。④ 第三，介绍了训

---

① ② ③　教会新报·卷六[M].台北：华文书局,1968 影印：3196,3140—3149,3168—3169.
④　花之安.德国学校论略[M]//梁启超.西政丛书.慎记书庄石印,光绪丁酉年(1897).

盲院、训聋喑院、训孤子院、训罪童院等特殊教育、慈善教育机构。第四，介绍了年级制度、班级教学和分科教学制度。如在介绍乡塾时较为详细地指明了分班教学制："生徒百数以内者，一师训之，百数以外至一千，则分数班。每班各有一师，此班学满可迁彼班，无得越俎。来学者由末班渐升首班，考以策勤惰。大抵阅二年可迁一班，若班数过多，每年一迁。"在介绍郡学院时，又详细说明了教师各担任一科的分科教学制度："此院生徒分别七八班，每班一专师总教"，其他有"分师"专教绘画者、专教唱歌者、专教几何者、有专教格物之学者、有专训重学者、有专讲解历代纲鉴者、有专教本国与法国语言者、有专教理学者、有专教上帝圣教者。① 第五，分别介绍了各级各类学校的课程体系。第六，介绍了德国、美国各级各类学校的发展规模，包括学校总数、教师和学生总数，以及法国、英国、意大利、俄罗斯等国的太学院数、教师和学生总数等。

日本在明治维新以后，很快建立起了近代教育制度，推行全民普及教育。英国来华传教士韦廉臣曾经于1874年春第二次赴日本游历，目睹了日本在实施维新后"诸政焕然一新"的情况。他自日本返回中国后，记下了在日本的见闻，名曰《东洋载笔》，并刊登在林乐知主办的《教会新报》上，其中包括当时日本的教育改革情况。

韦廉臣首先描绘了设于京都的开成学校的情况："延英国、法国、俄国、德国名儒教国之诸生以各国语言，外复延有格物先生以格物、化学、算学等，执业者约以千数。其馆至今分为二，半于旧馆专习语言，半于往年初建学宫肄格物等学。内在书室贮书如许，亦有凡各机器式。入学之日，王亲视学，温纶谆诲。"接着又介绍了日本推行国民教育及美国对日本教育制度改革的影响。"王与大臣议此事，将日本国舆区分七十有二县，县各分为若干乡，意欲于何地置何塾，男女皆令入学肄业，其或已有成塾者，重新之，其凡无塾者，皆置之。今已整顿聿新者约凡几百，外于某巨城垣亦增设一大学，先延外国师，后选国学诸生教授乡邑学者，示知向往，以引领初学者，必不容匹夫匹妇有目不识丁者，不能书，不能数，不明道焉。"《东洋载笔》是近代将日本明治维新时期教育改革情况最早介绍到中国的文章。

花之安另一部关于中西教育比较的论著《教化议》出版后，1876年《万国公报》刊载了该书的序言和目录，作为推介。《教化议》分为《养贤能》《正学术》《善家训》《正学规》和《端师范》，共五卷，以西方教育为标准对中国教育制度进

---

① 教会新报·卷六[M].台北：华文书局，1968影印：3168—3169，3140—3149.

行了批判,并提出改革意见。在序言中,花之安指出教育在人类发展、国家富强中的重要作用,"夫人之所以异于禽兽者,固在降衷之性,尤在教化之良。降衷禀于造物,原无彼此之殊。而教化系于君相,则有盛衰之别。环顾各国,见有制度文章,彬彬郁郁,有草昧未开,榛榛狉狉。二者相去悬殊,唯在教与不教也"。① 花之安在该书《善家训》《正学规》和《端师范》各卷所讨论的儿童家庭教育、学校教育制度、师范教育问题成为之后改良派以至维新人士谈及教育改革时经常提及的话题。

《万国公报》在停刊前刊载的一篇重要教育文章是狄考文所撰的《振兴学校论》,该文分四次连载于1881年各期中。

在文章中,狄考文对中国传统教育和考试制度提出了批评。他认为,中国传统的教育内容和教学方法,专在发展学生的记忆能力,很少能发展学生的思维能力,"能使人长记性,鲜能令人长心思"。他认为,学习心理活动包括觉、悟、记、思、像五方面的因素,而记、思是其中最主要的因素。"中国之学问能俾人增记性,固其所长;而不能俾人长思才,犹其所短了。"他认为这不是中国文人不善于思考,而是中国传统教育中缺乏发展学生思维能力的内容。在诸多学科中,算学是最能开发学生思考能力的学科,所以"西国首以算学为开导心思之法"。而"西国学馆,凡称学士者,无一人不学代数、形学及八线等,非只为算数用,实以其能开人心思,长人悟性也"。中国偏重记忆的教育传统,其结果是不能推陈出新,发展学术,"第识前人之旧章,非启后人之新法。拘守陈迹而待人讲明,不得讲明之人即不得学问之益"。

对于以科举制为核心的中国传统考试制度,狄考文认为其在若干方面能起到积极的作用:鼓励后进,形成良好读书风气;拔擢寒士,促进社会阶层流动;讲明圣贤之道,继承中国传统道德文化等。但中国的考试制度也存在诸多弊端:一在不能辨别真假,"命题既不外四子之书,行之年久,各章名句,名作如林。或为窗课,或为成文。场中一与题目适逢,决无不誊之理";二在不能杜绝舞弊,夹带、请托、代考现象盛行;三在启人干俸禄,以做官为目的;四在考试内容狭窄,"拘定学经书"。

为此,狄考文建议中国改革传统的教育和考试制度,结合国情采摘西法,建立新的教育制度。他还为中国创立和实施新式教育制度提出了自己的设想,甚至包括教育经费筹措和管理、建立董事会、督学等近代学校管理体制等。下面

---

① 钱锺书,朱维铮.万国公报文选[M].北京:生活·读书·新知三联书店,1998:20.

仅就他对学校制度方面的建议略作介绍。

他提醒中国当局,学校教育是影响一国兴衰的大事,"学校一事,下变民风,上培国脉。其广不取其狭,务其实非务其名"。他建议中国政府广兴学校,建立面向全体国民、包含各种学科的学校教育制度,即"统男女智愚之伦,士农工商之类,无一不纳诸学问之中也"。

他将学校分为两类,一类为"公学",一类为"特学"。"特学是教各门独用之学问,如医学、矿学、道学等。公学是教公用之学问,为尽人所当学者。""公学"分为童蒙学和文会学两个等级。

童蒙学相当于小学,应普及到所有儿童,"国家宜于各城各乡设立学馆,足容所有之男女孩童"。童蒙学的办学经费应当独立开支,由所在区的民众按田产多少纳税,统一管理,"所有之孩童,无分至贫至贱,皆有读书之机会",可见童蒙学属于义务教育范畴。

文会学相当于中学,为"总集天下学问之在要,以备造就英才"而设,学习年限按西方的制度,"有定四年满课者,有定五年六年满课者",但狄考文建议中国最好实行六年制。他认为要办好文会学,必须注意五个方面的工作:第一,明确课程,除中国学问外,必须学习代数学、地势学、格物学、八线学、量地法、航海法、身理学、心学、化学、石学、是非学、代数、形学、微分积分学、天文学、富国策以及中外史记等,并编出分年课程计划。第二,多请教习,各专所学,实行分科教学。第三,置备各种实验设备和图书资料,"必须多有机器征验各种物学之妙理。即如格物、化学、天文等非有合宜之机器随学随证,则教习便难教得透澈,学生更难学至底实"。另外必须多种藏书以供学生观查。第四,必须多筹资金。第五,有鼓励措施,建议采用中国传统的科举头衔方法。

"特学"即专门学校,大抵要文会学有所成者方可进入。"特学"种类繁多,但以医学、律学、道学为最普遍。狄考文还提到设立汇集各种"特学"和高等文会学于一处的"总学",相当于今天的综合性大学。

1889年2月,《万国公报》作为广学会的机关刊物复刊,林乐知、李提摩太、慕维廉、花之安、李佳白、狄考文等传教士共同参与编辑工作,此后介绍西方教育制度的文章较前明显增加,而且与提出中国教育改革的建议联系在一起。

1889年3月,英国传教士李提摩太发表《新学》一文。这是他在亲自考察英国、法国、德国、日本,并参考欧洲各国和美国的最新书籍的基础上撰写而成,目的是介绍"西国学校之大略",并酌定"中国学校之新章"。他通过比较军事与教育的作用,强调了教育在一个国家发展中具有无可替代的地位,"盖国家有事之秋赖兵法,承平之日赖学校。而兵法或百年不用,学校实不可一日无之"。他批评那种认为国家投资办学是伤财害民的错误和落后观念,并介绍西方在教育内容上兼顾横、竖、普、专的特点。"何谓横?我国所重之要学学之,即各国所重之要学亦学之,此横学也。何谓竖?一国要学中有当损益者知之,即自古至今历代之因何而损,因何而益者,亦必知之,此竖学也。何谓普?斯人所需之要学无不兼包并举,可以详古人之所略,并可以补近今之不足,上天所造之物,无不精思审处,不使有扞格之难通,并不使有纤毫之未达,此普学也。何谓专?专精一学,而能因事此类,出新解至理,于所学之中莫不惊其奇而说其异,此专学也。"①

关于学校教育制度,李提摩太明确提出三级学制模式,指出西方学校分为初学、中学、上学三个阶段。初学以7—15岁左右为度,以粗通本国语文文字和数学以及地理、历史等为目的,个别聪颖的人可选学他国语言文字;初学期满后,升入中学,以15—21岁上下为度,主要课程有道书、史书、志书、交涉学、算学、格物学、化学、电学、重学、医学、制造学、全体功用书(生理学)、动植学、地学、金石学、画学、音乐学、农学、商学、体操学等。中学期满后,升入上学,以21—26岁上下为度,所学内容与中学同,但较之更深,能达到精益求精,并以培养学生的研究创新能力为目标。他还介绍了英、法、德、俄、美、日及印度等国的学校数量、教师人数、学生人数、学校年活动经费等情况,并据此匡算出中国学校教育应该达到的规模。

维新变法和清末"新政"期间,中国教育体制开始由传统向近代转轨,继京师大学堂之后,中国的新式大学也逐渐开办起来,传教士在华创办的教会学校也开始向大学阶段发展。为了向中国高等教育的建立和发展提供参考资料,《万国公报》在20世纪初陆续介绍了一些世界著名大学的资料。如1900年1月—4月,《万国公报》连载了四期《美国大学考》(或美国学校志),通过与英国、德国高等教育比较的形式,介绍了美国高等教育的发展史和现状——包括哈法德大学(哈佛大学)、烟二大学(耶鲁大学)、柏林诗墩大学(普林斯顿大学)、顾伦皮阿大学(哥伦比亚大学)等,涉及大学类型、学校管理、经费来源及管理、课程设置、教学方法、教师聘用及待遇、教师和学生人数比例、学籍管理、考试制度、毕业文凭、对贫困学生的助学金制度、校舍修缮等多方面内容。② 此后,从1902年到1904年,《万国公报》又发表了美国传教士美而文等介绍世界一些

---

① 钱锺书,朱维铮.万国公报文选[M].北京:生活·读书·新知三联书店,1998:518—519.
② 布兰鹰.美国大学考[J].林乐知,译.万国公报,复刊第132期(1900年1月);复刊133期(1900年2月);复刊第134期(1900年3月);复刊第135期(1900年4月).

名牌大学的文章,如英国的奥克司福特大书院(牛津大学)、美国的哈维德大学(哈佛大学)、施嘉哥大学院(芝加哥大学)、法国的巴黎大书院(巴黎大学)、德国的柏林大学等。

  作为一份综合性期刊,《万国公报》介绍西方教育的内容所占比重并不是很大,但涉及的内容相当全面,包括各级学校制度、义务教育制度、教育经费筹措及管理、课程体系、教学管理模式、教学方法、考试制度等各个方面,同时还对中国传统教育发表评论,提出改革建议。《万国公报》关于教育方面的介绍和评论无疑对早期改良派和维新派人士产生了重要影响,例如李提摩太的《新学》一文就对郑观应和梁启超的维新教育思想有着明显的影响。《新学》后来改名为《七国新学备要》,由广学会另行出版单行本,郑观应曾将其作为附录收入《盛世危言》中,①梁启超在写作《变法通议》时,也曾参考此文的资料和观点。

---

① 夏东元.郑观应集(上册)[M].上海:上海人民出版社,1982:276—279.

第五章

西学的译介与传播

鸦片战争后,清政府与英国签订《南京条约》,割让香港,五口通商。香港、广州、福州、厦门、宁波、上海均地处中国的东南沿海地带,西学通过在这一地带传播,其规模、影响与先前通过南洋而来,不可同日而语。

在之后的发展中,上海逐渐超越其他口岸城市,成为西学东渐最重要的基地。根据统计,自开埠到1860年,六个城市翻译、出版西书的情况如下:香港,从1843年至1860年,传教士共出版中文书刊60种,其中纯宗教宣传品37种,占总数的61.7%,属于学校教科书、字典、年鉴、杂志以及介绍西方科学文化的书刊有23种,占总数的38.3%;广州,从1843年到1860年,传教士共出版中文书籍、刊物42种,其中29种为宗教宣传品,占总数的69%,另外13种为天文、地理、历史、医学等科学读物,占总数的31%;福州,在1860年以前,传教士共出版各种读物42种,宗教读物26种,占61.9%,天文、地理、风俗之类16种,占38.1%;厦门,1860年以前,传教士共出版书籍13种,其内容绝大部分为宗教方面,在五口通商中出版物最少;宁波,从1844年到1860年,传教士共出版的各种书籍,确切可考的有106种,其中属于宗教类的86种,占81%,属于天文、地理、历史、经济、道德、语言类的20种,占19%;上海,从1844年到1860年,传教士共出版各种书籍171种,属于宗教的138种,占80.7%,科学知识方面的33种,占19.3%。①

从上述统计可以看出,1860年以前,上海在翻译、出版西书方面就显示出超过其他城市的势头,在当时,只有宁波可以与上海相抗衡,如华花圣经书房就出版了一些具有影响力的书刊。但此后,上海利用其有利的地理条件——位于通往内地的长江口,且背靠着江苏和浙江等物产丰富、文化发达的江南地区,迅速发展起来,在对外贸易上超过广州与宁波,跃居为继加尔各答之后的东南亚第二贸易港,②从19世纪50年代后半期到60年代前半期,形成了一个以上海为中心的交

---

① 熊月之.西学东渐与晚清社会[M].上海:上海人民出版社,1994:142—219.
② 金立成.上海港史[M].北京:人民交通出版社,1986.

通、通信网络,在信息的传播上,上海已经具有较其他五个城市更为有利的因素。

上海逐渐成为中国近代西学东渐的枢纽,上海出版的西书通过各种方式,包括行政、教会、报纸、邮政、书店等几个看似独立运作而又互相作用的系统,源源不断地流向沿海和内地,流向城市和乡村,流向社会上层和市井,流向大江南北,在中国知识分子中产生了广泛影响。而这些又与上海逐渐集聚的新型知识分子群体的活动密切相关。

第一节 西学翻译出版机构的发展

一、晚清上海西书翻译出版机构概况

上海自开埠以后,逐渐成为晚清中国西学传播的最大基地,这主要与各种西学出版机构的出现密切相关。据统计,晚清上海先后共出现过 64 家西书出版机构(详见表 5-1)。

表 5-1 晚清上海西书出版机构名录(1843—1911 年)①

墨海书馆	美华书馆	江南制造局翻译馆	土山湾印书馆
格致汇编社	益智书会	广学会	商务印书馆
时务报社	农学报社	译书公会	金粟斋
作新社	启文社	人演社	群学社
明权社	鸿宝斋	富强斋	宏文阁
广智书局	开明书局	文明书局	镜今书局
竞化书局	时中书局	通雅书局	时务书局
一新书局	清华书局	上海通社	会文学社
敬业学社	群益学社	进化译社	经世文社
上海独社	群谊译社	南洋公学	蒙学报社
昌言报社	日清书馆	亚东时报社	上海汇报馆
同文沪报馆	东方杂志社	科学仪器馆	普通学书室
上海商学会	东亚译书会	中国医学会	东华翻译社
上海益智社	教育世界出版社	世界译书局	上海译书局
正记印书局	中西印刷局	宝善斋印书局	新中国图书社
中国图书公司	新民译印书局	国民日日报社	出洋学生编辑所

① 熊月之,张敏.上海通史·晚清文化[M].上海:上海人民出版社,1999:112.

其中,墨海书馆、江南制造局翻译馆和广学会是上海开埠后最著名的西学翻译出版机构,本章中将有专门介绍。现就上述出版机构中在西书翻译出版方面较有影响者,略作介绍。

1. 土山湾印书馆

天主教出版机构,19世纪60年代开办于上海徐家汇,原址漕溪北路502号。1876年开始使用石印技术,这是最早传入我国的印刷技术。该馆主要出版宗教书籍,也有一些介绍西方科学文化的书籍。比较著名的有:汇报馆译的《行性学要》《西学关键》《几何探要》《公额小志》《墨澳觅地记》,孙文桢译的《坤舆撮要问答》《坤地入门》《舆学续篇》,法国龚若愚译、许采白述的《五洲图考》,李杕译的《物理推原》,以及《轮舶溯源》《人类学》《水鉴》《彗星论》《气球考》等。

2. 美华书馆

前身是宁波华花圣经书房,是由美国长老会主持的宗教出版机构。1860年迁址上海东门外,后迁北京路,由姜别利负责。1902年,迁址北四川路,1913年,与华美书馆合并为协和书局。美华书馆是中国最早使用电镀字模的机构。美华书馆在晚清中国的出版界影响很大,也培养了一批出版人才。如商务印书馆的创办人鲍咸恩、鲍咸昌兄弟和高凤池等,原先都是美华书馆的工人。美华书馆所出书籍,以宗教读物为主,也有不少科技书籍,较为知名的有:潘慎文译,谢洪赉述的《格物质学》《代形合参》《八线备旨》,高第丕夫人编的《造洋饭书》,还有《地理略说》《五大洲图说》《眼科证治》《心算启蒙》等,后来多被益智书会采用为教会学校教科书。

3. 益智书会

英文名"School and Textbook Series Committee",直译是"学校与教科书委员会",是基督教传教士编辑、出版教科书的机构,1877年在上海成立。1890年机构改组,改名为"The Educational Association of China"(中华教育会)。1902年改称中国学塾会,1905年改称中国教育会,1916年再改为中国基督教教育会。益智书会成立后,决定编写初级和高级两套教科书,初级由傅兰雅负责,高级由林乐知负责。编写方针是,结合中国风俗习惯,学生、教习皆可使用,教内、教外学校能够通用,科学、宗教两者结合。至1890年,益智书会出版和审定合乎学校用的书籍共98种。比较重要的,数学方面有《笔算数学》《形学备旨》《圆锥曲线》,声学、光学方面有《声学揭要》《光学揭要》,天文学方面有《天文揭要》,地学方面有《地学指略》《地理初桄》,心理学方面有《心灵学》。益智书会出版的各种教科书,对晚清教育界的影响相当广泛。近代国人自编新式教科书始于19世纪90年代后期,较益智书会晚了20年。国人自编的教科书,从教会学校的教科书中吸取了一些有益成分。1902年,清政府颁行新的学制,各地学校纷纷采用新教材,其中有相当一部分,尤其是自然科学课程,就直接采用由傅兰雅和益智书会所编的教科书。

4. 商务印书馆

1897年2月11日创办,是清末上海最大的出版机构,馆址在江西路德昌里,发起人为夏瑞芳、鲍咸恩、鲍咸昌、高凤池等。

商务印书馆在晚清出版界赢得巨大声誉的,首先是新式教科书。商务印书馆先后出版的《最新国文教科书》《初等小学国文教科书》《高等小学国文教科书》以及各类修身教科书、算术教科书、珠算教科书、格致教科书、地理教科书、中国历史教科书,以及各类教学参考书均畅销全国。1906年,清政府学部第一次审定初等小学教科书暂用书目共102册,其中,商务印书馆所出的《最新国文教科书》等54册入选,占了一半以上。商务印书馆除了自编教科书以外,还出版了一批翻译自日本的教科书,其中,杉荣三郎的《经济学讲义》、服部宇之吉的《心理学讲义》被京师大学堂采用为讲义。商务印书馆在出版新式教科书方面的贡献,本卷第九章将有详细论述。

编写、出版辞书与其他工具书,是商务印书馆另一项较为出色的工作。在编写、出版英汉词典方面,商务印书馆作出了重要贡献,先后出版了《商务书馆华英词典》《商务书馆华英音韵字典集成》《华英大辞典》等。还出版了《袖珍英汉辞林》《袖珍华英字典》《英华习语词典》《商务书馆华英新词典》等小词典。

出版严复翻译的名著和林纾翻译的小说,是商务印书馆的又一特色。在严复翻译的八种名著中,《群己权界论》(1903年)、《社会通诠》(1904年)、《法意》(1904—1909)、《名学浅说》(1909年)从初版开始,一直由商务印书馆出版,其他如《天演论》《原富》《名学》先由其他出版机构出版,后均由商务铅印出版。林纾的成名译作《茶花女》开始并不是在商务印书馆出版的,但是从1903年开始,他翻译的《伊索寓言》《吟边燕语》《鲁宾孙漂流记》等却都是在商务印书馆出版发行的。严复翻译的名著和林纾翻译的小说给商务印书馆带来了广泛的社会影响。

5. 广智书局

1901年成立,名义上由广东华侨冯镜如主持,实际上是由梁启超负责。译书人多在日本,比较知名的有麦仲华、麦鼎华、赵必振,出版书籍相当广泛。哲学、伦理学方面有中江笃介著、陈鹏译的《理学钩玄》,中岛力造著、麦鼎华译的《中等教育伦理学》,乙竹岩造著、赵必振译的《新世界伦理学》。法学、政治学、历史学等方面有岸本能武太著、章太炎译的《社会学》,市岛谦吉著、麦曼荪译的《政治原论》,小野梓著、陈鹏译的《国宪泛论》,松平康国编、梁启勋译的《世界近世史》,松井广吉编、张仁普译的《意大利独立史》等。其中,幸得秋水著、赵必振译的《二十世纪之怪物帝国主义》,是中国第一部分析、批判帝国主义的译作,福井准造著、赵必振译的《近世社会主义》被学术界认为是我国第一部系统介绍马克思主义的译著。所译自然科学书籍不多,只有横山又次郎著、冯需译的《地球之过去及未来》等少数几种。广智书局所译书籍,有不少在当时以及日后的学术界影响颇大。

6. 教育世界出版社

1901 年成立,主要译员为樊炳清。这是中国最早翻译、出版日本教科书的机构之一。其中,藤井健次郎所著的《近世博物教科书》,松井任三、斋田功太郎合著的《中等植物教科书》,五岛清太郎的《普通动物学》,木村骏吉的《新编小物理学》,大幸勇吉的《近世化学教科书》,均由樊炳清翻译,且有不少被 20 世纪初的学校采为教科书。从 1901 年至 1908 年,此社出版半月刊《教育世界》,为晚清著名教育杂志,着力介绍西方和日本的教育制度、教育思想和重要教育家,发表王国维、罗振玉等人的论文甚多。

7. 作新社

1902 年由戢翼翚等留日归国学生创办,在东京设有发行所,译者多为江苏留日学生,译作偏重于介绍进化论、民约论和世界近代史,以宣传救亡图存为主要宗旨。重要译作有加藤弘之著、杨荫杭译的《物竞论》,羽化生编译的《英国维新史》,作新社译的《最近外交史》,松平康国编、作新社译的《世界近世史》。其中,法国卢梭著、日本原田潜译、杨廷栋重译的《路索民约论》,是卢梭名著《民约论》(今译《社会契约论》)的第一个完整中文译本。

8. 文明书局

1902 年由俞复、丁宝书等创办,馆址在四马路胡家宅,以出版教科书和世界史地知识读物为主,吴启孙为主要译员。所译日文书籍除了一批教科书,还有天野为之编、吴启孙译的《万国通史》,浮田和民著、吴启孙译的《西史通释》,箕作元八、峰岸米造编,华文祺、李征译的《泰西通史》,佐藤信安编、愈愚斋主译的《彼得大帝》,福山义春编、丁锦译的《华盛顿》,矢津昌永著、吴启孙译的《世界地理学》、矢津昌永著、吴启孙译的《改正世界地理学》,富冈康郎著、吴兴让译的《宪法研究书》。其中,由法国孟德斯鸠著、日本何礼之译、张相文重译的《万法精理》,是欧洲著名思想家孟德斯鸠名著《万法精理》(今译《论法的精神》)的第一个完整中文译本。

9. 会文学社

1903年成立,主要译员为范迪吉。范氏生平不详,他在1903年翻译、出版了整整100种日文书籍,举凡政治、法律、历史、地理、教育、数学、物理、化学、天文、地质、生物、农学、文学、艺术、宗教、哲学,无所不包,应有尽有。这些书都是日本中学的教科书和一般大专程度的参考书,具有广泛的应用性。范迪吉等人将其以石印、线装的方式出版,合称《普通百科全书》,大受中国学界欢迎,有许多被采用为教科书。

10. 中国医学会

1909年成立,丁福保等为主要成员,所译书籍集中于医学方面,是晚清输入西医知识最多的机构。重要译作有安藤重次郎著、丁福保译的《内科学纲要》,桥本节斋著、丁福保译的《近世内科全书》,桂秀马著、丁福保译的《外科学一夕谈》,今渊恒寿著、华文祺译的《妊娠生理学》,伊庭秀荣著、丁福保译的《产科学初步》等。

二、墨海书馆

上海自开埠以后至1860年,在西学传播方面最值得重视的是墨海书馆。它是最重要的西学传播机构,是中西文化交流的一个重要基地。

墨海书馆,创立于1843年,创始人为英国传教士麦都思。其前身是麦都思设在爪哇巴达维亚(今雅加达)的印刷所,1843年迁至上海,初设上海县城北门外。1845年英租界开辟后,麦都思所属的伦敦教会购进现山东路一段为基地,后墨海书馆迁至此址并建造家属住宅,由于麦都思的关系,此段被称为"麦家圈"。墨海书馆隶属于伦敦教会,经费由教会资助,受其管辖。

墨海书馆的英文名是"London Missionary Society Press",即伦敦会印刷所。"墨海",在中文典籍中,原意是大砚、墨盆,作为出版印刷机构,以此命名,颇为符合。此外,麦都思以"墨海"命名,很可能与他的姓有关,Medhurst的读音,正是"墨海"的上海话读音,麦都思还自号"墨海老人"。书馆先由麦都思主持,在1847年,墨海书馆成为上海编译出版的中心。1856年以后,由伟烈亚力接任。

墨海书馆是教会在上海开设的第一个近代出版机构。它的建立标志着西学在晚清上海传播的开始。19世纪四五十年代上海的西书多出于墨海书馆,

1860年,墨海书馆不再出版新书,但是其停办时间不详。据熊月之先生在《西学东渐与晚清社会》一书中的记载,光绪初年的《申报》和《万国公报》上,还有它的广告,可见19世纪70年代还在活动。① 由此可推断墨海书馆最少存在了30多年。

墨海书馆环境优雅,室内摆设整齐。"竹篱花架,菊圃兰畦,颇有野外风趣,入其室内,缥缃插架,满目琳琅。……书楼俱以玻璃作窗牖,光明无纤翳,洵属玻璃世界。字架东西排列,位置悉依字典,不容紊乱分毫。"②

墨海书馆的印刷设备,由麦都思从南洋带来,使用中文活字,初用手摇,到1849年,为了适应大批印刷《圣经》的需要,改用机械印刷,用牛拉代替蒸汽动力,效率大为提高。关于用牛拉转机器印书之事,海上文人有诗咏之:"孙次公《洋泾浜杂诗》云:'车翻墨海转轮圆,百种奇编宇内传。忙杀老牛浑身解,不耕禾陇种书田。'黄韵珊《海上蜃楼词》云:'榜题墨海起高楼,供奉神仙李邺侯。多恐秘书人未见,文章光焰借牵牛。'"③

墨海书馆的工作是把西书翻译成中文书籍出版。当时来沪的麦都思等传教士虽略通中文,但难以用流畅的文字表达出来,于是不得不找一些中国文人充当助手,由他们口述,然后由中国文人执笔;或是他们撰稿,由中国文人润色。因此,墨海书馆的职员实际由两部分组成,即外国传教士和中国文人。墨海书馆的工作大体可以分成两个阶段,以1852年为界,此前,该馆主要把精力放在印刷《圣经》和其他宗教小册子上,没有出版过科学书籍,1852年以后,《圣经》基本译好,传教士开始着手翻译科学书籍。

墨海书馆出版了一批较有影响的科学书刊。

在数学方面,主要有1853年出版的《数学启蒙》(两卷)。该书本来是伟烈亚力所编的数学初级教科书,虽极浅显,但在一百多年前的中国,被认为是学习西方数学的最好入门书。王韬在1860年,"欲留心数学",遂向龚孝拱"乞《数学启蒙》一书,为入门阶梯"。④ 此书被许多学校采为教科书,湖南有翻刻本,上海书商将其缩印,易名《西算入门》。1857年出版的《续几何原本》由伟烈亚力与李善兰合译,是欧几里得《几何原本》的后九卷,前六卷已由利玛窦、徐光启在明末译出,故以"续"名之。此书由松江人韩应陛出资木刻印行,不料遇上太平军

---

① 熊月之.西学东渐与晚清社会[M].上海:上海人民出版社,1994:187.
② 王韬.漫游随录图记[M].王稼句,点校.济南:山东画报出版社,2004:23.
③ 王韬.瀛壖杂志 瓮牖馀谈[M].陈戍国,点校.长沙:岳麓书社,1988:197.
④ 王韬.王韬日记[M].方行,汤志钧,整理.北京:中华书局,1987:157.

与清军打仗,雕版毁于战火。李善兰面见当时的两江总督曾国藩,极言此书的学术价值,力劝刻印。曾国藩于是取前六卷与后九卷并为一体,于1865年重校付梓,至此,《几何原本》这一古希腊数学名著的全译本得以问世。此全译本受到中国知识界的欢迎和好评。王韬对于续译此书的伟、李二人,也给予很高评价,认为其功不在利玛窦、徐光启之下。① 1859年出版的《代数学》,分十三卷,原书由英国数学家棣么甘(Augustus De Morgan,1806—1871)著,名《代数初步》,由伟烈亚力与李善兰合译。书中介绍了初等代数、指数函数以及幂级数展开等。李善兰认为"以字代数,或不定数,或未知以定数。……恒用之已知或因太繁,亦以字代"。② 所以他把algebra译为"代数学",这是代数学这一名词的首次出现,它是我国第一部符号代数学的读本,第一次向中国介绍了虚数的知识。伟烈亚力和李善兰所制定的其他译名,如"方程式""极大""极小""无穷""根""方"等,至今仍在通用。《代微积拾级》十八卷,于1859年出版,由伟烈亚力与李善兰合译。原书由美国数学家罗密士(Elias Loomis,1811—1889)撰,原名为《解析几何与微积分初步》,该书先介绍代数,再微分学,后积分学,由易而难,犹拾级而上,故名《代微积拾级》,这是近代输入中国的第一部高等数学著作。李善兰与伟烈亚力在翻译此书时,创立了许多译名,如系数、函数、椭圆、级数、常数、变数、微分、积分等,被中国数学界一直沿用下来。

在物理学方面,1858年出版《重学浅说》。由伟烈亚力口述,王韬笔述,所据译本是一本英文的普通力学,此书虽只有14页,却是近代中国第一本介绍西方力学的书籍,许多内容在西学传播史上具有重要价值,在西方力学传入中国的历史上具有重要意义,时人评价它"意简词明,最省便览"。③ 1859年,又出版了《重学》,由艾约瑟与李善兰合译,比较系统地介绍了西方力学的内容。原书由英国人胡威立(William Whewell,1795—1866)著,分三编,中译本仅其中编,内容包括刚体力学、流体力学、动力和运动学。书中所述的牛顿力学三大定律,是第一次介绍到中国。此书约于1855年译毕,先在松江木刻出版,尚未印出,房屋被焚,后又重新制版印刷,这是近代介绍到中国的第一部比较系统的西方

---

① 王韬.王韬日记[M].方行,汤志钧,整理.北京:中华书局,1987:69."几何之学,素重于泰西。自利玛窦入中国,与徐文定公译成此书,其学乃大明。然原书十有四卷,所译仅得六卷,前数卷略备轨法耳。匿其所长而不以告人,犹有管而无钥也。今西士伟烈与海宁李君,不惮其难而续成之,功不在徐、利下。"
② 马祖毅.中国翻译史(上卷)[M].武汉:湖北教育出版社,1999:527.
③ 徐维则,顾燮光.增版东西学书录[M]//熊月之.西学东渐与晚清社会.上海:上海人民出版社,1994:193.

力学著作,被学术界认为"深切著明,实为善本"①。出版后,1865年在南京重刻,坊间有多种翻印本。

在天文学方面,最著名的是1859年出版的《谈天》,十八卷,由伟烈亚力与李善兰合译,是关于西方天文学的学术著作,原书系英国天文学家侯失勒(J. Herschel,1792—1871)的名著。各卷名称依次为论地、命名、测量之理、地学、天图、日躔、月离、动理、诸行星、诸月、彗星、摄动、椭圆诸根之变、逐时经纬度之差、恒星、恒星新理、星林、历法。译者伟烈亚力与李善兰在书前各有一篇序言,伟烈亚力在介绍完西方各种天文学说之后,笔锋一转,指出宇宙如此之大,如此有序,奥妙无穷,追根究底,都是"造物主"即上帝的安排。李善兰在序言中,则有针对性地批评了中国士大夫对西方科学不加考究、妄加议论的态度,折射出西学输入后对中学冲击的激烈程度。此书在近代中国学术界有很大影响,梁启超曾在《读西学书法》中评价该书"最精善","不可不急读"。他认为此书博大精深,译笔雅洁,"亦群书中所罕见也"。② 李善兰本人对《谈天》之译,亦极自负,与王韬等好友饮酒时说:"当今天算名家,非余而谁? 近与伟烈君译成数书,现将竣事。此书一出,海内谈天者,必将奉为宗师。"③《谈天》出版15年后,即1874年,徐建寅又将截止到1871年为止的西方天文学最新成就补充进去,由江南制造局增订出版。

在植物学方面,主要有1859年出版的《植物学》,译自英国植物学家林德利(John Lindley)所著的《植物学基础》,共八卷,其中,前七卷由韦廉臣与李善兰合译,最后一卷由艾约瑟与李善兰合译。汪子春认为,此书是中国第一部介绍近代西方植物学的著作。④ 本书介绍了植物学的基础知识和近代西方的重要研究成果,它的译介,奠定了中国近代植物学产生和发展的基础。此书还传入日本,受到日本学术界的重视。李善兰翻译的《植物学》也颇有开创性,它第一个将英语"Botany"译成"植物学",并注意其中名词术语的翻译,除了极少数原产于外国的植物名称外,极少采用音译。另外,将family译成"科",也是李善兰首创,至今仍被沿用。

在医学方面,有三本新作、两本重印书,都是合信所著。三本新作是《西医

---

① 徐维则,顾燮光.增版东西学书录[M]//熊月之.西学东渐与晚清社会.上海:上海人民出版社,1994:193.
② 梁启超.读西学书法[M]//熊月之.西学东渐与晚清社会.上海:上海人民出版社,1994:196.
③ 王韬.王韬日记[M].方行,汤志钧,整理.北京:中华书局,1987:109.
④ 汪子春.我国传播近代植物学知识的第一部译著《植物学》[J].自然科学史研究,1984,3(1).

略论》《妇婴新说》与《内科新说》，均由合信撰稿，管嗣复润色。1857年出版的《西医略论》，共三卷。上卷总论病症，中卷分论各部位病症，下卷论方药。上卷有篇《中西医学论》，是近代西人比较中西医优劣的最早文献。1858年出版的《妇婴新说》，是关于妇科、儿科的医书。同年出版的《内科新说》，共两卷，上卷专论病症，总论病理及治法，诸如论饮食消化之理、血运行论、医理杂述等，下卷备载方剂药品，分东西本草录要、药剂与药品等。重印的两部书是《全体新论》与《博物新编》，先后于1851年、1855年在广州初版。1855年，墨海书馆加以重印。这五部书后被人合编为《合信医书五种》。

在地理历史方面，有两部著作。一是1853—1854年出版的《地理全志》，共两卷，上卷主要为政治地理，资料取自澳门出版的《地理备览》、徐继畬的《瀛寰志略》和米勒的英文著作《地理全志》；下卷主要为地貌地理和历史地理，取材于孙默维女士的《地文学》、米勒尔的《地文图册》和雷达的《地质天文学大纲》。此书后来由美华书馆重印。二是1856年出版的《大英国志》，分八卷，由慕维廉翻译，蒋敦复润色。原书为英国学者托马斯·米纳尔所著。慕维廉在"例言"中，特别介绍了当时还不太为中国人所知的世界各国政体的情况。

此外，综合性的科学书刊有《中西通书》《科学手册》和《六合丛谈》。《中西通书》，是包含科学、宗教等多种内容的年鉴，自1852年起，每年出一册，1863年以后迁往天津、北京出版。编者1856年为庞应台，1859年、1860年为伟烈亚力，其余均为艾约瑟。1852年书名为《华洋和合通书》，1856年名《中文通书》，其余均名《中西通书》。1856年出版的《科学手册》(Scientific Manual)是高第丕[1]用他独创的注音字母拼成的。1857年1月，该馆创办《六合丛谈》月刊(Shanghai Serial)，由伟烈亚力主编，内容为科学、文学、新闻和宗教等，是近代上海第一份综合性中文杂志，也是中国最早铅印出版的杂志之一。

墨海书馆在中国近代史上的重要贡献在于它的首创性。墨海书馆第一次把西方近代出版印刷术传入中国。它的机器设备及其出版印刷，开阔了近代中国人的眼界，在中国开了出版印刷业采用机器印刷之先河，对中国出版印刷业的近代化起到了积极作用。它所翻译出版的西书，其影响虽说主要集中在沿海城市，特别是上海，未能真正深入内地，并且只局限于部分知识分子，但是它第

---

[1] 高第丕(Tarlton Perry Crawford,1821—1902)，美国传教士，1852年受派来沪。他与夫人发明了一套新式注音字母，用于上海方言注音，并于1855年出版了一本《上海土音字写法》，专门说明他这套注音符号的使用方法。所创符号，既非汉字，亦非罗马字母，形式怪异，今人已无从辨识。但在早期上海外侨中颇有影响。

一次向中国知识分子介绍了西方先进的科学技术知识,极大地冲击了旧观念,使中国知识分子开始重视科学技术的价值,转攻西学,从而促进了近代科技在中国的发展。墨海书馆在翻译出版西书,传播西方科学文化的同时,还造就了中国近代最早一批通晓中西学的学者,如王韬、李善兰、张福僖、管嗣复等,他们翻译的西书成为当时中国知识分子了解西方自然科学和社会科学知识的窗口,对中国近代化起了积极的促进作用。如中国第一台蒸汽机就是徐寿、华蘅芳参考了墨海书馆出版的《格物新编》中的略图,与人合作,于1863年设计出来的。

三、江南制造局翻译馆

在晚清的译书机构中,由中国政府创办的存续时间最长、出书最多、影响最大的译书机构,是江南制造局翻译馆。

江南制造局翻译馆是江南制造局的附属机构,是随着中国近代化的起步而设立的。首先,它是中国近代化的产物。鸦片战争后,特别是第二次鸦片战争以后,面对西方的坚船利炮,中国积贫积弱的现实日益暴露在人们面前,这深深地刺激了中国的有识之士,也使中国的部分官绅不得不直面这一事实,变得比较讲求实际起来。以学习西方坚船利炮和科学技术为主要内容的近代化运动随之而起。19世纪60年代,洋务运动兴起,其代表人物曾国藩、李鸿章、左宗棠等人在"中学为体,西学为用"思想的指导下,引进西方新知,企图用西方的甲胄来保护清政府的躯体。学习西方的坚船利炮和先进的科学技术,在当时的中国几乎没有任何基础,因而人才和技术变得极为急切,因此,设立译书馆,是当时近代化运动必办之事。江南制造局翻译馆正是适应这种需要而出现的。其次,它是中国知识分子努力的结果。翻译馆的主力徐寿、华蘅芳等人在曾国藩等人所开办的近代企业的工作实践中,逐渐认识到翻译西书的重要性和迫切性。他们一方面尽力学习西方科学技术,屡次到墨海书馆等处,与艾约瑟、慕维廉等人交往,探求西方的新知,另一方面不断向曾国藩、李鸿章等人建议兴办翻译机构。

这一当时官办最大的译书机构之所以选择在上海,而不是在其他地方,与上海的特殊环境有关。上海自开埠以后,西人、西物、西学源源而来,上海逐渐成为西学在中国传播的中心。在江南制造局翻译馆建立之前,就有墨海书馆、美华书馆等翻译出版机构,有一批以西学为教育内容的学校,有一些接受西学的报纸。更为重要的是,上海汇集了一批通晓西学的人才。上海在传播西学上有着显著优势。

翻译馆于1868年6月正式开馆,翌年10月,广方言馆并入江南制造局。1871年,翻译局首批译书14种出版,此后,每年译书十多种。据徐维则《东西学书录》,到1899年,共出书126种,1909年翻译馆译员陈洙编《江南制造局译书提要》，共收录160种。① 但1901年后，翻译馆在上海知识界已不受重视。1905年，制造局局坞分家，翻译馆划归兵工厂。1912年，翻译馆出版过一本《航海通书》。1913年，兵工厂改组，新机构中已无翻译馆之名。

近代中国翻译西书，从林则徐便已开始。但是，由政府组织创办的、系统的翻译西书的机构，江南制造局翻译馆为首创，它的设立，在西学东渐史上，标志着一个新时期的到来。

翻译馆译员由中外学者共同组成。外国学者主要有傅兰雅、林乐知、金楷理等人，中国学者有徐寿、华蘅芳等。翻译馆的译书方法，与墨海书馆相似，采取西译中述的方法。

翻译内容的确定，主要是由外国译员提出初步意见，然后由清政府官员最后决定。清政府要求"特译紧要之书"，所谓紧要，就是清政府当时迫切需要的，翻译用书主要是由傅兰雅向英国订购。

当时所译西书，大多是第一次译成中文，由于中西文化差异和语言的隔阂，翻译时在译名的确定上产生了很大分歧，于是翻译馆确定了一套翻译原则，主要有三：第一，沿用中文已有名称，或查之明清以来已有的中译西书，或访问中国客商、工匠，询问其通用名称。第二，设立新名。如果中文本无相对应的恰当名称，则创立新名。创立新名也有原则，或沿用原有汉字而赋予新义，如铂、钾、锌等；或按汉字构字法另创新字，如镁、砷、矽等；或构造新词，如养气、轻气、风雨表等。第三，编写《中西名目字汇》，即中西译名对照表。凡所创新名，随创随记，登记于簿，这样，可以做到同一部书前后译名一致，制造局所译各书彼此一致，避免混乱。翻译局先后编写出版《金石中西名目表》（1883年）、《化学材料中西名目表》（1885年）、《西药大成药品中西名目表》（1887年）、《汽机中西名目表》（1889年）。② 这套翻译原则，奠定了以后西书中译的基础，其命名方法和许多译名至今仍在使用。

江南制造局翻译馆的主要译书介绍如下。

在数学方面，主要有《代数术》等八种。其中，《代数术》为数学入门书，从加减乘除开始，列述乘方、开方、方程、根式、对数、代数、几何等内容，时人评论此书"编辑既精，译笔尤善，为算学家必读之书"。③《算式集要》列述各种线面

---

① 熊月之.西学东渐与晚清社会[M].上海：上海人民出版社，1994：499.
② 同上：497.
③ 陈洙.江南制造局译书提要[M]//熊月之.西学东渐与晚清社会.上海：上海人民出版社，1994：501.

算式、各种体积算式、圆锥曲线算式和地面测算法,仅立公式,不言其理,公式后有例证。《微积溯源》,共八卷,前四卷述微分术,后四卷述积分术。西方数学传入中国之初,微积分是最深奥难懂的内容之一,此前,墨海书馆出过《代微积拾级》,时人对这两部书作了比较,认为《微积溯源》较之《代微积拾级》内容更完备,译笔更流畅通达。《三角数理》共十二卷,前八卷论平三角,后四卷论弧三角,有原理论述,有例题证明。《数学理》列述记数之理等。

在物理学方面,包括电学、声学、光学在内,主要有《电学》《通物电学》等五种。其中,《电学》是一本电学教科书,首论电的发现。电的知识传入中国后,《电学》是其中影响最大、流传最广的一本。此书出版后,翻刻版不断出现,有上海石印本、富强丛书本、西学大成本等。《通物电学》是关于X射线的专书。《声学》,共八卷,作者是英国著名物理学家田大里,书中详细叙述了声学基本理论和实验内容,此书是晚清所译声学著作中影响最大的一部,流传了二十多年。《光学》,乃英国著名物理学家田大里的光学讲授稿,此书的出版,使波动光学首次出现在中文书籍中,包括光的波动性、光与色、光谱及其应用、光的衍射、干涉、偏振,这在当时的中国都是闻所未闻的新知识。①

化学是江南制造局译书成就最为卓著的门类,有《化学鉴原》等多部译著。《化学鉴原》共六卷,书中介绍了当时所知道的64种元素。首卷有"华字命名"一节,为译者所加,用以说明化学元素译为中文名字的原则与方法。此书系统地介绍了西方近代化学知识,包括化学的基本概念、定律、各种元素的存在、性质、主要化合物等。尤其是在中译名方面,它确定了以罗马字母名称的主要音节的译音再加上偏旁命名的原则,如钠、镁等,从而奠定了以后化学元素中文命名的基础。《化学鉴原续篇》内容主要摘译英文书中有机化学部分,《化学鉴原补篇》主要摘译英文书中无机化学部分。《化学分原》是一部关于分析化学的译作,它的出版标志着近代分析化学开始比较系统地被介绍到中国。《化学考质》介绍了有关化学定性分析的各种事项,是当时关于化学定性分析的代表作。《化学求数》,共十五卷,是当时所译化学著作中篇幅最大的一部。

在天文学、地质学方面,译作主要有《谈天》《地学浅释》等四种。其中,《谈天》先由伟烈亚力与李善兰合译,1859年由墨海书馆出版。尔后,徐建寅又把到1871年为止的最新天文学成果补充进去,共十八卷,于1874年由翻译馆出版。《测候丛谈》为气象学著作,共四卷,这是晚清所译气象学书籍中较有价值的一

---

① 王冰.明清时期西方近代光学的传入[J].自然科学史研究,1983(4).

种。《地学浅释》的作者为英国著名地质学家雷侠尔,该书较为详细地介绍了西方近代的地质学知识,其中,关于拉马克、达尔文和生物进化论的内容,在中文书籍中首次出现,这部书被晚清学者认为是不可多得的优秀译作。另一部为《金石识别》,介绍了各种矿石的形状、颜色、性质、用途和鉴别方法。

在医学方面,主要有《儒门医学》等十余种。其中,《儒门医学》共三卷,在晚清上海不但是许多医院的必备之书,也很受市民欢迎。《西药大成》共十卷,书后附有按照人的不同岁数而编制的配药比例和药品中西名目表,这是晚清人们了解西医、使用西药的重要工具书,时人评价甚高,认为此书"诚医学之要书,宜家置一编以备研求者也"。①《内科理法》全面介绍了西医内科学,是19世纪中国介绍西医内科内容最丰富、篇幅最大的著作。《法律医学》为英国著名法医学家惠连所著,是英国法医学界的权威著作,也是近代中国系统介绍西方法医学的第一部著作。在19世纪的中国,翻译、介绍西医学说的,主要有两大机构,一是广州的博济医局,一是江南制造局翻译馆。博济医局所译西医之书,虽较翻译馆时间为早,但所译之书比较零散,而翻译馆则比较完整、系统。

应用科学、工程技术书籍在翻译馆的译书中所占比例最重,包括工艺、兵学、船政、工程和矿学等。

在工艺方面,有《汽机发轫》《汽机新制》等,所述为蒸汽机原理、制造方法以及有关轮船方面的知识。所述有关工艺,有的在西方尚属先进,有的虽过时,但对于当时的中国来说,仍为有用的技艺。

在兵学方面,有《制火药法》《克虏伯炮说》《行军指要》等,介绍了西方各种兵器的制造、使用和攻防战术。翻译局翻译的兵学书籍,占了当时全国所译此类书籍总数的一半以上。

在船政方面,有《航海章程》《航海通书》等。

翻译馆之所以翻译出版许多兵工、船政书籍,主要有几方面原因。第一,鸦片战争后,特别是第二次鸦片战争之后,"天朝上国"被船坚炮利的西方攻破,西方的坚船利炮成为中国的急切追求。第二,制造局本为兵工厂,译书的直接目的之一,就是为本局服务。第三,江南制造局于1874年、1898年相继设立操炮学堂和工艺学堂,所用教科书,绝大部分由翻译馆提供。第四,江南制造局除了向本局附属学堂提供教材之外,有时还向南京等地的军事学堂提供教材和参

---

① 陈洙.江南制造局译书提要[M]//熊月之.西学东渐与晚清社会.上海:上海人民出版社,1994:513.

考书。

在学务方面,有《日本学校源流考》,由美国路义思撰,卫理译,范熙庸述,叙述了日本维新以前学校的情形、实行新式教育的经过以及新式教育方法等。《日本东京大学规制》介绍了东京大学的各种规章制度,包括大学总规、脩金学费、学科章程、校长职务规则、学位规则、图书馆规则等。

社会科学方面的译书不多,有33种,占总数的五分之一,包括政法、史志、法学、兵制、商务、学务等。

在政法方面,有《列国岁记政要》《佐治刍言》等。《列国岁记政要》的形式类似大事记,分国叙述。此书译出以后,被时人认为是了解各国情况的必读之书,有多种翻刻本,如富强丛书本、军政全书本、西学大成本等。《佐治刍言》是政治学译书中影响最大的一部,共三卷,英文名为《政治经济学》,为英国人钱伯斯兄弟所编。这是戊戌以前介绍西方政治思想最为系统、篇幅最大的一部书,出版后曾多次重版,对中国思想界影响很大,康有为、梁启超、章太炎都曾读过。晚清思想界对它的评价很高。

在史志方面,有《四裔编年表》《俄国新志》《法国新志》等。其中《四裔编年表》是翻译馆出版的最早的一部史书。

在法学方面,主要有《公法总论》,是国际法的简明读本。时人认为读此书"可以明邦交之大略矣"。[①]《各国交涉公法论》是当时篇幅最大的国际法详本。

在兵制方面,有《列国陆军制》《西国陆军质考略》,有关于英国、美国、俄国、法国各国的水师考。关于海军书籍的集中译出,是适应了19世纪70—90年代清政府意欲建立自己海军的需要。其中有些书,如《防海新论》,不但有很强的针对性,而且对晚清的海军建设产生了重要影响。1879年,总理衙门令上海重印《防海新论》,发给沿海各督抚,命各地督抚、将领细心研读应用。

在社会科学的译书中,不能不提《西国近事汇编》。此书从1873年开始到1899年,每年一卷,主要由金楷理、林乐知、钟天纬等人编译,其内容依据英国《泰晤士报》等编译,是关于西方大事要闻的编译,时效性很强,是同治、光绪年间中国知识分子了解世界的重要参考资料。

对于江南制造局翻译馆所译之书在中国翻译史乃至在中国思想史上的作用,梁启超有过经典的论述:

---

① 陈洙.江南制造局译书提要[M]//熊月之.西学东渐与晚清社会.上海:上海人民出版社,1994:520.

自从失香港、烧圆明园之后,感觉有发愤自强之必要,而推求西之所以强,最佩服的是它的"船坚炮利"。上海的江南机器制造局,福建的马尾船政局,就因这种目的设立,又最足以代表当时所谓西学家之心理。同时又因国际交涉种种麻烦,觉得须有些懂外国话的人才能应付,于是在北京总理衙门附设同文馆,在上海制造局附设广方言馆,又挑选十岁以下的小孩子送去美国专学说话。第一期所谓西学,大略如此。这种提倡西学法,不能在学术界发生影响,自无待言。但江南制造局成立之后,很有几位忠实的学者——如李壬叔善兰、华若汀蘅芳等辈在里头,译出几十种科学书,此外国际法及其他政治书也有几种。自此,中国人才知道西人还有藏在"船坚炮利"背后的学问,对于"西学的观念"渐渐变了。①

四、广学会

在晚清中国,由传教士建立的出版机构首推广学会。

广学会,初名同文书会,1887年在上海成立,1894年改名为广学会。其发起人主要是居住在上海的西人,核心人物是英国传教士韦廉臣。

广学会的发起人除了传教士之外,还有西方来华商人、领事馆官员、医生、律师等。会员主要是在华西人,也有少量华人参加,但骨干力量是西方传教士。会长长期由海关总税务司赫德担任。韦廉臣兼任书记即秘书,后称总干事。1890年韦廉臣病逝,其工作由李提摩太接替,他在任长达25年,是广学会最重要的负责人。

广学会的会址开始时设在上海华德路25号,后迁江西路41号和蓬路44号,1905年在河南路445号设发行所,1908年在四川路143号建办公楼,1932年又在博物馆路128号建九层大厦。

广学会历时70年,1956年12月5日与中华浸会书局、青年会全国协会出版部和中国主日学合会,联合组成中国基督教联合书局。广学会在不同时期的工作宗旨、活动重点、社会影响差别很大,而介绍西学最多、对中国社会影响最大的时期是1900年之前,尤其是戊戌变法时期。1900年以后,因中国自己的翻译人才大量出现,加之日译西书大批涌入,以及广学会的书籍多限于宗教,其社会影响日益衰落。在这里,主要介绍1900年以前的情况。

---

① 梁启超.中国近三百年学术史[M].北京:东方出版社,1996:29.

广学会的宗旨是编译出版书刊,介绍西方文化。传教士对中国社会作了分析,认为中国人的最大特点是注重学问,尊崇学者,而士大夫们又是整个中国的权力中心,鉴于这个分析,他们确立了广学会工作的重点对象:文人和官员。李提摩太曾对中国文人、官员的数量和广学会工作重点对象的关系作过估计,他认为广学会的工作重点对象大约为44 036人,只要影响了这4万多人,就等于影响了中国3亿多人。从这个宗旨出发,广学会将工作重点放在了以下几个方面:翻译、编写、出版书刊;赠书、售书;举行征文。

广学会究竟翻译、编撰、出版了多少书籍?据台湾学者王树槐统计,从1887年到1900年,广学会共出版书籍约176种;到1911年,共出版461种。这些书籍中,有一部分是新翻译的,有一部分是新编的,还有一部分是重印的。据分析,这些书籍中,纯宗教书籍约有138种,占总数的29.93%;非宗教书籍约238种,占总数的51.63%;含有宗教意味但也有其他内容的书籍约85种,占总数的18.44%。①

书刊结合是广学会宣传西学的重要和有效手段。广学会翻译、编撰的许多西书,都先在其编印的刊物《万国公报》上刊载,然后再单独出版。

免费赠送刊物是传教士扩大影响的传统手段。广学会成立以后,便广赠书刊。赠送书刊有两种途径:一是在每次乡试、省试、会试科举考试后,派人到试场外面送书;二是通过各种关系,向中央和地方官员赠书。所送书籍,有宗教宣传品,也有介绍时政和科学知识的读物,以后者为多。

广学会售书主要是通过设在各地的经销处实现的。广学会成立初期,自己没有售书局,所出版的书籍主要由美华书馆和申报馆经销。随着广学会出版物的增多,它的经销点也越来越多。上海的申昌书画室、格致书室都成了它的经销点,全国许多城市也都有它的经销点,1898年有28处,1899年增加到35处,甚至还在朝鲜设了经销点。

举办有奖征文是广学会吸引中国文人,扩大影响的重要手段。1889年,韦廉臣以有关西学的题目征文:(1)格致之学泰西与中国有无异同;(2)泰西算学何者较中国为精。共收到论文20篇,四篇获奖。慕维廉是主要评阅人,他认为:"这些论文证明他们对科学方面是有不少知识的,所达到的水平比他预期的要高得多。"② 1894年,李提摩太出了开筑铁路、维持丝茶议、中西敦睦策等五道

---

① 王树槐.清季的广学会[J]."中央研究院"近代史研究所集刊,1973.
② 同文书会年报(第二次)(1889年)[J].出版史料,1988(2).

题目,在举行乡试的苏州、北京、广州、福州和杭州五地进行征文。乡试前,广学会在这五个城市散发了 1 万张征文通知。通知要求应征者必须五题全作。结果收到论文 172 篇,评出获奖者 70 名,分六个等级,这是广学会举办的影响最大的一次征文,获奖人员中最为引人注意的是"康长素",即康有为,他获得了六等奖。

广学会在晚清西学东渐史上具有重要的意义。

第一,开始结合中国实际,围绕变法宣传西学。广学会所出书籍重于批评弊端、鼓吹变法方面,即林乐知所说的"醒华"与"兴华"。

第二,注重对中国文化价值的讨论,从价值观、历史观、生活方式、伦理道德等方面对中国文化进行讨论。

第三,开创了西学传播的新局面。墨海书馆、江南制造局翻译馆在翻译西书上都下了不少功夫,但是在流通方面却不是很在意。而广学会在这方面则作了很大努力,向应试的考生赠书,向各级官员赠书,举办有奖征文,书刊结合,在各地设立经销点……广学会的这些努力,使西学从江南制造局翻译馆时期的只是少数人的事物走向社会,影响空前扩大。广学会出版物的影响,在不少僻野乡村也有所反映。在 19 世纪 90 年代的中国,凡有传教士的地方,就有广学会的影响。

广学会出版的西书,畅销全国的为数不少,除了《万国公报》,《格物探原》《自西徂东》《泰西新史揽要》《中东战纪本末》和《文学兴国策》都很著名。

《格物探原》,六卷,以宗教为体,科学为用。格物,介绍各类科学知识;探原,则将一切归于上帝。综合全书,这是一本基督教义与科学知识混杂的书籍,这一特点决定了其影响的多面性,信教的人可以把此书当作宗教书籍来阅读,世俗的人则可以把它作为科学读物。

《自西徂东》是德国传教士花之安的名著,最早连载在《万国公报》上,1884 年在香港出版,广学会成立后加以重印。全书分为仁、义、礼、智、信五集。仁集叙述仁爱、仁政方面的内容,诸如救济贫民、赡养老人等。义集主要为国家理财方面,也谈一些关于人的基本权利问题,如禁止一夫多妻、禁止缠足、关于结婚年龄问题等。礼集主要介绍西方社会的礼仪风俗,对中国礼仪中的奢侈、不合时宜等提出了批评。智集主要叙述了学术、指挥方面内容,较为详细地介绍了西方的文化、教育、新闻、语言、科学技术等方面的内容,特别强调了科学技术和教育工作是人类发展的巨大推动力。信集主要介绍社会团体。《自西徂东》出版后,受到中国知识分子的广泛注意,成为19世纪80年代由传教士撰写的影响最大的一部书。广学会曾把这本书广泛赠与中国官员和应试考生。1898年初,在光绪皇帝订阅的129种西书中,第一种就是此书。

《泰西新史揽要》是广学会所出西书中销量最大、影响最广的一部。原著为英国人马恳西,李提摩太译,蔡尔康述,1895年出版。此书叙述了19世纪欧美各国发展史,包括政治、经济、文化、社会各方面。全书内容相当广泛,举凡各国沿革、互相争战、政体演变、科学发明、著名人物、物产人口、风俗习惯,均有叙述。书中对于西方各国兴利除弊、变法图强的历史叙述颇详。

《泰西新史揽要》对于正因落后挨打、急欲变法图强的中国来说,具有重大的意义。此书传递了一个国家一个民族要获得发展必须兴利除弊,奋发图强的道理。李提摩太的目的,也在于希望通过此书能启迪中国人勇于进取、奋发图强。

全书在出版前,广学会曾将一些内容在《万国公报》上连载,社会反应相当热烈。1895年正式出版后,立即成为畅销书,印了3万部,这在当时是一个相当大的数目,但还是供不应求,只好一版再版。由于此书需求量很大,书商看到有利可图,纷起翻刻、盗印,虽然上海道台出谕进行阻拦,但还是无法禁止,特别是上海以外地区。广学会在年报中叙述此书的影响:"去年我们为中国人翻译的一本最重要的书,就是李提摩太先生译的麦(马)恳西的《泰西新史揽要》。这本书是很出名的,它被认为是一本权威著作。它吸引了帝国好几位高级官员的注意,特别在北京更受欢迎。最近碰巧李提摩太先生为了教会工作到北京去,他发现士人们都在谈论这本书,把它叫作新学问。他们开始认识到过去不知道这种新学问,他们需要对它关心。"①

《中东战纪本末》是仅次于《泰西新史揽要》的另一部畅销书,由林乐知编,蔡尔康述,1896年出版,初编八卷,1897年增出续编四卷,1900年又出四卷,共十六卷。中东,指中国和日本。该书是中日甲午战争资料、议论汇编。初编卷一叙述了中日战争的由来;卷二是清政府有关此次战争的上谕、奏折;卷三是日本方面的资料以及有关电文;卷四、卷五是交战、谈判的有关文件;卷六到卷八是林乐知、蔡尔康等人关于战争及有关问题的议论。续编卷一是王文韶、盛宣怀、刘坤一等人的有关奏疏;卷二、卷三是战争期间的有关电报;卷四是中外人士的有关议论。三编译载了英国兵部炮兵司主事蒲雷写的《东方观战纪

---

① 同文书会年报(第八次)(1895年)[J].出版史料,1990(1).

实》,以及美国驻华使馆、中国驻英使馆有关战争和议的电文以及李鸿章的奏疏等。

《中东战纪本末》有两个内容最使人感到震撼,一是有关战争过程资料的披露,二是对中国落后的批评。书中以极其详细的资料说明了中国之所以在战争中失败,不仅是因为战前的狂妄自大、准备不足,也不仅是武器不如人、指挥不当,更深层的原因是清政府的体制存在问题。书中资料也显示出战争以后,各国私下对中国任意宰割,中国正面临着空前的危机。

《中东战纪本末》的一个重要组成部分是一批西人对中国时局的评论。其中以林乐知的《治安新策》篇幅最大,言辞也最为尖锐。在1896年的中国,如此尖锐地批评中国的积习和中国政治,实属罕见,更何况,这出自一个外国人之口。《中东战纪本末》出版后,在中国社会引起了强烈反响。

《文学兴国策》由日本人森有礼著,林乐知译,伍廷旭述,1896年出版,共两册。这里的"文学"指文化教育。森有礼在担任日本驻美大使期间,向美国文化部各大臣及其他各部、议院各议员发照会和向各著名大学校长、文化界人士发公函,向他们了解美国教育制度和实际情况,并征求他们对发展教育的意见,他根据收到的一大批关于美国教育的资料和对日本发展教育的意见编成了此书。林乐知在编译《中东战纪本末》总结中国的战败原因时,想到了教育,他认为,日本比中国之强,在于教育,于是把森有礼的《文学兴国策》介绍给中国。《文学兴国策》从五个方面论述了教育的重要性:(1)教育与富国;(2)教育与商务;(3)教育与农务、制造;(4)教育与伦理德行身家;(5)教育与律例国政。但由于书中有部分内容强调要用基督教来对人们进行教化,所以遭到中国士大夫的抵制。广学会年报记载:"《文学兴国策》具有明显介绍基督教的内容,在北京一问世,就遭到大臣们的反对,他们不准它与政府准许的书籍一起发行。"①

总而言之,广学会的出版物对近代中国思想界的影响很大。《泰西新史揽要》《中东战纪本末》风行一时,王韬、孙中山等是《万国公报》的忠实读者,康有为参加过有奖征文活动,梁启超担任过李提摩太的秘书,光绪帝购阅广学会的多种书刊,这些都是人们熟知的事实,我们可以随处见到广学会在当时的影响。

---

① 广学会年报(第九次)(1896年)[J].出版史料,1990(3).

第二节　沪译沪版西书

一、种类丰富齐全，内容与时俱进

随着人们对西学认识和接受程度的不断加深，随着时局的变动，社会对知识需求的变化以及西学的知识种类和内容的不断更新，上海在1843年至1911年间翻译、出版的西书日益丰富，根据时局的发展需要，从坚船利炮、声光化电，到物竞天择、自由民主。

沪译沪版西书大致经历了三个阶段：教会出版机构主导时期；政府和教会出版机构并主时期；转译日本西书时期。

1. 教会出版机构主导时期（1843—1868）

这一时期主要是墨海书馆和美华书馆时期。墨海书馆的建立，标志着西学在晚清上海开始传播。1860年美华书馆迁到上海，替代了墨海书馆的领头羊地位。19世纪40—50年代上海的西书多出于墨海书馆，而60年代则多出于美华书馆。这一时期所出版的西书，以宗教为主，兼出一些科学书籍。这一时期输入的西学，主要是西方自然科学的基础知识。

1843年8月，来华欧美传教士在香港召开了译经会议，商谈《圣经》的中译问题。麦都思是这次会议的主席，美魏茶、合信等都是主要成员。会后，《圣经》的新译本变成传教士的工作中心，墨海书馆成为这项工作的基地。墨海书馆在1852年以前，传教士几乎把精力集中在翻译《圣经》上，没有出版过什么科学书籍。从1844—1860年，墨海书馆共出版171种书刊，其中宗教书刊138种，占80.7%，各种科学书刊33种，占19.3%。在科学书籍中，数学4种，天文2种，医学4种，物理2种，植物学1种，地理1种，历史1种，语言2种，综合性科学书刊有4种（详见表5-2）。

作为中国长老会刊物的发行机构，美华书馆主要出版《圣经》中译本、赞美诗集、教义答问手册、祈祷书和布道所需的传单、小册子等以及圣教会编辑的《图画新报》《儿童月报》，但也印刷出版了几十种自然科学书籍。其中，1879年出版的《英字指南》是中国第一部英语读本，1886年出版的《万国药方》是中国最早介绍西洋医药的译本，1897年出版的《格物致学》是自然科学常识的教科书，时人评价为格物教科书的善本，1866年出版的高第丕夫人的《造洋饭书》，是晚清中国为数不多的介绍西餐的书籍之一。另外，美华书馆还根据当时的需要，出版了美国著名法学家马丁著的《国际法》，出版后尽管多次再版，但仍然经常售缺。

表 5-2　传教士在上海出版中文书刊录(1843—1860 年)①

年份	书　名	著(译)者	内容	备　注
1844	《圣教要理》	麦都思	宗教	
1844	《祈祷式文》	麦都思	宗教	
1844	《祈祷式文》	麦都思	宗教	上海方言版
1844	《杂篇》	麦都思	宗教	释经
1844	《天埋要论》	麦都思	宗教	据1833年在巴达维亚出版的《神理要论》修订
1845	《三字经》	麦都思	宗教	述基督教义,据1819年版重印
1845	《十条戒著明》	麦都思	宗教	
1845	《真理通道》	麦都思	宗教	后被分册出版
1846	《耶稣教略》	麦都思	宗教	教会历史
1846	《耶稣降世传》	麦都思	宗教	石印
1846	《马太福音传》	麦都思	宗教	
1846	《论悔罪信耶稣》	麦都思	宗教	
1846	《请勿拜偶像》	麦都思	宗教	
1846	《论上帝差子救世》	麦都思	宗教	
1846	《讲自家个好处靠弗着》	麦都思	宗教	上海方言
1846	《讲上帝告诉人知识》	麦都思	宗教	上海方言
1846	《进教要理问答》	文惠廉	宗教	
1847	《张远两友相论》	米怜	宗教	据1831年马六甲版修订
1847	《约翰传福音书》	麦都思	宗教	上海方言
1847	《讲上帝差儿子救世界上人》	麦都思	宗教	上海方言
1847	《讲头一个祖宗作恶》	麦都思	宗教	上海方言
1847	《鸦片速改七戒文》	崔理时	道德	据1835年版修订
1847	《福音要言》	施敦力约翰	宗教	1850年、1853年、1861年多次重印
1848	《天帝宗旨论》	麦都思	宗教	1849年修订再版
1848	《十条戒论》	麦都思	宗教	

---

① 熊月之.西学东渐与晚清社会[M].上海：上海人民出版社,1994：205.个别备注栏文字有增补。

续表

年份	书　　名	著(译)者	内容	备　　注
1848	《三字经》	麦都思	宗教	重印本
1848	《善终志传》	施敦力约翰	宗教	据1846年厦门版重印
1848	《三字经》	叔末士	宗教	讲述基督教义
1848	《画经比喻讲》	叔末士	宗教	《圣经》画册
1848	《独耶稣救灵魂》	叔末士	宗教	上海方言
1848	《怕死否》	叔末士	宗教	上海方言
1848	《马太传福音书》	美魏茶	宗教	
1849	《真神十戒》	叔末士	宗教	1857年重印
1849	《张远两友相论》	叔末士	宗教	据米怜原书修订
1849	《圣经旧遗诏创世传》	高德	宗教	
1849	《论悔罪信耶稣》	麦都思	宗教	据1846年版修订
1849	《请勿拜偶像》	麦都思	宗教	据1846年版修订
1850	《真神总论》	叔末士	宗教	
1850	《福音广训》	美魏茶	宗教	据米怜《乡训五十二则》改写
1850	《祈祷式文释句》	麦都思	宗教	
1850	《天地人论》	麦都思	宗教	
1850	《圣会要理问答》	贾本德	宗教	
1850	《证据守安息日》	贾本德	宗教	
1850	《安息日期》	贾本德	宗教	
1850	《有一件实事是要紧的》	贾本德	宗教	
1850	《真神十戒》	戴查士	宗教	
1850	《要理问答》	戴查士	宗教	上海方言
1850	《要理必读》	戴查士	宗教	
1851	《真道入门》	美魏茶	宗教	据米怜《幼学浅解问答》改写
1851	《张远两友相论》	美魏茶	宗教	
1851	《三字经》	麦都思	宗教	
1851	《论悔罪信耶稣》	麦都思	宗教	
1851	《耶稣教略》	麦都思	宗教	

续表

年份	书　名	著(译)者	内容	备　注
1851	《行客经历传》	慕维廉	宗教	
1851	《格物穷理问答》	慕维廉	科学	
1852	《新约全书》	麦都思	宗教	
1852	《新年劝诫书》	叔末士	宗教	
1852	《圣经新遗诏约翰福音传》	高德	宗教	
1852	《咸丰二年十一月初一日日蚀单》	艾约瑟	天文	
1852	《华洋和合通书》	艾约瑟	年鉴	
1853	《贫者约翰明道论》	麦都思	宗教	
1853	《亚大门临死畏惧刑论》	麦都思	宗教	
1853	《耶稣教略》	麦都思	宗教	修订本
1853	《地理全志》	慕维廉	地理	
1853	《真理摘要》	哥伯播义	宗教	
1853	《数学启蒙》	伟烈亚力	数学	此书虽浅显,但在一百多年前的中国,被认为是学习数学的最好入门书
1853	《中西通书》	艾约瑟	年鉴	
1854	《福音广训》	麦都思	宗教	据米怜《乡训五十二则》改写
1854	《野客问难记》	麦都思	宗教	据1826年巴达维亚版修订
1854	《天地人论》	麦都思	宗教	重印
1854	《孝事天父论》	艾约瑟	宗教	
1854	《中西通书》	艾约瑟	年鉴	
1854	《旧约书创世记》	孙伯罗	宗教	
1854	《警恶箴言》	美魏茶	宗教	
1855	《旧约全书》	麦都思	宗教	
1855	《天地人论》	麦都思	宗教	重印
1855	《圣教幼学》	文惠廉	宗教	上海方言
1855	《教子有方》	文惠廉	宗教	
1855	《常年祷告》	文惠廉	宗教	上海方言

续表

年份	书　名	著(译)者	内容	备　注
1855	《耶稣教或问》	施敦力约翰	宗教	
1855	《善终志传》	施敦力约翰	宗教	重印
1855	《教会问答》	慕维廉	宗教	
1855	《博物新编》	合信	科学	重印
1855	《全体新论》	合信	医学	重印
1855	《中西通书》	艾约瑟	年鉴	
1855	《上海土白入门》	吉士	语言	
1855	《赞神诗》	高第丕	宗教	
1855	《上海土音字写法》	高第丕	语言	
1855	《福音小学》	娄如本	宗教	
1855	《三字经》	娄如本	宗教	上海方言,讲述基督教义
1855	《福音真理问答》	耿惠廉	宗教	
1856	《人所当求之福》	麦都思	宗教	
1856	《救世主只耶稣一人》	麦都思	宗教	
1856	《人不信耶稣之故》	麦都思	宗教	
1856	《失羊归牧》	麦都思	宗教	
1856	《君子终日为善》	麦都思	宗教	
1856	《岁终自察行为》	麦都思	宗教	
1856	《悔罪祈求之事》	麦都思	宗教	
1856	《恶者不得入天国》	麦都思	宗教	
1856	《祈祷上帝之理》	麦都思	宗教	
1856	《善者受难获益》	麦都思	宗教	
1856	《善者考终命》	麦都思	宗教	
1856	《死至猝不及备》	麦都思	宗教	
1856	《新约全书》	麦都思	宗教	
1856	《宗主诗篇》	麦都思	宗教	
1856	《进小门走窄路解论》	米怜	宗教	重印
1856	《来就耶稣》	慕维廉	宗教	
1856	《天教证略》	慕维廉	宗教	

续表

年份	书　　名	著(译)者	内容	备　注
1856	《天佛论衡》	慕维廉	宗教	
1856	《救灵先路》	慕维廉	宗教	
1856	《天理十三条》	慕维廉	宗教	
1856	《求雨劝世文》	慕维廉	宗教	
1856	《弃绝偶像劝世文》	慕维廉	宗教	
1856	《天教超儒论》	慕维廉	宗教	
1856	《大英国志》	托马斯·米纳尔著,慕维廉译,蒋敦复述	历史	
1856	《小学正宗》	哥伯播义	宗教	
1856	《劝世文》	哥伯播义	宗教	
1856	《三德伦》	艾约瑟	宗教	
1856	《使徒行传》	吉士	宗教	
1856	《亨利实录》	吉士夫人	宗教	上海方言
1856	《中外通书》	庞台物	年鉴	
1856	《科学手册》	高第丕	科学	上海方言
1856	《三个小姐》	高第丕夫人	宗教	上海方言
1857	《葆灵魂以升天国伦》	麦都思	宗教	
1857	《行道信主以免日后之邢论》	麦都思	宗教	
1857	《人当自省以食晚餐论》	麦都思	宗教	
1857	《西医略论》	合信、管嗣复	医学	
1857	《总论耶稣之道》	慕维廉	宗教	
1857	《续〈几何原本〉》	欧几里德著,伟烈亚力、李善兰译	数学	《几何原本》后九卷,使这一古希腊数学名著完整地传入中国
1857	《六合丛谈》	伟烈亚力	杂志	近代上海第一份综合性杂志
1857	《指迷编》	哥伯播义	宗教	
1857	《释教正谬》	艾约瑟	宗教	

续表

年份	书　名	著(译)者	内容	备　注
1857	《中西通书》	艾约瑟	年鉴	
1857	《蒙童训》	吉士夫人译	教科书	上海方言
1857	《圣经故事》	高第丕夫人	宗教	上海方言
1858	《新约全书注释》	麦都思	宗教	
1858	《耶稣教略》	麦都思	宗教	据1853年版修订
1858	《妇婴新说》	合信	医学	
1858	《内科新说》	合信	医学	
1858	《赞主诗歌》	慕维廉	宗教	
1858	《耶稣赞歌》	慕维廉	宗教	
1858	《至圣指南》	慕维廉	宗教	
1858	《虔敬真理》	慕维廉	宗教	
1858	《重学浅说》	伟烈亚力、王韬	物理	近代中国译介的第一部关于西方力学的专书
1858	《甲乙二友论述》	伟烈亚力	宗教	据米怜《张远两友相论》改写
1858	《圣教答问》	伟烈亚力	宗教	
1858	《耶稣教略》	艾约瑟	宗教	
1858	《中西通书》	艾约瑟	年鉴	
1858	《佳客问道》	高第丕	宗教	
1859	《圣歌》	慕维廉	宗教	
1859	《天道入门》	慕维廉	宗教	
1859	《吾主耶稣基督新遗诏书》	伟烈亚力	宗教	
1859	《代数学》	棣么甘著，伟烈亚力、李善兰译	数学	此书第一次向中国介绍了虚数
1859	《代微积拾级》	罗密士著，伟烈亚力、李善兰译	数学	近代输入中国的第一部高等数学著作，李与伟在翻译此书时，创立了许多译名，如系数、函数、微分、积分等，被中国数学界一直沿用
1859	《谈天》	侯失勒著，伟烈亚力、李善兰译	天文	在晚清学术界享有很高的声誉，梁启超认为此书"最精善"，博大精深，译笔雅洁

年份	书名	著(译)者	内容	备注
1859	《中西通书》	伟烈亚力	年鉴	
1859	《续释正谬》	艾约瑟	宗教	
1859	《重学》	胡威立著,艾约瑟、李善兰译	物理	近代介绍进中国的第一部比较系统的西方力学著作,将牛顿三大定律首次介绍进中国
1859	《保罗与罗马人书》	白汉理	宗教	上海方言
1859	《植物学》	林德利著,韦廉臣、艾约瑟、李善兰译	植物	自然科学史专家认为,此书是我国最早一部介绍近代植物学的译著
1860	《悔改信耶稣说略》	麦嘉缔	宗教	
1860	《耶稣要志》	慕维廉	宗教	
1860	《中西通书》	艾约瑟	年鉴	
1860	《蒙养启明》	耿惠廉夫人	教科书	上海方言
1860	《赞神诗》	郑爱比	宗教	
1860	《上帝全能显著于福音道理内》	杨格非	宗教	
1860	《耶稣命其徒往普天下传福音》	杨格非	宗教	
1860	《听人而过于听上帝在上帝前不得为义》	杨格非	宗教	
1860	《天父上帝无所不能》	杨格非	宗教	
1860	《人有三要问》	杨格非	宗教	
1860	《问耶稣教之道何以为福音》	杨格非	宗教	

2. 政府和教会出版机构并主时期(1868—1900)

这一时期是江南制造局翻译馆和广学会时期。1868年,江南制造局翻译馆的建立,标志着传教士独霸西书翻译出版的局面被打破。1887年广学会的成立,标志着以批评时局、宣传变法为宗旨的社会科学类书籍出版时期的到来。在这三十多年的时间里,有土山湾印书馆、益智书会、格致汇编社等机构,但制造局翻译馆和广学会的影响最大。这两个机构,一个侧重声光化电,一个侧重社会人文,互为补充。

1868年设立的制造局翻译馆是江南制造局的附属机构,是为了满足洋务派所办各种企业对西方科学知识和人才的需求而开办的,翻译馆的译书选择取决于当时何种需要最为迫切。制造局是军工企业,故以译工艺学类的书籍为多,制造局要造船,故需译蒸汽机方面的书籍以供参考,制造局又要生产火药、炮弹,故要翻译有关火药枪炮的书籍……这些书籍都直接为生产服务。

按照《江南制造局译书提要》的分类,翻译馆所出的160种书籍分类如下(见表5-3)。

表5-3 江南制造局翻译馆译书分类统计①

类别	史志	政治	交涉	兵制	兵学	船政	学务	工程	农学	矿学	工艺	商学	格致
种数	6	3	7	12	21	6	2	4	9	10	18	3	3
类别	算学	电学	化学	声学	光学	天学	地学	医学	图学	补遗	附刻	总计	
种数	7	4	8	1	1	2	3	11	7	2	10	160	

按种数多少,江南制造局翻译馆的译书依次排序为:兵学、工艺、兵制、医学、矿学、农学、化学、算学、交涉、史志、船政等。如果按照今天的分类方法,则其顺序为应用科学与工程技术、自然科学的基础科学、社会科学。翻译馆译书,偏重于自然科学,对社会科学翻译不多,约占译书总数的五分之一。但从所译的社会科学书籍可以看出,时人对欧美各国的历史和政治开始发生兴趣,开始关注西方物质文明之外的东西,又由于国家在列强夹击中生存的状态,开始关注国际常识,国际法书籍受到极大的关注。

在晚清西学传播史上,广学会与江南制造局翻译馆并重。广学会为教会出版机构,在出版宗教书籍的同时,编译了大量的社会科学类读物,在当时的中国担任了批评者的角色。广学会所出的书籍偏重批评时弊,倡导变法。第十一届广学会年会曾记载说:"广学会于10年来译著《自西徂东》《泰西新史揽要》《中东战纪本末》《格物探原》《时事新论》《列国兴盛记》以及《万国公报》诸书。初印时人鲜顾问,往往随处分赠,继而渐有乐购者。近三年内,几于四海风行。"②广学会书籍中所提出的变法建议,影响了梁启超等人的变法思想,从而也影响

---

① 熊月之.西学东渐与晚清社会[M].上海:上海人民出版社,1994:500.
② 广学会年报(第十一次)(1898年)[J].出版史料,1992(1).

了中国的戊戌变法。

3. 转译日本西书时期(1900—1911)

中国在甲午中日战争中战败,全国震惊,对日本的态度发生了根本转变。戊戌政变后,特别是庚子事变以后,"要学西方,先学日本"几乎成为国人的共识。于是,留日学生呈现持续增长的趋势,翻译日本书籍也成为了热潮。

大量的出版机构、日译西书、留日人员、杂志、报纸,将各种各样的西方新学转口输入中国,欧美→日本→中国,成为20世纪初西学传入中国的主要渠道。范围之广、数量之多、来势之猛,令中国学术界大为惊叹。据不完全统计,从1896年到1911年,中国翻译日文书籍至少1 014种。① 比起此前翻译的西书,这一时期翻译日本书的最大特点是社会科学、史地书籍分量加大,应用科学、自然科学分量减少。按照谭如谦的统计,社会科学书籍366种,占总数的38%;史地书籍175种,占总数的18%;语言文字书籍133种,占14%;应用科学书籍89种,占9%;自然科学书籍83种,占9%。

对于20世纪初西学通过日本转口输入中国的热潮,梁启超有过生动的描述:"戊戌政变,继以庚子拳祸,清室衰微益暴露。青年学子,相率求学海外,而日本以接境故,赴者尤众。壬寅、癸卯间,译述之业特盛,定期出版之杂志不下数十种。日本每一新书出,译者动数家。新思想之输入,如火如荼矣。"②

从整个译介过程来看,这一时期翻译的书籍与中国国内形势的发展紧密联系。1901—1902年,震惊于八国联军之侵略和《辛丑条约》的签订,宣传物竞天择、适者生存的进化论和介绍亡国之惨、独立可贵的译作比较集中;1902年,清政府颁布"壬寅学制",进行教育改革;1903年,教科书的翻译风行一时;1905年,清政府宣布预备立宪;1906年以后,关于宪法宪政、地方自治的译作大批出现。

"西学"在"东渐"中随着中国社会思潮对西方文化作有选择的介绍。19世纪50—60年代,传教士以散布福音为原旨,所谓"西学",即基督教神学最早输入中国。60年代以后,借着"师夷长技"的事业,西方工艺技术和作为其背景的科学理论,即所谓的"西艺"大量涌入。80—90年代,社会改良思潮兴起,改革中国政治、法律制度的社会需求,使"西政""西法"迅速传入。90年代末期,变

---

① 据谭如谦主编的《中国译日本书综合目录》(香港中文大学出版社,1980年)统计,从1896年到1911年,中国翻译日本书籍共958种。熊月之后在《西学东渐与晚清社会》中对谭如谦所遗漏的书籍进行补充,认为至少有1 014种。

② 梁启超.清代学术概论[M].上海:上海古籍出版社,1998:97.

法失败。人们意识到社会经济、政治和教育改造缺乏基础,因而开始注意"新民之学"。

二、数量冠首,辐射全国

上海自1860年以后逐渐成为西学传播的中心,不管是在沪的西书翻译、出版机构,还是上海所出西书,都位居全国之首。

从出版机构的数量上来看,上海占了全国的绝大多数。据熊月之在《西学东渐与晚清社会》中的统计,1900年以前,中国先后出现过9个比较重要的翻译出版机构,即墨海书馆、江南制造局翻译馆、广学会、京师同文馆、格致汇编社、广州博济医馆、益智书会、商务印书馆和译书公会,其中上海占了7个。从1900年至1911年,西学主要通过日本转口输入,中国国内共有74家翻译、出版西书的机构,其中58家设在上海,而商务印书馆、广智书局、文明书局、会文学社最为著名,西书有三分之二在上海出版。

从译书的数量看,1900年以前,全国共出各种西书567种,其中434种由上海出版,占77%。1902年至1904年,中国共翻译出版西书529部,其中360部在上海出版,占68%。①

上海出版的西书,不仅仅局限在上海发行,而且通过各种途径,销售到全国各地,影响了全国各地的大批文人。主要途径有行政系统、教会系统、报纸系统、书店系统、邮政系统以及人员的流动。

行政系统。清政府在晚清上海设立了出版西书的机构,这些机构本身就是为满足清政府的需要而设立的,所以,这些机构出版的西书,很大部分通过行政系统传到各地。如上文提到的江南制造局翻译馆出版的《防海新论》,就因总理衙门要求沿海督抚都要阅读而销售了1 000多部。农学报社出版的许多农书,也是通过行政系统而销售到各地的。

教会系统。基督教在全国各地都有自己的组织系统,隶属于教会的出版机构,通过这些系统,把所出版的书籍广为传播。特别是在教会系统的出版机构中,广学会的西书销售是较为成功的,可以说,在有基督教会的地方,都有广学会的售书点。

报纸系统。许多报纸,不仅本身宣传西学,并且在它们的分销点也兼售西书。

书店系统。傅兰雅在1885年开办的格致书室,可以说是近代中国最早的

---

① 熊月之,张敏.上海通史·晚清文化[M].上海:上海人民出版社,1999:101.

书店。格致书室不仅销售在华西人的著作,也出售中国学者介绍西学的著作,不仅销售上海出版机构出版的西书,也出售不少包括上海和其他地方的民间刻本。到20世纪初,推销书籍的营利书店遍布全国各地。

邮政系统。上海开埠以后,西人将西方的通信方式带了进来。1896年,清政府正式开办国家邮政。近代邮政在文化传播中占有重要地位。报纸、刊物、书信是19世纪末20世纪初中国西学传播的重要手段,这些都离不开邮政。至1909年,上海已有邮政总局、分局多处,大量西书通过这一系统而源源不断地流往全国各地。

人员的流动。上海自开埠以后,异常繁荣,吸引了来自全国各地的人。晚清上海,人来人往,上海的西书也成为了常购之物,甚至是送礼佳品。南来北往的应试学子更是视西书为宝物,如康有为、刘光第等都有到沪购买西书的故事。

下面通过格致书院每年的考课来分析一下西学辐射的情况。

格致书院的开办宗旨主要是为了宣传西方的科学技术,推动中国知识分子和一般民众学习西学的热情。格致书院初建之时,来者并不踊跃,聘王韬为书院山长后,为扩大书院的影响和考察学子对西学的熟悉情况,开办四季考课与春秋特考。格致书院的考课与传统书院的考课不同,内容是对于新知识的讨论与理解、对时务局势的分析与批评。考课由名流命题以号召士林、颁授奖金以增加人气,考课于1886年开始举办后,各地士子反应强烈。

自1886年至1893年间,据王韬所发刻《格致书院课艺》中收录名列前茅者为86人,收载优秀作品达296篇,名录列表如下(见表5-4)。

表5-4 上海格致书院特课与季课历年优奖课生名表①

姓　名	籍　贯	身　　份	得奖次数
许玉瀛	江苏苏州	苏州府学生	一次
王志中	未详	未详	一次
彭瑞熙	湖南善化	湖南长沙善化县附生	两次
吴昌绶	未详	未详	一次
瞿昂来	江苏太仓	宝山县附生	两次
王恭寿	浙江慈溪	浙江慈溪县学生	两次

① 王尔敏.上海格致书院志略[M].香港:香港中文大学出版社,1980.

续表

姓　名	籍　贯	身　份	得奖次数
许庭铨（又名象枢）	江苏长洲	长洲县学生、格致书院肄业生	三次
王佐才	浙江定海	附贡生	六次
张涵中	江苏长洲	长洲县优贡生	一次
秦锡田	江苏上海	上海县附生	一次
葛道殷	湖南湘乡	监生	两次
赵元益	江苏新阳	新阳县附贡生、格致书院生	两次
钟天纬	广东	五品衔、候补县丞	四次
张玠	安徽桐城	附贡生、候补知县	三次
李培锡	江苏上海	上海县附贡生	一次
商霖	江苏常熟	常熟县贡生	两次
殷之辂	未详	格致书院肄业生	五次
张景康	江苏无锡	无锡县廪贡生	一次
朱昌鼎	江苏松江	蓝翎五品衔候补直隶州通判、松江府廪生、华亭县恩贡生	四次
龚云藻	湖南善化	善化县附生	一次
刘翰飞	江苏崇明	崇明县廪生	一次
左忠训	安徽桐城	监生	一次
邵慕尧	河南固始	举人	一次
李安邦	江苏上海	上海县附生	一次
华国盛	未详	未详	一次
钱清臣	未详	未详	一次
程起鹏	未详	未详	一次
车善呈	浙江镇海	候补县丞、湖北机器织布局委员	三次
李龙光	广东番禺	附贡生	一次
朱震甲	江苏江阴	举人	一次
郑其裕	江苏华亭	华亭县职监	一次
邹邵曾	直隶天津	天津府学附生	一次
钱志澄	未详	未详	一次

续表

姓　名	籍　贯	身　　份	得奖次数
陶师韩	江苏元和	元和县附贡生	三次
程冒龄	未详	未详	一次
蒋同寅	江苏宝山	宝山县附贡生	两次
朱澄叙	江苏上海	上海县附贡生	一次
孙维新	山东登州	登州府文生	三次
杨毓辉	广东大埔	大埔县贡生、五品顶戴	十四次
李鼎熙	广东南海	南海县附贡生	六次
许可勤	浙江海宁	海宁州学优贡生、格致书院生	六次
程瞻洛	未详	未详	两次
单秉钧	安徽滁州	滁州学附贡生	一次
华国治	江苏金匮	金匮县学附贡生	一次
王　襄	广东南海	南海县增贡生	一次
杨选青	江苏	举人	一次
王辅才	浙江镇海	镇海县附贡生	三次
欧阳骥	未详	格致书院学生、同文馆学生	一次
李国英	安徽合肥	合肥县附贡生	一次
孙廷璋	江苏宝山	宝山县贡生	一次
王　邕	江苏南汇	南汇县优贡生	一次
项文瑞	江苏松江	松江府优贡生	一次
杨家禾	江苏丹徒	未详	一次
俞　赞	江苏宝山	五品衔宝录馆通判、宝山县附贡生	一次
朱有濂	未详	郎中	一次
程廷杰	江苏奉贤	优贡生	一次
李经邦	安徽合肥	庐州府廪生	五次
罗毓林	江苏上元	未详	一次
王益二	未详	未详	一次
刘邦俊	江苏镇江	镇江府附贡生	一次
朱正元	未详	附贡生	一次
林季贤	福建闽县	闽县附贡生	一次

续表

姓　名	籍　贯	身　　份	得奖次数
叶　澜	浙江仁和	杭州府学附贡生	一次
叶　翰	浙江仁和	仁和县增贡生	五次
项藻馨	浙江杭州	杭州府学附贡生、格致书院肄业生	四次
钱大受	浙江湖州	湖州府学附贡生	一次
董　琪	江苏宝山	宝山县附贡生	一次
柯来泰	浙江平湖	平湖县廪贡生	两次
彭寿人	未详	未详	两次
胡永吉	江苏苏州府	苏州府学廪贡生	三次
金元善	江苏上海	文生	一次
黄润璋	江苏松江	松江府学附贡生	一次
钱文霈	江苏元和	元和县生员	一次
胡家鼎	江苏长洲	长洲县拔贡生	两次
李元鼎	未详	广方言馆学生、附贡生	一次
潘敦先	江苏吴县	吴县学廪贡生、中书科中书	三次
孙兆熊	浙江杭州	杭州府学廪贡生	两次
杨毓煌	未详	文生	一次
杨史彬	广东大埔	大埔县文生	两次
蒋宝丰	江苏金匮	金匮县附贡生	一次
张凤翥	未详	未详	一次
沈尚功	未详	未详	一次
吴佐清	江苏丹徒	丹徒县附贡生	一次
储桂山	江苏泰州	泰州学附贡生	一次
张骏声	未详	举人	一次
陈翼为	福建侯官	举人	一次

从优秀选拔作者的籍贯来看，江苏籍为最多，共37人，占得奖人数的43%；其次是浙江籍11人，占13%；广东籍6人，占7%；安徽籍5人，占6%；籍贯未详者19人，占22%，其余则为数甚微。由此可见，西学传播以上海为中心，向四周扩散。江、浙两省因离上海较近，所以来者甚多，这也表明江浙一带受西学的影响也最大。

在获奖的296篇课艺中,也出现了征引古今中外科学书籍的现象,其所占分量尤其可以说明当时知识分子对西学的关注和吸收。全部课艺中征引的中西书目见表5-5。

表5-5 上海格致书院课艺征引书目表①

书　　名	译(著)者	出版年代	备　　注
《乾坤体议》	利玛窦		
《同文算指》	利玛窦		
《几何原本》	利玛窦		
《几何原本》	伟烈亚力、李善兰	同治四年	
《圆容测义》	利玛窦		
《简平仪表度说》	熊三拔		
《天问略》	阳玛诺		
《泰西水法》	熊三拔		
《几何法要》	艾儒略		
《职方外纪》	艾儒略		
《奇器图说》	邓玉函		
《博物新编》	合信	咸丰五年	
《格物入门》	丁韪良	同治七年	
《西学启蒙》	艾约瑟	光绪十二年	
《格致启蒙》	林乐知、郑昌棪	光绪六年	
《格致须知》	傅兰雅	光绪年间成初、二两集	
《格致汇编》	傅兰雅	光绪二年创刊	
《西学述略》	艾约瑟	光绪十二年	与以下各书同为艾约瑟所编《西学启蒙》16种之一②
《格致总学启蒙》	艾约瑟	光绪十二年	
《地学启蒙》	艾约瑟	光绪十二年	
《地理质学启蒙》	艾约瑟	光绪十二年	
《身理启蒙》	艾约瑟	光绪十二年	
《动物学启蒙》	艾约瑟	光绪十二年	
《化学启蒙》	艾约瑟	光绪十二年	

① 引自:王尔敏.上海格致书院志略[M].香港:香港中文大学出版社,1980.
② 艾约瑟所编《西学启蒙》16种除本处罗列的以外,还有《地志启蒙》《植物学启蒙》。

续表

书　　名	译(著)者	出版年代	备　　注
《格致学启蒙》	艾约瑟	光绪十二年	
《天文启蒙》	艾约瑟	光绪十二年	
《富国养民策》	艾约瑟	光绪十二年	
《辨学启蒙》	艾约瑟	光绪十二年	
《希腊志略》	艾约瑟	光绪十二年	
《罗马志略》	艾约瑟	光绪十二年	
《欧洲史略》	艾约瑟	光绪十二年	
《格致浅说》			
《格物测绘》			
《格物探原》	韦廉臣	光绪六年	
《几暇格物论》	康熙帝		
《物理论》	杨泉		
《齐民要术》	贾思勰		
《广志》	郭义恭		
《农桑通诀》	王桢		
《钦定广群芳谱》			
《演繁露》	程大昌		
《农田余话》			
《海槎余录》	顾岕		
《瑶田九谷考》	程瑶田		
《西学考略》	丁韪良		
《校邠庐抗议》	冯桂芬		
《教艺齐文稿》	邹(名未详)		
《富国策》	丁韪良	光绪九年	
《中西闻见录》	丁韪良		此系报纸杂志类
《益智新录》	丁韪良		
《测圆海镜》	李治		
《数学启蒙》	伟烈亚力	光绪十二年	
《代数学》	伟烈亚力		

续表

书　　名	译(著)者	出版年代	备　　注
《笔算数学》	狄考文、邹立文	光绪元年	
《形学备旨》	狄考文、邹立文	光绪年间	
《数学理》	傅兰雅、赵元益	光绪五年	
《算式集要》	傅兰雅、江衡	光绪三年	
《代数术》	傅兰雅、华蘅芳	同治十三年	
《代数难题解法》	傅兰雅、华蘅芳	光绪九年	
《三角数理》	傅兰雅、华蘅芳	同治十三年	
《微积溯源》	傅兰雅、华蘅芳	同治五年	
《圆锥曲线说》	艾约瑟、李善兰		
《西算启蒙》	蓝柏夫人		
《新算启蒙》	奴爱士	光绪十二年	
《心算初学》	哈邦士		
《借根方法》			
《对数表》	梅谷成		
《算法统宗》	项名达		
《勾股六术》	贾步纬		
《开方表》	贾步纬		
《数根开方术》			
《几线对数表》	贾步纬		
《几线简表》	贾步纬	同治十三年	
《弦切对数表》	贾步纬		
《几线对数全表》	贾步纬、火荣业		
《勾方表》			
《测量法义》	利玛窦		
《浑盖通宪》	李振之		
《谈天》	伟烈亚力、徐建寅	光绪七年	
《天文浅说》	薛承恩		
《天文图说》	摩嘉立、薛承恩	光绪九年	
《地学浅释》	玛高温、华蘅芳	同治十二年	

续表

书　名	译(著)者	出版年代	备　注
《地学指略》	文教治、李庆轩	光绪九年	
《地理全志》	慕维廉	光绪九年	
《海国图志》	魏源	咸丰三年	
《瀛环志略》	徐继畬	道光三十年	
《万国地理备考》	玛吉士		
《地理说略》	祎理哲	咸丰六年	
《地理问答》	甘第德	光绪十二年	再版本
《地理志略》	江戴德	光绪八年	
《大英国志》	慕维廉		
《联邦志》	裨治文		
《俄国辑译》	阚斐迪		
《大江图说》	金楷理、王德均	同治十三年	
《海道图说》	傅兰雅、王德均	同治十三年	
《万国舆图》			
《江海口岸图》	曾纪泽		
《代微积拾级》	伟烈亚力、李善兰	咸丰九年	
《印度札记》	黄楙采		
《安南舆地图说》	盛(名未详)		
《吴物志》	杨孚		
《绘地法原》	金楷理、王德均	光绪元年	
《海面测绘》			
《测地绘图》	傅兰雅、徐寿	光绪二年	
《运规约指》	傅兰雅、徐建寅	同治十年	
《气象显真》	傅兰雅、徐建寅	同治十年	
《行军测绘》	傅兰雅、赵元益	同治十二年	
《书形图说》	傅兰雅	光绪十一年	
《论书浅说》	范约翰	光绪五年	
《航海简法》	金楷理、王德均	同治十年	
《航海通书》	贾步纬		

续表

书　　名	译(著)者	出版年代	备　　注
《御风要术》	金楷理、华蘅芳	同治十二年	
《测候丛谈》	金楷理、华蘅芳	光绪二年	
《风信表》			
《航海金针》			
《化学初阶》	嘉约翰	同治九年	
《化学阐原》	毕利干	光绪八年	
《化学鉴原》	傅兰雅、徐寿	同治十年	
《化学分原》	傅兰雅、徐建寅	同治十年	
《化学续编》	傅兰雅、徐寿	光绪五年	
《化学补编》	傅兰雅、徐寿	光绪五年	
《化学考质》	傅兰雅、徐寿	光绪九年	
《化学求数》	傅兰雅、徐寿	光绪九年	
《化学易知》	傅兰雅	光绪七年	
《化学卫生论》	傅兰雅	光绪五年	
《化学指南》	比利干		
《化学启蒙》	罗斯吉		
《电学大全》	傅兰雅、徐建寅	光绪五年	本书又名《电学》
《电学纲目》	傅兰雅、周郇	光绪五年	
《电学图说》	傅兰雅	光绪三十年	
《电学源流》			
《重学》	艾约瑟、李善兰	同治四年	
《重学入门》	丁韪良		
《重学浅说》	伟烈亚力	光绪十五年	
《重学图说》	傅兰雅	光绪十一年	
《重学汇编》	傅兰雅		
《体性图说》	傅兰雅		
《光学》	赵元益、金楷理	光绪二年	
《视学诸器说》	金楷理		
《量光力器图说》	傅兰雅		

续表

书　　名	译（著）者	出版年代	备　　注
《分光求原》	伟烈亚力		
《声学》	傅兰雅、徐建寅	同治十三年	
《植物学》	韦廉臣、艾约瑟	咸丰九年	
《动物类编》	韦明珠	光绪八年	
《百兽图说》	韦门道	光绪八年	
《百鸟图说》	韦门道	光绪八年	
《西医略论》	合信	咸丰七年	
《妇婴新说》	合信	咸丰八年	
《内科新说》	合信	咸丰八年	
《西医略释》	嘉约翰	光绪十二年	
《皮肤新编》	嘉约翰	光绪十四年	
《包扎新法》	嘉约翰		
《花柳指迷》	嘉约翰		
《割症全书》	嘉约翰	光绪十五年	
《眼科撮要》	嘉约翰	光绪六年	
《内科阐微》	嘉约翰	光绪十五年	
《内科全书》	孔庆高	光绪八年	
《炎症论略》	嘉约翰	光绪十年	
《体用十章》	嘉约翰	光绪十年	
《全体通考》	德贞	光绪十二年	
《省身指掌》		光绪十一年	
《全体图说》	稻维德	光绪十年	
《眼科指蒙》	稻维德	光绪十三年	
《儒门医学》	傅兰雅、赵元益	光绪二年	
《西药大成》	傅兰雅、赵元益	光绪十三年	
《全体全书》			
《全体穷源》			
《内科全表》			
《医学总说》	舒高第		

续表

书　　名	译(著)者	出版年代	备　　注
《体骨考略》	德贞		
《体骨考略图》	德贞		
《全体新论》	合信	咸丰元年	
《全体阐微》	柯为良	光绪七年	
《四种医书》			
《西医本草》			
《钦定医宗金鉴》			
《慎疾刍言》	徐灵胎		
《兰台轨范》	徐氏		
《伤寒类方》	徐氏		
《金鉴衷集》			
《伤寒略例》	王叔和		
《金鉴订正》			
《金鉴杂病》			
《金鉴四诊心法》			
《千金方》	孙思邈		
《千金方翼》	孙思邈		
《医药源流》	徐氏		
《神农本草经百种录》	徐灵胎		
《外台秘要》	王焘		
《临症指南》	叶氏		
《金鉴删定名方》			
《本草摘要》			
《异苑》	刘颖叔		
《名医类案》	刘颖叔		
《金石识别》	玛高温、华蘅芳	同治十年	
《中西名目表》	傅兰雅		
《藏宝兴焉》	傅兰雅、徐寿	光绪十年	

续表

书　　名	译(著)者	出版年代	备　　注
《矿石图说》	傅兰雅	光绪十年	
《开煤要法》	傅兰雅、王德均	同治十年	
《井矿工程》	傅兰雅、赵元益	光绪五年	
《汽机入门》	丁韪良		
《汽机必以》	傅兰雅、徐建寅	同治十二年	
《汽机新制》	傅兰雅、徐建寅	同治十一年	
《汽机发轫》	伟烈亚力、徐寿	同治十年	
《冶金录》	傅兰雅、赵元益	同治十二年	
《电器镀金》			
《电器镀镍》	傅兰雅、徐华封	光绪十二年	
《照相略法》	傅兰雅		
《照相干片法》	傅兰雅	光绪十三年	
《西艺知新》	傅兰雅、徐寿	光绪四年	
《制火药法》	傅兰雅、丁树棠	同治九年	
《爆药纪要》	舒高第、赵元益	光绪五年	
《防海新论》	傅兰雅、华蘅芳	同治十三年	
《临阵管见》	金楷理、赵元益	同治十二年	
《水师操练》	傅兰雅、徐建寅	同治十三年	
《水师章程》	林乐知、郑昌棪	光绪五年	
《轮船布阵》	傅兰雅、徐建寅	同治十二年	
《兵船炮法》	金楷理、朱恩锡	同治十一年	
《攻守炮法》	金楷理、李凤苞	同治十一年	
《炮准心法》	金楷理、李凤苞	同治年间	
《克虏伯炮弹造法》	金楷理、李凤苞	同治十一年	
《火器略说》	王涛、黄达权	光绪七年	
《水雷秘要》	舒高第、郑昌棪	光绪六年	
《营城揭要》	傅兰雅、徐寿	光绪年间	

续表

书　　名	译(著)者	出版年代	备　　注
《营垒图说》	金楷理、李凤苞	同治十一年	
《普法战纪》	王韬	光绪十年	
《东方交涉记》	林乐知、瞿昂来	光绪六年	
《英俄交涉记》	罗亨利、瞿昂来	光绪十三年	
《火器真诀解证》	李善兰、沈善蒸	同治六年	
《城堡新义》	李凤苞	光绪六年	
《陆操新义》	李凤苞	光绪十年	本书又名《德国练兵新书》
《整顿水师说》		光绪十一年	
《海战用炮新说》			
《水雷纪要》	舒高第、郑昌棪		
《海塘辑要》	傅兰雅、赵元益	同治十二年	
《联邦南北战编》			
《秘智海战纪》			

从上表可以看出,所引书目有237种之多,大半为当时新译西方科学著作,且这些西书绝大多数在上海翻译出版,由此可见沪版西书的传播幅度,也足见西学在中国的渗透和被知识分子接受、吸收的程度。

第三节　新型知识分子的汇聚地

晚清上海由于集聚了一批知识分子,逐渐成为西学传播的中心,加之西学在上海的迅速发展,又使更多的知识分子集聚到上海,在上海形成了一个新型知识分子群体。

这一新型知识分子群体的形成,大体可以分为两个阶段,以1900年为界,19世纪中后期是缓慢产生、自然集结时期,20世纪初期,各地知识分子纷纷汇聚到上海,形成了一个更为壮大的群体。

一、西儒的东来及其影响

西方知识分子在中国西学东渐史上具有重要的作用,晚清上海究竟聚集了多少西方知识分子,现在无法进行确切的计算,他们主要集中在新闻、教育、出版、西书翻译、科技、医疗、律师等行业。

这些来自西方的文化人,大多住在英租界,其次是法租界、徐家汇。他们大多有教会背景,多为西方传教士。从唐太宗时基督教第一次传入中国,到明末利玛窦开始在中国传播西方的科学知识,再到晚清大批传教士进入中国,虽然他们在中国传播近代科学知识在一定程度上是出于传播宗教的目的,但不可否认,他们促进了西学在中国的传播。"近日西儒入中国,通览中国文字,著书立说者,纷然辈出,而皆有精意,卓然可传","凡此撰述,俱足以垂不朽"。①

西方知识分子对晚清上海文化的作用与影响,主要表现在以下方面。

第一,他们直接参与了上海的文化教育事业。如傅兰雅、伟烈亚力等开办的书馆、所翻译的西书,晁德莅、卜舫济等所办的学校,林乐知、福开森等所办的报纸,都是上海文化教育事业的重要组成部分。

第二,他们所从事的不少文化教育事业具有先导性和示范性。《六合丛谈》是上海第一份中文期刊,《格致汇编》在上海科技报刊中具有先导性,《申报》在上海中文报纸史上具有开创性意义,《万国公报》在上海政论性报刊中有重要意义,圣约翰大学之于上海的教会大学,徐家汇天文台之于上海近代气象预报的意义,以及它所办的图书馆、博物馆,在上海都有着先导和示范意义。

第三,刺激和促进了一批知识分子由传统向近代的转化。王韬的知识结构、价值观念在进墨海书馆之前,与一般的士大夫并没有什么两样,他的转变,是在与一批西方知识分子交往之后才发生的。李善兰在进墨海书馆之前,虽说在数学上颇有名气,但他的数学知识主要是中国传统的数学和明末清初耶稣会传教士传入的几何、对数等,他的许多新的数学知识,是在与墨海书馆的西方知识分子翻译西方数学著作的过程中学到的。还有华蘅芳、徐寿等的近代科学知识,也主要得益于在江南制造局翻译馆中与傅兰雅等人的译书过程。至于从西方知识分子所翻译、编撰、出版的书中获益的人,更是不可胜数。

二、中国近代新型知识分子的集聚

19世纪中后期上海的新型文化人,除了西方的知识分子外,大体由以下几部分构成。一是在教会机构工作的,如在墨海书馆工作的王韬、李善兰、管嗣复

---

① 王韬.瀛壖杂志 瓮牖馀谈[M].陈戍国,点校.长沙:岳麓书社,1988:119—120.

等人,在《万国公报》和广学会工作的沈毓桂、伍廷旭、蔡尔康等,在圣约翰书院教书的颜永京等。二是在西人文化机构工作的,如在申报馆、新闻报馆工作的钱昕伯、黄式权、袁翔甫等,在《点石斋画报》工作的吴友如、张志瀛等。三是在国人自办的文化机构中工作的,如在江南制造局翻译馆工作的徐寿、华蘅芳、徐建寅、赵元益,在广方言馆教书的舒高第,在梅溪书院、南洋公学教书的张焕纶。四是靠知识独立谋生的,如卖画为生的任伯年、胡远,先以卖文为生、后来编报的邹弢,以及自办小报的李伯元。

在19世纪六七十年代,上海已汇聚了一批新型文化人,他们分布在出版、报刊、教育等文化事业中。到戊戌变法时期,上海的这类文化人已颇具规模。20世纪初,是各地文化人进入上海的高峰期,到1903年,估计到上海的各地文化人不少于3 000人。①

这批新型知识分子中,只有很少几个是上海本地人,如张焕纶、蔡尔康、黄式权,绝大多数是从外地来到上海的。他们来沪多在19世纪50年代和60年代以后,主要是因为太平军与清军在江浙一带开战,一些文人在本地难以维持生计,所以到上海避难或谋生。

20世纪初的上海汇聚了全国各地的文化精英。据熊月之的统计,从1900年至1905年,在上海从事各种活动的文化名人有:江苏的马相伯、张謇、吴稚晖、刘师培、黄宗仰、汪凤藻、史量才、狄楚青、李伯元、曾朴、刘鹗、罗振玉、金天翮、陈去病、柳亚子、高旭、蒋维乔,浙江的蔡元培、张元济、汤寿潜、劳乃宣、沈曾植、夏曾佑、章太炎、汪康年、蒋智由、马叙伦、王国维、舒高第、谢洪赉、杜亚泉、李叔同、叶瀚、陈介石、樊炳清、虞和钦、宋恕、孙宝瑄,安徽的陈独秀、胡适,广东的容闳、伍廷芳、邓实、黄节、吴趼人、丁惠康、伍光建、苏曼殊、温宗尧,广西的马君武、龙积厚,福建的严复、林纾、郑孝胥、高梦旦、林白水,湖南的唐才常、陈范、陈撷芬、黄兴、章实招,四川的邹容,河北的张继,陕西的于右任。②

从传统文化人转变为新型知识分子,是一个缓慢的过程,在很多人的身上看不到明显转变的具体阶段,很难说某一个人在哪一年开始转变为新型知识分子,这一过程是在不断的工作和学习中完成的,并且,很多人表现出新旧一体的特点,有新知识、新观念,也有旧习气、老传统。有些人工作是新式的,但生活是

---

① 张仲礼.近代上海城市研究[M].上海:上海人民出版社,1990:1026.
② 熊月之,张敏.上海通史·晚清文化[M].上海:上海人民出版社,1999:476.

旧式的；有些人虽然在新式机构中工作，但是一有机会就去参加科举，还是想做传统的士大夫。王韬、沈毓桂等人在上海工作了多年以后，还是时不时地参加科举考试。

上海开埠以后，对各地文化人之所以具有极大的吸引力，逐渐成为文化人的集聚地，主要有几方面原因。

其一，租界的特殊政治地位。租界是中国的领土，却不受中国政府直接管辖，这一特点使得租界成为动荡的晚清一个相对安全的地带。这对吸引各地文化人，促进文化事业的繁荣发展有着至关重要的作用。许多文化机构在上海设立，不仅因为上海交通方便，更重要的是这里比较安定。如太平天国运动时期，太平军与清军在上海周围的江、浙、皖一带混战，迫使这一地区的文人大量涌入上海，如冯桂芬、吴友如、蒋敦复、管嗣复等。1900年北方战乱，又驱使北方的大批文人进入上海，如严复等。由于租界的存在，清政府的权力版图内出现了真空地带，这一地带成为清政府反对力量的活动空间。1848年戊戌政变以后，黄遵宪因身在上海而免遭清政府的迫害，康有为因在上海也得以幸存。这一情况逐渐被进步人士所认识，各地激进的知识分子纷纷汇聚上海。晚清的改良派、革命派，都有效利用了租界的特殊地位，在沪发行报刊，出版书籍，设立学校，宣传新知识、新思潮。

其二，经济原因。上海文化事业发达，对于文化人来说，谋生较为容易。上海的文化机构较多，文化市场也较其他地方发达。在上海的文化人一般身兼数职，既办报，又写稿，收入有固定工资加稿酬，比起其他行业，收入相当不错，生活过得也挺不错。

另外，也与上海的地理位置有关。上海交通发达，到南北方皆相当便利，又是到海外的必经之地。这里文人众多，信息灵便，加之娱乐设施众多，因而能满足众多文人的生活需要。

随着西学传播的不断深入，有识之士意识到，要使国家繁荣富强，主要在发展教育，废除八股，在于培养新式人才，一批有志之士遂投身于教育，这在促进上海地区学校的发展、教育的改革上发挥了重要作用。如马相伯创办震旦学院，在他主持期间，震旦学院在上海很有名气；沈毓桂协助林乐知开办中西书院，其中学课程由沈毓桂负责，中文教习除了沈毓桂外，还有杨嘉贵、曹砥隅等；颜永京从1883年起主持圣约翰大学教务。

在近代化的推动和外国学校的刺激下，在地方政府和文人的努力下，上海在晚清出现了一批国人自办的学校。这些学校大多由国人主持和担任教习任务,他们往往能实行自己的教育思想。如张焕纶创办了国内第一所小学梅溪书院,张元济、蔡元培等致力于南洋公学,王维泰、王植善主持育才书塾,顾言、张庆慈创设强恕中学,李平书、黄炎培、陆家骥、张志鹤等主持浦东中学,王韬主掌格致书院等。

第六章

租界当局与外侨的办学活动

近代外国人在上海所办的学校中,有些学校不属于教会举办和管理。从主办者来看,这些学校有的是由个人或团体发起创办,在办理过程中逐渐接受租界当局或主办人来源国有关机构的管理和经费资助,也有的是华人或有不同程度的参与,但一般以居沪侨民为主体;就招生对象而言,有的只招收侨民子女,有的在主要面向侨民的前提下兼招华人,还有的主要招收华人。说它们不是教会学校,但并不排斥这些学校的办理人员和参与者兼有传教士身份和教会方面的背景,甚至不排除有些学校在课程中安排了一定的宗教内容。它们与教会学校的本质区别在于不接受教会组织的管理,教会也没有为它们提供经费的义务,因此,这些学校的宗教色彩相对淡薄。

第一节 租界的扩展与租界当局的办学活动

一、租界的发展与教育管理

1843年11月17日上海开埠以后,西方的商人、传教士、外交官等陆续来到上海。1845年,英国驻上海第一任领事乔治·巴富尔向上海道提出设置英人居留地的要求。经反复磋商,上海道以自己的名义公布了《上海土地章程》二十三款,其中规定"将洋泾浜(今延安中路)以北、李家庄(今北京东路附近)以南之地准租与英国商人,以为建筑房舍及居留之用"。① 第二年,又规定西界为界路(今河南中路),于是,面积约为55.3万平方米的一大片土地成了英人的居留地。接着,美国殖民者也提出了同样的要求,先是美国圣公会主教文惠廉见苏州河北岸虹口一带地价低廉,便擅自在那里建造住宅和教堂,1848年,他正式向上海道提出以虹口一带作为美侨的居留地,上海道答应了他的要求,但双方并未签订书面协定,虹口就这样成了美侨的居留地。紧随美国之后的是法国,法

---

① 王铁崖.中外旧约章汇编(第一册)[M].北京:生活·读书·新知三联书店,1957.

国驻上海领事敏体尼见洋泾浜与县城之间尚有一片空地,便要求将其划给法国侨商所用,上海道于1849年4月发布公告,将南起城河,北至洋泾浜,西至关帝庙褚家桥(今西藏南路附近),东至潮州会馆沿河到洋泾浜东南的土地划作法人居留地。这样,上海就出现了被英、法、美三个列强分占的特殊区域,即后来习惯称呼的"租界"。

根据1845年《上海土地章程》的规定,界内的土地"华人之间不得租让,亦不得架造房舍租与华商",同时,租界的外侨也"不得建筑房舍租与华人或供华人之用"。这一规定,使中国人完全不可能在租界内再取得土地或房屋。没有土地和房屋,就没有立足之地,中国人在租界之内就等于失去了居住权,租界实际上成了除拥有土地和房屋的原业主以外的中国人不能再进入居住的一个"外侨区"。1849年,英租界完成第一次大扩张,英、美、法三个租界已据有苏州河以南253.3万多平方米的土地和苏州河以北虹口一带尚未划界的大片土地,其面积远远超过上海旧城区。

随着租界的建立,租界的管理机构也逐渐发展起来。1846年12月,在租地外人的推选下组成了"道路码头委员会",委员有3人,主要负责租界内道路和码头建设事务,后来延伸到租界内基本市政设施建设,但不具有管理租界社会的职能。至1853年,"道路码头委员会"通过向租界内租地外人征集建设资金的办法,铺筑了几条主干道,并在黄浦江边建造了几座公用码头,还制订了一项下水道建设计划。

1853年太平军定都南京,同年9月上海爆发小刀会起义,上海县城内的居民为逃避战火,不顾《上海土地章程》的约束,纷纷涌入县城旁边的租界区。面对涌入的"难民",租地外人发生了严重的分歧:一部分人主张排斥;另一部分人则主张容纳,认为中国人的进入恰恰是租界发财的大好时机。结果,主张容纳的一派占了上风,正式同意中国人与他们"混居"于租界之内,存在近十年的"华洋分居"的租界围墙被打破,而代之以"华洋杂处"的局面。"华洋杂处"的结果,不仅使租界迅速地繁荣起来,也使整个上海迅速地繁荣起来。租界经济的发展,加之租界本身的特殊制度,上海郊区以及江浙沿海乃至内地各省的许多人口都被吸引了进来。各色各样的人到上海定居并从事各种职业,又进一步促进了租界及上海的繁荣。①

---

① 郑祖安.近代上海都市的形成——一八四三年至一九一四年上海城市发展述略[M]//谯枢铭,等.上海史研究.上海:学林出版社,1984.

租界人口的剧增给租界内的治安和环境都带来了压力,1853年底,"道路码头委员会"卸任后,英、美驻沪领事等策划筹建更强有力的租界管理机构,以适应新的形势。1854年7月11日,在英美领事的主持下,租地外人选出7人组成市政委员会,中文名为工部局(Executive Committee),对租界执行自治管理,选出的7人组成首届工部局董事会。工部局作为三国租界区共同的行政机关,同时行使部分立法和司法权。工部局向居住在租界内的人员,包括逃难进入租界的华人征收地税、码关税、房捐等税赋。

1862年,法租界退出工部局,自行组织了独立的法租界行政机关——公董局。翌年,英、美两国租界正式取消相互之间的地域分界,合并为英美公共租界,1899年,在进一步扩大范围的基础上发展成为向居华外侨开放的国际公共租界(International Settlement),其市政机关一直是工部局,①属于外人在中国土地上建立的自治性地方政权。

工部局在不断发展的过程中,建立起了比较完整的行政管理体系。工部局的权力属于租界内纳税的外国人。纳税外国人组织了"纳税外人会议",通过举行每年一次的年会(一般在春季)和特别会议来审核通过租界内的重大事务。而租界内的日常事务则由纳税外人会议选举的常务性组织——董事会进行决策和领导,参加纳税外人会议成员的资格是以财产和纳税数为标准来确定的,因此租界中也只有属于外侨中的富裕者才有资格参加纳税外人会议、获得选举和被选举权的可能。

由纳税外人会议选出的工部局董事会成员先是3名、5名、7名不定,1870年后基本稳定在9名,之后基本在英、美、日人之间分配。因为这一政权是设在中国的土地之上,华界之旁,且租界区内90%以上的人口为华人,因此就有一个与中国政权与华人之间的关系问题。在南京国民政府成立之前,工部局董事会一直由外侨组成,中国人虽占据了公共租界内人口的大多数,却不能插足其事务。

工部局内部后来实际形成了具有两个严格等级、职责也严格分开的稳定结构——决策和执行两大部分。决策部分由以总董、副总董为首的董事会以及由董事会领导的各委员会组成,各委员会有董事会参加,如财务、工务、警备、卫生、学务、公共图书馆委员会等。执行部分是各个委员会下属的各个处,如财

---

① 上海市文史馆,上海市人民政府参事室文史资料工作委员会.上海地方史资料(二)[M].上海:上海社会科学院出版社,1983;蒯世勋,等.上海公共租界史稿[M].上海:上海人民出版社,1980:366—367.

务、工务、警备、卫生、学务处等。①

1882年公共租界纳税人年会通过决议,成立"教育委员会"以调查公共租界内的教育问题,并要求该委员会提出调查报告。这是公共租界内最早设立的与教育管理、咨询有关的专门机构。该委员会由莫里斯、J.布坎南、华地码、立德和金斯米尔共5名成员组成。同年12月30日,该委员会提交调查报告,报告了当时租界内的教育情况,建议工部局接管欧亚混血儿学校。1893年和1904年,又分别组织了"西童公学委员会"和"华童公学委员会"。1910年底,根据公共租界纳税人年会主席的建议,工部局设立了"普通教育委员会",职责是评价工部局教育政策,提出新的教育政策建议供纳税人会议或工部局董事会决策参考。

"普通教育委员会"于1911年向工部局董事会提交调查报告,内容分别涉及租界内的西童教育和华童教育。在西童教育方面,报告指出,公共租界内除了工部局所办学校,西童教育事业还需要工部局的经费资助,理由是租界内不受教育或只受部分教育的儿童为数不少,长久下去对社会不利。虽然提供教育的首要责任在父母,但若父母无力承担此项责任,则应由父母所属国家来承担。由于工部局无权强制家长履行教育子女的义务,故工部局有必要提供教育补助金以推广教育。在华童教育方面,报告认为,工部局对界内华童教育不负完全责任,工部局的目的应该是为与租界有关、为数有限的青年提供专门训练,而不是超出其财力对华童进行普及教育。如果华人或其他有关人士有建立工部局华人学校的愿望,并且愿为建造校舍提供合适的校址或资金,只要预算和当地条件允许,工部局应从税收中拿出一部分款项对建造和维持此类学校给予补助,并强调这些学校应面向中等收入阶层,收费必须低廉。"普通教育委员会"提交给工部局董事会的这份报告,在1912年召开的纳税人年会上得到批准,工部局以此为依据制定了教育政策。

1911年,工部局还将1904年成立的"华童公学委员会"改名为"华人教育委员会",专门管理工部局华人学校,定期进行视察。1915年,又将1893年成立的"西童公学委员会"与1890年成立的"汉璧礼公学委员会"合并组成"西人教育委员会",专事管理工部局西童学校,定期进行视察。

1912年,工部局根据1911年"普通教育委员会"报告的提议,委任了一个"常设教育委员会",主要职责为:(1)定期视察工部局所办学校和受工部局补

---

① 张仲礼.近代上海城市研究[M].上海:上海人民出版社,1990:608—614.

助的学校,对学校的课程设置、教学内容、校舍及其他教学设施的改进,以及招聘教师等问题向工部局提出建议。(2)就有关新拨款和增加拨款的申请以及对私立学校进行补助向工部局提出建议。(3)就有关租界内教育和工部局教育款项的使用提出建议。

视察事务主要由"常设教育委员会"进行,"华人教育委员会"和"西人教育委员会"也参与其事。"常设教育委员会"主要视察局办学校和申请经费补助的私立学校,"华人教育委员会"和"西人教育委员会"分别视察局办华人学校和局办外侨学校,一般情况下,一个委员会视察某一学校最多一年一次,特殊情况下也可一年视察数次,工部局所办学校有时在一年中要接受两个委员会的视察。

工部局对局办外侨学校和华人学校并无统一的教育规章制度,1893年2月28日,公共租界纳税人会议曾通过决议,批准工部局所办第一所学校的《西童公学章程》,这是工部局在教育管理方面最初的规章。一般来说,对于西人学校都由各校董事会自行管理,由"西人教育委员会"视察监管;对于华人学校,1900年曾设立"华人教育处"(或称"华人教育股")①,华人学校一律由华人教育股主任按照中国政府的相关教育法规监管。从1904年第一所华人学校华童公学建立起,工部局规定,所有华童,包括取得欧美国籍的在内,一概不得进入西童公学就学。直至1932年底,才允许取得欧美国籍的华童,在教学设施允许的前提下进入由西童公学划分出来的愚园路西童女公学就学。

工部局开始实行教育经费拨款和对私立学校进行补助始于1882年"教育委员会"的成立,以后两项经费均逐年有所增加。根据可查到的数字,以银两计算,教育经费拨款在1882年为1 000两,1886年为1 879.30两,1895年为8 008.06两,1905年为21 670.43两,1915年为114 957.31两;对租界内私立学校的经费补助情况是1890年为2 874.30两,1900年为4 000两,1910年为10 300两。

1862年4月,法国驻沪领事宣布建立公董局,公布了公董局首届董事会名单,负责对法租界进行管理。法租界和公共租界不同,它是法国领事的专管租界,其公董局董事会的产生及其权力也与公共租界工部局的董事会不一样,特别是在法国外交部制订并公布《上海法租界公董局组织章程》后,明确规定法国驻沪领事对公董局董事会具有绝对的权威,公董局董事会实际上只是法国驻沪

---

① 蒯世勋,等.上海公共租界史稿[M].上海:上海人民出版社,1980:9.

领事的一个高级咨询机构。法租界公董局的中枢机构是市政总理处,下属机构中较早设立的有警务处、公共工程处、医务处等,教育处的设立是在民国成立以后。

法租界公董局的教育管理咨询机构最初是局立学校委员会,1900年改名为教育委员会,负责制定法租界的教育管理政策和措施,由公董局决定是否执行。教育委员会及其前身局立学校委员会还负责对法租界内的教育进行视察与监管。公董局制定的最早的教育规章是1886年的《中法学校章程》,1892年2月9日,公董局又颁布了管理中法学校教员的章程。直到20世纪30年代,公董局才相继制订了局办华童小学章程和适用于法租界所有学校的管理章程。

公董局第一次实施教育经费拨款是在1877年,当年资助私立上智小学200两。1886年,公董局拨款1531.66两,建立了一所局办法文书馆(即中法学校)。此后,教育拨款总体上逐渐上升,1890年为2400两,1900年为7686.11两,1910年为15959.76两,1920年为79834.5两。公董局对法租界私立学校的补助,是以减免房地捐或现金捐赠的方式进行的。

二、租界当局的办学活动[①]

上海租界分公共租界和法租界两部分,其当局分别是工部局和公董局,下面分别介绍其办学情况。

1. 工部局的办学活动

工部局办理的学校按招生对象可分为外侨学校和华人学校两类。

(1) 外侨学校

晚清时期,工部局办理的外侨学校主要有汉璧礼养蒙学堂、西童公学等。

① 汉璧礼养蒙学堂。汉璧礼养蒙学堂的前身是1870年由邦妮夫人(Mrs. Bonney)在虹口为欧亚混血儿童开设的一所学校。1871年,在上海经营房地产业的英国商人汉璧礼为学校捐建了一座有10个房间的校舍,并为学校筹集到1000两银子。当时学校有寄宿生12名和走读生20名,由吉尔夫人管理。

1882年工部局教育委员会成立时,汉璧礼主动要求把学校交给工部局,条件是学校只供欧亚混血儿使用,名称应为"汉璧礼欧亚混血儿学校"。教育委员会建议工部局接受这一赠予,后来纳税人会议对此进行了讨论,认为租界当局很少对欧亚混血儿童的新教徒父母提供帮助,没有采纳教育委员会的建议。后

---

① 本目及上目中部分内容参考和编自:史梅定.上海租界志[M].上海:上海社会科学院出版社,2001.

来,下一届工部局董事会认为虽然不能马上接受这所学校,但同意每月捐赠不超过60元的资助款项。由于教育委员会以辞职相威胁,工部局同意每月支付80元,后来增加到100元。在1889年兰宁夫人掌管学校时,"欧亚混血儿学校"和一所新建立的独立幼儿园合并。1890年7月1日,工部局董事会接受由汉璧礼正式签署的将"欧亚混血儿学校"全部财产移交工部局的委托书。7月21日,工部局董事会召开"欧亚混血儿学校"捐款者和幼儿园捐款者联席会议,按照委托书的规定选举一个新的委员会来管理由二者合并而成的汉璧礼养蒙学堂。该委员会由12人组成,其中4人由工部局任命,8人由学校捐款者会议选举。1891年8月19日,汉璧礼养蒙学堂正式开学,地址在蓬路15号。1912年,工部局同意作为汉璧礼养蒙学堂的唯一捐款者,接受管理该学校的责任,并把该校教员接纳为工部局正式职员。

汉璧礼养蒙学堂早期实行男女同校,1914年分为汉璧礼男童公学和汉璧礼女童公学。1914年,汉璧礼男童公学成为独立学校后,首任校长为斯图尔特,当年12月有学生134人。1917年,学校从蓬路迁往赫司克尔路63号。1914年,汉璧礼女童公学成为独立学校后,首任校长是梅休,校址设在蓬路,1914年学校有学生100人。

② 西童公学。1885年,一个名为共济会的外侨团体在公共租界发起办学活动,建立了"上海规矩堂学校基金会",资金由共济会会员捐献,每年召开一次捐款人大会,选举一名主席和九名会员担任基金会年度理事会理事,并听取理事会的报告。基金会捐款人按捐款数量多少分为副恩主、副主席、终身理事、终身捐款人和普通捐款人。副恩主级捐款人为捐款500两的个人或捐款1 000两的共济会团体;副主席级捐款人为捐款150两的个人或捐款500两的共济会团体;终身理事为捐款50两的个人或捐款100两的共济会团体;终身捐款人为一次捐款25两的个人;普通捐款人为捐款不少于5两的个人。捐款人大会的投票权根据捐款额确定。到1887年,捐款总数超过3 000两。设立基金会的目的是为已故及贫困共济会会员的子女提供免费教育及生活补助。基金会理事会另设一学校理事会,它包括主席、副主席及其他8名成员,其中1名为名誉秘书。

1886年4月5日,共济会建立上海公学,地址在今北京路河南路口,次年理事会向捐款人大会报告,学校已可以自给自足。从1887年9月5日起,上海公学校长接收学校的总收入,支付一切开支,明确对学校亏损负一切责任,在支付了教员薪金等费用后,如有盈余归校长和基金会分享。这年,学校为1名共济会会员的孤儿免费提供膳宿,帮助2名孤儿免费就学。同年由乔治·兰宁任校长。1889年,上海公学工作人员有校长1人,女舍监1人,助理女教师3人。开设课程有普通英语、数学、自然科学、图画、语言、音乐、柔软体操、体育和中文。学校收有一定数量的寄宿生。

　　1893年,基金会与工部局签订协议,使学校成为工部局的财产,受工部局的管辖。作为回报,共济会的4名儿童在该校接受免费教育。1893年2月28日,公共租界纳税人会议又通过了一项决议,批准有关上海西童公学的章程,该章程规定:(1)原共济会所办上海公学,命名为"上海西童公学"。(2)学校应成为一所日校。(3)学校有关的一切事务均应由学校教育委员会掌管。教育委员会由5名纳税人(法定人数为3人)组成,由工部局指定,任期3年。委员会至少有1名委员应为工部局董事。(4)学校运行所必需的租约及聘约由委员会签订。委员会负责聘请或辞退教师及助理教师,决定学校经费的数额,并有权根据情况随时修正。委员会应在每年1月向工部局递交一份年度报告。(5)委员会应指定1名主席、1名秘书。秘书在主席指导下办理委员会的一切来往书信。(6)委员会或由委员会授权的代表团可以在任何时间视察学校,并处理他们认为应予处理的事务。(7)所有学校工作人员的薪水由委员会决定,财务上的安排也由委员会掌管,但委员会决定委托给校长掌管者不在此限。校长应每月向委员会秘书呈报学校账目。(8)校长应草拟学校管理规则,呈委员会批准。(9)学校应向所有阶层的儿童开放,委员会保留拒绝某些学生入学或斥退某些学生的权利。这一章程在后来很长一段时间内也是工部局对其他学校实施管理的通用章程。该年在校学生人数为:西童部117人,华童部25人。此后,华童部由于学生人数大幅度下降,在1904年被取消,从此,上海西童公学只招收西童入学。

　　1893年初,学校教育委员会与学校租用的房产业主进行商谈,以期续订校舍租约,但因双方无法就租约条件达成一致,学校遂从北京路旧校舍迁往虹口。由于此事,工部局董事会决定要求纳税人大会批准拨款4.5万两,以购买一块适合建筑校舍的土地。1894年2月27日召开的公共租界纳税人年会通过一项决议,授权工部局为购买西童公学新校址及建造校舍发行数额不超过4.5万两的公债。新校舍建在蓬路和乍浦路口,根据相关材料分析,可能因未及时募集到足额资金,新校舍分两期建成,第一期建成后于1895年4月5日接纳学生。1895年底又募集到校舍基金11 961.55元,其中有4 000两为托玛斯·汉璧礼侯爵夫人捐赠,第二期新校舍工程开工于1896年10月,次年建成投入使用。

1894年学校共有111名学生,男生56人,女生55人,其中寄宿生54人。1895年底,学生人数上升到200人,该年学校共收取学费7 112.90元,学校开支为9 605.80元,捐款为835.12元。收入不足之数,由基金利息及工部局补助1 500两来弥补。

1897年,该校教育委员会宣称,只有欧洲人的孩子才能成为公学学生,因此引起纳税人大会对此问题的长时间讨论,最后纳税人大会通过一项修正案,规定可以准许欧亚混血儿进入公学学习。在以后的几年内,入学学生不断增加。到1901年年底,学生总数达到250人。

1903年,学校教育委员会决定以英国剑桥地方考试制度为标准引进新的教学大纲。此前,学校教学内容仅有世俗课程。这年,教育委员会写信给工部局董事会,要求引进宗教知识课程,希望获得纳税人大会的批准。纳税人大会于1904年接受有关此事的提案,批准西童公学讲授《圣经》课程,免修该课程的学生须持有家长或监护人的书信。

西童公学早期男女同校,1914年分为西童公学男校和西童公学女校。西童公学男校从西童公学分出成为独立学校后,首任校长为G. M. 比林斯,当时校址在蓬路28号,次年迁至北四川路200号。西童公学女校从西童公学分出成为独立学校后,首任校长为J. 帕特森,地址在蓬路28号,1923年7月起学校本部设在愚园路。

1930年,西童公学男校和汉璧礼男童公学合并成为"公立暨汉璧礼西童男学",校址在北四川路191号。1935年,西童公学女校蓬路分校与汉璧礼女童公学合并成为"公立暨汉璧礼西童女学",并附设幼儿园,校址在河南路1号。

(2) 华人学校

晚清工部局办理和资助的华人学校主要有华童公学、育才公学等。

① 华童公学。公共租界中,华人人口占90%以上,工部局的大部分税收也都由华人缴纳,但工部局在对待外人和华人教育的问题上明显偏向外人,于是华人推出有声望的人为代表向工部局提出陈请,要求以协助外侨教育相同的方式协助华人教育。1900年公共租界纳税人年会上,工部局总董安徒生承认,上海之繁荣,一部分有赖于华人,因此已经建立的由工部局管理的教育制度,其产生的利益,华人亦应分享。最后经纳税人年会表决,通过了一项决议,授权工部局董事会为公共租界内的华人居民建立并管理一公共教育系统,为达到此目标可以接受某些华人居民的捐款,以建造一座适于用作华童公学校舍的大楼,工部局董事会将为上述校舍大楼提供地基,并每年从公共基金中拨出不超过5 000

两的款项,用以维持该校的正常运转。学校的管理工作由董事会任命的委员会负责,其条件大致与西童公学相仿。工部局因此筹办华童公学,并接受上海地方士绅的3.7万两捐款,用于购买建校所需的地皮。

华童公学位于虹口爱尔近路与克能海路相交处,占地约9 333平方米,始建于1904年9月1日,同年11月建成,11月12日举行开学典礼。工部局实施华人教育由此开始。

② 育才公学。19世纪末,来华经商致富的英籍犹太人嘉道理(Ellis Kadoorie)于香港发起组织育才书社,在香港、上海、河内均设有分校。上海分校始建于1901年,共有三所,招收约100名华人学生,其中上海北市分校位于白派克路(Park Road,今凤阳路)。① 育才书社主要学习中、英文,以培养中、英文口译、笔译人才,为英国人开办的洋行和工部局各部门提供职员。1907年,嘉道理向工部局董事会承诺,捐献2.5万两,用以建造工部局第二所华人中学。但这项计划被认为有点超前,因当时华童公学的学生人数为300人,而其设施可容纳400名学生。1909年,嘉道理重提这项建议,并要求学校以他的姓名命名,得到工部局的同意。1910年,工部局在预算中拨出经费,以购买建校所用土地。校址在山海关路,校舍于1912年初建成,当年3月12日育才书社迁入,更名为工部局立育才公学,由工部局管理。学校于1912年11月25日开学。到1931年底学生达449人。

2. 公董局的办学活动

公董局在晚清所办的学校主要有中法学校和法国公学,前者面向华人,后者面向法侨子女。

(1) 中法学校

1886年1月14日,法租界公董局董事会讨论预算时,董事萨坡赛发言称,华人巡捕不懂法文,妨碍公务的执行,有时影响传递命令和消息,造成失误,更因语言不通,中西巡捕难以接近,要求公董局创办法文义务学校。于是,公董局决定开办中法学校(当时名为法文书馆),经费从局内预算慈善救济费项下每年拨600两。同年2月11日,董事会选出萨坡赛董事、莫里斯董事和梁沈德神父组织监管学校委员会,又于2月26日决定租用公馆马路63号房屋为校址,招收学生100人,此外,另设有巡捕法文学习班。当时制定的学校章程规定,法文学

---

① 上海市立育才中学.上海市立育才中学纪念刊·本校校史[M].上海:上海市立育才中学,1947.

校完全为义务性质,凡属身家清白的儿童,按照条件报考,学生均应有住在法租界的铺保一人书面担保该生应遵守的有关规定。

中法学校创设后,法国政府和社会都表示满意,学校不断发展,经费亦逐年增加。1888年12月13日,公董局决定派遣2名学生赴法留学,至1890年12月学成回国。1892年2月9日,公董局董事会又公布了中法学校教员的管理章程。

中法学校初设时系义务性质,免费提供书本。1892年后逐渐开始收费,开始先纳英文课费,继则纳纸张费、书本费。1899年5月31日决定将校址自公馆马路迁入天主堂街后,便以支出增加为由,规定收取学费,每人每月1元。建校之初,原由天主教耶稣会神父管理校务。1909年4月16日,董事会以天主堂街的校舍租金昂贵,决定迁移。耶稣会神父因迁地后难以兼顾学校,向法国总领事举荐玛利亚会修士代替。公董局董事会于8月3日议决通过了耶稣会神父的举荐,并与玛利亚会会长鲁意米芝纳达成协定:(1)中法学校应分三级,初级4个班,中级和高级各1个班;并应有修士5人教授法文。(2)学费每月2元。(3)公董局负责供给修士住所,及校内一切经费。(4)公董局负责供给修士教员每10年来回法国旅费一次。(5)学校管理应由法国总领事、董事会代表和修士校长组织委员会执行。1911年4月末,中法学校迁入宝昌路尚贤堂暂行上课。至敏体尼荫路的巡捕房迁往卢家湾后,于1912年4月开始在原敏体尼荫路巡捕房后面南首建造校舍,1913年5月1日完工,5月15日学校开学。

(2)法国公学

1907年2月21日,法国驻沪总领事巨籁达致函公董局称,他曾向法侨宣布,在法租界内开办一所法国学校,以教育不断增多的法侨学童。1908年11月,上海法侨31人联名呈报总领事署称,希望公董局开办一所市立法国学校。巨籁达接呈后,即于11月20日向公董局董事会提出建议,认为最符合法国侨民需要的,是先办一所小学,内分三部,第一部为8岁以下的幼儿园,男女兼收;第二部为初级小学,专收8~12岁的学童,男女生分别授课;第三部为高级商业小学,兼收15岁以下的男女生。公董局董事会在11月27日推选麦地、蒂于两董事组织法国小学筹备会,并寻找合适地址建校。

1909年3月,公董局向英法地产公司购买宝昌路一块8 000平方米有余的地皮,作为建筑校舍之用,并向越南方面聘请法国教员。1911年9月25日,法国小学正式开学,设男生部和女生部,由梅云鹏任校长,学校设校务改进委员会,由法国总领事、公董局董事、校长和学生家长代表组成。1911年底,有25名女生、26名男生。班级设置为:初级女生班、中级女生班、初级男生班、中级男生班、讲英语学生班和幼儿园。初级和中级班课程为：法语、历史、地理、算术（后高级班、中级班均称数学）、道德、物理、生物、英语、绘画、音乐视唱、体育和缝纫。幼儿园教授极为浅显的阅读、书写、历史、地理、英语和算术知识，开展游戏、唱歌、手工（剪、折叠、搭造）及体育和视唱。

第二节　格致书院——中外合力的结晶

在晚清上海创办的较有影响的教育机构中，格致书院大概是最费思量的一所。将其归为租界当局和外侨办学一类，主要基于以下考虑：第一，它是由英国驻沪领事麦华陀倡议创办的。在尚未选定校址之前的第一份《格致书院章程》就明确指出："此院应于界内设立。"即必须设于租界之内，表明从一开始就与西方驻沪机构和租界当局有关。第二，在管理上实行董事会托管的方式，即由董事会对重大事项进行议决，委托监院（即校长，根据中国传统对书院主持人的称谓，也有称山长的）负责，这是当时西人在华办学最常用的管理模式，尤其表现在租界当局所办的学校上。而当时中国的官办学校中，无论洋务学堂还是传统官学和书院，均尚未采用这一管理模式。第三，从经费来源上看，尽管华人捐助了80%以上的开办费，但书院陈列的各种图书仪器、机械模型等估值远在开办费之上，这些基本是从国外募集而来，运费也由外人自筹。第四，经格致书院董事会通过的《格致书院章程》修订稿中，明确书院"毫不涉及传教"，表明它不是一所教会学校。第五，格致书院的最终归宿是在民国初年改为"工部局立格致公学"，成为一所由公共租界当局办理的华人学校。从发展过程来看，格致书院应是一所由外侨发起创办，最终归于租界当局管理的学校。但是作为一所由外侨发起创办的学校，格致书院又是华人参与程度最深、出力最多、拥有较多管理权责的学校。

一、创立、沿革与规制

格致书院是由英国驻沪领事麦华陀（Sir Walter Henry Medhurst，1823—1885）倡议创办的。麦华陀于1839年随其父麦都思来华，在英国驻沪领事馆刚建立之时，他就开始任领事馆翻译，1868年署英国驻沪领事，1871年起实任，直至1876年退休。1873年3月，他曾倡议由中西人士捐助在上海设立一所供中国人研习西方科学技术的学校，并拟校名为"宏文书院"。①

一年以后，麦华陀再次发起倡议，并在1874年3月5日的《申报》上刊登了

---

① 申报．同治十二年二月二十七日．(1973-3-25)

《格致书院章程》(以下简称《章程》),共十五条,对书院的宗旨等各项都作了明确、具体的规定:

> 一、书院名格致书院。二、立此书院,原意是欲中国士商深悉西国人事,彼此更敦和好。三、此院应于界内设立。四、设此书院一切造赞,拟由中外士商捐成,约在一千五六百金之数。五、凡有士商来院读书起坐,每人每月纳洋半元,以杜不类之徒往来搅杂,且可借以开支各项经费。六、此院限以百人为满,如满数外仍有人欲来者,须得数中两人举荐方可。七、此院均系中国士商所用,西人不在其列,唯倡首出捐者,自可随意前来观看。八、经理书院各务,须立董事,少则五人,多则七人,首先一年,可邀出捐者西人一二位帮办。九、院内备有各省现时及续增所刊新报,并有西人所译西国经史子集各种书卷汉文著作,至中国各种经史子集,听凭各董增列入院内。又设天球、地球,并各项机器奇巧图式,俾众备览。十、特派一人住于院内,留心看管书卷,不准何人将书卷等项携出。十一、书院之内,不准有人噪杂,书院旁设耳房,如有人商议何事,可至耳房谈论。十二、随时请有西人来院讲解机器各法,并西国各论。十三、院内不准游戏赌博。十四、看院之人每日预备烟茶,其价从廉酌取。十五、书院每晨十点钟开门,晚七点钟关闭。

值得注意的是,《章程》第三条"此院应于界内设立"和第七条"此院均系中国士商所用,西人不在其列"明确了设院地点和服务对象。1874年3月24日,麦华陀又邀集一些通晓科学的在沪西方人士开会,商议创设格致书院事宜,会议结果是选出了以麦华陀、福弼士、伟烈亚力、傅兰雅等四位西人以及轮船招商局总办、寓沪广东商人唐廷枢(字景星)一位华人组成的董事会。董事会成立后,从1874年4月6日至1875年10月格致书院基本建成,先后召开过九次会议,就劝募钱款、增设董事、征集图书、仪器、机械模型或原件、标本、修改书院章程、择地建屋等事进行讨论。在第二次会议上增添徐寿、王荣和为华人董事,第五次会议上,又增添徐建寅为华人董事,[①]同时,由于旗昌商行老板福弼士回国,改请英国人敬妥玛代替。这样,由麦华陀、敬妥玛、伟烈亚力、傅兰雅四位西人和唐廷枢、徐寿、王荣和、徐建寅四位华人组成了八人董事会,这应是格致书院

---

① 王尔敏《上海格致书院志略》称,徐建寅(字仲虎)的董事资格在第三次会议上确定,根据《万国公报》的相关记载,为第五次会上确定。钱锺书,朱维铮.万国公报文选[M].北京:生活·读书·新知三联书店,1998:446.

的创始董事会。董事会还对原《章程》十五条进行了修订,归结为《章程》六条,并禀呈直隶总督和北洋大臣李鸿章、两江总督和南洋大臣李宗羲,这份章程也在第五次董事会上基本原样通过。章程内容如下:

一、设立格致书院,欲中国士商深悉西国之事,彼此更敦和好。先在上海通商码头购地建院,以便访求新法格致机器小样,并购买泰西新出书籍,邀同西士讲解理法。盖以现在讲求之人尚少,不得不借才以为倡导。将来风气日开,人才愈众,再行推广于别处。或各省会,另设分院,自可无借西人矣。

二、院中肄业,鲁莽轻浮之人不得混收。其来历清白,资性聪颖者,概听入院。由董事验明,司事登记籍贯、姓名、来历、年岁,然后逢期进院学习。均须自备资斧,院中亦不取脩金。至中西官绅富商,亦可随意进院游观,并与董事等讲究一切。

三、经理书院各务,公举董事,首先一二年,同捐银之西人合办,并于董事中选出精晓艺术者数人,以为院师。均须自备资斧,每月拟定日期,轮流讲论一切。如天文、算法、制造、舆图、化学、地质等事。唯门类繁多,现在人才尚少,只可统讲大纲。日后学者日众,即可各习一门,以期专精。均系专考格致,毫不涉及传教,并不干预别项公事。

四、院中陈列旧译泰西格致诸书,各种史志,上海制造局新译诸书,各处旧有及续印新报,西国文字,各种格致机器新旧之书,格致机器新报机器新式图册,以及天球、地球各种机器小样,天文仪器,化学各器,格致入门各器,五金矿石各样。又备中国经史子集,以期酌古证今,广见博闻。今才创设,自宜择其尤要者,搜罗购备。盖此等书院在西国原为聚精会神之所,一切制造之学由此以兴。日后果能经费充足,亦当尽仿其规模。

五、专派妥实司事一人,院使一名,常住院中,薄给薪水、工食以资养赡。所有肄业生徒,及游观绅商,其籍贯、姓名、出入时日,以及书籍器具,均令该司事分别登记号簿。至书籍器具,责成留心看管,不准任人损坏携去。又经费既蒙上宪赐给,并各绅商捐且,其银钱收支须登记明晰,由董事按款验核,于年终汇开简明清单,以昭诚信。

六、书院每日晨十点钟开门,晚七点钟关门。不准闲人嘈杂,严禁游戏赌博。院旁另设耳房,如商议他事可以入内谈论,以昭肃静。①

---

① 钱锺书,朱维铮. 万国公报文选[M]. 北京:生活・读书・新知三联书店,1998:450—452.

从上述院章的第二、三、四条可以看出,格致书院从一开始就规划为一处集教学、藏书、展览于一体的机构,兼具学校、图书馆、博物馆的功能,这在1874年12月29日《申报》的相关报道中也有提及:"上海格致书院,尚未闻有觅定房屋住址之音。然其余诸事,无不称为顺手,大有鼎新之望。……并闻其院将分为三进:一则摆设泰西各器机物件等样;一则为讲论问学之堂;一则为庋藏中国书籍之院。"

经过选址上的一波三折,书院的房屋建筑工程终于在1875年竣工,1875年10月5日的《申报》作了全面报道。书院坐落在英租界北海路,由华董徐寿设计图样。接着,漆刷和配备布置器具、图书、展品等工作又花了一些时间,至1876年6月22日,格致书院正式开院,当日有中外人士两百多人前往参观。书院房舍宏敞,门额"格致书院"四字由北洋大臣李鸿章题写,内设书房、知新堂等,参观者"无有不赞美房屋之华丽并器具之巧妙","书房内有华文各种格致书","知新堂内,有格致器数件,即如大天球、大地球仪器、天文器、自记风雨表、电报与电线,大小各一副;量大热度之表、各种笔、铅锅与化学器及炉;又工艺中需用之铁器汽机一小座,新式沙漏数个;又有新法所造日用之物,如针与鱼钩、金纽扣、银纽扣;又有一大图,在中华与相近之国内指出便于开铁路之各处;又有所照人物之像数十张"。但是,原来规划的三个功能在开院时并没有完全落实,首先是"初一日只为开院而已,尚不可谓开学也";其次,书房内虽有"各种译成华文之格致书",但"尚未购买齐备";其三是从西国募集、购买和定造的各种展品绝大部分未到,而在书院东边预留的一大块准备造博物馆的空地因为未筹足开工的款项也只能暂时空置。①

开院后不久,书院即陷停滞,其原因一方面是由于麦华陀、伟烈亚力等外人董事的相继回国,但更重要的是1876—1879年间发生在华北黄河流域的特大旱灾。这次旱灾从1875年出现旱象,延续到1879年,旱区覆盖山西、河南、陕西、直隶、山东等省,波及江苏、安徽、四川北部及甘肃东部,因灾饿死病死者达一千多万人,堪称清代所仅有,为中国几千年灾荒史上所罕见,因丁丑年(1877年)和戊寅年(1878年)灾情最严重,后来被人们称为"丁戊奇荒"。在这种情况下,官绅、西方教士劝捐赈济灾区犹恐不及,更无暇顾及书院。原计划从英国运送机器等展品、建造钢铁和玻璃结构博物馆等事均告停顿,其中建造钢铁和玻璃结构博物馆的计划一直没有能够实现,直至最终放弃。

---

① 格致汇编(第一年)·卷六.

1879年秋后,书院的发展有所转机,首先是开始招收学生,其次是开始扩建房屋,以容纳即将从外国运达的各种展品。当时在《申报》和《万国公报》上登出了招生广告,拟于第二年正月开学授课。《万国公报》广告称:

> 本书院创设沪上,专为招致生徒究心实学。其提倡者半为中西积学之士。院地极宏敞,拟以半造博物院,中列图书象物,为生徒考镜之资;半为学舍,比屋鳞次,可容数百人。学有二端,听其所向,例亦定为两则:一为学西国语言文字者,本书院延有名师,朝夕课责,来学者每岁纳四十金,本书院供给饮食;一为讲求格致实学者,本书院于算学、化学、矿学、机器之学皆有专家,其考据书籍、器具亦皆罗列。来学者先纳三百金,三年学成后,原银仍交该生领回,学未三年,不成而思去者,其银罚充公项。①

结果,报名入学者寥寥无几,令傅兰雅等人大为失望。不过此后,书院还是实施了一些教学活动。据记载,至少在1885年年底前,书院曾组织了一个由10到14岁男孩组成的固定班,"用英语课本教授英语、基础数学、地理以及其他基础学科等","目的是为较高级的科学学习作准备"。②

1884年,徐寿逝世,傅兰雅与中西董事商议改进学务,于1885年秋聘请王韬为监院。由于当时来书院学习者仍属寥寥,书院谋求其他途径推广格致之学,其中之一就是于1886年开始实施考课计划。考课分四季进行,称为季课。考课由傅兰雅和王韬设计,所有四季考课的题目,均由院外名流命题,课卷经书院初评后送命题者评阅,酌定名次,并请命题者附赠奖金,对优秀试卷予以奖励。考课引起了士子的强烈反响,乃至一些功名士子贡举官绅也参与进来,于是从1889年开始,在四季之外又增加了春秋特课。格致书院的季课从1886年开始,到1894年止,一年四次,均无间断,1894年后王韬屡病,从此到20世纪初,考课活动虽时有举行,但不如以前正常,影响也不及从前。特课从1889年开始到1893年,五年无间断。考课活动一方面引起院外士子对学习科学知识的浓厚兴趣,产生了全国性的影响。另一方面也对书院的招生产生了积极影响,在实行考课前,书院"拟进肄业者于庭,而诏以格物致知之理,使之由浅入深,由粗及精,一时应者寥寥"。③而在实行考课之后,"院中肄业士子,多则百余人,少亦数十人,无

---

① 万国公报,第564卷.
② 孙邦华.傅兰雅与上海格致书院[J].近代史研究,1991(6).
③ 格致书院课艺(戊子年)·王韬序.

不争自濯磨,共相奋勉,以期于格致之学渐能深造而有得"。①

考课主要面向院外士子,但自1879年秋发布招生启示以来,书院自身的教学活动一直没有得到持续稳定的发展,学生时多时少,科学教育始终未能得到有效落实。西董傅兰雅对此一直不满。1890年夏,书院曾聘请英国人白尔敦（Burton）来院主持科技教育,他来院后拟订了"公讲格致大纲"和"招集生徒,分班细教"的计划,并已拟定第一门课"电学"的纲目,但就在开始教学前不幸病逝,又使格致书院的科学教育计划受到挫折。甲午战争中国败于日本后,傅兰雅有感于中国贫弱的事实,要求加强科技教育,但由于经费困难,师资匮乏,傅兰雅决定从加强夜课着手。他决定每星期六晚间上课,自己亲自讲授,传授学生科学技术课程,其余时间,由学生购书自修。他因此拟定了《格致书院会讲西学章程》,根据当时的情况,拟打算开设矿务、电务、测绘、工程、汽机、制造等六门西学课程,任学生选读其中之一部。开课之初,即有三四十人前来学习。因为数学为各门课程的基础,而来学者由于数学知识十分不足,加之限于师资,傅兰雅遂先从数学授起。由他布置题目,学生自学、演算,每星期六晚讲解、答疑,每月举行考试,以百分制计算,满75分者为合格,合格者给予课凭,类似于今日自学辅导的学习模式。半年过后,成效显著。

1896年夏,傅兰雅应美国加利福尼亚大学的聘请,担任该校东方语言文学教授,由其子傅绍兰接手他在格致书院的工作,但傅绍兰不久病故。1897年,王韬在任格致书院监院12年后也病逝。格致书院在失去王韬、傅兰雅两位在其发展中最得力的中西人士后渐形衰落,"庚子而后,院务废弛,几同虚设"。②1904年只是添设了一座藏书楼,教学活动几乎停止。1913年12月,华董决议对书院进行改组,呈报工部局,改办工部局华人学校,校名后改为"工部局立格致公学",格致书院遂告停办。

二、办学特点

在近代教育史上,上海格致书院无论是其办理模式还是教学形式、教学内容,都是相当特殊的一所。

1. 中外合力,官民共举

即便根据发起人和最终归宿将格致书院归为外侨学校,它也是外侨所办学校中相当特殊的一所,办理过程中充分体现了中外合力、官民共举的特点。首

---

① 格致书院课艺(辛卯年)·王韬序.
② 陈荣广.老上海[M].上海:泰东图书局,1919:106.

先从开办经费上看(见表6-1),在开办时共计6 979银两、1 541洋元的捐款中,由中国官绅士商捐助的达80%以上。除开办费外,华人还包揽了所有"常捐"的名额,说明书院的维持费也主要靠华人捐助。其中,开办费中的最大宗捐款是上海道台冯焌光、直隶总督李鸿章、两江总督李宗羲等,且李鸿章和李宗羲的款项在捐助单中明确写明为"发银"而不是"助银",可确定为官银,而上海道台冯焌光的2 000银两也可基本认定为官银,因此书院的开办费主要来源于华人,而且以官方资助为主。

表6-1 格致书院捐助经费表① (单位:银两、洋元)

捐 款 人	钱 额	捐 款 人	钱 额
直隶总督李鸿章	1 087两	怡和洋行	50两
两江总督李宗羲	1 000两	琼记洋行	50两
直隶正定镇总兵吴育仁	213两5钱	汇丰银行	50两
上海道台冯焌光	2 000两	旗昌洋行	50两
前上海道台沈秉成	200两	太平洋行	50两
天津兵备道丁寿昌	300两	公平洋行	50两
天津海关道孙士达	200两	仁记洋行	50两
江西九江兵备道沈保靖	213两	祥泰洋行	50两
前上海县令叶廷眷	100元	老沙逊洋行	50两
广东批验所正堂潘某	100元	履泰洋行	50两
上海机器制造局总办冯焌光、郑藻如	100两	法兰西银行	50元
		傅兰雅	50元
上海招商局总办唐景星、徐雨之	100元	太古洋行	25两
		宝顺洋行	25两
上海招商局总办朱云甫、朱翼甫	200元	新宝洋行	25两
上海招商局总办盛宣怀	100元	李百里洋行	25两
英国驻华公使威妥玛	100两	丰裕洋行	20两
祥生洋行	333两3钱3分	长利洋行	20两
		新关伯特拉	20元

① 钱锺书,朱维铮.万国公报文选[M].北京:生活·读书·新知三联书店,1998:452—456.表内天津兵备道丁寿昌的捐银据《申报》第780号补。

续表

捐款人	钱额	捐款人	钱额
隆茂洋行	10两	林碧岩	100元
复升洋行	10两	李丹崖部郎	50两
公立洋行	10两	高仲瀛内翰	50两
马立师洋行	10两	王锦堂协镇	50元
公道洋行	10两	徐雪村贰尹	50元
广南洋行	10两	丰兴栈	50元
保家洋行总办	10两	协德号	50元
汉口信和洋行	10两	启昌号	50元
顺章洋行	10两	新祥泰	40元
阿花威洋行总办	10两	王文炯	30元
故兰布登两小姐	10两	瑞兴号	30元
麻法特洋行	10元	振记号	20元
友人	10元	和记行	20元
天祥洋行总办故兰特	10元	耕心堂	20元
新闻税务司顾勒法	10元	广祥合号	10元
各行零捐	银110两 洋111元	各行号零捐	50元
		会审公堂罚款两案	273两
张冠臣太守	100元		

以上共计银6 979两8钱3分,洋1 541元。
另有每年认捐书院经常费6元者共计34人,姓氏名字如下:
唐景星、徐雨之、褚仲衡、褚蓉甫、唐秉彝、薛明谷、李贯之、宋子衡、周云卿、郑陶斋、葛蕃甫、吴承之、朱云甫、盛杏荪、郑让卿、孙研农、黄岳川、唐聚卿、何藻生、梁香泉、吴丽堂、范杰臣、何乃昭、黄瑞波、陈炽恒、王星垣、黄健庵、陈星海、李松云、黄咏清、汪韫甫、韦文圃、唐翘卿、唐茂枝。

但是,书院陈列的各种图书仪器、机械模型、标本等估值在20万银两以上,则由麦华陀等人通过各种渠道募集而来,主要来自英、法、比利时等国。展品在1876年开院时即有少量展出,70年代末和80年代初陆续运达,1879年,出使英国的大臣郭嵩焘归国时途经上海,参观了格致书院,当时院中的展品已相当丰富。他这样记述:"二十日,偕姚彦嘉、张听帆至格致书院,约林乐知会谈。所藏各种小机器亦数百事,法国磁器及鸟、兽、虫、介,亦颇有之。其间化学机器,多比利时国主所捐置。"①

书院董事会对书院的事务具有最高决策权,董事会由中西人士共同组成,体现了中西共管的特点。第一次成立的董事会中有麦华陀、福弼士、伟烈亚力、傅兰雅四位西人董事和唐廷枢一名华人董事。到书院竣工前夕,华人董事已增至四名,和西人相同,当时的中外董事是麦华陀、敬妥玛、伟烈亚力、傅兰雅四位西人和唐廷枢、徐寿、王荣和、徐建寅四位华人。到1878年,华人董事已超过了西人董事,西人董事有上海副领事夏士(原名不详)、旦文(W. N. Drummond)、傅兰雅、马高温(David J. Mac Gowan)四人,华人董事有徐雪村、徐华封、唐廷枢、唐茂芝、王冀阶、黄春甫共六人。② 书院后期的董事中,西人有莱曼(E. R. Lyman)、潘慎文(A. P. Parker),华人有张焕纶、赵元益、黄锌、聂其杰等。书院的重大决策如教习聘用、课程安排等,均由中外董事共同商定,但在具体管理上则一直倚重华人,徐寿、王韬、赵元益先后在格致书院的管理中扮演重要角色。书院在开办之初,曾通过华人董事徐寿禀明南北洋大臣并得到资助。1889年,书院实行春秋特课,专请南北洋大臣命题并成为定例。自20世纪80年代中期以后,上海道台对书院事务也有很大影响力,这些都表明中国政府在书院的管理上具有相当的发言权。

2. 保持书院的传统特色,集学校与公众文化机构于一体

上海格致书院并不像洋务学堂、教会学校等新式学校那样实施稳定的日课制度和分年课程计划,它的教学活动主要是通过学生自己研习、"会讲"和"考课"等形式来实现的,这固然是由于经费不足和缺乏师资的原因,但也在最初的规划之中。从1875年通过的《章程》六条可以看出,书院在最初设计时就只是为了广泛搜求和陈列格致诸书和器物,为有心学习格致之学者提供自学和研究的场所和条件,所以它并没有正规的招生制度,对于肄业人员也没有学业、年龄上的要求,"其来历清白,资性聪颖者,概听入院"。入院也没有严格的手续,"由董事验明,司事登记籍贯、姓名、来历、年岁,然后逢期进院学习。均须自备资斧,院中亦不取脩金"。书院不专门聘请教师,而是"于董事中选出精晓艺术者数人,以为院师。均须自备资斧,每月拟定日期,轮流讲论一切"。由于没有薪资,教师也不可能专职,他们的教学只能说是一种学习指导的性质,不可能每日进行。

格致书院的这种做法基本保持了传统书院依托丰富藏书,由学生自由研

---

① 郭嵩焘. 郭嵩焘日记(第三卷)[M]. 长沙:湖南人民出版社,1982:831.
② 申报. 光绪四年(1878年)四月十五日,第1857号.

习,教师给予指导的特色。格致书院实行的考课也是清代书院常见的教学活动,但与传统书院不同,格致书院以讲求科学知识为主,所出考题也是围绕科学与时事。格致书院博物院的设立,也正是为了适应近代科技知识学习的特点,为学生提供丰富的实物材料,供学生观摩和实验之用的。

书院不时聘请一些来沪的中外学者到院做关于格致之学的报告。如1877年5月,第一次在华基督教传教士大会在上海召开期间,书院请从山东来沪的美国传教士狄考文到院做关于"附电气之理法"的讲演,《格致汇编》详细记载了狄考文演示的过程:"五月十九日,格致书院请美国格致家狄先生在书院内讲附电气之理法,来听与观之客有五十余人,讲附电气之理甚清楚,用器具显出附电气之性情,最为灵巧。所试演之事,内用抽气筒在玻璃罩内得真空,而真空中通附电气。又用大小玻璃管内有轻气、养气等,令附电气通过,其颜色最为可观。又用细铁丝两条,其两端相近而不相接,令附电气行过,则铁丝成钢丝,生大热而熔化,从此可见附电气之大能力。又用附电气放棉花药,又放爆竹等事。观者无不赞美,无不欢欣。"①

格致书院曾在19世纪80年代和90年代初试图实施正常的日课制度和班级授课计划,延请名师,"朝夕课责","分班细教",但前次因入学者太少而收效不大,后次则因为教师白尔敦的去世而中辍。作为弥补措施,格致书院又尝试采用夜课、自学考试、函授等形式进行教学。关于夜课和自学考试已如前述,当时主持其事的傅兰雅还表示:"凡居远地,欲从学者,尚拟寄发课题,依例缮卷批阅。"②这堪称开中国近代函授教育之先河。

格致书院具有集学校与公众文化机构于一体的特点,其中的藏书楼和博物院作为书院的主要组成部分,不仅对院内肄业诸生开放,也对社会公众开放,因此它又是一所公众文化设施,在上海近代早期科技文化的传播中扮演着重要角色。

3. "专考格致"

从实施效果来说,上海格致书院办理得并不是很成功,远未达到它最初在学校、博物馆、图书馆等方面的预想目标,其原因表面是由经费上的困难、中西董事之间的矛盾所致,但深层原因乃是晚清教育体制并未实现近代转轨,以及书院办学主体的亦中亦西而又非中非西的尴尬状况。但不管其办理成效如何,格致书院在其存在的近40年里,始终没有脱离它最初章程中所标明的"专考格

---

① 格致汇编,第二年第五卷.
② 傅兰雅.格致书院西学课程·序.

致"的宗旨,成为晚清上海乃至过沪的各地人士了解近代科学技术的一扇重要窗口,也是书院这种传统教育形式传播近代教育内容的一个较早和典型的案例。

《章程》规定:书院主要讲论"天文、算法、制造、舆图、化学、地质等事","均系专考格致,毫不涉及传教",这说明格致书院区别于教会学校。书院中虽备有"中国经史子集,以期酌古证今,广见博闻",但和奉行"中体西用"的洋务学堂有所不同,对来学者在中学方面没有明确要求。因此,虽然格致书院教学活动停顿的时候多,实施的时候少,但在每次发起新的教学活动规划时,其教学计划都明确集中于格致学,或者兼习西语西文。如 1879 年 11 月《格致书院招致生徒启》:"学有二端,听其所向,例亦定为两则,一为学西国语言文字者,……一为讲求格致实学者。"①王韬执掌书院后,给上海道邵筱村的信中说:"承乏格致书院,忝居掌院。拟广招生童,前来肄业,延请中西教读,训以西国语言文字;学业有成,则视其性质所近,授以格致机器、象纬舆图、制造建筑、电气化学。"②1890年夏,在格致书院延请英国人白尔敦所拟的教授纲目中,包括气学、水学、热学、光学、电学、化学、矿学等。1895 年,西人董事傅兰雅为格致书院制订了《格致书院会讲西学章程》和《格致书院西学课程纲目》。《格致书院西学课程纲目》实际上是一份详尽的西学课程学习提纲,包括矿务、电务、测绘、工程、汽机、制造共六类,每类课程又分设数目不等的课程,如电务类就设有数学、代数学、几何、三角、重学略法、水重学、气学、热学、运规画图法、汽机学、材料坚固学、机器重学、锅炉学、配机器样式法、电气学等各门课程。从历次的课程计划中,可明确看出书院集中于科学教育的一贯宗旨。

第三节　其他外侨学校

在租界内,除租界当局主管的学校外,还有一些由外国侨民个人或组织办理的学校,它们不属于租界当局管理,但有些与侨民本国政府有着密切关系。表 6-2 是民国成立前创办于公共租界内的一些外侨学校,它们一般专为外国儿童而设,或兼招少数的中国学生。

西童学校一般都依据本国的课程标准和教学内容进行教学,并采用当地的考试标准。如表 6-2 中所列的上海美国学校分小学、中学两级,采用美国普通

---

① 朱有瓛.中国近代学制史料(第一辑下册)[M].上海:华东师范大学出版社,1986:180.
② 同上:183.

表6-2 民国成立前公共租界内非工部局管理的外侨学校①

学 校	校 长	学校人数（人）				建校年份
		日校生	寄宿生	总数	容量	
圣芳济学堂	安东宁修士	506	136	642	990	1874
闸北西洋女学堂	M.德·圣克莱门斯嬷嬷	222	84	306	330	1893
日本小学	长谷川柱太郎	1 278		1 278	1 400	1882
圣若瑟书院	圣菲洛曼纳嬷嬷	281	47	328	350	1871
圣婴小学	M.德·圣克莱门斯嬷嬷	146	4	150	120	1893
上智小学	圣菲洛曼纳嬷嬷		129	129	130	1875
上海犹太学校	J.P.琼斯	130		130	150	1902
大礼拜堂男学校	E.P.格雷厄姆·巴罗	70		70	85—90	1906
上海美国学校	威拉德·W.巴特利特	269	117	386	400	1911

小学、初中所共有的课程，以及准备进入美国最好的大学的中学课程。这些外侨学校的设立，是近代西方教育通过学校实体形式影响中国教育的一个重要渠道。

甲午战争前后，日本侨民入居租界的人数迅速增加，出现了不少日侨学校，如据1999年版上海《虹口区志》记载，日本侨民于1888年在虹口东愿寺内开办有开导学堂，后迁至北四川路，改称第一国民学校。又据1997年版上海《卢湾区志》记载，1905年有日本人开办的东洋高等学堂，教授日文、数学、绘画、音乐等。

下面重点介绍两所在上海创办的具有重要影响的外侨学校。

一、东亚同文书院②

东亚同文书院是由日本政府资助，由旅华日侨在中国创办的文化教育机构，其目的是训练日本青年为中国通，以配合日本在华的军事和经济活动。19世纪末，一些旅华日侨以研究中国形势、启迪中国人、振兴东亚等名义成立了许

---

① 史梅定.上海租界志[M].上海：上海社会科学院出版社，2001；中华续行委员会调查特委会.中华归主：中国基督教教育事业统计1901—1920(上册)[M].北京：中国社会科学院出版社，1985：288.

② 周德喜.东亚同文书院始末[J].兰州大学学报(社会科学版),2004(2).

多组织和社团。1899年11月,其中的两个团体"东亚会"和"兴亚会"合并成立"东亚同文会"。从当年开始,东亚同文会每年从日本外务省机密费中获得4万日元的津贴,同时,外务省要求东亚同文会忠实地向外务省汇报情况和报告,从而使该会成为二十世纪初的二十多年间日本对中国进行研究及开展文化事业活动的最重要的机构。

1899年4月,两江总督刘坤一在南京与日本参谋本部的福岛安正会晤,希望雇请日籍教师及专家来华,以图推进中国在军事、矿务及工业等方面的现代化。10月,刘坤一又在南京会见了从欧美各国巡游回国、途经上海的近卫笃麿,两人一拍即合。同年12月,刘坤一会晤了日本驻上海总领事小田切万寿之助和东亚同文会的代表,决定正式成立南京同文书院。

1900年5月,南京同文书院成立,由东亚同文会的干事长佐藤正担任院长。不久,佐藤正因病辞职,由根津一接任。南京同文书院招收中日两国学生,目的是使两国学生增深了解,加强友谊,作为将来提携的基础。学制3年,第一届共招收学生20人左右,学生分两个班,同文会的留学生和有一定外语素养的为第一班,其他的为第二班。

学院开学三个月后,义和团运动已经从华北波及长江流域。书院听从刘坤一的建议,将师生迁到上海跑马场附近的退省路。南京同文书院的历史结束。

1900年8月,南京同文书院迁到上海后,更名为东亚同文书院,院长根津一。书院的学生是从日本各地府县选拔来的。第一期学生共从一府十六县招收了公费留学生51名,加上自费生4名,共计55名。第一期学生在到上海之前,于1901年4月30日在东京华族会馆举行了入学式。在入学式上,东亚同文会近卫会长叙述了书院设立的经过,并对学生提出了要求,根津讲述了将全体学员召集到东京的深刻含义。入学式之后,学生先后到东京、大阪、神户、京都等地参观,后来又增加了拜谒皇宫。这种入学形式后来成为书院的一个重要传统,成为培养日本学生国家观念的一个重要途径。

东亚同文书院建成以后,始终处于动荡的战争年代,校址几经变迁。刚刚迁到上海时的临时校址是在退省路(1900年8月—1901年4月),后于1901年移至桂墅里,于1901年5月26日举行了开院式,参加开学典礼的有东亚同文会副会长长冈护美子爵、日本驻上海总领事小田切万寿之助、两江总督兼南洋大臣刘坤一的代表上海道台袁勋树、湖广总督张之洞的代表上海知县刘恰、盛宣怀等中外人士数百名。张之洞还将刻有《诗经》的石刻作为纪念品赠送给书院。

1913年7月，书院被战火所毁，借用日本长崎县大村町在上海的租界寺庙临时上课。1913年10月，在上海赫司克而路33号建成临时校舍，在此上课直至1917年4月。1917年后迁至徐家汇虹桥路新校舍（1917年4月—1937年9月），时间长达20年。虹桥路校舍是日本政府借由原校舍毁于中国内战而向中国政府索取所谓赔偿金22.5万元，并由东亚同文会拨付部分资金，共耗资35万元建设而成。日本全面发动对华战争后，1937年9月由上海市警察局接手了同文书院。1937年10月，徐家汇校舍被毁于战火，1938年4月，书院租用交通大学做校舍，此后，书院一直租借交大校舍至1945年8月日本战败，书院宣告结束。

东亚同文书院成立之初，设有商务科、政治科两个专业，学制3年。为了让学生熟悉中国的情况，积累在中国工作的经验，1901年11月，书院将学生分为两班，赴苏州、杭州进行见学旅行，这一活动成为后来历届见学旅行的恒例而坚持下来。

1914年，为开发中国资源培养人才，东亚同文会向日本政府建议增设农工科。经日本政府同意，书院于当年9月增设农工科，该科历时8年，先后共有60名学生毕业。1918年，书院向日本政府申请新设中华学生部，经帝国会议批准后于1921年正式招生。1918年10月，为了更积极地、有组织地研究中国，书院又成立了以教头森茂为部长的中国研究部。

从1920年起，为了与日本国内的学校教育同步，书院又将入学时间由8月改为4月，学制由3年延长到4年。1921年7月，据日本政府13日第328号救令，书院改为由日本外务省直接管辖的专门学校。1939年1月得到国会的同意，东亚同文书院升格为大学。

东亚同文书院历时45年，培养了一大批从事中日经济、贸易、文化、教育、外交等领域的人才，为中日文化交流发挥了一定作用。但是，由于上海东亚同文书院所处的时代，正是中日两国国力与国际地位发生剧变的特殊时期，也是日本侵华逐步加剧的时期，再加上书院本身的半官方身份（接受外务省机密费资助），其所作所为已不是完全意义上的教育机构，更多地是为日本的侵华需要服务。

东亚同文书院的毕业生大部分留在中国，进入日本在华的军政外交机构、工商企业和各地的伪政权，尤其是在满铁，毕业生多得更是难以统计清楚。除学生之外，初创时期的森茂教授是个著名的"大陆浪人"，也于1907年到满铁调查部工作，并参与了川岛浪速的满蒙独立运动。书院学生直接参加侵华战争或作随军翻译也是不计其数,即便回到日本,也从事与中日关系有关的工作,直接服务于日本的军方和政府。近卫文麿曾特函书院,称"战争以来,学生从军或协助皇军行动,对国家贡献很多",可谓一语道破东亚同文书院与日本在华军事活动的关系。

二、同济德文医学堂①

同济德文医学堂是1907年由德国医生埃里希·宝隆(Dr. Erich Paulun)创办的,1912年增设工科,更名为同济医工学堂,是德侨在上海创办的一所重要的学校。无论是同济德文医学堂的创办,还是后来发展成为同济医工学堂,都离不开德国政府的直接筹划与中德工商界的支持和参与,它是19世纪末20世纪初德国在推行"世界政策"的过程中,试图通过加强文化政策与列强争夺在华利益的结果。

德国政府酝酿在中国建立医科学校的计划由来已久。德国驻上海总领事克纳佩(Knappe)是积极主张通过政府措施来加强德国在上海的文化活动的重要人物,1899年,他写信给德国驻华公使克特勒(Ketteler),提出要"利用每一个机会使德国文化在上海这里受到重视,并让人知道,除了英国之外还有其他国家的利益存在"。在克纳佩和其他驻华使领馆人员的建议和支持下,德国政府在19世纪末已初步形成在中国开办德国医科学校的设想。

1904年初,克纳佩在柏林与德国外交部、普鲁士文化部的代表以及柏林大学东方语言部主任进行了会谈。在谈到在中国推行德国教育政策时,克纳佩提到了在上海开办德国医科学校的计划。他建议派一名会拉丁文的语文学家或基础课教师到上海总领事馆,在总领事馆翻译和上海德国学校教师的帮助下开办一所预备学校,目的是让中国的年轻人在开始学习德国医学之前接受必需的前期教育。但由于资金问题一时无法解决,克纳佩的计划暂时搁浅。

1905年,德国外交部与普鲁士文化部就在上海开办德国医科学校达成共识,文化部司长阿尔特霍夫(Althoff)于同年底建立了促进德国与外国精神文化关系科佩尔(Koppel)基金会。该基金会直接受文化部的监督,不仅负责筹集钱款,而且对外以学校创办者的面目出现。德国政府之所以将基金会推至前台,是为了避免文化部以官方的身份出面。

1906年,德国外交部新设学校处,具体负责在国外建立德国学校,其中中国是重点国家之一。同年3月克纳佩离任后,成为外交部在科佩尔基金会董事会

---

① 山夫.同济医工学堂筹建始末[J].德国研究,1997(2).

中的全权代表。年底,克纳佩在柏林成立了在华德国医科学校筹备委员会,下属于德国—亚洲协会,该委员会后改名为促进在华德国文化工作委员会,委员会下属的执行委员会主席由原帝国邮局副局长菲舍尔(Fischer)担任,他与大企业家和帝国政府的高级官员保持着良好的关系,并在不少开展对华业务的德国公司中兼职,因此他的筹款工作进行得比较顺利。1907年5月,促进在华德国文化工作委员会已筹集到大约7.8万马克,至1907年年底筹集到的资金已达到约26万马克,按计划将用于建造学校的教学楼。除科佩尔基金会和促进在华德国文化工作委员会筹集的资金外,普鲁士文化部、德国外交部和财政部也为筹建在上海的德国医科学校和支付德国教师的薪金提供了资助。

1906年底至1907年初,普鲁士文化部为医科学校物色了首批3名德国教师:高级中学教师辛德勒(Schindler)、柏林大学生理学讲师杜波伊斯-雷依蒙德(Claude du Bois Reymond)和医生阿曼(Amann)。辛德勒将领导语言学校并教授德语和自然科学课程。杜波伊斯-雷依蒙德和阿曼负责教授解剖学和病理学。文化部不仅制订了科佩尔基金会章程、学校的建筑计划和临时教学计划,而且还向所有的普鲁士大学和自然科学研究所征集教学用具、图书、医学器具等。阿尔特霍夫还同时呼吁德国的出版社和医药工业界提供捐助。基金会还在柏林举办了捐赠物展览,对重要的捐赠者给予嘉奖。科佩尔基金会、促进在华德国文化工作委员会、上海德医公会和同济医院委员会四方,于1907年3月在柏林签署了由普鲁士文化部起草的关于在上海建立德国医科学校的基础协定。

1905年,光绪皇帝发布教育敕令,派要员去包括德国在内的欧美各国考察教育制度,次年开始推行兴办实科学堂的教育政策。德国在上海开办医科学校的计划得到中国方面的响应,并首先以筹款的方式参与办学,上海地方各界为建校筹集的款项价值达1.7万马克。1907年,中德双方经过协商,建立了在德国驻上海总领事监督之下的学校董事会,负责监督学校的筹建和领导工作。董事会由22人组成,成员中除德国在上海的大公司代表和中国商界著名人物如朱葆三、虞洽卿等之外,还有两名总领事馆的官员。8月2日,董事会召开第一次全体董事会议,宝隆被推选为董事长。为了提高学校的声誉,根据普鲁士文化部的提议,宝隆、沙泊(Schab,即福沙伯)、克里格、杜波伊斯-雷依蒙德、阿曼等5人被授予教授头衔。

宝隆生于1862年3月,1882年至1886年就学于柏林的凯撒—威廉学院。1893年在上海德国总领事馆任医生,在此期间,宝隆与在上海的德国医生组成了上海德医公会。1899年,在宝隆的倡议下,德医公会成员一起开设了同济医院,医院设在白克路(现凤阳路)。1904年,医院进行了大规模的改造和扩建,具备了成为教学医院的条件。克纳佩提出的以同济医院为基础筹建德国医科学校的计划,得到以宝隆为首的上海德医公会成员的积极支持和参与,宝隆也成为在上海实施建校计划的具体执行者。

医科学校以培养医生为目标。鉴于当时中国学生还不能直接用德语学习医学的状况,医科学校特加设语言学校,即德文科。1907年6月3日,医科学校的德文科开学,首期招收的22名学生全部进入德文科学习。校舍租用白克路同济医院对面的两栋欧洲风格小楼。10月1日,学校正式举行开学典礼,中文校名是"德文医学堂",由宝隆任首任校长。不久,8名医科学生开始学习解剖学和生理学等前期课程。

1908年,学校改名为"同济德文医学堂",同年,学校在宝昌路(现淮海中路)以南、金神父路(现瑞金二路)以西地段兴建新校舍,于1909年暑期落成使用。

上海德国医科学校是官、商、民合作办学的产物,其中,德国政府是筹划者和组织者,并为开办学校和建校初期筹集了包括政府资金在内的大部分经费。而德国医科学校没有建在中国其他城市,而是在上海成功创办,原因在于,原驻上海领事克纳佩起到了核心作用,且宝隆在筹办学校的过程中扮演了主要参与者和实施者的角色,学校建成的最初两年他又是主要领导者。

在酝酿建立医学堂的同时,有些德国人也建议在上海建立一所工科学校,如上海德意志联合会理事和"东亚劳埃德"报出版商芬克(Fink)于1903年12月曾在一份备忘录中建议,在上海建一所附设语言学校的工科学校。芬克认为,德国机械工业在中国可以有一个简直是无限的销售领域,这样一所学校将为输入德国机械开辟道路。克纳佩非常重视芬克的备忘录,1904年6月,他将这份备忘录寄给德国首相比洛(Bülow)。1906年,清政府开始推行兴办实科学堂的教育政策后,《东亚劳埃德报》呼吁德国工业界立即采取行动予以回应。1907年1月初,德国钢铁工业者联合会的西北集团向外交部自荐参与在中国建立工科学校。几经周折后,德国—亚洲协会和促进在华德国文化工作委员会开始着手筹建工作,并于1909年11月发出正式捐款呼吁,开始为建校筹集资金,但筹建工作进展缓慢。

1910年6月,清政府学部发布文告,其中规定,中国的工科学校应将英语统一作为学生必修的外语语种。学部的规定势必进一步扩大英语在中国的影响,并由此加强英美国家对华出口机械的地位,使德国在竞争中处于劣势。文告立即引起德国驻华使领馆的关注和忧虑,不久,德国驻华公使雷克斯(Rex)在给外交部的一份报告中要求德国方面尽快采取措施。11月,德国外交部决定召集有关政府部门以及工商界代表就在中国建立工科学校举行会谈。11月14日,外交部、海军部、内政部、普鲁士文化部、普鲁士贸易部以及金融、贸易和工业界的代表举行会谈,并于同年12月成立了下属于德国—亚洲协会的建立在华德国工科学校联合会。联合会下设主要负责筹集资金的执行委员会,主席仍由菲舍尔担任,委员会成员包括德国大工业企业和银行界的代表。

与资助筹建医科学校相比,德国工业界、商界和银行对筹建工科学校更感兴趣,所捐资金远远超过对医科学校的资助。截至1911年年底,筹集的资金达到130万马克,其中包括德国政府部门的大笔款项。按计划,这些资金将首先在上海和汉口各建一所德国工科学校,并准备此后在北京、天津、济南和成都等城市再建几所。但因第一次世界大战爆发,除在上海建成一所德国工科学校外,德国在中国其他城市继续建立这类学校的计划未能实现。鉴于上海已建立了德国医科学校并附设语言学校,工科学校将与医科学校合为一体,共同使用语言学校。

1911年,经普鲁士贸易部推荐,毕业于汉诺威大学机械系,当时正担任科隆国立联合机械学校首席教师的贝伦子(Berrens)被委托在上海和汉口负责具体筹办建校事宜。同年秋,贝伦子与建立在华德国工科学校联合会一起筹办学校的实验室和实习工厂的设备,并装船运往上海。

1912年4月,贝伦子到上海主持学校开办工作,兼任德国工程师中国联合会主席。6月12日学校开学,招收首批机电班学生6名,并将早年创办的同济德文医科学堂和工科学校合并为"同济医工学堂",学校继续由中德双方人士组成的校董事会负责领导。同年,工科新校舍在金神父路(现瑞金二路)以西、辣斐德路(现复兴中路)以南地段动工兴建,按贝伦子的计划,学校先建包括实验室和实习工厂在内的机械馆,然后再建教学楼和宿舍楼。学校的设计和布局完全按照德国学校的模式,于1914年4月2日正式落成(即今陕西南路以西、复兴中路以南的上海理工大学复兴路校区)。1913年,工科学校开办学徒班,1915年,在贝伦子的提议下,工科学校又增设机师班,培养操作型和实用型技工。

为保证有足够的语言学校学生在毕业后进入医工学校学习,校董事会在1913年决定,学生在进入语言学校学习时必须说明他们毕业后的去向。与此同时,语言学校为决定以后进入医工学校学习的学生单独开班。这些措施保证了医工学校的生源。1914—1915年冬季学期,工科学校的学生已达41名。

同济医工学堂从酝酿筹建到工科学校建成开学,历时20年。这一时期正是威廉二世推行其"世界政策"的重要阶段。在中国筹办医工学校也是这一政策指导下德国对华政策的重要举措,是德国在用武力扩大其在中国的势力范围的同时,通过办学与列强争夺在文化、医疗卫生和工程技术领域实力地位的具体步骤。德国希望通过在中国开办医院、治病救人来获取民心,通过建立德国医科学校来影响中国的知识分子和高层人士,促进他们对德国的了解,增进对德国的好感。其目的之一是,以"道德上的征服"赢得中国人对德国医学的信任,并由此扩展到对德国产品的信任,并首先在德国药品、卫生设备、医疗器械等方面为德国产品的对华出口带来便利。在筹建工科学校方面,德国各界更注重经济和商业利益,在这一点上,贝伦子的观点很具代表性。贝伦子认为,在从手工劳动向机械劳动过渡的中国,将是迅猛发展的德国机械工业的一个无止境的销售市场。高层的中国工程师和管理官员在进口工业产品时,将首先考虑那个对他们进行过技术教育的国家。

同济医工学堂的筹建得到中国各界的支持和参与,它从一个侧面反映出当时中国人接受外来科技文化、谋求自强与现代化的愿望。从这个意义上说,同济医工学堂又是近代以来中国引进德国科学技术的重要桥梁,是中德乃至中外合作办学的一个范例。同济医工学堂于1917年由民国政府收归国有,定名为同济医工专门学校,后发展为同济大学。

第七章

非正规教育与公众文化教育设施的发展

上海近代以航运业为龙头,直接带动了轮船制造业、金融业、商品加工业、纺织业等各个行业的发展,在地域上则表现为以租界为中心逐步向上海全境辐射的态势。到19世纪末20世纪初,上海已成为远东的航运、金融中心和中国最大的工商业城市。

近代上海工商业的发展,直接刺激了上海人口的增长。1882—1891年这十年间,"在洋泾浜北面的租界中,外国人口增长了大约74%,在1880年,外国居民为2 197人,而1890年为3 821人。单是成年男子即增长了55%;妇女和儿童则有了较大的增长,妇女增长了95%,儿童增长了97%。从这些数字中,我们可以有把握地推定,外国居民中包括了比过去更多的已婚人员。现在在上海可以得到合适的、我称之为良好的中等教育的机会,这种机会或许比在语言和技艺方面的更好——在由属于不同国籍的人组成的、有坚强的教育机构的社会里,这种机会是可以预料的。中国人的增长比例较小,为56%,在1880年是107 812人,到1890年,达168 129人"。①

在晚清上海迅速膨胀的人口中,"许多是外地人,他们是被各种各样的就业机会吸引到这里来的,他们从事多种多样的工作"。② 对于涌入上海的中国移民来说,要想在上海谋生,就必须从事各种工作,高级的如翻译、洋行职员,低级的如工匠、仆役等。对于那些原先从事传统农业、手工业的中国移民来说,要想胜任上述工作,就不得不学习相关的技能,在正规教育无法满足需求的情况下,非正规教育是他们可能的选择之一。从这个角度来看,这无疑为正在起步的晚清上海的非正规教育准备了大量"潜在的生源"。对于在上海的外国人来说,随着外侨人口结构的改变,外国人之间的竞争也日趋激烈。一些外国人出于谋生的需要,便以从事非正规教育为业。因此,这些涌入的中外人士也为晚清上海

---

① 徐雪钧,等. 上海近代社会经济发展状况——《海关十年报告》译编[M].上海:上海社会科学院出版社,1985:18—19.
② 同上:21.

的非正规教育"准备"了师资。

总之,伴随着工商业经济的发展,晚清上海的非正规教育也逐步发展起来,其内容与形式也随之发生了变化。晚清上海非正规教育的内容逐步拓宽,已不再局限于中国传统教育体系中的"四书""五经"等儒家经典,而是逐步发展为外语、格致、工艺、艺术等不同方面,更加贴近实际,更加具有实用性。而作为非正规教育主要形式的各种培训班与夜校,也迅速发展起来。

第一节　晚清上海非正规教育活动概貌

相对于正规教育,非正规教育是在正规教育形式以外为成人和儿童提供的选择性学习形式,它是经过组织和计划但未充分制度化和常规化的教育形式,其内容、形式、方法、期限都比正规教育具有较多的灵活性。其教育内容非常广泛,但更多的是和学习者的当前需要有关,表现出较强的实用性和直接性。晚清上海的非正规教育主要表现为各种培训班和夜校的开办。

随着上海近代工商业的发展,中西经济文化联系的日益紧密,涉外事务的逐步增多,尤其是租界的发展,无论是西方人还是中国人,都感到相关人才的匮乏。这一点可以从当年的一些广告中窥其一斑。

广告一:招请先生:启者某西人代聘一华人,要稍通文理知上海话,不要英语。倘合意者请至申报馆面议可也,特此布闻。(《申报》,1872年9月3日)

广告二:招请教话人:兹有西商欲专请一华人,能说官话并稍知西语者,如能兼通文理更妙。有乐就者祈至申报馆问明可也。(《申报》,1876年2月28日)

广告三:延请教官话:兹本行欲请一位专教官话先生,如欲意者请至账房面谈可也。泰来洋行启。(《申报》,1880年3月18日)

广告四:延请华友:今有某洋行要延请一华友,须通英语能写西字,熟悉洋货生意及出口账目等事。如愿意者望写一西信,内开明姓名、以前做何生意,并有结实保人等。函封固送至申报馆转交可也。(《申报》,1880年8月17日)

广告五:招请精通英文华师:本馆欲请一华人为帮教之职,愿就者速来面议。并收日夜习学英文生徒数名。广西路三号英师赵爱伦启。(《申报》,1890年3月29日)

从上述五条广告可以看出,随着时间的推移,在沪西人对所聘中国人才的要求也在不断变化,由学习上海话到学习官话,再到稍通西文、能写西字,熟悉洋货生意及进出口账目等,最后再到充当西人所开培训班的帮教。在这种情势之下,已不能单靠少量外国人开办的学校和清政府所开办的上海广方言馆等洋务学堂,它们所培养的人才已不能满足实际的需要。而上海广方言馆这类官办学校的毕业生基本为官府垄断,主要在政府机构、政府开办的学堂或洋务企业中任职,很少有直接为在沪洋商服务的。而教会学校则因受正规化、宗教性特别是后期的高收费等方面的限制,缺乏灵活性,且数量有限,不是一般人要进就进得了的。为适应晚清上海社会经济发展的要求,各种培训班与夜校如雨后春笋般在19世纪中后期出现了。

晚清上海的各种培训班和夜校主要以外语类教育为主,因此这里分外语类和非外语类进行介绍。

一、晚清上海外语类非正规教育活动

由于官方文献对非正规教育活动的记载极少,我们主要通过这类活动在当时报刊上所登载的广告(启示)来寻求其活动的行迹。据编者所掌握的资料,最早出现的一则外语类非正规教育活动的广告是1863年英国人开办的"英字话馆"登的。《上海新报》第223号(癸亥年七月初五日)刊登了其"招生启事",现引述如下:

> 启者,今有英国巴先生于七月十五日开设教书馆,每日总以教两点钟为止,各人按月出修金英洋五元,刻下中外联合,凡英字英话俱系切需之事。巴先生深通英国文理,有顶好法则,可使学者一年全会。愿学者于本月初十日即来刘先生处报名上册。此布。

此后,这类广告不时在报刊上出现。1872年《申报》创办后,作为上海最为大众化的媒体,也成为此类广告最常规性的投放地。综合这些广告所反映的情况,上海晚清外语类培训班和夜校主要表现为如下特点。

第一,在教学内容方面,以英语为最大多数,主要教授基本的英语文法知识,力求使受培训者达到能够与外国人"打交道"的最低要求。在此基础之上,各培训班和夜校又表现出不同的特点,按教学内容的侧重点可以分为五类。

(1)以教授最为基本的英语英字和文法理论知识为主的外语培训班和夜校。如1874年五月二十五日,《申报》刊出一则广告:

> 教习英文语:择于六月朔日开设英文馆专教英文英字,自晚七点钟起至九点钟止,学生以十为限,过限不收矣。①

一般来说,这类学校招收人数较少,规模较小。程度稍高的重视教授英字文理,如西人未四洒蒙就在招生广告中称他的学校是教授"英字文理语言的"。

(2) 侧重于对学生进行英语口语、交际能力培训的外语培训班和夜校。在学生掌握了最基本的英文知识后,注重对学生实际应用能力的培养。这一类培训班和夜校的规模大小不一。如1872年十一月十六日的《申报》刊载了黄梦仙英文馆的广告:

> 启者本馆今择于十一月二十一日专教英语,学习三个月后可能与西人把话,其脩金格外相宜。如欲来学者请至棋盘街祥丰店楼上便是。特此预知。②

再者,1873年三月初八的广告"西人教习英文英语"写道:

> 兹者今有西人教习华人英书口语,倘有仕商欲学习者,祈请账房面谈,束金不拘,每日下午面授无误。特此布闻。三月初二得利洋行白。③

可见,这类外语培训班和夜校主要针对"士商"阶层。

(3)"中西兼学"的外语培训班和夜校。这类培训班和夜校一般规模较大,在教习上以西人为主导,华人充当帮教。如"英文主人"就在开馆广告中称:"广收大小学徒教习英文,各国规律无不俱全,而且两位西人日夜教习,另请中国先生教四书五经。"④有些非正规教育机构说得更为明白:"本塾专请中西先生上午专课诗书,下午专课西学,功课极为认真。"从整体上来看,这种外语类培训班和夜校还是比较多的。

(4) 教授英语为主,兼授其他知识的外语培训班和夜校。有的培训班和夜校在教授英文基础知识的同时,附带教授一些算学、天文、地理等格致学知识。

---

① 申报.1874年五月二十五日.
② 申报.1872年十一月十六日.
③ 申报.1873年三月初八日.
④ 申报.1881年七月初四日.

如英国先生华架就在永安街安乐里间壁设馆"专门教习华人英文英语并算法，一切无不精明"，有的西师为了吸引学生则声称可以教授"英文语言以及天球、地球算法等等"。到20世纪初，这类培训班和夜校已比较普遍，如"惜余英文学塾"就在上海《新闻报》刊登的广告上声明，日夜两班均有专教英文，增教各种新学。这类培训班和夜校数量也较多，占到总数的四分之一左右。

（5）专门教授商务贸易英语的培训班和夜校。这类培训班和夜校有名可查者共有5所。最早出现的是1886年2月12日开办的"分讲贸易英文馆"，设在宝善街东首晋隆洋行。此后又于1892年与1893年出现了3所类似的培训学校，分别是商务捷径英文书馆、教习生意英文书馆与英文商务书馆。所教习的是"商务捷径英文算法，英文或洋行各项生意及写字者以及英文商务算学"等内容。

由此可见，外语类培训班和夜校的教学内容更为贴近商务应用的实际，是专门为培训商务人才而开办的培训机构，且此类培训班和夜校存在的时间也比较长，如商务捷径英文书馆就在广告中称"本馆开设以来，历经数载"，而且"造就人才不少"，看来这类培训班和夜校的培训效果还是不错的。总之，专门的商务类外语培训班和夜校的出现是上海近代工商业迅速发展的一个反映，也使外语类培训班和夜校的教学内容更为丰富。

第二，在教学方法上，许多培训班和夜校在招生广告中都提到"循循善诱""教法精通""善于教习"等，但由于缺乏相关的资料，我们很难对其教学方法有详细了解。

第三，在教学时间上，外语类培训班和夜校通常采取日夜两班的模式进行教学，时间多为早上九点钟至十一点钟，下午一点钟至五点钟之间，晚上则多从六点钟开始至十点钟。有的培训班和夜校称学生日夜均可就学，因此学生来去比较自由。

第四，在学费方面，尽管大部分培训班和夜校在开馆广告或招生广告中都声称"束脩格外公道"或"束脩格外克己"等等，但从相关资料来看，情况并非如此。如黄梦仙英文馆收费是每月银2元；有的学校按日夜班分类，早班是每月银4元，夜班是每月银2元，一般多为2元至5元之间。以19世纪70年代中国工人的工资水平来看，由于一般工人的月收入只有银8元，因此这样的收费要占到他们月收入的四分之一以上。由此，笔者推测这类培训班和夜校的生源在相当长的一段时间内是以一些官商子弟为主（有的培训班和夜校在广告中就直接指明只招收官商子弟）或是在洋行工作的员工等。

在众多的外语培训学校和夜校中，英华书馆和上海同文馆是其中延续时间最长且较为著名的。

1. 英华书馆

英华书馆本来是作为一所相当正规的教会学校开办的,但在19世纪60年代末傅兰雅离开之后,由于没有常规的课程计划和招生计划,到70年代中期逐渐演化为一所非正规教育场所,主要表现在以下方面。

第一,校址经常变动,表现为居无定所的特点。校址变动情况如表7-1所示:

表7-1 英华书馆校址变动情况表

年份	1865	1873	1877	1878	1882	1892	1903
校址	福建中路	新大桥下大英公馆西面	圆明园路9号	上圆明园路9号	圆明园路10号	博物院路	老靶子路

1904年,英华书馆在新校址老靶子路(武进路)196号(今四川北路、河南路中段)建成"上下大小7室,可容纳200名学生的课堂"。[①] 校址的经常变动则反映出非正规教育机构兴废无常的共同特点。

第二,没有相对固定的课程规划,教学内容随行就市。1874年2月25日,英华书馆在一则招生广告中写道:"大凡与洋行交易和司账一切及新闻等事必需明白英字,今本馆拟定开夜学教习英国文义、言语、算学、账目、地理、文法及写信之法,一切每夜七点钟起九点钟止,唯礼拜六及礼拜日不读书,笔一切皆可借用。……幼年者不必来,如来则日中之馆,在夜间事者年约二十左右。"可见,英华书馆的夜班主要是针对成人而来的,是一个成人补习性质的夜校。在教学内容方面,英华书馆实行的是"中西兼学"的模式,详细的教学内容包括:"英国话、写信、翻译、司账簿等事,地理、算法等项,又请一中国先生每日下午到馆以教好学华语之人"。[②] 到19世纪80年代,英华书馆在保持原有教学内容的同时,开始强调教学内容的实用性,在1882年的一则广告中,英华书馆表示:"本馆所教系或在海关上之事或领事衙门中事或各洋行事务",表明英华书馆在教学内容的选择上已偏重于培养为商务活动的"洋务"人才了。

据1908年进英华书馆肄业的周根源介绍:"英华书馆是个英文专修学校,

---

① 周根源.记英华书馆始末[M]//上海市政协文史资料委员会.上海文史资料存稿汇编(9).上海:上海古籍出版社,2001:243.
② 申报.1877-02-06.

不合普通学校的编制,入学无程度限制,无年龄限制,主要为读英文而来,可从头读起。全馆依英文程度高下,分为6年班级。"①但英华学堂因为历史悠久,且初办时是以正规学校起步的,因此,即便是到后期向非正规教育转化,也还保持了一定的前期传统,算是非正规教育机构中较有计划、较有影响的一所。

2. 上海同文馆②

上海同文馆最初出现在1893年4月15日《申报》的一则广告上:

> 教习英文西学　　启者:英国教师布茂林先生,前教国家学堂,现到上海开设同文馆教授英文西学。凡绅商子弟欲就业者请至江西路第四十二号洋房内面订可也。上海同文馆启。二月二十九日。③

其后,在当年4月24日的《申报》上,上海同文馆正式刊载了创建启示,阐明了它的宗旨与目的以及办学方针,内称:

> 今之经营于洋务者,必先精于西学,而西学中尤以英文为官商首要。本教师布茂林自来中国,叠承中国诸大宪延主教习官塾有年,兹拟创设上海同文馆,凡一切英文、算学概诸式课艺,无不尽心循诱。或商务中人,专需语言文字,亦可随意讲求。本教师乐于教育,不责重修,法美意良。但期言效。倘远处绅商子弟,亦可在塾餐宿,无不克臻美备。有志就业者请临面议或函至江西路四十二号门牌可也。上海同文馆主教布茂林谨启。④

由此可见,上海同文馆是在洋务运动的环境和背景下开办的,主办者只有英国教师布茂林一人。上海同文馆在创办之初,规模较小,地址也有所变动(由江西路42号迁至四川路58号),但是自创建后,上海同文馆获得了迅猛的发展。据统计,在从1893年至1911年间的19年时间里,上海同文馆光在《申报》上刊登的各类广告就有40次之多。上海同文馆在发展的过程中,也依据形式

---

① 周根源.记英华书馆始末[M]//上海市政协文史资料委员会.上海文史资料存稿汇编(9).上海:上海古籍出版社,2001:245.
② 1863年,李鸿章奏请仿京师同文馆之例在上海设立"上海学馆",后来称为"上海同文馆",后又改称"上海广方言馆",为上海官办的洋务学堂中的一所,与此处的上海同文馆不是同一所学校。
③ 申报,1893-04-15.
④ 申报,1893-04-24.

的变化对教学内容进行调整。起初上海同文馆主教布茂林认为,本馆应以"强调翻译公文为重,并使得上海同文馆成为沪上各西学书馆首屈一指",①但他很快就发现这并不符合当地中国人的兴趣所在。同时不重官话,官话教学质量不高也是其他学校的通病,于是马上开始延请中国教习教授中学,实行中西兼授制,并把官话教育作为一个重要方面。在1893年至1894年间,上海同文馆曾数次在《申报》上刊载招聘中国教习的广告,而且待遇也比较丰厚,足见其聘请中国教习的急切心情。其后在1900年1月27日还专门就此问题在《申报》上刊载了广告,内称:

> 本馆因见各口岸中外衙署、铁路矿务各局及洋行律师所用翻译通事虽通英话反昧官音,故于明年起礼延精熟官音之华教习一位,欲来学诸生蔚为有用之才焉。英文早九点钟至下午四点钟,官音下午四点钟至五点钟。

但是在中西兼学的情况下,上海同文馆仍然坚持以西学为重的格局,上海同文馆的上课时间一般是早上九点钟至下午五点钟止,早上九点钟至下午四点钟专课西学,只有下午四点钟至五点钟这一个小时由中国教习教授中学。到20世纪初期,上海同文馆根据形势的变化,在重视培养翻译人才的同时,又开始突出其他方面西学知识的教授,如"文法、算学、历史地理诸学",以吸引生源。

另外,上海同文馆还不时地开办夜班,以培训英语较好的学员。1897年3月,上海同文馆开设夜班,称"因有函至本馆主请教晚间一班,以使商务中人云云",尽管"本馆主不欲甚",但是为了"好学者的热忱",还是决定于每日晚七点钟起增教一班,专为"高材生所游艺者",夜班的教学时间并不固定,如1901年是每周一、三、五晚上七点半开始教学。

上海同文馆的生源也不短缺,据上海同文馆在1899年的招生广告中自称:"1898年来学者就有60人之多。"至于上海同文馆学生的去向,我们可以从上海同文馆的相关广告看出,如1904年上海同文馆的一则广告称,"本馆自开设以来成材者颇不乏人之由海关、邮政、电报诸局业考取者约百余名,然则如洋行司事买办及翻译与写字之职亦为数不少"。由此可见,上海同文馆的学生主要是在一些近代公共机构与洋行,担当中低级职务,这正是晚清上海社会经济发展客观需要的一种反映。

---

① 申报.1893-06-18.

在学费方面,上海同文馆根据班级等次分为 5 元、6 元、7 元三类,显得较高,因此它面对的主要是"绅商子弟"。在教习方面,同文馆的教习一般都是"循循善诱"的明师,水平也较高。在学校规章制度的建设上,上海同文馆有两个发展,一是"16 岁以下报名者且要在父兄陪同下来报名",另一个是上海同文馆自 1898 年开始向学生家长发放成绩单,"其单上书华英两文,详载学生勤惰优劣,使其父兄或知。并且该生如有隐匿课单,请该父兄至馆补单可也"。

除去英文培训班和夜校外,还有法文与日文类的培训班和夜校,但数量很少。专教法文的只有两所,一所是 1878 年开办在三泰码头同泰森树行的由吴中不羁生任教习的法文学堂,该学堂"除礼拜日外,两点钟至四点钟教习法国语言文字",其他情况不详;另一所是 1897 年由法文书馆开办的"法文夜馆"。教授日文的两所培训班和夜校则出现于 1898 年与 1911 年,规模较小,形式也比较灵活与简便。如采取互助帮学的方式,"有一年轻日本人在大学堂考取,现在欲将日本语言文字传授与人或受业者教伊英语及中国官话,互相掉换,亦无不可"。或是采取到家教授的方式,"定日间约时刻,可到人家教授,晚间在家教授,愿学日语者可来面议可也"。日语类培训班和夜校的出现反映了日本势力在上海的增强。

二、晚清上海非外语类非正规教育活动

非外语类的非正规教育活动主要分为以下几种。

一是基础西学。一般属于当时称为"格致"的"西艺"中的基础。根据从《申报》《上海新报》上所查实的相关资料,这类非正规教育场所主要出现在 1870 年至 1890 年这 20 年期间,所教内容主要是算法、测量、账目、天文、地图等,反映了近代学制尚未建立前中国社会对接受基础西学教育的愿望但又无法通过正规教育渠道得到满足的情况。如 1887 年一所格致类培训班在《申报》上刊登广告:"算学为小试捷径,自有丁侍御一疏,将有更为乡试之便途。本馆专教中西算法。"①就是一个很明显的例子。

二是照相类。照相技术是在 19 世纪中叶由西方传入中国的,而上海于 1857 年由罗天佑在汉口路创立了公泰照相馆,这是有记载的第一家华人照相馆。1888 年,欧阳石艺在泥城桥开设了宝记照相馆,即使按西方人的标准与眼光来看待,这在当时也是具有相当规模的。伴随着上海近代照相业的发展,照相技术的培训活动也相继出现。据相关资料,这类学校共有三所,分别出现于 1873 年、1887 年与 1894 年。在教学内容上,主要是教授照相学之"照相干湿

---

① 申报.1887 年六月初八日.

片,照书之法"。以及"照像人物山水百般花草西法",而且是"七日速成"。主授者主要是照相业的从业者如英昌照相店的李乾甫等人,地点主要是开设在各照相店(英昌照相店)与洋行(会理洋行)内。为了让大家更好地了解这类非正规教育机构,现引《申报》1873年八月初九日广告:

  照相学 启者,照相之学所用各料各器,如化药及厚薄各纸与一切器具,寄于驻中国之各洋皆有出卖,其价亦甚廉。如华客欲学此术者,本行主或独教一人或合教数人均可。学成后所需用诸药料器具皆已备齐,亦可代买也。本行设在隆茂洋行隔壁规矩堂内。

  三是语音类。此类教育场所不多,只有两处,均建于1887年,且都在四马路上,馆主教习均为中国人。教习内容是"口授标射反切空谷声宫商阴阳平之学",而且"不一月即可熟习"。教学时间是早上8点至晚上10点。值得注意的是,这两处的教学目的是"既知反切后,课西学极易",也就是说,学习语音是为了学习英文发声的。所以从某种意义上说是为英文类非正规教育机构服务的。

  四是艺术类。主要教授琴学,该培训班出现于1880年,开设于法国租界大马路天元栈,教习是琴轩氏。这类非正规教育机构的招生范围比较广泛,"愿从教者无分其地,无论其人及妇女女子俱以传授",这在当时还是比较少见的。

  五是军事类。这类非正规教育活动的出现与国际形势有着密切的关系。1884年中法战争爆发,上海的军事类非正规教育机构也开始出现了。如《申报》1884年7月24日就刊登了一则广告,内云:

  教习水雷 启者,本行友人张君郎轩,精习电气水雷地雷炸药数年。去岁云南有人请其指教,有人托其制造火引,均见成效。伊云若重用水雷可防铁甲,如有人欲借此道为国家之用,请至五马路新派利帐房便知。

  六是马术类。它的出现与西方娱乐方式的传入有着密切关系。早在19世纪50年代至60年代,西方人就已经在上海圈地修建了跑马场。但上海的马术类非正规教育活动则出现于1893年,由西人马师格连罗创办,他自称"向在外国专门驯熟各等强马",而且还"可以当面见功,如不能驯分文不收",为此他"兼教各等人骑马之法"。由此我们可以推断,上海人中的一些上层人士已经逐步接受了西方的娱乐方式。

在非正规教育活动中,也有在招生对象上稍显特别的,一种是义塾类,面向贫苦子弟,另一种是面向女子的。

义塾类的最大特点是免收学费。1882年3月20日《申报》上刊登了"启文义塾"的开办广告,内称:

> 本塾开设在老闸西首保康里东间壁,专收贫苦子弟,无力从师者皆可入学。凡一切书籍纸墨笔砚茶水板凳等均由本塾备给。生徒以二十人为额,内中倘有聪明子弟可以造就者,本塾另延通晓西文之士并教西语、西字。所有西国纸笔、书籍亦由本塾备给。凡愿学者,祈至保康里内太史第曹报名注册可也。启文义塾经董告白。

由此可见,这所义塾主要是教授中学的,但对于聪明者也教授西学,它不收学费,主要面对贫苦子弟。这在晚清上海的非正规教育活动中是非常难得的,但数量实在太少,反映出非正规教育主要是以商业活动形式操作的特点。

主要面向女性的非正规教育活动多数由女子创办或由女子充当教习。这类非正规教育活动的出现与社会风气的变化有着密切关系。据相关资料统计,此类非正规教育场所共有14处,其中12处建于1898年到20世纪初的十余年间,而这一时期正是晚清上海社会风气转型的时期,另外两所则出现在1876年与1887年。这类学校的教习主要是来自欧美等地的女子,她们或是"在伦敦大学堂肄习测算与地史乘格致音乐等学毕业,曾充教习二年",或是能解"广东、上海等语",既具有一定的西学水平,又对上海的情况有所了解。教学内容主要是教习英文语法与"操琴针线"等事,教学时间上是"日间一两点为率",或是"午前教良家女子,晚教端方男士"。学费基本上采取面议的方式加以确定。女子非正规教育活动的出现是一个非常值得注意的历史现象。在晚清上海,尽管社会风气已经逐步开化,但是中国传统封建道德仍然具有强大的影响,这些女子类非正规教育机构的任教者均是欧美女子,且教授一些"家务活",这正是中国传统文化和封建道德上"男女大防"和"女子无才便是德"的体现;但从另一个方面来看,女子非正规教育活动的出现反映出了晚清上海社会风气的开化和女子社会地位的提高,女子可以接受教育,尽管这些培训班属非正规教育的性质,但它对后来正规女学的创办和发展起到了一定的推动作用。总之,女子类非正规教育活动的出现在晚清上海非正规教育发展史上具有重要的意义。

为了全面了解上海非正规教育活动的面貌,现将从《申报》中检索到的有关非正规教育的广告(启事)罗列于本章末(见本章末所附《〈申报〉非正规教育活动广告辑览》)。表 7-2 是晚清上海出现的非正规教育处所。

表 7-2 晚清上海非正规教育活动情况一览表(1863—1911 年)

学校名称	建立时间	地 址	创办人或机构	文 献 来 源
英字话馆	1863 年 8 月	石路松风阁间壁刘宅	英国巴先生	《上海新报》1863 年(癸亥年七月初五日)
大英学堂	1864 年	洋泾浜复合洋行	墨海书馆	《上海新报》1864 年(甲子年六月初二日)
大英学堂	1865 年	长丰洋行	长丰洋行	《上海新报》1865 年(乙丑年七月十三日)
英华书馆	1865 年	石路	傅兰雅	《上海新报》1865 年 7 月
大英学堂	1869 年 7 月	法国界自来火公司东首桥头	买发达	《上海新报》1869 年 7 月
大英学堂	1869 年 8 月	陈家木桥西首	不详	《上海新报》1869 年 8 月
英文馆	1870 年 3 月	棋盘街播威洋行对面天生房子内第三层楼上	中国先生	《上海新报》1870 年 8 月
英语学塾	1872 年 7 月	三马路同安里	钱文元	《申报》1872 年 7 月 14 日
英文学馆	1872 年 10 月	城内侯家浜	不详	《申报》1872 年 10 月 13 日
英文夜馆	1872 年 12 月	棋盘街祥丰店	黄梦仙	《申报》1872 年 12 月 13 日
英语文法公所	1873 年 3 月	老大桥同文书馆内	西人	《申报》1873 年 3 月 13 日
英字英语馆	1873 年 4 月	得利洋行	西人	《申报》1873 年 4 月 4 日
教习番文馆	1873 年 4 月	老旗昌东闸对门	何乃昭	《申报》1873 年 4 月 19 日
英话英字馆	1873 年 8 月	三马路同丰栈	潘辉庭	《申报》1873 年 8 月 23 日
照相学馆	1873 年 9 月	隆茂洋行隔壁	会理洋行	《申报》1873 年 9 月 29 日
英字英话馆	1873 年 10 月	法兰西公馆对面	未四洒蒙	《申报》1873 年 10 月 24 日
英语夜馆	1873 年 11 月	二摆渡三和里后	陆先生	《申报》1873 年 11 月 19 日
英语夜馆	1873 年 11 月	泰和馆西间壁粤秀坊	华人	《申报》1873 年 11 月 27 日
英文馆	1874 年 7 月	外虹口外虹桥	不详	《申报》1874 年 7 月 11 日
英文英语馆	1874 年 9 月	洋泾桥旁	郁振亭	《申报》1874 年 9 月 5 日
英文英语馆	1874 年 10 月	永安街安乐里间壁	华架	《申报》1874 年 10 月 24 日

续表

学校名称	建立时间	地　　址	创办人或机构	文　献　来　源
英文学馆	1874年11月	法国租界永安街首	门西	《申报》1874年11月22日
洋文书塾	1874年12月	不详	麦开	《申报》1874年12月11日
英文书馆	1874年12月	棋盘街东面江西路	嘉先生	《申报》1874年12月29日
英语学馆	1875年6月	墨海书馆	代迩	《申报》1875年6月26日
英文学塾	1875年7月	信和洋行	葛理	《申报》1875年7月6日
英文学馆	1875年7月	东棋盘街3号房子	保昌洋行	《申报》1875年7月7日
西文学塾	1875年9月	珊记码头兆福里口	不详	《申报》1875年9月11日
英文书馆	1875年10月	东棋盘街东首司美司房内	华葛	《申报》1875年10月20日
华英书馆	1876年2月	大英公馆隔壁	李芳春	《申报》1876年2月5日
英文字书馆	1876年5月	大马路口南京路老公平屋内第三间	大英女士	《申报》1876年5月23日
英书夜馆	1876年6月	珊记码头兆福里内	荣记	《申报》1876年6月8日
英学馆	1876年8月	不详	麦里士	《申报》1876年8月7日
新设英文馆	1876年9月	广东路5号	克励勤	《申报》1876年9月7日
林馆	1877年3月	河南路307号	林先生	《申报》1877年3月14日
开利行英文馆	1878年6月	文监师路2号	开利行	《申报》1878年6月4日
英文馆	1878年8月	集贤里	袁松涛	《申报》1878年8月17日
教习算法测量馆	1878年8月	虹口利亨昌缝店	盛芝	《申报》1878年8月18日
教习法文馆	1878年9月	三泰码头同泰森树行徐庆堂	不羁先生	《申报》1878年9月3日
英文书馆	1878年12月	四马路公一马车行间壁长春里第一门内	陈泽中	《申报》1878年12月19日
西文馆	1879年3月	南阳里	陈兰谷	《申报》1879年3月11日
英士书馆	1879年3月	头摆渡三和里口	末士爱华	《申报》1879年3月18日
英文馆	1879年3月	二洋泾桥南松茂洋行内	蜜司得拖会克	《申报》1879年3月20日
英文馆	1879年8月	大马路中福隆印字馆楼上	末士令	《申报》1879年8月30日

续表

学校名称	建立时间	地址	创办人或机构	文献来源
孟先生学堂	1879年9月	河南路振记绸缎号隔壁	孟先生	《申报》1879年9月29日
英文书塾	1879年10月	天津路同吉里	吴鹿福	《申报》1879年10月7日
英话书馆	1880年2月	二马路礼拜堂后宅	不详	《申报》1880年2月21日
英文馆	1880年3月	法界大马路	不详	《申报》1880年3月6日
琴学馆	1880年4月	法界大马路天元栈	琴轩氏	《申报》1880年4月5日
西文馆	1880年6月	棋盘街后广东路554门牌号内	丁春翘	《申报》1880年6月10日
英文书馆	1880年7月	大马路老富春帽店间壁	不兰登	《申报》1880年7月8日
英文馆	1880年7月	江西路46号	魏约翰	《申报》1880年7月13日
英文书馆	1880年11月	大马路戒酒会堂2号	乐林士	《申报》1880年11月8日
庆泰三号英文书塾	1880年11月	新北门外	庆泰三号	《申报》1880年11月11日
英文书馆	1881年3月	盆汤街内巡捕房对门89号门牌内	吴鹿耳	《申报》1881年3月27日
华英并教馆	1881年4月	宝善街桂馨里王宅	不详	《申报》1881年4月17日
爱华士华英书塾	1881年5月	二摆渡一德里89号	爱华士	《申报》1881年5月17日
英文书塾	1881年7月	江西路142号	英文主人	《申报》1881年7月29日
英文馆	1881年7月	虹口蜜腊路第7号美国巡捕房后	珊纳	《申报》1881年7月29日
账目同书学堂	1881年9月	苏州河北边	不详	《申报》1881年9月18日
英文馆	1881年11月	苏州河边北首第10号	杜威厘臣、尊吾臣、谭生	《申报》1881年11月18日
中西书塾	1882年2月	三马路	王宗福	《申报》1882年2月9日
西文学馆	1882年2月	北京路18号美华书馆楼上	江尔登	《申报》1882年2月15日

续表

学校名称	建立时间	地址	创办人或机构	文献来源
英文书馆	1882年3月	文暨师路142—143号	朱立士会	《申报》1882年3月7日
启文义塾	1882年3月	老闸西首保康里东间壁	不详	《申报》1882年3月20日
英文书塾	1882年3月	致远街崇德里翻译馆	史某	《申报》1882年3月28日
英文馆	1882年4月	大桥东首12号房子	不详	《申报》1882年4月13日
英文馆	1882年5月	虹口乍浦路18号门牌	西人	《申报》1882年5月9日
英文夜馆	1882年7月	五马路581号门牌	不详	《申报》1882年7月18日
英文书塾	1883年2月	外虹口文监师路142号门牌	米立四朱	《申报》1883年2月14日
英文书塾	1883年7月	二马路老公茂洋行（日间）三马路字林对门育才书室（晚间）	邝鹿东	《申报》1883年7月29日
英文馆	1883年9月	四马路望平街口218号门牌刻字店楼上	金培端	《申报》1883年9月3日
中西书塾	1884年2月	大东门火神庙内	不详	《申报》1884年2月12日
英文书塾	1884年3月	老北门内老狮子街	董筠孙	《申报》1884年3月5日
水雷馆	1884年7月	五马路新派利帐房	张朗轩	《申报》1884年7月25日
英文夜馆	1884年9月	大桥下大英医院后面	华克	《申报》1884年9月21日
英文书馆	1884年10月	大马路五福街内49号门牌	蔡云松	《申报》1884年10月16日
华英书塾	1884年10月	大马路泥城桥意鑫里	章少铭	《申报》1884年10月24日
英文馆	1885年8月	大马路东首利昌木店楼上	未士他素	《申报》1885年8月15日
陆先生书馆	1885年9月	二摆渡243号门牌	陆先生	《申报》1885年9月18日

续表

学校名称	建立时间	地　　址	创办人或机构	文　献　来　源
英文书院	1885年12月	大马路鸿仁里	不详	《申报》1885年12月3日
分讲贸易英文馆	1886年2月	老新衙门德安里（日）宝善街东首晋隆洋行（夜）	丁雨亭	《申报》1886年2月12日
英文馆	1886年2月	不详	不详	《申报》1886年2月24日
英文书馆	1886年3月	虹口文监师路13号门牌虹口书院对过	穆师亨	《申报》1886年3月10日
益文书馆	1886年3月	英大马路泥城桥	不详	《申报》1886年3月26日
英文书馆	1886年5月	二马路宝源祥或城内老北门	西人	《申报》1886年5月12日
英文馆	1886年8月	虹口通心直街同顺里	克朗明	《申报》1886年8月3日
英语书塾	1886年8月	山东路麦家圈	慕维廉	《申报》1886年8月4日
英文书馆	1886年8月	虹口吴淞路C字683号	施当福	《申报》1886年8月25日
英文馆	1886年9月	英大马路亨达利对门楼上	捷左治	《申报》1886年9月7日
英文书馆	1886年10月	二摆渡天福洋行楼上	沈美舒	《申报》1886年10月21日
英文书馆	1886年10月	虹口河边禅臣洋行栈房后面A字389号门牌	不详	《申报》1886年10月30日
日夜教习英文馆	1886年11月	牛庄路	施美司	《申报》1886年11月10日
克德明英法书院	1887年2月	西华得路17号门牌	克德明	《申报》1887年2月5日
泰东书馆	1887年3月	虹口大英医院北首	不详	《申报》1887年3月14日
法界英文馆	1887年3月	玉露春后吉安里12号	不详	《申报》1887年3月15日
精教照书馆	1887年3月	五马路英昌照相店	李乾甫	《申报》1887年3月23日

续表

学校名称	建立时间	地址	创办人或机构	文献来源
英文学馆	1887年5月	广西路	女师贝氏	《申报》1887年5月11日
天籁韵学馆	1887年6月	四马路西	慕教习	《申报》1887年6月1日
中西音学捷径馆	1887年6月	四马路	萧教习	《申报》1887年6月17日
格致学馆	1887年6月	永安街宝和洋行	不详	《申报》1887年6月18日
中西翻译馆	1887年8月	河南路老巡捕房隔壁	中西翻译馆	《申报》1887年8月24日
嘉定英文书馆告白	1887年9月	南门外福音堂	中西书院	《申报》1887年9月14日
嘉定博文书院告白	1888年2月	管家桥西首英文书馆	不详	《申报》1888年2月7日
英文夜馆	1888年3月	会香里四街高公馆	黄香涛	《申报》1888年3月12日
西学书馆	1888年4月	望平街金云齐表书店楼上	沈作舟	《申报》1888年4月1日
英文书塾	1888年8月	法公馆对面广泰里内	不详	《申报》1888年8月19日
博英书馆	1888年9月	四马路梅春里	不详	《申报》1888年9月17日
阿白先生英文书馆	1888年9月	五马路17号牛庄	不详	《申报》1888年9月19日
英文书馆	1888年9月	虹口百老疆路14号楼上	不详	《申报》1888年9月28日
英文夜馆	1888年10月	保康里	顾文熙	《申报》1888年10月22日
英文馆	1889年2月	北京路21号门牌	蓝宁	《申报》1889年2月10日
英文馆	1889年2月	三马路西曲江里味间书室	葛胜芳	《申报》1889年2月12日
日夜英文馆	1889年2月	新北门内旧校场笔铺隔壁（日）老闸西首宝康里俞寓（夜）	不详	《申报》1889年2月17日
上海大英书馆	1889年2月	虹口文监师路161号	正教阿司脱，副教白郎姆，华师黄仲澜	《申报》1889年2月18日

续表

学校名称	建立时间	地　　址	创办人或机构	文　献　来　源
英文馆	1889年3月	三马路陈裕昌东462号	范亨	《申报》1889年3月7日
英文书馆	1889年3月	四马路胡家宅3号	末四哈伦	《申报》1889年3月30日
中西天文算学馆	1889年4月	四马路巡捕房南首	艺学馆	《申报》1889年4月22日
天主堂学堂	1889年8月	虹口南浔路17号	不详	《申报》1889年8月29日
待月轩英文馆	1889年9月	城内彩衣街李宅	陇西竹士	《申报》1889年9月11日
英文书塾	1889年11月	四马路	林小乐、钟嘉俊	《申报》1889年11月4日
英文商务书院	1890年2月	东画锦里翻译处	不详	《申报》1890年2月14日
英文书馆	1890年3月	广西路2号	赵爱伦	《申报》1890年3月29日
虹口学堂	1890年8月	江西路42号	不详	《申报》1890年8月31日
华文夜馆	1890年9月	虹口	詹万云	《申报》1890年9月15日
英文书馆	1891年2月	望平街	张集成	《申报》1891年2月19日
宁波英文书馆	1891年5月	江北岸前江沿	必妥思	《申报》1891年5月23日
英文书馆	1891年7月	大马路望平街口陈一鄂纸号	不详	《申报》1891年7月14日
英学捷径馆	1891年11月	四川路北京路角	施德之	《申报》1891年11月2日
义正学堂	1892年1月	法界来火行后面瑞福里	不详	《申报》1892年1月25日
方郭书塾	1892年1月	新北门东沿城角	求是子先生	《申报》1892年1月27日
英文书馆	1892年2月	法马路同盛米店对面	J.F.华福	《申报》1892年2月6日
矮伦英文书馆	1892年2月	四马路胡家宅3—4号	矮伦	《申报》1892年2月10日
博英书馆	1892年2月	抛球场后宁波路早安里北口	曾子良	《申报》1892年2月14日

续表

学校名称	建立时间	地 址	创办人或机构	文 献 来 源
新设英文书馆	1892年5月	火神庙西礼拜堂	王先生	《申报》1892年5月8日
教习生意英文书馆	1892年5月	广西路9号	不详	《申报》1892年5月16日
英文书馆	1892年12月	虹口密勒路7号	不详	《申报》1892年12月11日
英文夜馆	1893年3月	四马路老巡捕房西首西中和里	不详	《申报》1893年3月2日
集英书馆	1893年3月	三马路宝和里二街内	不详	《申报》1893年3月4日
上海同文馆	1893年4月	江西路42号	布茂林	《申报》1893年4月15日
教马学校	1893年4月	龙飞马房或英马路戒酒会堂	格连罗	《申报》1893年4月16日
英文商务书院	1893年5月	虹口昆山路9号	锡尔佛	《申报》1893年5月25日
英文学塾	1893年5月	大马路格致书院西	赖谷	《申报》1893年5月26日
西学堂	1894年6月	法界	不详	《申报》1894年6月18日
照相学	1894年6月	京江栈	不详	《申报》1894年6月21日
倪氏课馆	1894年9月	郑家桥倪心里	不详	《申报》1894年9月5日
英文馆	1894年12月	四马路一品香附近街内23号门牌	洋人	《申报》1894年12月8日
日夜英文学堂	1895年2月	后马路章东明隔壁	王廷栋、吴秉均	《申报》1895年2月2日
中西启蒙馆	1895年2月	二马路与申里	戈教习	《申报》1895年2月3日
英书馆	1895年2月	三马路西胡家宅东	贝司	《申报》1895年2月4日
英文夜馆	1895年2月	二洋泾桥法大马路蜜采里斜对门文江馆	杨润芝	《申报》1895年2月15日
养正学堂	1895年10月	南画锦里源昌楼上	任翻译	《申报》1895年10月5日
英文书馆	1895年11月	河南路188号	沙惠敬	《申报》1895年11月21日
英文馆	1896年2月	五福弄口京都同德堂	不详	《申报》1896年2月19日

续表

学校名称	建立时间	地　址	创办人或机构	文　献　来　源
惜余英文学塾	1896年2月	后马路章东明西庄旁	惜余先生	《申报》1896年2月20日
英文夜馆	1896年3月	二马路外国坟山福润信局对面	瞿宏声	《申报》1896年3月3日
英文书馆	1896年3月	后马路福绥里	裕丰号	《申报》1896年3月21日
英文书馆	1896年12月	后马路景仁里	不详	《申报》1896年12月12日
淞育才馆	1896年12月	沪北南翔镇	冯城求、李康占	《申报》1896年12月27日
中西学塾	1897年2月	城内彩衣街崇教堂内	壹物史	《申报》1897年2月21日
西文书馆	1897年2月	虹口文监师路	大西洋周	《申报》1897年2月24日
具英书塾	1897年5月	五马路华昌照相楼	梁次灌	《申报》1897年5月10日
机器学塾	1897年6月	四川路19号	不详	《申报》1897年6月30日
沪南新设中西书塾	1897年9月	沪南严第	不详	《申报》1897年9月4日
新添法文夜馆	1897年11月	法大马路法文书馆	法文书馆	《申报》1897年11月23日
教习英文馆	1898年1月	不详	英国妇人	《申报》1898年1月27日
英文夜馆	1898年2月	棋盘街协记票号内	碧悟主人	《申报》1898年2月8日
英文夜塾	1898年3月	上洋老闸谢家桥西首中卷街	谢桥惜阳居士	《申报》1898年3月6日
教授日学	1898年4月	不详	日本人	《申报》1898年4月2日
启英学堂	1898年8月	望平街	蔡济时	《申报》1898年8月28日
儒学英文书塾	1898年9月	百老汇路36号	贝教士	《申报》1898年9月22日
西学书塾	1898年9月	二摆渡北京路美华书馆	西士	《申报》1898年9月23日
中西日夜书馆	1898年9月	新衙门永平安里	金鹿泉	《申报》1898年9月25日
英文馆	1898年10月	广学会总局老巡捕房西门	王槐裕	《申报》1898年10月23日

续表

学校名称	建立时间	地　址	创办人或机构	文献来源
英学馆	1899年3月	虹口乍浦路195号	西妇	《申报》1899年3月1日
英文学塾	1899年7月	吴淞路14号屋内	洋人	《申报》1899年7月16日
英文书馆	1899年7月	靶子路42号	英国女人	《申报》1899年7月17日
中西一贯书院	1899年8月	老北门内穿心街清真寺斜对门	不详	《申报》1899年8月25日
英文馆	1899年9月	芝寰路1号门牌	平治门	《申报》1899年9月20日
中西博文书塾	1899年9月	三马路石路曲江里周公馆	周稼轩	《申报》1899年9月22日
英文馆	1899年10月	武昌路309号门牌楼上	不详	《申报》1899年10月16日
女学生学塾	1900年1月	北苏州路34号	西人	《申报》1900年1月27日
英文学馆	1900年3月	不详	西国老儒	《申报》1900年3月1日
英文馆	1900年4月	不详	西人	《申报》1900年4月16日
女学生学馆	1900年9月	四川路38号	西女士	《申报》1900年9月13日
中西得益学堂	1900年10月	石路中旺街升安里	不详	《申报》1900年10月6日
英文馆	1900年11月	四川路47号	英国女士	《申报》1900年11月17日
虹口英文馆	1901年9月	吴淞路九远里	美国女士潘	《申报》1901年9月3日
英文馆	1901年10月	虹口密勒路第四家	英国妇人	《申报》1901年10月1日
萃英书馆	1901年11月	不详	不详	《申报》1901年11月15日
英文书馆	1902年6月	北山西路	中国先生	《申报》1902年6月11日
易成书塾	1902年9月	天潼路475号保康里	詹怀悠	《申报》1902年9月22日
书馆	1903年1月	仁智里13弄	詹万云	《申报》1903年1月24日
杨氏英文书塾	1903年2月	小东门内天官坊	不详	《申报》1903年2月14日
英国日夜书馆	1903年10月	虹口天潼路149号	不详	《申报》1903年10月28日
英女士英文学馆	1903年12月	不详	英国女士	《申报》1903年12月11日

续表

学校名称	建立时间	地　　址	创办人或机构	文　献　来　源
教读英文馆	1904年1月	不详	西人	《申报》1904年1月23日
英文学堂	1904年8月	泥城张家浜84号	蛤利夫敦女士	《申报》1904年8月28日
华文女塾	1905年2月	四马路外滩	西女士	《申报》1905年2月28日
女塾	1906年2月	爱而根路福寿里	不详	《申报》1906年2月11日
翻译学馆	1907年8月	三马路	不详	《申报》1907年8月22日
聚秀女塾	1907年9月	虹口爱而近路	不详	《申报》1907年9月1日
教授日语	1911年12月	不详	不详	《申报》1911年12月20日

第二节　晚清上海非正规教育发展的特点

一、非正规教育机构的种类构成

在1843—1911年这69年的时间里,仅从《申报》《上海新报》《上海通志》等搜集到的资料来看,上海有名可考的非正规教育机构共有203所,平均每年兴办2所,远远超过洋务学堂与教会学校,可见非正规教育的生命力之强。在这203所非正规教育机构中,有外语类189所,占绝对优势,其他类共14所,包括照相类3所,格致类6所,军事类1所,文艺类1所,语音类2所,马术类1所。而在这14所非正规教育机构中,2所语音类与6所格致类又均是直接或间接为英文类非正规教育服务的,因此晚清上海非正规教育形成以外语类为主,其他类为辅的格局。同时,在189所外语类非正规教育场所中,英文类又占有绝对优势,有185所,占外语类的98%以上,另有法语类2所,日语类2所。而在这185所英语类非正规教育场所中,又有5所是专教商务英语的,这一点值得注意。此外,在这203所非正规教育机构中,有14所以女子为教育对象的非正规教育场所,这是晚清上海非正规教育的亮点。因此,从种类上来说,晚清上海非正规教育的发展是全面的,特别是明显呈现出以外语类非正规教育为主的局面,这是晚清上海经济发展在教育上的一种反映。

外语类占多数既是历史发展的客观反映,也是上海近代社会经济发展的客观需要。与北京不同,上海自1843年开埠以来,就是以一个通商口岸的地位出现在西人面前,并依靠与之相关的对外贸易(初期基本上是鸦片贸易)起步,最终促使近代工商业的全面发展。这一近代化的发展历程是伴随西方势力的逐步深入而进行的,而其中的重要表现是"租界"的兴起。租界的兴起与外国势力的扩张使上海人不得不与西方人"打交道",这就不能离开语言的交流,在西方列强处于强势的情势下,语言学习也呈现出"入超"的现象,即以中国人学习西方语言为主。欧洲著名的传教士、英华书院首任校长傅兰雅在1867年的一封信中就曾表示:上海有许多青年都在寻找接受英文教育的机会。由此,我们也就不难理解为何晚清上海的非正规教育活动会呈现以外语类为主的格局。

英国是西方列强中最早入侵中国的国家,其势力在19世纪中期达到顶峰,号称"日不落帝国"。英国也是最早在上海建立领事馆和租界的西方国家。上海初期兴建的洋行,绝大多数是英国洋行。据相关资料统计,"1852年41户洋行中,英商洋行有27户,占上海洋行总户数的三分之二,从属于英帝国的帕西洋行8户,美商5户,法商1户"。① 汇丰银行入驻上海后,更确立起了英国在上海地区的经济优势地位。因此,英语类非正规教育机构所占的优势地位实际上是英国势力在上海地区强大和扩张的一种反映。同样,19世纪90年代出现的日语类非正规教育机构则是19世纪后期特别是甲午战争后日本势力在上海地区扩张的一种反映;专门对商务英语及相关技能进行培训的非正规教育机构的出现,则凸显出商业活动在上海社会生活中的重要地位;而19世纪晚期女子类非正规教育机构的出现则反映出上海社会风气的逐步开化。

二、非正规教育活动的时间分布

对晚清上海非正规教育活动的时间,若分别按年度和月类进行统计,可以考察出其在时间上的分布状态。早在1863年,上海就出现了英国巴先生开办的"英字话馆",随后以1865年上海英华书馆的建立为龙头,上海的非正规教育机构纷纷建立。现以《申报》的相关资料为例,说明晚清上海非正规教育机构在开办时间上的特点。《申报》于1872年创刊,在1872—1911年的40年中,《申报》共刊载了有关非正规教育机构的广告共407条之多,平均每年有10条。从广告分布的年份来看,最少的年份是1910年,一条也没有;最多的年份是1887年,数目有20条之多。其中在自1886年开始至1900年的

---

① 陈文瑜.上海开埠初期的洋行[M]//上海市文史馆,上海市人民政府参事室文史资料工作委员会.上海地方史资料(三).上海:上海社会科学院出版社,1984:187.

15年中,每年的广告数均超过或达到了平均数10条的标准,其余的20年则为10条以下。从上面对广告出现时间的分析中可以看出,晚清上海非正规教育活动发展较快的时期是19世纪70年代至20世纪初期这30年左右,其中又以1886年到1900年为辉煌,堪称晚清上海非正规教育活动发展的"黄金期"。

再以月份为考察单位,其中也有规律可寻。若是以407条为总数计算,平均每个月应有广告34条。在12个月中,超过34条这个平均数的有2月、3月、8月、9月,而出现广告最多的月份是2月,共计96条广告,占总数407条广告的24%;其次是9月,有54条广告,占总数的13%;8月有51条,占总数的12.5%;3月有43条,占总数的10.6%。这四个月份的广告总数共有244条,占总数的一半以上。由此可以看出,就单个月份来讲,晚清上海非正规教育机构多出现于每年的冬春之交(2月与3月)和夏秋之交(8月与9月),这比较符合中国人春节后和暑期后开学的习惯。

造成上述现象的原因是多方面的。晚清上海非正规教育机构之所以从19世纪60年代发轫,并且在19世纪中后期走向发展的"黄金期",却又在进入20世纪后逐渐消退,是有其客观原因的。从政治上看,清政府在19世纪60年代相继镇压了太平军与捻军,政治上较为稳定,而西方国家在认识到扶持清政府比推翻清政府更为有利后,便加紧了对清政府的"援助"。清政府也开始进行以"自强与求富"为口号的洋务运动。为此,清政府在教育方面兴建了一批洋务学堂,在上海也有数所,这种情势在19世纪中后期达到高潮,并且出现了所谓"同治中兴"的局面。这就为晚清上海非正规教育机构的建立创造了良好的外部环境。甲午战争中尽管中国战败,但随后掀起的维新变法之风对非正规教育机构的发展却非常有利。同时,洋务学校与教会学校培养人数的不足也为非正规教育机构的存在提供了生存空间。

非正规教育机构在建立时间上多集中在冬春之交与夏秋之交,这既是晚清上海非正规教育近代化的表现(当时西方主要国家的学校均已实行两个学期),也反映出上海市民对这种新式教育体制的逐步接受。进入20世纪之后,这种情况发生了很大变化。一方面,1900年八国联军侵华以后,清政府已经变成西方列强统治中国的工具,中华民族面临着空前的民族危机,推翻清政府成为首要任务,人们把注意力更多地集中到挽救民族危亡上。另一个不可忽视的重要原因是,自从清政府于1901年开始实施"新政",1904年颁布新学制以后,上海的各种正规学校纷纷建立起来。据相关资料统计,从1900年开始至1911年间,由国人自行创办或由旧式书院改制过来的新式学堂就有200余所,数量可谓空前。这些学校的教授内容包含了晚清上海非正规教育机构的教学内容,从而使原先由晚清上海非正规教育活动所承担的相关培训功能逐步被这些新式正规学堂所取代。另外值得注意的是,20世纪初期晚清上海非正规教育机构所表现出的消退现象,与同期教会学校发展趋于缓慢的现象是一致的,这表明两者之间有着密切的联系。

三、非正规教育活动的地域分布

上海兴建较早的一所英语培训班——大英学堂于1864年设立于洋泾浜复合洋行内,以后出现的不同地名称谓约有200处之多。这其中有马路类(如大马路、二马路、三马路等)、摆渡类(如二摆渡、三摆渡等)、道路类(如澳门路、广东路等)、街道类(如棋盘街、永安街等)、地区类(如虹口)、洋行类(如旗昌洋行、会理洋行等),此外还有"里"(如聚贤里、仁智里等)。然而在这些地名之中出现次数最多的是"马路类",从大马路、二马路、三马路、四马路直至六马路、后马路,总计49次,约占总数的四分之一;其次是虹口地区,提到25次;另外有名可查的街道名称共有70次之多,包括九江路、山东路、山西路等。

若我们对照上海地名的变迁,便可清楚地发现,前面所提到的地名均处于租界之内,也就是上海的"北市"地区。另外,除了这些处于街道地区的学校外,还有附设于洋行的学校,这些洋行往往大多在租界内或租界附近,如鲁意师摩洋行就于1892年迁入江西路35号。与之相对应的是,明确提到华界地域的地名如"城内侯家浜"或远离上海县城的沪南、沪北地区仅仅10次左右。

综上所述,我们可以一瞥晚清上海非正规教育机构的地域分布状况,即在地域分布上以租界为中心,90%以上的此类学校均设立于租界内或租界附近地区,而开办在华界之内的学校少之又少。究其原因,一方面,租界地区有利于非正规教育机构的生存;另一方面,西人与一部分华人为了"安全起见",也愿意把此类学校设在租界之内,从而造成了上述状况。

四、非正规教育活动中的教习来源

教习的来源状况可以反映出非正规教育机构在一个时期内的发展状况与发展模式。根据资料统计(见表7-3),有名可考(不包括英华书馆与上海同文馆)的华师与西师的总数为141人。其中,华师为56人,占总数的40%,西师为85人,占总数的60%,西师与华师的比例为3∶2,西师占一定优势。

表7-3 晚清上海非正规教育机构教习来源情况(有名可考)

(单位:人)

年份	中国教习	外国教习	单年合计	年份	中国教习	外国教习	单年合计
1872	3	0	3	1893	0	3	3
1873	4	3	7	1894	0	1	1
1874	1	4	5	1895	4	2	6
1875	0	4	4	1896	2	1	3
1876	1	3	4	1897	1	1	2
1877	0	0	0	1898	5	3	8
1878	3	0	3	1899	1	4	5
1879	4	6	10	1900	0	5	5
1880	2	3	5	1901	0	2	2
1881	1	4	5	1902	2	0	2
1882	2	3	5	1903	1	1	2
1883	0	3	3	1904	0	3	3
1884	4	1	5	1905	0	1	1
1885	1	1	2	1906	0	0	0
1886	1	8	9	1907	0	0	0
1887	3	2	5	1908	0	0	0
1888	3	0	3	1909	0	0	0
1889	2	6	8	1910	0	0	0
1890	1	3	4	1911	0	0	0
1891	1	2	3	多年总计	56	85	141
1892	3	2	5				

在西师方面,有名可考的教习大致可分为以下几类。第一类是著名的传教士,如曾在青浦教案中大出风头的西方传教士慕维廉就曾于1886年在山东路麦家圈内开办了一家麦家圈英文书院。第二类是在上海的西方知识分子,如《申报》1879年12月25日的一则广告写道:"现有英国名士嘉先生,伊前在国学院教习,曾给文凭。今设帐沪上,专教英国语言文字,或欲学艺纯备或欲文法精通,均可悉心传授。"第三类为在华多年的西方人士,比较熟悉上海的情况,如"朱先生在申十余年""兹有西人两位,素谙几省华言,寓沪多年,现在棋盘街平

和丝竹办房楼上,日夜教授英语文法算学(《申报》1873年)"。第四类为外国在沪政府人士,如翻译官。《申报》1886年8月3日的广告中,巴西翻译官克德明就说道:"余素通华文,乞求英文者多,每以烦事推却,今得清暇,定于西八月七号晚七点至九点教习。"在四类来源中,以一、二、三类居多,第四类较少。另外,西人教习的来源国家也比较多,主要来源于英国,其次是美国,还有日本、巴西等国。

在华人教习方面,来源主要有以下几类。第一类是本国的"土教师"。如《申报》在1878年8月19日的广告"名师善教"中称:"浙鄞县袁松涛先生持己以正,待人以礼,栖身市隐,不汲汲于名利,向以术士书自娱,与人谈休咎,多奇验,而于西国语言文字则尤为意求精,致或与西人争曲折者,得先生一言,即能与解"。第二类是从国外游学归来的人,如《上海新报》363—365号(庚午年五月十六日)连续刊登了一则"有中国先生教外国话告白",内称"该中国教习在外国精读十四年余,精通大英法兰西及意大利三国言语等";《申报》1884年7月24日的广告"英文书塾"中有这样一段话:"余束发游英美各国,精习西学,客岁归里,问学者户外屡满",这类教习一般水平较高。第三类是受雇于西方相关学校的华人教习,如《申报》1876年2月7日广告"华英书馆复启"中写道,"本年仍敦请李芳春夫子在珊纪码头兆福里口讲授英文英语,并延请谢抑山夫子在馆讲解四书经史文艺,兼课算学,业于本月初八日启馆"。第四类为在洋行等机构中工作的华人职员,绝大多数为翻译。如1884年蔡云松在《申报》上刊登了一则广告,内称:"蔡君云松出洋肄业八年,现任美巡捕房翻译之职,今于晚间设馆在大马路五福街内四十九号门牌"。这四类中,一、二类较多,三、四类较少,因此客观地说,西师的西文水平要高于华师,而且华师中第二类与第三类或是受雇于西人开办的学校,或是受过西洋教育。

值得一提的是,在这百多位教习中,还有数位来自欧美的女教习。在当时条件下,女教习在中国的出现具有非同寻常的意义,这反映出上海风气的逐步开化。另外,在教习来源的国别上也是广泛多元的,反映出晚清上海非正规教育的开放性与多元化特征。然而,我们应该看到,由传教士开办的非正规教育机构,仍然是这些培训班中存在时间较长、教学质量较高、相对影响较大的一类。因此,我们在承认晚清上海非正规教育多元化特点的同时,仍然不能否认其中的教会因素,从某种意义上说,教会及传教士对于晚清上海非正规教育机构的发展具有重要影响。

另外,在20世纪初期,经常出现教习招聘的广告,刊登这类广告的教习绝大多数是西方人,他们或是单独来沪,或是由在沪的外国机构(如广学会)聘任,而且大都"精于教学",有的教习甚至可以教授"德法英意四国语言",教学形式也比较灵活,可以"上门服务",为接受培训者设立"家塾"。与此同时,华人教习的需求量也大增,许多非正规教育机构都招请华人教习,如上海同文馆和英华书馆等,而且待遇都一再提高。由此可以推断,19世纪末20世纪初,就上海本地来说,西学风气日盛,来沪西人日多,西学水平也更高,竞争也更为激烈,所以才会有可以教四国语言的教习待聘,并且出现了新的方式,如上门服务。而华人教习的增加则从另一方面反映出中国人西学水平的提高。

五、晚清上海非正规教育的整体特征

晚清上海非正规教育是随着近代上海的城市化、国际化、半殖民地半封建化的过程发展起来的。在这一过程中,对于非正规教育来说,由于较少受到政府政策的影响,并且是在一种自发的状态下发展的,因此更加实际地、平民化地反映出近代上海社会发展和市民生活的需要。晚清上海非正规教育在种类上以外语类培训班为主导,在时间上以1880—1900年间为发展的"黄金期",在师资上呈现出多元化、国际化、开放性的特点,在地域上则主要集中在"租界"区域。

从时间上看,以1900年为分界线,在1900年以前,非正规教育与上海人口增长、外侨人口的增长呈现一致性,在1900年以后,非正规教育与上海人口增长、外侨人口的增长没有正相关,甚至呈现负相关,为何会出现这种前后相互矛盾的态势呢?这主要是在1900年以后,清末兴学运动展开,上海是清末兴学开展得最好的城市之一,由于正规教育机构的发展极为迅速,相应的,外国人主办的教会学校与非正规教育呈迅速下降趋势。综合分析晚清上海非正规教育活动的发展轨迹,可以得出以下几点结论。

第一,从晚清上海非正规教育机构的变化和上海人口、外侨人口的增长态势来看,随着近代上海工商业经济的发展,逐步增长的上海人口对于晚清上海非正规教育的蓬勃发展起到了极大的推动作用。在晚清上海非正规教育的起步阶段,经济的发展、人口的增长是不可忽视的推动力量。晚清上海非正规教育与外侨人口、教会学校的增长有着密切关系,尤其是在晚清上海非正规教育的起步阶段,外侨人口的增长无疑是晚清上海非正规教育的一个重要推动力。从某种意义上来说,晚清上海非正规教育的开始具有"外发性",是在外部力量的推动下开始起步的。

第二,从非正规教育和正规教育相互发展的态势来看,以1900年为界,前后呈现出完全不同的变化态势。在很长的一段时期内,在近代上海正规教育没

有得到充分发展之前,非正规教育承担了正规教育相应的社会职能,在一定程度上推动了上海教育的近代化进程。在1900年之后,由于正规教育的快速发展,非正规教育开始出现下滑趋势。

第三,从晚清上海非正规教育的教学内容、教习、分布地域、种类来看,可明显看出"涉外事务""工商业事务"所占据的绝对优势地位。相比之下,教授中国传统文化的非正规教育机构很少,晚清上海非正规教育是实用"外向型"的,它对外来文化知识在一定程度上是不排斥、不拒绝的。

第四,晚清上海非正规教育在一定程度上具备了近代化的特征,其教学形式、教学内容与当代非正规教育机构已经没有太大的差别。在其招生简章上,包括了"学费""书费""开学日期""学习时间""考试日期"等项目,这些项目在诸如英华书馆和上海同文馆等较大规模的晚清非正规教育机构中都可以看到。

晚清上海非正规教育发展的"黄金期"之所以集中在1880—1900年期间,与当时的社会环境有着密切关系。同时,非正规教育的发展又对社会产生了一定的反作用。由于资料的缺乏,很难明确说明晚清上海非正规教育对社会的影响究竟有多大,但这种影响是客观存在的,现举两个例子。如穆藕初曾在一英语培训班学习过,当掌握了一定的英语知识后,他赴美国留学。还有一个例子是近代著名思想启蒙家郑观应,他在英华书馆学过两年,其后他编撰了《盛世危言》一书,书中出现的地名范围覆盖了世界五大洲的50多个国家,如英国、美国、法国、德国、日本、巴西、缅甸等等,虽然不能说明英华书馆对郑观应的发展起到了重要作用,但不可否认的是,这两年的学习,提高了郑观应的英语水平和获取外文资料的能力,开拓了他的视野。晚清非正规教育对近代上海的社会发展所起的作用是可想而知的。

晚清上海非正规教育是以学习西方近代科学文化知识为主流的,在一定程度上加深了上海市民对近代科学文化知识的了解,同时也推动了上海城市近代化的进程,客观上也培养了一批操着"洋泾浜"外语,懂得一些近代科学文化知识的实用型人才,并为民国时期上海地区非正规教育的发展打下了良好的基础。

第三节　大众传媒与公众文化设施的发展及其教育意义

一、近代大众传媒系统的发展及其新学传播价值

自上海开埠以后,各种各样的新式大众化传媒形式相继涌现,使上海成为晚清最大的西学传播中心和信息集散地,也使上海市民有可能接触到范围更

广、数量更多的信息。反过来,上海市民通过新式传媒所获得的信息,也使他们增加了对外部世界的了解。在新型传媒系统中,最具大众教育意义的是近代报刊。

上海近代报刊始于1850年8月3日英文报纸《北华捷报》的创刊。以此为起点,上海的报刊迅速发展起来,成为中国近代媒体最为发达与密集的城市。据相关资料统计,"1911年以前,全国共出版中文报刊1 753种,其中460种是在上海出版的,占26.24%"。[1] 1857年《六合丛谈》的创刊,标志着中文期刊开始出现。1861年《上海新报》的创刊,则标志着中文报纸的开始。

1872年,美国商人美查创办了《申报》。《申报》的创刊,标志着上海报刊业一个新的发展阶段的开始。《申报》紧贴普通市民,面向普通读者,影响也越来越大。上海普通市民通过阅读《申报》,了解到外部世界的境况,同时《申报》上所刊登的各式培训班和夜校的广告,也启发着市民追求知识的欲望。19世纪90年代,特别是甲午战争以后,上海又涌现出许多新的报纸,如《新闻报》《时务报》《苏报》《中外日报》《时报》《神州日报》《南方报》《民呼日报》《民立报》等,令人目不暇接。此外,上海还有几十家各色小报、期刊。这些现象表明,上海市民的信息获取量在19世纪末20世纪初有了一个很大的提高,同时也使他们可以在不同类型的报刊中加以选择,这对于社会风气的改变与开化、市民西学素养的提升是很有意义的。

以《申报》为例,在1872年到1911年之间,《申报》刊登的相关培训广告共计400余条,无形中起到了教育和宣传的作用。1872年《申报》创刊后,除每天照登"京报"消息外,还编发来自各地、本埠及国外的消息,且所发的消息数量逐年增加。以《申报》创刊当年为例,1872年5月至12月,《申报》共编发消息905条,平均每月113条。到1878年,该报仅1月份就发了450条消息。1883年1月份一个月所编发的消息则达到了625条。由此可见,上海市民可以从《申报》上获得大量的信息。《申报》也因此获得了巨大的成功,人们甚至用"申报纸"来代替报纸的概念。《申报》初创时每天仅售出600份,1875年的日销量已经达到6 000份,到1877年日销量已接近1万份。[2]《申报》在大力扩充信息量的同时,也大力扩充信息的来源空间。1887年,《申报》已经在全国32个地区派驻了"访员"。1873年1月1日至5月31日,《申报》所编发信息的地域空间分

---

[1] 熊月之,张敏.上海通史·晚清文化[M].上海:上海人民出版社,1999:62.
[2] 同上:63.

布为：上海本地 348 条，占 58%，国内其他地区消息为 183 条，占 30%，国外为 71 条，占 12%。以后年份则呈现出地域空间逐步扩大、数量逐渐增多的发展趋势。随着获取信息量的增加与获取信息空间的扩展，上海市民的眼界开阔了，认知水平提高了，各种各样的想法也随之产生，学习西方近代科学文化知识的积极性也大大提高。英国《泰晤士报》驻上海记者曾在 1876 年 6 月 12 日发表《中文报纸在上海的发行量稳步上升》一文，介绍了这一时期上海中文报纸的一些情况，如办报方向、价格和读者的一些情况：

> 我曾不止一次地提起过外国人赞助在上海出版中文报纸的情况。令人满意的是，它们的发行量和影响力都在稳步增长，清国人对它发布的消息和抨击官僚的议论已显示出了浓厚的兴趣。报纸的发行量已上升到每天 6 000 份，价格是 10 个铜板，相当于半个便士。
>
> 目前经营者正努力使报纸印得更小些，力图把价格再降低一半，以使下层人民也能够读到。一个清国劳工曾说："念过两年书的人就能读一些浅显易懂的消息。"①

由此可见，报纸对上海普通市民的影响在逐步增强。

另外值得一提的是由外国人在沪创办的两种对晚清上海非正规教育产生较大影响的期刊，分别是《格致汇编》与《万国公报》。

《格致汇编》于 1876 年 2 月创刊，初为月刊，后改为季刊，由西方著名传教士傅兰雅主笔，1892 年冬终刊。《格致汇编》主要以传播西方科学知识为主，内容包括自然科学基础知识、工艺艺术、人物传记与答读者问等。其中的"格致杂说"部分包括数学、物理、化学、天文学、地理学、地质学、生物学、医学、药物学等等，几乎涵盖了近代西方科学的各个方面。如在化学方面，介绍了物质的结构以及化合与分解反应、酸碱性等基础概念；地质天文学方面涉及地质勘探、构造、地形地貌、地球的形成、火山地震等；生物学方面介绍了诸多动植物的生长、发育、培育、饲养等问题；数学方面，介绍了许多初等数学问题，提供了一些初级数学题；物理学方面介绍了物质形态、万有引力定律、物质运动、电学原理等。值得一提的是，在《格致汇编》中还有一些属于自然科学基础理论的文章，如《格

---

① 郑曦原.帝国的回忆：《纽约时报》晚清观察记（修订本）[M].北京：当代中国出版社，2007：105—106.

致汇编》从1876年2月至1877年1月连续刊登了《格致略论》(附图)(自英国幼学格致中译出),1877年3月与4月连续刊登了慕维廉撰写的《格致新法》,1877年5月又刊登了慕维廉所撰写的《格致理论》(地球大体)等,这些均是从英国的相关书籍中加以编译的,从而使中国人对于西方近代自然科学的理论知识有了初步了解。另外在应用学科方面,《格致汇编》也作了详细介绍。如在工艺方面,介绍了各种科学仪器、机器的设计、制造等相关知识;军事上则介绍了水雷、军舰的制造与使用等相关知识。另外,在人物传记中还介绍了许多中外科学家的相关生平事迹,如徐光启、利玛窦二公小像、明季西人汤若望小像(1890年)等,而"答读者问"则以生动的形式对读者的提问进行了解答。

从《格致汇编》的销量来看,开始时每卷印3 000册。第一卷出版后,不到一年就已售完。"阅者诸君渐渐众多,问事信亦日多一日",①第二年后更是供不应求,因此,傅兰雅将已出的《格致汇编》重印而发售,至光绪十六年(1890年)春,所出各卷多重印一次,有的甚至是重印两次,总数估计约有9 000册流入世面,这在当时来说是一个非常了不起的成就。尤其值得一提的是,在1880—1892年间,先后有23个单行本发行。由此可见,《格致汇编》对于上海市民的影响之大。

另一份由外国人创办的比较有名的刊物是1868年9月5日出版的《中国教会新报》,1872年8月31日改为《教会新报》,由林乐知主编。1874年9月5日出满300期以后,更名为《万国公报》(周刊),内容主要是时事新闻、科学技术等。1883年7月28日后停刊,1889年2月复刊,同时改为月刊,1907年终刊。《万国公报》与《格致汇编》不同,《万国公报》具有很强的针对性,大量介绍中国人感兴趣的西学知识,涉及物理学、天文学、地理学、医学、政治学、经济学等诸多方面,甚至包括西方的政治选举制度。如在教育方面,介绍了由艾约瑟编写的《泰西诸国校塾》(第582、583卷)、狄考文编写的《振兴学校论》(第653卷)、林乐知编写的《中西书院课规》(第676卷)等。这些西学知识对于中国人的影响很大,单1898年印数就达38 400册,为各种刊物之首。上至皇帝、军机大臣,下至普通知识分子,均受到它的影响。

二、图书馆与博物馆等公共文化设施的建立及其教育意义

上海藏书历史源远流长,自宋末元初以来,藏书人不绝。明清以来,江南地区经济富庶,更成为全国的文化中心。在学识渊博的条件之下,藏书更成为上

---

① 格致汇编(第二卷),光绪三年(1877年)二月,内封告白.

海当地人所追求的一种时尚。晚清时期,藏书之风不减,但是这些藏书多是私人藏书,由于缺乏资金以及战乱的侵害,导致大量藏书丧失,尤其是在太平天国运动中,大量的藏书楼被付之一炬。在这些藏书楼中,私家藏书大多置于自家密室之中,秘不示人,往往只供自己鉴赏,最多也只是让自己的亲朋好友借阅。官方的藏书就更难被普通老百姓接触到,这些藏书往往只供相关官员与编写史书的官员阅读,以便撰写相关文稿或书籍。因此,尽管上海地区的藏书历史较为悠久,但是这些藏书的公众教育意义较为有限。

早在1809年和1813年,清代著名学者阮元就曾经尝试建立过类似于近代图书馆的藏书机构。但直到上海开埠以后,最先建立起公共图书馆的并不是中国人,而是在沪的外侨。在沪外侨为了打发闲暇时间和满足业余文化生活的需要,同时也为了更好地了解中国与上海,相继创办了一些公共藏书楼、图书馆与阅览室。这些设施采用西方的规章制度与建设观,这与中国传统的藏书楼有很大不同。1843—1888年在沪外侨相继创办了五家著名的公共图书馆(见表7-4)。

表7-4 晚清在沪外侨创办的公共图书馆(1843—1888年)

名　称	建立时间	藏书特点	创办者	规　章
徐家汇藏书楼	1847年	中文书方志居多,西文书宗教书籍居多	外侨	持有传教士颁发的手册或在传教士处签名报到
上海图书馆	1849年	西书为主,中文书籍较少	外侨	免费向西侨开放
亚洲文会北中国支会图书馆	1857年	中国及东南亚相关的语言、艺术、科学、史地类书为主	外侨	
格致书院藏书楼	1876年	中文书较多,书籍主要是中国的典籍和相关格致书籍	外侨	主要面向中国人,开放日较多,时间较长
圣约翰大学罗氏图书馆	1888年	中西并重	外侨	

在晚清上海人的眼中,图书馆是个全新的、令人好奇的新鲜事物,《申报》的一篇文章这样记述道:

本埠西人,设有洋文书院,计藏外国书约有万卷,每年又添购新书五六百部。阅者只须每年费银十两,可随时取出批阅,阅毕缴换,此真至妙之法也。①

在由外侨创办的图书馆中,对晚清上海的非正规教育具有较大影响的是格致书院藏书楼。格致书院成立之初,为向中国人传播西学知识,就设立了一个阅览室和一个博物展览室,室内设有各种书籍,供中国人随意翻阅,所藏书以中文书为多,主要是中国典籍与相关格致书籍。1901年,由格致书院西董傅兰雅正式扩建成格致书院藏书楼,又请潘慎文牧师主持,徐楚亭为助手,并制订出较为详细的规章制度。现引述如下。

一、楼上藏书,名目俱一一标明粉牌,悬挂楼下。凡遵约登楼观书者,请先认定某书某卷,以便检交。其未到名牌上者,概不应命,阅者谅之。

二、楼下桌几备有笔砚册簿,凡欲登楼观书者,请先将姓名住址及名目登册,一面由司事照填联单,凭单观书,无单不准。

三、欲观何书,由管书人检交,毋得率自取携。

四、各种书籍,或有需节钞者,须自备纸笔,用铅笔最宜,总不得沾污书本,以昭慎重。

五、凡书阅毕,即将该书院核对联单交还,互换联单,下楼将该单交存号房出院。

六、凡观书时,不宜喧扰,不准吸烟。

七、无论何书,不许私自携出,有干禁例。

八、凡各报章,择有益于学界者,无论日报、月报、教报概照观书例,在楼下阅看,楼上不备。

九、每日午后二句钟起至五句钟,晚刻七句钟起至九句半钟止,礼拜日停阅。

十、每年正月二十外开楼,十二月二十内闭楼,停夏一月,均预期登报周知。②

西方人建立的近代图书馆对近代上海人产生了一定的刺激,中国人也逐步了解了图书馆。一些对近代图书馆有所了解的人士也开始向国人介绍图书馆。

---

① 申报.1877-03-22.
② 朱有瓛.中国近代学制史料(第一辑下册)[M].上海:华东师范大学出版社,1986:180—181.

如1868年11月14日出版的《中国教会新报》第一卷11号就对英、法两国的图书馆设施进行了详细介绍。

> 西国除训蒙童义馆，男女义学外，无论京都、省会、府县、乡镇，有国家钦准设立之义书院，有民间设立之义书院。其所设者，因恐民间有贫苦无资购书者，均可至义书院查阅，或取书至家看完还来，每年给费不大。或在院中取看片时，当即取钱数文而已。院中设有古今奇迹，各种异书、圣经、史记，各国方言，或刻或抄，集有汇万，以便穷苦不能买书之人。故外国男女乡愚，无有一人不知书者。唯求渊博者亦多。如法国京城有一钦准义书院，内有印板书一百四十万部，抄书本十二万五千部，各国水旱地舆三十万张，共一百八十二万五千种。兵书、战策、讲究制造、军器各书二十万部。又教会书院二处：一处有二十五万部，一处有二十万部。尚有数处，书约十万部。其余藏书十万以内之书院不计。英国民设一院，内印版书十五万部。又有一院，内书十万部。又博物院一处，内奇异古今书籍四十六万部。所有别国，有书院者未便缕说。唯我中国各省宦族富家，倡捐效西国法。各处设立大小义书院，或一所，或几所，内备古今奇集，五典三坟，百家诸子，经史各种书籍。每年取价数元，每次现收若干，以便世家子弟，好学无力买书，以及寒酸之士，易于参悟观读，而长无穷学问。即各国之书，亦可预有，如同文馆之流，亦可往看，便当糜底。如教会中人，亦可先设一小院，或愿出书者，或愿捐助者，成此善举，诸公以为如何？①

著名的维新人士郑观应在19世纪90年代写成的《盛世危言》一书，其中专门写有"藏书"一节，强烈呼吁中国应该仿照西方建立自己的图书馆。19世纪90年代以后，上海士绅对于建立图书馆的重要性有了更深刻的认识。1906年，由中国人自己兴办的面向全社会的第一个具有现代意义的公共阅览室——国学保存会藏书楼建立。该藏书楼由相关发起人捐赠书籍，宗旨是："皮藏古今载籍，搜罗秘要图书，分别部目，以供本会会员及会外好学之士观览。"并且制定了详细的阅览规章，"本楼设阅书堂一所，凡到阅书者，须纳阅书券费，一日券自早八时至午五时，每张五分；半月券每张六角；一月券每张一元，长年券每张十元。"② 至1907

---

① 李楚材.帝国主义侵华教育史资料——教会教育[M].北京：教育科学出版社，1987：313—314.
② 上海通志馆期刊，1934，2(1)：1402.

年底,藏书楼的藏书达到 16 万卷,善本万余卷,获得了很大发展。

此外,由盛宣怀私人建立的"愚斋图书馆"于 1910 年在上海建成。1904 年商务印书馆设立了涵芬楼储书,但是只对馆内编辑阅读开放。因此,总的来说这两座图书馆对上海市民的影响不大。

在学校藏书方面,上海开埠后,伴随一些近代正规学校的建立,学校的相关藏书机构也得到了一定发展。始建于清同治年间的龙门书院,为了便于学生学习,专门设立了藏书机构,"凡经史诸书,悉购置焉"。[①] 1884 年龙门书院所设的求知书院所有的 260 部要籍共 8 000 册并入龙门师范。至 1904 年,藏书共达 600 多部,近 3 万册,种类包括大量中西文书籍及地图、地球仪等新式设备。

戊戌维新之后,受新风气的影响,学校建立藏书机构的风气日盛,比较著名的有以下几所:1898 年,南洋公学试办图书馆,多方购买、收集书籍;1908 年,教会所办沪江大学图书馆建立;同年,震旦学院筹建专用书库;1910 年,由西方教会开办的华童公学建立图书馆;1911 年万竹小学图书馆成立,被视为小学创办图书馆之首。

与对待图书馆的态度不同,上海人对于博物馆的关注更早一些。如 1872 年《申报》上就刊登了介绍日本兴建博物馆的文章。

上海第一家近代博物馆是由西方传教士兴建的,这就是 1868 年成立的上海徐家汇博物院。随后又相继成立了上海博物馆、上海格致书院博物馆(见表 7-5)。

表 7-5 晚清上海的博物馆

名 称	建立时间	馆藏特点	创办者	规 章
徐家汇博物院	1868 年底	大量生物标本	法国神父韩德	须得到神父的许可
上海博物馆	1874 年	生物标本	英国皇家亚洲文会北中国支会	每日早 9 点至晚 5 点,周六则从下午 2 点起至 4 点,任人入览,不取游费
上海格致书院博物馆	1876 年	种类繁多	格致书院	较为详细

在三所博物院中,藏品最为丰富的是格致书院博物馆。在上海开埠后的城

[①] 姚明辉.上海的书院[M]//上海市文史馆,上海市人民政府参事室文史资料工作委员会.上海地方史资料(四).上海:上海社会科学院出版社,1986:16.

市近代化进程中,格致书院是一个不容忽视的机构。格致书院建立了博物展览室,用以向国人普及西学知识,其后正式扩充为博物馆。该博物馆所藏物品与前两所不同。前两所博物馆主要偏重收藏生物标本,而格致书院博物馆则偏重收集科学仪器和其他大众性的收藏品,如天文地理、地质、食品、机器、服装等物,无不一一俱全,计可分为十大类:"第一类,生长之物;第二类,食品之生料熟料;第三类,手工所造之物并服饰等物;第四类,造屋之物料器具;第五类,艺工所用机器及汽机水机热机;第六类,水陆两路各种运重之器及开矿挖泥起水通电建桥筑圹之器;第七类,象真人物及绘刻各种图画之器;第八类,各种枪炮药弹水雷及一切战守之具;第九类,绘图造像,天文地理,山川胜绩诸图;第十类,不能归类之零星物料及需用诸器。"①该馆藏品的一个重要来源是英国科学博物馆所更换的旧有机器展品,从而保证了藏品的"先进性",另一个来源是社会各界尤其是英国相关人士的捐献。由此可见,上海格致书院博物馆由于本着向中国人普及西学知识的宗旨,使得格致书院博物馆与前两者相比更体现出普及性的色彩,这对于晚清上海市民增加对西学知识的了解很有帮助,因此对晚清上海非正规教育的推动作用也更大。

在侨民所办博物馆的影响下,光绪年间即有本地人仿照建立了博物院。"近则华众会主人仿而行之,罗致异物,锁闭室中,入观者必先输青蚨五十翼。"②格致书院及随后学校藏书的发展,使人们有机会直接接触到"西学",与传媒所带来的间接感受相比,这种感觉更为直观,而这又直接促使晚清上海人去追求"西学",接受西学知识,从而为近代新型教育的发展提供了一批新的潜在生源,也促进了晚清上海非正规教育的发展。尽管其后由中国人自己开办的具有近代意义的图书馆在经验、资金、藏书量上存在不足,但在近代文化启蒙上还是发挥了一定作用。如第一个由中国人自己开办的国学保存会藏书楼,仅在1907年上半年的阅书券费收入达6.65元,可见当时还是有不少市民去阅读的。

综上所述,从上海开埠后至20世纪初,图书馆、博物馆等公共文化设施相继建立,填补了上海公共设施建设的相关空白。从客观上说,上海近代建立的有实力的、设施完备的、藏量丰富的公共图书馆与博物馆几乎全是外国人所建,它们主要面对在沪西人与西侨,同时由于开办图书馆与博物院等公共文化机构需要大量的人力、物力、财力与技术支持,也使得很少有中国人愿意出资去兴办

---

① 朱有瓛.中国近代学制史料(第一辑下册)[M].上海:华东师范大学出版社,1986:178.
② 黄式权.淞南梦影录[M].郑祖安,胡珠,标点.上海:上海古籍出版社,1989:138.

此类设施。但是,它们的出现毕竟使上海人对图书馆、博物馆这类设施的了解由陌生到好奇、羡慕,直到模仿。从上文对图书馆与博物馆的介绍中可见,出现了诸如"妙法","事虽创始,而所罗列者不少"等说法,这足以表达出此时上海人的心态。再者,这些近代图书馆与博物馆所藏之物,如近代科学书籍、刊物、画报与格致机器,使上海本地老百姓有机会直接接触、体验到近代科学知识,这种价值是无法估量的。如1875年11月14日,上海博物馆成立之后,《申报》即以《创设博物馆》为题,报道了上海博物馆初创时的情形,现引述如下:

> 泰西各大城池夙有成例,凡在该地方人,必公建一院,将飞禽走兽以及各动物并列于内,以便博物者随时赏玩。如在府城,则将阖郡之物实之;如在都城,则将天下之物实之,名曰博物院。现在旅居上海之西商亦仿效泰西规模,在本埠设立一院,将中国与东洋各物齐聚院中,事虽创始,而所罗列者已不少。计属毛虫者,有震泽湖旁之野猪;羽族者,有鹰鹊麻雀等;又有水族中各物,不能殚述。余如螳螂、蚱蜢、蝴蝶之类亦各分其种,各标其名。每一物件系从何处得来,何人相赠,必书明悬贴于上。中外人有往观者,俱不取值也。珍藏羽毛各类,西国向有妙法,虽皮已干枯而毛不可落,现在此法华人已得之,且又从外国购到玻璃眼睛,故无论何异兽珍禽,一经装点,便栩栩大有生气。凡院内一切,俱系博物院之西人所供给。其总理斯事者,即元芳洋行朴来阿君也。①

35年之后,在1909年出版的《上海指南》上,又有专门对于上海博物馆相关藏品的描绘:

> 右间所贮者均系兽类,如獐猫狼豹猴野猪刺猬等是也,此外则贝介一类,蛇一类,鱼一类,矿石一类;左间所贮者,统系禽鸟,大半为中国产,其余则蛾蝶一类,鸟卵与鸟巢一类,矿苗一类而已。②

图书馆与博物馆等公共文化设施的建立填补了上海市政建设的空白,同时也应该看到,图书馆与博物馆的建立开阔了上海人的眼界,进行了一定程度的

---

① 申报,1875-11-04.
② 上海通社.上海研究资料续集[M].上海:上海书店出版社,1992:411.

文化启蒙,给上海市民提供了直接接触近代西方科学知识的机会。如前所述,晚清上海人通过这类公共文化设施对西方近代科学知识有了较为直接的了解,甚至获得了"面对面"的接触机会,由此带来的对晚清上海人的心理触动是不可忽视的。另外值得一提的是,图书馆和博物馆在某种程度上也是晚清上海非正规教育的一种实施方式,晚清上海人通过图书馆和博物馆了解、获取了西方近代的科学知识,并运用到实际生活中去。如晚清出版的《点石斋画报》就有多幅图文展现了这一现象。一个比较典型的事例是"新样气球"和"演放气球",它反映了晚清时期人们通过博物馆了解气球,然后通过自学直到仿制气球的过程。其他诸如"龙头出水""水底行船""兴办铁路""演放水雷"等类似事例也非常普遍。因此,从这个意义上来说,图书馆和博物馆也承担了非正规教育的功能。与新型传媒不同,图书馆和博物馆的作用更为直接、直观,这也是为何当代社会强调建立图书馆、博物馆以推动新型非正规教育发展的原因所在。

附:《申报》非正规教育活动广告辑览①

1872 年

66 号　教英文语　启者:本塾专授英字英语,兼译英文帐目,并书信等。承荷光顾,祈请至三马路同安里街底便是。其脩金面议,格外公道。钱文元谨白。(六月十一日)

145 号　教英文语　今有一人精通英文英语,设教于城内侯家浜施家石桥下塇,脩金格外公道,如有愿学者可至高易洋行面议可也。(九月十五日)

196 号　夜教英语　启者:本馆今择于十一月二十六日专教英语,学习三个月后,可能与西人把话。其脩金格外相宜,如欲来学者,请至棋盘街祥丰店楼上便是。黄梦仙馆谨启。(十一月十六日)

1873 年

234 号　英华书馆甫开　启者:本馆新建房屋现已告成,择于正月二十一

---

① 这里尽可能收集自《申报》创办至民国成立前非正规教育活动的广告。对于连登多次的广告,尽可能取其第一次登载的内容。黑体数字为《申报》的按日编号。每则广告后面的日期为刊登广告当日的农历日期。

日重开,其馆在新大桥南下塽相近大英公馆西面便是。现今延请西国名师及中国经师教习子弟通晓中外文字,一切教法明白晓畅。馆师以英人葛为首。每日早晨九点钟起十二点钟止,英师教习西国语言文字、算学。午后一点钟起五点钟止,华师教习中国学问。馆中书籍中外皆可借用,不必自备。笔墨纸砚俱全,脩金每年六十两,先付一季三个月银十五两,按季再付。暑天歇夏四个礼拜,又新年放假十天。有欲送子弟来学者问三马路太丰洋行言定可也。经董太丰洋行启。(正月初七日)

266号 西人新设英话文法公所　本公所设老大桥同治书院内,现已设定,倘欲来学者先赴本公所帐房内,预期登册。且指教格外入门与众不同。(二月十五日)新设英话公所启。

285号 西人教习英字英语　兹者今有西人教习华人英书口语,倘有仕商欲学习者,祈请帐房面谈,束金不拘,每日下午面授无忧。特此布闻。三月初二得利洋行白。(三月初八日)

297号 教习番文　何乃昭在老旗昌东间对门巷内教习英书。日是十点钟读至两点钟止。夜是六点钟至十点钟止。此布。何馆谨启。(三月二十二日)

406号 专教英话英字　潘辉庭教习英国语言字句。如有意学者,馆在三马路中同丰栈内便是。(七月初一日)

438号 照相学　启者:照相之学所用各料各器,如化药及厚薄各纸与一切器具,寄于驻中国之各洋皆有出卖,其价亦甚廉。如华客欲学此术者,本行主或独教一人或合教数人均可。学成后所需用诸药料器具皆已备齐,亦可代买也。本行设在隆茂洋行隔壁规矩堂内。会地理洋行启。(八月初九日)

459号 西人教习英字英话　启者:今有英人未四洒蒙教习英字文理言语。如华人爱学者,请至法兰西公馆对面第八号,其价格外公道,来行面议可也。(九月初四日)

481号 夜教英语　启者:同治印书馆内陆先生教导英语文理,准于十月初一日开学,每夜八点钟至九点钟止。倘诸生愿来习学者到馆面议。馆设二摆渡三和里后面。本馆陆先生启。(九月三十日)

488号 夜教英语　兹设馆塾于泰和馆西间壁粤秀坊中,教习英文言语以及天球地球算法。每夜于七点钟起至十点钟止。除礼拜夜停教外,风雨不阻。本馆教读格外勤慎。如有要习学者,请到本馆面议。特此布闻。宋长记告白。(十月初八日)

1874 年

558 号　英华书馆　本馆现有英国之师教习英国语言文字、天文、地理、算法、化学等,并有华师教习中土文字。一切纸笔书籍皆有,不必自备。自辰九点钟起十二点钟止;午后一点半起五点钟止。子弟来学者亦已不少。新岁甲戌定于正月十二日开馆,愿来学者仍旧每月修金五两,先付三个月十五两,按季支付不误。特此预行布知。欲学者先期言定可也。北京路信和洋行预启。(正月初九日)

672 号　教习英文语　择于六月朔日,开设英文馆专教英文英字。自晚七点钟至九点钟止。学生以十为限,过限不收矣。如愿学者,请至外虹口外虹桥堍顺记号一间便知馆处。(五月二十四日)

721 号　教读英语　启者:金茂才禄生精于英语,今特延请教读,自八月初一日为始,于每晚四点钟至八点钟止,如有愿学英语或倩译信契帐目,请先至洋泾桥堍总会面议可也。郁振亭谨白。(七月二十三日)

749 号　延请教官话　启者:本行欲延请一北京人教官话,倘有人愿传者祈至四马路郭部医生内保德行便是。保德行启。(八月二十六日)

763 号　教习英文英语　启者:今有大英国先生名华架设馆在永安街安乐里间壁,专教习华人英文英语并算法,一切无不精明。于日间九点钟起教至十二点钟止。又午后一点半钟起至四点半钟止,约教六点钟时,每月计洋四元。夜间六点半钟起至九点钟止,每月计洋二元。如有欲学者请至面议可也。英文馆告白。(九月十三日)

789 号　启者:本英师今在法国租界永安街首善堂隔壁第三十八号门牌开设英文学馆,盖以英国词语及贸易内所需一切授训华童。每日九点钟至十二点钟,一点半钟至四点半钟开馆授教,计束修按月四员,并晚间六点钟至八点钟另行教训,此则束修每月二员。英师门西布告。(十月十三日)

820 号　英文书馆　英获嘉先生设帐棋盘街东向江西路,专授华童英语文艺,华师帮教。日、夜。初学易得捷晓,但子弟习者请来同学。此布。(十一月二十日)

1875 年

872 号　洋文书塾已开　前列西士麦开设洋文书塾,现已设于大马路抛球场左之悦容照相楼对面,即旧时书信局之屋。麦开教习西法大为径捷,凡中人略能通晓西语者赴塾就学可以大有进益,其聚学之时上午九点至十二点钟,下午两点至四点钟,晚课则自五点半至八点钟,计从学俸金白昼每人每月计洋十四元,晚课每人每月计洋两元。凡写报开单及提货单、栈货单各栈货可专教西人捷法,且又另延一华友相助指授,诸君致信或函叙者,请至书塾惠顾可也。西士麦开启。(正月二十七日)

969号 设教英语学馆 启者:余来中华,闻有愿意习英语之学者甚众。今如能先定学生若干,即愿设馆教授英语。诸君如欲习学,请至墨海书馆慕牧师处面议可也。特此布闻。代迩告白。(五月二十二日)

977号 英文学塾:启者:余游于日本,暂停此馆,今已回沪,定于初十日开塾,如有愿学英字语言及算法、天文、地理一切望至信和洋行谈定,先付束脩三月银仍十五两。九月初十日起,余唯收洋每月四元。特此告白。英葛理先生书馆启。(六月初三日)

978号 英文学馆 本学堂教习英语,与西人馆师华格先生在东棋盘街之三号房子内传授读法、写法、算法、文法、地理、行海等,授课时候早晨九点钟至十二点,午后一点半钟至四点半钟。保昌洋行告白。(六月初四日)

1036号 教习英文英语 Chinese and English School 启者:馆向在老旗昌东街,去年业经迁往珊记码头兆福里口,有志择师者想必来自远方耳。西文书塾谨白。(八月十二日)

1069号 英文书馆告白 启者:兹有欧罗巴先生在东棋盘街东首第三条街口司美司房内教习英文英语,每日早晨自九点钟起至十二点钟止,午后两点钟起至四点半钟止,晚间七点钟起至九点钟止,如有愿学者即可来也。华葛谨启。(九月二十二日)

1876年

1157号 华英书馆复启 启者:本年仍敦请李芳春夫子在珊记码头兆福里口华英书馆讲授英文英语,并延谢仰山夫子在馆讲解四书经史文艺,兼课算学,业于本月初八日启馆。有志从学者,或专习西学,或专习中学,或兼习中西学,均听各便,束脩面订。本馆并有李芳春夫子手著《英学初阶》一书发售,凡有同志,幸勿观望。及门受业同启。(正月十一日)

1249号 大英女士教习英语书字 启者:本馆今有大英女士开设教习英语英文字书馆,在大马路口南京路老公平屋内第三间,凡中外子女欲学英文字语者,请至本馆面议。每月束脩格外公道。特此布知。(五月初一日)

1314号 教英学 启者:所有解读英文学习写字并地理学及文章等事皆

可教授,若有家父欲以此事教子请向申报馆主人问明,其束脩甚为公道,但只能在晚间从事。英士麦里士布告。(六月十八日)

1341号　新设英文馆　启者:兹在广东路第七号内新设英文馆,兼教英话英文英字英算法等,每日于午后七点钟起,每月取资三元。凡逢礼拜诸生歇日。并读至半载,各行考试,其最优者即发宏奖,总为造就人才,俾得有志竟成之庆。此布。克励勤告白。(七月二十日)

1877年

1496号　教读英文　启者:本馆专教西国语言文字等事。凡诸生愿来就学者,即至河南路第三百零七号门牌平和洋行贴壁便是。林馆启。(正月三十日)

1878年

1873号　在虹口文监师路二号房子便是　开利行先生教习英文,如贵号客商有外国帐目开票等情亦可以代写。其价格外公道,于六月一号晚起,五点钟至九点钟止。(五月初四日)

1937号　名师善教　浙鄞县袁松涛先生持己以正,待人以礼,栖身市隐,不汲汲于名利。向以术士书自娱,与人谈休咎,多奇验。而于西国语言文字则尤加意求精,致或与西人争曲直者,得先生一言即能和解,良由胸中识见旷达,心气和平所致也。岁丙子,有二三知己劝其设馆授徒者,即于申之旅舍集贤里中教习中外书籍,吾辈得亲雅范,受益良多,从之者日益众。其谆谆训迪之诚,凡在及门,无不荷栽培之德于弗谖也。略缀数言,以志斗山之仰云尔。受业门人丁贤聪等仝启。(七月十九日)

1937号　教习算法测量　启者:愚现寓虹口利亨昌缝店,教习西法航海算法量天尺及洋枪等法,倘诸君欲习,请至该店面议,学金相宜,若遇轮船赐顾,则月工亦可相宜。专此布闻。盛芝告白。(七月十九日)

1951号　教习法文　吴中不羁生八月十六起除礼拜每日两点至四点钟教习法国语言文字,愿学者问三泰码头同泰森树行徐庆堂便知。(八月初七日)

1953号　教授英国语言文字　兹有英国某先生于晚六点钟至八点钟,或晚七点钟至九点钟时适有空间故愿意聚集生徒教以英国语言文字,若欲知其详细者,请至法租界西马路一百五十四号门牌内问明可以。(八月初九日)

2043号 浙鄞陈泽中先生英文书馆 浙鄞陈泽中先生精通英国语言,翻译中外文字,其字音口吻犹为准切。余昔从师学习英文而于音声之间每多讹误,嗣逢陈先生指教,始知有掉舌辩音之妙,先生学于外国已有多年,于今回沪,愿设书馆以启后学,其于英文语言、算法及书信一切最为擅长,而天文地舆亦可随时指点。先生所教之时较上海诸师多教一点钟时刻,束脩与诸师一样。现设书馆在四马路公一马车行间壁长春里第一门内。愿学者盍执赘以就教焉。门人谨启。(十一月二十六日)

1879年

2106号 英士教书 末士爱华在头摆渡三和里左邻朝东馆内教习英文,承写西国帐单代收帐项。日课九点起至四点钟止,夜课六点至九点止,每月脩金二元。(二月十六日)

2108号 教习西文 陈君兰谷,粤东人也。自幼读书,兼习英文,而尤专志于西学廿有余年,凡地理勾股翻译律例无一不精,久为中外所仰慕者。香港英国巡理厅延请如幕,赞襄有年。嗣因美国钦使蒲公聘往京师,管理翻译,公事纷纭,劳心过度,偶借染病退居申江。设马帐之高悬,门盈桃李;听鳣堂之坐诵,阶茁芝兰。在馆诸生皆文理可观,字音清澈。如有志于西学者,不妨踵门请益,束脩不嫌其薄,循循善诱,庶不愧为人师云尔。馆设南阳里第一墙门便是。同乡谨启。二月十九日。

2116号 教习英文 启者:英国先生蜜司得拖会克开设教习英文字语学馆,在二洋泾桥南堍。如有诸公愿学者,不计脩金,每晚七点钟至九点钟止,设在松茂洋行内。(二月二十八日)

2274号 教习英文 启者:今有英国人末士令先生及华人帮教日夜教习英文英语,书馆设在大马路中福隆印字馆楼上便是。(七月十三日)

2274号 教习英文 本书塾设在上海圆明园路第九号,于西本月十八日即礼拜一仍旧开塾,若来学者,每月束脩洋五元。若宝兰窬启。(七月十三日)

2304号 孟先生学堂 此学堂系英国名士孟先生所设,凡西语西文教法无不最妙,现已守得学徒,于本月十六日即英十月初一日启塾,计日间九点钟至十一点钟,二点钟至四点钟,每月束脩洋三元。夜间七点钟至九点钟,每月束脩洋三元。欲学西语西文并写字之法算学等事,均可来塾学习。学堂设在河南路振记绸缎号隔壁便是。(八月十四日)

2312号 拟设英文书塾 英国吴丽福先生拟设馆在天津路同吉里,教习英

文英语,白昼晚上均得暇教授。如诸君有志习业者请为惠临老旗昌兑换银行定夺可也。(八月二十二日)

2382号 嘉先生英文书塾(在河南路第三百六号屋内) 启者:目下中外交接往来日盛一日,凡在学者须学英语为最要,现有英国名士嘉先生,伊前在国学院教习,曾给文凭。今设帐沪上,专教英国语言文字,或欲求学艺纯备,或欲求文法精通,均可悉心传授。凡官商子弟愿学者,祈请至书馆,脩金面议。此布。(十一月初四日)

1880年

2457号 夜教英文馆 本馆设在法界大马路紫来街口复源成钱庄楼上,每夜七点半钟起十点钟止。每月束脩英洋两元。馆主告白。(正月二十六日)

2487号 教授琴学 余再来沪矣,如愿从教者,无分其地,无论其人,即妇人女子,俱以传授。住法界大马路天元栈便是。琴轩氏启。(二月二十六日)

2553号 教习西文 西士安□先生精通华英文理,今设砚棋盘街后广东路第五百五十四号门牌内,如有欲学习者,日九点至五点钟,夜七点至十点半钟。学金亦廉。此布。丁春翘白。(五月初三日)

2586号 新设教习英文馆 兹启者:新设教习英文馆,每日上午十点钟起至下午四点钟止,每月英洋三圆。每晚七点钟起至九点钟止,每月英洋二圆。又每晚教习上等文理如文书讼词等类,每月英洋五圆。余深通英国文学,有心传与华人,且又本国先生相教。凡就而习学者,必当尽心而教之也。上海江西路四十六号,魏约翰谨白。(六月初七日)

2592号 新设英文书塾 英人白兰汀,专于教习英国语言文字,口音清切。今开设书馆在二马路老富春帽店间壁六百三十五号,门墙上有"英文书塾"大字。束脩格外相宜,每日十点至十二点,连饭后两点钟至四点钟,按月束脩英洋三元。若夜间八点钟至十点按月英洋两元,且日间学者不妨夜间亦来听习。凡华友欲学者请来本馆可也。大英国英文书塾主人启。(六月十三日)

2704号 新设英文书馆 今有英国乐林士先生来沪设馆,在大马路戒酒会堂斜对面街内第二号门牌。再教天文、地理、算法、信札、水陆兵法、英文英语、格致化学等类,一切功课甚为严饬。每日九点钟起四点钟止,每月脩金洋三元。夜间每晚七点钟起十点钟止,每月脩金洋二元。如日间来读者夜间仍可来领教,不取脩金。再者,本馆欲延请华友帮教,如欲意者来馆面议可也。特此告白。(十月初六日)

1881 年

2857 号　华英并教　专教英文英语,兼设四书学塾,上午华课下午英课,赐顾者午后请至宝善街桂馨里王宅面订,脩金格外公道。(三月十九日)

2960 号　英文书塾　启者:余向在中国有年矣,熟悉中国各省土语文字以及广音,专收大小学徒教习英文,各国规律无不俱全,而且二位西人日夜教习,另请中国先生教四书五经。今设馆在上海江西路第一百四十一号房永贞亨隔壁墙门便是。每日早晨九点钟至十二点钟,每日下午二点钟至五点钟,晚上八点钟至十点钟,华七月初七开馆,即英八月一号。英文主人告白。(七月初四日)

2960 号　招学英文　余来华已久,兼晓粤语,性喜教授华人英文写信抄帐及算法,随其所好也。每日早七点钟至九点钟,下午七点钟至九点钟。其时系成人学习,如小学生在每日十点钟至五点钟可来学习,若小学生欲与成人同时学习亦可,凡愿受学者随时可来,每月脩金格外克己,且视来学者资之浅深并时之多寡以定价之高下,面谈不误。现寓虹口蜜腊路第七号美国巡捕房后,如若要读书者当付现银,言明数元可也。中七月初七日英八月一号起,每逢礼拜停。珊纳告白。(七月初四日)

1882 年

3161 号　招学西字西语告白　兹欲招集中国人学习西文西语。拟于中正月半后开学,每日下午七点半钟至九点半钟工夫,如有愿就学者先期至北京路第十八号美华书馆楼上江尔登先生处面议。(十二月二十七日)

3175 号　新设英文书馆　朱先生在申江二十余载,今在文暨师路第一百四十三号门牌设英文书馆,如有欲学者,日教初习每月洋二员,以上者每月洋四员,教时日十点至十二点钟,下午两点至四点钟,晚学七点钟至九点钟,脩金照日同,并代写番单等事。欲学习者请来面议可也。朱立士会启。(正月十八日)

3188 号　启文义塾　启者:本塾开设在老闸西首保康里东间壁,专收贫苦子弟,无力从师者皆可入学。凡一切书籍纸墨笔砚茶水板凳等均由本塾备给。生徒以二十人为额,内中倘有聪明子弟可以造就者,本塾另延通晓西文之士并教西语西字,所有西国纸笔书籍亦由本塾备给。凡愿学者祈至保康里内太史第曹报名注册可也。启文义塾经董告白。(二月初二日)

3196 号　英文书塾并经理翻译　致远街崇德里瑞记翻译馆经手代翻华英文字各件并设书塾,每晚七点至十点钟教习英国语言文字、算法、地舆、打样绘

图等,束脩不拘。吾师史君曾经出洋多年,品学兼优,愿学者曷望图之。仝学诸生公启。(二月初十日)

3238号　教习英文　兹有英国教师因晚间有暇,拟开设学堂收教英国语言文字,自晚七点钟起至十点钟止。如有愿学者,请至虹口乍浦路第十八号门牌面议可也。(三月二十二日)

3396号　英文书塾　今有洋人教习英文英语算数化学等件,并有唐人帮教。每晚七点钟起教至十点钟止。如欲学者,祈至五马路一百八十一号楼上便悉。(九月初三日)

1883年

3697号　英文书塾　启者:二马路老公茂洋行邝丽东先生定于七月初一设馆在三马路字林对门育才书室,教习中西文字兼理翻译等事。但有志习西学者请至本行面商是幸。谨此预闻。(六月二十六日)

3733号　教习英文　启者:英文书塾在四马路望平街口第二百十八号门牌,在刻字店楼上,已有数年,因唯心烦所以未曾上报,现下另请帮教先生并一切翻译洋务信札,日夜间均可代办。如有愿学英文者,祈请至本馆楼上面谈可也。金培端谨识。(八月初三日)

1884年

3888号　中西书塾　本塾专请中西先生,上午专课诗书,下午专课西学,功课极为认真,脩金格外公道。有志来学者,请至本局面议,馆设大东门内火神庙即至义顺昶烛店面订可也。(正月十六日)

3910号　英文书塾　董筠孙先生精通英文英语,寓老北门内老狮子街,晚间七点至十点钟教习英文,脩金二元。翻译事件另议。同学公具。(二月初八日)

4051号　英文书馆　余束发游英美各国,精习西学,客岁归里,问学者户外履满。敢云善诱有方,实较他馆功倍而修廉耳。若其意中人有志英语字学,数月即可通晓。倘外省之士欲居本馆就业,亦格外克己,留心时务者请尝试焉。英大马路德安里内英文馆主金识。(六月初三日)

4052号　教习水雷　启者:本行友人张君朗轩,精习电气水雷地雷炸药数年,去岁云南有人请其指教,又有人托其制造火引,均见成效。伊云若重用水雷何妨铁甲。如有人欲精此道为国家之用,请至五马路新派利帐房便知。(六月

初四日）

4110号 夜教英文 每夜七点至十点，教识英文英语，愿学者到大桥下大英医院后面第一千一百五十七号门内，脩金面议。英国华克启。（八月初三日）

4135号 英文书馆 蔡君云松出洋肄业八年，现任美捕房翻译之职，今于晚间设馆在大马路五福街内四十九号门牌。七点至十点止，按月脩金两元。愿学者请至该处可也。同学公启。（八月二十八日）

4143号 华英书塾 金陵章少铭先生于大马路泥城桥忆鑫里教习英文，每晚七点钟起九点钟止，每月脩金一元五角，此启。同学公启。（九月初六日）

1885年

4431号 精教英文书籍 新到英国先生末士他素善教英文，各种书籍无所不熟，如欲学习者，请至大马路东首利昌木店楼上。此布。（七月初六日）

1886年

4613号 分讲贸易英文馆告白 本馆日设老新衙门德安里内，夜设宝善街东首晋隆洋行，今择于正月十六日开馆，此布。乍湖丁雨亭启。（正月十七日）

4617号 英文书馆复启：本院设立有年，来学者颇众，现定于新正月二十日开院，有欲学英文英语者，祈早日来英大马路鸿仁里订定为盼。（正月二十一日）

4617号 开馆日期 法文公书馆择于二十日九点钟开塾，所有来局挂号诸塾生届时务祈到塾以便塾师听点开读，毋得观望切切。（正月二十一日）

4631号 新设英文书馆 余今开设英文书馆，专教英国语言文字及英国算法并一切英国学问，凡华人欲来学者无论年纪长幼无论日间夜间均可。就学来脩格外公道。如愿学者请至虹口文监师路第十三号门牌虹口书馆对过问穆师亨可也。（二月初五日）

4694号 英文书馆 有英人在二马路宝源祥早十点至十二点，晚七点至九点教习，二点至四点在城内老北门。愿学者请到本馆面议也。（四月初九日）

4777号 教习英文 余素通华文，故求教英文者多，每以事烦推却，今得稍暇，定于西八月七号晚七点至九点钟教习，一切来学者必有事半功倍之乐也。虹口通心直街同顺里下首十七号前巴西翻译官克德明启。（七月初四日）

4778号 拟设英文书塾 兹于麦家圈内开设书塾，专教英国言语文字，来学者自十岁始至二十几岁止,以收至六十人为满,晨自九点钟入塾十二点钟回家,食午饭一点钟再入塾至四点钟散。视其资质每月例取洋二元,借贴塾费。愿未肄习诸童可诣敝处报名,开明住址,以便到日知照进塾,准期九月初十日开塾。麦家圈慕维廉谨白。(七月初五日)

4812号　教习英文　余向在香港皇家大书院教习多年,设帐在英大马路亨达利对门楼上,专教英文英语以及代写书信,华洋翻译无不熟悉。如欲学习,功课认真,修金相宜,请惠临面谈可也。此布。西士捷左治谨启。(八月初十日)

4856号　英文书馆　今有沈美舒先生,花旗国人,向在美国京城设学年久,刻初来沪立馆,如愿学者前来订名。寓二摆渡天福洋行楼上。恐不周知,特此登告。(九月二十四日)

4865号　英文书馆　启者:余定于礼拜一即西历十一月一号,在虹口河边禅臣洋行栈房后面A字三百八十九号门牌开设英文书馆,每晚教授中国东洋各幼童,如用各书须另给价银,从学者定有额数,如欲知束修数目及一切细情来馆面议可也。(十月初四日)

4876号　日夜教习英语　英士施美司问在港中教习子弟,今设馆在上海外国牢监面前,即牛庄路便是。如愿学者修金格外相宜,此布。(十月十五日)

1887年

4994号　法界英文馆启　日间定于一点半夜则八点半教习英文、翻译、算学等课,束修比众从减,愿者请至玉露春后吉安里十二号屋内。(二月二十一日)

5002号　精教照书　余向在外洋得人秘授,精于照书之法,今欲广传于世,有愿来学者,问五马路英昌照相店李乾甫便知,或学照相干湿片俱精。修金面订。乾甫启。(二月二十九日)

5051号　新设英文学馆　今有美国女教师贝氏,善教英文,已在中国教授十余年矣。现于上海广西路设英文学馆。拟于午前教良家女子,晚间教端方男士,愿学者请至本馆面议,或至三马路格致书室访问亦可。此启。(四月十九日)

5072号　天籁韵学馆　开设四马路西,早晚八点至十点口授标射反切敲韵听字双声叠韵,不一月诸皆熟习。既知反切后习西学极易,书寄乐善堂发售馆主萧启。(闰四月初十日)

5088号　中西音学捷径　馆设四马路教授双声叠韵标射反切空谷传声宫

商阴阳平,既知反切后习西学极易。每赞敬二元,束脩十二元,富户量力加半。馆主萧启。(闰四月二十六日)

5088号 教习告白:专教天文格致、测量、枪炮等各算学,分学兼学均听其便。如有愿学者,可到永安街宝和洋栈内转议并订章程。(闰四月二十六日)

5129号 教习告白:算学为小试捷径,自有丁侍御一疏,将来更为乡试之便途。本馆专教中西各算法,有志者可至永安街宝和洋栈转议。(六月初八日)

5194号 捷左治 在香港皇家大书院教习多年,今设夜馆在腾风里六十一号洋文书院对门,限收十位每位二元。(八月十六日)

1888年

5338号 专教英文 启者:火神庙内所设英文书馆已年余,拜业者亦复不少。于正月二十开馆,晚五点至八点钟,一切英文英语悉可习学,脩金廉,教法捷,书籍自备,有志者速来义顺昶烛铺挂号。恐未周知,特此详明。(正月十九日)

5356号 英文夜馆 兹有黄君春涛设馆于会香里四街高公馆,教习英文英语,每晚七点起九点半止,功课认真,脩金从廉,愿学者请来面谈可也。武林高昙三。(二月初八日)

5508号 英文书塾 本馆设在法会审公馆对面广泰内,教习英文算学,计分两班,下午四点起六点止,晚七点起九点止,脩金每月一元。(七月十二日)

5539号 阿白先生英文书馆招学生 今设在上海五马路十七号门牌牛庄内,专教英文英语一切事务,如有人要习学,不讲大人小孩多能可读。开馆下午五点钟起到九点钟止。每月学金洋二元。此布。(八月十四日)

5572号 英文夜馆 顾君文熙精于西学,现设馆于保康里俞寓,每晚八点钟起十点钟止,有志之士愿来学者望来馆,金每月两元。此布。(九月十八日)

1889年

5679号 教习英文 葛胜芳先生前在万航渡授英文,今迁往三马路西曲江里味间书室,日夜教习西文算法、天文、地理及代译华洋公文、地契书札各件。倘蒙赐教,伏祈光贲。本月十八日启馆。门人仝启。(正月十三日)

5684号 日夜英文 本馆于正月二十日开馆,日在新北门内旧校场笔铺南隔壁便是,夜在老闸西首宝康里俞寓。倘有志者,每月先惠脩金洋二员。特此布闻。(正月十八日)

5702号 教习英文　启者：外国范亨先生在三马路陈裕昌东第四百六十三号门牌内教授英文、法文。本馆日夜教习，并通晓华语，倘欲习学者，请进内面谈可也。门人仝启。（二月初六日）

5725号 英文书馆　启者：本馆设在四马路胡家宅第三号门牌，午前九点钟开馆，下午二点钟，晚七点至九点钟，贵客子弟愿请者修金格外公道。此布。英商末四哈伦启。（二月二十九日）

5748号 教习中西天文算法　并测量、枪炮、兵法、地理、重学、各种格致。愿学者先至四马路巡捕房南首仪和老栈报名并取章程。艺学馆启。（三月二十三日）

5781号 夜教英文　馆设二摆渡腾凤里头街内六十一号，教授英文、英语、翻译、数学、书札等件，有志斯学者，祈晚上七点钟到来可也。谨启。（四月二十六日）

5944号 英文书塾告白　谨启者：美国林小乐、上海钟嘉俊两先生，现于四马路西首大兴里隔壁德康庄楼上开设英文书塾，每晚八点钟起至十点钟止。如愿来塾，先于十二日起至十七日到塾报名，即于十九日开塾。束修面议。同人公启。（十月十二日）

1891年

6658号 英学捷径　英国人蔡左治先生向在香港皇家大书院帮教多年，不独精教语言文字算学，且另具善法教人，使人从速通晓。现欲在申设馆，修金极廉。倘有志英学者，请速于辰早九点钟至十一点钟来四川路北京路角子电气机造内面谈一切。施德之谨白。（十月初一日）

1892年

6751号 矮伦英文书馆复启　本馆开设四马路胡家宅第三、第四号洋房内，日夜教授英文英语及商务事件，并请二位华师帮教。尚须添招生徒数人。束修从廉。有志者请来面议。矮伦白。（正月十二日）

6761号 商务捷径英文书馆　本馆开设以来已经数载，专教商务捷径英文算法等学，造就人才不少。兹择于是日廿二日开馆。有志者请速移玉面订。宝善街晋隆分行启。（正月二十二日）

6847号 教习生意英文书馆　启者：现在如有人欲习英文或洋行中各项生意及写字者，本馆可迅速教成。愿就者无论学生之大小，束修可以公道。欲

知详细情形,请至广西路第九号门牌询问可也。(四月二十日)

7056号 英文书馆 启者:本馆开设在虹口密勒路第七号门牌,每晚七点至九点钟,可教学童数名。愿学者请来面议可也。(十月二十三日)

1893年

7132号 英文夜馆 本馆在四马路老巡捕房西首西中和里,教习英文英语,每晚七点钟起十点钟止,每月脩金一元半,正月十八日晚开馆。(正月十四日)

7176号 教习英文西学 启者:英国教师布茂林先生,前教国家学堂,现到上海开设同文馆教授英文西学。凡绅商子弟欲就业者请至江西路第四十二号洋房内面订可也。上海同文馆启。(二月二十九日)

7176号 善于教马 启者:余向在外国专门驯熟各等强马,当面见功。如不能驯,分文不受。兼教各等人骑马之法。赐顾者请至龙飞马房或英大马路戒酒会堂面议可也。马师格连罗谨启。(二月二十九日)

1894年

7482号 英文夜馆 在四马路老巡捕西中和里庆昌仁号内,专教英文英语,准于十六日晚开馆,每晚七点钟起十点钟止,每月脩金一元半。(正月十六日)

7602号 照相学局招人 本局专传照像人物山水百般花草,西法妙速七日成手,照相比众不同。学金每位洋十六元,来者不误。设立京江栈。(五月十八日)

1896年

8232号 英文书馆西人教习 本馆晚上七点开馆,十点钟止,再收学生拾位为限。每月塾金洋二元。倘欲学者在后马路福绥里。裕丰号白。(二月初八日)

1898年

8965号 教授日学 启者:今有一年轻之日本人在大学堂考取,现在欲将日本语言文字传授与人或由受业者教伊英语及中国官话,互相调换亦无不可。合意者请至申报问信可也。此布。(三月十二日)

9138号 教儒学英文　现有美国贝教士专教英文，凡学生已读二、三年或习翻译信札学问，时日夜均可。愿意请致书百老汇路卅六号。（八月初七日）

9141号 中西日夜书馆　金丽泉先生粹于西学，于溥通专门各有心得，在沪教习已十有余年。从□学成而出者不知凡几，有志之士盍速来新衙门后永平安里亲谒门墙乎，帖膳住宿者听。门人同启。（八月初十日）

9169号 教授英文　启者：本局新延之翻译王君槐裕晚间在本局设帐教授英文，兼代翻译文件契约，有志者请来面议。此启。老巡捕房西对门广学会总局代启。（九月初九日）

1899年

9292号 招收学生　启者：今有一西妇能说广东、上海言语，愿应人之聘教中国男女学生英文及洋琴针线等事，合意者请至虹口乍浦路一百九十五号门牌面商可也。此布。（正月二十日）

9380号 招收学生　启者：西妇高斯格住虹口乍浦路第一百九十五号门牌，能操广东及上海言语，兹愿教授中国男女孩英文洋琴，每日午后一下钟至六下钟，又晚七下钟至九下钟，束脩格外从廉。欲受业者请来面谈可也，此布。（四月十九日）

1900年

9650号 教习言语　启者：今有一西国老儒能操华语，愿以英、法言语教授子弟，束脩格外从廉。欲学者请致函能可也。此布。（二月初一日）

9696号 教授英文告白　启者：今有西人能通上海语，前在美国学堂考试成名，训授生徒已有七载。今欲开塾教授英文及算法格致等，华人子弟可往肄业。如有人欲延请至家者，亦无不可，请写信与具理由，申报馆转交可也。此布。（三月十七日）

9846号 招训女学生　启者：有西女士能解广东、上海等语，住北四川路第三十八号门牌，刻拟训授受中国女童英国文法及操琴针黹等事，其脩金格外从廉，欲从其训者，请来面议可也。此布。（八月二十日）

9911号 教习英文　启者：今有英国女士，教习英国语言文字，中国男女小孩欲学者，请至四川路第四十七号门牌询问可也。此布。（九月二十六日）

1901年

10221号　教授英文　英国妇人某教读多年，束脩公平，今愿收华学生，有志者不论男女，请至虹口密勒路第四家面议一切可也，特此告白。（八月十九日）

1904年

11341号　西士告白　启者：今有西士，原为人教授德法英意四国语言文字，如有欲以文件传译者亦无不可。各学堂及各家塾或欲延为教习均可应命。合意者请写信与西士由申报馆转教可也。此布。（十月初五日）

1911年

13953号　日语特别教授：定日间约时刻可到人家教授，晚间在家教授，愿学日本语者请来面谈可也。虹口文路九号汉学馆。（十一月初一日）

第八章

维新运动中的上海教育

1894年中日甲午战争中国失败后,民族危机急剧加深,中国思想界早已涌动的早期改良主义思潮迅速发展为一场声势浩大的维新变法运动。自近代以来一直是西学东渐枢纽和新学人才云集之地的上海,迅速成为维新变法运动最活跃的地区之一。维新人士在上海设学会,办报刊,经营出版事业,很快使上海成为维新运动的思想、文化中心,波及全国。维新派普遍认为,改革教育、培养新式人才是实现变法维新的基础,其中维新派代表梁启超坐镇上海,在《时务报》上发表改革教育的系列文章,成为阐述维新教育思想的最系统的文字。一批受维新教育观念影响的人士,积极创办新式学堂,促进了上海教育的近代化变革,其中如南洋公学和经正女学的创办,对推动近代学校制度实践,打破女学的禁锢,起到了开风气之先的作用。

第一节 维新教育思想在上海的发展

一、上海与维新教育思想的孕育

伴随着城市的日益繁荣,租界的不断发达,西方物质文明的相继涌入,上海逐渐成为晚清西学在中国传播的最大基地,各种新式报馆、书局、学校、藏书楼、博物馆先后建立起来。围绕这些新式文化机构,汇聚了一大批中西文化人士,崛起了一个新型文化人群体,他们中有来自西方的传教士、学者、商人,也有来自全国各地的知识分子。中西文化在这里激荡交融,影响着每一个过往沪上的有心人士,成为孕育改革思想,促进维新教育思想发展的温床。

维新运动的代表人物大多直接受到上海这种东西方交汇的文化环境的影响,这成为他们思想转变的契机。19世纪70年代末,康有为接触到上海江南制造局翻译出版的《西国近事汇编》等介绍西方的书籍,对西方的认识为之改变。1882年5月,康有为去北京参加乡试,试后南归途中,游览了扬州、镇江、南京、上海等地。在上海,他特意到租界的"十里洋场"走了一圈,在见到洋人趾高气扬,感受到国家主权的沦丧和作为中国人的耻辱的同时,也看到了租界的繁华,觉得西人在管理上有不少值得借鉴的地方,后来他记述道,"道经上海之繁盛,益知西人治术之有本"。① 他开始向西方投去更多探索的目光,在上海大量购进江南制造局翻译馆所译的西书,满载而归。据张伯桢《万木草堂始末记》记载,在上海江南制造局所译印的西学新书中,康有为"购以赠友及自读者,达三千余册"。他还从上海订了一份《万国公报》,回到南海后,"大讲西学,始尽释故见",后来康有为成为《万国公报》的热心读者,1889 年《万国公报》在经过长达 6 年的停刊后复刊,成为广学会的机关报,康有为又曾在广学会通过《万国公报》举行的有奖征文中获奖。可见上海之行在康有为思想发展过程中产生的重大作用。

梁启超思想的发展也和上海有着密切关系。1890 年春,年仅 18 岁的梁启超由父亲陪同赴北京参加会试,落榜后取道上海回广东。在上海逗留期间,梁启超从书店中购得徐继畬编著的《瀛环志略》一书。这本通过辑录中外有关著作,对各国风土人情、史地沿革及社会变迁都有所论述的世界地理书,打开了梁启超了解世界的一扇窗口。他还在上海的书店中看到许多江南制造局翻译馆所译印的西洋各国书籍,虽然爱不释手,却无钱购买,但这些陌生新奇的书名,极大地激发了刚步入青年门槛的梁启超极大的求知欲。同年,梁启超结识康有为,开始大量吸收西学。1894 年,梁启超应经元善之邀,再度来到上海,任教于经元善开办的经正书院。1896 年,梁启超来沪创办《时务报》,已经是一位博览西书的维新名人了,从梁启超在《时务报》上发表的《读西书法》一文对《格致汇编》的评价中,可以想见这部在上海格致书院出版的刊物对梁启超曾经产生的重大影响。他说:"格致汇编,前后七年,中经作辍,皆言西人格致新理,洪纤并载,多有出于所翻各书之外者,读之可增益智慧。……故光绪十六年以后,即不复译。今中国欲为推广民智起见,必宜重兴此举矣。"②

为变法献身的谭嗣同也曾大量阅读过江南制造局出版的翻译书籍,他还写过不少读书笔记,并写过一些相关的文章。1893 年,谭嗣同到上海参观时,曾应傅兰雅的邀请到格致书院访问,参观了陈列的化石标本、X 光片、机械计算机等实物,他又到江南制造局及其他洋务机构去参观学习,临回湖南前购买了江南制造局出版的大部分翻译书籍。谭嗣同记述上海之行说:

---

① 康有为. 康南海自编年谱[M]//中国史学会. 戊戌变法(四). 上海:上海人民出版社,1957:116.
② 梁启超. 读西学书法[N]. 时务报,光绪二十二年(1896 年)石印本.

遂发一宏愿：愿遍见世间硕德多闻之士，虚心受教，挹取彼以自鉴观；又愿多见多闻世间种种异人异事异物，以自鉴观。作是愿已，遂至上海。

于傅兰雅座见万年前之僵石，有植物动物痕迹存其中，大要与今异。天地以日新，生物无一瞬不新也。今日之神奇，明日即以腐臭，奈何自以为有得，而不思猛进乎？由是访学之念益急。

又见算器，人不须解算，但明用法，即愚夫妇，可一朝而知算。句稽繁隐，无不立得。器中自有数目现出示人，百试不差；兼能自将数目印成一张清单送出。此虽至奇，然犹有数可计，推测而致者也。

又见照像一纸，系新法用电气照成。能见人肝胆、肺肠、筋络、骨血，朗朗如琉璃，如穿空。兼能照其状上纸，以能隔厚木或薄金类照人如不隔等。此后医学必大进！……西人之学，殆不止于此。且其政事如此之明且理，人心风俗如此之齐一，其中亦必有故焉，而未得察也。……殆后得《治心免病法》一书，如窥见其本原。……①

上海之行对谭嗣同的哲学思想和教育观念产生了重大影响，之后谭嗣同写过一篇论文《以太说》，并在他的哲学著作《仁学》中引用"以太"的概念，就是取自以上引文中傅兰雅所译的《治心免病法》一书。"以太"是19世纪西方一度流行的科学名词，当时的西方科学家认为，"以太"是一种存在于原子之间的不可称量的精微粒子，可用来解释物理现象。后来，他把改革教育、学习西学作为挽救中国于危亡的重要途径。1898年，他在长沙南学会讲学时称："深愿诸君都讲究学问，则我国亦必赖以不亡。所谓学问者，政治、法律、农、矿、工、商、医、兵、声、光、化、电、图、算皆是也。"②

在上海特有的文化环境中，一批出生于上海本地的改良主义教育家也成长起来，著名的如张焕纶、钟天纬等，其中尤以钟天纬对维新运动时期的上海教育影响最大。

钟天纬（1840—1900），字鹤笙，华亭亭林（亭林今属上海金山）人。1872年入上海广方言馆肄业，随林乐知学习英文。1875年起任职于山东机器局，1879年应出使德国大臣李凤苞的邀请游历考察欧洲各国。1882年进江南制造局翻译馆。1888年到山东烟台，被盛宣怀委为矿学堂监督，次年湖广总督张之洞聘

---

① 谭嗣同. 谭嗣同全集[M]. 北京：生活·读书·新知三联书店，1954：316—317.
② 同上：133.

其前往湖北,任湖北自强学堂监督等职。1895年重入翻译馆任职,并担任机器厂委员、吴淞电报局长等职。翻译有多部西学著作,如与英国人罗亨利(H. B. Loch)合译有《西国近事类编》,曾对康有为的思想发展产生过重要影响。与傅兰雅合译有《工程致富》《英美水师表》《铸钱说略》《船坞论略》《行船章程》《考工纪要》等。著有《刖足集》《格致课存》《随轺载笔》《救时百策》《佐幕刍言》《时事刍议》《扪虱录》等。

钟天纬堪称西学人才,比较系统地接受过西学教育,并游历欧洲各国,其一生的工作经历大都与输入西学和办理新式学堂有关,深知科学技术在国家发展中的重要性,因此成为近代科技教育的热心倡导者。近代以来,我国常用传统的"格致"一词作为近代西方科技的代名词,但钟天纬指出,中西"格致"其实不同,"中国格致之学始见于《大学》之书,说者谓自经秦火,其微言奥旨渐失其传,故朱子补传一章,发明程子之意,实非汉儒所能及。然所释者,及义理之格致而非物理之格致也"。① 显然,钟天纬认为,中国在以自然为研究对象的"物理格致"方面要远逊于西方。在论及西方的"物理格致"所研究的范围时,钟天纬指出,"何所不赅,亦无一不备。大而天文、历算、舆地、山川;小而水、火、声、光、重、电、化、医各学,莫不有精微之理"。② 他分析西学的学术源流时指出:"考西国理学,初创自希腊,分为三类:一曰格致理学,乃明征天地万物形质之理;一曰性理学,乃明征人一身备有伦常之理;一曰论辩理学,乃明征人以言别是非之理。"③

钟天纬在社会政治思想上有明显的改良主义倾向,如他在1880—1881年间写成的《综论时势》④一文就对西欧的民主制度大加赞美,并间接地批评封建君主专制的弊端。他指出:"统观欧洲各国,无不政教修明、民生熙皞,国势日臻富强,而究其本源,不外乎通民情、参民政而已。盖泰西通例,国之律法最尊,而君次之,君亦受辖于律法之下,但能奉法而行,不能威权自恣,而国之律法则集亿兆公议而定。"然而,"中国事事与之相反,由于堂帘太隔,太阿独操,……望君门如万里,则壅蔽日深,掺政柄于一人,则民心日涣,虽有九州十八省,实则家自为政,人各有心,不啻瓜分为百千万国,如此则国势安得不削弱?君民安能关痛痒乎?"但是在维新变法期间,钟天纬的教育思想与梁启超的"以政学为主义,以艺学为附庸"却大相径庭,认为"夫科学为泰西富强之源,制造学问悉由于此",

---

① ② ③ 钟天纬. 刖足集·外篇.
④ 钟天纬. 刖足集·内篇.

中国应着力于科学技术的研究与运用,这是他将缺乏"物理格致"的传统导致科学技术不发达作为中国贫弱的根本这一观念的反映。

维新变法期间,钟天纬是影响上海新教育发展的一个关键人物,其倡导新式教育的思想对维新期间在上海办学的几个重要人物,如经元善、盛宣怀、王维泰都起过一定作用。受西方普及教育的影响,钟天纬认为:"欲期国富兵强,人才辈出,则莫如令民间广设小学堂,使闾阎家自为学,人自读书,子弟胜衣,即勒令入孰,则于自强之道思过半矣。"1896年,钟天纬"与张君经甫、宋君燕生、赵君颂南、孙君仲瑜、胡君仲巽为申江雅集之会,每七日一叙,公拟改良教育,倡新法教育议"。①钟天纬等人以集会的形式讨论改良教育、提倡新教育法的做法实开日后教育学会、教育研究会等团体的先河,同时他关于改良教育、用新法教授的倡议也得到经元善、盛宣怀的赞赏,经元善还委托钟天纬代为管理他所办的经正书院。经正书院以费绌中止后,盛宣怀即建议钟天纬在经正书院旧址上创办三等公学,这是维新期间上海最早创办的新式学堂。王维泰在维新运动期间积极主张改良私塾、创办新式学堂,并亲自实践将自己的家塾改办为育材学塾,后来发展为南洋中学。据姚明辉推断,王维泰的新式教育观念也是来自钟天纬。钟天纬在江南制造局翻译馆工作期间,"究西洋教育学说,倡师范之议。王维泰曾执事于制造局,稔钟天纬,其兴学育材之议,似本于天纬之论"。②

二、《变法通议》与梁启超的维新教育理论体系

《变法通议》是梁启超在上海担任《时务报》主笔期间的重要政论集,其中论教育者占三分之二。

1895年春,梁启超入京参加会试,代表广东190名举人上书清廷,陈述对时局的看法,并随同康有为发起"公车上书"。秋后,与康有为一起创办《万国公报》,旋因与广学会所办的《万国公报》同名而改为《中外纪闻》,梁启超成为该刊物的主要作者,并参与组织北京、上海两地的强学会。

1895年12月,清政府勒令《中外纪闻》停刊,次年1月又解散了北京、上海两地的强学会。虽然康、梁苦心经营的维新团体和刊物遭到顽固派的摧毁,但是通过这些团体的活动和刊物的宣传,维新变法思想已在官绅和士林中产生了广泛影响,也使维新人士进一步认识到报刊的巨大作用。1896年4月,梁启超

---

① 钟天纬.刖足集·附录.
② 姚明辉.上海早期的新学堂[M]//上海市文史馆,上海市人民政府参事室文史资料工作委员会.上海地方史资料(四).上海:上海社会科学院出版社,1986:28.

离开北京,来到上海,按照康有为的授意,他和黄遵宪、汪康年一起,用强学会所剩余的款项和黄遵宪所捐助的资金在上海筹办了一份新的报刊,这就是同年8月创刊的《时务报》,梁启超被推举为该报主笔。在主办《时务报》期间,梁启超发表了大量宣传西方资产阶级思想和维新变法的文章,其中最有影响的就是《变法通议》,成为维新变法时期宣传改良思想的最著声名的著作。

《变法通议》包括14篇政论文章,其中《自序》《论不变法之害》《论变法不知本原之害》《学校总论》《论科举》《论学会》《论师范》《论女学》《论幼学》《学校余论》《论译书》《论金银涨落》等12篇文章连载于1896年至1898年的《时务报》上,而《论变法必自平满汉之界始》《论变法后安置守旧大臣之法》发表于1898年底到1899年初的《清议报》上。由上可见,教育是梁启超关注的重点,在14篇中,除《自序》和两篇阐述变法的必要性和紧迫性的文章以外,其余11篇中有9篇是教育问题的专论。梁启超《变法通议》中关于教育的诸篇文字,堪称是维新运动期间维新派关于教育改革思想的最系统的阐述。

《变法通议》教育诸篇不仅酝酿写作于上海,发表于上海的维新刊物《时务报》,而且其思想的形成也直接受上海东西交汇的文化环境的影响。在《变法通议·学校总论》中,梁启超写道:

> 西人学校之等差、之名号、之章程、之功课,彼士所著《德国学校》《七国新学备要》《文学兴国策》等书,类能言之,无取吾言也。吾所欲言者,采西人之意,行中国之法;采西人之法,行中国之意。其总纲三:一曰教,二曰政,三曰艺。其分目十有八:一曰学堂,二曰科举,三曰师范,四曰专门,五曰幼学,六曰女学,七曰藏书,八曰纂书,九曰译书,十曰文字,十一曰藏器,十二曰报馆,十三曰学会,十四曰教会,十五曰游历,十六曰义塾,十七曰训废疾,十八曰训罪人。①

梁启超这里提到的几本著作,都是19世纪80年代末和90年代初西方传教士介绍西方教育的文字,均曾在广学会主办的《万国公报》上刊载,有些还出版有单行本。毋庸置疑,梁启超在写作中参考过这些文字,并直接引用了其中的某些数据和材料。如为了说明教育的重要性和西方学校的发达情况,梁启超就

---

① 梁启超.学校总论[M]//梁启超.变法通议.何光宇,评注.北京:华夏出版社,2002:40.下引《变法通义》文字均出自该书。

直接引用了李提摩太《七国新学备要》中英、法、美、德等国学校发展的数目、经费投入的情况。① 从上述所引文字还可以看出,梁启超原计划在《变法通议》中撰写的关于教育的文字有18篇,后来并没有完成。但从完成的数篇中,也已经相当系统地阐述了他关于教育维新的思想。

1. 论教育的地位和改革的必要性

在《变法通议·学校总论》中,梁启超集中论述了教育与国家富强的关系,指出国家需才之急但人才奇缺的状况。他认为国势强弱随人民的教育程度为转移,"世界之运,由乱而进于平,胜败之原,由力而趋于智。故言自强于今日,以开民智为第一义"。又说:"亡而存之,废而举之,愚而智之,弱而强之,条理万端,皆归本于学校。"

梁启超所论的教育,是指"仿效西法"建立起来的近代新教育。他指出,一国之民可分为士、农、工、商、兵五个阶层,在中国传统观念中,只有享有"学子之称"的"士"才被认为是应该读书学习的人物,而近代新教育是各行各业的人都应该接受专门的教育,培养属于本行业的"士","农有农之士,工有工之士,商有商之士,兵有兵之士"。而中国的教育现状是"农而不士""工而不士""商而不士""兵而不士",导致中国经济落后,军事失败。梁启超还认为,即便是享有"学子之称"的士人,也只不过是"聚千百帖括、卷摺、考据、词章之辈,于历代掌故,瞠然未有所见,于万国形势,蓉然未有所闻者"。梁启超指出,国家所缺和教育所要培养的人才包括:"周知四国,娴于辞令","熟悉商务,明察土宜"的外交领事人才;"达夷情,明公法,熟约章"的洋务人才;"习于地图,晓于军事","娴熟兵法,谙习营制"的军事指挥人才;"练习医理,精达伤科"的军医学人才;"明于机器,习于工程学","能察矿苗,化分矿质"的工程人才;"明商理,习商情"的商务人才等。

然而,在当时传统教育体制尚未向近代转轨的情况下,教育不仅不能成批培养新学人才,即使是个别"识时之彦,有志之士,欲矢志独学,求中外之故,成一家之言者",也受到传统教育观念的漠视与现实教育环境的限制和束缚。他指出在当时传统教育体制背景下学习新学的种种困难:"然不通西文,则非已译之书不能读,其难成一也;格致诸学,皆借仪器,苟非素封,未由购置,其难成二也;增广学识,尤借游历,寻常寒士,安能远游,其难成三也;一切实学,如水师必

---

① 梁启超.学校总论[M]//梁启超.变法通议.何光宇,评注.北京:华夏出版社,2002:42—43.

出海操练,矿学必入山察勘,非借官力不能独行,其难成四也;国家既不以此取士,学成亦无所用,犹不足以赡妻子,免饥寒,故每至半途,废然而返,其难成五也。"因此,他急切呼吁对以科举为核心的传统教育体制进行改革,建立近代学校教育制度,创造新学人才脱颖而出的教育环境。

梁启超认为,洋务教育实施了几十年而成效甚微,根本原因就在于其"言艺之事多,言政与教之事少"。而所谓艺学,"又不过语言文字之浅,兵学之末,不务其大,不揣其本"。梁启超这里所谓的"政"与"教",指的是政治体制和观念的变革,乃谓之学。他同时提出"以政学为主义,以艺学为附庸"的主张,认为"政学之成较易,艺学之成较难;政学之用较广,艺学之用较狭;使其国有政才而无艺才也,则行政之人,振兴艺事,直易易耳"。① 1899年,他又提出精神文明和物质文明的关系问题,认为"文明者,有形质焉,有精神焉;求形质之文明易,求精神之文明难。精神既具,则形质自生;精神不存,则形质无附"。② 所有这些,都反映出梁启超希望沿着"政学"、精神文明、品德这条路线,尽快培养具有资产阶级意识的维新人才,普遍转变人民的思想观念,推动政治改革和整体教育体制转轨的迫切愿望。

2. 论变科举、兴学校

科举制度是中国传统教育体制的核心,掣肘近代教育的发展。在对洋务教育的批评中,梁启超将"科举制度不改"作为病根之一。在《变法通议·论科举》一文中,梁启超具体提出改革科举的意义和具体措施。

他通过回顾中国科举与学校关系以及人才盛衰的历史,得出结论:"故科举合于学校,则人才盛,科举离于学校,则人才衰。有科举,无学校,则人才亡。科举学校,既已分矣,则其所立标准,出于多途者,其才稍盛,出于一途者,其才益衰。此亦古今得失之林也。"因此他认为改革科举和发展学校密不可分。他说:"兴学校,养人才,以强中国,唯变科举为第一义,大变则大效,小变则小效。"并设计了上策、中策和下策三种方案以供采择。所谓上策,是将科举合并于学校,具体做法是:"自京师以讫州县,以次立大学小学,聚天下之才,教而后用之。入小学者比诸生,入大学者比举人,大学学成比进士;选其尤异者出洋学习,比庶吉士。……庶吉士出洋三年,学成而归者,授职比编检。"③这实际上是一套废科举兴学校

---

① 梁启超. 学校余论[M]//梁启超. 变法通议. 何光宇,译注. 北京:华夏出版社,2002:133.
② 梁启超. 国民十大元气论[M]//梁启超. 饮冰室合集·饮冰室文集之三. 北京:中华书局,1989:61.
③ 梁启超. 论科举[M]//梁启超. 变法通议. 何光宇,译注. 北京:华夏出版社,2002:47—66.

的方案,除保留科举的各级科名外,科举实体已不复存在。

但由于守旧势力的阻挠,科举不可能骤然停止,客观上学校一时也难以普遍设立,因此他又提出了改革科举的中策。所谓中策,是指科举仍然举行,但取法汉唐,杂取前代之制度,拓宽科举科目,在以考帖括为主的进士科之外,另设明经、明算、明字、明法、使绝域、通礼、技艺、学究、明医、兵法等科。"明经一科,以畅达教旨,阐发大义,能以今日新政证合古经者为及格;明算一科,以通中外算术,引申其理,神明其法者为及格;明字一科,以通中外语言文字,能互翻者为及格;明法一科,以能通中外刑律,斟酌适用者为及格;使绝域一科,以通各国公法、各国条约章程,才辩开敏者为及格;通礼一科,以能读《皇朝三通》《大清会典》《大清通礼》,谙习掌故者为及格;技艺一科,以能明格致制造之理,自著新书,制新器者为及格;学究一科,以能通教学童之法者为及格;明医一科,以能通全体学,识万国药方,知中西病名证治者为及格;兵法一科,以能谙操练法程,识天下险要,通船械制法者为及格。"在考试方法上,则不拘于传统的乡试、会试、殿试的单一程序,可以采用特诏,或通过上策、著书等途径显于朝廷而获取功名。科举对象不管是来自岩穴之间、乡邑之内,还是西学诸馆以至出洋留学的学生,都可以"因此以自达"。

所谓下策,是在不变革程序,不增加考试科目的情况下,各场考试中增加实学的内容,如统考时务要事、算法、格致等艺学、中外史学、历代五洲治乱存亡之故,再任考天、算、地、舆、声、光、化、电、农、矿、商、兵等专门学等。

虽然在此之前,已有人提出过改革科举制度的建议,但梁启超的《论科举》无疑是当时最详尽和系统的改革科举考试的方案,在以后的戊戌变法和清末"新政"期间对科举的改革中,我们仍可以看到梁启超关于改革科举上、中、下三策的影子。戊戌变法中对科举的改革实际上是梁启超的下策,1905年废科举,实施的实际上是梁启超的上策,而1905年之后针对留学生、新式学堂学生进行考试并赐予各科科名以及针对社会文化名流赐科名的做法,也与梁启超在中策中的某些建议相吻合。

3. 论师范教育

《变法通议·论师范》是中国近代教育史上首次对师范教育进行论述的专题文章。文章对新、旧学堂的教师状况进行了分析,指出当时的府州县学、书院和蒙馆等传统学校的教师都是一些不通"六艺"、不读"四史"的人,更不了解西学的最基本常识,让他们做学校的教习,"是欲开民智而适以愚之,欲使民强而适以弱之也"。而新式学堂中聘请的外国教习又存在诸种弊端,如:(1)言语不通,转译费时,效率低下;(2) 聘金昂贵;(3) 学问粗陋,滥竽充数。梁启超认为,中国急需普遍设立中、西学兼习的新式学堂,但不能依靠上述两类人,根本的解决办法是设立师范学校,培养符合时代要求的教师,"故夫师也者,学子之根核也。师道不立,而欲学术之能善,是犹种莠而求稻苗,未有能获者也","故师范学校立,而群学之基悉定"。

至于师范学堂的具体设置方法和课程安排,他主张参照日本并结合中国的国情。他指出,应在办理大学堂之前,自京师以及各省府州县,同时设立小学和师范学堂,师范学堂的学生同时兼任小学堂的教习,以后逐步提高师范生的程度,以至于可以担任中学堂和大学堂的教习。师范学堂的课程应包括"六经"大义、历朝掌故、文字源流、列国情状、格致专门、诸国文字等基础学科。另外,他认为有关"诲人之术"和"为教之道"的微言妙义,已略具于中国古代的《学记》,应加以发掘利用。

梁启超倡导师范教育,不仅是从教师职业的特殊性出发,强调对教师进行专门培养,更重要的目的是希望通过广设师范学校,统一课程设置,培养一批在知识结构和思想观念上都符合维新要求的新教师,推动维新教育活动的全面开展。

4. 倡导女子教育

重视女子教育是梁启超维新教育思想的重要内容。1896年,他就在《时务报》上发表了《记江西康女士》一文,以介绍中国早期女子留美学生康爱德的经历和优异成绩为由头,号召发展女子教育。在《变法通议·论女学》一文中,他更系统地论述了女子教育问题。他从女子自养自立、成才成德、教育子女、实施文明胎教等方面揭示了女子教育的必要性。

第一,教育可以助女子自养自立。女子不接受教育,不能各有职业以自养,往往依赖他人而生活,大者影响国家的富强,小者影响女子自身人格的独立。中国"女子二万万,全属分利,而无一生利者。唯其不能自养,而待养于他人也,故男子以犬马奴隶畜之,于是妇人极苦。唯妇人待养而男子不能不养之也,故终岁勤动之所入,不足以赡其妻孥,于是男子亦极苦"。

第二,教育可以助女子成才成德。他批判传统"女子无才便是德"的观念,认为女子不受教育,正是其心胸狭窄,影响道德人格发展的根源。"凡人之鄙吝也,忿争也,必其所见极小,目光心力,尽日营营于此极小之圈限中,以生此弊也。使其人而知有万古,有五洲,与夫生人所以相处之道,万国所以强弱之理,则其心也,方忧天下下悯众生之不暇,而必无余力以计较于家人妇子事也。今夫妇人之所以多蔽于彼者,则以其于天地间之事物,一无所闻,而竭其终身之精神,以争强弱讲交涉于筐箧之间,故其丑习,不学而皆能,不约而尽同也。"

第三,女子教育有利于子女的家庭教育。"孩提之童,母亲于父,其性情嗜好,唯妇人能因势而利导之,以故母教善者,其子之成立也易;不善者,其子之成立也难,……苟为人母者,通于学本,达于教法,则孩童十岁以前,于一切学问之浅理,与夫立志立身之道,皆可以粗有所知矣。"

第四,女子教育有利于胎教和人种进化。梁启超从进化论的角度认为,女子通过教育习得的文明素质可以遗传给后代,学校体育也可以使女子的身体得到健康协调的发展,有利于孕育健康强壮的后代。

他还认为,接受教育是女子的天赋权利,更是男女平等的保障。他认为,女子有耐心、喜静、心细等特点,与男子相比,各有所长,可以相互补充,有些职业适合女性去承担,中国应充分开发和利用女性这一巨大的人才资源。

梁启超通过考察世界各国的情况得出结论,女子教育的发展水平反映国势的强弱,中国欲救亡图存,由弱转强,就必须大力发展女子教育,但发展女子教育又必须从破除女子缠足的陋习,给女子行动的自由开始。1898年,他积极参与中国第一所女学——经正女学的筹办,以实际行动推动女子教育的发展。

5. 改革儿童教育

在戊戌变法前,西方心理学和教育学知识已零星传入中国,在《变法通议·论幼学》一文中,梁启超通过对中、西方教学方法进行比较,提出对中国儿童教育进行改革的建议。他比较了中、西儿童教育的差异,如:(1)西人强调由浅入深,由易到难,循序渐进,"先识字,次辨训,次造句,次成文,不躐等也"。而中国则"未尝识字,而即授之以经。未尝辨训,未尝造句,而即强之为文"。(2)西人注重儿童的学习兴趣,如采用演戏法、说鼓词、歌谣、音乐等儿童乐知、乐闻、易上口、易索解、无厌苦的形式进行教学,且"不妄施扑教"。(3)西人重视理解,而"中国之教人,偏于记性也,……唯苦口呆读,必求背诵而后已"。另外西人注意用实物教学、直观教学,而中国只注重言语文字等。同时,他指出中国古代《学记》等书已对教学之道有所认识,只是近世尽失古意。他建议中国应从编写儿童教学用书入手对儿童教育进行改革,应编的书包括:(1)识字书。选择实用的字,采用合理的方法进行编排,让儿童尽快识得约二千个常用字。(2)文法书。教儿童联字成句,联句成篇的方法。(3)歌诀书。将当前各种知识,选择切用者,借鉴中国古代的经验,编成韵语。(4)问答书。与歌诀书相配合。歌诀助记忆,问答通过设问以发明之,引导学生理解。(5)说部书。文言合一,采用俚语俗话,广著群书,包括圣教史事等,让儿童阅读。(6)门径书。开列儿童应读书目。(7) 名物书。即字典。梁启超还为以上七类书各应包括的学科内容作了说明。

在《变法通议》中，梁启超还专篇讨论兴办学会、翻译西书等问题，希望借助学会联络新学人才，互通声气，通过大量翻译来扩充西学的学习材料。

《变法通议》论教育诸篇诞生于维新思想活跃的上海，梁启超在写作中，得益于上海东西交汇、新学人才荟萃、得风气之先的文化环境，广泛汲取了西方教育的新知学理，赋予中国历史文献以时代新意。因此他所提出的教育改革建议多能东西会通，措施具体而观点新颖，不仅系统阐述了维新派的教育改革思想，成为维新运动中教育改革的理论依据，并且其影响更及于清末"新政"时期的教育改革。

第二节　维新教育实践活动

维新运动期间，改良派人士一方面通过兴办学会和发行报刊等社会教育的形式来宣传维新变法思想，另一方积极创办新式学堂，以实践其改革学校教育的主张。由于上海为南北交通之汇、士大夫来往频繁的城市，因而成为维新派开展维新宣传和教育实践的重要基地。

一、兴办学会，发行报刊

康有为等人在北京创立强学会后，因考虑到上海是"士大夫所走集"之地，又于1895年11月在上海酝酿发起成立"上海强学会"，并于1896年1月在上海王家沙正式成立，用以策应北京的变法活动，并推广"强学会"的活动形式。

根据《上海强学会章程》，上海强学会"专为中国自强而立"。其活动内容是，"聚天下之图书器物，集天下之心思耳目，略仿古者学校之规，及各家专门之法，以广见闻而开风气，上以广先圣孔子之教，下以成国家有用之才"。具体有四项任务：一是译印图书，以便人们学习西学。"欲令天下士人皆通西学，莫若译成中文之书，俾中国百万学人，人人能解，成才自众，然后可给国家之用。"二是刊印报纸。"今之刊报，专录中国时务，兼译外洋新闻，凡于学术治术有关切要者，巨细毕登，会中事务附焉。"三是设立图书馆。"今合中国四库图书购钞一分，而先搜其经世有用者，西人政教及各种学术图书，皆旁搜购采，以广考镜而备研求，其各省书局之书，皆存局代售。"四是开办博物院。"凡古今中外兵、农、工、商各种新器，如新式铁舰、轮车、水雷大器及各种电学、化学、光学、重学、天学、地学、医学诸机器，各种矿质及动植种类，为备购，博揽兼收，以为益智集思之助。"①

上海强学会成立后,首要任务就是办报纸,于是,《强学报》作为上海强学会的会刊于 1896 年 1 月 12 日创刊,纪元署"孔子卒后二千三百七十三年"。《强学报》仅发行 5 天,出版两期,即同京、沪两地的强学会一起遭到查禁。在首期《强学报》中,除刊载了《强学会序》《上海强学会章程》外,还刊载了《论会即荀子群学之义》和《开设报馆议》两文,指出了开设学会和创办报纸的重要性,并罗列了设立报馆的六大好处,"一、士大夫可通中外之故,识见广,人才日练,是曰广人才;二、公卿耳目渐广,兵事敌情渐熟,办事立约,不至大误,是曰保疆土;三、变法当顺人心,人人以为然,则令若流水,是曰助变法;四、士夫终日从公,余则酬酢,绝无暇日读书,有报则每日一张,各学皆有,日日增长,是曰增学问;五、吏史上闻,不敢作奸,是曰除舞弊;六、小民疾苦,纤总皆知,是曰达民隐"。

上海强学会和《强学报》虽然只存在了短暂的时间,但所产生的影响证明了兴办学会和发行报刊在传播新学、促进维新方面的重要意义,起到了很好的宣传效果。之后,各地维新人士发起成立的学会和出版的报刊有如雨后春笋般不断涌现,上海也出现了不同类型的学会和报刊,主要有下列数种(见表 8-1 与表 8-2)。②

表 8-1　维新运动时期上海主要的学会

名　　称	成立时间	发起人或主持人	宗　　旨
上海强学会	1896 年 11 月	康有为	"专为中国自强而立""鉴万国强盛弱亡之故,以求中国自强之学"。
上海农学会（务农会）	1898 年冬	罗振玉、蒋黼、徐树兰、朱祖荣等	"采用西法,兴天地自然之利,植国家富强之原。""将以广树艺,兴畜牧,究新法,浚利源。"使"中国士夫咸知以化学考地质,改土壤,求光热,以机器资源共享灌溉,精制造之法之理。""俟树艺术畜牧渐著成效,即设厂制造,如造糖,酿酒各事。"
新学会	1896 年	叶耀元	"取《大学》新民日新之义",讲求自然、政、医药、博物等"新理新法"。

---

① 康有为.上海强学会[M]//康有为.康有为全集(第二集).上海:上海古籍出版社,1990:196—200.
② 汤志钧.维新运动在上海[J].学术月刊,1988(10).有少量增删。

续表

名　称	成立时间	发起人或主持人	宗　旨
算学会	1896年	叶耀元	讲求数学。《新学报》1897年8月刊布的《公启》谓："客岁自然就海上设算学会。"
不缠足会	1897年	梁启超、谭嗣同、汪康年、麦孟华等	"缠足之风，本非人情所乐，徒以习俗既然久，苟不如此，即难以择婚，故特创此会，使会中同志，可以互通婚姻，无所顾忌，庶几流风渐广，革此浇风。"
蒙学公会	1897年	叶瀚、汪康年等	"务欲童幼男女，均沾教化为主。"立会本旨凡四：即会、报、书、学。拟立童蒙师范学和幼童养育学两馆，以致扩大为中学专门之学。"会议先以书报为起点，而以学会为归宿。"
译书公会	1897年	恽积勋、恽毓麟、陶湘、董康	"志在开民智，广见闻，故以广译东西切用书籍、报章为主，辅以同人论说。"
医学善会	1897年	龙泽厚、吴仲弢等	以为"保民必自医学始"，故"开医会以通海内海外之见闻，刊医报以甄中法西法之美善，立医学堂选高才之士以究其精微，设医院循博施之义以济贫乏"。
中国女学会	1898年	沈和卿等	"专教吾华女子中西书实与一切有关实用算乐律等学，采仿泰西东瀛师范，以开风气之先"，并议设女学堂。
工商学会	1898年	汪大钧	"开通迎风气，考求规则"，振兴工商业，收回利权。 注：此会设于工商学报馆。

表 8-2　维新运动时期上海主要的报刊

报刊名	成立时间	发起人或主持人	刊　期	宗旨和内容
《强学报》	1896年1月12日	康有为	五日刊	与"上海强学会"宗旨同。
《时务报》	1896年8月9日	汪康年、梁启超	旬刊	以"变法图存"为宗旨。
《农学报》（亦称《农会报》）	1897年5月	罗振玉、蒋黼等	初为半月刊，次年起改为旬刊	"拟翻译东西文农书农报。"分奏折录要、各省农事、西报选译、东报选译、农会博议诸栏；还译有农学入门、蚕桑问答、农学初阶。

续表

报刊名	成立时间	发起人或主持人	刊期	宗旨和内容
《集成报》	1897年5月6日	陈念萱	旬刊	报刊众多,"纵观非易,遍购又难",于是"专集各报,节其所长,去其所短,取其所是,缺其所非,类聚群分,都为一册"。
《富强报》	1897年5月21日	程甘园	五日刊	"近鉴日本以考其变法之所由,远摭欧美以探其立法之所本。屏已往之陈言,抒维新之末议。""务期利兴弊革,庶贫转为富,弱转为强,爰命曰《富强报》。"
《新学报》	1897年8月	叶耀元	半月刊	"专为振兴教育,切磋人才起见。""拟先将算、政、医药、博物四种新理新法依次刊出。"注:新学会成立后"作辍者屡","复自发愤",创办此报。
《萃报》	1897年8月28日	朱克柔	周刊	"尽集群报,撷其精英,汰其糟粕,以飨天下。""甄录群报",分谕折、章程、中国要务、外国要务、路透电音,以及中外新闻等栏,也附"通论"。
《实学报》	1897年8月28日	王斯源、王仁俊、章太炎	旬刊	"以讲求学问、考核黄素名实为主义,博采通议,广东省译各报,内以上承三圣之绪,外以周知四国之为。"有《实学平议》《实学通论》,下为英、法、日文报译。
《求是报》	1897年9月30日	陈季同、陈寿彭、陈衍	旬刊	"取各省紧要成案、各使馆档案,分类编纂,仿各史纪事本末及近人中西纪事体裁,特删繁就简。"内编分交涉、时事、附录;外编分西报、西律、制造、格致、泰西稗编诸门。所译分四类:一、各国新闻;二、格致学;三、律学;四、西人著述。
《译书公会报》	1897年10月26日	恽积勋、陶湘、章太炎	周刊	取东西文报章,"译以华文,冠之简端"。分"西报汇译""东报汇译",以及《交涉纪事本末》等专书译述,另有文编。注:译书公会主办。

续表

报刊名	成立时间	发起人或主持人	刊 期	宗旨和内容
《蒙学报》	1897年11月	叶瀚等	周刊	报分两类:"一为母仪训育之法,一为师教通便之法。"母仪训育分养育、劝育、仪范、演习四目;师范通便分字课、物理、方名、智学、史要、时事六目。以启蒙为主,也译述西文通俗儿童作品。 注:蒙学公会出版。
《演义报》	1897年11月	章伯初、章仲和		系通俗文字,"使成童以上学童育焉"。
《时务日报》	1898年5月5日	汪康年	日报	以记载中外大事,评论时政得失为主,欲"转环时务,广牖见闻",并注意革新,增加材料,分类编辑。 注:时载《时务报》已盛行,而月止三册,故办此报。后改名《中外日报》。
《亚东时报》	1898年6月25日	日本乙未会主办,山根虎之助编辑	月刊	"扩兴亚之愿,启中国之蒙。"第六号起分"论说""来稿""杂录""汇译""诗赋""附录"诸栏。 注:第六号起由唐才常主编,第七号起改为半月刊。
《昌言报》	1897年8月17日	汪康年、梁鼎芬	旬刊	与后期《时务报》版式、内容相同。 注:《时务报》改为官报,另办此报。
《中外日报》	1897年8月17日	汪康年	日报	《时务报》改为官报,《时务日报》改为本报。
《工商学报》	1898年9月	汪大钧	周刊	"以振兴工商业、收回利权为宗旨,首详中国商政及各种工艺商务情形,凡各省物产、生产丰歉,制造盛衰,销数旺淡,出口多寡,均应详细采访,按期登录。至各省如有新创工艺,新制货物,无论精粗优劣,尤必速为登报,并察其是否精美,能否行销,著为论说。" 注:以上海"商务最盛,为中西商务适中处所",故设在上海,"并非专重上海","实为通国工商而设"。馆中设工商学会。

上述学会和报刊很多都是相互配合、互为依存的。通过学会以联络"士群",发行报刊以配合宣传。办报是学会的首要任务之一,通过报刊又起到宣传学会的作用。许多学会就是办报的主体,而报馆常常又是学会设的活动场馆。

从区域比较来看,维新时期上海的学会和报刊具有数量多、种类全、开创性的特点。据学者统计,维新运动期间,全国先后成立过 78 个学会,其中有 17 个在上海;①1895—1898 年,维新派在全国各地共创办了近 40 种报刊,其中 27 种在上海创办、发行。在这些学会中,有以宣传维新变法为宗旨的,如上海强学会;有以"振兴工商业"为主要内容的,如工商学会;也有专门学会,如农学会、算学会、医学善会;还有研究教育童蒙的蒙学公会和以翻译为主的译书公会;有提倡女权的不缠足会和中国女学会。报刊也是如此,有政论性的,有专门性的,刊期由日报至月刊都有。其中的许多报刊在中国报刊史上具有开创性的意义,如《农学报》是我国最早的农学刊物;《译书公会报》是中国第一份由民间人士自办的译书专刊;《蒙学报》《演义白话报》是我国近代最早的白话文刊物;《集成报》《萃报》是我国最早的文摘性刊物,等等。

在诸多报刊中,《新学报》和《蒙学报》堪称教育类专业刊物。《新学报》由新学会主办,1897 年 8 月 7 日创刊,册报,初为半月刊,后改为月刊,但第五册以后就脱期,而第七册竟与第六册相距一年多时间才出版,以后就未见续出。今天所见到的共有七册,其中最后一期是 1898 年 12 月出版的。该报以传播自然科学知识为宗旨,认为"苟非兴学,民不能立;苟乏人才,国无自立"。内分算学、政学、医学、博物四个栏目,在政学栏目中先后刊出《学校新章》《万国律例撮要序》《国子监奏请增置算学助教员缺折》等文章,以宣传维新变法、提倡教育革新为主要内容。但主要栏目为算学、博物,其中又以算学部分最为丰富。算学部分除刊出中国学者关于数学的研究心得外,还刊出《算学浅题》以征答,其后再刊出《算学会课艺》等解答,颇似一份算学学习指导刊物。博物部分以刊载各种自然常识为主,也刊载部分中国和世界的名胜图片,如大清都城、万里长城、小姑山、回妃陵寝图、长江帆影、天下第一山(希马腊山)②等,有利于培养读者热爱祖国、热爱自然的情感。医学部分以刊载一些医学、卫生小常识为主。这是一份颇适合新式学堂师生和关注新学的阅读群的刊物。该报总撰述为吴县人

---

① 张玉法.清季的立宪团体[M].台北:"中研院"近代史研究所,1971:199—206.
② 指喜马拉雅山。

叶耀元(字子成),是当时著名的算学家,著有《中西算学大成》,曾从学于近代改良思想家王韬。《新学报》因经费短绌停办后,叶耀元应聘入《蒙学报》报馆,担任算学撰述和强国总撰述。

《蒙学报》于1897年11月24日创刊,蒙学公会编印,周报。蒙学公会由叶瀚、曾广铨、汪康年、汪钟霖联合倡设,是中国第一个研究儿童教育问题的团体。蒙学公会在四个方面进行努力:其一,立会,"连天下心志,使归于群";其二,办报;其三,编书,译编浅显通俗的儿童教科书;其四,创办儿童师范学校。四者之中,"先以书报为起点,而以会学为归宿",①并提出要先出书报,后办学堂,编印《蒙学报》是蒙学公会所办的第一件大事。《蒙学报》以启蒙教育为主,分上下两编,上编专供5~7岁儿童阅看,下编供8~13岁儿童阅读,尽量传播一些新知识,以补"旧时启蒙教法之未善"。出版的第二年正值戊戌变法兴起,清廷下诏废除八股,《蒙学报》立即在下编添教13岁以上教材内容,并改为旬刊,分上、中、下三编。主要内容有幼儿训育、少儿师范教育、妇学、东西各国报章选译等,并刊有图说。这是维新运动期间一份难得的以学龄儿童和教师、家长为阅读对象的刊物。

维新派以学会为阵地,以报刊为传媒,打开了一个广阔的以面向成人为主的社会教育渠道。通过这些渠道,讲西学,论国事,宣传变法主张,抨击封建势力,进行维新思想启蒙,普及专业知识,与维新学堂相互补充,起到了扩大教育面,开民智、新民德的作用。

二、三等公学与育材书塾

1878年张焕纶创办的正蒙书院(后改为梅溪书院)是近代上海最早在私人办学中引入新式教育内容的教育机构,以后表现出这种变革倾向的还有吴会书院。这些书院虽然引入了新式教育内容,但在办学形式上对传统书院尚未有明显突破。维新运动兴起后,这类学堂较前期有了明显的变化,一般都公布有正式的学堂章程,明确规定了教学内容和分年课程计划,并参照近代学校的分级模式对学堂进行等级定位,并规定年级制度,可谓具有了近代学校的形式。这类学堂出现较早的主要有三等公学和育材书塾。

三等公学由钟天纬创办。②"三等"是相对于"头等学堂"和"二等学堂"的称谓,程度相当于现在的小学,因为后来"头等""二等"没有成为学校程度

---

① 中国史学会.戊戌变法(四)[M].上海:上海人民出版社,1953:458.
② 钱曼倩.钟天纬与上海三等公学[J].华东师范大学学报(教育科学版),1985(3).

的通称,近代被称为"三等公学"(也称"三等学堂")的只有钟天纬所办的这一所,故中国近代教育史上所说的"三等学堂"乃专指钟天纬所办的小学堂。钟天纬热心教育工作,他在山东机器局工作期间,曾被山东徐仲虎聘为家庭教师,在上海制造局工作时,"公余课子自遣",亦教家族子弟,都试验用新法教授。他于1884年任教于上海格致书院;1887年受到盛宣怀的赏识,赴烟台,委为烟台矿学堂监督;1892年又去武昌任自强学堂监督。他任学堂监督期间,特别重视格致课程,亲自讲课,认为"科学为泰西富强之源,制造学问悉由于此"。

上海三等公学创办于1896年。1896年初,盛宣怀正筹办南洋公学,三等公学的学生亦有以后升入南洋公学中院的意思。三等公学内分蒙馆、经馆两级,挑选聪俊子弟分班学习。蒙馆招收8~10岁子弟,学习3年,以识字明义为主,必须烂熟3 000个音义字,由浅入深地掌握九百课书,方可升入经馆。经馆选拔蒙馆学生入学,年龄为11~13岁,学制亦为3年。凡在别馆读书,华洋文义并通,学业成绩优异的,也可直升三等公学经馆,但年龄不得超过15岁。经馆除学习经书、史鉴、史地外,必须学习洋文,方可选送南北洋二等学堂。无论蒙馆、经馆,都学习算法,作策论,不作八股试帖。设有体操唱歌课程,这也是新式学堂所特有的(见表8-3和表8-4)。作息制度亦参照西方学校,上课一点钟,歇息十分钟,有了课间休息的规定。

表8-3 三等公学蒙馆课程表

	识 字	读 书	讲 书	写 字	算 法	体 操	唱 歌
第一年	每日识方字至多以二十字为限,随讲字义,共识三千字为度	选学堂日记、二十四孝、二十四悌、感应篇、阴骘文图说为读本	即讲以上三百课。令学生逐课还讲	写润红格,仍识过方字为模范	学加减乘除笔算、心算	每晚放学,园中散步,以畅天机,以舒筋骨	宜取各种浅近之歌教以讴唱,以瀹其性灵,舒其志气
第二年	仍温旧方字三千个,逐字将音义一齐说出,仍添新字	选字语及子史中文理浅近者编成三百课读之	即讲以上百课,并温上年讲过三百课	写映格仍用识过方字为模范	学开方	同上	同上

	识 字	读 书	讲 书	写 字	算 法	体 操	唱 歌
第三年	仍温旧方字三千个,字音与字义一齐说出	选国策、国语、史记、汉书等文理稍深篇幅稍长者三百课读之	即讲以上三百课兼温前二年所讲之六百课	写脱格仍用识过方字为模范	学立方	同上	同上

以上三年,只讲小学字义,立蒙养之功,如八岁入塾,期满后,不过十龄耳。再拨入经馆,授以经学史学兼英文算学

表8-4 三等公学经馆课程表

	英 方	华 文	讲 书	作 文	算 法	体 操	唱 歌
第一年	识英文方字,拼法字义	读四字书,逐课讲解。仍令还讲	即讲四字书兼及史学	初学操觚,先做句字渐写尺牍	学平面量地法	每晚放学,园中散步,以畅天机,以舒筋骨	宜取各种浅近之歌教以讴唱,以瀹其性灵,舒其志气
第二年	仍识英文方字,讲文法初阶	读五经,逐课讲解,仍令还讲	即讲经义兼及汉学	渐作小篇论说,由数十字扩充至一二百字	代数	同上	同上
第三年	讲解英文文法,读各种英文读本	读三传及国语、国策、史、汉	即讲古文作法及性理诸书	写作史论策论	形学	同上	同上

以上三年,英文已窥门径,华文亦已通顺,期满后不过十三龄耳。或送入南北洋大学堂肄业,或经送出洋肄习专门之学

  三等公学不使用《三字经》《千字文》这类旧教材,但鉴于当时新的教科书"善本不易得",钟天纬亲自编定教科书十二册,分别为《字义》《歌谣》《喻言》《故事》《智慧》《格言》《女鉴》《经余》《格致》《史略》《文粹》《词章》。以白话编纂,适合初学儿童,一反旧教材艰深难懂的旧习,使学生读来只觉其乐,不觉其苦,所以又取名《读书乐》。读了这些书,使学生如"得镜照之,昧者斯明",所以

这些教材又称为《蒙学镜》。

三等公学用新法教授,教学效果显著。钟天纬在《蒙学镜》序言中说:"中土不讲教法者逾二千年,故幼学晦而人才鲜也。"他认为当今兴学育才的关键在"倡新教授法"。他撰写了《学堂宜用新法教授议》和《训蒙捷诀》两篇,呼吁用新法教授。即认字从儿童生活口头言语入手,能使"声入心通",儿童既能认得,又有乐趣。解字也运用口头言语解释四书五经之字,如奔,走也;晨,早也;夕,晚也。这种教法符合儿童具体思维的特点。写字,要求根据汉字结构,学习西方讲拼法调音,先学一划一竖一撇一捺,然后拼成全字,从分析到综合,这也是掌握书写汉字的有效方法。默写和作文相结合,不再是呆板地默所读的书。而是将口头言语的字串成语句,然后用几句连成一件事,让学生照默,与旧私塾的教法大相径庭。

钟天纬办三等公学可以说是与盛宣怀在天津、上海办学活动相互影响相互配合的一个结果。首先,钟天纬历来和盛宣怀关系密切,他办新式学堂的想法早就和盛宣怀商议过,他在为创办三等公学所写的《公塾原启》中说:"纬家居无俚,曾倡新法教授议,颇为经莲山太守所击赏,转呈盛杏荪观察,亦甚以为然。"①其次,钟天纬的三等公学在程度和名称上也是为了和南洋公学的中院和上院,北洋公学的二等学堂和头等学堂相衔接和配合,所以《公塾原启》中明确提到:"俟学有成效,即送南北洋大学堂,此亦诸生一腾踔之路也。"②但从办学时间上看,三等公学早于南洋公学的外院,可以说是上海按照近代学校系统观念建立的第一所小学。

育材书塾也是创办于1896年,创办人为上海廪贡生王维泰。王维泰对新式教育的观念可以说来自钟天纬。据曾襄助办理该学堂的姚明辉记载:"王维泰,字柳生,上海廪贡生,住于松江府城。……维泰平素好上条陈,言其兴学育材策,大旨议旧书塾加课洋文、授算学云云,实类梅溪、广方言馆办法于书塾。陶森甲见之,代递制军。旋传语,何妨试办以观成效。维泰欣然,归而即其家塾谋立中西学堂,纠合亲友,无应者,或且笑以洋学堂,盖社会唯尊科举,以洋学堂为邪见也。维泰发愤欲成其事,谋于其家塾教师王纳善。纳善字引才,维泰延教两子已有年。纳善建议先就家塾延一英文教师加课英文,不立学堂名目,以免洋学堂之见憎。乃榜'育材书塾',得友人子弟若干,于二十二年丙申开课,其

---

① 朱有瓛.中国近代学制史料(第一辑下册)[M].上海:华东师范大学出版社,1986:577.
经元善字莲山,盛宣怀字杏荪。

② 同上:578.

后为上海南洋中学堂之蒙泉也。"①

书塾增加西学课程后,来学的人日多,1897年王维泰乃就上海大东门内王氏家祠省园内的空地,建楼七楹,增加教师,扩大学生名额,并制订了《育材书塾章程》。根据计划,学堂分正馆、备馆两级,正馆相当于中学程度,备馆相当于小学程度。正馆课程为经史、词章、掌故、算学、化学、英文等,备馆专重中文兼课英文、算学。首先开设的是备馆,有学生王宰善、王守善、王锡善、王柱善、顾维钧、朱葆康、林行规、林佩侃、赵月潭等。有女生薛锦琴姊妹,系教师薛仙舟之女。学生中年长者已近20岁,幼者也已十三四岁,共四五十人,分为两班教学。至1900年,育材书塾的正馆实际上没有开办,但备馆的很多学生就其所学而言,已大大超出小学程度。

1900年,王维泰将书塾交由其侄王植善(字培生)办理。1901年,清末"新政"兴起,鼓励开办新学堂,王植善改育材书塾之名为育材学堂,重新厘定课程,设立中文、英文、算学、历史、地理、化学等科目,并确定为中等学堂程度。因当时新式小学的毕业生稀少,故招生年龄设定为十五六岁以上。算学自开方以上、外国史地等,都用英语教学,目的是毕业后具备进入北洋大学等新式学堂学习的程度。所请教员皆当时有新思想新学识者,以同志结合,不计俸脯。1904年,育材学堂改名为南洋中学堂,在两江总督署之两江学务处立案。

三、南洋公学——国人对三段式学校模式的最早实践

由小学、中学、大学构成的三段式学校系统是近代中西方学校教育制度的基本模式。三段式学校系统模式孕育并形成于资本主义发展较早的欧洲,尔后随着资本主义的海外扩张而影响于世界,在清末教育改革中被移植到中国。

三段式学校制度的引进经历了观念引入、实践仿效、制度移植等几个不同阶段,而1897年在上海创办的南洋公学则是国人按照西方三段式学校模式创办近代学校的最早实践。

19世纪60年代以后,随着洋务运动的兴起、中国教育近代化改革进程的启动和洋务学堂的举办,一些在华传教士开始不失时机地向中国人介绍西方的学校制度和实施情况。上海的《万国公报》就是刊载此类文字的重要媒体,而西方的三段式学校观念正是这样被系统地介绍进来。其中如李提摩太在《新学》《救世教益》中介绍西方的三级学制模式时用了初学、中学、上学的概念。他写道:

---

① 姚明辉.上海早期的新学堂[M]//上海市文史馆,上海市人民政府参事室文史资料工作委员会.上海地方史资料(四).上海:上海社会科学院出版社,1986:27.

"西国近年皆重今学,其规条由初学内选上等者送入中学。迨中学学有进步,又由中学内选出众者送入上学。迨由上学内再选出众者则予以重赏。使之可以挟赀游历本国各处书院读书,并可以游历各国书院入其中以肄习焉。"①

在传教士介绍西方学校教育制度的同时,中国境内的教会学校也开始由原来低层次的小学向完整的三段式学校推进,以更现实的方式向人们展示了三段制学制模式。1877年第一次在华基督教传教士大会之后,基督教教会学校改变了过去零星分散、各自为政的状态,不仅加速了教会学校的制度化发展,也扩大了办学规模。很多学校在小学的基础上办起了中学,而后又陆续发展起了大学班级,②最早在中国境内建立了正规化的三段制学校实体。

同时,一些早期改良派人士也不断提出建立近代学制的构想,设计各不相同的学制方案。曾长期在上海生活的郑观应早在1884年就提出"仿照泰西程式,稍为变通",建立小学、中学、大学的三级学制的构想,较早勾画出三段式学制的轮廓。在他的学制设计中,"文武各分大、中、小三等,设于各州县者为小学,设于各省府会者为中学,设于京师者为大学"。大、中、小学均采取班级授课的形式,规定学习年限各为3年,以考试结果作为升学的标准。鉴于当时的现实,他提出了"变通"的方法,即将科举制的进士、举人、秀才的三级科名与大、中、小三级学校相配合。③

南洋公学是国人亲手将西方的三段式学校制度模式和早期改良派的学制改革思想落实于办学行动的典型案例,其创办人是洋务实业家盛宣怀。

盛宣怀(1844—1916),江苏武进人,字杏荪,出身功名之家,祖父为举人,父亲为进士,但盛宣怀三次参加乡试不第,遂绝意科举。19世纪70年代到90年代后期,盛宣怀一直致力于洋务事业,主持经营过轮船、矿务、电报、铁厂、铁路、纺织、银行等洋务实业,成为拥有雄厚财力的洋务买办和实业家。1892年至1896年,盛宣怀任天津海关道。1893年10月,上海机器织布局被焚,损失惨重,11月,李鸿章委任盛宣怀赴沪规复织布局。盛抵沪前,已由李鸿章奏准将上海机器织布局改为官督商办。盛宣怀抵沪后,通过招股集资,对织布局进行改造,改"局"为"厂",命名为"华盛纺织总厂",下设十个分厂。次年,"华盛纺织

---

① 钱锺书,朱维铮.万国公报文选[M].北京:生活·读书·新知三联书店,1998:118—119.
② 孙培青.中国教育史(第三版)[M].上海:华东师范大学出版社,2009:305.
③ 郑观应.考试下[M]//璩鑫圭,童富勇.中国近代教育史资料汇编·教育思想.上海:上海教育出版社,1997:77—78.

总厂"基本建成,盛宣怀总揽其事,上海更成为盛宣怀一生事业的重要基地,他自己也常往返于天津、上海及其家乡常州等地。

在办理洋务的过程中,盛宣怀深感人才的重要性。1895年,盛宣怀呈请北洋大臣王文韶在天津开办中西学堂,亦称北洋西学堂。天津中西学堂分头等学堂和二等学堂两段,并各分四班(相当于今天的四个年级),学制各为4年,共8年。其中二等学堂是头等学堂的预备学校,入学时的年龄"自十三岁至十五岁止",并须经过考核,只有"读过《四书》,并通一二经,文理稍顺者"才有入学资格。可见,尽管在其《章程》中声明"二等学堂即外国所称小学堂",①但无疑具有中学的程度,而头等学堂约相当于大专的程度。

1896年2月18日,两江总督刘坤一电请盛宣怀抄示天津中西学堂章程,以备将来仿办,此事也启发了盛宣怀尽早在上海办一所学堂的想法。3月底,刘坤一招盛宣怀赴江宁(南京),商议"新政"条陈。见面时,盛宣怀面陈了在上海开办学堂等事项,得到刘坤一的赞同和批准,于是即在上海开始筹建"南洋公学"。

1896年春,盛宣怀在上海南市高昌庙购买了一块土地,捐给公学作为学校基地(后因地势潮湿等原因未用,另外购买了徐家汇一片基地),由他督办的招商轮船局、电报局的商捐每年筹集白银10万两,作为公学的筹备和常年经费。1896年10月31日,盛宣怀向朝廷呈奏了《条陈自强大计折》。②奏折在系统叙述筑路与练兵、理财、育才对于强国的重要意义及其措施的同时,附呈了《请设学堂片》。该片报经刘坤一同意,这就是创办"南洋公学"的备案折片。不久,盛宣怀又呈奏了《筹建南洋公学及达成馆舍片》和《筹集商捐开办南洋公学情形折》③,使筹建"南洋公学"和以轮、电两局商捐为公学经费等得到清廷最高当局的正式确认。由盛宣怀亲自任"南洋公学"督办,聘任三品衔分省补用知府何嗣焜为公学总理,聘任前南京"汇文书院"院长美国人福开森(John Calvin Ferguson)为监院,聘任原"正蒙书院"创办人张焕纶为中学总教员。在聘任一批教员、司事和其他人员后,南洋公学借校址对过东南一带的民房为临时校舍,于1897年4月8日正式开办了师范院。按照后来公布的《南洋公学章程》,公学设立了师范院、外院、中院和上院,共四院。

---

① 天津中西学堂二等学堂章程[M]//朱有瓛.中国近代学制史料(第一辑下册).上海:华东师范大学出版社,1986:497.
② 朱寿朋.光绪朝东华录[M].北京:中华书局,1958.
③ 西安交大档案馆,西安交大馆藏军机处录副档复制件,第1—3号.

开办初期,师范院约有学生 40 名,年龄在 20—35 岁间,多为举、廪、贡生。因学生于国学素具根底,所以国学并不上课,而是根据自己的情况,任选经史集以自行研究,遇有疑难时才就正于总教习。外国文学课程开设有英文、法文,后来因准备留学日本,又开设了日文。其余课程有数学和格致二门。数学课本有笔算数学、代数备旨、形学备旨、八线备旨等,从这些课本可以了解其数学教育的程度,但学生一般都没有学完这些课程,多学到代数即告结束,只有张景良一人学至八线。格致课程主要为理、化,另外有科学教育及动、植、矿、生理、地理等。到 1903 年师范院停办,就学于师范院的学生先后有 72 人。

1897 年秋,南洋公学外院成立。根据《南洋公学章程》,外院相当于小学,但首次招生时,外院学生则不能和一般的小学生相提并论。1897 年秋招收的 120 名外院学生,入学时年长者已十七八岁,幼者十二三岁,"国文因受过家庭的训练,程度大都已楚楚可观,所缺的是时务上的学科"。① 有的学生只读了一年就升入中院(中院因此设立),1899 年夏合格者全升了中院,不合格者另行进修后也于这年冬升入了中院,所以外院只办了两年多就停办了,②到 1901 年春才又设立了代替外院的附属小学。③ 南洋公学外院初设时还有作为师范院实验小学的性质,教师由师范院学生轮流派任,师范院学生朱树人还为外院编辑了蒙学课本,直到 1901 年附属小学设立仍被选用,课程主要有国文、数学两种。

1898 年春,中院成立。课程有国学、外文(英文、法文、日文)、数学、史地、博物、理化、法制、经济等课。同年 6 月 12 日,盛宣怀在向朝廷呈奏的《筹集商捐开办南洋公学情形》折中,附奏了由公学总理何嗣焜亲笔拟定的《南洋公学章程》。该章程确定公学的办学宗旨是"以通达中国经史大义厚相植根柢为基础,以西国政治家日本法部文部为指归,略仿法国国政学堂大意。……其在公学始终卒业者,则以专学政治家之学为断"。可见,南洋公学的最终目的是要培养"政治家",不过当时所谓的"政治家"是指一般政府机构和实业机构的管理和业务人员。对于那些在算学、化学、格致等学中表现出突出兴趣和才能的学生,则让他们"各认专门",在完成基础学习后,再送专门学堂学习,可见南洋公学当初计划中并不培养理工科专门人才。在这个章程中,还明确公学分立师范院、外院、中院、上院四个院,即师范、小学、中学和大学四个部,以及各部之间的关系和学习年限。

---

① 朱有瓛.中国近代学制史料(第一辑下册)[M].上海:华东师范大学出版社,1986:547.
② 同上:527.
③ 同上:529.

1899年,南洋公学校舍正式落成,各院迁入。1901年,南洋公学设立特班,聘蔡元培为总教习,学生主要从院外考选录取,共四十人。同年还设立有政治班,主要从本学中院升入,也是对章程规定的教育宗旨的落实。特班和政治班属上院程度和专门教育性质。至此,南洋公学设立四院的办学计划得到全面落实。

南洋公学的外院、中院、上院大略分别相当于小学、中学、大学,三级相互衔接,依次递升,具有近代三级学制的雏形,可以说是三段式办学模式在中国的最早实践。在清末颁布学制之前,南洋公学的办学实以中院为主体,其外院和上院的实施并不完全,这也是教育改革年代新旧交替的通常现象,但整体上三段式形式的轮廓无论在规划上还是在实施中都清晰可见。南洋公学的办学实践,可以说是三段式学校模式在中国近代由观念向制度过渡的实体中介。

四、经正女学及其对女子教育的开创性意义①

中国境内最早的女学是1844年英国女传教士爱尔德赛(Aldersay)在宁波创办的宁波女塾,它是西方殖民教育的产物,此后教会女学不断发展。近代第一所由国人自办的女子学堂,则是由经元善等人发起,于1898年5月在上海创立的经正女学。

从19世纪七八十年代开始,一些有识之士就开始向国人发出注重女学的呼吁,维新运动以后,倡导女子教育成为维新教育思潮的一个重要内容,而经正女学正是在维新思潮的推动下创立的,其中经元善起到了主要作用。

经元善(1821—1903),字莲珊,又字莲山,浙江上虞人,年轻时来沪经商,长期生活于上海,热心义赈、洋务、改良等活动,创设上海电报局,任总办。他是新式教育的积极创办者,1893年,他在上海城南高昌庙创建经正书院,教授中西各学,尤注重女子教育,认为"事姑嫜子女""为国家造就人才之基础"都与发展女子教育有关。② 他还认为,创办女学可以促进男女平等,消除妇女缠足的陋习,改变妇女不从事职业的旧俗。

1896年春,梁启超在北京的维新活动遭到禁止后来到上海,创办《时务报》。1897年初,梁启超与维新人士汪康年、康广仁等发起"不缠足会",经元善任董事。"不缠足会"谋划通过会员捐款的方式设立女学校、妇孺报馆、妇婴医院等。不久又在上海成立中国女学会,积极筹办"中国女学堂"。针对有人关于"妇女以主中馈,不宜就学,恐为风俗之忧"的担心,一直热心于女子教育的经元

---

① 本目部分内容参考:陈珺.传教士与经正女学[J].西南交通大学学报(社会科学版),2004(1).
② 经元善.经元善集[M].虞和平,编.武汉:华中师范大学出版社,1988:207.

善反驳说,"西人谓吾为半教之国,乍闻之必愤惊,然细思之,非半教而何耶?"①为筹措开办经费,经元善曾写信给南、北洋大臣刘坤一、李鸿章,要求在备赈、生息项下拨三千两白银津贴女学校常年经费,又致函南北洋各督抚"援恩赐助赈例"资助创办女学堂,但是没有结果。所以女学堂的创办经费基本上属于个人资助,除经元善自己出资外,先后助资者有江苏补用知府谭嗣同、吏部主事陈三立、江苏候补道蒋德钧、礼部右侍郎志锐、前翰林院侍读学士文廷式等57人。②1897年,由经元善夫人和女学会董事出面,宴请"足以匡扶女学"的中外女士集议草拟女学堂章程事宜,并由梁启超为女学堂起草了《倡设女学堂启》和《女学堂试办略章》(也称《上海新设中国女学堂章程》),后来分别发表于《时务报》第四十五册和第四十七册。

女学堂名称在梁启超所拟的章程中称为"中国女学堂",正式开学前又发布了《中国女学会书塾章程》,可见其名称为"中国女学会书塾"。但由于实际主持开办工作的是经元善,所以女学堂开办后也被称为"经正女学"或"经氏女学"。

根据《万国公报》的记载,经正女学校舍于1898年在上海城南高昌乡之桂墅里落成,当年5月31日正式开学。最初有学生20余人。开学之初设有提调1人,总管校务。延请华教习2人,医学、女工教习各1人,西文教习1人,所有教师和管理人员均为女性。秋季开学后,聘请林乐知的女儿林梅蕊为外文总教习,兼授英语、算术、地理、图画等课程,李提摩太夫人被邀每月访问女校一次,察看学校情况,本欲邀请留学归来的康爱德和石美玉两位女士主持学堂教务,但因女学堂遵儒教为圣教,两位女士已受洗为基督徒,不愿配合,没有成功。至1898年底,已有学生40余名,当年10月31日经正女学又在城内淘沙场增设分塾,到年终也有20余名学生就读于这所分校。一时间,经正女学"声名鹊起,远方童女,亦愿担簦负笈而来"。③

经正女学以"专教吾华女子中西书史与一切有关实用医算乐律等学,采仿泰西、东瀛师范,以开风气之先,而复上古妇学宏规"为目的,课程设置偏重中国传统教育内容,兼采西学。华文功课主要采自《女孝经》《女四书》《幼学须知句解》《内则衍义》《十三经》《唐诗》《古文》等书的内容。另外学习女红、绘事、医学等。西学课程有英文、算术、地理等。在读书写字之暇,兼及体操、针黹、琴学等。

在管理上,经正女学要求"凡堂中执事,上自教习提调,下至服役人等,一切

---

① 经元善.经元善集[M].虞和平,编.武汉:华中师范大学出版社,1988:207.
② 同上:181—182.
③ 拟莺.上海创设中国女学堂记[J].万国公报,1899:125.

皆用妇人,严别内外,自堂门以内,永远不准男子闯入",严防男女之嫌;同时借鉴教会女学的管理方法,如"秉贞母之赋""行端表正""防微杜渐"。

在招生对象上,根据学堂章程规定:"立学之意义,力主平等,虽不必严分流品,然此堂之设,为风气之先,为他日师范所自出,故必择良家闺秀始足仪行海内,凡奴婢娼一切不收。"章程还规定,女学堂提倡放足,但因创办之始,风气未开,所以暂时凡有志来学的,无论已缠足和未缠足的都可招收,但规定几年之后,凡缠足的一概不收。

经正女学在创办过程中,得到不少在沪传教士和西方人士的帮助,他们或提供财力支持,或提供教学设备上的援助。如为经正女学助资的人有美国传教士林乐知,英国传教士斐理思、李提摩太、宝星电局洋总管丹国人麦拉等。许多传教士的夫人还参加了经正女学的策划,如爱约瑟夫人、海叔德夫人、斐理思太太、林乐知夫人以及驻沪领事夫人等。

正当学校办得轰轰烈烈的时候,戊戌变法宣告失败,作为新生事物的经正女学由于得不到各方的支持,处境十分困难。1900年初,经元善联合章炳麟、唐才常等上千名绅商和维新人士上书反对废黜光绪,遭通缉,逃亡澳门,经正女学更加力乏难支,终于在1900年秋季宣布停办。

经正女学虽仅存在了约两年时间,但作为近代第一所国人自办的正规女子学校,却起到了开风气的作用,为后来女学的发展做了思想上和实践上的准备。尔后,兴办女学之风在上海和全国吹开。20世纪初,上海出现了爱国女学、女子中医学校、务本女塾、城东女学、宗孟女学等多所女校。全国各地不同形式的女子学校也相继出现,如严氏女塾(1902年)、湖北幼稚园附设女学堂(1903年)等。1904年,《奏定学堂章程》虽然还明令禁办女子学堂,但是业已兴起的女学之风毕竟不是一纸条文所能禁止的,以私立名义和其他形式创办的女学仍有增无减。在清末迅速发展的形势下,《奏定学堂章程》对女学的限制也越来越不得人心,振兴女学已成为不可阻挡的时代潮流,就连慈禧太后也不得不正视这一事实,于1906年2月面谕学部,振兴女学。1907年,学部颁布《女子小学堂章程》和《女子师范学堂章程》,标志着我国女子教育终于在学制上取得合法地位。在近代女学的发展中,经正女学的首创之功不可磨灭,正如后来经元善所说:"回溯丁酉戊戌间,沪上初倡女学,是下第一粒粟之萌芽,迩闻八闽两粤,继起叠兴,是栽种一握稻子时代矣。"①

---

① 经元善.经元善集[M].虞和平,编.武汉:华中师范大学出版社,1988:379.

附：

中国女学会书塾章程①

(1898年4月)

本学会书塾设于上海城南高昌乡桂墅里,聘请名门贤淑闺秀为教习,专教吾华女子中西书史与一切有关实用医算乐律等学,采仿泰西、东瀛师范,以开风气之先,而复上古妇学宏规。其教育宗旨以彝伦为本,所以启其智慧,养其德性、健其身体,以造就其将来为贤母、为贤妇之始基。所有创办章程,同人公议,业经刊布。今以堂宇落成尚需时日,先行赁屋试办,准于四月内开学。因地因事,于原章不能不小有变通,今将启塾,理合续行刊布于左。

一、原议本塾学生十一岁以下必略识字;十五岁以下必略知文法,乃许入学,今暂不拘执年岁,只须清白良家,能遵守章程,皆可来塾肄业,或朝来暮返,或住宿在塾,均听其便。(逾数载后,仍照总章考取)

二、凡学生来塾肄业,须觅妥实保人,缮立本塾印就保单,须写明籍贯、住址。凡住塾学生,除父母外,就近有无亲友照料;指明何人来领,皆应填入保单。如该生亲戚,非指定来领之人,只许来塾探望,不得将该生领出,以昭郑重。

三、本塾教法中西并重,各项课程皆由教习随时酌派班次(功课另有专表,俟开塾后,华洋教习妥商订定再刊),每日按定时刻习学,量材训迪。如欲专习中文,或专习西文,及兼习琴学,由该生父母于入塾时在保单内声明。中国物力维艰,兴家必本勤俭,凡入塾学生,必宜兼习女红、中馈等事。

四、本塾正月二十日开馆,十二月望日散馆,其余令节、诞忌、星期休沐外,平时不宜轻易作辍,致旷课功。如家中有正事请假,须该生父母或曾膺重托之人来领,并订定日期,不得逾限。

五、本塾华三月朔起,每晨七点半钟开课,十二点钟放饭;午后一点钟开课,五点半钟放学。九月朔起,每晨八点半钟开课,十二点钟放饭;午后一点钟开课,四点半钟放学(秋冬两季加添夜课)。暇时游息,习练体操。每逢星期休沐一天,或绘事,或鼓琴,借以活泼天机,发舒神智。三伏酷暑,午后停课纳凉,如欲回家歇夏,准予给假一月,期满即行返塾。

六、本塾学费议定每生每月收脩洋一元。学生在塾食宿者,每月外加膳资洋三元,每日一粥两饭,饭菜四簋,两荤两素;洗衣服役有女佣侍值,不须该生躬亲。如不在馆住宿,食午、晚两餐者,每月加膳资洋二元;仅食午饭一餐者,每月

---

① 经元善.经元善集[M].虞和平,编.武汉:华中师范大学出版社,1988:230—232.述及经正女学,人们常提到梁启超为其草拟的《女学堂试办略章》(《上海新设中国女学堂章程》),而对学堂正式创办时所发布的《中国女学会书塾章程》则很少提到,现录此以备考。

加膳资洋一元（日后经费充裕再行酌减）。入塾在十五日以后者,准免收上半月脩膳。此外别无分文浮费。（如欲带女佣,须自贴膳资。）

七、诗关雎为房中之乐,琴瑟钟鼓陶淑情性,自古圣后贤妃所不废。今本塾所延华洋文教习,亦有明于琴学者,如诸生欲习者多,俟堂宇落成后,亦当置备古琴、洋琴各一具,即可由教习指授,每月亦仿西书塾,另加琴脩洋一元,不愿学者听便。

八、脩膳金按月计算,入塾之时须先交送半年,存于账房,届期将满,再送半年,放年学散馆时一并结算。若学生家有正事预先告假,或有恙停止者,除半年脩金六元须全扣外,膳资准照月分计算,多余找还。倘非预先告假者,不得援以为例。

九、所读中西书籍、华纸墨笔砚、洋纸簿石板铅铜粉笔等,均须自备,或由塾代买收回价值亦可,惟墨水由塾供给,不得无端浪费。

十、学生住塾,床帐由塾备就,铺陈被席均须自带；衣衫皆当整洁,褂裤白巾略须多备几套,以便随时更换；手巾亦须自带,惟家伙木器不必携来。

十一、本塾来学生徒,平素须敦守礼义信让,锐志向学,恪遵训诲,更须饮食有节,运动适宜,庶精神气力悉臻快健,荒怠不形,于养生之道亦有所益,而尤以不缠足为第一要义。凡衣服起居,宜以朴素为主,至于华胄巨室,尤须遵守学规,使人则效,幸勿竞美争丽,致启骄奢恶习。

十二、学生如偶有疾病,塾有女医教习即为诊治,一面关照其父母或所托照顾之亲戚,如欲接回调理,准予给假领归,愈后即速送回塾。

十三、每岁冬夏甄别学生,考课二次,各给考单一纸,注明学生之德性、品谊与所习各种学问分数,以及到馆日期之多寡,俾该生父母览之欣慰。（本年开塾已届夏季,至岁底散馆并考一次。）

十四、西国学堂通例,课程皆分年派定,俟学生读全考取后,给以文凭,可以出而教人。今本塾亦拟仿照办理,应如何分门别类评定等第之处,愈数年后再行详细妥议格律。

大清光绪二十四年岁次戊戌
孔子降生二千四百四十九年

中国女学会书塾提调,归巨鹿明州沈和卿、归颖川巴黎赖妈懿同启

第九章

清末"新政"期间上海教育的发展

1900年七八月间,在八国联军的大举进犯下,天津、北京相继陷落,慈禧太后、光绪帝和一批王公大臣仓皇西逃。侵略者的炮火再一次强烈震撼了中国朝野。面对严峻的形势,1901年1月29日,慈禧太后以光绪帝的名义在西安颁布了"预约变法"的上谕,承认"世有万古不变之常经,无一成不变之治法",指令"军机大臣、大学士、六部九卿、出使各国大臣、各省督抚,各就现在情形参酌中西政要,举凡朝章国故、吏治民生、学校科举、军政财政,当因当革,当省当并,或取诸人,或求诸己,……各举所知,各抒所见,通限两个月内详悉条议以闻",①从而揭开了清末"新政"的序幕。之后陆续有关于教育改革的奏章呈报,清廷也出台了一些变科举、兴学校的措施。在应诏陈政的奏折中,最著名的莫过于1901年7月由两江总督刘坤一、湖广总督张之洞联衔发出的所谓"江楚会奏三疏",其中第一疏为《变通政治人才为先遵旨筹议折》,②专论育才兴学,包括设文武学堂、酌改文科、停罢武科、奖劝游学四个方面,为"新政"期间的教育改革规划了基本纲领。尔后,清政府又采取了一系列重大的教育改革举措,如按照三级学校模式建立了规范全国的学制系统;废除了延续1300年之久的科举制度;设置与近代教育相匹配的各级教育行政管理机构;革新书院和各府州县儒学,大举兴办新式学堂;鼓励留学教育等。通过"新政"的教育改革,中国传统教育体制趋于解体,基本确立了近代教育形态。

由于上海对近代新式教育早已具备良好的思想和实践基础,所以在1901年清廷拟行"新政",颁布兴学诏书后,上海成为响应最热烈的地区之一,一时间,各级各类新式学堂蓬勃兴起,一些传统的私塾、义学、书院也纷纷变革,改造成为新式学堂。不仅如此,上海还以其西学传播和宣传中心的地位,成为宣传"新政"教育政策,介绍国外教育信息,引进西方教育理论,编辑新式学校教科书

---

① 光绪政要,卷二十六.
② 张文襄公奏稿,卷三十二.

的重要基地,从而影响和推动着全国范围的教育改革。

第一节　新式学堂的发展

1901年9月14日(光绪二十七年八月初二)光绪帝发布上谕称:"著各省所有书院,于省城均改设大学堂,各府及直隶州均改设中学堂,各州县均改设小学堂,并多设蒙养学堂。"① 这是清末"新政"期间清廷发布的第一份涉及具体教育改革步骤的诏书,各地官绅纷纷响应清廷的兴学诏书,成立了不少新式学堂。为了规范新式学堂的发展,1902年8月15日(光绪二十八年七月十二日),清政府颁布了近代第一个全国性的学制《钦定学堂章程》,或称"壬寅学制"。"壬寅学制"颁布后招致非议,未及施行,1904年1月13日(光绪二十九年十一月二十六日),清政府又公布了由张百熙、荣庆、张之洞主持重新拟订的另一个学制系统文件,即《奏定学堂章程》,或称"癸卯学制",这是中国近代由中央政府颁布并首次得到施行的全国性的学制系统。

在清廷发布兴学诏书后,上海即出现不少新式学堂。"癸卯学制"颁布之后,按照学制成立的各级各类新式学堂得到迅速发展,传统的书院、义学、私塾等纷纷改为新式学堂。"癸卯学制"规定的学校系统共分三类:普通学堂、实业学堂和师范学堂,下面分类介绍清末"新政"期间上海设立的学堂。

一、中小学堂

根据"癸卯学制",普通学堂分为三段七级,第一阶段为初等教育,包括蒙养院4年、初等小学堂5年和高等小学堂4年。蒙养院是学前教育阶段,不属于学龄期教育。初等小学堂与高等小学堂并设于一校者称为两等小学堂。第二阶段为中等教育,设中学堂5年,单级别。第三阶段为高等教育,分为三个级别:高等学堂或大学预科3年,大学堂3~4年,通儒院5年。上海在"新政"期间由国人自办的最高级别的教育机构为高等学堂。

根据学者统计,上海县②在"新政"期间共创办有131所初等小学堂,其中有21所系由义学改建;共设有两等小学堂34所,其中2所由义学改建,2所由

---

① 朱寿朋.光绪朝东华录(1—5册)[M].北京:中华书局,1958:4719.
② 近代"上海"作为一个区域概念是不断发展的,开埠之初是指松江府所辖之上海县,但随着时间的推移、租界区的扩张、中外交流的发展,"上海"概念则逐渐用以指称一个受西方政治、经济、文化影响较深,被迅速城市化和商业化或受其影响的一块区域,并逐渐包含了旧上海县境北缘之太仓州所属的宝山、嘉定等县的部分区域。但至中华民国建立之前,这种受影响的区域一般还局限在原上海县境内。

书院改建;高等小学堂共 9 所,其中由书院改建的有 2 所;中学堂共 6 所。创办情况见表 9-1、表 9-2、表 9-3 和表 9-4。①

表 9-1　1901—1911 年上海县新式初等小学堂一览表②

序号	创办时间	学堂名称	地　址	创(改)办人	原　名	备　注
1	1902 年(光绪二十八年)	利济小学堂	南仓街施家弄	南汇人顾藩		私塾改设,原为两等。1910 年改初等
2	1902 年(光绪二十八年)	京江同学小学堂	西门外京江公所	镇江人许炳奎、王醒等		
3	1902 年(光绪二十八年)	仁巷初等小学校	陈行镇		陈行义学	原为知县裴大中设
4	1903 年(光绪二十九年)	贞固蒙学堂	筠溪旧址		筠溪义学	
5	1903 年(光绪二十九年)	蒙养小学堂	闵行镇衍善堂		闵行义学	原为知县朱凤梯设
6	1903 年(光绪二十八年)	文明小学堂	美租界北浙江路	文明书局		
7	1904 年(光绪三十年)	义务学堂	麻袋公所	邑人徐文彬、王宝仑等		
8	1904 年(光绪三十年)	漕溪小学堂	漕河泾镇城隍庙	邑人唐锡瑞、唐祖瀛		
9	1904 年(光绪三十年)	竹溪小学堂	十产保四十二图	邑人黄宗坚、黄申锡等		
10	1904 年(光绪三十年)	荷溪小学堂	十六保二十九图荷巷桥	邑人顾言、马轶群等		
11	1904 年(光绪三十年)	都川小学堂	陆行东镇城隍庙	邑人谢锡祉等		
12	1904 年(光绪三十年)	三修小学堂	陆行金家桥镇	邑人谢锡祉等		

---

① 引自:陈科美,金林祥.上海近代教育史[M].上海:上海教育出版社,2003.
② 根据吴馨等修、姚文枬等纂《上海县续志》卷十《学校中》的材料整理。

续表

序号	创办时间	学堂名称	地　址	创(改)办人	原　名	备　注
13	1904年（光绪三十年）	求志小学堂	陆行张家桥南	邑人季鸿勋等		
14	1904年（光绪三十年）	长寿初等小学堂	陈行乡二十八图		长寿义学	原为邑人秦荣光设
15	1904年（光绪三十年）	引溪小学堂			引溪义学	
16	1905年（光绪三十一年）	第二义务小学堂	送子庵	邑人王宝仑、浙人周宗颐		
17	1905年（光绪三十一年）	安国小学堂	虹桥镇东安国寺	邑人王丰玉、顾镜清等		
18	1905年（光绪三十一年）	江桥小学堂	江桥镇城隍庙	邑人金士林、顾大纲		
19	1905年（光绪三十一年）	莺湖小学堂	二十一保五十四五图	邑人蒋庆和		
20	1905年（光绪三十一年）	俞塘小学堂	十八保十三图	邑人王锡珍、钮元晏等		
21	1905年（光绪三十一年）	兢新小学堂	塘口镇西市	邑人徐绍元		
22	1905年（光绪三十一年）	懿德小学堂	二十四保三十一图	邑人沈元吉		
23	1905年（光绪三十一年）	洋泾小学堂	浦东洋泾镇	邑人潘伟绩、刘志涛		
24	1905年（光绪三十一年）	蒙养小学堂	浦东赖义度	邑人刘志涛		
25	1905年（光绪三十一年）	厚仁初等小学堂	二十三保引翔港镇		厚仁义学	
26	1905年（光绪三十一年）	质仁小学堂	洋泾桥东宝善		洋泾义学	原为知县朱凤梯设
27	1905年（光绪三十一年）	从溪学堂	法华镇		法华义学	
28	1906年（光绪三十二年）	华实学堂	福佑路	水果同业		

续表

序号	创办时间	学堂名称	地址	创(改)办人	原名	备注
29	1906年(光绪三十二年)	榛芩小学堂	东马桥浜	伶人夏志皋、潘万胜		
30	1906年(光绪三十二年)	同岑小学堂	九亩地青莲庵	邑人姚明辉、林曾赉		
31	1906年(光绪三十二年)	衣业小学堂	天灯卫衣庄公所	衣业		
32	1906年(光绪三十二年)	蒙洋学堂	英租界六马路	仁济善堂		
33	1906年(光绪三十二年)	同善小学堂	虹口塘山路	浙人叶树德等		
34	1906年(光绪三十二年)	养正小学堂	杨树浦石灰浜	邑人高秀玉		
35	1906年(光绪三十二年)	东蒙小学堂	法华镇	邑人李鸿焘		
36	1906年(光绪三十二年)	虹溪小学堂	虹桥镇	邑人顾镜清等		
37	1906年(光绪三十二年)	新蒙洋正小学堂	新泾镇	邑人沈宝寅、潘上珍等		
38	1906年(光绪三十二年)	庄敬小学堂	三十保北四图	邑人杨凤达		
39	1906年(光绪三十二年)	赞育初等小学堂	华漕镇	邑人诸崇澜		
40	1906年(光绪三十二年)	正蒙小学堂	法华镇	邑人李鸿模等		
41	1906年(光绪三十二年)	育才小学堂	十六保十一二十七图	邑人潘宗熙		
42	1906年(光绪三十二年)	启新小学堂	梅家弄镇	邑人梅宗泰		
43	1906年(光绪三十二年)	毓秀小学堂	曹行镇	邑人曹寿恭		
44	1906年(光绪三十二年)	强蒙小学堂	十六宝五十二图	邑人朱凤韺		

续表

序号	创办时间	学堂名称	地　址	创(改)办人	原　名	备　注
45	1906年（光绪三十二年）	北桥小学堂	北桥镇	邑人黄金照等		
46	1906年（光绪三十二年）	西村小学堂	十八保一二图	邑人张益谦等		
47	1906年（光绪三十二年）	马桥小学堂	十八保四三十六图	邑人张益谦等		1910年并入强恕小学堂
48	1906年（光绪三十二年）	秀实小学堂	二十四保南三图	邑人乔棠		
49	1906年（光绪三十二年）	崇福小学堂	二十四保东五图	邑人朱孔长		
50	1906年（光绪三十二年）振	社庄小学堂	洋泾社庄庙	邑人顾名骥		
51	1906年（光绪三十二年）	振南小学堂	陆行镇南	邑人谢源深		
52	1906年（光绪三十二年）	蓬莱小学堂			蓬莱义学	
53	1906年（光绪三十二年）	明强小学堂	漕河泾镇		漕河泾义学	原为知县裴大中设
54	1906年（光绪三十二年）	东蒙乡校	高行镇		高行义学	
55	1906年（光绪三十二年）	培原初等小学堂	西门外		陈浜庙义学	原为知县袁树勋设
56	1906年（光绪三十二年）	虹口初等小学堂	虹口中虹桥北		善馀义学	原为邑人王铨运等设
57	1907年（光绪三十三年）	染业小学堂	东乔家浜	染业公所		
58	1907年（光绪三十三年）	先春义务小学堂	孙家弄	荣馆同业		
59	1907年（光绪三十三年）	香雪义务小学堂	豫园香雪堂	鲜肉同业		
60	1907年（光绪三十三年）	何家角小学堂	西乡何家角	邑人王丰镐、杨洪藻		

续表

序号	创办时间	学堂名称	地　址	创(改)办人	原　名	备　注
61	1907年（光绪三十三年）	虞墩初等小学堂	三十六保八图	邑人张杰		
62	1907年（光绪三十三年）	梅源小学堂	江桥镇	邑人朱寿恺等		
63	1907年（光绪三十三年）	新桥小学堂	新桥永宝堂	邑人王萃馨	王氏家塾	
64	1907年（光绪三十三年）	启蒙小学堂	浜华镇	邑人王丰镐、盛暗		
65	1907年（光绪三十三年）	唐子泾小学堂	法华二十八保十六图	邑人王丰镐、杨洪藻等		
66	1907年（光绪三十三年）	蒙养小学堂	龙华岳王殿	邑人吴绍基		
67	1907年（光绪三十三年）	振新小学堂	曹行宁国寺	邑人陈汉英		
68	1907年（光绪三十三年）	初级小学堂	塘湾镇	邑人钱椒		
69	1907年（光绪三十三年）	芦江小学堂	塘湾二十一保七图	邑人何毓桂		
70	1907年（光绪三十三年）	启文小学堂	塘湾二十一保五图	邑人宋成业		
71	1907年（光绪三十三年）	曹溪小学堂	曹家港口	邑人张佩璜		
72	1907年（光绪三十三年）	求是小学堂	十八保二十四图	邑人赵澄澜		
73	1907年（光绪三十三年）	沥东小学堂	北桥镇北十八保九图	邑人陆杏林		
74	1907年（光绪三十三年）	题桥小学堂	二十一保二十八图题桥市	邑人秦锡田		
75	1907年（光绪三十三年）	瑞隆小学堂	二十四保北三图	邑人王玉田、徐上珍		
76	1907年（光绪三十三年）	塘桥小学堂	二十四保十七图	邑人盛麟书等		

续表

序号	创办时间	学堂名称	地　址	创(改)办人	原　名	备　注
77	1907年（光绪三十三年）	高行小学堂	高行镇	邑人瞿庆宣、谈寿基		
78	1907年（光绪三十三年）	官立崇正初等小学堂			崇正官塾	
79	1907年（光绪三十三年）	果育初等小学堂			果育义学	
80	1907年（光绪三十三年）	清保节初等小学堂	清保节堂		清保节义学	
81	1907年（光绪三十三年）	辅元初等小学堂	城北同仁辅元分堂		辅元义学	
82	1907年（光绪三十三年）	普同学堂	蕊珠书院		普育义学	由普育义学与二十铺小学堂合并
83	1907年（光绪三十三年）	赞育初等小学堂	法华镇		赞育义学	原为邑人吴文涛等设
84	1908年（光绪三十四年）	普同义务学堂	蕊珠宫		二十铺小学堂	原为邑人莫锡纶于1906年设立
85	1908年（光绪三十四年）	公益会义务小学堂	蓬莱路		工商半日学堂	原为邑人蔡正蒙等于1906年开办
86	1908年（光绪三十四年）	志成小学堂	曹家渡	邑人吴文涛		
87	1908年（光绪三十四年）	曹渡小学堂	曹家渡	邑人金士林、徐世达		
88	1908年（光绪三十四年）	华振小学堂	华漕镇	邑人张俊等		
89	1908年（光绪三十四年）	华泾小学堂	曹行华泾镇	邑人刘增祥		
90	1908年（光绪三十四年）	毓才小学堂	曹行区姜家宅	邑人姜渭渔		
91	1908年（光绪三十四年）	毓秀小学堂	梅家卫镇梅宅	邑人梅祖光		

续表

序号	创办时间	学堂名称	地　址	创(改)办人	原　名	备　注
92	1908年（光绪三十四年）	颛区小学堂	十八保十八图	邑人何共章		
93	1908年（光绪三十四年）	尚志初等小学堂	北桥镇	邑人陈珍		1911年并入北桥小学堂
94	1908年（光绪三十四年）	本立小学堂	二十一保十六图	邑人秦锡田		
95	1908年（光绪三十四年）	鹤坡小学堂	二十一保二十五图	邑人朱绳祖		
96	1908年（光绪三十四年）	兢立小学堂	二十四保三图	邑人周希濂		
97	1908年（光绪三十四年）	永宁小学堂	陆行张家桥镇	邑人季鸿勋		
98	1908年（光绪三十四年）	同善小学堂			同善义学	
99	1909年（宣统元年）	贫民半日学堂	中道桥南	邑人莫锡纶		
100	1909年（宣统元年）	虹南小学堂	虹桥镇蒋家塘	邑人蒋永深		
101	1909年（宣统元年）	沙溪小学堂	十八保十图白沃庙	邑人孙康祚等		
102	1909年（宣统元年）	颛溪小学堂	颛桥镇张宅	邑人张国华		
103	1909年（宣统元年）	方二小学堂	二十四保方二图	周兢（续办）	筑西小学堂	原为1904年邑人庞俊等办
104	1909年（宣统元年）	吴泾小学堂	塘湾区		日新小学堂	原为1906年邑人丁光弼等办
105	1909年（宣统元年）	崇义会初等小学堂	虹口朱家木桥东		崇义会义学	原为四明崇义公所设
106	1910年（宣统二年）	龙门师范学校附属单级小学	石驳岸北鸿运			

第九章　清末"新政"期间上海教育的发展

357

续表

序号	创办时间	学堂名称	地 址	创(改)办人	原 名	备 注
107	1910年(宣统二年)	北区小学堂	新闸桥北同善粥厂	城自治公所		
108	1910年(宣统二年)	广东宪民学堂	虹口武昌路春晕里	广东人曹咏南等		
109	1910年(宣统二年)	兴业小学堂	徐家汇镇	南洋公学监督唐文治		
110	1910年(宣统二年)	三林分设第一小学堂	二十四保南六图			
111	1910年(宣统二年)	三林分设第二小学堂	二十四保列四图积善寺			
112	1910年(宣统二年)	三林分设第三小学堂	二十四保天一图	三林学堂(续办)	铭新小学堂	原为1906年邑人汤学钊办
113	1910年(宣统二年)	三林分设第四小学堂	二十四保四图		端本小学堂	原为1906年邑人姚胜发等办
114	1910年(宣统二年)	三林分设第五小学堂	二十四保六图			
115	1910年(宣统二年)	三林分设第六小学堂	二十四保十并十一图			
116	1910年(宣统二年)	三林分设第七小学堂	二十一保二十图			
117	1910年(宣统二年)	掞才小学堂	浦东旗昌栈前	邑人康鼎		
118	1910年(宣统二年)	问道小学堂	西香花桥庆宁寺	邑人朱日宣、谢源深		
119	1910年(宣统二年)	东沟小学堂	东沟口塘工善后局	塘卫局董谢源深、朱日宣等		
120	1911年(宣统三年)	南区第二小学堂	外仓桥茅山殿	邑人高寿基		

续表

序号	创办时间	学堂名称	地　址	创(改)办人	原　名	备　注
121	1911年（宣统三年）	私塾改良会附设小学堂		邑人沈亮荣		
122	1911年（宣统三年）	万竹小学堂	九亩地万竹路	城自治公所		
123	1911年（宣统三年）	肇同小学堂	城西区肇周路	城自治公所		
124	1911年（宣统三年）	虹镇小学堂	二十三保十五图虹镇	邑人王铨运		
125	1911年（宣统三年）	九十图小学堂	朱家库朱宅	邑人徐世达		
126	1911年（宣统三年）	淞滨小学堂	庄家泾	邑人王颂周		
127	1911年（宣统三年）	徐长小学堂	二十八保十七图	邑人顾视清		
128	1911年（宣统三年）	江境小学堂	西区二十七保一图	城自治公所		
129	1911年（宣统三年）	崇正小学堂	十八保四十一图公济堂	马桥自治公所		
130	1911年（宣统三年）	安定小学堂	二十四保七图	邑人朱元吉		
131	1911年（宣统三年）	培英小学堂	高行镇七市	邑人孙焘		

表9-2　1901—1911年上海县两等小学堂一览表①

序号	创办时间	学堂名称	地　址	创(改)办人	原　名	备　注
1	1901年（光绪二十七年）	澄衷学堂	虹口	镇海人叶澄衷		
2	1902年（光绪二十八年）	强恕学堂	马桥镇	顾言等	吴会书院	原为邑人钮永建等创办

① 根据吴馨等修、姚文枬等纂《上海县续志》卷九《学校上》的材料整理。

续表

序号	创办时间	学堂名称	地 址	创(改)办人	原 名	备 注
3	1902年（光绪二十八年）	务敏学堂	闵行镇	邑人李祖锡等		
4	1902年（光绪二十八年）	林溪学堂	梅溪弄		梅溪书院	1908年改为官立
5	1903年（光绪二十九年）	官立养正学堂	县署西北		中西启蒙学堂	
6	1903年（光绪二十九年）	二十二铺小学堂		邑人项文瑞、姚文枬等		
7	1904年（光绪三十年）	飞虹义务小学堂	老闸文监师路	邑人陆鼎祥等		
8	1905年（光绪三十一年）	群学会附设义务小学堂	白粮仓	群学会		
9	1905年（光绪三十一年）	南区第一小学校	芦席街	邑人张刚、穆湘瑶等		
10	1905年（光绪三十一年）	龙门师范学堂附属小学	半段泾		二十二铺小学堂	
11	1905年（光绪三十一年）	正谊小学堂	沈香阁	邑人顾鸿逵等		
12	1906年（光绪三十二年）	西成小学堂	新学宫东半泾园	邑人姚明辉等		
13	1906年（光绪三十二年）	时化小学堂	西淘沙场	邑人祁祖鎏		
14	1906年（光绪三十二年）	东明小学堂	曲尺湾	邑人钟浩志		
15	1906年（光绪三十二年）	典质业小学堂	吴家弄典质业公所	典质同业		
16	1906年（光绪三十二年）	贞元小学堂	老学前节孝祠	邑人姚文枬等		
17	1906年（光绪三十二年）	乐区第一小学校	老白渡风神庙	邑人顾言、莫锡纶等		

续表

序号	创办时间	学堂名称	地 址	创(改)办人	原 名	备 注
18	1906年(光绪三十二年)	花业公学	王信义浜	花业		
19	1906年(光绪三十二年)	锡金旅学	美租界海宁路	祝大椿		
20	1906年(光绪三十二年)	和安小学堂	新闸成都路	邑人陆文麓等	栖流所、保安堂义塾	
21	1906年(光绪三十二年)	达成小学堂	新闸派克路	李登辉		
22	1906年(光绪三十二年)	使觉小学堂	诸翟镇	邑人沈宗懋		
23	1906年(光绪三十二年)	黄二小学堂	二十四保黄二图	邑人乔棠	蒙学堂	
24	1906年(光绪三十二年)	养智小学堂	二十四保七图	邑人杨友古、周希濂		
25	1906年(光绪三十二年)	震修小学堂	二十四保二十二图	邑人叶佳棠等	杨家渡义学	
26	1907年(光绪三十三年)	旦华小学堂	旦华路竹林庵	邑人郁怀智		
27	1907年(光绪三十三年)	中城小学堂	蓬莱路龙门精舍	邑人汪锡增等	七铺小学堂	
28	1907年(光绪三十三年)	银业小学堂	花园弄	银楼业公所		
29	1907年(光绪三十三年)	商船小学堂	马家厂商船会馆	商船会馆		原为初等,1910年增设高等
30	1907年(光绪三十三年)	湖州旅沪公学	新闸区浙江路	吴兴、杨兆鳌等		
31	1908年(光绪三十四年)	绳正小学堂	老闸盆汤弄	陈祖瀚		
32	1908年(光绪三十四年)	广志小学堂	租界武昌路	广东人卢杰等	广东旅学	

序号	创办时间	学堂名称	地　址	创(改)办人	原　名	备　注
33	1909年(宣统元年)	南城小学堂	西王家弄	邑人臧清扬等		
34	1909年(宣统元年)	水木业小学堂	打铁浜西	邑人杨斯盛等		

表9-3　1901—1911年上海县高等小学堂一览表①

序号	创办时间	学堂名称	地　址	创(改)办人	原　名	备　注
1	1901年(光绪二十七年)	邮传部高等实业学堂附属高等小学堂	徐家汇			
2	1902年(光绪二十八年)	敬业学堂	旧学宫基地	知县汪懋琨	敬业书院	1906年定名官立敬业高等小学堂
3	1902年(光绪二十八年)	三林学堂	浦东三林塘镇	邑人秦荣光等	三林书院	
4	1905年(光绪三十一年)	储实小学堂	邑庙东安仁里	邑人苏庭勋等		
5	1905年(光绪三十一年)	十六铺小学堂	大东门外	邑人王遵善		
6	1905年(光绪三十一年)	三育小学堂	新剖路平江公所	邑人黄庆澜		
7	1906年(光绪三十二年)	北城沧智小学堂	振武台	邑人金齐声		
8	1906年(光绪三十二年)	留云小学堂	陆家浜	留云兰若僧密通		
9	1906年(光绪三十二年)	泉漱公学	制造局西泉漳别墅	曾铸等		

① 原注：根据吴馨等修、姚文枏等纂《上海县续志》卷十《学校中》的材料整理。

表 9-4 1901—1911 年上海县中学堂一览表①

序号	创办时间	学堂名称	地　址	创(改)办人	原　名	备　注
1	1901 年（光绪二十七年）	南洋中学	王氏省园	邑人王维泰	育材学堂	
2	1903 年（光绪二十九年）	兢业中学堂	俞家弄	吴治恭、周宗颐		
3	1904 年（光绪三十年）	民立上海中学堂	山川坛故址	邑人苏本立等		
4	1906 年（光绪三十二年）	健行公学	西门外宁康里	邑人朱葆康等		
5	1907 年（光绪三十三年）	浦东中学堂	浦东六里桥南	邑人杨斯盛		
6	1909 年（宣统元年）	浙江旅沪学堂	方斜路	浙人孙廷翰		

下面选择介绍清末"新政"期间上海建立的较为著名的中小学堂。在小学堂方面，较有影响的主要有以下两所。

1. 南洋公学附属小学

南洋公学附属小学成立于 1901 年，是清末"新政"期间上海最早成立的小学堂之一。南洋公学成立之初，于 1897 年秋成立了相当于小学的外院，但在首批招生的外院生于 1899 年冬全部升入中院后，外院就停办了。② 外院停办后，南洋公学的中院招生感到困难，于是又于 1901 年春设立了代替外院的附属小学。③

"癸卯学制"颁布后，南洋公学附属小学制定了《南洋公学附小章程》，④学制为 4 年，与《奏定高等小学堂章程》规定的学制相同，学生毕业后即可以升入中学堂，课程除增加英文外，其余也和《奏定高等小学堂章程》规定的高等小学堂课程相同，可见是一所高等小学堂。

南洋公学附属小学的首任校长是吴朓，即后来的国民党元老级人物吴敬恒（稚晖），但他只做了三天就辞职了，接任的是陈懋治。南洋公学附小凭借南洋

---

① 原注：根据吴馨等修、姚文枬等纂《上海县续志》卷十一《学校下》的材料整理。
② 朱有瓛.中国近代学制史料（第一辑下册）[M].上海：华东师范大学出版社，1986：527.
③ 同上：529.
④ 同上：234.

公学的影响和条件,在清末"新政"期间成为一所很有特色的小学,特别是在新式学校推广歌乐教育方面发挥了重要作用。据说将唱歌作为课程之一,并用简谱配歌词,就是从南洋公学附小开始的。附小有位沈叔逵老师,从日本学来简谱,以"独、览、梅、花、扫、腊、雪"七字作为简谱中"1、2、3、4、5、6、7"的发音,并以沈心工的笔名编了多卷歌词集,风行全国。

1905年和1906年,南洋公学先后改名为"商部高等实业学堂"和"邮传部高等实业学堂",南洋公学附属小学也相应易名为"上海高等实业学堂附属高等小学堂",但社会上一直延称"南洋附属小学"。至1911年,南洋公学附小共有195名毕业生,其中升入本校专科和中学者分别为20人和126人,约占毕业生的75%,可见其主要为本校高级阶段输送新生的办学初衷。南洋公学附中、小学于1927年开始不再附属于大学,成为独立的私立南洋模范中小学,此即后来的南洋模范中学。

2. 龙门师范学堂附属小学堂

1903年初,由从日本留学回国的项文瑞、曹梀、杨保恒、贾丰臻等人发起,李曾珂、姚文枏等人捐资,在上海城廿二铺之愍忠祠内兴建小学堂,名为廿二铺小学堂。1905年,苏松太道改龙门书院为道立龙门师范学校,改廿二铺小学堂为龙门师范附属小学堂,作为师范学校的实习基地。

龙门师范附属小学堂是一所兼办初、高级小学的两等小学堂,它的课程除增加英文科外,其余与"癸卯学制"规定的基本相同,修学年限最初也依照"癸卯学制",到1908年制定《龙门师范学校附属小学校章程》时才改为初等小学四年、高等小学四年,初等小学比"癸卯学制"规定的少一年。其实"癸卯学制"公布后,因社会反映小学学制过长,初等小学堂按章程规定难以普及,1909年学部又颁布了《变通初等小学堂章程》,规定可以根据师资和各地情况,缩短初等小学堂年限为3~4年。

龙门师范附小也是清末上海较有影响的小学,1907年初,由龙门师范派往日本学习师范回国的袁希涛任学校监督,之后,龙门师范附小逐渐发展为一所在清末具有示范意义的小学。1907年初,学校在学部颁布《奏定女子小学堂章程》的同月,就开始兼收女生。1908年,学校制定了简章,并编定了各科教授的细目,在教学方法上采用赫尔巴特学派的"五段法",学校教师撰写的教案还曾作为优秀教案的样板,在1909年创刊的《教育杂志》创刊号上发表,被介绍到全国。

1910年,学校随龙门师范改称为江苏省立第二师范学校附属小学,并在尚文路建造新校舍(为校本部)。1927年又随江苏省立第二师范学校改组,称"江苏省立上海中学附属实验小学"。后校址校名几经变迁,现位于上海上中路200号的上海小学即由该校发展而来。

清末学制颁布以后,上海在维新运动过程中发展起来的一些中等程度的学堂开始按学制的规定制定学校规章,如南洋公学中院、育材学堂(1904年改名为南洋中学)等。与此同时,一些立志教育救国的人士,也在维新和"新政"兴学热潮的感召下,出资捐资兴办了一批中学堂,成为清末"新政"时期上海中学发展的一个亮点,著名的有以下几所。

1. 澄衷学堂

澄衷学堂是一所集中学和小学于一体的学校,由浙江镇海旅沪商人叶成忠捐资兴办。

叶成忠(1840—1899),字澄衷,生于浙江慈溪,后随祖父迁居镇海,9岁丧父,只读过几个月的私塾便辍学,佣于豆腐坊为学徒。1855年来上海谋生,在法租界的一家杂货铺当学徒,后因店铺倒闭,以在黄浦江上驾舢板渡客为生。一洋人将公文包遗留在小舢板上,叶澄衷拾金不昧,等候洋人回来取包,受到洋人的称誉,主动要求英领事馆签发证书,准许他到外国洋船上做生意,并资助叶澄衷在外虹桥(今大名路桥)东堍开设老顺记五金号,为上海第一家五金号。因地处商船汇集之所,生意十分兴隆,积下可观资本,而后涉足其他多种行业,至90年代成为沪上巨富。

叶澄衷晚年念幼年失学,一生不便,发愿输财兴学。1899年秋捐虹口西华德路北张家湾道(即今唐山路上海澄衷中学所在地)契地近25亩和规银10万两,建立澄衷学堂。不久,叶澄衷去世,其子叶贻鉴又捐规银十万两,至1901年校舍建成,设蒙学五级。刘树屏被校董会聘请为第一任校长,刘不久因病告退,1901年聘请蔡元培为代理校长,主持校务;9月,又聘请白作霖为副总教习,主编教科书。1903年初,叶澄衷的另外两个儿子叶贻铭、叶贻钊又捐出规银4 000两充作经常费,并将学堂扩建成集初等小学堂、高等小学堂、中学堂、师范科于一体的学校,学生规模达280人,但师范科半年后停办。澄衷学堂是清末上海首屈一指的私立中小学堂,招生对象不分远近,胡适和竺可桢都曾在澄衷学堂上过学。

澄衷学堂初办时,正值清末兴学伊始,缺乏国人自编的新学教材,澄衷蒙学堂只得自己编印一些教材,如《澄衷蒙学堂字课图说》就是专门给高小学生作为习字课的教材,其内容切合实际,浅近易写,收到很好的效果,同时,对图画、音乐、体育等课也有自编的讲义。①

在办学特色上,澄衷学堂十分注意通过史学来激发学生的爱国情感,曾经请杨逊斋先生专门编写了一本《中国史》,后又请章一山、白振民修订,于1904年第一次出版了《小学本国史教科书》,其内容是按朝代次序重点阐述"建国之沿革,政教之得失,主权之隆替,种族之强弱"。同时也注意将当时的新思想介绍给学生,如严复译述赫胥黎的《天演论》出版后,澄衷学堂的教师就在课堂上讲述《天演论》,胡适就是在澄衷学堂读书时,受到"适者生存"思想的启迪,接受他二哥为其所取的表字"适之"的,后来胡适作为他的笔名,反盖过了他的学名胡洪骍。澄衷学堂很重视新学课程的教学,胡适于1905—1906年在此就学,不仅打下了英文和算学的基础,而且由于认真参加学校的体操功课,小时候多病的身体也逐渐强健起来。②

2. 浦东中学校

浦东中学校创办于1907年,由川沙人杨斯盛捐产创办。

杨斯盛,字锦春,川沙青墩人,生于1851年。幼年父母早亡,家贫无力读书,13岁时到上海学泥水匠。由于他勤奋正直,深得建筑工人的信任,遂独立承包建筑,30岁后稍有积蓄,廉价购地造房,数年后获利倍蓰,又因承包外滩江海关大楼而一举成名。《清史稿》记杨斯盛:"光绪二十八年,诏废科举,设学校,出赀建广明小学、师范传习所。越三年,又建浦东中、小学,青墩小学,凡糜金十八万有奇。上海业土木者以万计,众议立公所,设义学,斯盛已病,力赞其成,事立举。海滨潮溢,居民多死者,斯盛出三千金以赈,又集赀数万,全活甚众。……又出赀规筑洋泾、陆家渡、六里桥南诸路,改建严家桥,创设上海南市医院,诸事毕举。建宗祠,置义田,饮故友族人,咸有恩纪。及卒,遗命散所蓄助诸不给,遗子孙者仅十一。"③

杨斯盛虽幼年失学,识字不多,但因所从事的行业和外人打交道甚多,并与英人阿摩尔思交往20多年,加之虚心好学,因此能讲一口流利的英语。晚年因感自己幼年没有读书,同情乡邻子弟失学之苦,萌生毁家兴学的想法。1904年,杨斯盛建别墅于上海公共租界梅白克路(今新昌路),延聘黄炎培等就其家塾改

---

① 张志康.从澄衷学堂到澄衷中学[M]//中国人民政治协商会议上海市委员会文史资料工作委员会.解放前上海的学校(上海文史资料选辑第五十九辑).上海:上海人民出版社,1987.
② 胡适.四十自述·在上海(一)[M].亚东图书馆,1947.
③ 清史稿.列传二百八十六.

办学校,定名为广明小学,并设立师范讲习所。1905年在浦东六里桥购地2.7万平方米,拟建中学一所,由黄炎培等负责筹建中学校舍,1906年校舍落成,定名为浦东中学校。1907年1月正式开学,由黄炎培任监督,并将广明小学迁入,改为浦东中学校附属高等小学,另设附属初等小学。可见,浦东中学校是一所以中学为主体,集中小学、简易师范于一体的学校。杨斯盛亲自制订"勤、朴"两字为校训。①

浦东中学校在课程和学年制度上遵照《奏定学堂章程》,初等、高等小学各四年,中学五年,初等小学较《奏定小学堂章程》少一年,如前所述,也是因为社会普遍感到初等小学年限过长的缘故。所设课程中学部分有修身、经学、国文、历史、地理、算学、博物、理化、图画、体操、法制经济、外国文;高等小学为修身、讲经、国文、历史、地理、算学、理科、图画、唱歌、体操、外国文;初等小学科目为修身、讲经、国文、算学、图画、唱歌、手工、体操等。② 除高小增加了外国文以外,其余与学制规定的相同。民国成立后,课程和修业年限随着部颁学制而更改。

3. 民立上海中学堂

民立上海中学堂为苏本铫兄弟所办。苏本铫(1874—1948),字颖杰,福建永定县人。18岁时,经院试录取为附贡生员。同年,考入圣约翰书院研读英文,毕业后在上海英国皇家律师处和山西大学堂译书院任翻译。1903年,苏本铫秉承父亲遗愿,与兄弟苏本立、苏本炎、苏本浩等筹捐银五千元,并得到其经商的外舅曾铸的资助,在南市城北安仁里创办民立上海中学堂,后改为民立中学,由苏本铫为校长。1909年,学校迁入南市大南门中华路新舍。民立中学后发展为上海著名的中学,并以英文教育见长。

二、高等学堂

"癸卯学制"在普通中学与分科大学之间设有高等学堂一级,年限为3年,清末学制中的这一段一般被划入高等教育阶段,但从学制源流、课程设置和历史归宿来看,高等学堂其实大致相当于1922年以后的高级中学。③《奏定高等学堂章程》规划每省于省城设立一所高等学堂,应是指官立高等学堂的最低数

---

① 浦东中学校史编写组.浦东中学简史[M]//中国人民政治协商会议上海市委员会文史资料工作委员会.解放前上海的学校(上海文史资料选辑第五十九辑).上海:上海人民出版社,1987.
② 朱有瓛.中国近代学制史料(第二辑上册)[M].上海:华东师范大学出版社,1987:456.
③ 王伦信.清末民国时期中学教育研究[M].上海:华东师范大学出版社,2002:41—48.

量标准,在一些办学先进省份的实际办学活动,特别是民间办学实践中,高等学堂大多超过此数。在清末"新政"期间上海所办学堂中,办学章程自我定位于高等学堂或相当于高等学堂程度者共有三所,即爱国学社、复旦公学和中国公学。爱国学社因其强烈的革命性质而独树一帜,本章将另节介绍,这里就复旦公学、中国公学作基本介绍。

1. 复旦公学

复旦公学由爱国天主教人士马相伯(1840—1939)于1905年创办,其前身是1902年冬马相伯在上海徐家汇创办的震旦学院。

马相伯,名志德,亦名建常,后改名良,字相伯,1840年出生于江苏丹徒一个天主教家庭中。12岁时经人介绍进入天主教耶稣会在上海徐家汇开设的圣依纳爵公学(1927年改校名为徐汇公学)读书。读书期间,他勤奋刻苦,习通法文、拉丁文、希腊文等多种文字,并对数学和自然科学产生了浓厚兴趣。1862年,耶稣会上海初学院成立,马相伯入院当修士,学习期满后又进入大学院学习哲学与神学,31岁时获得神学博士,并被耶稣会授职为神甫。而后马相伯奉命去安徽、江苏等地传教。1872年,耶稣会调马相伯任圣依纳爵公学校长,兼管教务,同时他于教学之余,研究数学和天文。由于马相伯允许学生读"四书五经",并有多名学生考取秀才,引起耶稣会的不满,1875年,耶稣会调他专门研究天文,1876年又调他去南京任数理编撰。

19世纪80年代后,马相伯参与洋务活动,先后到日本、朝鲜等处任外交官,并游历考察美国、欧洲诸国,萌生创办新式大学的愿望。中日甲午战争之后,维新人士提出废科举、兴学校的主张,马相伯感于时局和清廷外交上的失败,有意为国家培养翻译人才。1896年,梁启超来沪办《时务报》,曾向马相伯学习拉丁文,戊戌变法时,梁启超奏请设立编译学堂,特邀马相伯主持,但因变法失败而不果。

八国联军攻陷北京后,马相伯于1900年8月将属于自己名下的祖遗家产松江、青浦一带良田近200万平方米捐献给天主教耶稣会,希望用于资助天主教江南司教准备开办的中西大学堂,把办新式大学的愿望寄托在教会身上。但教会接受了马相伯的财产,却不急于办学。此后,在上海南洋公学执教的蔡元培常去马相伯在上海徐家汇土山湾的居所向他请教拉丁文,并介绍了24名优秀学生向他学习拉丁文、法文、数学等。

1902年11月,南洋公学学生因不满学校当局的封建管制,集体退学,蔡元培一边组织爱国学社以容纳退学学生,一边介绍部分退学学生到马相伯处求学。马相伯欣然允诺,进而创办学院,取名"震旦学院","借以收容四方思想不同派别不同的有志青年",并宣布以"崇尚科学、注重文艺、不谈教理"为办学信条。① 马相伯亲自出任监院,并承担拉丁文、数学、哲学等课程的教学。

震旦学院建立之初,设文学、质学(即科学,相当于理科)两科,后逐渐发展为文学、致知(哲学)、象数(数学)、形性(理科)四科,学生人数也发展到130多人,并形成自己的办学风格,主要表现为:(1)培养学生的自治精神:校内事务由学生自行管理,财政公开,借以养成共和精神,总干事之外的人员由学生轮流担任;(2)指导钻研科学的门径:因学生中有多年积学之士,针对他们的特点,着重启发式教学,指导学生钻研科学的方法和途径;(3)注重世界大势的讲演,引导学生关心时事,并练习演说;(4)军事训练成为学生的必修项目。在马相伯的主持下,震旦学院成为清末宗教人士办理的学校中难得的一所爱国民主学校,为国内青年学子所向往。

但是,法国天主教中的某些人并不愿意看到震旦学院朝着既定的方向发展,他们逐渐摄取学校的领导权,改变课程和办学性质,试图将学校完全改变成天主教的办学方向。到1905年初,法国天主教甚至以命令马相伯去医院养病为由直接派法国天主教神父南从周接管校务,引起学生和马相伯的强烈不满,学生纷纷离校,震旦学院不得不就此解散。

震旦学院解散后不数日,沪学会即推马相伯为会长,并召集离校学生,商议复校办法。复校活动是在学生骨干、社会热心人士和地方当局的共同参与下进行的,学生推举叶仲裕、于右任、邵力子、王侃叔、沈步洲、张轶欧等七人为干事,协助马相伯共同办理复校事宜。马相伯的旧交、时任两江总督、南洋大臣的周馥奏准拨发一万两银子为学校开办费,并拨吴淞官地4.7万平方米为建校地址,马相伯又聘请社会名流严复、曾铸、萨镇冰、熊季廉、袁观澜、狄葆贤等28人为校董,募集学校基金,共同管理学校。

经过半年多的筹备,复旦公学于1905年9月14日在吴淞正式开学,"复旦"出于《尚书大传·虞夏传》中"日月光华,旦复旦兮"的名句。学校取名"复旦",一方面寓恢复震旦之意,一方面寄自强不息、教育强国的希望。

根据1905年订立的《复旦公学章程》,②复旦公学是一所"不别官私,不分省界",依"高等学堂定制"设立的学校,但实际上复旦公学经费主要来自两江总督的拨款和公众的捐款,按清末学校的办学主体分类,不算官立,至少也应算公

---

① 马相伯.马相伯集[M].朱维铮,编.上海:复旦大学出版社,1996:1107.
② 复旦大学校史编写组.复旦大学志(第一卷)[M].上海:复旦大学出版社,1985:64—77.

立,清末只有单个人出资举办的学校才称为私立。按照"癸卯学制"中高等学堂学习年限为3年的规定,复旦公学的主体部分应是它的正斋,学习年限为3年,但由于入学者程度不齐,又设立有两年制的备斋,作为进入正斋的预备。预斋实际上相当于"癸卯学制"中中学的高年级程度,后来由两年延至三年,最后改为五年,和中学的年限一致,1909年便直接改为中学了。正斋分两部:第一部作为政法、文科、商科大学之预备,课程设有伦理学、国文、英文(法文或德文)、历史、地理、数学、论理、心理、理财、法学、簿记学、体操、音乐、拉丁文等;第二部作为理科、工科、农科大学之预备,课程设有伦理学、国文、英文(法文或德文)、数学、物理、化学、地质、矿物、动物、植物、测量、图画、体操、音乐、拉丁文等。复旦公学的学科和课程设置也基本上是按照"癸卯学制"设计制定的,但按"癸卯学制",高等学堂还应有专门为准备入医科大学而设立的第三部,复旦公学则阙如,在课程方面则省却了《奏定高等学堂章程》所规定的"经学大义",而增添了拉丁文。

复旦公学第一次招生时,报名者达500多人,由严复、马相伯等亲自主考,最后只录取了50人。至1911年,复旦公学共有四届57名高等正科学生毕业。至清朝覆灭,复旦公学的历任校长(或称监督)有马相伯、严复、夏敬观、高凤谦,可见更迭比较频繁。

复旦公学在办理过程中形成了以下教学特点:第一,重视外语教学。除本国文、历史、地理及伦理外,其他学科均采用外语课本,直接用外语教学。这是由于当时各西学学科的术语尚缺乏统一简明的译名,没有高质量的国语教科书的缘故,同时也与严复等复旦公学办理者对西学发展趋势、人才培养国际化的认识有关。第二,重视国学。这也是针对当时西风日炽,一些新式学堂的学生开始出现重西学轻国学的现象而特别强调的。复旦公学的学生国学基础都比较好,但同样规定每月必须交一、二作文以考验国学。第三,重视培养学生的实际工作能力,包括进行演说、辩论训练等。①《复旦公学章程》就专设有"演说规则"一章,指出:"中国将行立宪,此后中央政府、地方自治、皆有聚集会议之事,其聚散之仪文,辩论之学术,诸生允宜亟讲。"②

民国成立时,复旦公学向教育部呈请立案,即申请按大学办理,但因各种条件限制,未能如愿。1917年,复旦公学开始办大学本科,学校也改名为复旦大

---

① 复旦大学校史编写组.复旦大学志(第一卷)[M].上海:复旦大学出版社,1985:59—60.
② 同上:76.

学,正式结束复旦公学时期。

2. 中国公学

中国公学为部分留日学生罢学归国后创办,成立时间各处记载有些出入,据两江总督端方《奏拨中国公学经费片》(1907年6月1日):"查上海公学自光绪三十二年二月由日本留学生刘棣英等禀请在沪开办,并恳拨给经费,前署督臣周馥行前两江学务处及上海道酌核妥议在案。"①文中所说的上海公学即中国公学。又据张承标《中国公学创办的回忆》的记载,中国公学"于农历三月十日成立"。② 可见中国公学应正式成立于1906年三四月间。

中国公学缘起于1905年末至1906年初发生的留日学生罢学风潮。清政府诏行"新政"以后,采取鼓励留学的政策,前往日本的留学生陡增。1905年末,日本文部省颁布《关于令清国人入学之公私立学校规程》,③意在规范日本各学校接受中国留日学生的行为,并定于1906年1月1日起实施。该规程共十五条,其中的第一、四、六、九、十条引起中国留学生的强烈不满,特别是第九、十条,现将其内容摘录如下:

> 第九条,受选定之公私立学校,其令清国人宿泊之寄宿舍及属于学校监督之旅馆,要为校外之取缔。
>
> 第十条,受选定之公私立学校,遇有清国人曾在他学校以性行不良之故被命退学者,不得复令入学。

该规程颁布后,我国留日学生认为是对中国留学生的极大侮辱,引起中国留学生大规模的罢学罢课风潮,参与者达8 000人之多,湖南留学生陈天华更以投海自杀相抗争,并有约3 000人愤而归国。回国留学生决定在上海创办一所学校,一方面收容回国的学生,一方面也是鉴于对日本政府所颁规程的不满,立志创办中国人自己的学校,以寓奋发图强之意,因此学校取名中国公学。

1906年春,中国公学在刘棣英、姚洪业等人的奔波筹划下,租借越界筑路之北四川路底新靶子路160—165号三层西式住宅六幢为校址,正式开办。由于

---

① 朱有瓛. 中国近代学制史料(第二辑上册)[M]. 上海:华东师范大学出版社,1987:732.
② 同上:740.
③ 田正平. 中国近代教育史资料汇编·留学教育[M]. 上海:上海教育出版社,1991:379—381. 各种记述中国公学的文字在提及该规程时常记名为"取缔中国留学生规则",题意出入较大,也与该规程内容不符。

中国公学是请求两江总督资助少量开办费,靠学生个人捐助和社会捐资开办的,而留日归国学生中又有不少同盟会会员,社会人士恐多有牵涉革命党人之嫌,不愿捐助,因此开学后经费极度困难,甚至不敷房租和伙食费,更无论教员的薪资。开学后不久,负责庶务的湖南籍留学生姚洪业因感于公学之濒于绝境和社会的不能理解,愤而于4月6日投黄浦江自尽,①并留下近三千言的遗书。姚洪业投江事件引起海内外的震惊,之后,开始有同情公学的个人解囊相助,湖南、四川、广东各省也认捐每年数千元,海外华侨也陆续有捐款寄来,两江总督也拨吴淞炮台湾公地百余亩作为建立校舍的地基,公学因此得以维持和发展。

中国公学在向两江总督申请备案时确定的学校性质和程度是"为全国游学之预备,高等大学之阶梯",②可见是一所相当于高等学堂的留学预备学校。至1907年共有学生300余人,设有高等普通预科二班,中学普通四班,师范速成一班,理化专修一班,根据《中国公学第一次报告书》记载,中国公学规定高等普通科二年毕业,中等普通科三年毕业,师范速成科二年毕业,理化专修科一年毕业。

胡适在《中国公学校史》中记述了中国公学办学初期的特点:

第一,中国公学是一所全国人的公共学校。学生中各省人差不多都有,但以四川、湖南、河南、广东人最多,所以学生间的交流、课堂上的教学语言都采用普通话,这在当时上海的学校中是十分罕见的,也使上海成为各地学生的求学之地。

第二,中国公学是一个革命活动机关。学校宿舍常成为过沪革命党人寄居留宿的地方,师生中从事革命乃至为革命牺牲者也不少。"有时候,忽然班上少了一两个同学,后来才知道他去干革命或暗杀去了。如任鸿隽忽然往日本学工业化学去了,后来才知道他去学制造炸弹去了;如但懋辛也忽然不见了,后来才知道他同汪精卫、黄复生到北京谋刺摄政王去了。"

第三,中国公学的组织是一种民主政治的试验。"全校分执行与评议两部。

---

① 关于姚洪业投江自尽的日期,各处记述亦颇分歧,本处记4月6日(阴历为三月十三日)应为确实。姚洪业投江后不久,《直隶教育杂志》1906年(第二年)第十五期《杂录》就刊登了姚洪业的遗书,书末署有"中历三月十一日灯下书";1907年1月在东京出版的《汉帜》第一号发表有署名攘公的文章《伤姚洪业烈士》,文中提到"烈士死之先一日曾至友人某处诀别,是日值寒食节",按中国民俗寒食节为清明前一日或二日,而1906年农历三月十三日为清明节;民国时中国公学制定的《修学章程》中也以阴历三月十三日为姚烈士殉学纪念日;曾在中国公学就学的胡适在其《四十自述》中也说:"公学的干事姚弘(洪)业先生(湖南益阳人)激于义愤,遂于三月十三日投江自杀。"
② 朱有瓛.中国近代学制史料(第二辑上册)[M].上海:华东师范大学出版社,1987:732.

执行部的职员是学生投票互选出来的,有一定的任期,并且对于评议部负责任。评议部是班长和室长组织成的,有定期的开会,有监督和弹劾职员之权。开会时,往往有激烈的辩论,有时到点名熄灯时方才散会。"①

政府和社会对中国公学的革命与共和性质一直抱有疑忌,公学的经费又始终处在困难之中。为了改变外界对公学的印象,缓解经费上的困难,中国公学于1906年冬聘请张謇、熊希龄等知名人士几十人为学校董事,又于1907年夏开始接受两江总督端方每月拨给的一千两常款,不久又有了官派的监督。学校从此逐渐改变了原来的革命与共和性质,原来以学生为主体的校内管理组织也被董事会为主体的组织所取代。由于这种变化,引起了部分抱持原有理想的学生的不满,于1908年秋季发生中国公学风潮,大部分学生退出中国公学,另行组织了一个"新中国公学",与老的中国公学分庭抗礼达一年之久。但因新中国公学的经费陷于绝境,干事朱经农差一点演出与姚洪业同样的悲剧,跳河后幸被人救起,最后不得不重归中国公学。

民国成立后,中国公学几度变迁,于20世纪30年代被国民政府教育部勒令逐年结束。

三、实业学堂、师范学堂与其他专门学堂

"癸卯学制"在普通小学至大学的主系列之外,还有实业类和师范类两个旁系学堂系列。实业类学堂中,与高等小学平行的有实业补习学堂、初等农工商实业学堂和艺徒学堂,与中学堂平行的有中等实业学堂,与高等学堂平行的有高等实业学堂,各级实业学堂一般都划分为农业、工业、商业、商船四个专业。在师范类学堂中,与中学堂平行的初级师范学堂,以培养初等、高等小学堂教员为宗旨;与高等学堂平行的优级师范学堂,"以造就初级师范学堂及中学之教员管理人员为宗旨"。各学堂的修业年限和起始年龄与对应的平行主系列或略有参差。各种短期的培训机构,如"讲习所""速成科"等,也受到鼓励。

上海作为近代工商业和教育发展的先行城市,在"癸卯学制"颁布以后,实业学堂和师范学堂的发展也走在全国的前列,另外还根据需要创办了一些专门学堂,现将这几类学堂分类介绍如下。

1. 实业学堂

清末"新政"期间上海设立的高等实业学堂主要有由南洋公学发展而来的

---

① 胡适.胡适教育论著选[M].白吉庵,刘燕云,编.北京:人民教育出版社,1994:258—265.

上海高等实业学堂。1903年,清廷设立商部,当年秋,刚刚成立的商部即奏请将盛宣怀设立的南洋公学改为高等商务学堂,亦称南洋商务学堂,但因经费支绌,未能照章办理。1904年,因原来为南洋公学提供经费的招商、电报两局改隶商部,商部又于1905年3月奏请将该校改为商部高等实业学堂,得到批准。① 1906年,招商、电报两局又改隶邮传部,学校又易名为邮传部高等实业学堂。校名虽几经变迁,但因其坐落在上海,一般称其为上海高等实业学堂。1906年,上海高等实业学堂颁布章程,根据章程规定,上海高等实业学堂本科设置商业、航海、机轮、电机四科,学制3年,另设高等预科和中学预科,学制各4年。中学预科考验合格者可升入高等预科,高等预科考验合格者可升入高等实业学堂本科。如果对照"癸卯学制",因高等实业学堂本科与普通系列的高等学堂平行,故其高等预科相当于中学堂,中学预科相当于高等小学堂,只是在年限上与"癸卯学制"略有出入,实际上,后来这些预科学校都改称中学、小学,学制年限也有修改。上海高等实业学堂多层次办学的特点可以说是继承了其前身南洋公学的办学传统。

上海高等实业学堂的专业后来有所调整,到1911年,已设有铁路、电机、航海等科。1911—1912年间,学校名称曾短暂称为南洋大学堂,民国后又发展为上海交通大学。

重视实验和国文教学是上海高等实业学堂的重要特点。1907年唐文治担任学堂监督后,曾于1908年向邮传部要求拨款添置实验设备和建设实验工厂,他认为这是造就求实务实、学成致用专门人才的重要一环,也是落实清廷教育宗旨中"尚实"思想的重要措施。学校对国文教学的重视也是重要特色,不仅各层次的班级在招生时将国文合格作为先决条件,而且专科阶段的学生从一年级到毕业都开设有国文科。为在体制上保证国文教学的落实,学校还专门成立了一个国文科,国文科在教学体制中的地位与铁路科、电机科并列,但不招收学生,其任务就是加强国文教学,组织开展课外的国文教学活动,这种做法在清末高等工科学校中是开创性的,也是少有的。

1911年4月,校监唐文治将航海科析出,单独成立邮传部高等商船学堂,借上海徐家汇南洋公学对面的房舍招生,学制为2年。同时在吴淞兴建新校舍。

---

① 1908年两江总督曾奏请在南京设立江南高等商业学学堂(亦称南洋高等商业学堂、南洋商务学堂)。设在南京的南洋商务学堂虽和1903年由上海南洋公学改办的南洋商务学堂不是一所学校,但也许正是由于上海的南洋务学堂改为高等实业学堂,才又在南京另办一所商务学堂以为代替。

1912年高等商船学堂自徐家汇迁至吴淞新校舍,改名为交通部吴淞商船学校,聘萨镇冰为校长,设驾驶一科,内分正科和普通科(即预科)两种,学制均为3年。民国时期几经变革和变迁,这所学校最后发展为上海航务学院。1953年,交通部拟建综合性高等航海学校,上海航务学院北迁大连,与其他学校合并成立大连海运学院。

另外,1905年,两江总督周馥奏准将上海广方言馆改为工业学堂,原来隶属于广方言馆的工艺学堂也一起并入工业学堂。10月,又由陆军部定名为兵工专门学堂及中学堂,分专门和普通两科。专门科分机器、化学两班。由于兵工专门学堂两个专门班的学生一般录取中学堂毕业生,在程度上也相当于"癸卯学制"的高等实业学堂。

这期间上海设立的实业学堂大多属于初、中等程度。其中办得最有成效的应该是金业公立商业学堂。该校最初设立时名为金业公立小学堂,由金业各号经理人共同发起,金业公所筹资,于1905年8月开办,由金业公所董事施兆祥兼任校董事,聘毕业于广东方言馆的龚杰任校长。1906年奏请商部,得批准改为金业公立商业学堂,加入商业课程,以储备商才,振兴商业为目的,主要招收本业和其他商家子弟。本校为初等程度,龚杰在描述本校课程、办学目的和成效时说:"校中课程,普通学科外,注重英文、国文、算术及商业各科学。又以商界之算法不在深,故珠算务取其手法敏捷,账簿之登记宜从俗,故格式一如我商界习惯。估看银元为店伙之要务,使之勤习无间。计算利益为庄号所应用,使之操练纯熟。他如银行之汇总,则英镑之长缩如何,印度花旗日本之价格如何;钱庄之行市,则拆息之多寡如何,钱串银厘铜元之情形如何,皆为之一一教授。务使学生毕业者,如店铺中满师之徒弟,如钱庄上合用之伙计。行之十年,试之有效,试披阅杂志中毕业生之状况,执事于银行者有人,执事于铁路者有人,执事于电报者有人,执事于金店钱庄洋货棉纱各业者有人。"①

其他实业学堂如下。

育贤女工艺学堂。初办时间不详,1905年1月由胜业里迁至新马路德华路。

启秀工艺女塾。1905年由徐婉珊女士创办。徐婉珊(1866—1948),广东香山(今中山)人,出身于名门富家,基督教徒。清末兴学期间,她决心独资创办

---

① 龚杰.《上海金业公立乙种商业学校十二周年纪念杂志》叙[M]//朱有瓛.中国近代学制史料(第二辑下册).上海:华东师范大学出版社,1989:59.

一所女子学校,得到其父的支持。1905年2月,她将全部嫁妆费用于投资办学,在爱而近路(今安庆路)福寿里创办启秀工艺女塾,自任校长,并提出办学宗旨"为女子启发知识,增长才能,专授关于女界切实有用之科学,以为自立基础"。学校除一般文化课程外,还开设家政、手织、车织、缝纫、刺绣等课,尤重英文。后学校几经迁移,徐婉珊将她父亲遗留给她的全部财产投入学校。民国二年(1913年),在闸北东宝兴路租地自建校舍,学校改名启秀女中(1956年,该校同私立正行女子中学合并,改名上海市第十二女子中学。1966年改为上海市第十二中学,兼收男女生)。

上海女子蚕桑学堂。1905年由史量才(家修)集资创办于南市斜桥桂墅里,分为特科(选科)、本科、预科三部,学习年限分别为1.5年、2年、3年。预科课程有修身、国文、数学、蚕学、博物、习字、家政等,注重国文和数学,蚕学只讲大意。本科课程有修身、国文、数学、蚕体解剖、蚕体生理、显微镜、蚕病理、栽桑法、养蚕法、缫丝法、理科、土壤学、肥料学、经济、图画、日文等。选科属速成性质,只选修部分课程。学校以培养蚕桑缫丝业人才为目标。[①] 民国后改为江苏省立学校,迁址苏州浒墅关。上海女子蚕桑学堂的创办实为我国女子实业教育之始。

吴淞水产学校。筹建于1905年,1906年7月校舍竣工,张謇莅校视察。但迟至1912年才正式成立,学制4年。为上海水产大学的前身。

豆米业初等商业学堂。1906年豆米业董事张嘉年、袁肇烽等筹款创办两等小学堂,1910年改为初等商业学堂。

烟膏实业学堂。姚文楠等于1906年8月创办于小南门内。

中等蚕桑学堂。1906年12月王穗秋、袁希涛等人在江湾镇创设。

中等商业学堂。1906年,上海商学公会会员集捐创办中等商业学堂于西门外打铁浜,分设本科、预科暨高等小学科,学习年限分别为3年、2年、4年,不久停办。

中等工业学堂。1908年开设,校址在劝业所东(原一粟庵,后改建为劝业所,上海文庙附近)。1910年因经费无着,并入苏州工业学堂。

另外,现属上海地区内各县也多设有农业学堂。中等程度的如由劝学所总协董姚文枬提议,由邑绅陆徵祥、毛经畴、王丰镐等捐银,并得到闵行镇复新裕木行捐田,1910年正式开办的中等农业学堂;1909年松江府设立的府立农业学

---

① 朱有瓛.中国近代学制史料(第二辑下册)[M].上海:华东师范大学出版社,1989:633—635.

堂,校址在云间师范旧址。初等程度的有金山县立乙种农业学堂,创办于1910年,校址在金山卫大观书院遗址;青浦县立乙种农业学校,办学时间为1911年到1916年,校址在青浦县城。

2. 师范学堂

为了配合学制颁布后兴学政策的落实,急需培养新式学堂的师资,《奏定初级师范学堂章程》规定,每州县必设一所初级师范学堂。因初级师范学堂本身也需要相应的师资和办学条件,一时难以齐设,章程建议在未设师范学堂之前,为应师资的急切需要,"宜急设师范传习所"。

上海在清末设立的正式师范学堂是由龙门书院改建的苏松太道立师范学堂。1904年,龙门书院山长汤寿潜请求将书院改办学堂,上海道袁树勋批准将龙门书院改为道立师范学堂,并任命李平书、姚文楠为校董,改建校舍,派沈恩孚、袁希涛等赴日本考察师范规则。学堂于1905年5月28日开学,第一年设立三个班,分为简易理科、简易文科和本科,本科三年毕业,简易科一年毕业,学生共76人。学堂"遵奏定初级师范学堂章程,以养成高等小学、初等小学教员、管理员,期教育普及为宗旨",①本科学习课程有修身、教育、经学、国文、历史、地理、算学、理化、博物、习字、图画、体操、乐歌、英文,简易科课程略简于本科。学校还将原廿二铺小学堂改为附属小学,作为实习学校。该校学生学费、住宿、膳食等费一律免缴,并发给全套制服。学校设有科学仪器室、操场、浴室等。设备规章大体模仿日本成法,一年后简易科停办,不久又仿日本的师范学校制度,将本科分为甲、乙两部,甲部学制5年,乙部学制3年。1910年,改名为江苏省立第二师范学校。南京国民政府成立后,学校改为省立上海中学。

在龙门书院改为师范学堂前后,上海城区和现属上海境内各县设有多所师范传习所,同时有些中学也设立了师范科。

1904年,邑人项文瑞、曹棅、杨保恒、贾丰臻等由日本弘文学院速成师范科毕业回国后,在半泾园创办速成师范讲习所,学习期限为半年。第二年,又在亭桥西龙门精舍设立初等小学师范传习所,四个月毕业。另外还设立师范补习科,每晚授课2小时。1906年上海学务公所成立,对上述三处师范教育处所进行统一管理,分别改为第一、第二、第三师范传习所,第一师范传习所半年毕业,另两所均为一年毕业。②

---

① 朱有瓛.中国近代学制史料(第二辑下册)[M].上海:华东师范大学出版社,1989:327.
② 同上:434.

1904年,上海务本女塾将专修科改为师范科。

1904年,上海绅士姚义门在大南门大街创立速成女工师范传习所,分为甲、乙、丙三班,学习期限分别为一年、半年、三个月。甲、乙班的课程设置均为绒线、针黹、织造、车造、国文、算学、教育,旨在培养教授其他女工工艺的师资;丙班不设国文、算学、教育课程,其他课程相同,旨在培养能够靠工艺自立的女工。

1906年,邑人丁熙成、嘉定人管圻共同创办东城师范传习所。学习期限为半年,第二年费绌停办。

1906年5月,中国青年会添设师范研究会,聘请中西知名人士讲演各项教育事理。

1906年7月,沈缦云、宋廷柱等创办竞化女子师范于新码头里街,分本科、预科、附属小学。

1906年8月,上海道瑞澂创设震川中学堂,设中学、速成师范科。

1907年,城东女学(在小南门外里竹行弄)添设简易师范科,次年,师范科改设艺术补科。

另外,在现属上海境内各县也多设有师资培养机构,如:

青浦县在宣统年间设有短期师范传习所和单级讲授研究所。

1905年,松江知府田庚创设府立融斋初级师范学堂简易科,校址在松江城内杨家桥北塱,次年改称华娄师范传习所,后又改为云间师范学堂,1908年停办。另外,同盟会会员夏允麐、顾稼轩1906年在松江县城创办有清华女校,作为活动地点,该校附设有师范科。

在南汇县,1906年由县劝学所以原芸香书院学田收入积累为经费,在惠南书院创办有惠南师范传习所,开办过两期师范速成班。

3. 其他专门学堂

除实业和师范学堂外,其他各种专门学堂(包括短期培训机构)也得到一定发展,唯这些学校存在的时间短,文献记载已不甚详细,现将所见清末"新政"期间上海设立的各种专门学校罗列如下。

1900年9月,南洋公学在虹口设立东文学堂,招收40人学习东文(日文)。1901年8月,经盛宣怀奏请得到正式批准。

1904年10月,求志书院改为警察学堂,这是上海设立的第一所警察学堂。以后其他警察学堂多有设立,如1906年7月,老北门内九亩地普莲庵警务学堂开学。

1904年11月,李平书(钟钰)和张竹君创办的上海女子中西医学堂在派克路(今黄河路)成立,1905年2月正式开学。这是上海近代由国人自办的第一所中西医结合的女子学堂。张竹君毕业于广州夏葛女医学堂,是西医妇科医师,1904年日俄战争爆发,她受命组织救护队,回粤时路经上海,因沪上士绅坚留而在上海行医办学,兼育贤女校校长。当时育贤女校因经费紧张难以维持,李平书、张竹君合议将其改建为专门培养中西医汇通的女科医生的学堂,定学制为6年。由李平书教授中医课程,张竹君教授西医课程,其他如国文、外语、理化、数学、修身、音乐等课另请教员分授。同时还在学校旁边开办了一所附属女病医院,作为实习医院。1909年,上海医院新院舍建成后,该校迁入医院内,改名上海女医学校,校长仍为张竹君。后又改称上海医院附设医学专科学校。1912年,李平书去日本,中医课程停止,不久,学校也因经济原因停办。

1901年11月,虞含章(寒庄)等人在上海河南路棋盘街创办科学仪器馆,制造理化器械。1906年9月,开办理科讲习所,讲授物理、化学、人体生理、动植矿物等学,每日讲四小时,学员有蒋维乔、蓝公武、姚明辉等40多人。1907年改组为理科专修学校,设于法租界宝昌路,1908年停办。

1906年9月,江苏学务总会附设法政讲习所。

1906年11月,上海县署书差集资开办书差学堂。

1907年3月,上海图画音乐专修学校开办,7月,举办展览会。

1907年8月,王钟声在马相伯等人的帮助下创办上海最早的话剧学校——通鉴学校。

1905年,浙籍商人虞洽卿与华北银行买办胡寄梅等在上海发起组织华商体操会,1907年11月,他和浙江人徐一冰等在上海黄家阙车站发起创办中国体操学校。这是上海最早的体操学校,也是我国近代第一所独立设置的以培养体育师资为目的学校,可以说是为适应新式学堂体操课程的开设而创立的一所体育师范学校。学校分本科和选科,学习期限分别为1.5年和1年。学习科目有兵式体操、器械、游戏、击剑、生理、医学、音乐等。次年1月,徐一冰又在西门外方斜路赁屋创办了中国女子体操学校,课程有体操、伦理、国文、教育、生理、体育学、数学、音乐等,1911年改名为上海两等女学校。

1909年8月,商务印书馆印刷所开始招收学习美术的学生,学制5年,在学期间全部免费。

1909年10月,霍元甲应陈其美之邀创办精武体操学校,次年3月,改名精武体育会。

四、女子学堂和幼稚园

中国传统社会信奉"女子无才便是德"的观念,女子在学校教育中没有地位,因此,女子教育的开放程度是衡量中国教育近代化的一个重要尺度。上海因其襟江带海的地理位置和近代对外开放中的特殊遭遇,成为西学东渐的首要登陆地和近代中国工商业发展的先行者,也为女子教育的发展提供了文化和物质环境,近代上海女子教育无论在观念还是实践上,都走在全国的前列。

1898年,经元善在上海创办了近代中国第一所由国人自办的女子学堂——经正女学,虽然只存在了两年的时间,但起到了开风气之先的作用。清末"新政"期间,上海女子教育的发展继续领先于全国各地,现将这一时期上海市区和现属上海区域内各县女子学堂的情况列表如下(表9-5)。

表9-5 上海清末"新政"期间国人创办的女子学堂情况表[①]

校 名	创办年份	创办者或校长	校 址
爱国女学	1902	蔡元培等人	白克路(今凤阳路),后迁南阳路215号
务本女塾	1902	吴馨(怀久)	原黄家阙路,后迁雷米路(今永康路)
城东女学	1903	杨士照	小南门外里竹行弄居宅
宗孟女学	1903	陈婉衍	大南门外复善街
上海女子中西医学堂	1904	李平书、张竹君	派克路
上海速成女工师范传习所	1904	姚义门	大南门大街
女子蚕桑学堂	1905	史量才	斜桥桂墅里
启秀工艺女塾	1905	徐婉珊	爱而近路(今安庆路)福寿里
民立女子中学堂	1906	苏本喦等	西门文庙路293号
竞化女子师范学堂	1906	沈缦云、宋廷柱	新码头里街
三育女学堂	1906	黄庆澜	北乡新闸
萃秀女学堂	1906	张益谦、耿光觐	马桥

[①] 《上海妇女志》编纂委员会.上海妇女志[M].上海:上海社会科学院出版社,2000;陈科美,金林祥.上海近代教育史[M].上海:上海教育出版社,2003:164—167;并参考其他一些资料整理。

续表

校　名	创办年份	创办者或校长	校　　址
辅强女学堂	1906	凌纪勋、凌纪潭	
南州女校	1906		鲁汇镇
润鸿女学堂	1906	赵履福、赵履信	三林
蓬莱女学堂	1908	杨辰	南汇
祝群女校	1909	殷祝群、李平书	
成志女学堂	1908	陈钱佩芬	新北门画锦牌楼
中国女子体操学校	1908	徐一冰	西门外方斜路
湖州旅沪女学校	1909		新闸区浙江路
筠溪女学堂	1911	赵覆福	筠溪小学堂旧址①

　　部分女子实业、师范、专门学堂已见前述,现就当时最有影响的务本女塾介绍如下。

　　务本女塾于1902年由吴馨创办。吴馨(？—1919),字畹久,号怀疚,又号怀久。吴馨8岁丧父,16岁时曾考取秀才,在南洋公学开办师范院后,他即放弃科举进入南洋公学师范院读书。受维新运动倡导女子教育的影响,1902年他将教授自己两个女儿的家塾扩大为女塾,对外招生,吴馨自任塾长。"务本"意谓"女学乃教育之基本",因考虑到"事属创举,女学堂之新名词未易推行不若推广家塾,合于家族主义之旧习惯",②故学校不称女学堂而称女塾。

　　务本女塾校址初设在小南门花园弄,初设时仅有学生7人,不到一年增加到40人,第二年又增加到80余人,不久学校人数又呈数倍增加。随着学校人数和办学层次的增加,先后又在俞家弄、大南门租赁民房,校舍分为三处,1906年集中到西门外生生里,1907年始在西门外黄家阙路购地自建校舍,全部校舍有办公室、预备室、招待室等10幢,教室20间,宿舍25幢,并有食堂、置物室、操棚、游息场、校园等建筑。在1907年,务本女塾无论就招生人数还是学校设施,在国人自办的女学中都是规模最大的。

---

① 据明《正德松江府志》,上海县于弘治十七年(1504年)设立有筠溪义塾,清末尚存,1903年改建为贞固蒙学堂,或称筠溪小学堂。筠溪今址无考。
② 吴馨.务本女学史略[M]//朱有瓛.中国近代学制史料(第二辑下册).上海:华东师范大学出版社,1989:589.

务本女塾最初设有普通、高等两科,相当于"壬寅学制"的寻常和高等小学堂。开办三个月后,由于有一些年龄较大的学生前来求学,学校又专为她们开设了特班,后来改为专修科,特别为她们编制了课程计划。1904年,专修科改为师范科,因此,务本女塾堪称是我国第一所女子师范学校。同年还吸收了程颖和吴秋贤女士创办的幼稚舍,作为师范生的实践场所。1905年,学校进一步制定改良规则,分别设置预科、本科、师范科,学习年限分别为2年、3年、2年,视其课程,程度略相当于"癸卯学制"的高等小学堂和中学堂的初级阶段。另设选科,学习年限为2~4年,所修课程根据学生的情况灵活安排。师范科主要面向在预科毕业而年龄大于17岁不宜再入本科学习的学生,但随学生的志愿。同年又增加了初等和高等女子小学,课程与"癸卯学制"的规定相当。

务本女塾对学生的纪律要求比较严格,禁止学生涂脂抹粉、穿着华丽服装,并劝导学生放足,为上海青年女性所效仿,在改变传统妇女裹足陋俗、引导妇女走向社会方面起到一定的推动作用。

民国成立后,吴馨将务本女塾捐给政府,改称上海县立第一女子中学,1928年恢复"务本"校名,1937年淞沪抗战中,校舍被炸毁,只得迁往租界内上课。1941年太平洋战争爆发后,学校停办。1945年,由上海市教育局拨令永康路20号原法国人学校旧址开学。1952年改称上海市第二女子中学,"文革"中取消女中,改称上海市第二中学。

幼儿教育与女子教育密切相关。《奏定学堂章程》中关于幼儿教育的章程是《奏定蒙养院章程及家庭教育法章程》,它是我国近代颁布的第一个关于幼儿教育的法规,标志着我国幼儿教育被纳入国家规划发展的新阶段。该章程共分"蒙养家教合一""保育教导要旨及条目""屋场图书器具""管理人事务"四章,对幼儿教育机构的名称,保育教导的对象、宗旨、科目及内容、年限、设备、管理等方面都做了比较明确的规定。幼儿教育机构的名称为"蒙养院",其保育教导的对象是3~7岁的幼年儿童,并明确指出,它相当于各国之幼稚园。

但是,《奏定蒙养院章程及家庭教育法章程》给予幼儿教育的地位是有限的。首先,《奏定学堂章程》没有给予女子接受学校教育的权利,反而加以限制,而蒙养院作为幼儿的保育教导之所,依照各国通例,它的保育人员应该由女师范生来担任,这样,在限制女子教育和发展幼儿教育之间就出现了一个难以调和的矛盾。其次,将幼儿教育机构与幼儿师资培训机构、社会慈善机构结合,缺乏独立地位。由于限制女学的发展,没有幼教师资,《奏定蒙养院章程及家庭教育法》仅规定就各省府厅州县原有的属于慈善机构的育婴堂和敬节堂内附设蒙养院,"以便院中学保姆者练习实地保育之法"。这样看来,蒙养院的主要作用还不在教育幼儿,而是在培训幼教师资。

受此影响,清末国人自办的幼稚园数量十分有限,上海虽走在前列,但所办的几所幼稚园也大多附设于女子学堂,其中务本女塾附属幼稚舍是创办较早且有影响的一所。

务本女塾附属幼稚舍的发起人是程颖和吴秋贤女士,在务本女塾校长吴馨的赞助下创办。吴馨在《务本女学史略》中说:"甲辰(1904)春,程女士颖、吴女士秋贤谋创幼稚舍于乔家浜,余赞成之,而令师范甲级生日往练习管教。"①幼稚舍后来迁至大南门民宅,由务本女塾师范生分任教科与管理,而吴馨的妻子葛氏总负责。1906年因葛氏病逝而一度停办。1907年接受地方政府拨款,改为公立,故更名为上海公立幼稚舍,并迁至西门外庆安里。

改为上海公立幼稚舍后,所定章程规定:幼稚舍兼收5~8岁的男女儿童,其宗旨为"调护儿童身心,改良家庭习惯"。学科分谈话(内包修身、博物)、手工(纸、木、豆等)、识字、图画、游戏、唱歌。虽然章程中明示,"本舍以保卫儿童健康为主,以诱启知识为辅,并不多读蒙书,来学者勿专求文字",但根据其所订的课程单,实际也包括一些习算、习字、温字的课目,②应该说这与所招5~8岁儿童已到识字的年龄有关。

这一时期在上海城区由国人自办的幼稚园还有:苏本炎1904年在高昌庙江南制造局附近创办的民立幼童学校,杨士照1906年在小南门创办的城东女学附属幼稚舍,姜葛学润女士1909年在半泾园创办的西城幼稚舍,陈钱佩芬女士1909年在画锦牌楼设立的成志女学附属幼稚舍,商务印书馆1910年创办的养真幼稚园等。另外,在现属上海境内的部分县也有少量幼儿教育机构的设置,如1908年金山朱泾汤朱氏捐钱1 000元,创建怀仁幼稚舍,并捐田租50石为经常费,该园也是当时我国为数不多的几所著名私立幼稚园之一。

五、清末"新政"期间上海教育的特点

清末"新政"期间是中国传统教育制度解体,近代教育在形态上得以确立的关键时期,上海作为中国教育近代化发展的前沿区域,其教育变革的规模和深度堪称中国传统教育向近代教育进行体制性转轨的缩影和典型。

---

① 朱有瓛.中国近代学制史料(第二辑下册)[M].上海:华东师范大学出版社,1989:589.
② 同上:760—761.

首先，上海基本形成了近代教育的结构体系，实现了教育内容、教学形式、校园文化的初步转型。

经过清末十年的改革，上海基本按照"癸卯学制"规定的学校系统建立起了各级各类学校，既包括从蒙养院（幼稚园）、小学、中学到高等学堂的各级学校，也包括农工商、师范、体育、艺术等各类实业和专门学堂。上海还突破"癸卯学制"对女学堂的限制，继经正女学之后，开办了一定数量的女子学堂，为在学制中最终确立女子教育的地位奠定了实践基础。另外，特殊儿童的教育也开始受到关注，如李云书等于1906年11月创设了盲孤工读学校。

在教育内容上，西学和各种实用知识技能开始成为学校课程的主体。在教学组织形式上，新建立的学堂普遍颁布学校章程，制定分年课程计划，确定了学习年限，采用班级授课制形式，这些基本是在遵照国家颁布的学制系统的前提下根据各自的情况作适当变通的结果。在教学方法上，为适应新的教学内容，一定程度上改变了偏重记诵的传统，开始注重启发、理解，特别是实业和专门学堂，一般都安排有实践性课程，注意理论联系实际。

与传统学堂相比，学生的精神面貌和校园文化也发生了实质性的改观。尽管"癸卯学制"仍然无视对学生自主、自立意识的培养，有关章程还对学生的言行规范作了细致苛刻的限制，但上海的某些学校，如复旦公学、中国公学等，都一度采用学生自主管理、参与评议校政作为学校的辅助甚至主要管理形式，表现了近代学校中学生的自主自立意识和平等的新型师生关系。另外，一些学校还成立了游艺会、远足会、体育会等组织，这些组织的活动改变了中国传统书生安行矩步的文弱形象，也是近代教育注重学生身心协调发展的精神在校园文化上的反映。

其次，办学主体呈现多元化趋势。

在清末学制颁布之前，上海由国人自办的新式学堂为数不多，在办学主体上，有官立也有民立。如上海广方言馆等洋务学堂纯为官立，另外一些如张焕纶创办的正蒙书院、钟天纬创办的三等学堂、王维泰创办的育材学堂、盛宣怀创办的南洋公学、经元善创办的经正女学等，起初都属于民立性质。但民立学堂中有些很快接受官府的资助和监督而转化为官办性质，如正蒙书院、南洋公学等，三等学堂也很快归并于南洋公学。

清末"新政"期间，朝廷鼓励多渠道筹资办学，除对一些原有学堂进行改革，继续由官府办理外，新设立的学堂大多为民间办理。与早期相比，清末"新政"期间的民立学堂在办学主体上呈现出多样化的发展趋势，不像早期那样基本由单个人发起和创办,开始出现了由各种不同形式的团体筹资办学的现象,其中最明显的是由各种行业会所和同乡会所集体筹资办学。行业办学如1905年,上海金立公所开办金业小学堂后,"各业闻风兴起,踵接筹办。有伶界之榛苓学校,有衣业学校,有银楼业学校,有水木业学校,有花衣业学校,有水炉业学校,有僧界之留云学校,有商务印书馆之尚公学校等"。① 这些学校都是普通学校,不是行业的实业学校。同乡办学如1907年1月湖州旅沪学会议定创办优级师范、文科及高等小学,后又于1909年由湖州旅沪小学校分设湖州旅沪女学;1907年1月安徽旅沪公学也宣告成立。办学主体的这种变化反映了上海近代社会五方杂处、由农业乡村社会向工商城市社会发展的特点。

其三,清末上海教育在全国具有先导性和开放性的特点。

历史的遭遇使上海成为近代西学东渐的枢纽、对外开放的门户,给上海带来工商业的繁荣和教育观念的更新,同时也使上海成为重要的人才汇聚地,特别是兴办新式学堂所需要的西学人才的汇聚地。因此,在清末兴学过程中,上海更多地享有资金、师资、教材、观念等方面的优势。在维新变法期间,上海首先按照三段式学制模式开办了南洋公学,创办了第一所近代由国人自办的女学——经正女学。清末"新政"期间,上海在兴办新式学校的类型上继续保持了多项全国第一,如上海女子蚕桑学堂是我国女子实业教育的开始,务本女塾师范科是我国女子师范教育的开端,中国体操学校是我国近代第一所独立设置的以培养体育师资为目的学校等。上海作为近代中国对外开放的窗口,市民很早就有学习外语的意识,"癸卯学制"最初并没有规定小学开设外语课程,但清末上海开设的很多小学堂,如上海南洋公学附属小学、龙门师范学堂附属小学堂、1905年由杨光霖和张之珍在七宝创办的明强小学堂等,都开设了英语课程。上海等城市在小学开设外语,成为以后学制修订的先导。1910年,小学学制修订时,便规定在城镇高等小学堂开设英文。

上海不仅是一座对外开放的城市,也是一座对内开放的城市,清末上海开办的许多学校都面向全国招生,一些边疆和少数民族地区仰慕上海的办学成就,还特别委托上海为他们培养人才,如1908年3月,蒙古喀喇沁亲王就曾派送5名蒙古籍男女学生来沪求学,男生被送入邮传部高等实业学堂学习,女生送入务本女塾学习。

---

① 朱有瓛.中国近代学制史料(第二辑下册)[M].上海:华东师范大学出版社,1989:54.

第二节 《教育世界》——中国最早的教育专业刊物[①]

在清末"新政"期间,上海先后办有两份重要的教育专业刊物,一份是1901年创刊的《教育世界》,另一份是1909年2月创刊、由商务印书馆发行的《教育杂志》,这两份教育刊物在它们存续期间堪称全国最具影响的教育专业刊物。《教育杂志》创刊时已近清末兴学的尾声,其存续期(1909年2月—1948年12月)主要在民国期间,这里仅就《教育世界》在清末教育改革中的影响和作用作一概略介绍。

一、《教育世界》概观

《教育世界》是我国最早的教育专业刊物,于1901年5月创刊,创办人是罗振玉,为半月刊。当时罗振玉以在上海办理农学会和《农学报》闻名,被张之洞聘往湖北任农务局经理和农务学堂监督,因此,《教育世界》最初几期是在武昌定稿后寄往上海刊印,由在上海的教育世界社发行。不过,这年夏天罗振玉即辞去武昌的职务回到上海,《教育世界》的办理工作也都移往上海进行。罗振玉、王国维是该刊的主要撰稿和译稿人,提供撰译稿的还有张元济、高凤谦、樊炳清、陈毅、罗振常及日本《教育时报》主笔辻武雄等。

至1908年1月停刊,《教育世界》共出版了166期。办理过程分为两个阶段:第1—68号,即自创刊至1903年2月初为前期,自第69号起为后期。罗振玉发表在首期的《教育世界序例》揭示了刊物的宗旨和计划:

> 土积而成山岳,水积而成川流,人才组合而成世界。是世界者人才之所构成,而人才者又教育为之化导者也。无人才不成世界,无教育不成人才。方今世界,公理不出四语,曰:"优胜绌败。"今日中国处此列雄竞争之世,欲图自存,安得不于教育亟加之意乎! 爰取最近之学说书籍编译成册,颜之曰《教育世界》,以飨海内学者。虽曰壤流之细,或有裨川岳于万一乎?例如左(下)
>
> ——自四月起,每月出书二册,每册约五十页(将来经费稍裕,则月出

[①] 本节内容参考:吕顺长. 清末浙江与日本[M]. 上海:上海古籍出版社,2001;金林祥,张蓉.《教育世界》与西方教育的传入[J]. 河北师范大学学报(教育科学版),2000(4);周谷平. 近代西方教育理论在中国的传播[M]. 广州:广东教育出版社,1996.

三册）。①

——每册前列论说及教育规则与各报后附译书。

——附译之书为六类：曰各学科规则，曰各学校法令，曰教育学，曰学校管理法，曰学校教授法，曰各种教科书。

——教科书分小学级、中学级二者。

——此杂志所译各学教科书多采自日本。考各种教科书有可通用者（如动植、理化之类），有须特撰者（如读本、地理、历史之类），兹译日本教科书为蓝本，海内学人若据此编润成中国合用之书则幸甚。

——同人有以论说及编著之书见示者，当选择刊行以志受益。

——此例草创，未能尽善，异日当逐渐斟酌改良。

前期的《教育世界》由创办人罗振玉自任主编，大体按照罗氏的上述计划办理，在体例上比较简约，仅设"文篇"和"译篇"两大栏目，而以"译篇"为主。"文篇"的内容包括教育论说、奏折和各地学堂的章程等，罗振玉本人撰写了其中大部分教育论说的文章。"译篇"刊登译作，译文多采自日本，包括翻译日本的教育法令、规程规则，例如从第1号至18号就集中全文译载了日本各项教育法规、条例达80余种。同时还刊登日本有关教育学、学校管理、学校卫生、教授法、教育史等方面的著作和教科书等。从第40号起，又陆续介绍欧美各国教育发展的历史、现状及教育理论。

后期《教育世界》（从1904年2月第69号始）由王国维代罗振玉主编，并对刊物进行了大规模的改版。《教育世界》在改版前一期（癸卯年十二月下旬，总第68号）刊登了教育世界社发表的《本报改章广告》，声明其改版的理由和宗旨：

> 本报自辛丑四月创办，迄于癸卯年底，已发至第六十八册。向系选择专书，按期接载，分之为旬报，合之为丛书。原以吾国教育尚在幼年时代，罕有窥斯界之真面者。与其为武断之议论，不如直译外籍，供人采择，尚不至贻误后来。……继念西儒之言曰：人若久注意于一事物，则眼力易疲，疲则难入而易忘，故读书者必于读甲类后改读乙类，然后再读甲类，乃可以慰

---

① 有些研究者认为《教育世界》初创时为旬刊，估计主要是依据这句话，还有就是《教育世界》总是在阴历的每月上、下旬出版。但《教育世界》自创刊至终刊，始终每月只出两期，因而是事实上的半月刊。

眼力之劳。本报有鉴于此,特自甲辰正月首期,即第六十九号始,改例为分类。除选译东西各书外,增入本社所自编撰者,以餍阅者之目焉。……本报宗旨,略分三纲。一引诸家精理微言,以供研究;二载各国良法宏观,以资则效;三录名人嘉言懿行,以示激励。若夫浅薄之政论,一家之私言,与一切无关教育者,概弗录。

改版后《教育世界》的基本栏目为插画(或称肖像、写真、图画)、论说(或称代论,称"代论"时一般以译作替代)、学理、教授训练、学制、传记、小说、本国学事、外国学事、杂录(或称余录、杂纂等)、来稿、文牍。出刊时偶尔减少一些栏目,有时增加教育行政、教育史、管理、家庭教育、修身训话、文苑、附录、学事报告等栏目。在装帧上也由前期的线装本改为新式装订,篇幅由原来每期大约50页增加到100页。总之,改版后的《教育世界》从形式到内容都给人以耳目一新的感觉,由原来较为严肃的文字叙述到图文并茂、文情并茂,增加了观赏性和可读性。内容由原来的纯粹教育性到兼顾哲学、美学、心理学、伦理学等教育的基础学术和理论,同时还介绍中外(主要是外国)一些知名学人及其作品。调整了撰、译作的比例,增加了自撰作品的篇幅比,译作的重点也由教育制度和法规条例转向西方近代教育实施情况、教育理论和教育名著等。

尽管改版后的《教育世界》给人以由专门的教育杂志向综合性方面偏移的感觉,但无疑有利于将教育纳入整体文化学术的大背景中进行考察,所融入的内容也大多与教育相关联。如王国维对德国著名哲学家康德、叔本华、尼采和古代思想家苏格拉底、亚里士多德、柏拉图等人的介绍,着力点也在于他们的教育思想。王国维本人就认为,哲学与教育学有着密切关系,如在《教育偶感》和《论叔本华之哲学及其教育学说》中,王国维提出"不通哲学则不能通教育学及与教育学相关之学",①"夫哲学,教育学之母也"。② 所增的"小说"栏目,刊载的大多为教育小说或以教育为主题的小说。而"本国学事"和"外国学事"等栏目,对及时报道国内外教育发展的动态也发挥了很好的作用。

另外,教育世界社还将《教育世界》杂志发表的内容按阴历每年汇成一集,称为《教育丛书》,《教育世界》办了近七年,共汇成七集。其中第一至第三集所收的内容并非是《教育世界》所刊的全部,主要是译自日本的教育学著作或其他

---

① 王国维.教育偶感[J].教育世界,第81号.
② 王国维.论叔本华之哲学及其教育学说[J].教育世界,第76号.

资料,也有少量译自欧美的著作。第四至第七集《教育丛书》则适应《教育世界》改版后的栏目形式,将同年度的《教育世界》按栏目分类进行综合汇编,汇编时并不按照刊载的时间顺序,而是根据作者或内容的不同进行了重新排序(其实对于许多分期连载的著述,按时间排序显然不合适),如第四集的类目为:插画、论说、学理、教授训练、学制、史传、小说、本国学事、外国学事、附录、文牍,以后两集略有不同,和《教育世界》栏目对应。

二、译介日本学制章程,为清末学制的制定提供蓝本

《教育世界》与清末教育改革的关系,首先表现为大量翻译日本的各种教育法规、各级各类学校的章程规则,成为清末制定学制、拟定各级各类学堂章程的重要参考文献,这也是清末学制受日本影响较深的一个原因。

《教育世界》刊载日本教育法规章程主要集中在第一年的前18期,但以后仍间有介绍。据统计,从第1号(1901年5月)到第65号(1903年12月),《教育世界》刊载的日本教育法规与条例达96项左右,包括:(1)文部省官制、文部省令、文部省直辖诸学校官制。(2)小学校令、私立学校令、师范教育令、中学校令、实业学校令、帝国大学令。(3)幼稚园、盲哑学校、小学校、中学校、师范学校、女子高等师范学校、高等女学校、实业补习学校、工业学校、农业学校、商业学校等各级各类学校规程、规则。(4)小学校、中学校、师范学校、高等女学校设备规则、建筑规则。(5)地方学事通则、市町村立小学校有关规则。(6)明治五年学制。(7)学校教员检定规则、薪给规定、退隐办法。(8)教科用图书检定规则。(9)各种学校教授细目、学科及程度规则。(10)师范学校招生、毕业生服务、学费等规则。(11)文部省外国留学生规则。(12)各种教育团体规则、纲领。此外,还刊载了《日本文部省沿革略》《日本近世教育概览》《日本现时教育》等关于日本教育行政和教育事业发展现状的文章。

《教育世界》对日本教育法规和教育发展状况的全面系统介绍,无疑为当时举办新式教育过程中急需寻求借鉴的国人提供了参照的蓝本,特别是"壬寅学制""癸卯学制",都直接参考了日本学制,尽管这种影响并不能简单归因于《教育世界》对日本学制和规程的介绍,但作为影响的因素之一则是不可否认的。这里以"癸卯学制"为例略作介绍。

首先是各级学校的修业年限受到日本的影响。日本自明治维新以来,学制经过多次调整,其中1886年森有礼任文部大臣时颁布的《学校令》确立了日本近代学制的基础。《学校令》规定:小学分寻常小学(6周岁入学)和高等小学,各4年,高等小学毕业后分为两轨。一轨沿普通中学(5年)、高等中学(2年)、

升入帝国大学,这是英才教育系统,高等中学全国只有5所(每学区一所)。另一轨进入师范或职业教育系统。日本1886年学制中,小学年限长达15年,显然过长,故从19世纪90年代后陆续进行修正。先是于1894年废除高等中学制度,另设高等学校,年限3年,归属高等教育;其次于1899年颁布《改正中学令》,规定中学为五年一贯制,招收修完高等小学两年课程的学生,而高等小学的后半段实际已经成为和中学校平行的另一教育系列(不久小学也演变为六年一贯制)。这样,在"癸卯学制"颁布时,日本已形成了以小学六年、中学五年、高等学校三年、大学四年为主干的学制系统。《教育世界》所翻译的主要是当时日本实行的各种教育法令规程,同时也翻译了如《日本近世教育概览》《日本民治五年(1872)学制》等关于日本教育历史方面的文献。透过《教育世界》,清末负责制定学制的学务大臣们对日本新旧学制的演变及现状就可以熟知于心。对照之下,"癸卯学制"是把日本1886年的小学学制和19世纪90年代以后形成的中、高等学制拼接而成,拼接时把日本小学旧制中的寻常小学堂拉长了一年,改名为初等小学,从高等小学堂起,所有学段的分段和年限全部照搬日本现行学制,原封未动。

其次,高等学堂作为"癸卯学制"的一个学段,其来源和结构也是模仿日本的结果。日本于1881年将中学教育分为初等科4年和高等科2年,共6年;1886年《中学校令》又将中学分为寻常中学5年和高等中学2年,共7年。由于中小学的年限过长,同时也为了对各地滥设的中学校进行取缔和整顿,1894年废除高等中学,而另设三年制的高等学校。日本原来的高等中学是分科教学的,所设立的法、医、工、文、理、农、商各科与大学的分科对应,高等学校对原来高等中学的各科进行归类,其中法、文科归为第一类,工、理、农科归为第二类,医科单独归为第三类,面向帝国大学的相关分科进行升学预备。"癸卯学制"中的中等、高等教育全面模仿日本,其中高等学堂就是日本高等学校的翻版,只是在面向分科大学进行对口预备时,第一类多了经科,其余雷同;①课程设置与日本高等学校大同小异。

另外,从"癸卯学制"关于幼儿教育的章程《奏定蒙养院及家庭教育法章程》中也可见其受日本影响。《教育世界》在"癸卯学制"制定前发表的关于日本幼儿教育的代表文献有:(1)载于第3号(1901年6月)的《关于幼稚园图书

---

① 璩鑫圭,唐良炎.中国近代教育史资料汇编·学制演变[M].上海:上海教育出版社,1991:329.

馆盲哑学校及其余类于小学校之各种学校又私立小学校等规则》。(2)载于46号(1903年3月)中的《幼稚园恩物图说》。《奏定蒙养院章程及家庭教育法章程》分"蒙养家教合一""保育教导要旨及条目""屋场图书器具""管理人事务"四章,对幼儿教育机构的名称,保育教导的对象、宗旨、科目及内容、年限、设备、管理等方面都作了比较明确的规定。其中关于保育教导的宗旨与科目(游戏、歌谣、谈话、手技)、蒙养院设备等方面的规定,基本上是对日本1899年制定的《幼稚园保育及设备规程》的移植。

《教育世界》在前期注重引入日本的教育制度,对欧美国家的教育制度也作了一定程度的翻译介绍,如《法国乡学章程》(第9号)、《美国教育制度》(第41、42号)、《英国之夜学校》(第42号)等,从第43号起,《教育世界》更是将介绍的重点转向了欧美国家,对英国、德国、美国、法国、瑞典、丹麦、挪威、俄国等欧美国家的教育现状、各种学校、教育政策等作了详尽介绍,还对亚洲一些国家,如印度、朝鲜的教育发展情况作了介绍。但《教育世界》后期对欧美教育制度的介绍,不似前期以译介日本教育法规、条令为主,而是广泛、综合地介绍欧美各国的教育状况,对开阔国人的视野起到了重要作用。

三、应和"新政"教育发展节律,指点"新政"教育改革

《教育世界》本身就是为适应清政府推行教育"新政"的形势需要而创刊的。1901年1月29日,慈禧太后以光绪帝的名义在西安颁布了"预约变法"的上谕,揭开了清末"新政"的序幕。后来两江总督刘坤一、湖广总督张之洞响应上谕陈政,于1901年7月联衔发出"江楚会奏三疏",其中第一疏为《变通政治人才为先遵旨筹议折》,即专论育才兴学,包括设文武学堂、酌改文科、停罢武科、奖劝游学四个方面,堪称"新政"期间教育改革规划的基本纲领。而《教育世界》的创刊人罗振玉在这期间则与刘坤一、张之洞都保持联系。在这之前,罗振玉因在上海办理农学会和《农学报》而成为江南名人,已受到两江当局乃至有关政要的注意。1900年秋,湖广总督张之洞邀请罗振玉去武昌任湖北农务局经理,兼任农务学堂监督。1901年夏初,罗振玉辞去湖北农务局和农务学堂兼职,但同时又被张之洞委任为江楚编译局襄办。可见在张之洞、刘坤一组织草拟"江楚会奏三疏"期间,罗振玉有可能一直与他们保持着联系,与闻甚至参与其事。《教育世界》在1901年5月创刊,这一时间的选择不是偶然的。

《教育世界》创刊后,不仅其"译篇"成为展示日本和世界教育的窗口,其"文篇"栏目也发表了不少当局政要、民间人士乃至国际学者对"新政"教育改革建言献策的文章,成为教育改革的重要论坛,同时对当时的重大教育改革事

件都作了比较详尽的报道和反映。表9-6整理了《教育世界》改版前"文篇"栏目发表的文章篇目。

表9-6 《教育世界》前期"文篇"栏目篇名一览表①

刊次	时间	"文篇"篇名	作者
第1号	1901年5月	教育私议	罗振玉
第2号	1901年6月	粤督陶制军粤抚德中丞请变通学校科举折	陶模、德寿
第3号	1901年6月	支那教育改革案	[日]辻武雄
第4号	1901年7月	各行省设立寻常小学堂议	罗振玉
第5号	1901年7月	粤督陶制军奏陈图存策之一	陶模
第6号	1901年8月	论语讲义一	罗振玉
第7号	1901年8月	论语讲义二	罗振玉
第8号	1901年9月	教育探源	[日]冈本监辅
第9号	1901年9月	教育五要	罗振玉
第10号	1901年10月	江楚会奏变法第一折	
第11号	1901年10月		
第12号	1901年11月	设师范急就科议	罗振玉
第13号	1901年11月	学校刍议	出洋学生总监督夏偕复
第14号	1901年12月		
第15号	1901年12月		
第16号	1902年1月	拟订寻常小学校课程表	罗振玉
第17号	1902年1月	拟订高等小学校课程表	罗振玉
第18号	1902年2月	拟订寻常中学校课程表	罗振玉
第19号	1902年2月	清国两江学政方案私议	[日]辻武雄
第20号	1902年3月	答友人问学堂事书	张元济
第21号	1902年3月	教育赘言八则	罗振玉
第22号	1902年4月	译书条议	罗振玉
第23号	1902年4月	日本教育大旨	罗振玉

---

① 上海图书馆.中国近代期刊篇目汇录(第二卷上册)[G].上海：上海人民出版社,1979：134—144.缺第52、54、55号。

续表

刊　次	时　间	"文篇"篇名	作　者
第24号	1902年4月	学制私议	罗振玉
第25号	1902年5月	小学校拟章	
第26号	1902年5月	中学校拟章	
第27号	1902年6月	师范学校拟章	
第28号	1902年6月	师范学校中学校建筑拟章	
第29号	1902年7月	四川学政吴请定学堂课程折	吴郁生
第30号	1902年7月	翰林院编书条例	
第31号	1902年8月	论文字之关教育及改良意见	罗振玉
第32号	1902年8月	各省设体操传习所议	罗振玉
第33号	1902年9月	论中国亟宜兴实业教育	罗振玉
第34号	1902年9月	管学大臣奏拟蒙学堂章程	
第35号	1902年10月	管学大臣奏拟小学堂章程	
第36号	1902年10月	管学大臣奏拟中学堂章程	
第37号	1902年11月	管学大臣奏拟高等学堂章程	
第38号	1902年11月	管学大臣奏拟高等学堂章程	
第39号	1902年12月	大学堂考选入学章程	
第40号	1902年12月	山西大学归并办理合同	
第41号	1903年1月	晋抚岑奏山西大学归并办理折	岑春煊
第42号	1903年1月	弘文学院章程	
第43号	1903年2月	外务部议复游学折稿 蒙古喀喇沁王创设学堂招考告示	
第44号	1903年2月	直督袁奏陈筹款开办直隶学堂折	
第45号	1903年3月	政务处外务部复奏振贝子条陈折（节录）	
第46号	1903年3月	湖南官派师范生上俞中丞书	
第47号	1903年4月	前鄂督张鄂抚端奏陈筹办湖北各学堂折	张之洞、端方
第48号	1903年4月		
第49号	1903年5月	与北京大学堂总教习吴君论清国教育书	［日］高桥作卫 （法学博士）
第50号	1903年5月	署江督张奏设立三江师范学堂折 管学大臣咨直督转饬劝办民立蒙小学堂公文	张之洞

续表

刊次	时间	"文篇"篇名	作者
第51号	1903年6月	外务部奏陈遵议出洋学生章程折	
第53号	1903年7月	与友人论中国古代教育书	罗振玉
第56号	1903年8月	论教育之宗旨	王国维
第57号	1903年8月	大学堂译学馆章程	
第58号	1903年9月		
第59号	1903年9月	京师大学堂译书局章程	
第60号	1903年10月	直督咨管学大臣核办修订学律文 湘抚演说	
第61号	1903年10月	伊犁将军马奏拟设伊犁养正学堂并酌派出洋游学折（附章程）	马亮
第62号	1903年11月	湖南抚院赵谕高等学堂学生示 湖南抚院赵通饬宣讲章程公文	赵尔巽 赵尔巽
第63号	1903年11月	试办天津校士馆章程 直督饬省城设立教育研究所责成藩司学校认真经理札 永定河道请卢沟桥添设女学堂禀	
第64号	1903年12月	鄂省普及学塾章程并示	
第65号	1903年12月	荆州将军绰等奏筹办荆州驻防中小蒙学养学堂并遴派监督提拨经费各折片	
第66号	1904年1月	鄂督张奏定约束出洋学生并鼓励章程折	
第67号	1904年1月	管学大臣奏派学生前赴东洋各国游学折 两广学务处第一期办事章程	
第68号	1904年2月	湘绅筹款兴学禀批	

从这份篇名目录可以看出，在1902年8月15日"壬寅学制"颁布之前，"文篇"栏目主要发表了罗振玉、辻武雄等人关于教育改革的文章，包括教育改革的步骤设想，学制、课程方案的设计，对教育改革预案的评论等；发表了清廷"预约变法"上谕发布后部分官员上疏陈政中关于教育的奏章，其中包括《江楚会奏变法第一折》（即所谓"江楚会奏"三疏中的第一疏）这样著名的奏章。这一阶段，罗振玉本人发表的文章最多，其中如《教育私议》《设师范急就科议》《日本教育大旨》《学制私议》，都对"新政"教育改革产生了一定的影响。

《教育私议》是罗振玉在《教育世界》上发表的首篇文章,他指出,振兴中国教育应从以下十个方面着手:一是设学部。中国原来尚书六部中的礼部实统学政,但罗振玉建议应"采用日本文部省之制相宜变通之"而成立学部,确立中央独立的教育行政机关,然后再在各地方立学务官,并将全国分为数个学区,这样则"官立职分而事自举矣"。二是定规则。"学部既立,则定处理章程,是为先务。"如何编辑教科书、分配教科、编制学级、选定校舍式样及配备器具、管理学校、培养教员并给予相应的待遇、筹措经费等诸项学务,都应制定明确的规则。三是明等级。以小学堂为基础,自寻常小学开始,毕业后入高等小学,再循序入寻常中学(包括寻常师范和实业学校)、高等学校(包括高等师范学校和高等实业学校)、大学,都应该明确各级学校的等级,而不能越级入学。四是编书籍。学部中宜设编辑局,并制定具体格式,招天下之士编译小学及中学教科书。其中,理化、动植物、图算等学可直接从东西洋之成书中翻译;国语读本、地理、历史、音乐、修身等势必国人自撰,经检查合格后可予以版权或格外奖励。五是培养教员。各府县立小学后,应及时立师范学堂,以讲求教育之法,"此又今日最急之务也"。六是实行补助奖励制度。即制定奖励学生、教员的相关规定。七是派员游历及留学。八是讲求体育及卫生。学堂要加强体操教学,并注重学校卫生,以提高学生体质。九是兴办女子教育和婴儿教育。重视女子教育是直接关系到教育普及和下一代家庭教育的大事。对于婴幼儿,应设幼儿园并选保姆加以教育,通过运动、游戏、歌曲等手段,以"长养其身体,启牖其智慧"。十是立图书馆和博物馆。以谋教育之普被,及扩国民之闻见。这些建议虽然借鉴于日本,但后来学制的颁布、学部的建立及相关学堂章程和规则的制定等,显然吻合了罗振玉的建议。

《设师范急就科议》刊载于《教育世界》第 12 号。罗振玉在文章中指出,教育首先要有合格的教师,但在兴学的急切需求下,按照常规培养已来不及,当务之急是要仿照日本速成科之例,设立师范急就科学校。其学制 1 年,课程设教育学、历史、地理、数学、博物、理化等科;教材包括学校管理法、教授学、学校卫生学、国内外教育史、教育学,以及史地数理化教科书。清末"新政"前期,各地如雨后春笋般出现的各种师范讲习所、速成班也印证了他这一建议的合理性。

《日本教育大旨》是罗振玉于 1901 年末至 1902 年初考察日本教育的总结性文章。1901 年底,罗振玉受张之洞和刘坤一的委托,以江楚编译局襄办的身份,带领湖北两湖书院监院刘洪烈,湖北自强学堂教习陈毅、胡钧等人赴日考察学务,在日时间约为两个月(1901年12月14日从上海起航,1902年2月19日回抵上海),其间考察了东京、京都等地的各类学校,如东京农科大学、东京高等师范学校、东京高等师范学校附属小学校、东京女子高等师范学校、东京府立师范学校、东京高等工业学校、私立女子职业学校、京都第三高等学校、京都师范学校、京都高等女子学校、京都美术工艺学校、济美寻常小学校等;多次与日本著名教育家嘉纳治五郎、伊泽修二等会谈,听取中国教育改革方面的意见。《日本教育大旨》从日本教育的制度、方针、系统、经费、职员、教员、教科书、日本今日教育注意之处等八个方面加以归纳,并在最后特别提醒中国目前尽管男子教育尚未走向正轨,但女子教育也必须加以重视,而体育乃"国民强弱之根源",因此"亦亟宜注意"。罗振玉等人对日本的考察和该篇文章在一定程度上给中国教育改革取法日本增加了经验和实感的支持。

《学制私议》全文共十二条,分别就教育宗旨、义务教育年限、自寻常小学至大学的学制、教育设置(包括学区、校地及校舍、用具)、各学校之教科及每日教授时数、教科书、教员(培养、待遇、特别教员)、学校管理(职员、束脩、规则及簿籍)、考试及毕业任用(考试、卒业、名位任用)、图书馆及博物馆、简易学校及废人(残疾人)学校、学会及实业陈列所等一一提出建议,可以说是对《教育私议》的细化和完善,内容针对性也更强,直接指向学制制定的细节。这篇文章在《教育世界》上刊出后,引起了广泛注意,其中见解得到湖广总督张之洞和两江总督刘坤一的赞许。在湖北,张之洞不仅亲自听取汇报,还令罗振玉及随行人员在总督府开设讲座,为学务处官吏、地方官员、各学堂教习等介绍日本的教育情况和教育改革的建议,历时长达十天之久。

在此期间,罗振玉及未署名作者还发表了所拟定的不同级别和类型学校的课程表和章程稿,可以说对学制的制定提供了最直接的参考。

1902年8月"壬寅学制"颁布以后,《教育世界》在"文篇"栏目中分六期集中刊载了《钦定学堂章程》所包含的全部六份章程文件,之后则将重点转移到对与具体学堂相关的章程和各地办学规划与情况的介绍,目的是在促进办学经验的交流。

《教育世界》于1904年初进行了改版。这次改版固然与代理主编王国维的办刊思路有关,但也是为了与"新政"展开后如雨后春笋般出现的杂志刊物进行竞争的需要,另外与教育改革的形势也密切相关。原来,"壬寅学制"颁布后并没有得到普遍的认同,其中湖广总督张之洞还提出了较为系统的建议。在这种情况下,管学大臣张百熙、荣庆于1903年6月以"学堂为当今第一要务,张之洞为当今第一通晓学务之人"①奏请派张之洞会同商办学务,上谕照准。1904年1月13日(光绪二十九年十一月二十六日),清政府公布了由张百熙、荣庆、张之洞主持重新拟订的一系列学制系统文件,统称《奏定学堂章程》,因公布时在阴历癸卯年,又称"癸卯学制",这成为中国近代由中央政府颁布并首次得到施行的全国性法定学制系统。

  罗振玉作为在教育改革路线上与张之洞同属一系的人物,对"癸卯学制"的精神也持认同的态度,《教育世界》选择在"癸卯学制"颁布后一个月改版,不能说没有包含弃旧迎新、别开生面的意思。改版后的《教育世界》丰富了栏目、增加了篇幅,形式也显得活泼清新。从此之后,《教育世界》内容的重点更多地集中于对中外教育动态的报道和对教育新知学理的介绍,成为推动清末兴学运动、深化教育改革的重要教育学术刊物。

  在论及《教育世界》对"新政"教育改革的影响时,还不能不提及它对女子教育的关注,这与其主办者罗振玉个人的观点密切相关。1901年,他就在《教育私议》中特别将发展女子教育作为中国教育改革的一个重要方面,1902年,他又在《日本教育大旨》一文中特别提醒中国应该加意关注女子教育。在他的影响下,《教育世界》在介绍西方教育制度时,也为女子教育提供了较多的篇幅。《教育世界》在第7、8号集中刊载了日本高等女学校、女子高等师范学校的有关规则、法令,后来又介绍了欧美女子教育的状况。如:《法国大学之女学生》(第49号)、《记各国女子高等教育》(第50号)、《记英国女校长协会》(第55号)、《述法国女子教育》(第69号)、《德国女子中等教育》(第81、83号)、《英国女子中等教育》(第85、86号)、《世界第一之女子大学》(第85号)、《美国女子中等教育》(第87、88号)、《美国女子高等教育》(第88、89号)、《妇女留学》(第106号)、《美国女子职业教育之一斑》(第123号)、《欧美女学沿革考》(第126号)、《欧洲各国男女共学之现况》(第151、152号)、《德国女子教育之隆盛》(第152号)、《欧美女子教育谈》(第155、156号)。另外,《教育世界》还在第40至第42号刊载了日本作者永江正直所著的《女子教育论》等女子教育的理论性著作,另外对我国女子教育的发展也给予了报道,如第45号(1904年5月)"本国学事"栏目中就有对我国女子教育发展成就的报道。

  中国封建学校教育中没有女子教育的地位,"新政"学制也未将女子教育列入,"癸卯学制"在《奏定蒙养院及家庭教育法章程》中还特别提到:"唯中国男

---

① 朱有瓛.中国近代学制史料(第二辑上册)[M].上海:华东师范大学出版社,1987:71.

女之辨甚谨,少年女子断不宜令其结队入学,游行街市,且不宜多读西书,误学外国习俗,致开自行择配之渐,长蔑视父母夫婿之风。故女子只可于家庭教之,或受母教,或受保姆之教。"《教育世界》的这些介绍和报道对宣传女子教育、转变人们对女子教育的态度起到了重要作用,正是在各界的共同推动下,迫使守旧派不得不正视社会发展的潮流,1907年,学部也颁布了《女子小学堂章程》和《女子师范学堂章程》,我国女子教育终于在学制上取得合法地位。

四、译介西方教育著作,输入西方教育学科和思想理论

《教育世界》的另一个重要贡献就是通过大量译载西方教育名著,介绍西方重要教育家的生平学说,比较系统地输入了西方的教育学科体系和重要的教育思想理论。

《教育世界》译载的西方重要教育理论和学术著作,按照各教育分支学科进行归类,主要有以下几方面。①

(1) 教育学。日本文学士立花铣三郎讲述,王国维译的《教育学》(第9至第11号),是我国第一部从日本翻译过来的教育学著作。该书除总论外,分三编,总论阐述教育的本质;第一编"教育之精神"论述教育宗旨及方法;第二编"教育之原质"论述体育、智育及实际教育;第三编"教育之组织"论述训练、教授等。此外,《教育世界》译介的其他教育学著作还有:日本加纳友市、上田仲之助著《实用新教育学》(第24、25号),日本牧濑五一郎著,王国维译《教育学教科书》(第29、30号),日本吉田熊次著的《新教育学释义》(第84、85号),《休来哀摩谐氏之教育学》(第105、107、108号),《烈蒙忒氏之教育学大义》(第124、125号),《兰因氏之教育学》②(第134至138号,140至142号),日本熊谷五郎著《大教育学》(第147、149、150、152、153、155、156、157号)。

(2) 教授学。日本汤本武比古著《教授学》(第12至14号)是我国引入的第一部研究教学方法的著作。该书共分14章,首先论述教学活动的主要人物教师,进而概述教授,区分教育与教授的不同;然后,从兴味、类化、教授材料之选择、教授之统合等几方面重点阐述赫尔巴特的教育学说,最后讲解五个形式阶段和教授原则,并在书后附录了几个五段教授法的运用案例。此外还有:日

---

① 金林祥、张蓉在《〈教育世界〉与西方教育的传入》[载《河北师范大学学报(教育科学版)》,2000年第4期]一文中对《教育世界》所载西方教育著作、教育人物生平思想介绍按篇目进行了详尽的归类整理,并对部分书籍的内容进行了归纳介绍,以下关于这部分的内容来自该文。

② 兰因,今译莱因。

本藤泽利喜太郎著,王国维译的《算术条目及教授法》(第 14 至 18 号),日本矢泽米三朗著《理科教授法》(第 21 至 23 号),日本大濑甚太郎、中川延治著《教授法沿革史》(第 25 至 28 号),日本东基吉著,沈纮译的《小学教授法》(第 35 至 36 号),日本和田喜八朗著《新规则小学校各科教授要义》(第 64 至 65 号),《法国修身教授法之一斑》(第 73 号),日本长谷川乙彦著《教授原理》(第 93 至 95 号),《巴嘉氏之统合教授论》(第 97 至 102 号),译日本教育时论《劣等生教授法》(第 143 号),日本富永岩太朗著《大教授法》(第 144 至 148、153、156 号),日本新井博次著《二部教授论》(第 158、166 号)。

(3)教育史。日本原亮三郎编,沈纮译《内外教育小史》(第 15 至 17 号),是最早译入我国的教育史著作。该书分为内、外两篇,内篇讲中日教育发展史,外篇讲西洋古代、近代教育史,基本确立了教育史学科的框架。接着,又译介了日本熊谷五郎著《十九世纪教育史》(第 18 号)、《日本明治三十四年教育小史》(第 19 号)、日本谷富著《欧洲教育史要》(第 76 至 78、80 至 83、85 至 87 号)、《欧洲教育史》(第 157 至 160、163、165 号)。

(4)学校管理法。日本田中敬一编,周家树译《学校管理法》(第 1 至 7 号),是中国引入的第一本教育管理学著作。该书分 10 章,先总论管理的意义、小学教育的宗旨及小学校的种类,再分述小学校创建运作的各方面事务,涉及校舍、校具、学科、学级、教员、卫生、校务、经济等。此后,还译介有日本寺内颖著《新令学校管理法》(第 21 至 23 号)、日本大井民吾据美国槐脱原本编述《学校管理法》(第 118、119、121、122、142 号)、德国阿丁堡学校校长乌斐尔著《校外监督法》(第 123 至 124 号)、日本稻垣末松著《校外监督法解说》(第 124 号)、美国登普肯著《学校管理原论》(第 133 至 142 号)。

(5)学校卫生学。日本医学士三岛通良著,汪有龄译《学校卫生学》(第 1 至 8 号),是传入中国的第一本日本学者的学校卫生学著作,作者是在高等师范学校讲授此课的教授,全书共十编,讲述了学校的建筑、教室的布置、采光照明、通风、桌椅、疾病防治、体操、游戏等,类似于一本学校卫生学的指导手册。另外,还译介了日本医学博士坪井次朗著的《学校卫生书》(第 43 至 45 号)。

(6)社会教育学。主要有日本佐藤善治郎著,沈纮译《社会教育学》(第 31 号)、《培格曼氏之社会教育学》(第 93 至 95 号)、《讷德普氏之社会教育学》(第 106、109 至 116 号)。

(7)心理学。主要有日本文学士杉山富槌编述的《心理的教授原则》(第 36 至 39 号)、《心理的记忆法》(第 65 至 66 号)、《萨烈氏之儿童心理学》(第

96、98、99、100、102、103号)。

(8) 实业教育学。主要有英国斐理普麦古那著,日本一户清方、上冈市太朗译《实业教育》(第19至20号)。另有日本赤司鹰一郎、在原美诚著的《实业补习教育论》(第79、83、87号)。

此外,还有日本清水直义著,沈纮译《简便国民教育法》(第28至29号),日本利根川与作著,沈纮译《家庭教育法》(第29号),日本古川花子著,田谷九桥译《二十世纪之家庭》(第40号),日本东吉著《幼儿园保育法》(第76至78号),日本加藤末吉著《学校家庭连络法》(第143至145号),日本永江正直著,钱单士厘译述《女子教育论》(第40至42号),《威尔曼氏之教化学》(第96、97、99至101号),《培约氏之意育论》(第103、107、109号),《哥罗宰氏之游戏论》(第104至106、110、115、116号),日本上田邦彦著《日本普通教育行政论》(第104至106、111至116号),《西烈尔氏之训练论》(第118、121、122、124、125号),柏林大学教授巴尔善著《教化论》(第126号),日本热田真吉著《家庭感情教育论》(第148至152、154、159、162至164号),《霍恩氏之美育说》(第151号),等等。

《教育世界》还有选择地介绍了日本和西方国家著名教育家的生平学说、代表名著,以及西方教育发展史上的各种教育理论、流派,可以说,许多西方教育思想就是在《教育世界》上首次与中国读者见面的。这方面的内容主要有:《日本教育家福泽谕吉传》(日本奥村信太郎编,江有龄译,第12至13号),美国教育家玛利丽蓉(第69号)、巴嘉(第97号),德国教育家黎摩厄(第59号),德国教育学大家斐奈楷(第76号),古希腊著名哲学家、教育家苏格拉底(第88号)、柏拉图(第89号)、亚里士多德(第77号),英国哲学家和教育家斯宾塞(第79号),英国教育家洛克(第89号)及其名著《悟性指导论》[1](第145、147、149、151、153、157至159、164、165号),法国教育家卢梭(第89号)。此外,《教育世界》还刊登了日本真田幸宪著的《近世教育之母科迈纽斯传》(第155至158号),介绍了以《大教学论》、普及教育思想和采用班级授课制而成为近代教育奠基人的捷克大教育家夸美纽斯,刊载了《贝斯达禄奇氏之教育学说》(第70号)、《贝斯达禄奇事迹》(第120、122、124、125、128至137号),介绍了献身贫苦儿童的教育事业,为资产阶级民主教育学的建立作出巨大贡献的瑞士著名教育家裴斯泰洛奇,《幼稚园创始者弗烈培传》(第73号)介绍了幼稚园的创始者、德国教

---

[1] 今译《人类悟性论》。

育家福禄贝尔的生平和学说。

《教育世界》翻译、刊载了多部教育小说,主要有:法国教育家卢梭的名著《爱美耳钞》①(第 54 至 57 号),小说描写了一个贵族儿童经过良好的教育终于成长为一个理想的新人,一个反对封建特权和压迫的坚强战士的故事,全书渗透着卢梭的主要教育思想,即提倡反封建,主张教育者要热爱儿童,依据儿童的年龄特征施教,采用积极的教学方法,进行劳动教育的思想;瑞士著名教育家裴斯泰洛齐的《醉人妻》②(第 97 至 99、101、103 至 106、109、110、115、116 号),这部教育小说塑造了"伟大母亲"葛笃德的理想形象,这位母亲用新的教育方法来教育儿女学习纺织与阅读,用慈母般的谈话讲一些生活和环境中的事实来培养他们的心灵和性格,体现了裴斯泰洛齐教育要遵循自然、教学应与生产劳动相结合、重视道德教育的思想;此外,还有奥地利萨尔曼的两部教育寓言《吾家千里驹》(第 127、129、131、134、138、139 号)和《造恶秘诀》(第 128、130、132、133、135 至 137 号),英国的《姊妹花》(第 69 至 75、77、78、80 至 82、84 至 89 号)和《迷津筏》(第 127 至 130 号)等等。

德国教育家赫尔巴特的教育学说于 20 世纪初传入中国,对我国教育产生了深远影响。他提出的教学阶段理论,在清末民初的教学实践中被广泛采用,对中国教育尤其是小学教育影响巨大。教学阶段理论把教学过程分为明了、联想、系统和方法四个阶段。明了就是向学生明确地讲述新的教材;联想就是通过教师和学生谈话,使学生把新旧观念联合起来;系统就是学生在新旧观念联系的基础上,去寻找结论、定义和规律;方法就是把已学得的知识应用于实际,培养学生有逻辑地、创造性思维的技能。赫尔巴特提出的这些阶段,由他的学生齐勒(Ziller)修改为预备、提示、比较、总括、应用五段,称"五段教学法"。兴趣论也是赫尔巴特教育思想的一个重要内容,他认为人的兴趣是多方面的,教学应以多方面的兴趣为基础,调动并维持学生的兴趣,使其较快地学会和掌握知识。《教育世界》是赫尔巴特学说传入我国的一条重要渠道。《教育世界》在介绍西方教育学科时,在译介的日本教育著作中,如汤本武比古的《教授学》、加纳友市与上田仲之助著的《实用教育学》等,其内容就详细涉及了赫尔巴特的教育理论,并附有莱因等编的"五段法"教授案例。《教育世界》还专门系统地介绍了赫尔巴特的生平及其学派的教育理论,如美国查勒士德曷尔毛著、日本中

---

① 今译《爱弥儿》。
② 今译《贤伉俪》或《林哈德与葛笃德》。

岛端译的《费尔巴尔图派之教育》(第61至64号),《海尔巴特派之兴味论》(第75号),《德国大教育家海尔巴特传》(第80号),《德国海尔巴特派教育学会记事》(第120号)等。

《教育世界》从第69号改版以后,对西方教育思想的介绍不仅局限于单纯的教育,而且涉及哲学、伦理学、心理学等基础理论,使其能以更广阔的文化背景和相关学科为基础,来译介和研究西方的教育思想。

洋务运动后期和维新变法期间,西方的教育学说已开始零星地传入中国,但至清末"新政"前,有关教育学、教授学、教育史、心理学、学校管理、学校卫生、社会教育学、意志教育、美育、德育等近代的教育学科分支及其概念术语对国人来说尚属陌生,更谈不上建立独立的教育学科体系。《教育世界》主要通过日本转译了大量的近代西方教育著作,介绍了一大批教育家的活动和思想,不仅为清末师范教育提供了大量参考文献和教科书,也为促进我国教育学科体系的形成和教育理论的发展作出了重要贡献。

第三节 商务印书馆与清末教科书

鸦片战争以后,活字印刷逐渐取代雕版印刷。上海的传教士与洋务派出于各自的目的,设立了较为先进的印书局,刊印宗教读物和西方科技、政治类书籍。这些近代化的出版业"培养"了夏瑞芳、高凤池等一批商务印书馆的发起人。1897年2月11日,夏瑞芳等不堪英人经理的侮慢,决定建立中国人自己的印书馆。由是,中国近代规模最大,影响最广的印书馆——商务印书馆在上海江西路北京路南首的德昌里末弄3号宣告成立。

1903年,张元济正式出任商务印书馆编译所所长,对商务印书馆的发展起到重大作用。张元济(1867—1959),字筱斋,号菊生,浙江海盐人,生平"以扶助教育为己任",他为商务印书馆的教科书出版工作作出了极大贡献。商务印书馆在夏瑞芳、张元济等人的领导下,从一个小小的作坊式的印刷厂转变为中国现代出版业的龙头,为清末新教育的普及和新学、西学在中国的传播贡献了巨大力量。

一、商务印书馆出版教科书的背景

维新运动过程中,康有为等维新派领导人试图通过兴办新式学堂、报刊等来启迪人民的智慧。在他们的倡导下,一批以宣传维新思想和学习西方先进科技、文化为目的的新式学堂纷纷成立。后来,戊戌变法虽然在以慈禧为首的保守势力的压制下不幸夭折,但八国联军进军北京的危机又促使清政府不得不面对现实,进行改革,开始了清末十年的"新政"时期。清末"新政"期间,各地官绅纷纷响应清廷的兴学诏书,设立了不少新式学堂。清廷为了加强对这些学堂的管理,也为了有一个统一的标准,颁布了《钦定学堂章程》,很快又被《奏定学堂章程》(即"癸卯学制")所代替。"癸卯学制"具有半资本主义的性质,它规定了义务教育的目标,倡导德、智、体三方面协调发展,注重实业教育的目标,引入格致、天文、算术、地理等课程,要求尊重儿童的个性。

这样,过去完全以求仕入仕为目的而使用的经文类教材已日渐不符合新教育发展的要求,迫切需要新式教科书来适应新教育的发展。但在科举制度时代,中国并没有"教科书"这一名词。那时,蒙学、书院学生所用的课本大致分为两类:一种为启蒙性质的,如《三字经》《百家姓》《千字文》等;另一种是为参加科举考试的士子做准备用的,如"四书""五经"等。这些传统教材显然不能适应新式教育的发展。正如后来吴研因所指出的:"这些读物有的没有教育意义,有的陈义过高,不合儿童生活,而且文字艰深,教学时除了死记硬背外,也不能使儿童明白到底读的是什么,只能虚度光阴,耗费精神,有益于国计民生之处寥寥无几。"① 在这种情况下,各书局纷纷开始出版教科书,"当时从事出版教科书的书局很多,有广智书局、文澜书局、文明书局、藻文书局、商务印书馆、乐群书局、南洋公学。以后还有中国图书公司、保成图书公司"。② 其中以南洋公学和文明书局较早开始探索,涉足教科书出版业,它们出版的教科书已初具新式教科书的特点,但有的与学制要求不符合,有的没有考虑教学对象的心理特点,艰涩难懂,"众所周知,兴办教育,除了经费、校舍、师资队伍外,极重要的一个条件就是要有编写得体,符合教育内容的教材。当时社会上已经有过不少教材,但'近来新编训蒙各书,非无可取,然实诸实用,尚多窒碍。'它们的特点有'单字讲授,索然无味','笔画太繁,不易认识','语句太长,难于上口','语太古雅,不易领会','墨守古义,不能促进社会之改良','外国之事物,不合于本国之习俗','进步太快,失渐进之理'等。例如1897年南洋公学编的蒙学读本,第一编第一课就是'燕、雀、鸡、鹅之属曰禽。牛、羊、犬、猪之属曰兽。禽善飞,兽能走。禽有两翼,故善飞。兽有四足,故善走。'这样深的文句,不把初入学的小孩子吓坏才怪呢!于是编辑出版一套适用的教科书,已成了社会之急需,也可以说是

---

① 吴研因. 清末以来我国小学教科书概观[M]//高崧. 商务印书馆九十五年. 北京:商务印书馆,1992:207.
② 吉少甫. 中国出版简史[M]. 上海:学林出版社,1991:298.

我国方兴未艾的近代教育事业能否取胜于旧教育的关键之一"。① 适合新教育发展的教科书在哪里？由谁来编写这些教科书？这对于当时中国的出版业来说，既是挑战，也是千载难逢的机遇。商务印书馆的决策者们敏感地抓住了这个机遇，挑起了历史的重担。从此，中国教科书史翻开了新的一页，而商务印书馆也因此走向辉煌，成为中国现代出版业的龙头。

二、清末商务印书馆出版的教科书

1898年，商务印书馆先后出版了谢洪赉的《华英初阶》与《华英进阶》，它们已具有教科书的雏形。商务印书馆最初决定编印教科书的时候，夏瑞芳已购入数十种译稿，但结果被欺骗，后聘请蔡元培入馆，蔡提出由商务印书馆自己编写，采用"包办"的方针，但据参与者蒋维乔先生的回忆，这套教科书未能编成。② 后蔡元培因《苏报》案离开上海，张元济接任编译所所长之职，张元济进商务印书馆后做的第一件事情就是延请当时的硕学宿儒来商务共商编辑教科书事宜。高梦旦、蒋维乔、庄俞等一批具有新思想、热心教育事业的年轻知识分子也在这时来到商务印书馆，同时，日本高等师范学校教授长尾槙太郎、日本前文部省图书审查官小谷重也因商务印书馆与日本出版社金港堂的合资而加入编写新式教科书的队伍。他们认真研究了当时市面上已存在的各种教科书，找出它们存在的问题或缺陷，并提出编定小学国文教科书应以"笔画繁简定深浅"，改一人"包办制"为多人"合议制"等一些基本原则。张元济、高梦旦、蒋维乔、长尾槙太郎、小谷重五人参加了合议，"先讨论教科书的体例，规定共多少册，每册多少课，每课多少字等等，体例确定后，由编纂人试编若干课，交付合议，经讨论修改，成为定本。然后由编纂人依定本体例编完全书"。③

1903年，商务印书馆编定的第一套《最新教科书》中的第一本《最新国文教科书》出版后不到五六日即销出4 000部，后重印达十次之多，商务印书馆诸公大受鼓舞，一鼓作气又编写出版了余下诸册和与其配套使用的教授法、详解等数册。"这套书分初小、高小和中学三类。初小教科书包括国文、格致、算术、笔算、珠算、地理、修身等七种；高小教科书包括国文、历史、地理、算术、农业、商业等九种；中学教科书有十三种；另有师范学堂、高等学堂、实业学堂用书数十种，

---

① 张人凤.商务《最新教科书》的编纂经过和特点[M]//商务印书馆一百年.北京：商务印书馆,1998：526—527.
② 张人凤.陈独秀与商务印书馆[M]//商务印书馆一百年.北京：商务印书馆,1998：399—400.
③ 张人凤.中日出版印刷文化的交流和商务印书馆[M]//商务印书馆一百年.北京：商务印书馆,1998：386—387.

以及教授法、英文初范、铅毛笔画帖等数十种。这一目录堪称完备,基本上将'癸卯学制'所定直系学校、师范教育、实业教育三大体系的教学内容网罗无遗。"①因这套《最新教科书》无论是在选材还是在形式、内容诸方面,都较为科学,符合儿童的认知特点和心理发展顺序,故颇受广大师生的欢迎,销路甚好,"这套《最新教科书》在学校初兴之际,白话教科书未面世之前,盛行十余年,行销数百万册"。②1906年,清政府学部审定初等小学堂教科书暂用书目共102种,其中商务印书馆出版的就有54种,占52%。后商务印书馆又出版了《女子教科书》《简明教科书》《简易课本》等,在民国成立前,商务印书馆出版的教科书一直是国内教科书市场的"主打产品",为新教育的推行作出了不可磨灭的贡献。

表9-7 清末商务印书馆出版教科书概况③

初版时期	书名和种数	编印原因	编校人	附 注
光绪二十八年至二十九年(1902—1903)	最新初高小学教科书十六种、教授法十种、详解三种、中学校用书十三种	光绪二十八年七月颁布学堂章程	张元济、高凤谦、蒋维乔、庄俞、杜亚泉、徐隽、杜就田、谢洪赉、伍光建、奚若、王建极	同时尚有师范学堂、高等学堂、实业学堂用书数十种,又外国文及杂书数十种(现已停印)
光绪三十年(1904年)	《女子教科书》初等小学用二种、高等小学用三种、教授法四种		高凤谦、庄俞、张元济、沈颐、蒋维乔、戴克敦	现已停印
宣统二年(1910年)	《简明教科书》初等小学用书五种、高等小学校用一种、教授法五种、详解一种	宣统元年(1909年)初等高等小学均改为四年制	高凤谦、张元济、蒋维乔、庄俞、沈颐、戴克敦、陆费逵、谢观、寿孝天	现已停印
宣统三年(1911年)	简易课本小学补习科、半日学校、夜学校、星期学校、徒弟学校、改良私塾均可用,凡六种	此亦根据部令所编	陆费逵、韩澄、杨天骥、寿孝天、章振藻、富光斗、谢观、杜亚泉	早已停印

---

① 张荣华.张元济评传[M].南昌:百花洲文艺出版社,1997:55.
② 张人凤.商务印书馆诞生一百年[M]//商务印书馆一百年.北京:商务印书馆,1998:207.
③ 庄俞.谈谈我馆编辑教科书的变迁[M]//商务印书馆九十年.北京:商务印书馆,1987:68.原表所列最新高小学教科书十六种于1902年,参照其他资料,恐误。

三、商务印书馆编写教科书的特点

如上文所说,商务印书馆在编写《最新国文教科书》第一、二册时,都采用"圆桌会议"的方式,先由张、高、蒋、长尾、小谷五人集体编定五课作为定本,以后诸课皆遵循前五课的编写体例和方法,每编成一课,就要集体讨论,直到大家都提不出意见为止,三、四册以后,就由个人根据编写原则先编成草稿,然后再由大家讨论定稿。诸公讨论之时,经常各抒己见,互不相让,有例为证:

> 余编及某课时,用一"釜"字,而高梦旦必欲改为"鼎"字,余曰:"'鼎'字太古,不普通,不可用。"高曰:"'鼎'字乃日常所用之字,何谓不普通?"余曰:"'鼎'字如何是日常所用之字?"于是二人大争,至于声色俱厉;及后细细分辨,方知闽语呼"釜"为"鼎"也。相与抚掌大笑。①

凭着商务印书馆诸公一丝不苟的敬业精神和对新教育的满腔热忱,商务印书馆所编的教科书表现出诸多特点,在清末民初的教科书市场中一直占据绝对优势,甚至远远超过清政府学部自己出版的教科书所占的份额,而且学部所编教科书的体例也大致借鉴商务。商务印书馆所编教科书主要表现出以下特点。

1. 借鉴日本

商务印书馆和日本的金港堂合资以后,小谷重和长尾槇太郎就来到商务编译所担任"顾问",协助编写《最新教科书》,金港堂是日本明治维新时代日本四家教科书出版社中最大的一家,有丰富的教科书编写经验;小谷重和长尾槇太郎则一个是日本前文部省的图书审查官,一个是高等师范学院教授,他们对教科书的编写方法、体例等了解颇多,他们与中方编译者相处融洽,双方讨论问题时都能坦诚相见,中方对他们的意见和建议也极为重视,如小谷和长尾认为教科书的内容要丰富一些,要重视插图的应用,应该请第一流画家认真绘制,商务印书馆编译者采纳了他们的意见,在后来出版的教科书中,每册皆有彩图二至三幅,都用铜版印刷,鲜艳精美,颇受孩童喜爱。商务印书馆在编辑教科书时也参考过日本教科书,以日本明治三十七八年教科书体裁为蓝本,汲取其中一些科学的、具有普适性的东西,但并未照搬照抄,在所取内容与编辑体例等方面,双方有原则性的不同。后来,教育研究又偏向借鉴欧美。正如庄俞先生所言:"教育研究日新月异,最初主张日本学说,后来参以欧美学说,或又崇拜美派,又

---

① 蒋维乔.编辑小学教科书之回忆[M]//商务印书馆九十年.北京:商务印书馆,1987:61.

采取法派,参互错综,是否完全适合我国国民,迄无定论。我馆编辑各书,都是折中办理,舍短取长。"①

2. 敏于时局,积极顺应新教育发展的潮流

商务印书馆的决策者们对于当时政治和新教育发展的形势颇为敏感,能够洞悉新教育发展的趋势,适应新教育发展的要求,编订出版与当时教育形势最契合的教科书,不但使其本身抓住了发展的最佳机遇,成为清末教科书发行的中心,而且极大地推动了清末文化事业的发展。

鸦片战争后,时人便意识到当时以研究学习经文而求入仕的科举教育的不足,要求"开眼看世界",以学习西人之坚船利炮而抵御外侮,这成为洋务运动的前导。在后来的洋务运动中,李鸿章、张之洞等人提出"中体西用",要求开设新式学堂,学习天文、地理、格致、算学等能够致力于国计民生的实学。而在其后的维新变法运动中,维新党人更是冲破了"中体西用"的界限,不仅要学习西方的先进科技,更要学习其政治体制,在康有为的《大同书》和梁启超的《少年中国说》中都表示了他们从教育入手,以教育启民,靠教育强国的改良思想。后来,维新变法虽然失败,但在变法期间设立的京师大学堂等新式学校因设立较早而免于被废之厄运,变法中提出的"兴学"思想也并未因变法的失败而悄然消失,而是被继承了下来,在民间产生了兴办新学堂的热潮,各地纷纷建立了新式学堂。但是,缺乏合适的新式教科书成为新式学堂教学的巨大障碍,一些教育者率先开展了自编教科书的尝试。如1897年,南洋公学的师范生陈懋治、杜嗣程、沈庆鸿等人编写的《蒙学课本》,他们力图以教育科学的理论批判传统教科书的不足,但由于经验缺乏,时间仓促,这套教科书仍然不太科学。1901年清末"新政"开始,"兴学"便是颁布的众多新政中的一条,清廷要求改书院为学堂,各州县多设蒙学学堂。但是,没有与新教育配套的新式教科书,空谈"兴学"并没有实际意义。商务印书馆的决策者敏锐地察觉到了新教育发展的需求,在"壬寅学制"颁布前,他们便成立编译所,开始着手编订最新小学用教科书,"壬寅学制"颁布后不久,便聘请高梦旦、蒋维乔、庄俞等入馆编订《最新教科书》。至"癸卯学制"颁布实施次月就陆续推出。"癸卯学制"原本没有开"女禁",没有允许女子入学接受教育,但随着风气的渐开,女子教育被提上日程,民间一些地方纷纷建立女校,为了适应这一趋势,1907年,商务印书馆编辑出版了《女子

---

① 庄俞.谈谈我馆编辑教科书的变迁[M]//商务印书馆九十年.北京:商务印书馆,1987:61.

小学教科书》,分修身、国文两种,至1910年,清学部颁布了《女子小学堂章程》,这套《女子小学教科书》正好顺应了女子接受教育这一新的教育潮流。1909年,初等、高等小学均缩短年限,改为四年制,商务印书馆便出版了简明教科书初等小学用书五种、高等小学用书一种,满足了学制改变的需求。1911年,学部令设补习科、夜校、半日学校等,商务印书馆又编订了《简易课本》《半日学校课本》等六种。此间情形,正如王云五先生所说:"学制经一度之革新,我馆辄有新教科书之编辑,以应其需要。议学制者犹坐而言,我馆即已起而行。且政府做事迟缓糜费,远过私人经营。民国以前,供给教科者只本馆一家。"①

3. 注重儿童心理发展规律与知识本身逻辑规律的统一

商务印书馆在编辑教科书时比较注重儿童的心理发展规律,多采用图画、寓言、小故事等寓教于乐,使儿童在潜移默化中习得知识、养成道德。同时,商务印书馆也没有忽视知识本身的逻辑规律,要求在编写时要注意由简入繁,由易到难。此外,商务印书馆编写的教科书无论在形式上还是内容上,都要求改变过去那种死板、枯燥的灌输式教学法,而采用启发式或讨论式等新的教学方法。如《最新修身教科书》在"编辑大意"中指出:"我国往籍之言道德者,不可胜数。然高深之理论,奇特之事迹,非乳臭者所能骤几。本编采取古人嘉言懿行之切近者,以为儿童模范。间借寓言以启发其兴趣,而为惩劝之助,或亦言德育者所不弃欤。"②《最新修身教科书》首册即全以图画说理,第二册、第三册采用格言和古人事迹,但每课都有插图,图文并茂,生动有趣。

4. 新式教科书排印、编写的原则和特点

(1)改变排印形式。在排印形式上,《最新教科书》开创了一个新纪元,每一课的课文和插图必须同在一个展开面上,一个展开面上只容一课内容,以方便儿童阅读;因为当时尚未有标点,所以语句断句处必设在一行的最后一个字;印刷用纸为毛边纸,因为洁白有光之纸容易损害学生的眼睛;印刷字体力求醒目清晰——采用老粗号大字排版(后来重版改为手写)。

(2)编写形式上循序渐进。以《最新国文教科书》为例,可看出商务印书馆出版的教科书的形式特点是循序渐进,既注重儿童心理发展的特点,又不忘记知识的逻辑顺序。这些特点体现在以下几方面。

① 插图的使用。第一册每课都有插图,但随着课程的推进,插图大体上呈

---

① 王云五.本馆与近三十年中国文化之关系[M]//商务印书馆九十五年.北京:商务印书馆,1992:284—285.
② 吴相.从印刷作坊到出版重镇[M].南宁:广西教育出版社,1999:106.

现减少趋势。从整套《最新国文教科书》来看,插图也是在逐册减少,但每册都有彩图二至三幅。根据瑞士心理学家皮亚杰的儿童认知发展阶段论,儿童处于前运算阶段(2~6岁)时,其语言还不能代表抽象的概念,只能在不脱离实物和实际情景的场合应用,即思维仍受具体直观表象的限制;而在具体运算阶段(7~11岁),随着抽象概念的形成,已经开始具有逻辑推理能力但还是离不开具体事物的支持;商务印书馆在编辑国文教科书时使用插图并逐渐减少,应该是契合了儿童认知发展的特点的。

② 生字的选用。每课所选生字数量呈减少趋势,但以前学过的生字要在以后的学习中至少出现两次,以达到复习的效果。因为刚开始时只能先学生字,甚至全部学生字,而到后面各课则要注意复习,让前面学过的生字再次出现使学生"再认",并通过反复搭配能让学生学会灵活运用生字。"前课之生字,必于以后各课中再见两次以上,俾使复习。"①

③ 每课所选生字的笔画数逐渐增加,遵循先易后难,由浅入深的特点。"东西训蒙读本,初学之时皆取字画极简单者。我国文字无字母,无假名,笔画较繁,最难限定。本编第一课至第六课,限定六画;第七课至第十五课,限定十画;全册限定十二画。间有十余字过十二画者,皆甚习用之字,且列于三十课以后。"②

④ 第一册最长句子以五字为限,不出现虚字,且由单字、单词渐次发展成句子。

(3) 编写内容时多加选择。商务印书馆编写教科书的编辑们虽然很重视生字数量、笔画选择等形式上的问题,但也并未忽视对其内容方面的选择,即既重视"育才"——使儿童科学地学习知识掌握技术,也强调"育人"——重视教材的教育性作用,不忘教学的教育性原则,力图通过教材的内容向儿童传递一些正向的信息,把社会准则、做人原则等德育内容贯穿在学生整个学习生涯的始终,使学生在不知不觉中接受道德教育。《最新国文教科书》的"编辑缘起"如是说:"凡关于立身、居家、处世,以至事物浅近之理由与治生之所不可缺者,皆萃于此书。其中为吾国之特色,则极力表彰之;吾国之弊俗,则极力矫正之,以期社会之进步改良。……务使人人皆有普通之道德知识,然后进求古圣贤之要道,世界万国之学术艺能。……庶几教者不劳,学者不困,潜移默化,蒙养之

---

① 蒋维乔. 编辑小学教科书之回忆(1897—1905年)[M]//商务印书馆九十年. 北京:商务印书馆,1987:57—58.
② 张人凤. 商务《最新教科书》的编纂经过和特点[M]//商务印书馆一百年. 北京:商务印书馆,1998:532.

始基以此立,国民之资格以此成。是则区区编辑之微意也。"①

① 循序渐进,由简单的事例逐渐过渡至复杂的事例,由已知的内容慢慢演进到未知的内容。主要选取儿童身边经常发生、出现的事例,不用怪诞、稀奇、不常发生之事例。如《最新国文教科书》"第一册　第四十四课　姊执我手　降阶看花　我欲采花　姊急摇手"。②

② 所选内容既不"以古非今",也不"数典忘祖",对于我国悠久文明和灿烂文化中的合理、精华部分极力表彰、推崇,提倡中华传统美德;而对于中国传统文化中的重男轻女、迷信缠足等陋习则颇有微词,并不文过饰非。

在表彰方面,如《最新国文教科书》"第四册　第三十课　勿谩语　司马光幼时,与其姊弄胡桃,欲脱其皮不得。姊去,婢以汤脱之。光大喜,持往告姊,曰:'吾能脱之矣。'父呵曰'小子何得谩语!'光自是改过,终身无谩语"。③

在批评方面,如"第三册　第五十七课　女子宜求学　我国旧俗,重男轻女。凡为女子者,幽居深闺,不事学问,非特古今大事未之闻知,即作书信,理帐目,亦多依赖他人。今女学渐兴,旧俗渐改。少年女子亟宜求学,以图自立,庶不为人轻视也"。④又如夏曾佑的《中学历史教科书》,采用章节叙述,帝王将相的分量较以前历史教科书大为减少,不过多介绍皇帝、皇太后等。

总之,商务印书馆所编写的教科书在内容选择上基本做到了传承优秀文化与改革陋习恶俗的协调统一。

③ 在对待外国与外国文化的态度上,既不崇洋媚外,也不妄自尊大。对于各帝国主义国家对中国的侵略所造成的中国主权与国家尊严的丧失屡有提及,以激发学生的爱国之心,对于西洋文明强于我国之处也决不讳言。

前者如《最新国文教科书》,"第六册　第四十五课　天津　天津——直隶一大都会也。咸丰十年开为通商口岸。有铁路二,一通京师,一通山海关。紫竹林一隅为各国租界,贸易之盛,次于上海。天津之外为塘沽。塘沽之外为大沽。地滨渤海,实天津之咽喉,京师之门户也。海口筑炮台,以资守御。自庚子之役,八国联军首据其地。及议和时,反我侵地,然炮台城垣已毁坏,且定约不得修筑。殊可耻也"。⑤

后者如,"第七册　第六课　时辰钟(续)　时辰钟之制,创自英国。我国人

---

① 张人凤.商务《最新教科书》的编纂经过和特点[M]//商务印书馆一百年.北京:商务印书馆,1998:533.
②③　同上:535.
④⑤　同上:534.

亦用之,然徒以为饰观之具,初未知时之可贵也。吾闻英人最重时刻,凡一举一动,莫不严守规定之时刻,故成功既多,而精力不疲。我国则不然。饮食卧起,率无定时,而家国事乱矣。操业就职,作辍无常,而生计荒矣。他如游宴会集,以及亲朋之相过从,又不如期而至,使人困于久待。积习相沿,若几不知时刻为何用者。呜呼!时辰钟一小器耳。观于用器之人,可以占见文化之高下矣"。①

简言之,商务印书馆教科书的编辑们在对待外国侵略者与外国文明的态度上是科学的、可取的。

④ 提倡科学,注重向学生宣传如地球、天文、地理、动植物等科学知识,如"第三册 第三十四课 地球 袁生见地球仪,怪之,问于师曰:'吾人所居之地,其形果如球乎?'师曰:'然。'袁生曰:'地球圆,则居球下者何以不虞坠落?'师曰:'地心有吸力,能吸地面之物,故无坠落之患。'"②

四、商务印书馆编印出版新式教科书的历史影响

商务印书馆从开创之日起,就从事编印、出版、经营教科书业务,在1903—1911年间,商务印书馆为全国提供了绝大部分的学校教科书。到1910年,商务印书馆已经出版了300种各科教科书。所以,从某种意义上讲,商务印书馆是一个教育出版机构,中国现代教育事业史上真正的新式教科书源于商务印书馆,商务印书馆教科书的编辑们构建了新式教科书的原则、体例、形式等骨架,使后续其他新式教科书的编写、出版有例可循。而且,商务印书馆编印的新式教科书比较符合当时社会和教育的发展要求,对我国文化教育事业的发展产生了深远影响。在20世纪初成长起来的人,包括许多著名人士如冰心等,当年多以商务印书馆的小学教科书作为其启蒙读本。可以说,商务版新式教科书培养、滋润了一代人,其意义正如周谷城先生在1986年所说的那样:"即此一端,已足证商务印书馆对中国之现代化的功绩。"③

第四节 清末资产阶级革命教育的中心

戊戌变法的失败、八国联军的入侵和《辛丑条约》的签订,使许多人由对清

---

① 张人凤.商务《最新教科书》的编纂经过和特点[M]//商务印书馆一百年.北京:商务印书馆,1998:535.
② 同上:536.
③ 黄建民."阳湖耆宿"与商务印书馆[M]//商务印书馆一百年.北京:商务印书馆,1998:62—63.

政府的失望而变为绝望,反清情绪日增,革命声势日涨,革命逐步代替改良而成为时代的主流。20世纪初的上海,汇聚了蔡元培、章炳麟、章士钊、邹容等一批反清革命人士,从事形式多样的革命宣传和教育活动,如为报刊撰稿,印发革命书报;通过"新政"兴学热潮中日益壮大,但不同于传统士人的近代师生群体,将革命思想传播到各类官私学堂;亲自创办学校和成立学会,直接培养反清革命人才。上海一时成为清末资产阶级革命教育的中心。

一、中国教育会、爱国女校和爱国学社

1901年8月,蔡元培应上海澄衷学堂总理刘树屏的邀请来到该校代理总理职务,9月,又被聘为南洋公学特班总教习。1902年4月,蔡元培与上海教育界人士叶瀚、蒋观云、林少泉等人集议发起成立中国教育会,蔡元培被推为会长。《中国教育会章程》①规定:教育会以教育中国男女青年,开发其知识而增进其国家观念,以为他日恢复国权之基础为目的。中国教育会下设教育、出版、实业三个部,教育部又分男女两部,计划"于中国区要之地设立学堂",以教授普通学、专门学各种技艺;出版部设在上海,并推及各通要都市,编印教科书及一切有关学术诸书;实业部设于区要之地,量地方情状及财源,开办工厂公司等。蔡元培等人公开表示:"我辈欲造成共和的国民,必欲共和的教育。要共和的教育,所以先立共和的教育会。"②中国教育会的成员以从事教育工作者居多,大多数人先后在不同程度上参加了反清革命运动,其中有不少人成为革命运动的中坚力量。中国教育会表面上是办理教育,编订教科书,推行函授教育,刊行丛报等,但实际上是在"暗中鼓吹革命"。伴随其影响的不断扩大,江浙一带还建立了中国教育会的支部。中国教育会对清末资产阶级革命起到了很大的宣传和组织作用。

早在中国教育会尚未成立之前,1901年12月,蔡元培、蒋观云等人即计议开设女校,未果。1902年,中国教育会成立后,开办女学成为中国教育会的办学计划之一,学会正式在登贤里租借校舍开办女校,定名为爱国女校,经费由黄宗仰介绍犹太巨商哈同之妻罗迦陵负担,同年12月2日正式开学。首任经理(校长)为蒋观云,继任者蔡元培,第一班学生约10人,为发起人之妻女。1903年校址迁至泥城桥福源里,开始招收外来学生,爱国学社社员也纷纷动员其姐妹就学,学生逐渐增多。1904年秋公布《爱国女学校补订章程》,提出以"增进女子

---

① 选报,1902(21).
② 爱国学社之建设[N].选报,1902(35).

之智、德、体力，使有以副其爱国心为宗旨"。① 规定学习年限为预科3年，本科2年。其中本科分文科和质科二部：文科课程有伦理、心理、论理、教育、国文、外国文、算学、历史、地理、法制、经济、家事、图画、体操；质科课程有伦理、教育、国文、外国文、算学、博物、物理、化学、家事、手工、裁缝、音乐、图画、体操。该章程还规定学生不得缠足、涂抹脂粉、着靡丽之衣服及首饰，不为诡异骇众之装束与举动等。

爱国学社是中国教育会为南洋公学罢学学生组建的学校，它的成立开我国近代学生罢学并另行设校之先河。1901年后，民主与革命思想在上海南洋公学的学生中日益增长，但校方则采取专制的手段予以压制。1902年11月，终因一桩小小的"墨水瓶"事件引发学生与校方的公开对抗，经特班总教习蔡元培等调解无效，全校200多名学生集体愤然罢学离校。在部分罢学学生的请求下，中国教育会募款于上海泥城桥福源里会所设立爱国学社，由蔡元培任总理、吴稚辉任学监，教师有章炳麟、蒋观云、蒋维乔、黄炎培等，均纯为尽义务。学生分寻常、高等两级，学习年限各为2年，程度相当于中等学堂，课程与爱国女校相仿佛。初有学生（社员）55人，以后有南京陆师学堂、浙江大学堂、杭州陆师学堂等校退学学生和其他地方学生加入，学生增至150余人，分一、二、三、四年级（即四个班级）教学。学社强调"重精神教育，重军事教育，而所授各科学皆为锻炼精神激发志气之助"，"社友寄宿舍之规则用自治制"，②学社有所兴革，也多由学联开会讨论，学生均成为中国教育会的会员。

爱国女学和爱国学社都是革命性质的学校，1917年蔡元培《在爱国女学校之演说》中回顾了当初创办这两所学校的动机："本校初办时，在满清季年，含有革命性质。盖当时一般志士，鉴于满清政治之不良，国势日蹙，有如人之罹重病。恐其淹久而至于不可救药，必觅良方以治之，故群起而谋革命。革命者，即治病之方药也。上海之革命团，名中国教育会。革命精神所在，无论其为男为女，均应提倡，而以教育为根本。故女校有爱国女学，男校有爱国学社，以教育会员担任办理之责，此本校名之所由来也。"③后来，蔡元培更明确地指出了这两所学校的培养目标："自三十六岁以后，我已决意参加革命工作。觉得革命止有两途：一是暴动，一是暗杀。在爱国学社中竭力助成军事训练，算是预备下暴动的种子。又以暗杀于女子更为相宜，于爱国女学，预备下暗杀的种子。一方

---

① 警钟日报，1904-08-10.
② 爱国学社章程[N].选报，1902(35).
③ 蔡元培.蔡元培教育论著选[M].高平叔，编.北京：人民教育出版社，1991：75.

面受苏凤初君的指导,秘密赁屋,试造炸药,并约钟宪鬯先生相助,因钟先生可向科学仪器馆采办仪器与药料。又约王小徐君试制弹壳,并接受黄克强、蒯若木诸君自东京送来的弹壳,试填炸药,由孙少候君携往南京僻地试验。一方面在爱国女学为高材生讲法国革命史、俄国虚无党历史,并由钟先生及其馆中同志讲授理化,学分特多,为练制炸弹的预备。年长而根柢较深的学生如周怒涛等,亦介绍入同盟会,参加秘密小组。"①后来,学生参加同盟会及在辛亥革命中"从事于南京之役者"颇多。

特别是爱国学社,因罢学风潮而建立,学生更是极重民主自由观念,"校内师生高谈革命,放言无忌",②出版有《学生世界》,持论尤为激烈。师生"总是谈时事,讲革命",每月都到张园去演说一次,讲演的内容都是爱国主义、革命等。1903年3月间,爱国学社还成立有"义勇队"(后改名为军国民教育会),早晚进行军事训练,响应留日学生的抗俄运动。在爱国学社的影响下,各地反抗封建专制教育的罢学风潮不断发生。

1903年6月,因《苏报》案,章炳麟、邹容被捕,爱国学社被迫解散。1908年后,中国教育会也被迫解散,爱国女校经济失去支援,不得不"同时接受江南财政局及上海通署两处津贴,学校性质始渐渐脱离革命党秘密机关之关系",遂成为普通女子中学。

二、出版发行革命书报,宣传革命思想,提倡革命教育③

清末"新政"期间,上海最初持否定清廷和保皇主张的报纸是1902年冬出现的《少年中国报》和《大陆》报,它们都是由回国的留日学生创办的。而社会影响较大的早期革命报纸当以《苏报》为代表。

《苏报》创刊于1896年6月,由华人胡璋(铁梅)的日籍妻子生驹悦担任"馆主",1900年,该报因经营困难,全部设备转售给陈范。陈范由支持改良转为同情革命,《苏报》也转变为一份支持民主革命的报纸。1902年11月,南洋公学发生学生退学风潮,陈范在《苏报》上开辟《学界风潮》专栏予以支持,不仅据实报道了事件发生的经过,还公开宣布,"我为学生喜,喜脱专制之扼,而就自由之席也",赞扬学生"激发公愤,解脱羁绊,排斥专制,创立共和",指出了"学潮"是

---

① 蔡元培.我在教育界的经验[M]//高平叔.蔡元培教育论著选.北京:人民教育出版社,1991:706.
② 冯自由.中国教育会与爱国女社[M]//中国史学会.中国近代史资料丛刊——辛亥革命.上海:上海人民出版社,1957:483.
③ 郭绪印.辛亥革命与上海革命派报业[J].上海师范大学学报(哲学社会科学版),2004(3).

政界"反抗力之先声"。《苏报》除报道上海的学潮之外,还报道了江宁、杭州、吴兴等地的"拒俄运动",起了革命舆论导向的作用。

中国教育会和爱国学社等革命团体成立后,《苏报》更成为中国教育会和爱国学社宣传革命思想的舆论阵地。蔡元培、章太炎、章士钊等人也经常为《苏报》写评论。《苏报》不断发表鼓动新思潮的文章,如1903年5月13日在《敬告守旧诸君》一文中,明确宣称"居今日而欲救吾同胞,舍革命外无他术,非革命不足以破坏,非破坏不足以建设,故革命实救中国之不二法门也。革命乎!革命乎!"公开鼓吹革命,开当时革命报刊之先河。

1903年5月27日,章士钊受聘担任《苏报》主笔,连续发表了一系列具有强烈革命色彩的文章。这些文章揭露了清朝封建统治者"权颜向外,鬼脸向内","将我兄弟亲戚之身家性命财产双手奉献于碧眼紫髯之膝下"的卖国贼面目,抨击了清政府对人民的"贪戾狠毒横敛暴征",热情地宣传暴力革命。在鼓吹反清革命的同时,该报也进行了初步的"民主"思想宣传,指出革命的目的在于永远结束封建世袭的君主专制制度,同时严厉批驳了保皇党分子反对革命的言论。自1903年6月起,章炳麟在《苏报》上发表了不少评论,成为这期间革命派著名的评论家,其中著名的《驳康有为论革命书》就是1903年6月29日发表在《苏报》上的,对革命思想的宣传起了很大作用。

1903年5月,邹容在上海出版了他编写的宣传革命的小册子《革命军》,热情歌颂革命,提出了推翻清政府建立资产阶级民主共和国的革命主张,《苏报》立即推荐。1903年6月9日,《苏报》概述了《革命军》的主要内容,并指出:"其宗旨专在驱除满清,光复中国。笔极锐利,文极沉痛,稍有种族思想者,读之当无不拔剑起舞,发冲竖眉。若能以此书普及于四万万人之脑海,中国当兴也勃焉。"同日,还发表了章士钊写的书评《读革命军》,赞扬《革命军》"虽顽懦之夫,目睹其事,耳闻其语,则罔不面赤耳热,心跳肺张,作拔剑砍地奋身人海之状",推荐为"今日国民教育之第一教科书",并充分肯定了《革命军》所提出的"去世袭君主,排贵族特权,覆一切压制之策"等民主革命主张。随后,章太炎所写的《革命军序》也在《苏报》上发表,称《革命军》好比"雷霆之声"震撼人心。他们对《革命军》的宣传,引起了广大读者的注意,扩大了《革命军》的社会和政治影响,如陈天华受《革命军》影响,发愤写出《猛回头》和《警世钟》,同年底也在上海出版。《苏报》发表的政论文章引起清政府的恐慌和痛恨,清政府通过上海租界巡捕房,逮捕了章炳麟、邹容等人。章炳麟、邹容被捕后,《苏报》继续出版,宣传革命,直到1903年7月7日被封,清末闻名的《苏报》案就此发生。《苏报》案发生后，一些革命派报刊发表了众多报道、评论以及怀念死难者的诗文，揭露清政府的反动、野蛮、凶残，激起读者对清政府的仇恨，把革命思潮进一步向前推进。

《苏报》被封后不久，《国民日日报》创刊。《国民日日报》由留日学生、军国民教育会经理谢晓石（少石）集资，原出面接盘《苏报》馆的英籍华人卢毅（和生）任经理，章士钊、张继以及为安徽爱国学社案逃到上海的陈独秀（当时名陈由己）三人主持。继承了《苏报》的革命精神和宣传任务，其"宗旨和《苏报》相同，而规模则尤过之"。① 其发刊词中将封建统治者比喻为独夫民贼，指斥他们"三千年来，以国为牧场，以民为畜类"的罪行，指出"种种罪恶，唯君所造"。② 《国民日日报》宣扬革命，反对改良，不久也因清政府的高压和内部意见分歧而停刊。

《国民日日报》停刊后，《俄事警闻》又于1903年12月15日创刊，从报名就可以揣知该报产生的背景为"拒俄运动"。《俄事警闻》于1904年2月26日又改名为《警钟》，编号另起，不久后加"日报"两字，命名为《警钟日报》。蔡元培曾任该报主编，经常以"孑民"的笔名发表文章。该报强烈抨击清政府的封建等级制度，激发读者的革命情绪。1904年4月26日，该报还"第一次在国内人民中公布了资产阶级革命纲领"。③ 1904年11月，光复会在上海正式成立，《警钟日报》也特别强调"自己为民党之机关，公开宣布《警钟日报》是革命党的舆论阵地。1905年春，《警钟日报》揭露德国侵占中国山东利权，德驻上海领事来函狡辩，《警钟日报》据理反驳，措辞犀利，遭到忌恨，由此被德帝国主义伙同上海道袁树勋通过上海租界当局于1905年3月25日强行查封。

伴随民主革命思潮的发展，女子解放运动也随之兴起，出现了一系列"女报"，其中最有代表性的是女革命家秋瑾于1907年1月在上海创办的《中国女报》。该报将宣传妇女解放与革命运动相结合，对封建伦理道德进行了猛烈的抨击，强调妇女要解放，必须参加革命斗争，和男子并肩战斗。《中国女报》的革命宣传，使封建统治阶级十分惊慌，发行两期后也在封建势力的攻击下被迫停刊。

清末"新政"后期，上海宣传和支持革命的报刊还有于右任创办的《神州日报》《民呼日报》《民吁日报》《民立报》等。《神州日报》于1907年4月2日创

---

① 上海通社.上海研究资料续集[M].上海：上海书店出版社，1984：83.
② 任建树.陈独秀大传[M].上海：上海人民出版社，1999：53.
③ 方汉奇.中国近代报刊史[M].太原：山西人民出版社，1981：258.

刊,其文章"意内言外,不露锋芒",避免官府借口查封,但在关键问题上,也能挺身而出,发表一些尖锐的意见。例如秋瑾被捕遇害后,该报曾于1908年4月12日发表汪允宗撰写的署名论说,对杀害秋瑾的主要人物绍兴知府贵福猛烈抨击,痛斥其"嗜杀仇新","欺阁害民",是"国人之蟊贼"。

《民呼日报》(1909年5月15日—8月14日)、《民吁日报》(1909年10月3日—11月9日)、《民立报》(1910年10月11日—1913年9月4日)是一脉相承,相继接办的三份报刊,前两份都在创办后不久遭到清政府和外国侵略势力的忌恨而停办,《民立报》办至1913年"二次革命"失败后。

在上海出版发行的这些革命书报,不仅起到宣传革命的社会教育作用,也在学生中产生了广泛影响,同时还无情地揭露了封建教育的奴化本质,并对开展革命教育作了理论辩护。

资产阶级革命派明确揭示封建教育的目标就是培养驯服的奴隶,"于儿童学语之初,即告以奴隶之口号;扶立之顷,即授以奴隶之拜跪;……未几而入塾矣,先受其冬烘之教科,次受其豚立之桎梏,时而朴责,时而唾骂,务使无一毫之廉耻,无一毫之感情,无一毫之竞争心,而后合此麻木不仁天然奴隶之格"。① 邹容在《革命军》中,指责封建伦理道德教育无非教人"柔顺也、安分也、韬晦也、服从也、做官也、发财也",实际上都是"造奴隶之教科书也"。他抨击封建教育实际培养了一批"五官不具,四肢不全,人格不完"的"奄奄无生气之人",这些人"无自治之力,亦无独立之心,……依赖之外无思想,服从之外无精神,呼之不敢不来,麾之不敢不去,命之生不敢不生,命之死不敢不死"。

以"三纲"为核心的封建礼教是束缚人们思想的精神枷锁,也是封建教育的核心内容,自然成为革命派锋镝所指的对象。陈天华、邹容等革命派的思想斗士们直接向封建皇权观念宣战,指出:"以言夫忠于国也则可,以言夫忠于君也则不可",②"君若是不好,百姓尽可另立一个"。③ 他们号召广大妇女冲决夫权的罗网,提出"女子家庭革命""振兴女学"的主张。陈天华在《警世钟》中批判"女子无才便是德"的谬说,说它"真正害人得很",主张妇女"入了学堂,讲些学问,把救国的担子也担在身上,替数千年的妇女吐气"。1907年,秋瑾在《中国女报》第一期上撰文,对男权社会下"总是男的占主人的位子,女的处了奴隶的地位"极端愤慨,敬告姊妹们走出家门,走进学堂,"求一个自立的基础,自活的

---

① 箴奴隶[M]//上海国民日日报馆.国民日日报.台北:台湾学生书局,1965.
② 邹容.革命军.
③ 陈天华.警世钟.

艺业","学得科学工艺,做教习,开工厂",免得做那"幽禁闺中的囚犯",①引导妇女冲破封建礼教的束缚,投身到爱国革命运动中去。

戊戌政变后不久,资产阶级革命派与改良派即因政治路线的不同而发生争论。1905年,中国同盟会成立,《民报》创刊,孙中山在《〈民报〉发刊词》中正式提出"民族、民权、民生"三大主义,揭示革命的方向。至此,双方的争论发展到公开树帜对垒的程度,各以《民报》和《新民丛报》等报刊为主要阵地展开了激烈论战。论争中涉及教育问题,对教育的不同定位是两派争执的焦点之一。改良派以中国人民受教育程度普遍低下,愚昧无知,缺乏治理国家的基本能力为理由,极力反对革命,推行共和,主张当务之急是发展教育,开通民智,提高人民的文化程度和素质水平。至于国家政体则由开明专制而君主立宪,通过渐进改良的方式最终实现民主共和。他们认为,在人民素质没有普遍提高之前,就采用暴力革命的方式强行建立共和制,将有导致国家民族灭亡的危险。梁启超说:"一二十年内,我国民万不能遽养成共和资格,未养成而遽行之,必足招亡。"②改良派人物中,严复更把教育放在解决中国社会问题的基础地位,是一个典型的教育救国论者。1902年,严复在《与外交报主人论教育书》中指出:"今吾国之所最患者"是愚、贫、弱,而其中"愚"是根本,人民因愚昧而不知贫弱之道,所以"三者之中,尤以愈愚为最急。"治愚的关键靠教育,"国之所患,在于无学","无学而愚,因愚而得贫弱"。1905年,严复在伦敦会见来访的孙中山时更鲜明地表达了这一点。他说:"中国民品之劣,民智之卑,即有改革,害之除于甲者将见于乙,泯于丙者将发之于丁。为今之计,唯急从教育著手,庶几逐渐更新乎!"

革命派并不否认教育的作用,但认为改造中国的第一步只有革命,先以革命的方式推翻专制腐败的清政府,建立起民主共和国,才能谈得上发展教育和其他事业。在对待教育与革命的关系上,革命派认为应分清轻重缓急,先革命后教育。在革命未获成功之前,教育要为革命服务,与革命并行,进行革命的教育。

邹容在《革命军》中大声疾呼以"革命之教育"来培养"革命之健儿,建国之豪杰,流血之巨子"。他认为革命教育应树立三种观念:国家民族观念、平等自由观念、政治法律观念;养成四项品质:"上天下地,唯我自尊,独立不羁之精神;

---

① 秋瑾.敬告姊妹们[M]//秋瑾集.北京:中华书局,1960:14.
② 梁启超.答某报第四号对于本报之驳论[N].新民丛报,1906.

冒险进取,赴汤蹈火,乐死不避之气概;相亲相爱,爱群敬已,尽瘁义务之公德;个人自治,团体自治,以进人格之人群。"①

革命派还认为,革命本身就具有"开民智"的作用,人民会在革命实践中逐渐形成"共和资格"。如章太炎在《驳康有为论革命书》中认为:"人心之智慧,自竞争而后发生,今日之民智不必恃他事以开之,而但恃革命以开之。""民主之兴,实由时势迫之,而亦由竞争以生此智慧者也。"竞争生智慧,智慧生民主,革命就是竞争。"公理之未明,即以革命明之;旧俗之俱在,即以革命去之。"②

---

① 张枬,王忍之.辛亥革命前十年间时论选集(第一卷下册)[M].北京:生活·读书·新知三联书店,1960:667.
② 璩鑫圭,童富勇.中国近代教育史资料汇编·教育思想[M].上海:上海教育出版社,1997:617—619.

主要参考文献

一、史志资料

（明弘治）上海县志.

（明嘉靖）上海县志.

（明正德）松江府志.

（清康熙）上海县志.

（清乾隆）金山县志.

（清乾隆）娄县志.

（清嘉庆）松江府志.

（清同治）上海县志.

（清光绪）宝山县志.

（清光绪）奉贤县志.

（清光绪）嘉定县志（今译本）.

（清光绪）金山县志.

（清光绪）南汇县志.

（清光绪）青浦县志.

（民国）崇明县志.

嘉定县志（今译本）[M].上海：上海嘉定县志编纂委员会，1984.

教会新报（影印本）[N].台北：台湾华文书局，1968.

上海新报.1861—1872.

申报（影印本）[N].上海：上海书店，1983.

万国公报.1868—1907.

The St. John's Echo(《约翰声》).1890—1937.

陈元晖,璩鑫圭.中国近代教育史资料汇编·鸦片战争时期教育[M].上海：上海教育出版社，1990.

陈元晖,田正平.中国近代教育史资料汇编·留学教育[M].上海：上海教育出版社，1991.

陈元晖,高时良.中国近代教育史资料汇编·洋务运动时期教育[M].上海:上海教育出版社,1992.

陈元晖,璩鑫圭,童富勇.中国近代教育史资料汇编·教育思想[M].上海:上海教育出版社,1997.

复旦大学校史编写组.复旦大学志(第一卷)[M].上海:复旦大学出版社,1985.

龚明之.中吴纪闻[M].孙菊园,校点.上海:上海古籍出版社,1986.

李楚材.帝国主义侵华教育史资料——教会教育[M].北京:教育科学出版社,1987.

李清悚,顾岳中.帝国主义在上海的教育侵略活动资料简编[M].上海:上海教育出版社,1982.

秦荣光.上海县竹枝词[M].上海:上海古籍出版社,1989.

秋月.古代上海风云录[M].上海:华东师范大学出版社,1992.

上海博物馆图书资料室.上海碑刻资料选辑[M].上海:上海人民出版社,1980.

《上海妇女志》编纂委员会.上海妇女志[M].上海:上海社会科学院出版社,2000.

上海市文史馆,上海市人民政府参事室文史资料工作委员会.上海地方史资料(二、三、四)[M].上海:上海社会科学院出版社,1983,1984,1986.

上海通社.上海研究资料[M].上海:上海书店出版社,1984.

上海通社.上海研究资料续集[M].上海:上海书店出版社,1992.

史梅定.上海租界志[M].上海:上海社会科学院出版社,2001.

徐志超,程锡元,刘长前.上海邮电志[M].上海:上海社会科学院出版社,1999.

中国人民政治协商会议上海市委员会文史资料工作委员会.解放前上海的学校(上海文史资料选辑第五十九辑)[M].上海:上海人民出版社,1987.

中国史学会.中国近代史资料丛刊·戊戌变法(四)[M].上海:上海人民出版社,1957.

朱有瓛.中国近代学制史料(第一辑上册)[M].上海:华东师范大学出版社,1983.

朱有瓛.中国近代学制史料(第一辑下册)[M].上海:华东师范大学出版社,1986.

朱有瓛.中国近代学制史料(第二辑上册)[M].上海:华东师范大学出版社,1987.

朱有瓛.中国近代学制史料(第二辑下册)[M].上海:华东师范大学出版社,1989.

朱有瓛.中国近代学制史料(第四辑)[M].上海:华东师范大学出版社,1993.

二、著　作

蔡元培,蒋维乔,庄俞,等.商务印书馆九十年——我和商务印书馆1897—1987[M].北京:商务印书馆,1987.

高崧,高翰卿,庄俞,等.商务印书馆九十五年——我和商务印书馆1897—1992[M].北京:商务印书馆,1992.

陈原,张人凤,等.商务印书馆一百年1897—1997[M].北京:商务印书馆,1998.05.

陈科美,金林祥.上海近代教育史(1843—1949)[M].上海:上海教育出版社,2003.

陈荣广.老上海[M].上海:泰东图书局,1919.

冯桂芬.校邠庐抗议[M].戴扬本,评注.郑州:中州古籍出版社,1998.

葛剑雄.中国移民史(第二卷)[M].福州:福建人民出版社,1997.

顾长声.传教士与近代中国[M].上海:上海人民出版社,1981.

顾长声.从马礼逊到司徒雷登———来华新教传教士评传[M].上海:上海人民出版社,1985.

经元善.经元善集[M].虞和平,编.上海:华中师范大学出版社,1988.

蒯世勋,等.上海公共租界史稿[M].上海:上海人民出版社,1980.

李才栋,谭佛佑,张如珍,李淑华.中国教育管理制度史[M].南昌:江西教育出版社,1996.

栗洪武.西学东渐与中国近代教育思潮[M].北京:高等教育出版社,2002.

梁家勉.徐光启年谱[M].上海:上海古籍出版社,1981.

梁启超.变法通议[M].何光宇,评注.北京:华夏出版社,2002.

梁元生.林乐知在华事业与《万国公报》[M].香港:香港中文大学出版社,1978.

林语堂.八十自叙[M].北京:宝文堂书店,1990.

吕顺长.清末浙江与日本[M].上海:上海古籍出版社,2001.

马相伯.马相伯集[M].朱维铮,编.上海:复旦大学出版社,1996.

马镛.外力冲击与上海教育[M].武汉:湖北教育出版社,2003.

钱大昕.潜研堂集[M].吕友仁,标校.上海:上海古籍出版社,1989.

钱锺书,朱维铮.万国公报文选[M].北京:生活·读书·新知三联书店,1998.

容闳.西学东渐记[M].长沙:湖南人民出版社,1981.

史式徽.江南传教史(第二卷)[M].天主教上海教区史料译写组,译.上海:上海译文出版社,1983.

孙杰.古代上海艺术[M].上海:上海大学出版社,2000.

孙培青.中国教育史(第三版)[M].上海:华东师范大学出版社,2009.

唐振常,沈恒春.上海史[M].上海:上海人民出版社,1989.

王尔敏.上海格致书院志略[M].香港:香港中文大学出版社,1980.

王伦信.清末民国时期中学教育研究[M].上海:华东师范大学出版社,2002.

王韬.弢园文录外编[M].北京:中华书局,1959.

王韬.瀛壖杂志 瓮牖馀谈[M].陈戌国,点校.长沙:岳麓书社,1988.

王韬.瀛壖杂志[M].沈恒春,杨其民,标点.上海:上海古籍出版社,1989.

王扬宗.傅兰雅与近代中国的科学启蒙[M].北京:北京科学出版社,2000.

吴晗.江浙藏书家史略[M].北京:中华书局,1981.

吴相.从印刷作坊到出版重镇[M].南宁:广西教育出版社,1999.

夏东元.洋务运动史[M].上海:华东师范大学出版社,1992.

熊月之.西学东渐与晚清社会[M].上海:上海人民出版社,1994.

熊月之,马学强.上海通史·古代[M].上海:上海人民出版社,1999.

熊月之,张敏.上海通史·晚清文化[M].上海:上海人民出版社,1999.

徐光启.徐光启集(上、下册)[M].王重民,辑校.上海:上海古籍出版社,1984.

张荣华.张元济评传[M].南昌:百花洲文艺出版社,1997.

杨逸,等.海上墨林 广方言馆全案 粉墨丛谈[M].陈正青,标点.上海:上海古籍出版社,1989.

张仲礼.近代上海城市研究[M].上海:上海人民出版社,1990.

郑观应.郑观应集[M].夏东元,编.上海:上海人民出版社,1982.

郑曦原.帝国的回忆:《纽约时报》晚清观察记(修订本)[M].北京:生活·读书·新知三联书店,2007.

钟天纬.刖足集[M].上海:[出版者不详],1932.

三、论　　文

陈珺.传教士与经正女学[J].西南交通大学学报(社会科学版),2004(1).

董楚平.吴越文化的三次发展机遇[J].浙江社会科学,2001(5).

郭绪印.辛亥革命与上海革命派报业[J].上海师范大学学报(哲学社会科学版),2004(3).

胡道静.印刷术反馈与西方科学第二期东传的头一个据点:上海墨海书馆[J].出版史料,1987(4);1988(1).

金林祥,张蓉.《教育世界》与西方教育的传入[J].河北师范大学学报(教育科学版),2000(4).

钱曼倩.钟天纬与上海三等公学[J].华东师范大学学报(教育科学版),1985(3).

山夫.同济医工学堂筹建始末[J].德国研究,1997(2).

孙邦华.《万国公报》对西方近代教育制度的植入[J].北京师范大学学报(人文社会科学版),2002(3).

汤志钧.维新运动在上海[J].学术月刊,1988(10).

王冰.明清时期西方近代光学的传入[J].自然科学史研究,1983(4).

王守稼.明清时期上海地区资本主义的萌芽及其历史命运[J].学术月刊,1988(12).

王树槐.清季的广学会[J]."中央研究院"近代史研究所集刊,1973.

周德喜.东亚同文书院始末[J].兰州大学学报(社会科学版),2004(3).

图书在版编目(CIP)数据

上海教育史. 第一卷,古代—1911/杜成宪总主编；
王伦信等著. —上海：上海教育出版社,2016.12(2018.7重印)
ISBN 978-7-5444-7305-7

Ⅰ.①上… Ⅱ.①杜…②王… Ⅲ.①地方教育-教育史-上海-古代 Ⅳ.①G527.51

中国版本图书馆CIP数据核字(2016)第306661号

责任编辑　周　晟　董　洪
特约编辑　黄强华　南　钢
特约审稿　朱明钰
书籍设计　陆　弦

上海教育史(第一卷　古代—1911)
张伟江 顾问
杜成宪 总主编
王伦信 等著

出版发行　上海教育出版社有限公司
官　　网　www.seph.com.cn
地　　址　上海永福路123号
邮　　编　200031
印　　刷　上海中华印刷有限公司
开　　本　700×1000　1/16　印张28.25　插页4
字　　数　491千字
版　　次　2016年12月第1版
印　　次　2018年7月第2次印刷
书　　号　ISBN 978-7-5444-7305-7/G·6019
定　　价　125.00元

如发现质量问题，读者可向本社调换　电话：021-64377165